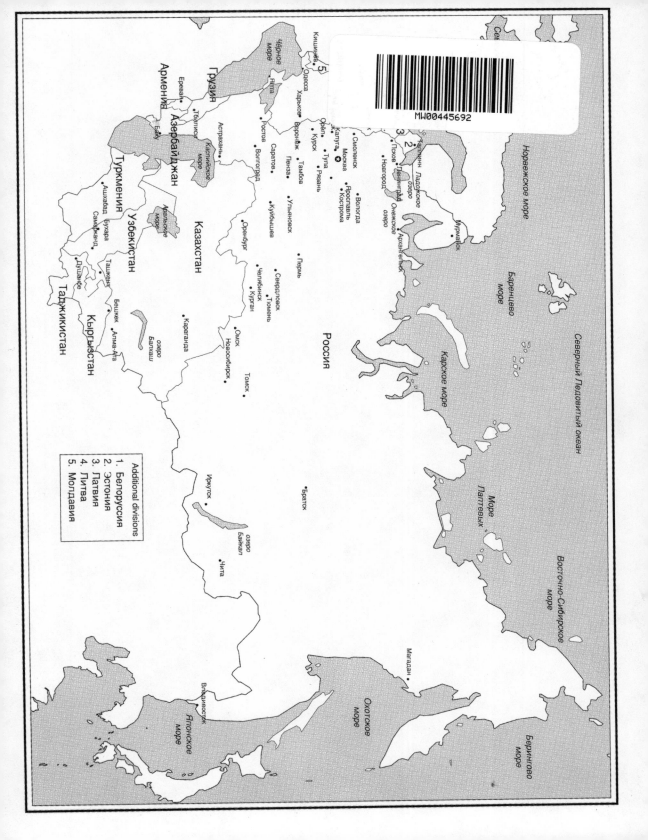

Russian
Stage One

A Soviet-American
Collaborative Series

Г. Битехтина, Д. Дэвидсон, Т. Дорофеева, Н. Федянина

РУССКИЙ ЯЗЫК

этап первый

УЧЕБНИК

Под редакцией Д. Дэвидсона

 KENDALL/HUNT PUBLISHING COMPANY
2460 Kerper Boulevard P.O. Box 539 Dubuque, Iowa 52004-0539

G. Bitekhtina, D. Davidson, T. Dorofeyeva, N. Fedyanina

RUSSIAN

stage one

TEXTBOOK

Series Editor: Dan E. Davidson

 KENDALL/HUNT PUBLISHING COMPANY
2460 Kerper Boulevard P.O. Box 539 Dubuque, Iowa 52004-0539

Edited by Svetlana Nikolskaya
Translated by Dan E. Davidson and Vladimir Korotky
Drawings by Evgeny Shabelnik

Copyright © 1991 by the American Council of Teachers of Russian

ISBN 0–8403–6808–9

Printed in the United States of America
10   9   8   7   6   5   4   3   2   1

Contents

UNIT 1

Presentation and Preparatory Exercises

Phonetics. Vowels [а], [о], [у], [э]. Consonants [м], [ф], [п], [к], [н], [с], [т]. Stress. Unstressed syllables. Rhythm of disyllabic words. Intonational Construction 1(IC-1). Consonants [в], [б], [д], [з], [г], [ш], [ж]. Intonational Construction 2 (IC-2). Consonant [х]. Vowels [и], [ы]. Rhythm of trisyllabic words (суббо́та). Consonant [j]. Devoicing and voicing of consonants. Soft consonants [с'], [з'], [н'], [т'], [д']. Rhythm of trisyllabic words (магази́н). Intonational Construction 3 (IC-3).

Conversation

Presentation and Preparatory Exercises

Conversation

UNIT 2

Presentation and Preparatory Exercises

Phonetics. Consonant [р]. Silent consonants. Consonant [ч]. Rhythm of trisyllabic words (ко́мната). Soft consonants [р'], [г'], [к'], [х'], [л], [л'], [м'], [п'], [б'], [в'], [ф']. Consonant [ц]. Intonational Construction 4 (IC-4).

UNIT 3

Phonetics. Syntagmatic division of sentences. Intonation of non-final syntagms. Consonant [щ].

UNIT 4

UNIT 5

UNIT 6

UNIT 7

PRESENTATION AND PREPARATORY EXERCISES

CONVERSATION

READING

UNIT 8

PRESENTATION AND PREPARATORY EXERCISES

CONVERSATION

READING

UNIT 13

UNIT 14

UNIT 15

UNIT 16

PREFACE

To the Student:

Increasing numbers of Americans today are learning Russian, many in order to study at a later point in their academic careers in the USSR, or to have immediate access to Soviet research publications, literary, and cultural sources.

Russian: Stage One has two major aims: 1) to provide a solid basis in speaking, listening, and reading for those who plan to continue with Russian to the advanced level, as well as 2) to develop immediate communicative skills in the topical areas most relevant to a first-year Russian language student. The textbook is oriented toward the development of basic transactional skills in Russian, many of which are essentially autobiographical in content: description of academic interests, personal background, hobbies, sports, and travel; visiting friends at home, exchanging impressions of books, articles, and cultural events; everyday interaction with peers, teachers, and family members; shopping, ordering meals, using public transportation, making simple arrangements in person or by phone. Memorization of key dialogues in each specific functional area is required, but overall automaticity of self-expression in the topic areas is the ultimate objective of the training. Students who have completed these materials as outlined can be expected to have made the transition from manipulation of memorized elements to actual casting of one's thoughts in Russian on the level of the sentence as well as reading common texts, signs, and messages without a dictionary or analyzing edited texts of greater complexity with the help of a dictionary.

The three cassette tapes and the Exercise and Reference Book are intended for your use primarily outside of class. Some students find it helpful to preview materials at home before they are introduced in class; others prefer to use the grammatical commentaries in the Reference Book only after they have first had a chance to be exposed to new speech models or structural patterns in class.

The speech models contained in the screened boxes in the principal textbook are for your active mastery, while those in the reading section and the grammatical commentaries are for recognition and conceptual purposes only. Active mastery is greatly aided by systematic practice outside of class; the exercises reproduced on the audio cassettes which accompany this book will assist you in that purpose, as will the written exercises. Ten minutes of work with the tapes each day is more beneficial than 90 minutes of work once a week. Recorded exercises are indicated throughout the textbook by the symbol: 🔘🔘. Your institution may also have additional interactive audio tapes or computer drills for your individual use in working through Stages One and Two.

Russian is an exciting and rewarding language to learn. Good luck!

To the Teacher:

The first edition of *Russian: Stage One* was published in Moscow in 1980 and represented the entry level of a series of Soviet-American collaborative textbooks designed for American and other English-speaking university-level learners of Russian. The intermediate level sequel,

Russian: Stage Two, appeared in 1984, while *Stage Three (Focus on Speaking)* and *Stage Four (Reading for Close Analysis)* are appearing in 1991 and 1992, respectively. In producing the revised American edition of this textbook, the authors have endeavored to take into account both the results of ten years of experience in teaching with the earlier edition as well as certain changes in the language which have accompanied social and political developments within the USSR during the same time. Finally, developments in second language acquisition and learning research have begun to shape the sophistication of foreign language teaching and materials development in the field in a way that will be perceivable here as well.

Russian: Stage One is designed to prepare adult learners with no prior experience with Russian to speak, comprehend, and read contemporary Russian at the threshold "intermediate" level, with the functions, topic areas, and general levels of grammatical precision envisaged in the ACTFL guidelines (or comparable other performance-based descriptor) for that level in Russian. The specific objectives of each unit are outlined in the table of contents, to which teachers and learners should refer before each new unit and as needed. The text places special emphasis on developing usable and useful speaking and reading skills as well as listening as a speaking-related skill. While *Stage One* provides extensive written exercise materials, primarily in the Exercise and Reference Book, most are designed either as pattern drills to reinforce grammatical or conversational models introduced in the main lessons, or as translation drills to support contrastive analysis of English and Russian. Most written exercises do not, strictly speaking, provide the student with independent writing skills (e.g., for writing letters, essays, reports).

Test-teaching of *Stage One* under controlled conditions at Bryn Mawr and Haverford Colleges has shown that students of average and above-average language learning aptitudes test in the "intermediate" range in speaking, listening, and reading after 180 hours of classroom training with these materials, which at Bryn Mawr corresponds to the "intensified" first-year course: 1 lecture, 5 class sections per week in groups not exceeding 15 persons, 2 hours of drill in smaller groups, plus lab work. The non-intensive version of the same course (130 hours), taught at Haverford, covers the same syllabus at the same pace under the same instructional supervision as the Bryn Mawr course but without the 2-hour weekly drill sessions and labs. Section size and learner aptitude are entirely comparable to the Bryn Mawr groups, while the year-end proficiency scores cluster typically in the "novice-high" range in the three target skills.

Stage One is also appropriate for use in intensive summer courses (including immersion courses), where instructors should feel free to adjust both the pace and volume of work through the text in keeping with the objectives, learner aptitudes, and actual amount of training time available. Eight to ten weeks of intensive summer training (preferably immersion style) are normally required to complete the text during a summer session. Programs offering fewer contact hours should consider making appropriate reductions in the number of units assigned: for example, 12 units in a 6-week course, 14 units in an eight-week program, etc.

Much has been written on the issue of explicit grammar knowledge and its effect on success in language learning and language acquisition. If the first edition of *Stage One* reflected a confidence born of western structuralist approaches to language learning highly developed in American university communities of the 1960's and 1970's, the grammar treatment in the revised edition, while still comprehensive in the sense of a reference grammar, discriminates throughout between grammatical information for conceptual knowledge and the description of grammatical processes which are regarded by the authors as critical for self-expression and the confident control of structure associated with fluent communication. The main textbook trains only those grammatical models (easily identifiable within screened boxes) which are essential to the content areas in which learners can realistically be expected to function. The Analysis & Commentary (shifted in this edition to the smaller book) places these models into a larger practical contrastive grammar of Russian and English, which is cross-referenced throughout all sections of the textbook. Supplementary grammatical information is set in small type and may be omitted by all but those learners requiring detailed grammatical references, as, for example, in close analytic reading of a document or manuscript. Some commentaries address known problem areas for the English learner of Russian and are motivated by the appearance of related grammatical material in a reading passage or the appearance of a component of a paradigm, which has large significance in the system of spoken or written Russian (for example, the body-position verbs need not be mastered by the first-year learner, although it is useful to have the complete presentation of the forms and meanings of these relatively high frequency items in one place for future reference).

The sequencing of grammatical information throughout the textbook and the Stages approximates a series of concentric circles, each representing a further detailization of the concepts originally encountered at the core. Verbal aspect, for example, is presented with its basic meaning and interaction with the tense system of Russian in Unit 6 of *Stage One,* followed by limited elaboration with respect to imperatives (7), phasals (8), with prefixed verbs of motion (12), negation (14). All of these aspectual meanings are revisited in subsequent levels of the curriculum: in Stages 2, 3, and 4, with increasing contextual complexity as well as with the introduction of further aspectual meanings: statement of fact imperfectives, warnings, inceptives, connations, etc. In *Stage One* it is sufficient that the basic notions of aspect are conceptualized and produced in context with a level of accuracy acceptable for the teacher or the native interlocutor.

Similarly, verb formation is trained through simple stem + ending drills in Unit 2, followed by more detailed analysis of stems and principal conjugational features in Unit 5 and 7, which precedes the introduction of the first motion verbs in Unit 11 (unprefixed) and 12 (prefixed). All but the most frequent motion verbs are learned at this stage for passive recognition. Upon completion of sixteen units of *Stage One*, adult learners, will, on the average, have achieved 60–75% mastery of the productive classes of Russian verbs, and can be expected to produce with reasonable accuracy the most common of the truly irregular verbs: быть, взять, as well.

The vocabulary of *Russian: Stage One* encompasses approximately 1,000 words, which are introduced and recur exclusively in contextualized form. Pre-reading exercises include one set in each unit designed especially to reflect the broader semantic range and patterns of combinability of important new words. Hence, even an item relatively "equivalent" to its English counterpart like молодой is displayed in several common contexts which are not inferable by the English speaking learner: e.g., молодой институт "new" or "recently established" or the ubiquitous form of address, "молодой человек!" Active vocabulary consists of high frequency items (as verifiable in any of the available frequency dictionaries or learner dictionaries of Russian); it is set in bold face type at the end of each lesson and again in the composite Russian-English vocabulary in the Exercise & Reference Book. Vocabulary for recognition purposes is non-bold, while the asterisk [*] identifies glossed items which occur in passing in authentic texts and need not be learned at all. The purpose of the unit vocabularies is to supply necessary translations of new words (especially in reading passages) as well as serving as checklists for active and passive vocabulary at the end of each unit. They are not intended for rote memorization.

Russian: Stage One consists of 16 units, each of which is clearly divided into three consecutive sections: I. Presentation and Preparatory Exercises (presentation and activization of speech models); II. Conversation (functional topics in spoken Russian); III. Reading. Language models introduced in the pre-reading exercises (section III) are intended for passive recognition only at this stage, although some will undergo activization at more advanced levels of study. The accompanying Exercise and Reference Book, which is intended primarily for use outside of class, provides drill and practice support and supplementary exercises for these three unit sections, review translations and practice written tests for each unit, as well as a unit-by-unit reference grammar (cross-referenced in the units), a commentary on phonetics and intonation (also cross-referenced in the units), composite tables and grammatical charts for quick reference purposes, composite Russian-English and English-Russian vocabularies based on the revised edition of the text, and a grammatical index.

All segments of Stage One presume a conscious and practical approach to learning Russian. Introduction of new material begins with developing the ability to listen to and observe new language phenomena before attempting to repeat or actually use them. Considerable emphasis is placed on the phonetic implementation of new elements, both because of the importance of good phonetics, intonation, and speech rhythms in spoken Russian, as well as because of the inseparability of phonetics and stress from the mastery of most features of the structure of Russian.

Throughout the textbook, the presentation of Russian language phenomena presumes intuitive awareness of the English language. Those Russian structures which are essentially parallel to their English counterparts are demonstrated in the textbook without further comment or special activization efforts, while contrasting structures receive explanation in the Analysis & Commentary and extensive drilling and practice throughout the text. Activization and utilization of Russian speech models and structures are carried out through all four language skills as well as through translation exercises. Once the learner has had a chance to discriminate auditorily/ visually the sound/form and meaning of the new structure within a larger utterance in which it occurs, the first phase of active production of a new structure can begin, typically with simple repetition drills, which can be done in class and/or reiterated in the language laboratory (note the symbol **⊙⊙** to designate all material available on the audio cassette recordings). Subsequent exercises require independent reproductions of the model, at first only the model itself to permit the learner to concentrate on the speech act, then through learning to develop natural reactions to utterances containing the model concerned (answering questions, expressing agreement, disagreement, etc.) Exercises focusing on later stages of activization require more complex responses, such as drawing comparisons between what has just been learned and what was known earlier.

Most exercises in the main textbook are intended for in-class learning. While not all exercises at this level can be truly communicative in nature, they are, without exception, meaningful and attestable in the modern language. Purely mechanical drilling is confined to the exercises in the second volume and occurs most commonly in conjunction with phonetics and morphological drills, although many of these are implemented through sentence-level pattern drills. Exercises in the second volume are also the principal source for written assignments and home study.

xvi

Exercises in discourse development are typically captioned "Situations," or "Dialogues." Based upon the active models rehearsed in the Presentation section, these exercises constitute the final stage in training for active production by providing opportunities for students to use the habits and skills s/he is acquiring in dramatizing situations from real life. Experience shows that with sufficient practice on this level and in the reading section, little or no time will be required in finalizing control over the active speech models and vocabulary, much of which will have been acquired through spontaneous memorization.

The Conversation section focuses on developing oral communicative competence in Russian. This section relies initially on question-and-answer models as the basic mode of eliciting information, expressions of advice/warning concerning performance of an action, and elementary exchanges of opinion (whose purpose often is to receive or specify information, appraise information, or express one's own opinion). The section further acquaints students with the most important forms of Russian speech conventions, such as forms of address (formal, informal; familiar, unfamiliar); expressions of greetings, gratitude, and leave taking. Elementary discourse strategies are demonstrated: for example, how to initiate a conversation after the exchange of greetings, how to avoid being drawn into a conversation under the same conditions; how to terminate a conversation; how to accept an invitation properly; how to decline an invitation or proposal, how to express congratulation, express regret. Intonational cues are often vitally important in successful management of these situations and for that reason, intonational centers are indicated in the text and preserved in the recordings of all basic dialogues recorded on the audio cassettes accompanying these sections. As in the Presentation section, pre-production and preparatory drills are provided (in both Volumes I and II) for all basic dialogues. Once the student has control of the dialogue models, they may move on to the situational exercises at the end of the section, where each communicative task can be fulfilled independently. These situations may be seen as the highpoint of each unit; both teachers and learners should make every effort to achieve the nearest approximation to real life speech conditions in performing these and their own analogous or spontaneous speech communications.

The third section, Reading, identifies two types of reading skills for development: reading for general meaning and close reading for complete comprehension of contents. The former type of reading occurs frequently in real life when the reader seeks merely to grasp the gist of a text without concern for inessential details. The latter type of reading presupposes an exhaustive understanding of the text with total command of both its general message and all the supporting details.

Stage One teaches reading skills with the use of adapted texts taken primarily from internal Soviet journalistic sources. Adaptation reflects adjustments by the authors of original materials in keeping with vocabulary and grammatical constraints imposed by the sequencing of materials in the textbook. Texts intended for reading for general meaning include words and forms not encountered in the textbook; item which in any event are not essential for understanding the gist of a text. Reading texts are of different genres, including dialogues, monologues, descriptive texts, and journalistic writing (adapted sometimes through re-telling, in the latter lessons most often by occasional abridgement or cuts).

The structure of each reading section consists of pre-reading drills, basic text (for complete comprehension), post-reading exercises, a passage designed for reading for the general sense only, and some supplementary reading materials.

ACKNOWLEDGEMENTS

The authors of *Russian: Stage One* are pleased to acknowledge their gratitude to colleagues in the U.S. and abroad who have taught using the first edition of these materials and have shared suggestions for their improvement. Although it is not possible to thank personally in this space all of those who have contributed to the revision of *Stage One*, the authors want to express special and heartfelt gratitude to Irina Malakhova (Russky Yazyk Publishers) for her meticulous attention to the successive corrections and printings of the first edition of the text during the past 10 years and to Svetlana Nikolskaja (Russky Yazyk Publishers) for her expert work with this Soviet-American publication, one of the first collaborative publication efforts of its kind. The authors are pleased to acknowledge the contributions of several younger American scholars who assisted with various aspects of the revision of this manuscript, in particular to Michael Gorham (Stanford University), Elizabeth McKay (Bryn Mawr College), and Anna M. Connolly (ACTR and Georgetown University).

The textbook has benefited as well from the published reviews and open discussions of the first edition provided at numerous national and regional scholarly symposia and panels dedicated to the study of Russian at the elementary level by AAASS, AATSEEL, ACTR, the Bryn Mawr Russian Language Institutes, and the International Association of Teachers of Russian Language and Literature (MAPRIAL). The authors are grateful to Academician V. G. Kostomarov, President of the USSR Academy of Pedagogical Sciences and to O. D. Mitrofanova, Deputy Director of the Pushkin Russian Language Institute (Moscow) for their steadfast support of the Soviet-American collaborative textbook series over the years. In addition we are thankful to those who have contributed institutionally to the improvement and further development of the first-year collaborative series, in particular to Alison Barbour Fox and Joseph C. Fox for their support of T. M. Dorofeeva at Bryn Mawr in 1990–1991, to Bryn Mawr College, to the U.S. Department of Education, the U.S. Information Agency, the Charles Culpeper Foundation, the Andrew W. Mellon Foundation, the Pew Charitable Trusts, and the USSR State Committee on Public Education for their support of the development and discussion of the textbook.

While the authors trust that colleagues will be able to assess the extent to which suggestions have been successfully incorporated into this revised edition of *Stage One*, it hardly need be reiterated that not all recommendations could be included. We welcome suggestions for improvements and further modifications of *Stage One* in the future.

The Authors
1991

Symbols used in the textbook:

🔊	Recorded on audio cassette
▶	Introduces new material
☆	Optional material

Студе́нты

UNIT 1

PRESENTATION AND PREPARATORY EXERCISES

1. *Listen.*

Это Москва́.

Это институ́т. Это А́нна. Это Анто́н. Это Кэт. Это То́м.
Они́ студе́нты.

— Здра́вствуйте, А́нна! — Здра́вствуйте, То́м!

— Здра́вствуйте, Анто́н! — Здра́вствуйте, Кэ́т!

2. *Listen and repeat. (See Analysis, Phonetics, 1.31, 1.32, 1.33, 1.40-1.44.)*

a o u e
[а] [о] [у] [э]
Аа Оо Уу Ээ
Аа Оо Уу Ээ

p k
[п] [к]
Пп Кк
Пп Кк

m f
[м] [ф]
Мм Фф
Мм Фф

n s t
[н] [с] [т]
Нн Сс Тт
Нн Сс Тт

о́н, та́м, То́м, то́н, ту́т, ко́т, су́п, со́к, но́с, Кэ́т, фа́кт, фо́н, у́м, ка́к.

3. *Listen and repeat.*

    (a) *Pronunciation Practice: unstressed syllables. (See Analysis, Phonetics, 2.0; 2.10; 2.11.)*

o a		o a
\ /	онá [анá],	\ /	мáма [мáмъ],
[a]	онó [анó],	[ъ]	э́то [э́тъ],
онá	окнó [акнó],	мáма	кáсса [кáссъ],
[анá]	Антóн [антóн]	[мáмъ]	Áнна [áннъ],

онá [анá],
онó [анó],
окнó [акнó],
Антóн [антóн]

мáма [мáмъ],
э́то [э́тъ],
кáсса [кáссъ],
Áнна [áннъ],
áтом [áтьм],
э́тот [э́тьт]

    (b) *Pay attention to qualitative and quantitative differences between stressed and unstressed syllables.*

óн — онá, óн — онó, тó — э́то, онá — Áнна, Тóм — áтом, тóт — э́тот

> **I**   Э́то Антóн.
>   Э́то Áнна.

4. *Listen and analyze. (See Analysis I, 2.0, 2.1; 3.0; 4.0.)*

Э́то мáма. Э́то Антóн. Э́то Тóм. Э́то Áнна.

5. *Listen and repeat. Intonation Practice: Intonational Construction 1 (IC-1) (See Analysis, Phonetics, 3.0; 3.1.)*

Э́то Тóм.   Э́то мáма.

Э́то мáма.

Э́то Антóн.   Э́то Áнна.
Э́то окнó.   Э́то кáсса.
Э́то кóт.   Э́то сýп.
Э́то сóк.

6. *Describe in Russian what you see. Use the correct intonation.*[1]

Model: Э́то Анто́н.

Áнна, ма́ма, Анто́н,
То́м, окно́, ка́сса

7. *Situations.*

(1) Suppose you are showing photographs of your family. Identify each individual in them by his or her name, using a complete sentence in Russian.

(2) Now do the same with photographs of American cities.

(3) Suppose you are standing with a group of friends when Anton and Anna come up to you. Introduce them to your friends in Russian. Introduce your friends to Anna and Anton.

8. *Write out in longhand.*

*Аа, Оо, Уу, Ээ, Мм, Нн, Фф, Тт, Пп, Кк, Сс, Том, окно,
касса, он, она. Это мама. Это Антон. Это Анна. Это касса.*

9. *Listen and repeat. Pronunciation Practice: voiced consonants. (See Analysis, Phonetics, 1.20-1.23.)*

v [в] Вв *Вв*	во́т, восто́к [васто́к], вну́к, Москва́ [масква́]; Э́то Москва́. Э́то восто́к.
b [б] Бб *Бб*	Бо́стон [бо́стън], бана́н, бу́ква [бу́квъ], бу́ква «бэ».

---

[1]When speaking Russian, you should remember that all Russian sentences require definite intonational contours.

d [д] Дд *Дg*	Дóн, дóм, водá [вадá], доскá [даскá]; Тóм — дóм, Дóн — тóн; Это дóм. Это водá. Это доскá.
z [з] Зз *Зз*	завóд [завóт], зáпад [зáпът], зýб [зýп], звýк, звонóк [званóк]; сýп — зýб; Это завóд. Это зáпад.
g [г] Гг *Гг*	гóд [гóт], гáз [гáс], ногá [нагá], вагóн [вагóн]; кóт — гóд, кáсса — гáз; Это вагóн. Это ногá. Это гáз.

10. *Read the words. Pay attention to devoicing final voiced consonants.*

[д] ➔ [т]   гóд [гóт], сáд [сáт], завóд [завóт], зáпад [зáпът],
[з] ➔ [с]   гáз [гáс], зýб [зýп].
[б] ➔ [п]
[в] ➔ [ф]

II   Áнна дóма.

11. *Listen and analyze. (See Analysis I, 8.0.)*

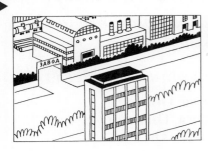

Это Москвá.
Дóм тýт.
Завóд тáм.

Это мáма.
Это Áнна.
Мáма дóма.
Áнна дóма.

12. *Listen and repeat. Intonation Practice.*

Э́то Москва́. До́м ту́т. Заво́д та́м. Э́то ма́ма. Ма́ма до́ма. Э́то А́нна.

А́нна до́ма. Э́то Анто́н. Анто́н та́м.

13. *Describe in Russian what you see. Draw intonational contours for each sentence.*

То́м до́ма.
А́нна ту́т.
Анто́н та́м.
Заво́д ту́т.
До́м та́м.
Ваго́н та́м.
Ка́сса ту́т.

14. *Describe what you see.*

Model: А́нна <u>до́ма</u> .
Анто́н <u>та́м</u> .

15. *Write out in longhand.* Бостон, Москва, буква,

вода, восток, вагон, дом, завод, звук, газ.
Это Москва. Это завод. Это вагон. Это касса. Это мама.
Это Анна. Анна тут. Это Антон. Антон там.

16. *Listen and repeat; then read and analyze. (See Analysis I, 1.1-1.32; 4.0; 6.0; 6.1.)*

1. Э́то **А́нна. Она́** до́ма.
2. Э́то **Анто́н. О́н** та́м.
3. Э́то **до́м. О́н** ту́т.
4. Э́то **заво́д. О́н** та́м.
5. Э́то **окно́. Оно́** та́м.
6. Э́то **ка́сса. Она́** та́м.
7. Э́то **ваго́н. О́н** ту́т.

17. *Supply continuations for each of the sentences. Indicate intonational centers throughout.*

Model: Э́то Анто́н. О́н до́ма .   Model: Э́то до́м. О́н та́м .

1. Э́то То́м.
2. Э́то ма́ма.
3. Э́то А́нна.

1. Э́то ваго́н.
2. Э́то окно́.
3. Э́то ка́сса.

4. Э́то заво́д.
5. Э́то Анто́н.
6. Э́то А́нна.

18. *Tell where each person or thing is.*

Model: Э́то Анто́н. О́н ту́т. Э́то А́нна. Она́ та́м.

19. *Listen and repeat. (See Analysis, Phonetics, 1.34.)*

š	Ма́ша [ма́шъ], ша́пка [ша́пкъ], ко́шка [ко́шкъ], шу́ба
[ш]	[шу́бъ], шу́тка [шу́ткъ], что́ [што́];
Шш	Э́то Ма́ша. Э́то ша́пка. Э́то шу́ба. Э́то ко́шка.
Шш	Са́ша, ка́сса — ка́ша, ма́сса — Ма́ша.
	Э́то ка́сса. Э́то ка́ша.

ž	Жа́нна [жа́ннъ], ну́жно [ну́жнъ], мо́жно [мо́жнъ];
[ж]	Э́то Жа́нна. Э́то Ма́ша. Э́то Са́ша. Ма́ша до́ма. Са́ша
Жж	до́ма.
Жж	му́ж [ш], но́ж [ш]

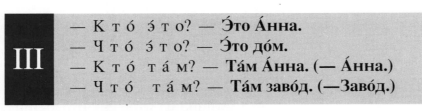

III

— Кто́ э́то? — Это А́нна.
— Что́ э́то? — Это до́м.
— Кто́ та́м? — Та́м А́нна. (— А́нна.)
— Что́ та́м? — Та́м заво́д. (—Заво́д.)

▶ **20.** *Listen and analyze. (See Analysis I, 6.4.)*

— Кто́ э́то?
— Это Ма́ша.

— Что́ э́то?
— Это маши́на.

— Кто́ э́то?
— Это ко́шка.
— Кто́ э́то?
— Это соба́ка.

— Кто́ та́м?
— Та́м Ма́ша.

— Кто́ ту́т?
— Ту́т соба́ка.
— Кто́ та́м?
— Та́м ко́шка.

21. *Listen and repeat; then read aloud. Note Intonational Construction 2 (IC-2). (See Analysis, Phonetics, 3.2.)*

Кто э́то?

— Кто́ э́то? — Кто́ э́то? — Кто́ э́то?
— Это Анто́н. — Это Ма́ша. — Это А́нна.

— Кто́ э́то? — Это А́нна.   — Что́ э́то? — Это заво́д.
— Кто́ э́то? — Это Са́ша.   — Что́ э́то? — Это ка́сса.
— Кто́ э́то? — Это ко́шка.   — Что́ э́то? — Это до́м.
— Что́ э́то? — Это ша́пка.   — Кто́ э́то? — Это ма́ма.
— Что́ э́то? — Это ваго́н.

22. *Ask who or what this is. Pay attention to intonation.*

Model: — Кто́ э́то?
— Э́то Ма́ша .
— Что́ э́то?
— Э́то до́м .

  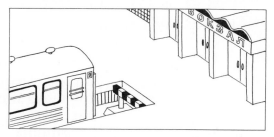

23. *Listen and repeat. (See Analysis, Phonetics, 1.38; 1.45; 1.46.)*

X **[x]** Xx *Xx*	у́хо [у́хъ], му́ха [му́хъ], во́здух, вхо́д [фхо́т]; вхо́д — ко́т; Э́то вхо́д. Вхо́д ту́т.
i **[и]** Ии *Ии*	Ива́н, И́нна, А́нна и Са́ша, Ма́ша и Анто́н, Са́ша и Ма́ша
i **[ы]** ы *ы*	кы, гы, хы, ты́, вы́, мы́, сы́н, ды́м; вы́ход, у́жин [у́жын], жена́ [жына́], мы́ и вы́, ты́ и мы́, до́м **и** са́д [до́мыса́т]; са́д **и** до́м [са́ты до́м], Са́ша и Анто́н, Анто́н и Са́ша. Э́то вы́ход.

24. *Listen and repeat.*

(a) *Pronunciation Practice: unstressed syllables. (See Analysis, Phonetics, 2.11.)*

собáка [сабáкъ], погóда [пагóдъ], Натáша [натáшъ], машúна [машы́нъ];

(b) *Pronunciation Practice: consonant clusters. (See Analysis, Phonetics, 1.23; 1.24.)*

автóбус [афтóбус], ошúбка [ашы́пкъ]. Вóт дóм [вóддóм]. Вóт завóд [вóдзавóт]. Тýт сáд [тýтсáт]. Вóт машúна [вóтмашы́нъ]. Тýт Натáша [тýтнатáшъ]. Тýт вы́ход [тýтвы́хът].

▶ **25.** *Listen and repeat; then read and analyze. (See Analysis I, 4.0.)*

1. — Ктó тáм? — Э́то мы́. Антóн и Натáша.
2. — Ктó э́то? — Э́то кóшка и собáка. — Ктó тýт? — Тýт кóшка. — Ктó тáм? — Тáм собáка.
3. — Чтó тýт? — Тýт машúна. Тáм автóбус. — Чтó тýт? — Тýт завóд.

26. *Ask questions and answer them.*

Model: — Ктó тáм?
        — Тáм Антóн .

        — Чтó тáм?
        — Тáм вагóн .

27. *Situations.*

Ктó э́то?	Ктó тáм?
Чтó э́то?	Чтó тáм?

(1) You are looking at a series of children's drawings and do not understand what they represent.

(2) You are at an exhibition of modern art and do not understand what is represented in some of the paintings.

(3) A friend shows you a photograph of his student group and you want to know the identity of those in the photo.

(4) Ask the person sitting next to you for the names of the students who are visiting your seminar.

(5) Someone is ringing your doorbell and you want to find out who it is before you open the door.

28. *Write out in longhand.*

Саша, машина, ты, вы, муж, кто, что. Кто это?—Это Саша.
Кто это?—Это кошка. Кто дома?—Маша дома.
Что тут? — Тут сад. Что там? — Там дом.
Что это? — Это завод. Что тут? — Тут машина.
Что там?—Там автобус.

29. (a) *Listen. Note the difference between hard and soft consonants. (See Analysis, Phonetics, 1.10-1.13; I, 1.3-1.32.)*

[с'] [з'] [н'] [т'] [д']	са — ся, за — зя, сы — си, зы — зи, на — ня, ны — ни, да — дя, ды — ди, та — тя, ты — ти.

(b) *Listen and repeat.*

магазин [мъгаз'ин]	иси, си, исе, се, изи, зи, изе, зе, си, зи, се, зе; ини, ни, ине, не, иди, ди, иде, де; ити, ти, ите, те, ти, ди, те, де;

Зина [з'инъ], магазин [мъгаз'ин], газета [газ'ётъ], спасибо [спас'ибъ], они [ан'и], Нина [н'инъ], не, нет, один [ад'ин], студент;

ся [с'а], сю [с'у], сё [с'о]; ня, ню, нё, тя, тю, тё, дя, дю, дё;

(c) *Pay attention to the pronunciation of unstressed syllables. (See Analysis, Phonetics, 2.12.)*

Таня [тан'ъ]	Таня [тан'ъ], тётя [т'от'ъ], Катя [кат'ъ], сюда [с'уда]; на — ня, но — нё, ну — ню, са — ся, со — сё, су — сю, да — дя, ду — дю, до —дё, та — тя, то — тё, ту — тю
десять [д'ес'ит']	тётя, Катя, день, июнь, осень [ос'ин'], десять [д'ес'ит'].

(d) *Pay attention to the pronunciation of hard and soft consonants clusters.*

здесь [з'д'ес'], костюм [кас'т'ум], шесть [шес'т'], где [гд'е], книга [кн'игъ], аптека [апт'екъ], письмо [п'ис'мо], институт [инст'итут]

1. — Кто́ э́то? — Э́то Зи́на.

2. — Кто́ э́то? — Э́то Ни́на.

3. — Что́ э́то? — Э́то магази́н.

4. — Что́ здесь? — Здесь апте́ка.

5. — Что́ та́м? — Та́м институ́т.

6. Э́то моя́ кни́га. Э́то моя́ газе́та. Кни́га и газе́та зде́сь.

7. Э́то твоё письмо́. Письмо́ зде́сь.

| **IV** | Э́то **на́ш до́м.**
 Э́то **на́ша ма́ма.**
 Э́то **на́ше окно́.** |

▶ **30.** *Listen and analyze. (See Analysis I, 6.2; 6.3.)*

Э́то **моя́ жена́.**
Э́то **мо́й сы́н.**

Э́то **на́ш до́м.**
Э́то **на́ша маши́на.**

31. *Listen and repeat. (See Analysis, Phonetics, 1.37; I, 1.2.)*

▶

		j		
[ja]	[jy]	[jo]	[jэ]	
Яя	Юю	Ёё	Ее	
Яя	*Юю*	*Ёё*	*Ее*	

я [ja], ю [jy], ё [jo], е [jэ];

а — я; у — ю; о — ё; э — е;

юг [jýк], моя́ [majá], твоя́ [tвajá], тво́й [tвój], мо́й [мój], ма́й [мáj], музе́й [муз'éj], война́ [вajнá], по́езд [пójист]

32. *Listen and repeat. Pronunciation Practice: pronounce each phrase as a single unit.*

мóй дóм, мóй сы́н, мóй мýж; твóй дóм, твóй сы́н, твóй мýж; моя́ мáма, моя́ женá, моя́ машúна; твоя́ мáма, твоя́ женá, твоя́ машúна; моё окнó, твоё окнó; нáш дóм [нáждóм], нáш сы́н, нáша мáма, нáша машúна, нáше окнó; вáш дóм [вáждóм], вáша женá, вáше окнó.

33. *Listen and repeat. Pronounce each sentence as a single unit.*

Дóм. Нáш дóм. Это нáш дóм.

Вáш дóм. Дóм тáм. Вáш дóм тáм.

Мáма. Нáша мáма. Нáша мáма дóма.

Окнó. Нáше окнó. Окнó тýт. Нáше окнó тýт.

Мýж. Мóй мýж. Мóй мýж дóма.

Мáма. Моя́ мáма. Мáма дóма. Моя́ мáма дóма.

Вагóн. Твóй вагóн. Это твóй вагóн.

Машúна. Моя́ машúна. Это моя́ машúна.

34. *Read and translate.*

Это мóй дóм. Моя́ мáма тáм. Твóй дóм тáм. Твоя́ мáма дóма. Твоё окнó тáм. Это нáш дóм. Вáш дóм тáм. Нáш дóм тýт. Это нáше окнó. Вáше окнó тáм. Это нáш дóм. Тýт нáш сáд. Это нáша кóшка.

35. *Complete each sentence, using the required form of* мóй, твóй, нáш *or* вáш.

Это ... сáд. ... дóм тáм. ... мáма дóма. Это ... окнó. Это ... мýж. Это ... кóшка. Это ... машúна.

36. *Suppose somebody asks you a question. Answer it.*

Model: — Чтó э́то? — <u>Это мóй дóм</u> .

 Чтó э́то?

 Ктó э́то?

 Ктó э́то?

 Ктó э́то?

 Чтó э́то?

 Ктó э́то?

 Чтó э́то?

dóм
окнó
мýж
кóшка
собáка
сы́н
мáма
машúна

37. *Read the sentences aloud, pronouncing each sentence as a single unit.*

Э́то на́ш до́м. Ту́т заво́д. Ту́т са́д. Э́то ва́ш сы́н. Э́то ва́ш авто́бус. О́н и она́. Вы́ и мы́. Са́ша и Ната́ша. Анто́н и Са́ша. Маши́на и авто́бус. Авто́бус и маши́на. До́м и са́д. Ма́ма и Анто́н. Му́ж и жена́. Во́т Ива́н. Вхо́д и вы́ход.

— Г д е́ А́нна?
— **А́нна до́ма.**

▶ **38.** *Listen and analyze. (See Analysis I, 7.0; 8.0.)*

— **Где́ ма́ма?**
— **Ма́ма до́ма.**

— **Где́ моя́ кни́га?**
— **Твоя́ кни́га здесь.**

— **Где́ моя́ газе́та?**
— **Во́т она́.**

— **Где́ апте́ка?**
— **Апте́ка та́м.**

39. *Listen and repeat. Pronunciation Practice: Intonational Construction 2 (IC-2). (See Analysis, Phonetics, 3.2.)*

1. — Где́² Анто́н? — Анто́н до́ма.

2. — Где́² ма́ма? — Ма́ма до́ма.

3. — Где ва́ш му́ж²? — О́н до́ма.

4. — Где́ ва́ша жена́²? — Она́ здесь.

5. — Где́ Ни́на? — Ни́на здесь.

6. — Где́ магази́н²? — Магази́н здесь.

7. — Где́ апте́ка²? — Апте́ка здесь. — Где́ институ́т²? — Институ́т та́м.

8. — Где́ моя́ кни́га²? — Твоя́ кни́га здесь.

9. — Где́ газе́та? — Газе́та та́м.

10. — Где́ Зи́на? — Зи́на до́ма.

11. — Где́ моё письмо́? — Оно́ та́м.

12. — Где́ моя́ ша́пка? — Во́т она́.

40. *Somebody asks you a question. Answer it.*

Model: — Где́ ма́ма?

— <u>Ма́ма до́ма</u> .

1. Где́ ма́ма?
2. Где́ Анто́н?
3. Где́ Зи́на?
4. Где́ Ни́на?
5. Где́ Ка́тя и Ма́ша?

Model: — Где моя́ газе́та?

— <u>Твоя́ газе́та та́м</u> .

1. Где́ тво́й до́м?
2. Где́ твоя́ жена́?
3. Где́ моя́ кни́га?
4. Где́ твоя́ маши́на?
5. Где́ тво́й сы́н?
6. Где́ моё письмо́?
7. Где́ магази́н?
8. Где́ ка́сса?
9. Где́ институ́т?
10. Где́ апте́ка?

до́ма
ту́т
та́м
зде́сь

41. (1) You want to know where you can find John, Nina, Katya and Tom.

Model: — Где́ Дже́йн? — <u>Она́ зде́сь</u> .

(2) You want to know where you can find a book, newspaper, letter, institute, pharmacy or a store.

CONVERSATION

I. Vocatives and Expressions of Gratitude

42. (a) *Basic Dialogues. Listen. Note the underlined words and phrases; also note the intonation of the vocatives and the expressions of gratitude. (See Analysis, Phonetics, 3.9.)*

— Где́ зде́сь магази́н?   — Ка́тя,[1] где́ моя́ кни́га?

— Магази́н <u>во́н та́м.</u>   — <u>Во́т она́.</u>

— <u>Спаси́бо.</u>   — <u>Спаси́бо.</u>

(b) *Listen and repeat. Pronunciation Practice: Intonational Construction 2 (IC-2). (See Analysis, Phonetics, 3.6; 3.9.)*

1. Ни́на, / где́ твой сы́н?   6. Са́ша, / где́ зде́сь ка́сса?

2. А́нна, / где́ моя́ кни́га?   7. Джо́н, / где́ твоя́ маши́на?

3. Ма́ма, / где́ моё письмо́?   8. Зи́на, / где́ зде́сь магази́н?

4. Ната́ша, / где́ твой институ́т?   9. То́м, /где́ твой до́м?

5. Ма́ша, / где́ зде́сь апте́ка?   10. Анто́н, / где́ моя́ газе́та?

(c) *Listen once more to the dialogues in 42 (a) and repeat them after the speaker.*

(d) *Situations.*

Где́ зде́сь ка́сса?

(1) You want to find out the location of a factory, pharmacy, institute, store or the entrance or exit.

Ро́берт, где́ твоя́ маши́на?

(2) Inquire about your missing book, newspaper, hat or dog. Do not forget to use the name of the person you are addressing.

---

[1]When addressing somebody, remember to use his or her name.

PRESENTATION AND PREPARATORY EXERCISES

Это **студе́нты.**

▶ **43.** *Listen, repeat and analyze. (See Analysis I, 5.0; 5.1.)*

(a) 1. Ту́т ваго́н. Та́м **ваго́ны.**
  2. Зде́сь ка́сса. Та́м **ка́ссы.**
  3. Э́то **заво́ды.**
  4. Та́м **магази́ны.**
  5. Та́м **авто́бусы.**
  6. Во́т **газе́ты.**
  7. — Кто́ э́то? — Э́то
   студе́нты.

(b)1. — Где́ **ва́ши студе́нты?** —
   Они́ ту́т.
  2. — Где́ **мои́ газе́ты?** — Во́т
   они́. — Где́ **ва́ши газе́ты?** —
   Они́ зде́сь.
  3. Э́то **на́ши ко́мнаты. Ва́ши**
   ко́мнаты та́м.
  4. Э́то на́ша маши́на. **Ва́ши**
   маши́ны та́м.

44. *Listen and repeat. (See Analysis, Phonetics, 1.34; 1.46.)*

▶ ка́ссы, ваго́ны, заво́ды, магази́ны [мъгаз'и́ны], газе́ты, авто́бусы,
студе́нты, институ́ты, на́ши [на́шы], ва́ши [ва́шы] ; на́ши
студе́нты, ва́ши газе́ты, на́ши газе́ты, ва́ши маши́ны, на́ши
маши́ны.

45. *Tell what is depicted in each drawing.*

Model: Зде́сь авто́бус. Та́м <u>авто́бусы</u> .

заво́д, маши́на, магази́н, студе́нт, ваго́н, ка́сса, газе́та, авто́бус

 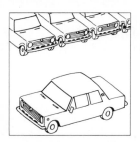  

46. *Change from the singular to the plural.*

Model: Это на́ша маши́на. <u>Это на́ши маши́ны</u>.

1. Это на́ш студе́нт.
2. Это на́ш авто́бус.
3. Та́м твоя́ газе́та.
4. На́ша маши́на та́м.
5. Это на́ша ко́мната.

VI — Это А́нна?

— Да, это А́нна.

— Не́т, это не А́нна. Это Ни́на.

47. *Listen and analyze.*

— Да́, это Оде́сса.

— Это Оде́сса?
— Не́т, это не Оде́сса. Это Москва́.

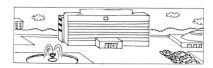

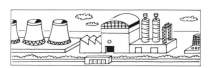

— Да́, это институ́т.

— Это институ́т?
— Не́т, это не институ́т. Это заво́д.

48. (a) *Listen and repeat. Pronunciation Practice: Intonational Construction 3 (IC-3). (See Analysis, Phonetics, 3.3.)*

Ма́ма до́ма?

Э́то до́м? Э́то вода́? Э́то Анто́н? Э́то А́нна?
Э́то ма́ма? Э́то маши́на? Э́то авто́бус?

(b) *Compare the intonation of question and statement.*

Э́то дом?   Э́то дом.

Э́то Анто́н?	Э́то Анто́н.
Э́то Москва́?	Э́то Москва́.
Э́то А́нна?	Э́то А́нна.
Э́то ма́ма?	Э́то ма́ма.
Э́то газе́та?	Э́то газе́та.
Э́то апте́ка?	Э́то апте́ка.
Э́то Оде́сса?	Э́то Оде́сса.
Э́то магази́н?	Э́то магази́н.
А́нна до́ма?	А́нна до́ма.
Анто́н зде́сь?	Анто́н зде́сь.
Зи́на зде́сь?	Зи́на зде́сь.

49. *Listen and repeat.*

Э́то не газе́та. Не газе́та [н'игаз'е́тъ]. Э́то не моя́ газе́та. Не моя́ [н'имаја́]. Э́то не кни́га. Э́то не магази́н. Э́то не институ́т. Э́то не апте́ка. Э́то не заво́д.

50. *Listen and repeat. Note the intonational construction of interrogative sentences.*

(a) 1. — Извини́те, / э́то магази́н? — Да́, / э́то магази́н.

2. — Извини́те, / э́то апте́ка? — Не́т, / э́то не апте́ка. Э́то магази́н.

3. — Извини́те, / э́то институ́т? — Да́, / э́то институ́т.

4. — Извини́те, / э́то заво́д? — Не́т, / э́то не заво́д. Э́то институ́т.

5. — Э́то ва́ша газе́та? — Да́, / э́то моя́ газе́та.

6. — Э́то ва́ша кни́га? — Не́т, / э́то не моя́ кни́га.

7. — Э́то твоё письмо́? — Не́т, / э́то не моё письмо́.

(b) 1. — Э́то магази́н? — Да́, / магази́н.

2. — Э́то ва́ша кни́га? — Да́, / моя́.

3. — Э́то твоё письмо́? — Да́, / моё.

4. — Э́то заво́д? — Не́т, / не заво́д.

5. — Э́то ва́ша газе́та? — Не́т, / не моя́.

6. — Э́то магази́н? — Не́т, / апте́ка.

51. *Listen and reply.*

Model: — Э́то Москва́?

— Не́т, / Оде́сса .

1. Э́то Анто́н?

2. Э́то магази́н?

3. Э́то апте́ка?

4. Э́то заво́д?

5. Э́то институ́т?

6. Э́то ко́шка?

7. Э́то ва́ш сы́н?

Джо́н
апте́ка
институ́т
соба́ка
Анто́н

52. *Find out what you need.*

Model: Ма́ма до́ма ?

Анто́н, Ни́на, Ива́н, А́нна, Са́ша, Ма́ша, Ка́тя, Зи́на

Model: Ва́ша ма́ма та́м ?

заво́д, маши́на, му́ж, сы́н, до́м, институ́т

53. *Listen and repeat. Pay attention to the relationship between meaning and the position of the intonational center. (See Analysis, Phonetics, 3.3.)*

— Э́то ва́ш сы́н?
— Да́, / сы́н.
— Э́то ва́ш сы́н?
— Да́, / на́ш.

— Э́то ва́ш му́ж?
— Да́, / му́ж.
— Э́то ва́ш до́м?
— Да́, / на́ш.

— Э́то ва́ш студе́нт?
— Не́т, / э́то мо́й сы́н.
— Э́то ва́ш студе́нт?
— Да́, / на́ш.

54. *Listen and reply.*

1. Э́то ва́ш сы́н?
2. Э́то ва́ша жена́?
3. Э́то ва́ш му́ж?

4. Э́то ва́ша газе́та?
5. Э́то ва́ша маши́на?
6. Э́то ва́ш сы́н?

55. *Ask questions and answer them.*

Model: — Э́то ва́ш сы́н?
 — Да́, / сы́н.
 — Э́то ва́ш сы́н?
 — Да́, / мо́й.

институ́т, до́м,
ша́пка, маши́на, кни́га,
газе́та, письмо́, жена́,
му́ж, студе́нт

56. *Dialogues. Listen and repeat. Indicate intonational centers throughout. Memorize the dialogues and be prepared to dramatize them in class.*

(a) Anton and Natasha are walking along the street.

— Анто́н, что́ э́то?
— Институ́т.
— Э́то тво́й институ́т?
— Не́т, не мо́й. Мо́й институ́т не зде́сь.

(b) John is looking for a store.

— Извини́те, э́то магази́н?
— Не́т, не магази́н. Э́то апте́ка.
— А где́ зде́сь магази́н?
— Во́н та́м.

(c) Anton is looking at one of John's photographs.

— Э́то ты́?
— Да́, я.
— А э́то тво́й до́м?
— Да́.
— Э́то твоя́ маши́на?
— Моя́.

(d) Telephone Conversation: Anna is telephoning a store.

— Э́то магази́н?
— Не́т, не магази́н. Э́то апте́ка.

(e) Masha is in the institute, looking for Natasha.

— Ни́на, Ната́ша здесь?
— Нет.
— А где́ она́?
— До́ма.
— А Дже́йн здесь?
— Да́, здесь.

(f) Katya sees a newspaper on a park bench. She asks the man sitting there whether it is his.

— Э́то ва́ша газе́та?
— Да́, моя́. Спаси́бо.

★ *Make up similar dialogues.*

57. *Situations.*

(1) A friend of yours is showing you photographs taken during a recent trip to the Soviet Union. You think you recognize Moscow and Odessa, but are not sure. Find out.

(2) You are just learning the names of your fellow students and wonder which student is Masha, which is Anna, Sasha, Natasha, Anton and Nina.

(3) A friend is showing you photographs. Find out who/what is depicted there (mother, son; a garden, dog, house, car).

(4) You are telephoning a store (pharmacy, institute, factory), but get a wrong number. Find out what place you have called.

58. *Write out in longhand.*

моя, твоя, моё, твоё, мой, твой, газета, книга, магазин.
Это моя газета. Это твоя книга. Это твоё письмо.
Мой дом там. Твой дом здесь.
Это твоя машина? Это ваша жена?
Где здесь магазин? Антон, где твой институт?

CONVERSATION

II. Situations involving Yes-No Questions

— Э́то магази́н?

— Да́, / э́то магази́н.   — Не́т, / э́то не магази́н. Э́то
                                 апте́ка.

(— Да́, / магази́н.)   (— Не́т, / апте́ка.)

(— Магази́н.)   (— Не́т.)

(— Да́.)

— Э́то ва́ша маши́на?

— Да́, / э́то моя́ маши́на.   — Не́т, / э́то не моя́
                                 маши́на.

(— Да́, / моя́.)   (— Не́т, / не моя́.)

(— Моя́.)   (— Не́т.)

59. *Situations.*

Model: — Э́то апте́ка?

— Да́, / э́то апте́ка.   — Не́т, / э́то не апте́ка.
                                Э́то магази́н.

(— Да́, / апте́ка.)   (— Не́т, / магази́н.)

(— Апте́ка.)   (— Не́т.)

(— Да́.)

(1) Find out whether the building you see is a factory.

(2) Ask your friend whether the young boy with him is his son.

(3) Ask your friend whether the woman in a photograph is his mother.

(4) You are looking at a child's drawing and see: an animal resembling either a cat or a dog, an object resembling either a railroad car or a building, an object resembling either a car or a bus. Find out what it is.

Model: — Э́то ва́ш до́м?

— Да́, / э́то мо́й до́м. — Не́т, / э́то не мо́й до́м.

(— Да́, / мо́й.) (— Не́т, / не мо́й.)

(— Да́.) (— Не́т.)

(— Мо́й.) (— Не мо́й.)

(1) You see a newspaper and wonder whether it belongs to your friend.

(2) You like the car your friend was driving. Ask whether it is his.

(3) Ask Anna whether she left a book in the classroom.

VOCABULARY

автóбус bus
аптéка pharmacy
вагóн train car
вáш, вáша, вáше your(s)
вáши *pl.* your(s)
вóн тáм over there
вóт here (is/are)
газéта newspaper
гдé where
дá yes
дóм house, building
дóма at home
женá wife
завóд factory, plant, works
здéсь here
здрáвствуйте how do you do, hello
и́ and
извини́те excuse me
институ́т institute, college
кáсса cashier's box
кни́га book
кóмната room
кóшка cat
ктó who
магази́н store
мáма mama

маши́на automobile, car
мóй, моя́, моё my, mine
мóй *pl.* my, mine
му́ж husband
нáш, нáша, нáше our(s)
нáши *pl.* our(s)
нé not
нéт no
окнó window
óн he
онá she
они́ they
онó it
письмó letter
сáд garden
собáка dog
спаси́бо thank you
студéнт student
сы́н son
тáм there
твóй, твоя́, твоё your(s)
твои́ *pl.* your(s)
ту́т here
чтó [штó] what
шáпка hat, cap
э́то this (is...)

VOCABULARY FOR PHONETIC EXERCISES

а́том atom
бана́н banana
бу́ква letter
вну́к grandson
вода́ water
во́здух air
война́ war
восто́к east
вхо́д entrance
вы́ *pl.* you
вы́ход exit
га́з gas
гóд year
дéнь day
дéсять ten
доска́ blackboard
зáпад west
звонóк bell
зву́к sound
зу́б tooth
ию́нь June
кáк how

ка́ша kasha, porridge
костю́м suit
ко́т cat
ма́й May
ма́сса mass
мо́жно (it is) possible
музе́й museum
му́ха fly
мы́ we
нога́ foot, leg
но́ж knife
но́с nose

ну́жно (it is) necessary
оди́н one
о́сень fall, autumn
оши́бка mistake
пого́да weather
по́езд train
со́к juice
су́п soup
сюда́ here, to this place
тётя aunt
то́н tone
то́т that

ты́ you
у́жин supper
у́м intellect
у́хо ear
фа́кт fact
фо́н background
ше́сть six
шу́ба fur coat
шу́тка joke
э́тот this, that
ю́г south

Мы́ отдыха́ем

PRESENTATION AND PREPARATORY EXERCISES

1. *Listen and repeat. (See Analysis, Phonetics, 1.36.)*

> *r*
> [p]
> Рр
> $\mathcal{P}\rho$

рабо́та [рабо́тъ], И́ра [и́ръ], ро́т, уро́к, рука́, го́род [го́ръд], Росто́в [расто́ф], каранда́ш [къранда́ш], дру́г [дру́к], подру́га [падру́гъ], у́тро, у́тром [у́трьм], трамва́й [трамва́j], бра́т, сестра́ [с'истра́], пра́вда [пра́вдъ], спра́ва, ка́рта, па́рта, ма́рт, то́рт, по́рт, спо́рт, ма́рка, па́рк, здра́вствуй [здра́ствуj], Кры́м, газе́та «Пра́вда»; ша́р, па́р, спо́р, хо́р, инжене́р.

> сестра́ [с'истра́]

1. Э́то ва́ш каранда́ш.
2. Во́т на́ша ка́рта. Зде́сь Кры́м. Зде́сь го́род Росто́в.
3. Э́то моя́ подру́га Ни́на. Э́то моя́ сестра́ И́ра. Э́то мо́й бра́т Анто́н.

2. *Listen and repeat. Indicate intonational centers and types in each of the following sentences.*

1. — А́нна, кто́ э́то? Э́то ва́ша подру́га?
   — Не́т, сестра́. Э́то моя́ сестра́ Ка́тя.
   — Где́ ва́ша подру́га И́ра?
   — И́ра до́ма.
2. — Э́то ва́ш дру́г? — Не́т, бра́т. Э́то мо́й бра́т Анто́н.
3. — Э́то «Пра́вда»? — Да́, э́то газе́та «Пра́вда».
4. — Что́ э́то? — Э́то ка́рта. — Где́ Кры́м? — Кры́м во́т ту́т.
   — Зде́сь Оде́сса? — Не́т, зде́сь Росто́в.
5. — И́ра, где́ зде́сь па́рк? — Па́рк во́н та́м спра́ва.

3. *Listen and repeat. (See Analysis, Phonetics, 1.39.)*

чей [чéj], чáс, часы́ [чисы́], чáй [чáj], óчень [óчин'], чья́ [чjá], чьё [чjó], чьй [чjи́], учени́к [учин'и́к], врáч, Антóн Ивáнович [ивáныч], Ивáн Антóнович [антóныч], пóчта [пóчтъ], рýчка [рýчкъ], тóчка, вчерá [фчирá].

1. Э́то нáш врáч Антóн Ивáнович.

2. — Где́ здéсь пóчта? — Пóчта вóн тáм спрáва.

3. — Ивáн Антóнович, / э́то вáша рýчка?

— Дá, / э́то моя́ рýчка. Спаси́бо.

4. — Антóн Ивáнович, / э́то вáш учени́к?

— Дá, / э́то мóй учени́к.

I Антóн рабóтает.

4. *Listen, repeat and analyze. (See Analysis II, 1.0; 1.1.)*

Антóн рабóтает.
А́нна отдыхáет.

5. *Listen and repeat. Pronunciation Practice: present tense verb forms.*

(a) *Pay attention to unstressed syllables.*

Я́ рабóтаю [рабóтъjу]. Мы́ рабóтаем [рабóтъjим].
Ты́ рабóтаешь [рабóтъjиш]. Вы́ рабóтаете [рабóтъjит'и].
Óн (онá) рабóтает [рабóтъjит]. Они́ рабóтают [рабóтъjут].
Я́ отдыхáю [аддыхájу]. Мы́ отдыхáем [аддыхájим].
Ты́ отдыхáешь [аддыхájиш]. Вы́ отдыхáете [аддыхájит'и].
Óн (онá) отдыхáет [аддыхájит]. Они́ отдыхáют [аддыхájут].

Я́ читáю, ты́ читáешь, óн читáет, мы́ читáем, вы́ читáете, они́ читáют, Антóн читáет, А́нна читáет, студéнты читáют.

(b) *Pronunciation of the negative particle* не *preceding a verb.*

Я не работаю [н'ирабо́тъју]. Я не отдыха́ю [н'иаддыха́ју]. Ты́ не рабо́таешь. Ты́ не отдыха́ешь. О́н не рабо́тает. О́н не отдыха́ет. Мы́ не рабо́таем. Мы́ не отдыха́ем. Вы́ не рабо́таете. Вы́ не отдыха́ете. Они́ не рабо́тают. Они́ не отдыха́ют. Анто́н не рабо́тает. Студе́нты не отдыха́ют.

6. *Listen and repeat; then read and translate.*

(a) 1. — А́нна, вы́ рабо́таете? — Да́, я рабо́таю. — Ва́ш бра́т Анто́н рабо́тает? — Да́, Анто́н рабо́тает.

2. — Ма́ша, ты́ отдыха́ешь? — Да́, я отдыха́ю. — То́м отдыха́ет? — Да́. О́н отдыха́ет.

3. — А́нна и Ни́на, вы́ рабо́таете? — Да́, мы́ рабо́таем.

4. — Ива́н Ива́нович, вы́ чита́ете? — Да́, я чита́ю. — Ма́ша чита́ет? — Да́, она́ чита́ет. — Ка́тя и Дже́йн чита́ют? — Да́, они́ чита́ют.

(b) 1. — А́нна, твоя́ подру́га Ма́ша рабо́тает? — Не́т, она́ не рабо́тает. Она́ отдыха́ет. — То́м рабо́тает? — Не́т, о́н не рабо́тает. О́н отдыха́ет. — И ты́ отдыха́ешь? — Не́т, я не отдыха́ю. Я рабо́таю.

2. — Анто́н, вы́ здесь отдыха́ете? — Не́т, не отдыха́ю. Я здесь рабо́таю.

3. — Кто́ э́то? — Я не зна́ю. — Что́ э́то? — Не зна́ю.

4. — Ива́н Анто́нович, вы́ чита́ете? — Не́т, я не чита́ю. Я рабо́таю. — Ма́ша чита́ет? — Не́т, она́ не чита́ет. Она́ отдыха́ет.

7. *Somebody asks you a question. Answer it.*

Model: — Вы́ рабо́таете?   — Да́, / рабо́таю .

(— Не́т, / не рабо́таю .)

1. То́м, ты́ рабо́таешь?

2. Э́то тво́й бра́т?

3. О́н рабо́тает?

4. Анто́н, ты́ рабо́таешь?

5. А́нна, ты́ отдыха́ешь?

6. Э́то магази́н?

7. Ты́ здесь рабо́таешь?

8. Тво́й бра́т рабо́тает?

9. Э́то твоя́ подру́га?

10. Она́ отдыха́ет?

11. Ма́ша, ты́ чита́ешь?

12. Анто́н чита́ет?

13. Ка́тя и Ни́на чита́ют?

14. Ве́ра, тво́й бра́т здесь рабо́тает?

15. И́ра, э́то институ́т?

16. Анто́н Петро́вич, вы́ чита́ете?

8. *Supply the required pronouns.*

1. ... рабо́таю.
2. ... рабо́тает.
3. Это А́нна. ... отдыха́ет.
4. Это Анто́н. ... отдыха́ет.
5. ... отдыха́ют.
6. — Кто́ та́м? — Моя́ ма́ма. ... рабо́тает.
7. — ... рабо́таете? — Да́, ... рабо́таем.
8. — ... отдыха́ешь? — Да́, ... отдыха́ю.

9. *Ask questions and answer them.*

1. Кто́ рабо́тает?
2. Кто́ отдыха́ет?
3. Кто́ чита́ет?

я, ты́, вы́, о́н, она́, они́, мы́, Анто́н, А́нна, Йра, студе́нт, сестра́, студе́нты.

10. *Listen and repeat. Note how the meaning of questions changes when the intonational center is shifted.*

1. — Ты́ рабо́[3]таешь? — Да́,[1] / рабо́[1]таю. — И ты́[3] рабо́таешь? — Да́,[1] / и я́[1] рабо́таю.
2. — Анто́н рабо́[3]тает? — Да́,[1] / рабо́[1]тает. — И А́нна[3] рабо́тает? — И А́нна[1] рабо́тает.
3. — Вы́ отдыха́[3]ете? — Не́т,[1] / рабо́[1]таю. — И вы́[3] рабо́таете? — Да́,[1] / и я́[1] рабо́таю.
4. — Ва́ш дру́г То́м отдыха́[3]ет? — Да́,[1] / о́н отдыха́[1]ет. — И Джо́н[3] отдыха́ет? — И Джо́н[1] отдыха́ет.
5. — Ва́ш бра́т рабо́[3]тает? — Да́,[1] / рабо́[1]тает. — И сестра́[3] рабо́тает? — Да́,[1] / и сестра́[1].

11. *Listen and reply, paying attention to intonational centers.*

Model: — Ты́ отдыха́[3]ешь? — <u>Да́,[1] / отдыха́[1]ю.</u>
       — И о́н[3] отдыха́ет? — <u>Да́,[1] / и о́н[1] отдыха́ет</u>.

1. Ты́ рабо́[3]таешь? И ма́ма[3] рабо́тает?
2. Вы́ чита́[3]ете? И Ни́на[3] чита́ет?
3. А́нна отдыха́[3]ет? И вы́[3] отдыха́ете?
4. Ма́ша чита́[3]ет? И Джо́н[3] чита́ет?
5. Тво́й бра́т рабо́[3]тает? И ты́[3] рабо́таешь?
6. Ка́тя рабо́[3]тает? И Анто́н[3] рабо́тает?
7. То́м, ты́ отдыха́[3]ешь? И Джейн[3] отдыха́ет?
8. Анто́н,[2] твоя́ сестра́ рабо́[3]тает? И бра́т[3] рабо́тает?

12. *Translate into Russian.*

(1) I am working. Anton is working too. Anna and Nina are not working. They are relaxing.

(2) "Who is that?" "That is Tom and John." "Are Tom and John resting?" "No, they are working." "Is Katya working?" "Yes, she is working." I am reading. Katya is reading too.

13. *Write out in longhand.*

Это моя подруга Ира. Это мой брат Антон.
Вы работаете?—Нет, я отдыхаю. Ира читает.

II — Чья́ э́то маши́на?
— Э́то **его́ маши́на.**

▶ **14.** *Listen and repeat; then read and analyze. (See Analysis II, 2.0.)*

1. Э́то Ви́ктор. Э́то **его́ сы́н** и **его́ жена́. И́х до́м** здесь.
2. Э́то А́нна. Э́то **её бра́т** и **её сестра́. И́х до́м** та́м.
3. Э́то мо́й сы́н. **Его́ ко́мната** ту́т. Э́то моя́ жена́. **Её ко́мната** та́м.
4. Э́то А́нна и Анто́н. Э́то **и́х ма́ма.**
5. — Э́то ру́чка? — Не́т, каранда́ш. — Э́то тво́й каранда́ш? — Не́т, не мо́й. Э́то **его́ каранда́ш.**

 15. *Listen and repeat.*

его́ [jиво́], её [jиjо́], и́х; его́ бра́т, его́ сестра́, его́ жена́; её подру́га [падру́гъ], её бра́т, её сестра́, и́х ма́ма, и́х сы́н, и́х до́м, и́х газе́ты.

— Кто̄² э́то? — Э́то мо́й бра́т и его́ жена̍. — Кто̄² э́то? Э́то и́х сы́н?

— Да̍, / э́то и́х сы́н. Э́то и́х до́м. Во́т и́х маши́на.

— Э́то Анто̄³н? — Да̍, / Анто́н. — Э́то его́ жена̄³? — Не́т, / э́то его́ сестра̍. — Э́то её подру́га Дже́йн.

16. *Somebody asks you a question. Answer it.*

Model: — Э́то её ма́ма?

— Да́, / её.

(— Не́т, / не её.)

1. Э́то его́ кни́га?

2. Э́то его́ до́м?

3. Э́то её ру́чка?

4. Э́то её маши́на?

5. Э́то его́ ко́мната?

6. Э́то её газе́та?

7. Э́то и́х до́м?

8. Э́то и́х маши́на?

9. Э́то и́х газе́ты?

10. Э́то его́ дру́г?

17. *Speak about these people. Supply the possessive pronouns* его́, её, и́х.

1. Э́то Анто́н Ива́нович. Э́то ... сы́н Ви́ктор. Э́то ... сестра́ Ве́ра. Э́то ... жена́ Зинаи́да Ива́новна.

2. Э́то И́ра. Э́то ... бра́т Анто́н. Э́то ... сестра́ Ка́тя. Э́то ... ма́ма А́нна Анто́новна.

3. Э́то А́нна Ива́новна и Ива́н Анто́нович. Э́то ... сы́н Анто́н.

18. *Supply suitable possessive pronouns.*

1. Э́то Ива́н Ива́нович. Э́то ... жена́. Э́то ... сы́н.

2. — Ви́ктор, где́ ... сестра́? — Она́ рабо́тает.

3. — Анто́н Ива́нович, где́ ... сы́н? — О́н отдыха́ет.

4. — Ива́н Ива́нович, где́ ... маши́на? — Во́н та́м.

5. — Ни́на, э́то ... бра́т? — Не́т, не ... .

6. — Ма́ма, где́ ... ру́чка? — Во́т она́.

7. Э́то Анто́н Ива́нович. Э́то ... до́м. Э́то ... маши́на.

8. Э́то Зинаи́да Ива́новна. Э́то ... му́ж, Анто́н Ива́нович. Э́то ... сы́н Ви́ктор.

9. Э́то Ка́тя и Ната́ша. Э́то ... ма́ма А́нна Ива́новна.

▶**19.** *Read and analyze. (See Analysis I, 6.11.)*

1. — Кто́ та́м? Э́то вы́, А́нна Ива́новна? — Да́, я́.

2. — Кто́ та́м? Э́то ты́, Ма́ша? — Я́.

3. — Э́то тво́й до́м? — Да́, мо́й.

4. — Э́то ва́ш до́м? — Да́, мо́й.

5. — Вы́ рабо́таете? — Да́, я́ рабо́таю.

6. — Анто́н, вы́ до́ма? — Да́.

7. — Где́ ва́ша сестра́? — Не зна́ю.

8. — Ка́тя, ты́ до́ма? — До́ма.

Note the stress in the following nouns:

сестра́ — сёстры, жена́ — жёны, письмо́ — пи́сьма, окно́ — о́кна.

20. *Change the following sentences, as in the model. Mark stress throughout. (See Analysis, Phonetics, 2.2.)*

Model: Э́то ваго́н. — Э́то ваго́ны.

1. Э́то заво́д.
2. Э́то окно́.
3. Э́то маши́на.
4. Э́то авто́бус.
5. Э́то газе́та.

6. Э́то ка́сса.
7. Э́то магази́н.
8. Э́то письмо́.
9. Э́то сестра́.

Model: — Где́ моя́ газе́та? — Во́т она́.
          — Где́ мои́ газе́ты ? — Во́н они́ .

1. — А́нна, где́ здесь ка́сса? — Во́т она́.
2. — Где́ ва́ша газе́та? — Во́т она́.
3. — Э́то твоя́ сестра́? — Моя́.
4. — Анто́н, где́ ва́ше окно́? — Оно́ во́н та́м.
5. — Где́ моё письмо́? — Оно́ здесь.

21. *Read each question with the correct intonation. Then supply suitable answers.*

Model: — Э́то ва́ш сы̃н?
          — Да̗, / сы́н.

          — Э́то ва̃ш сы́н?
          — Да̗, / мо́й.

1. Э́то твоя́ ма̃ма?
2. Э́то её кни̃га?
3. Э́то его̃ маши́на?
4. Э́то тво́й му̃ж?
5. Э́то ва̃ша газе́та?
6. Э́то твоя́ сестра̃?
7. Э́то её ко̃мната?
8. Э́то ва́ш бра̃т?

9. Э́то ва̃ш бра́т?
10. Э́то ваша подру̃га?
11. Э́то ва̃ша подру́га?
12. Ва́ш бра́т чита̃ет?
13. Ва́ш бра̃т чита́ет?
14. Ва̃ш бра́т чита́ет?
15. Ва́ш му́ж зде̃сь рабо́тает?
16. Ваш му̃ж здесь рабо́тает?

22. *Read each question and answer, and mark intonational centers throughout.*

1. — Антóн, э́то вáша женá?
   — Нéт, сестрá.

2. — А́нна, э́то вáш дрýг?
   — Нéт, брáт.

3. — А́нна, э́то вáш брáт?
   — Дá, мóй.

4. — Здéсь газéты?
   — Дá, здéсь.

5. — Вáш брáт рабóтает тáм?
   — Дá, рабóтает.

6. — Вáш брáт рабóтает тáм?
   — Нéт, мýж.

7. — Вáш брáт рабóтает тáм?
   — Нéт, здéсь.

8. — Нѝна, э́то вáша сестрá?
   — Нéт, подрýга.

9. — Кáтя, э́то твоя́ подрýга?
   — Нéт, сестрá.

10. — Зѝна, э́то вáша рýчка?
    — Дá, моя́.

23. *Listen and repeat. (See Analysis, Phonetics, 1.11; 1.36.)*

[р'] Ирѝна, рѝс, Борѝс, рекá [р'икá], сигарéта [с'игар'éтъ], ря́д [р'áт], ря́дом [р'áдъм], Серёжа [с'ир'óжъ], берёза [б'ир'óзъ], перевóдчик, áдрес [áдр'ис], трѝ, янвáрь [jинвáр'], сентя́брь [с'интя́бр'], октя́брь [актя́бр'], ноя́брь, декáбрь [д'икáбр'].

1. Э́то рекá Москвá. Рекá ря́дом.
2. — Гдé мой сигарéты? — Вóт онѝ.
3. Э́то моя́ сестрá Ирѝна. Э́то мóй брáт Серёжа.
4. Э́то мóй дрýг Борѝс. Óн перевóдчик.

24. *Listen and repeat. (See Analysis, Phonetics, 1.11.)*

[к'], [г'], [х'] икѝ, ки, икé, ке; Кѝев [к'ѝjиф], рéки, рýки, урóки, копéйки [кап'éjк'и], аптéки, рýчки, по-рýсски [парýск'и], по-францýзски [пъфранцýск'и], урóк — урóки, копéйка — копéйки, язы́к [jизы́к] — языкѝ, рукá — рýки;

игѝ, ги, игé, ге; кнѝги, нóги, слóги, дорóги; ногá — нóги, дорóга — дорóги, кнѝга — кнѝги;

ихѝ, йхи, хи, хе; хѝмия [х'ѝм'иjъ], хѝмик, хѝмики.

1. — Чтó э́то? — Э́то гóрод Кѝев.
2. — Чтó тýт? — Тýт аптéки.
3. — Гдé мой кнѝги? — Онѝ здéсь.
4. Э́то студéнты. Э́то хѝмики.

25. *Listen and repeat. (See Analysis, Phonetics, 1.35.)*

/
[л]
Лл

(a) улу́, олб, лгу, лку, клу, глу, кло, гло; по́лка, до́лго, Во́лга, кла́сс, гла́з, во́лк, лу́к, луна́, ла́мпа, сала́т, ма́ло, шко́ла, голова́ [гълава́], молоко́ [мълако́];

(b) сту́л, сто́л, по́л, посо́л, кана́л, журна́л;

(c) сло́во, слова́рь [слава́р'], пло́хо, глаго́л;

(d) пожа́луйста [пажа́лъстъ], сто́л и [ы] сту́л, моя́ шко́ла, журна́л «Москва́», журна́л «Октя́брь», журна́л «Спу́тник», де́лаю [д'е́лъју], слу́шаю [слу́шъју], слу́шаешь [слу́шъјиш], слу́шает, слу́шаем, слу́шаете, слу́шают, филоло́г.

(e) 1. Э́то река́ Во́лга.
2. Э́то моя́ шко́ла.
3. — Э́то ва́ш слова́рь? — Да́, мо́й.
4. — Че́й э́то журна́л? — Э́то мо́й журна́л.
5. Э́то мо́й сто́л. Та́м мои́ кни́ги.
6. А́нна — филоло́г.

III   Ка́к То́м говори́т по-ру́сски?
То́м хорошо́ говори́т по-ру́сски.

26. *Listen, repeat and analyze. (See Analysis II, 3.0.)*

1. Профе́ссор спра́шивает. Студе́нт отвеча́ет. О́н **хорошо́ отвеча́ет.** О́н **отвеча́ет по-ру́сски.** О́н **хорошо́ говори́т по-ру́сски.**
2. Профе́ссор говори́т. А́нна и Анто́н слу́шают. Они́ **пло́хо слу́шают.**
3. Э́то мо́й дру́г Джо́н. О́н перево́дчик. О́н **хорошо́ говори́т по-ру́сски.**

27. *Listen and repeat; then read and analyze.*

1. Джо́н перево́дчик. Джо́н хорошо́ говори́т по-ру́сски. О́н бы́стро говори́т по-ру́сски.
2. Студе́нты чита́ют. Они́ хорошо́ чита́ют. Они́ бы́стро чита́ют. Ро́берт хорошо́ чита́ет. Дэ́вид пло́хо чита́ет.
3. Профе́ссор спра́шивает. Мэ́ри отвеча́ет. Она́ о́чень хорошо́ отвеча́ет. Она́ о́чень бы́стро говори́т. Анто́н пло́хо понима́ет.
4. — Дже́йн, ты́ говори́шь по-ру́сски? — Да́, говорю́. Я́ пло́хо говорю́ по-ру́сски.
5. — Вы́ хорошо́ говори́те по-ру́сски? — Не́т, не о́чень хорошо́. Моя́ жена́ о́чень хорошо́ говори́т по-ру́сски.

28. *Listen and repeat. Pronounce each phrase or sentence as a single unit.*

Хорошо́ [хърашо́]. Я́ говорю́ [гъвар'у́]. Я́ хорошо́ говорю́. Пло́хо.
Ты́ пло́хо говори́шь. По-ру́сски [пару́ск'и]. Я́ говорю́ по-ру́сски.
Я́ хорошо́ говорю́ по-ру́сски. Джо́н пло́хо говори́т по-ру́сски.
Я́ понима́ю [пън'има́jу].

Я́ понима́ю по-ру́сски. Я́ хорошо́ понима́ю по-ру́сски. Вы́ пло́хо
понима́ете по-ру́сски. Вы́ чита́ете? Вы́ хорошо́ чита́ете? Вы́
чита́ете по-ру́сски? Вы́ хорошо́ чита́ете по-ру́сски?

29. *Listen and reply.*

Model: — Вы́ говори̋те по-ру́сски?
         — Да̍, / говорю̍.

1. Дже́йн, вы́ говори̋те по-ру́сски?
2. Вы́ хорошо̋ говори́те по-ру́сски?
3. Ты́ понима̋ешь по-ру́сски?
4. Ты́ хорошо̋ понима́ешь по-ру́сски?
5. Вы́ чита̋ете по-ру́сски?
6. Вы́ хорошо̋ чита́ете по-ру́сски?
7. Джо́н говори́т по-рӳсски?
8. Ва́ши студе́нты говоря̋т по-ру́сски?
9. Они́ чита̋ют по-ру́сски?
10. Они́ понима̋ют по-ру́сски?
11. Дже́йн понима̋ет по-ру́сски?

30. *Microdialogues.*

Вы́ говори́те по-ру́сски?

Model: — Дэ̋вид, / ты́ говори̋шь по-ру́сски?
         — Да̍, / говорю̍.
         — Ты́ хорошо́ говори̋шь?
         — Не̍т, / пло́хо.

(хорошо́, пло́хо, о́чень хорошо́, о́чень пло́хо, непло́хо, не о́чень
хорошо́)

1. — То́м, / вы́ понима́ете по-ру́сски?
   — . . . .

2. — Дже́йн, / ты́ чита́ешь по-ру́сски?
   — . . . .

3. — Джо́н говори́т по-ру́сски?
   — . . . .

4. — Ва́ши студе́нты говоря́т по-ру́сски?
   — . . . .

5. — То́м, / вы́ говори́те по-ру́сски?
   — . . . .

6. — Ни́на, / ты́ чита́ешь по-англи́йски?
   — . . . .

31. *Translate into Russian.*

"Jane, do you speak Russian?" "Yes, I do." "Do you speak Russian well?" "No, badly."
"Does Robert speak Russian?" "Yes, he speaks and reads Russian well." "Do John and
Anna speak Russian?" "Yes, John and Anna speak and understand Russian well."

32. *Situations.*

<u>Вы́ говори́те по-ру́сски?</u>

You want to know whether Tom (John, Robert, Anna) speaks (reads, understands) Russian. Ask whether he (she) speaks (reads, understands) Russian well.

33. *Listen and repeat. (See Analysis, Phonetics, 1.11; 1.35.)*

[л']

(a) лы — ли, ла — ля, лу — лю, ло — лё;
и́ли, ли, и́ле, ле, ле́с, биле́т, ле́то [л'э́тъ], ле́том [л'э́тъм], телефо́н [т'ил'ифо́н], неде́ля [н'ид'э́л'ъ], самолёт [съмал'о́т], ию́ль, февра́ль [ф'ивра́л'], портфе́ль [партф'э́л'], учи́тель [учи́т'ил'];

(b) понеде́льник [пън'ид'э́л'н'ик], фи́льм, земля́ [з'имл'а́], ру́бль, хле́б, по-англи́йски [пъангл'и́jск'и];

(c) — Э́то ва́ш биле́т? — Да́, / э́то мо́й биле́т.

— Где́ здесь телефо́н? — Телефо́н спра́ва.

— Э́то на́ш самолёт? — Не́т, / ва́ш самолёт во́н та́м.

— Э́то ва́ш учи́тель? — Да́, / э́то на́ш учи́тель.

— Вы́ говори́те по-англи́йски? — Да́, / я́ говорю́ по-англи́йски.

IV   Днём А́нна **рабо́тает.**
      К о г д а́ о н а́ р а б о́ т а е т?
      А́нна рабо́тает **днём** и́ли **ве́чером?**

▶ **34.** *Listen, repeat and analyze. (See Analysis II, 3.0.)*

— А́нна, **сего́дня днём** ты́ **рабо́таешь?**
— Не́т, **сего́дня днём** я́ **не рабо́таю.** Я́ отдыха́ю.

— Ива́н Ива́нович, **зимо́й** вы́ **отдыха́ете?**
— Не́т, **зимо́й** я́ рабо́таю. Я́ **отдыха́ю ле́том.**

35. *Listen and repeat.*

де́нь, днём [д'н'о́м], сего́дня [с'иво́д'н'ъ], сего́дня днём, сего́дня
я́ отдыха́ю, сего́дня днём я́ рабо́таю; ле́то, ле́том [л'е́тъм], ле́том
я́ отдыха́ю, ле́том я́ не рабо́таю; зимо́й, зимо́й я́ рабо́таю; я́ не
отдыха́ю зимо́й.

36. *Answer the questions in the negative.*

Model: — Сего́дня ты́ рабо́таешь?

— Не́т, / отдыха́ю.

1. Ле́том вы́ рабо́таете?
2. Зимо́й вы́ отдыха́ете?
3. Сего́дня днём вы́ рабо́таете?

Ве́чером Ви́ктор **чита́л.**

▶ **37.** *Listen, repeat and analyze. (See Analysis II, 1.3; 1.4.)*

1. — И́ра, сего́дня ты́ **рабо́тала?** — Не́т, не **рабо́тала.** Сего́дня я́
   отдыха́ла.
2. — Вчера́ Анто́н **рабо́тал?** — Не́т, о́н **отдыха́л.**
3. — Вчера́ ве́чером вы́ **отдыха́ли?** — Не́т, мы́ **рабо́тали.**
4. — Что́ вы́ **де́лали** у́тром? — У́тром я́ **чита́ла.**

38. *Listen and repeat.*

(a) *Pronunciation Practice: verb forms.*

я́ чита́л — я́ чита́ла, ты́ чита́л — ты́ чита́ла, о́н чита́л — она́
чита́ла, мы́ чита́ли, вы́ чита́ли, они́ чита́ли;

я рабо́тал — я рабо́тала, ты́ рабо́тал — ты́ рабо́тала, о́н рабо́тал — она́ рабо́тала, мы́ рабо́тали, вы́ рабо́тали, они́ рабо́тали;

я говори́л — я говори́ла, ты́ говори́л — ты́ говори́ла, о́н говори́л — она́ говори́ла; мы́ говори́ли, вы́ говори́ли, они́ говори́ли; мы́ чита́ли, вы́ чита́ли, они́ чита́ли.

(b) *Pronunciation Practice: pronounce each sentence as a single unit.*

Я́ рабо́тал. Сего́дня я́ рабо́тал. Я́ отдыха́л. Сего́дня я́ отдыха́л. Она́ говори́ла. Она́ говори́ла по-англи́йски. Она́ хорошо́ говори́ла по-англи́йски. Они́ говори́ли. Они́ говори́ли по-англи́йски. Они́ хорошо́ говори́ли по-англи́йски.

(c) *Listen and reply.*

Model: — Анто́н, / сего́дня вы́ рабо́тали?
         — Да́, / сего́дня я́ рабо́тал.

1. А́нна, / вчера́ ты́ отдыха́ла?
2. Сего́дня вы́ рабо́тали?
3. Вчера́ ве́чером вы́ чита́ли?
4. У́тром вы́ рабо́тали?

5. Вчера́ ве́чером вы́ отдыха́ли?
6. Зимо́й вы́ отдыха́ли?
7. Ле́том ты́ рабо́тала?

39. *Answer the questions.*

1. Что́ де́лал Серге́й Ива́нович вчера́ ве́чером?
2. Что́ де́лал Ива́н Ива́нович вчера́ ве́чером?
3. Что́ де́лала А́нна Ива́новна вчера́ ве́чером?
4. Что́ де́лала Ма́ша?

40. *Answer the questions, using the verbs* рабо́тал, отдыха́л, говори́л, чита́л.

1. Что́ де́лал Анто́н сего́дня у́тром?
2. Что́ де́лал То́м сего́дня днём?
3. Что́ де́лали Анто́н и То́м сего́дня ве́чером?
4. Что́ вы́ де́лали вчера́ у́тром?
5. Что́ вы́ де́лали вчера́ днём?
6. Что́ вы́ де́лали вчера́ ве́чером?

41. *Translate into Russian.*

(1) Yesterday Robert did not work. He relaxed. In the morning he read. Anna did not work. She relaxed.

(2) "John, what did you do yesterday?" "I worked". "What did Mary do?" "She didn't work. She relaxed." "What did you do in the evening?" "In the evening I read."

42. *Listen and repeat. (See Analysis, Phonetics, 1.11.)*

[м', п', б', в', ф'] мину́та, метро́ [м'итро́], но́мер [но́м'ир], Пе́тя [п'е́т'ъ], пе́сня [п'е́с'н'ъ], обе́д [аб'е́т], профе́ссор [праф'е́сър], фи́зик, ко́фе [ко́ф'ъ]; мы́ — ми́р, па́рк — пя́ть, Москва́ — в Москве́; экономи́ст.

мя́со [м'а́съ], пя́ть, Пётр, де́вять [д'е́в'ит'], се́мь, во́семь [во́с'им']

мя [м'а] — мья [м'jа], ма — мя — мья;

пя [п'а] — пья [п'jа], па — пя — пья;

бя [б'а] — бья [б'jа], ба — бя — бья;

вя [в'а] — вья [в'jа], ва — вя — вья;

на — ня — нья [на — н'а — н'jа];

да — дя — дья [да — д'а — д'jа];

та — тя — тья [та — т'а — т'jа];

статья́, Татья́на, пье́са, семья́.

1. Э́то моя́ семья́.
2. Э́то мо́й бра́т Пе́тя.
3. Э́то до́м но́мер пя́ть. До́м но́мер се́мь во́н та́м.
4. Весно́й я отдыха́ю.
5. — Где́ здесь метро́? — Во́н та́м спра́ва.
6. Э́то на́ш профе́ссор Пётр Петро́вич.

43. *Listen and repeat. (See Analysis, Phonetics, 1.3.12.)*

с
[ц]
Цц
Цц

ца, цо, цу, цы;

отцы́ [аццы́], ци́рк [цы́рк], це́нтр, лицо́, у́лица [у́л'ицъ], больни́ца [бал'н'и́цъ], гости́ница [гас'т'и́н'ицъ]; оте́ц [ат'е́ц], коне́ц [кан'е́ц], ме́сяц [м'е́с'иц]; цве́т, цветы́ [цв'иты́], конце́рт [канце́рт], по-неме́цки [пън'им'е́цк'и], по-францу́зски [пъфранцу́ск'и], социо́лог.

Э́то у́лица. Зде́сь больни́ца. Та́м гости́ница.

— Вы́ говори́те по-неме́цки? — Да́, / по-неме́цки.

— Вы́ говори́те по-францу́зски? — Да́, / говорю́.

— Э́то ва́ш оте́ц? — Да́, / э́то мо́й оте́ц.

— Где́ здесь гости́ница «Спо́рт»? — Гости́ница во́н та́м.

Где рабо́тает Áнна?
Áнна **рабо́тает та́м.**
Áнна **рабо́тает в институ́те.**

▶ **44.** *Listen and analyze. (See Analysis II, 4.0; 4.1.)*

(a) 1. Э́то заво́д. **Зде́сь рабо́тает** Ви́ктор Ива́нович. И Ни́на Анто́новна **рабо́тает зде́сь.**

2. Э́то институ́т. А́нна **рабо́тает в институ́те.** Она́ хи́мик.

3. Э́то шко́ла. Ива́н **рабо́тает в шко́ле.**

4. Э́то гости́ница. Зи́на **рабо́тает в гости́нице.**

5. Э́то больни́ца. А́нна Ива́новна **рабо́тает в больни́це.**

6. Э́то институ́т. Ро́берт **рабо́тает в институ́те.** Он социо́лог.

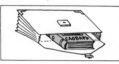

(b) — Где́ моя́ кни́га?
— Она́ лежи́т **на столе́.**

— Где́ твой журна́л?
— Он лежи́т **в столе́.**

— Где́ каранда́ш?
— Он лежи́т **на портфе́ле.**

— Где́ слова́рь?
— Он лежи́т **в портфе́ле.**

45. *Listen and repeat; then read.*

(a) 1. Э́то ма́ма. Она́ отдыха́ет. Она́ отдыха́ет до́ма.

2. Э́то Оде́сса. Ле́том мы́ та́м отдыха́ли.

3. Э́то институ́т. Ро́берт рабо́тает зде́сь.

4. Э́то гости́ница. Мэ́ри рабо́тает та́м.

(b) 1. Э́то моя́ семья́. Э́то мо́й оте́ц. Он рабо́тает в апте́ке. Моя́ сестра́ рабо́тает. Она́ рабо́тает в магази́не. Мо́й бра́т рабо́тает. Он рабо́тает в шко́ле. Я́ рабо́таю в институ́те. Я́ социо́лог. Э́то мо́й дру́г Джо́н. Он перево́дчик.

2. — Бори́с, что́ ты́ де́лал ле́том? — Рабо́тал. — Где́? — В Ленингра́де.

3. — Ве́ра Петро́вна, где Ни́на? — Она́ отдыха́ет. — Где́ она́ отдыха́ет? — В Я́лте.

4. — Ма́ма, где мо́й слова́рь? — На столе́.

5. — Мари́на, где лежи́т твоя́ ру́чка? — В портфе́ле.

6. — Серге́й, где журна́л «Москва́»? — Он лежи́т на портфе́ле.

46. *Listen and repeat.*

(a) В столе́ [фстал'е́], в шко́ле [фшко́л'и], в Москве́ [вмаскв'е́], в
портфе́ле [фпартф'е́л'и], в [в] Бо́стоне, в [в] магази́не, в
институ́те [вынст'иту́т'и], в апте́ке [вапт'е́к'и], в Ленингра́де
[вл'ин'игра́д'и], в Вашингто́не [ввьшынкто́н'и], в больни́це,
в гости́нице, на столе́ [нъстал'е́], на портфе́ле [нъпартф'е́л'и].

(b) Анто́н рабо́тает. Анто́н рабо́тает в институ́те.

В магази́не. Зи́на Петро́ва рабо́тает. Зи́на Петро́ва рабо́тает в
магази́не.

Мо́й бра́т рабо́тает. В гости́нице. Мо́й бра́т рабо́тает в
гости́нице.

В больни́це. Мо́й оте́ц рабо́тает в больни́це.

В Оде́ссе. Я́ отдыха́ла. Я́ отдыха́ла в Оде́ссе. Ле́том я́
отдыха́ла в Оде́ссе.

На столе́. Слова́рь лежи́т на столе́.

В портфе́ле. Твоя́ ру́чка лежи́т в портфе́ле.

Мо́й портфе́ль. Лежи́т на сту́ле. Мо́й портфе́ль лежи́т на
сту́ле.

47. *Listen and repeat. Pay attention to the pronunciation of* [л] *and* [л'].

шко́ла, слова́рь, сту́л, сто́л, журна́л, журна́лы, Я́лта, ле́том,
лежи́т [л'ижы́т], портфе́ль, больни́ца, в больни́це;

шко́ла — в шко́ле, сту́л — на сту́ле, сто́л — на столе́, в столе́,
журна́л — в журна́ле [вжурна́л'и], в портфе́ле — портфе́ль,
де́лал — де́лали, чита́л — чита́ли, рабо́тал — рабо́тали, отдыха́л
— отдыха́ли, говори́л — говори́ли;

журна́л лежа́л, лежа́л на сту́ле; рабо́тал ле́том; Где́ ты́ рабо́тал
ле́том? де́лал ле́том; Что́ ты́ де́лал ле́том?

48. *Translate into Russian.*

"Is this your institute?" "Yes, this is my institute. I work here. My husband works here too.
My room is here. Anton and Victor work there. This is their room. During the day they work.
During the evening they relax. They read and talk."

49. *Read, pronouncing each sentence as a single unit. Translate into English.*

Я живу́ в Москве́.
Ты́ живёшь в Москве́.
О́н (она́) живёт в Росто́ве.

Сейча́с мы́ живём в Бо́стоне.
Сейча́с вы́ живёте в Детро́йте.
Сейча́с они́ живу́т в Вашингто́не.

Ра́ньше о́н жи́л в Москве́.
Ра́ньше она́ жила́ в Оде́ссе.
Ра́ньше они́ жи́ли в Аме́рике.

50. *Listen and repeat. (See Analysis II, 1.5.)*

| жи́л |
| жила́ |
| жи́ли |

живу́ [жыву́], живёшь [жыв'о́ш], живёт, живём, живёте, живу́т, жила́, жи́л, жи́ли;

О́н живёт в Москве́. Ты́ живёшь в Ленингра́де. Мы́ живём в Бо́стоне. Вы́ живёте в Аме́рике. Я́ жила́ в Оде́ссе. Она́ жила́ в Ки́еве. О́н жи́л в Москве́. Мы́ жи́ли в Аме́рике. Вы́ жи́ли в Нью-Йо́рке [вн'јyјо́рк'и].

51. *Somebody asks you a question. Answer it.*

Model: Ты́ живёшь в Москве̇³? — Да̇¹, / я живу́ в Москве̇¹.

1. О́н живёт в Ки́еве?
2. Вы́ живёте в Аме́рике?
3. Они́ живу́т в Оде́ссе?
4. Ра́ньше о́н жи́л в Росто́ве?
5. Ра́ньше она́ жила́ в Москве́?
6. Ра́ньше они́ жи́ли в Ри́ге?
7. Сейча́с вы́ живёте в Бо́стоне?
8. Анто́н живёт в Москве́?
9. Джо́н живёт в Нью-Йо́рке?
10. Дже́йн живёт в Вашингто́не?

52. *Speak.*

Model: Э́то мо́й до́м. Я́ живу́ здесь.

Э́то тво́й до́м. ... ... здесь.
Э́то его́ до́м. ... ... здесь.
Э́то её до́м. ... ... здесь.
Э́то ва́ш до́м. ... ... здесь.
Э́то и́х до́м. ... ... здесь.

53. *Somebody asks you a question. Answer it.*

Model: — Где́ вы́ живёте? — <u>Я́ живу́ в Москве́</u> .

1. Где́ живёт ва́ша семья́?
2. Где́ живёт Анто́н?
3. Где́ живёт А́нна?
4. Где́ живёт Ива́н?
5. Где́ ты́ живёшь?
6. Где́ живёт твой бра́т?
7. Где́ живёт твоя́ сестра́?
8. Где́ отдыха́ет ва́ша жена́?

Ленингра́д, Росто́в, Я́лта, Ки́ев, Ри́га, гости́ница, Вашингто́н, Нью-Йо́рк

54. *Somebody asks you a question. Answer it, using the words* гости́ница, Москва́, го́род, сто́л, больни́ца, апте́ка, портфе́ль, Ленингра́д, Вашингто́н, Нью-Йо́рк, Бо́стон.

Model: — Где́ о́н рабо́тает? — <u>О́н рабо́тает в институ́те</u> .

1. Где́ вы́ рабо́таете?
2. Где́ рабо́тает ва́ш бра́т?
3. Где́ рабо́тает ва́ш оте́ц?
4. Где́ вы́ отдыха́ли?
5. Где́ они́ живу́т?
6. Где́ рабо́тает Анто́н?
7. Где́ рабо́тал Анто́н зимо́й?
8. Где́ вы́ живёте ле́том?
9. Где́ мо́й журна́л?
10. Где́ моя́ кни́га?
11. Где́ живёт Джо́н?

55. *Speak.*

<u>Где́?</u>

Model: Э́то Москва́. Зде́сь живёт Анто́н. <u>Анто́н живёт в Москве́</u>.

1. Э́то магази́н. Зде́сь рабо́тает Ви́ктор.
2. Э́то институ́т. Зде́сь рабо́тает Ни́на.
3. Э́то Ки́ев. Зде́сь живёт И́ра.
4. Э́то Ленингра́д. Зде́сь отдыха́л Анто́н.
5. Э́то Росто́в. Зде́сь рабо́тал Ива́н.
6. Э́то Вашингто́н. Зде́сь живёт Джо́н.
7. Э́то Бо́стон. Зде́сь жила́ Ка́тя.
8. Э́то Нью-Йо́рк. Зде́сь рабо́тал Ро́берт.
9. Э́то апте́ка. Зде́сь рабо́тает И́ра.

56. *Listen to the numerals and repeat them.*

1 — оди́н [ад'и́н],	6 — ше́сть,
2 — два́,	7 — се́мь,
3 — три́,	8 — во́семь [во́с'им'],
4 — четы́ре [читы́р'и],	9 — де́вять [д'е́в'ит'],
5 — пя́ть,	10 — де́сять [д'е́с'ит'].

Но́мер оди́н. До́м но́мер оди́н. В до́ме но́мер оди́н. Я́ живу́ в до́ме но́мер оди́н. До́м но́мер четы́ре. В до́ме но́мер четы́ре. О́н живёт в до́ме но́мер четы́ре.

57. *Read and translate.*

1. Я́ живу́ в до́ме но́мер оди́н. Я́ живу́ в кварти́ре но́мер два́.
2. Ви́ктор и Анто́н живу́т в гости́нице. Ви́ктор живёт в ко́мнате но́мер три́. Анто́н живёт в ко́мнате но́мер четы́ре.
3. Э́то шко́ла но́мер пя́ть. Э́то больни́ца но́мер ше́сть.
4. Э́то ваго́ны но́мер се́мь и во́семь.
5. Зде́сь авто́бус но́мер де́вять. Та́м авто́бус но́мер де́сять.

58. *Somebody asks you a question. Answer it.*

Model: — Где́ вы́ живёте?
        — Я́ живу́ в до́ме № 1 (но́мер оди́н).

1. Где́ вы́ живёте?	до́м
2. Где́ живёт ва́ш дру́г?	ко́мната
3. Где́ живёт И́ра?	кварти́ра

Model: — Где́ вы́ рабо́таете?
        — Я́ рабо́таю в больни́це .

1. Где́ вы́ рабо́таете?	шко́ла
2. Где́ рабо́тает ва́ш оте́ц?	магази́н
3. Где́ рабо́тает И́ра?	больни́ца

59. *Situations.*

Где́?

(1) Find out where your friend's brother, sister and family live.
(2) Find out where your friend works, where his father works, where he worked earlier.

60. *Dialogues. Listen to the dialogues and repeat them. Indicate intonational types and centers throughout. Compose new dialogues, using the words listed below.*

<u>Где́?</u>

(1) — Макси́м, где́ вы́ сейча́с живёте?
    — Я́ живу́ в Ленингра́де.
    — А где́ вы́ жи́ли ра́ньше?
    — Ра́ньше я́ жи́л в Росто́ве.

(2) — А́нна, где́ вы́ сейча́с рабо́таете?
    — Я́ рабо́таю в институ́те.
    — А где́ вы́ рабо́тали ра́ньше?
    — Ра́ньше я́ рабо́тала в шко́ле.

(3) — Где́ вы́ живёте, Пётр?
    — Я́ живу́ в Ки́еве.
    — И ва́ша семья́ живёт в Ки́еве?
    — Да́, и моя́ семья́ живёт в Ки́еве.

(4) — Ве́ра, ма́ма до́ма?
    — Не́т.
    — Где́ она́?
    — Она́ в Я́лте.
    — Что́ она́ та́м де́лает?
    — Отдыха́ет.

магази́н, апте́ка, гости́ница, Ки́ев, Ри́га, Нью-Йо́рк, Ленингра́д, Росто́в, Бо́стон.

61. *Read and translate.*

1. Журна́л лежи́т на столе́. Кни́га то́же лежи́т на столе́.
2. Кни́га и журна́л лежа́т на столе́.
3. Где́ журна́л? О́н лежа́л на столе́.
4. Где́ кни́га? Она́ то́же лежа́ла на столе́.
5. Где́ кни́ги? Они́ лежа́ли в портфе́ле.

62. *Somebody asks you a question. Answer it.*

Model: — М́эри, где́ мо́й уче́бник? — <u>О́н лежи́т на столе́</u> .

1. — Ви́ктор, где́ мо́й журна́л? — О́н ... на по́лке.
2. — Ве́ра, где́ твоя́ ру́чка? — Она́ ... в портфе́ле.
3. — А́нна Петро́вна, где́ лежи́т журна́л «Москва́»? — О́н ... на сту́ле.
4. — Ни́на, где́ мои́ кни́ги? — Они́ ... в столе́.
5. — Где́ мо́й каранда́ш? — О́н ... в столе́.
6. — Ма́ма, где́ лежи́т моя́ ша́пка? — Она́ ... на по́лке.

63. *Situations.*

Где?

(1) You want to know where your conversation partner lives and works; when and where he vacations.

(2) You have misplaced something; ask your friend (sister, brother, father, mother) where it is.

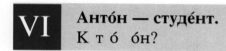

VI   Антон — студент.
     К т о   он?

▶ **64.** *Listen and analyze. (See Analysis I, 2.0.; 2.1.)*

1. Иван Петрович — математик. Вера Петровна тоже математик.
2. Николай — физик. Анна Сергеевна тоже физик.
3. Андрей Сергеевич — химик. Анна Ивановна тоже химик.
4. Олег — студент. Он историк. Марина тоже историк.
5. Джейн — студентка. Она биолог. Катя тоже биолог.
6. Джон — студент. Он переводчик. Роберт тоже студент. Он социолог.

▶ **65.** *Read and translate. (See Analysis II, 5.0.)*

Это мой брат Борис. **Он студент. Он переводчик.** Это моя сестра Зина. **Она студентка. Она филолог.** Это мой отец. Мой **отец — адвокат.** Моя мама тоже **адвокат.** Это мой друг Андрей. **Он инженер.** Его жена Вера тоже **инженер. Она металлург.**

66. *Listen and repeat.*

физик [ф'из'ик], химик [х'им'ик], студент [студ'ент], студентка [студ'енткъ], биолог [б'иольк], филолог [ф'илольк], историк [истор'ик], адвокат [адвакат], инженер [инжын'ер], математик [мът'имат'ик], тоже [тожъ]; металлург.

Иван Петрович [п'итров'ич], Анна Сергеевна [с'ирг'евнъ], Андрей Сергеевич [с'ирг'еич], Анна Ивановна [иваннъ], Иван Иванович [иваныч].

67. *Listen and reply.*

Model: — Вы́ исто́рик?

  — Да́, / я исто́рик.

1. Никола́й — фи́зик?

2. Андре́й Серге́евич — хи́мик?

3. Ка́тя — студе́нтка? Она́ био́лог?

4. Вы́ студе́нт? Вы́ матема́тик?

5. А́нна Серге́евна — фи́зик?

6. Ва́ш оте́ц — адвока́т?

7. Тво́й бра́т — инжене́р?

8. Оле́г — исто́рик?

9. То́м — экономи́ст?

10. Джо́н — перево́дчик?

11. Пётр — металлу́рг?

Model: — Ва́ш бра́т — студе́нт?

  — Не́т, / о́н инжене́р.

1. Ва́ша сестра́ — студе́нтка?
2. Ва́ш бра́т — студе́нт?
3. Ва́ш оте́ц — матема́тик?
4. Ва́ш дру́г — фи́зик?
5. Ка́тя — фило́лог?
6. Оле́г — хи́мик?
7. Серге́й Ива́нович — матема́тик?
8. А́нна Ива́новна — фи́зик?
9. Ве́ра Петро́вна — фило́лог?
10. Ма́ша — хи́мик?
11. Кэ́т — социо́лог?
12. Ро́берт — перево́дчик?
13. Бори́с — экономи́ст?

68. *Name your father's, mother's, brother's, sister's and friend's occupation or profession, using the words* инжене́р, фи́зик, матема́тик, хи́мик, био́лог, исто́рик, адвока́т, социо́лог, перево́дчик, фило́лог, экономи́ст, металлу́рг.

CONVERSATION

I. Asking for Information and Expressing Supposition.

Asking for Information (the logical stress falls on the verb).

— Анто́н говори́т по-ру́сски?

— Да́, / говори́т.

(— Да́.; — Говори́т.)

— Не́т, / не говори́т.

(— Не́т.; — Не говори́т.)

(The negative particle **не** precedes the verb.)

Expressing Supposition about the Performer of an Action, Time, Place, Manner of Action, etc. Affirmation or Negation of a Supposition.

— Сего́дня Анна рабо́тала?

— Да́, / Анна.

(— Да́.; — Анна.)

— Не́т, сего́дня рабо́тала не Анна. Рабо́тала Ка́тя.

(The negative particle is placed before the negated word, not necessarily the verb.)

— Анна рабо́тала сего́дня?

— Да́, / сего́дня.

(— Да́.; — Сего́дня.)

— Не́т, / не сего́дня.

Она́ рабо́тала не сего́дня.

Она́ рабо́тала вчера́.

69. *Listen and reply.*

1. Анна жила́ в Ки́еве?
2. Анна жила́ в Ки́еве?
3. Анна жила́ в Ки́еве?
4. Вы́ говори́те по-ру́сски?
5. Вы́ говори́те по-ру́сски?
6. Анто́н говори́т по-францу́зски?
7. Анто́н говори́т по францу́зски?
8. Ви́ктор отдыха́л ле́том?
9. Ви́ктор отдыха́л ле́том?

70. *Read each question and answer. Indicate the intonational center of the questions.*

— Джо́н говори́т по-англи́йски? — Да́, говори́т.
— Дже́йн говори́т по-неме́цки? — Не́т, по-англи́йски.
— Вы́ говори́те по-ру́сски? — Не́т, не говорю́.
— Вы́ говори́те по-францу́зски? — Да́, по-францу́зски.
— Ле́сли говори́т по-ру́сски? — Да́, говори́т.
— Ви́ктор чита́л ве́чером? — Да́, чита́л.
— Ви́ктор чита́л ве́чером? — Да́, ве́чером.

71. *Situations:*

(1) You want to know whether John lived in Moscow.

(2) You know that John was in the Soviet Union, but do not know whether he stayed in Moscow.

(3) You want to know whether your friend (his brother, his father, your professor) speaks English or some other language.

(4) You hear a conversation between two people. Find out what language they are speaking.

(5) You want to speak with a tourist, but do not know what language he speaks.

II. Greetings. Finding One's Way in a City.

Скажи́те, пожа́луйста...	Can you tell me ... please?
Спаси́бо.	Thank you.
Извини́те.	Excuse me.
Здра́вствуйте.	How do you do.
До свида́ния.	Good-by.
Ка́к вы́ живёте?	How are you getting on?

72. (a) *Basic Dialogues. Listen and repeat.*

Где́ гости́ница?

(1)— Скажи́те, пожа́луйста, где́ гости́ница «Спо́рт»?
   — Гости́ница «Спо́рт» во́н та́м, сле́ва.
   — Спаси́бо.
   — Пожа́луйста.
(2)— Скажи́те, пожа́луйста, где́ здесь до́м но́мер се́мь?
   — Не зна́ю.
   — Извини́те.[1]

---

[1] Note the appropriate response when the speaker has not received the information requested.

(b) *Listen and repeat. Note the use of Intonational Construction 2 (IC-2). (See Analysis, Phonetics, 3.9.)*

Скажи́те, пожа́луйста, / где́ здесь по́чта?

Скажи́те, пожа́луйста, / где́ живёт А́нна?

Скажи́те, пожа́луйста, / где́ авто́бус но́мер три́?

Извини́те, / где́ гости́ница «Москва́»?

Ни́на, / здра́вствуйте! Здра́вствуйте, Анто́н! Здра́вствуй, Са́ша!

До свида́ния, Ви́ктор! До свида́ния, Ка́тя!

(c) *Situations.*

(1) You are visiting a city for the first time and want to know where the school, hospital, pharmacy, the hotel, the institute, House No. 2 are located.

(2) You are in a railroad station and want to know where the cashier, train car No. 3, and the post office are located.

73. *Dialogues.* (a) *Listen to and read aloud the dialogues.*

Telephone Conversation.

<u>Э́то апте́ка?</u>   <u>Э́то Ка́тя?</u>

(1) — Алло́, э́то апте́ка?   (2) — Слу́шаю.
    — Не́т, э́то <u>кварти́ра</u> .   — Э́то Ка́тя?
    — Извини́те.   — Да́, э́то я́.
    — Пожа́луйста.   — Здра́вствуй, <u>Ка́тя</u>! Э́то
                                          <u>Анто́н</u> . <u>Серге́й</u> до́ма?
                                          — Не́т.
                                          — А где́ о́н?
                                          — В <u>институ́те</u> .
                                          — Спаси́бо, <u>Ка́тя</u>. До свида́ния.
                                          — До свида́ния, <u>Анто́н</u>.

★ (b) *Act out similar dialogues by substituting new words for those underlined.*

74. *Listen and repeat. Pronunciation Practice: Intonational Construction 4 (IC-4). (See Analysis, Phonetics, 3.4.)*

— Вы́ рабо́таете?

— Да́. А вы́?

— Я́ то́же рабо́таю.

— Вы́ вчера́ рабо́тали?

— Рабо́тал.

— А сего́дня?

— Сего́дня то́же рабо́таю.

— Вы́ отдыха́ли ле́том?

— Да́, / отдыха́л. А вы́?

— Я́ то́же отдыха́л.

— А Ната́ша?

— Ната́ша то́же отдыха́ла.

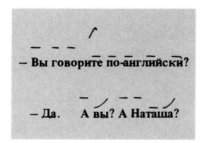

А вы́? А Ната́ша? А Никола́й Петро́вич? А вчера́?

75. *Dialogues.* (a) *Listen to and read aloud the dialogue. Mark intonational centers throughout.*

<u>Meeting</u>

— Здра́вствуйте, <u>Ве́ра</u>.
— Здра́вствуйте, <u>Ви́ктор</u>.
— Ка́к вы́ живёте?
— Спаси́бо. Хорошо́. А вы́?
— Я́ то́же хорошо́.
— Вы́ сейча́с живёте в <u>Москве́</u>?
— Да́, я живу́ и рабо́таю в <u>Москве́</u>. А вы́?
— А я́ живу́ в <u>Ки́еве</u>. В <u>Москве́</u> я́ отдыха́ю.

★ (b) *Compose similar dialogues by substituting new words for those underlined.*

READING

▶ **76.** *Read and translate. Note how appositives which are titles are expressed in Russian. (See Analysis II, 6.0.)*[1]

1. Э́то **газе́та «Пра́вда»**[2]. Мо́й бра́т рабо́тает в **газе́те «Пра́вда»**.
2. Э́то **газе́та «Изве́стия»**. Бори́с рабо́тает в **газе́те «Изве́стия»**.
3. Э́то **журна́л «Огонёк»**. Ю́рий Петро́вич рабо́тает в **журна́ле «Огонёк»**.
4. — Ве́ра, ты́ не зна́ешь, где́ **журна́л «Москва́»**? — Не зна́ю.
   — А **«Октя́брь»**? — Та́м, на столе́.
5. — Что́ э́то? — Э́то **журна́л «Спу́тник»**. — Э́то ва́ш журна́л?
   — Не́т, не мо́й.

---

[1] All exercises preceding the text are analytical and should be done in class under the guidance of the teacher. If the teacher desires to use pre-text materials for translation, the translations should be from Russian to English only.
[2] Titles of newspapers and magazines: *Pravda* (Truth), *Izvestiya* (News), *Sputnik* (Satellite).

77. *Translate.*

1. Ма́ша Петро́ва — студе́нтка.
2. Андре́й Петро́в — студе́нт.
3. Анто́н Серге́евич рабо́тает в больни́це. О́н вра́ч.
4. Ма́ша и Андре́й живу́т в Ки́еве. Они́ живу́т в до́ме но́мер три́.
5. Ле́том мы́ жи́ли в Я́лте. Та́м мы́ жи́ли о́чень хорошо́.

78. *Vocabulary for Reading. Study the following new words and their usage as illustrated in the sentences on the right. Read each sentence aloud.*

журнали́ст	Бори́с рабо́тает в газе́те. О́н журнали́ст.
	Никола́й рабо́тает в журна́ле «Москва́». О́н то́же журнали́ст.
больни́ца	Мо́й оте́ц — вра́ч. О́н рабо́тает в больни́це.
кварти́ра	Э́то на́ш до́м. Мы́ живём в до́ме но́мер се́мь. А э́то на́ша кварти́ра. Мы́ живём в кварти́ре но́мер два́.
ря́дом	Э́то на́ша семья́. Э́то мо́й оте́ц. Ря́дом мо́й бра́т Серге́й. Э́то моя́ ма́ма. А ря́дом я́.
ра́ньше	Сейча́с они́ живу́т в Москве́. Ра́ньше они́ жи́ли в Ленингра́де. Пётр рабо́тает в институ́те. Ра́ньше о́н рабо́тал в библиоте́ке.
сле́ва	Э́то на́ш до́м. Спра́ва магази́н. Сле́ва апте́ка.
напро́тив	Напро́тив библиоте́ка.

79. *Read aloud.*

сле́ва [сл'е́въ], ра́ньше [ра́н'шъ], ря́дом [р'а́дъм], напро́тив [напро́т'иф], напро́тив [в] библиоте́ка, напро́тив [ф] магази́н, журна́л — журнали́ст, больни́ца [бал'н'и́цъ], в [в] больни́це, кварти́ра [кварт'и́ръ], в [ф] кварти́ре

80. *Say what they are:*

Ви́ктор рабо́тает в газе́те. Он ... .
А́нна рабо́тает в больни́це. Она́ ... .
Ве́ра рабо́тает в институ́те. Она́ ... .

81. *Somebody wants to find out the location of something. Tell him, using the adverbs* здесь, та́м, ря́дом, спра́ва, сле́ва, напро́тив.

Где́ здесь теа́тр?

1. Извини́те, где́ здесь институ́т?
2. Скажи́те, пожа́луйста, где́ больни́ца?
3. Скажи́те, пожа́луйста, где́ апте́ка?
4. Скажи́те, где́ здесь магази́н?
5. Извини́те, где́ здесь библиоте́ка?
6. А где́ гости́ница?

82. *Situations.*

Где́ здесь до́м но́мер 4?

You want to know:

(a) where the houses with the following numbers are located: 1, 2, 3, 5, 7, 9.

(b) where the apartments with the following numbers are located: 2, 3, 4, 6, 8, 10.

83. *Read and translate without a dictionary.*

1. Ве́ра живёт в Москве́. Она́ москви́чка. Её бра́т Никола́й то́же живёт в Москве́. Он то́же москви́ч. Его́ дру́г Бори́с живёт в Ленингра́де. Бори́с — ленингра́дец.
2. Э́то Москва́. Здесь це́нтр. Э́то Кре́мль. Та́м Москва́-река́.

84. *Pronunciation Practice: pronounce each sentence as a single unit.*

Сергéй — студéнт. Сергéй — истóрик. Сергéй Иванóв [иванóф]. Сергéй Иванóв — студéнт. Сергéй Иванóв — истóрик.

Институ́т. В институ́те [вынст'иту́т'и]. Рабóтал в институ́те. Óн рабóтал в институ́те. Ра́ньше óн рабóтал в институ́те.

Газéта. Газéта «Извéстия». В газéте «Извéстия». Óн рабóтает в газéте. Óн рабóтает в газéте «Извéстия». Сейчáс [с'ичáс]. Сейчáс óн рабóтает в газéте «Извéстия».

Вра́ч. Сергéй Петрóвич [п'итрóв'ич]. Сергéй Петрóвич — вра́ч. Москвá, москви́ч [маскв'и́ч]. Сергéй Петрóвич — москви́ч. Егó сестрá [јивó с'истрá]. Егó сестрá — москви́чка.

Егó семья́ [јивó с'им'ја́]. Гóрод [гóрът]. В гóроде [вгóръд'и]. Егó семья́ живёт в гóроде. В квартúре. В квартúре нóмер сéмь. Они́ живу́т в квартúре нóмер сéмь.

85. *Basic Text. Read the text and then do exercises 86-87.*

Сергéй Иванóв и егó семья́

Сергéй Иванóв — студéнт. Óн истóрик. Егó отéц — Ви́ктор Петрóвич Иванóв. Óн тóже истóрик. Ра́ньше óн рабóтал в институ́те. Сейчáс óн рабóтает в газéте «Извéстия». Óн журнали́ст.

Егó ма́ма — А́нна Ива́новна. Онá вра́ч. Онá рабóтает в больни́це.

Егó сестрá Ка́тя — студéнтка. Онá биóлог.

Сергéй и егó семья́ живу́т в гóроде. Они́ живу́т в Москвé. Сергéй — москви́ч.

Э́то и́х дóм. Они́ живу́т в дóме нóмер сéмь. Напрóтив Москвá-рекá и Крéмль. Ря́дом мóст. Слéва магази́ны. Спрáва аптéка.

Э́то и́х квартúра. Они́ живу́т в квартúре нóмер три́. Зимóй они́ живу́т в Москвé. Лéтом они́ отдыха́ют в дерéвне.

86. *Give short answers to the questions.*

Model: — Сергéй Ивáнов — студéнт? — Да̱.
          — Сергéй Ивáнов — журналíст? — Нéт.

1. Сергéй Ивáнов — биóлог?
2. Егó отéц — журналíст?
3. Егó мáма — журналíстка?
4. Онá рабóтает в газéте?
5. Егó сестрá Кáтя — студéнтка?
6. Онá истóрик?
7. Сергéй Ивáнов живёт в Ленингрáде?
8. Óн живёт в дóме нóмер сéмь?
9. Óн живёт в квартíре нóмер трú?

87. *Answer the questions.*

1. Гдé живёт Сергéй Ивáнов?
2. Ктó егó отéц?
3. Гдé рабóтает Вíктор Петрóвич?
4. Ктó егó мáть?
5. Гдé онá рабóтает?
6. Ктó егó сестрá?

★ **88.** *Tell what you know about Sergei Ivanov and his family.*

VOCABULARY

адвока́т attorney, lawyer
алло́ (*telephone usage*) hello
библиоте́ка library
био́лог biologist
больни́ца hospital
бра́т brother
бы́стро fast
в in
ве́чером in the evening
во́семь eight
вра́ч doctor
вчера́ yesterday
вы́ you
говори́т speaks
го́род city, town
гости́ница hotel
два́ two
де́вять nine
де́лает does
дере́вня village
де́сять ten
днём in the afternoon
до свида́ния good-by
дру́г friend
его́ his, its
её her
живёт lives
журна́л journal, magazine
журнали́ст journalist
журнали́стка journalist
зимо́й in the winter
зна́ет knows
извини́те excuse me
и́ли or
инжене́р engineer
исто́рик historian
и́х their
ка́к how
каранда́ш pencil
ка́рта map
кварти́ра apartment
лежи́т lies, is in a lying position
ле́том in the summer
матема́тик mathematician
мы́ we
на́ on

напро́тив opposite
но́мер number
оди́н one
отвеча́ет answers
отдыха́ет relaxes, rests;
vacations
оте́ц father
о́чень very
перево́дчик interpreter,
translator
пло́хо badly
по-англи́йски (in) English
подру́га friend
пожа́луйста please
по́лка shelf
по-неме́цки (in) German
понима́ет understands
портфе́ль brief-case
по-ру́сски (in) Russian
по-францу́зски (in) French
по́чта post office
профе́ссор professor
пя́ть five
рабо́та work
рабо́тает works
ра́ньше earlier
ру́чка pen
ря́дом next to, nearby
сего́дня today
сейча́с now
се́мь seven
семья́ family
сестра́ sister
скажи́(-те)! tell (me)!
сле́ва on the left
слова́рь dictionary
слу́шает listens
социо́лог sociologist
спра́ва on the right
спра́шивает asks
сто́л table
студе́нтка student
сту́л chair
теа́тр theater
то́же also
три́ three

ты́ *sing.* you
уро́к lesson, class
у́тром in the morning
фи́зик physicist
фило́лог philologist
хи́мик chemist
хорошо́ well, fine
це́нтр center
че́й, чья́, чьё, чьи́ whose
четы́ре four
чита́ет reads
ше́сть six
шко́ла school
экономи́ст economist
я́ I

VOCABULARY FOR PHONETIC EXERCISES

а́дрес address
берёза birch
биле́т ticket
весно́й in the spring
во́лк wolf
глаго́л verb
гла́з eye
голова́ head
дека́брь December
до́лго for a long time
доро́га road
Земля́ Earth
ию́ль July
кана́л canal
кла́сс class
коне́ц end
конце́рт concert
ко́фе coffee
ла́мпа lamp
ле́с forest
ле́то summer
лицо́ face
лу́к onion

луна́ moon
ма́ло little
ма́рка stamp
ма́рт March
ме́сяц month
металлу́рг metallurgist
метро́ subway
мину́та minute
ми́р world; peace
молоко́ milk
мя́со meat
неде́ля week
ноя́брь November
обе́д dinner
октя́брь October
па́р steam
па́рк park
па́рта school desk
пе́сня song
по́л floor
понеде́льник Monday
по́рт port
посо́л ambassador
пра́вда truth
пье́са play
пя́ть five
река́ river

ри́с rice
ро́т mouth
ру́бль rouble
рука́ hand
ря́д row, series
сала́т lettuce; salad
самолёт airplane
сентя́брь September
сигаре́та cigarette
сло́во word
сло́г syllable
спо́р argument
спо́рт sports
статья́ article
телефо́н telephone
то́рт cake, torte
то́чка point, dot
трамва́й streetcar
у́лица street
у́тро morning
уче́бник textbook
учени́к pupil
учи́тель teacher
февра́ль February
фи́льм film
хле́б bread
хо́р chorus

цве́т color
цветы́ *pl.* flowers
ци́рк circus
ча́й tea
ча́с hour
часы́ *pl. only* watch, clock
ша́р sphere
язы́к language
янва́рь January

Verb Stems:

говори́- speak
де́лай- do
жив̆- live
знай- know
извини́- excuse
лежа́- lie
отвечай- answer
отдыхай- relax, rest; vacation
понимай- understand
рабо́тай- work
сказӑ- tell
слу́шай- listen
спра́шивай- ask
читай- read

В библиотéке

U N I T 3

PRESENTATION AND
PREPARATORY EXERCISES

I	Э́то **но́вый до́м.** К а к о́ й э́ т о д о́ м?

▶ **1.** *Listen and analyze. (See Analysis III, 1.0; 1.1.)*

Анто́н Че́хов — **ру́с-ский писа́тель.**

Ча́рльз Ди́ккенс — **англи́йский писа́тель.**

Ма́рк Тве́н — **америка́нский писа́тель.**

2. *Listen and repeat.*

1. — Что́ э́то?
   — Э́то Ки́ев. Ки́ев — **большо́й и ста́рый го́род.**
2. — Что́ э́то?
   — Э́то **на́ша но́вая шко́ла.**
   — **Краси́вое зда́ние.**
3. — Кто́ э́то?
   — На́ш профе́ссор. На́ш профе́ссор — **молодо́й челове́к.**
4. — Э́то ва́ш до́м?
   — Да́, мо́й.
   — **Краси́вый до́м.**
   — А э́то мо́й **ма́ленький и плохо́й са́д.**

3. *Listen to and repeat the adjectives.*

(a) большо́й [бал'шо́j], плохо́й [плахо́j], молодо́й [мъладо́j], но́вый [но́выj], ста́рый, краси́вый, хоро́ший [харо́шыj], ру́сский, ма́ленький [ма́л'ин'к'иj], англи́йский [англ'и́jск'иj], америка́нский [ам'ир'ика́нск'иj];

(b) большо́й [бал'шо́j] го́род, больша́я [бал'ша́jь] гости́ница, большо́е [бал'шо́jь] окно́, больши́е [бал'шы́jи] кварти́ры; краси́вый го́род, интере́сная [ин'т'ир'е́снъjь] кни́га, интере́сные [ин'т'ир'е́сныjи] журна́лы, хоро́ший [харо́шыj] студе́нт, хоро́шая [харо́шъjь] студе́нтка, хоро́шие [харо́шыjи] ко́мнаты, но́вый журна́л, но́вые журна́лы; ма́ленький [ма́л'ин'к'иj] до́м, ма́ленькая [ма́л'ин'къjь] ко́мната, ма́ленькое [ма́л'ин'къjь] окно́, ма́ленькие ко́мнаты.

(c) *Listen and reply.*

Model: — Ки́ев — большо́й го́род?

          — <u>Да́, большо́й.</u>

1. Москва́ — большо́й го́род?
2. Ки́ев — ста́рый го́род?
3. Это интере́сная кни́га?
4. Это хоро́ший журна́л?
5. Это но́вый до́м?
6. Ва́ш профе́ссор молодо́й?
7. Ва́ш до́м ма́ленький?
8. Это англи́йская кни́га?
9. Ма́рк Тве́н — америка́нский писа́тель?
10. Ленингра́д — краси́вый го́род?
11. Джо́н — хоро́ший студе́нт?
12. Это но́вое зда́ние?

4. *Complete the sentences, using the adjectives* но́вый, ста́рый, хоро́ший, плохо́й, ма́ленький, краси́вый.

Это ... са́д. Это ... го́род. Это ... письмо́. Это ... зда́ние. Это ... газе́та. Это ... апте́ка. Это ... гости́ница. Это ... маши́ны. Это ... ко́мнаты. Это ... журна́лы. Это ... портфе́ль. Это ... окно́. Это ... кни́га. Это ... писа́тели.

5. *Listen and reply, using the antonyms* плохо́й — хоро́ший, но́вый — ста́рый, большо́й — ма́ленький.

Model: — Это плоха́я гости́ница? — <u>Не́т, хоро́шая</u> .

1. Это хоро́шая кни́га?
2. Это ста́рое зда́ние?
3. Это ста́рый го́род?
4. Он хоро́ший матема́тик?
5. Это плоха́я кварти́ра?
6. Ленингра́д — ма́ленький го́род?
7. Это но́вый журна́л?
8. Джо́н — плохо́й студе́нт?
9. Это больша́я гости́ница?

6. *Ask questions and answer them.*

Model: — Како́й э́то до́м? — Э́то большо́й но́вый до́м .

1. Кака́я э́то кни́га?	но́вый
2. Како́й э́то журна́л?	хоро́ший
3. Кака́я э́то ко́мната?	плохо́й
4. Каки́е э́то газе́ты?	ста́рый
5. Како́е э́то зда́ние?	краси́вый
6. Кака́я э́то больни́ца?	большо́й
7. Како́й э́то слова́рь?	ма́ленький
8. Како́й э́то го́род?	ру́сский
9. Како́й э́то до́м?	америка́нский
10. Каки́е э́то журна́лы?	

7. *Complete the sentences, using the nouns and adjectives on the right.*

— Что́ здесь лежи́т?	— Зде́сь лежа́т ...	кни́га	но́вый
	— Зде́сь лежи́т ...	журна́л	ста́рый
	— Та́м лежа́т ...	газе́та	краси́вый
— Что́ та́м лежи́т?	— Та́м лежи́т ...	портфе́ль	ру́сский
— Где́ лежа́л ... ?		ру́чка	англи́йский
— Где́ лежа́ла ... ?		каранда́ш	америка́нский
— Где́ лежа́ли ... ?			

8. *Write answers to the questions.*

1. Что́ лежи́т на столе́?
2. Что́ лежи́т на по́лке?
3. Что́ лежи́т в портфе́ле?
4. Что́ лежи́т в маши́не?

9. *Microdialogues. You are looking for something. Speak, using the words listed below.*

Model: — Где́ мо́й журна́л?
— Не зна́ю. Где́ о́н лежа́л?
— На столе́.
— Во́т о́н. Лежи́т на сту́ле.

моя́ кни́га; моя́ но́вая ру́чка; ста́рая газе́та; тво́й но́вый портфе́ль; твоё письмо́; моя́ ша́пка; мои́ карандаши́; мо́й большо́й слова́рь.

▶ **10.** *Listen, repeat and analyze. (See Analysis III, 2.0.)*

1. Э́то **деся́тая** страни́ца. Здесь **тре́тий уро́к.** Э́то **девя́тое** упражне́ние.
2. — **Кака́я** э́то **кварти́ра?** — **Пя́тая.** — А где́ **шеста́я?** — Та́м.
3. — **Како́й** э́то **эта́ж?** — **Четвёртый.** — Спаси́бо.
4. — **Како́й** э́то **авто́бус?** — **Девя́тый.** — Спаси́бо.

11. *Listen and repeat. Pronunciation Practice: unstressed syllables.*

оди́н [ад'и́н], два́, три́, четы́ре [читы́р'и], пя́ть [п'а́т'], ше́сть, се́мь, во́семь [во́с'им'], де́вять [д'е́в'ит'], де́сять [д'е́с'ит];

до́м но́мер пя́ть, кварти́ра но́мер ше́сть, кварти́ра но́мер де́вять, авто́бус но́мер два́, авто́бус но́мер пя́ть.

оди́н — пе́рвый [п'е́рвый],
два́ — второ́й [фтаро́j],
три́ — тре́тий [тр'е́т'иj],
четы́ре — четвёртый [читв'о́ртый],
пя́ть — пя́тый [п'а́тый],

ше́сть — шесто́й [шысто́j],
се́мь — седьмо́й [с'ид'мо́j],
во́семь — восьмо́й [вас'мо́j],
де́вять — девя́тый [д'ив'а́тый],
де́сять — деся́тый [д'ис'а́тый]

эта́ж [ита́ш], шесто́й эта́ж; тре́тий уро́к; упражне́ние [упражн'е́н'иjь], второ́е упражне́ние; страни́ца [стран'и́цъ], седьма́я страни́ца.

1. — Э́то шесто́й эта́ж? — Не́т, / седьмо́й.

2. — Э́то девя́тая кварти́ра? — Да́, / девя́тая.

3. — Э́то пя́тый авто́бус? — Не́т, / э́то тре́тий авто́бус.

4. — Где́ четвёртый авто́бус? — Четвёртый авто́бус во́н та́м.

12. *Dialogues. Listen to and repeat the dialogues. Be prepared to dramatize each.*

(1) Jane is preparing to travel to Kiev.

— Ка́тя, /ты́ ра́ньше жила́ в Ки́еве?

— Да́, / в Ки́еве.

— Э́то краси́вый го́род?

— О́чень краси́вый.

— Э́то но́вый го́род?

— Не́т, / ста́рый.

— А большо́й?

— Большо́й.

(2) Katya is asking Jane about her house.

— Джейн, / ва́ш до́м большо́й?

— Не́т, / ма́ленький.

— А краси́вый?

— Краси́вый.

— Ва́ш до́м но́вый?

— Не́т, / ста́рый.

(3) Anton is in Kiev. He is asking a friend about a hotel where he wants to stay overnight.

— Ви́ктор, / э́то хоро́шая гости́ница?

— Да́, / о́чень хоро́шая.

— А но́вая?

— Не́т, / ста́рая. Э́то о́чень краси́вое ста́рое зда́ние.

— Э́то больша́я гости́ница?

— Не́т, / ма́ленькая.

(4) Anna is looking for a magazine.

— Анто́н, / та́м но́вые журна́лы?

— Не́т, / ста́рые.

— А где́ но́вые?

— Но́вые на по́лке.

— А где́ пя́тый но́мер?

— Не зна́ю. Зде́сь на столе́ тре́тий.

(5) John and his friend are riding in John's car.

— Джо́н, / э́то твоя́ но́вая маши́на?

— Не́т, / ста́рая.

— А где́ но́вая?

— Но́вая маши́на в магази́не.

13. *Situations.*

(1) You have to spend the night in a hotel. Find out what kind of hotel it is: good, bad, large, small, new, old.

(2) You want to find out what kind of book (newspaper, magazine, textbook) is available: American, English, Russian, new, old, good, bad.

(3) Discuss with your friend his house (apartment, car); use the words: большо́й, ма́ленький, хоро́ший, плохо́й, краси́вый, некраси́вый, но́вый, ста́рый.

II Э́тот до́м но́вый.
То́т до́м ста́рый.

▶ **14.** *Listen and analyze. (See Analysis III, 1.1; 3.0.)*

Э́тот **портфе́ль но́вый.** Э́та **ко́мната больша́я.**
То́т **портфе́ль ста́рый.** Та́ **ко́мната ма́ленькая.**

15. *Listen and repeat.*

1. — Скажи́те, пожа́луйста, / когда́ рабо́тает э́тот музе́й? —Я́ не зна́ю.

2. — Э́та библиоте́ка рабо́тает сего́дня? — Да́,/ рабо́тает.

3. — Скажи́те, пожа́луйста, / э́то зда́ние ста́рое? — Э́то зда́ние ста́рое.

4. — Э́ти кни́ги ва́ши? — Да́, / мои́. — А те́ кни́ги то́же ва́ши? — Не́т, не / мои́.

5. — Кто́ э́тот молодо́й челове́к? — Мо́й бра́т. — А кто́ та́ де́вушка? — Моя́ подру́га.

16. *Analyze the structure of each sentence, as in the model.*

Model: <u>Э́то интере́сная кни́га.</u> — <u>Э́та кни́га интере́сная.</u>

1. Э́то го́род. Э́тот го́род молодо́й.
2. Э́то библиоте́ка. Э́та библиоте́ка сего́дня не рабо́тает.
3. Э́то краси́вое зда́ние. Э́то краси́вое зда́ние — гости́ница «Москва́».
4. — Что́ э́то? — Э́то сове́тские журна́лы «Москва́», «Спу́тник», «Октя́брь». Э́ти журна́лы интере́сные.
5. — Э́тот фи́льм хоро́ший? — Не́т, э́то плохо́й фи́льм.

17. *Listen and repeat. Pronunciation Practice.*

(a) *Unstressed syllables. Pronouncing phrases as single units.*

то́т — э́тот [э́тът], та́ — э́та [э́тъ], то́ — э́то [э́тъ], те́ — э́ти; э́тот [д] до́м, то́т [д] заво́д, э́тот музе́й, э́то зда́ние, э́та библиоте́ка, э́ти студе́нты, те́ кни́ги, э́тот челове́к, молодо́й челове́к, э́тот молодо́й челове́к, та́ де́вушка, те́ де́вушки, э́ти журна́лы.

(b) *Intonation Practice. (See Analysis, Phonetics, 3.81.)*

Скажи́те, пожа́луйста, / кто́ э́тот челове́к? Скажи́те, пожа́луйста, / э́та библиоте́ка сейча́с рабо́тает? Скажи́те, пожа́луйста, / э́ти студе́нты говоря́т по-ру́сски?

Э́ти студе́нты говоря́т по-ру́сски / и́ли по-англи́йски?

Э́то зда́ние ста́рое / и́ли но́вое?

Э́тот журна́л интере́сный / и́ли не́т?

Э́тот молодо́й челове́к студе́нт / и́ли не́т?

Э́то сове́тские / и́ли америка́нские сигаре́ты?

Э́то хоро́ший / и́ли плохо́й фи́льм?

18. *Read, pronouncing each sentence as a single unit. Mark intonational centers throughout.*

1. — Скажи́те, пожа́луйста, э́то но́вые журна́лы? — Не́т, э́ти журна́лы ста́рые. Те́ журна́лы но́вые.
2. — Скажи́те, пожа́луйста, э́то библиоте́ка? — Да́, библиоте́ка. — Э́та библиоте́ка сего́дня рабо́тает? — Да́, рабо́тает.
3. — Скажи́те, пожа́луйста, э́то хоро́ший фильм и́ли плохо́й? — Э́тот фи́льм о́чень хоро́ший.
4. — Э́тот молодо́й челове́к инжене́р и́ли вра́ч? — О́н вра́ч.
5. — Э́то сове́тские и́ли америка́нские студе́нты? — Э́то сове́тские студе́нты. — А те́ студе́нты? — Америка́нские.

19. *Supply the indeclinable word* э́то *or the appropriate form of the demonstrative pronoun* э́тот (э́та, э́то, э́ти). *(See Analysis III, 3.0; 3.1.)*

1. ... журна́л «Спу́тник».
2. — Что́ ... ? — ... музе́й. — Когда́ рабо́тает ... музе́й? — Я́ не зна́ю.
3. ... сове́тские студе́нты.

4. — Где́ ... студе́нты отдыха́ли ле́том? — В Ленингра́де.

5. — Чья́ э́то кни́га? — ... моя́ кни́га. — А где́ лежа́ла ... кни́га?
— Та́м, на столе́.

6. — Что́ ... ? — ... газе́та.

7. — ... институ́т? — Не́т, ... библиоте́ка. ... библиоте́ка о́чень
хоро́шая.

8. — Что́ ... ? — ... гости́ница. ... гости́ница но́вая.

9. — Кто́ ... ? — ... америка́нские студе́нты. ... студе́нты ле́том
бы́ли в Оде́ссе.

10. — ... но́вый журна́л? — Да́, но́вый. ... журна́л о́чень
интере́сный.

III — Когда́ отдыха́ла А́нна?
— А́нна **отдыха́ла в а́вгусте.**

▶ **20.** *Listen and repeat; then read and analyze. (See Analysis III, 6.0.)*

1. Ви́ктор Петро́вич **рабо́тал** в Ленингра́де **в январе́.**
2. **В феврале́ мы́ рабо́тали. В ма́е отдыха́ли.**
3. **Я́ рабо́тал** в Росто́ве **в ма́рте.**
4. **В апре́ле** мо́й бра́т **рабо́тал** в Ки́еве. О́н **отдыха́л в ма́е** и **в
ию́не.**
5. Моя́ семья́ **жила́** в Ленингра́де **в ию́ле, в а́вгусте** и **в сентябре́.**
6. Моя́ сестра́ **рабо́тала** в больни́це **в октябре́, в ноябре́** и **в
декабре́.**

21. *Listen and repeat.*

(a) *Pronunciation Practice: prepositional phrases.*

ма́рт, в ма́рте [вма́рт'и], ма́й, в ма́е [вма́jи], октя́брь, в октябре́
[въкт'ибр'е́], ноя́брь, в ноябре́ [внъjибр'е́], сентя́брь, в сентябре́
[фс'инт'ибр'е́], дека́брь, в декабре́ [вд'икабр'е́], февра́ль, в
феврале́ [фф'иврал'е́], янва́рь, в январе́ [вjинвар'е́], ию́нь, в ию́не
[выjу́н'и], ию́ль, в ию́ле [выjу́л'и], апре́ль, в апре́ле [вапр'е́л'и],
а́вгуст, в а́вгусте [ва́вгус'т'и].

(b) *Read, pronouncing each sentence quickly and as a single unit.*

Ви́ктор Петро́вич рабо́тал. Рабо́тал в январе́. Ви́ктор Петро́вич
рабо́тал в январе́. Рабо́тал в Ленингра́де. Ви́ктор Петро́вич
рабо́тал в Ленингра́де. Ви́ктор Петро́вич рабо́тал в Ленингра́де в
январе́. Мы́ рабо́тали. В феврале́. В феврале́ мы́ рабо́тали. Мо́й
бра́т рабо́тал. Мо́й бра́т рабо́тал в Ки́еве. В апре́ле мо́й бра́т

рабо́тал в Ки́еве. Óн отдыха́л. Óн отдыха́л в ма́е. В ма́е и в ию́не. Óн отдыха́л в ма́е и в ию́не. Моя́ семья́ в Ленингра́де. Моя́ семья́ жила́ в Ленингра́де. Моя́ семья́ жила́ в Ленингра́де в октябре́.

► (c) *Intonation of enumeration. (See Analysis, Phonetics, 3.74.)*

Моя́ семья́ жила́ в Ки́еве в ию́ле, / в а́вгусте / и в сентябре́.

Óн рабо́тал в больни́це в октябре́, / в ноябре́ / и в декабре́.

Они́ рабо́тали в больни́це в ма́рте, / в апре́ле / и в ма́е.

Я́ говорю́ по-ру́сски, / по-англи́йски, / по-францу́зски / и по-неме́цки.

Анто́н говори́т по-ру́сски, / по-англи́йски, / по-францу́зски / и по-неме́цки.

Студе́нты чита́ют по-ру́сски, / по-англи́йски, / по-францу́зски / и по-неме́цки.

22. *Say when it happened.*

Model: Óн рабо́тал в Ки́еве.
        <u>Óн рабо́тал в Ки́еве в январе́</u> .

1. Она́ жила́ в Москве́.
2. Ро́берт рабо́тал в Вашингто́не.
3. Мэ́ри жила́ в Нью-Йо́рке.
4. А́нна отдыха́ла в Ки́еве.
5. Ви́ктор отдыха́л в Я́лте.
6. А́нна Ива́новна рабо́тала в институ́те.
7. Анто́н рабо́тал в библиоте́ке.
8. Ве́ра жила́ в Росто́ве.

23. *Dialogues. Listen to and repeat each dialogue. Mark intonational centers throughout.*
★ *Compose similar dialogues by substituting new words for those underlined.*

        <u>Когда́?</u>

(1) — А́нна, когда́ вы́ отдыха́ли?
    — В ию́не. А вы́?
    — В <u>ма́рте</u> .

(2) — Анто́н, ва́ша семья́ отдыха́ла ле́том и́ли о́сенью?
    — Ле́том.
    — А где́ вы́ жи́ли, в Ки́еве и́ли в Оде́ссе?
    — В Оде́ссе. Мы́ жи́ли та́м <u>в ию́не, в ию́ле и в а́вгусте</u> .

(3) — Ка́тя, где́ ты́ жила́ о́сенью?
    — В Ленингра́де.
    — Что́ ты́ та́м де́лала?
    — Рабо́тала в библиоте́ке.
    — Ты́ та́м рабо́тала <u>в сентябре́ и́ли в октябре́</u> ?
    — Я́ рабо́тала в библиоте́ке <u>в сентябре́, в октябре́ и в ноябре́</u> .

| IV | Áнна рабóтает **в э́том институ́те.** |

▶ **24.** *Listen and repeat; then read and analyze. (See Analysis III, 5.0.)*

1. — Ни́на, где́ вы́ живёте? — Я́ живу́ **в э́той дере́вне.** — А где́ вы́ рабóтаете? — **В на́шей библиотéке.**

2. — Сергéй, где́ лежи́т слова́рь? — **В моём портфéле.** — А учéбник? — На пóлке. — **На э́той пóлке?** — Нéт, на тóй.

3. — Ма́ма, где́ журна́л «Спу́тник»? — **В моéй кóмнате.** — А где́ óн та́м лежи́т? — **На моём столé.**

25. (a) *Listen and repeat, pronouncing each phrase as a single unit.*

в дóме [вдóм'и], в э́том дóме [вэ́тъм дóм'и]; в шкóле [фшкóл'и], в э́той шкóле [вэ́тъj шкóл'и]; в институ́те [вынст'иту́т'и], в на́шем институ́те [вна́шъм ынст'иту́т'и]; в библиотéке [вб'ибл'иат'éк'и], в на́шей библиотéке [вна́шъj б'ибл'иат'éк'и]; в портфéле [фпартф'éл'и], в моём портфéле [вмаjóм партф'éл'и]; в кóмнате [фкóмнът'и], в моéй кóмнате [вмаjéj кóмнът'и]; в дерéвне [вд'ир'éвн'и], в на́шей дерéвне.

(b) *Listen and reply.*

Model: — А́нна, / журна́л «Спу́тник» лежи́т на твоём столé?
— Да́, / на моём столé.

1. Антóн, / вы́ рабóтаете в э́том институ́те?

2. Ва́ш отéц рабóтает в э́той больни́це?

3. Вы́ живёте в э́том дóме?

4. А́нна живёт в э́той кварти́ре?

5. Слова́рь лежи́т на тóй пóлке?

6. Библиотéка в тóм зда́нии?

7. Вы́ жи́ли в э́том гóроде?

8. Вы́ рабóтаете в на́шем институ́те?

9. Моя́ кни́га лежи́т на твоём столé?

10. Нóвые журна́лы в ва́шей кóмнате?

11. Джóн живёт в э́той гости́нице?

12. Ва́ш му́ж рабóтает в э́том институ́те?

13. Твóй бра́т живёт в тóм дóме?

26. *Somebody asks you a question. Answer it.*

Model: — Э́то ва́ша ко́мната?
— Не́т, в э́той ко́мнате живёт мо́й дру́г.

1. — Э́то ва́ш до́м? — ... .
2. — Э́то ва́ша кварти́ра? — ... .

27. *Somebody asks you a question. Answer it, using the phrases* э́та библиоте́ка, э́тот музе́й *and* э́та шко́ла.

Model: — Вы́ живёте в э́том го́роде?
— Да́, в э́том го́роде.
— А где́ вы́ рабо́таете?
— В э́том институ́те.

1. — Вы́ живёте в э́том до́ме? — ... .
2. — Вы́ живёте в э́той кварти́ре? — ... .
3. — Вы́ живёте в э́той гости́нице? — ... .
4. — Вы́ живёте в э́той ко́мнате? — ... .

28. *Microdialogues.*

Model: — А́ня, что́ э́то?
— Э́то музе́й.
— Э́тот музе́й большо́й?
— Да́, / большо́й.
— Вы́ рабо́таете в э́том музе́е ?
— Да́, в э́том .

институ́т
библиоте́ка
больни́ца
магази́н
апте́ка

29. *Listen and repeat. (See Analysis, Phonetics, 1.3.11.)*

š':   щи́, ищи́, о́вощи [о́въщи], щека́ [щика́], ещё
[ш':] [jищо́], пло́щадь [пло́щит'], же́нщина
[щ]   [же́н'щинъ], сча́стье [ща́с'т'jь], пла́щ, зачёт
Щ щ   [зач'о́т] — счёт [що́т], чита́ю — счита́ю
      [щита́jу], чита́ть — счита́ть [щита́т'], пла́ч —
      пла́щ, ча́сть — сча́стье.

1. — О́н чита́ет по-ру́сски? — Не́т, / не чита́ет.

2. — Кто́ э́та же́нщина? — Она́ вра́ч.

3. — Что́ э́то? — Э́то пло́щадь.

4. — О́н чита́ет / и́ли счита́ет? — Счита́ет.

Антóн хóчет рабóтать в э́том институ́те.

▶ **30.** *Listen and repeat; then read and analyze. (See Analysis III, 9.0.)*

1. Зи́на **хóчет отдыха́ть** в Я́лте. А я́ **хочу́ отдыха́ть** в дере́вне.
2. — Где́ вы́ **хоти́те рабóтать?** — В Ростóве.
3. Мы́ **хоти́м рабóтать** в э́той библиотéке.
4. Джóн перевóдчик. Óн бы́стро чита́ет по-ру́сски. Рóберт социóлог. Óн тóже **хóчет** хорошó **чита́ть** и **говори́ть** по-ру́сски.
5. Тóм экономи́ст. Óн **хóчет рабóтать** в э́том институ́те.

31. *Listen and repeat.*

(a) *Pronunciation of soft consonants.*

зна́ть, рабóтать [рабóтът'], чита́ть, отдыха́ть [аддыха́т'], дéлать [д'éлът'], хотéть [хат'éт'], говори́ть [гъвар'и́т'], рабóтает — рабóтать, чита́ет — чита́ть, отдыха́ет — отдыха́ть, дéлает — дéлать, хóчет — хотéть, говори́т — говори́ть.

(b) *Conjugation of the irregular verb* хотéть. *(See Analysis III, 9.0.)*

Я́ хочу́ говори́ть по-ру́сски.
Ты́ хóчешь чита́ть по-ру́сски.
Óн хóчет говори́ть по-ру́сски.
Мы́ хоти́м хорошó говори́ть по-ру́сски.
Вы́ хоти́те чита́ть по-ру́сски.
Они́ хотя́т чита́ть по-ру́сски.

(c) *Listen and reply.*

Model: — Вы́ хоти́те рабóтать в э́том институ́те?

— Да́, / я́ хочу́ рабóтать в э́том институ́те.

1. Вы́ хоти́те говори́ть по-ру́сски?
2. Антóн хóчет отдыха́ть в Я́лте?
3. Вы́ хоти́те рабóтать в э́той больни́це?
4. Ва́ши студéнты хотя́т говори́ть по-ру́сски?
5. Джéйн хóчет чита́ть по-ру́сски?
6. Вы́ хоти́те жи́ть в дере́вне?

32. *Read and answer each question, using the correct intonation.*

1. Вы́ говори́те по-ру́сски?

2. Вы́ хоти́те хорошо́ говори́ть по-ру́сски?

3. Вы́ хоти́те отды́хать ле́том / и́ли зимо́й?

4. Вы́ хоти́те отдыха́ть в го́роде / и́ли в дере́вне?

5. Вы́ хоти́те рабо́тать в институ́те?

6. Вы́ хоти́те хорошо́ чита́ть по-ру́сски?

CONVERSATION

I. Asking for Information about an Unfamiliar Person or Object
(See Analysis III, 4.0.)

1. On seeing someone for the first time:

— Кто́ э́то?
— Э́то Серге́й Ива-
но́в. (— Серге́й
Ивано́в.)
— Кто́ э́то?
— Э́то Ка́тя Ивано́ва.

— Кто́ э́то?
— Э́то францу́зы.
(— Францу́зы.)

2. Trying to get more information about an unfamiliar word:

— Кто́ о́н?
— О́н студе́нт.
(— Студе́нт.)

— Кто́ она́?
— Она́ его́ сестра́.
(— Его́ сестра́.)
Она́ то́же студе́нтка.

— Кто́ они́?
— Они́ студе́нты.
(— Студе́нты.)

3. On coming across a person whose name you know:

— Что́ тако́е
«стадио́н»?
— Стадио́н — э́то
stadium.
— Что́ тако́е МГУ́
(эмгэу́)?
— МГУ́ — э́то
Моско́вский
госуда́рственный
университе́т.
— Что́ тако́е МЭИ́?
— МЭИ́ — э́то
Моско́вский
энергети́чес-
кий институ́т.

33. *Read the sentences and answer the questions.*

Э́то Серге́й и Ка́тя Ивано́вы.
Они́ бра́т и сестра́.
Серге́й — студе́нт. Ка́тя —
то́же студе́нтка.
Серге́й — исто́рик. Ка́тя —
био́лог.

Кто́ э́то?
Кто́ о́н?
Кто́ э́то?
Кто́ она́?

Э́то Серге́й и его́ дру́г Оле́г.
Оле́г — студе́нт.
О́н то́же исто́рик.

Э́то Ка́тя и её подру́га
Дже́йн Сто́ун.
Дже́йн — студе́нтка.
Она́ то́же био́лог.
Дже́йн — америка́нка.
Сейча́с она́ живёт в СССР.

34. *Listen and repeat. (See Analysis, Phonetics, 1.32.)*

(a) *The clusters* [нк], [нг].

ба́нк [ба́нк], америка́нка [ам'ир'ика́нкъ], англи́йский
[англ'и́jск'иj], англича́нка [англ'ича́нкъ], францу́женка
[францу́жънкъ];

1. Э́то ба́нк.
2. Дже́йн — америка́нка. Мэ́ри — англича́нка. А́нна —
   францу́женка.

(b) *Pronounce consonant clusters without pauses.*

студе́нт, студе́нтка, студе́нтки;
А́нна — студе́нтка. Дже́йн — то́же студе́нтка. Они́ студе́нтки.

(c) *Unstressed syllables. Pronounce each phrase as a single unit.*

писа́тель [п'иса́т'ил'], неме́цкий писа́тель, Аме́рика [ам'е́р'икъ],
америка́нский [ам'ир'ика́нск'иj], америка́нский писа́тель, А́нглия
[а́нгл'иjъ], англи́йский [англ'и́jск'иj], англи́йский писа́тель;

университе́т [ун'ив'ирс'ит'е́т], моско́вский [маско́фск'иj],
Моско́вский университе́т, ленингра́дский [л'ин'ингра́цк'иj],
Ленингра́дский университе́т.

(d) *Non-final syntagms and intonational centers. (See Analysis, Phonetics, 3.6; 3.71.)*

Ка́тя Ивано́ва — студе́нтка.

Ка́тя Ивано̋ва — / студе́нтка.

Ле́в Толсто́й — ру́сский писа́тель.

Ле́в Толсто̋й — / ру́сский писа́тель.

Ле́в Толсто̍й — / ру́сский писа́тель.

Ча́рльз Ди́ккенс — англи́йский писа́тель.

Ча́рльз Ди̋ккенс — / англи́йский писа́тель.

Ча́рльз Ди̍ккенс — / англи́йский писа́тель.

Серге́й — исто́рик.

Серге̋й — /исто́рик.

35. *Ask, who the person concerned is, using the words* писа́тель, био́лог, фи́зик.

   Кто́ о́н?

Model: — Э́то То́мас Ма́нн.
         — Кто́ о́н?
         — Неме́цкий писа́тель.

1. — Э́то Макси́м Го́рький. — ... .   4. Э́то Ча́рльз Да́рвин. — ... .
2. — Э́то Берна́рд Шо́у. — ... .   5. Э́то Альбе́рт Эйнште́йн. — ... .
3. — Э́то Ма́рк Тве́н. — ... .   6. — Э́то Ро́берт Фро́ст. — ... .

36. *Situation.*

While reading a magazine you come across an unfamiliar word. Ask about it.

Model: — То́мск. Что́ тако́е То́мск ?
         — То́мск — э́то го́род в СССР.

Сара́тов, Чика́го, Эрмита́ж,   го́род, музе́й
Лу́вр, Гла́зго

37. *Situations.*

<u>Что́ тако́е «Спо́рт»?</u>

(1) You are walking along the street with a foreign student who asks you about the names of stores and hotels.

Model: — «Интури́ст». Что́ тако́е «Интури́ст»?
        — «Интури́ст» — э́то гости́ница.

| «Метропо́ль», «Мело́дия», «Спу́тник», «Дина́мо» | гости́ница, магази́н |

(2) While reading a newspaper you come across the following abbreviations. Ask what they mean.

МГУ [эмгэу́] (Моско́вский госуда́рственный университе́т)
ЛГУ [элгэу́] (Ленингра́дский госуда́рственный университе́т)
МЭИ [мэй] (Моско́вский энергети́ческий институ́т)
США [сэшэа́] (Соединённые Шта́ты Аме́рики)

II. Getting Acquainted

Познако́мьтесь (познако́мься), пожа́луйста.	Please meet ...
Ка́к ва́с зову́т?	What is your name?
Ка́к ва́ша фами́лия?	What is your last name?
О́чень прия́тно.	Pleased to meet you.

38. (a) *Basic Dialogue. Listen.*

<u>Ка́к ва́с зову́т?</u>

— Извини́те, пожа́луйста, ка́к ва́с зову́т?
— Ната́ша. А ка́к ва́с зову́т?
— Серге́й.
— О́чень прия́тно.

(b) *Listen and repeat. Pronunciation Practice.*

зову́т [зау́т]. Ка́к зову́т? Ка́к ва́с зову́т? [ва́ззаву́т].

Извини́те [изв'ин'и́т'и], пожа́луйста [пажа́лъстъ]. Извини́те, пожа́луйста. Извини́те, пожа́луйста, /ка́к ва́с зову́т? Извини́те, пожа́луйста, /ва́с зову́т Ната́ша?

Прия́тно [пр'ия́тнъ]. О́чень прия́тно. Скажи́те, пожа́луйста. Скажи́те, пожа́луйста, /ка́к ва́с зову́т?

(c) *Act out the dialogue.*

(d) *Situations.*

(1) Find out the name of the person who is playing tennis.

(2) Inquire about the name of a person you often see in the library.

(3) Ask the person with whom you have just begun a conversation what his (her) name is.

39. (a) *Basic Dialogue.*

Кто́ э́та де́вушка?

— Здра́вствуйте, Джейн.
— Здра́вствуйте, Оле́г.
— Джейн, скажи́те, пожа́луйста, кто́ э́та де́вушка?
— Это моя́ подру́га Ка́тя.
— Ка́к её фами́лия?
— Ивано́ва.
— Серге́й Ивано́в её бра́т?
— Да́.
— Серге́й — мо́й лу́чший дру́г.

(b) *Listen and repeat. Intonation Practice: IC-2. (See Analysis, Phonetics, 3.9.)*

— Здра́вствуй, Анто́н! — Здра́вствуй, Ка́тя!

— Здра́вствуйте, Джо́н! — Здра́вствуйте, Серге́й!

Скажи́те, пожа́луйста, / ка́к ва́с зову́т?

Скажи́те, пожа́луйста, / кто́ э́та де́вушка?

Скажи́те, пожа́луйста, / ка́к её фами́лия [фам'и́л'иjь]?

(c) *Dramatize the dialogue.*

(d) *Situations.*

(1) Ask your friend about a young man who looks familiar to you.

(2) Ask a fellow student about a girl you have seen.

(3) Ask a fellow student about the new professor who is giving a lecture.

40. (a) *Basic Dialogue.*

Познако́мьтесь, пожа́луйста

— Ка́тя, Оле́г, познако́мьтесь. Э́то Оле́г. О́н студе́нт-исто́рик. А э́то Ка́тя. Она́ био́лог.
— О́чень прия́тно.

(b) *Situations.*

(1) Introduce the following persons: a physicist friend and a girl student of language and literature; an engineer and a woman doctor.

(2) Introduce your friend (girl friend) to your mother, father, brother, sister.

41. (a) *Dramatize the following dialogue between a school girl named Anya and a young man. Pay attention to intonation.*

— Кто́ вы́? Что́ вы́ здесь де́лаете?
— Я́ отдыха́ю.
— Э́то ва́ша соба́ка?
— Да́, моя́.
— О́чень хоро́шая соба́ка. Скажи́те, пожа́луйста, ва́ша сестра́ О́ля до́ма?
— Не́т. Мо́й бра́т Ко́ля до́ма.
— Спаси́бо. До свида́ния.

(b) *Dramatize the dialogue based on the pictures.*

READING

★ **42.** *Read and translate. Note the syntax and punctuation of the sentences containing* это: Москва́ — э́то столи́ца СССР.

1. Новосиби́рск — э́то большо́й го́род в СССР.
2. Химфа́к — э́то хими́ческий факульте́т.
3. Биофа́к — э́то биологи́ческий факульте́т.
4. Хью́стон — э́то го́род в США.
5. Лев Толсто́й — э́то ру́сский писа́тель.
6. Бальза́к — э́то францу́зский писа́тель.

▶ **43.** *Read and translate. Note the irregular plurals. (See Analysis III, 8.0.)*

1. Ма́ма, э́то мой друг Оле́г. Он студе́нт МГУ.
2. Ве́ра, э́то мой **друзья́** Джон и Мэ́ри. Они́ америка́нцы.
3. — Ни́на, кто э́то? — Э́то мой брат Ви́ктор. — А кто э́то? — Э́то то́же мой **бра́тья**.
4. — А́нна Петро́вна, где сейча́с живу́т ва́ши **сыновья́**? — Пётр живёт в Ки́еве. Серге́й живёт в Москве́.

44. *Situations.*

<u>Познако́мьтесь, пожа́луйста</u>

(1) Introduce your friends to your mother, father, brother, sister, teacher. Give the name of each and state what he or she does (e.g. is a student, engineer, doctor, etc.).

(2) Introduce your brothers to your friends and your teacher. Give the name of each and state what he does.

★ **45.** *Read and translate. Note the use of the plurals of surnames to designate several members of the same family.*

1. — Ни́на, кто там? — Э́то **Петро́вы:** Ви́ктор Никола́евич и Ве́ра Ива́новна.
2. — Кто здесь живёт? — Здесь живу́т **Смирно́вы.** — А ря́дом? — Ря́дом живу́т **Фёдоровы.**
3. Ма́ма, э́то мой друзья́: брат и сестра́ **Па́вловы.**
4. Ни́на и Ле́на **Степа́новы** — студе́нтки МГУ.
5. — А́нна, где сейча́с живу́т **Ивано́вы?** — Они́ живу́т в Москве́.

★ **46.** *Change the sentences, as in the model.*

Model: В кварти́ре но́мер оди́н живёт Ви́ктор Никола́евич
Смирно́в и его́ семья́. — В кварти́ре но́мер оди́н живу́т
Смирно́вы.

1. В кварти́ре но́мер два́ живёт Анто́н Петро́вич Па́влов и его́
семья́.
2. В э́том до́ме живёт А́нна Серге́евна Но́викова и её семья́.
3. Серге́й Ивано́в живёт в Москве́. Его́ сестра́ Ка́тя то́же живёт в
Москве́.
4. Пётр Серге́ев — студе́нт МГУ. Его́ сестра́ А́нна — то́же
студе́нтка МГУ.
5. Па́вел Ники́тин — инжене́р. Его́ жена́ Ве́ра — то́же инжене́р.
6. Ви́ктор Петро́вич Никола́ев и его́ жена́ рабо́тают в э́том
институ́те.
7. Никола́й Петро́вич Никифоров, его́ жена́ и сы́н живу́т сейча́с в
Ки́еве.

▶ **47.** *Read and analyze. (See Analysis III, 7.0.)*

1. Ро́берт живёт в **общежи́тии.**
2. — Скажи́те, пожа́луйста, где́ здесь апте́ка? — В э́том зда́нии.
3. — Что́ э́то? — Э́то лаборато́рия. — Ты́ рабо́таешь здесь? — Да́,
я рабо́таю в э́той **лаборато́рии.**
4. — Скажи́те, пожа́луйста, где́ библиоте́ка? — Библиоте́ка здесь,
в э́том **зда́нии.**

48. (a) *Read and translate. Note the pronunciation of the abbreviations.*

1. МГУ [эмгэу́] — э́то Моско́вский госуда́рственный университе́т.
Ви́ктор — студе́нт **МГУ.** А́нна — то́же студе́нтка **МГУ.** Они́
живу́т в общежи́тии **МГУ.** Па́вел Ива́нович рабо́тает в **МГУ.**
О́н профе́ссор **МГУ.**
2. МЭЙ — э́то Моско́вский энергети́ческий институ́т. Ча́рльз —
студе́нт МЭЙ. О́н рабо́тает в лаборато́рии МЭЙ. О́н живёт в
общежи́тии МЭЙ.
3. Вашингто́н — э́то столи́ца **США** [сэшэа́]. Чика́го — э́то
большо́й го́род в **США.**
4. Москва́ — э́то столи́ца **СССР** [эсэсэсэ́]. Ви́ктор — ру́сский. О́н
живёт в **СССР.**

(b) *Pronunciation Practice.*

университе́т [ун'ив'ирс'ит'е́т], госуда́рственный
[гъсуда́рств'инный], госуда́рственный университе́т, Моско́вский

госуда́рственный университе́т; общежи́тие [апщижы́т'ијъ], в общежи́тии МГУ; профе́ссор [праф'е́сър], профе́ссор МГУ; столи́ца [стал'и́цъ], столи́ца СССР.

49. *Read aloud the nouns or noun phrases on the right; then use each in replies to questions 1 and 2 below.*

(a) лаборато́рия [лъбърато́р'ијъ], общежи́тие, аудито́рия [ауд'ито́р'ијъ];

(b) Москва́, Бо́стон, Детро́йт, Рим, Нью-Йо́рк, Хью́стон, Новосиби́рск [нъвъс'иб'и́рск], Курск, Аме́рика [ам'е́р'икъ];

1. Где́ вы́ хоти́те рабо́тать?
2. Где́ вы́ хоти́те жи́ть?

(c) наш институ́т, э́та шко́ла, э́тот магази́н, наш университе́т, та́ гости́ница, та́ апте́ка, э́тот музе́й, на́ша библиоте́ка

★ **50.** *Point out the subjects and the predicates in each of the following sentences. Translate the sentences into English.*

1. Ви́ктор хорошо́ говори́т по-англи́йски.
2. Берна́рд Шо́у — англи́йский писа́тель.
3. Бо́стон — америка́нский го́род.
4. Роме́н Ролла́н — францу́зский писа́тель.
5. Э́та фами́лия францу́зская.
6. Мои́ бра́тья хорошо́ говоря́т по-францу́зски.
7. Э́то но́вое зда́ние МГУ.
8. Но́вое зда́ние МГУ большо́е.
9. «А́нна Каре́нина» — интере́сный фи́льм.
10. Э́тот фи́льм о́чень интере́сный.

51. (a) *Note the formation of the following groups of adjectives.*

-ск-	**-ическ-**
А́нглия — англи́йский	хи́мия — хими́ческий
университе́т — университе́тский	биоло́гия — биологи́ческий
факульте́т — факульте́тский	исто́рия — истори́ческий

(b) *Translate without consulting a dictionary.*

1. — Скажи́те, пожа́луйста, где́ Ленингра́дский университе́т? — Во́н та́м.
2. — Что́ э́то? — Э́то Ки́евский университе́т.
3. — Скажи́те, пожа́луйста, что́ э́то? — Городска́я библиоте́ка.
4. «Моско́вский университе́т» — э́то студе́нческая газе́та.

5. — Вéра, где моя́ кни́га? — Кака́я? — «Математи́ческий ана́лиз». — На столе́.

6. — Скажи́те, пожа́луйста, где филологи́ческий факульте́т МГУ? — В э́том зда́нии. — А где студе́нческое общежи́тие? — Та́м.

7. Оле́г, что́ э́то? — Но́вое зда́ние МЭИ.

52. *Note the formation of the following groups of adverbs. Pay attention to stress in group (b).*

(a) ру́сский — по-ру́сски
английский — по-английски
неме́цкий — по-неме́цки
францу́зский — по-францу́зски

(b) хоро́ший — хорошо́
плохо́й — пло́хо
краси́вый — краси́во

53. *Translate into English.*

1. Ди́ккенс — английский писа́тель.
2. Ви́ктор хорошо́ говори́т по-английски.
3. — Вы́ говори́те по-францу́зски? — Не́т, не говорю́. — А по-неме́цки? — По-неме́цки говорю́.
4. Дре́зден — э́то неме́цкий го́род. Руа́н — францу́зский го́род.
5. — Дже́йн, вы́ говори́те по-ру́сски? — Говорю́. Я пло́хо говорю́ по-ру́сски.
6. — Что́ э́то? — Ру́сский музе́й.

54. *Supply the required adjectives or adverbs:* ру́сский — по-ру́сски; английский — по-английски; неме́цкий — по-неме́цки; францу́зский — по-францу́зски.

1. Ива́н Серге́евич Турге́нев — ... писа́тель.
2. Лагра́нж — ... матема́тик.
3. Пётр Никола́евич Ле́бедев — ... фи́зик.
4. Исаа́к Нью́тон — ... фи́зик.
5. Ши́ллер — ... писа́тель.
6. — Пётр, ты́ говори́шь ...? — Не́т, не говорю́. — А ...? — ... говорю́.
7. — Джо́н, вы́ чита́ете ...? — Да́, чита́ю.
8. Дже́йн хорошо́ говори́т и чита́ет ... .

55. *Translate the underlined words without consulting a dictionary.*

1. То́мас Ма́нн — <u>не́мец</u> .
2. А́нна Зе́герс — <u>не́мка</u>.
3. Анато́ль Фра́нс — <u>францу́з</u> .
4. Эди́т Пиа́ф — <u>францу́женка</u> .
5. Ба́йрон — <u>англича́нин</u> .

6. Вивье́н Ли́ — англича́нка .
7. Теодо́р Дра́йзер — америка́нец .
8. Джо́уз Ба́ез — америка́нка .
9. Ива́н Петро́вич Па́влов — ру́сский .
10. Гали́на Серге́евна Ула́нова — ру́сская .

56. *Listen and repeat.*

(a) не́мец [н'е́м'иц], не́мка [н'е́мкъ], францу́з [францу́с], францу́женка [францу́жънкъ], англича́нин [англ'ича́н'ин], англича́нка, америка́нец [ам'ир'ика́н'иц], америка́нка [ам'ир'ика́нкъ], ру́сский, ру́сская [ру́скъјь].

Я ру́сская. Джо́н — америка́нец. Ирэ́н — францу́женка. То́м — англича́нин.

(b) *Dialogue.*

Знако́мство

— Ка́к ва́с зову́т?
— Ро́берт Сми́т.
— Вы́ америка́нец?
— Да́. А вы́?
— Я ру́сский. Вы́ живёте в Аме́рике?
— Да́, в Нью-Йо́рке. А вы́?
— В Москве́.

★ (c) *Compose similar dialogues. Use the words* не́мец, францу́з, англича́нин, америка́нка, не́мка, францу́женка, англича́нка, америка́нец *instead of* ру́сский *in them.*

57. *Vocabulary for Reading. Study the following new words and their usage as illustrated in the sentences on the right. Read each sentence aloud.*

ру́сский	Влади́мир — э́то ру́сский го́род. Сы́н — э́то ру́сское сло́во. Ивано́в — э́то ру́сская фами́лия.
ру́сский	Анто́н Па́влович Че́хов — ру́сский. Мари́я Никола́евна Петро́ва — ру́сская. Пётр, Ни́на и Ната́ша — ру́сские.
стадио́н	— Скажи́те, пожа́луйста, где́ зде́сь стадио́н? — Та́м, спра́ва. — Где́ сейча́с Оле́г? — О́н на стадио́не.

ста́рый – но́вый	Э́то но́вое зда́ние МГУ. Ста́рое зда́ние МГУ — в це́нтре. — Где́ вы живёте? — В «Национа́ле». Э́то ста́рая гости́ница. А где́ вы живёте? — Мы́ живём в гости́нице «Росси́я». — Э́то хоро́шая гости́ница? — Да́, э́то хоро́шая гости́ница.
ста́рый — молодо́й	В э́той больни́це рабо́тают молоды́е врачи́. Здесь живёт ста́рый вра́ч. — Молодо́й челове́к, где́ здесь живёт вра́ч? — В э́том до́ме.

58. *Situations.*

Introduce your Russian friends to your parents, fellow-students and teacher. Give the name of each and state his/her nationality. Use both male and female names.

59. *Say what was before.*

Model: — Дже́йн, где́ ты́ рабо́тала?
            — В библиоте́ке.
          Ра́ньше Дже́йн рабо́тала в библиоте́ке   .

1. — Ви́ктор, где́ ты́ жи́л? — В Ки́еве.
2. — А́нна Петро́вна, где́ вы́ рабо́тали? — В больни́це.
3. — Анто́н Ива́нович, где́ вы́ рабо́тали? — В институ́те.
4. — Ве́ра, где́ ты́ жила́? — В Ленингра́де.
5. — Оле́г, где́ ты́ отдыха́л ле́том? — В Я́лте.

60. *Listen and repeat.*

(a) *Pronunciation Practice: unstressed syllables.*

москви́ч, москви́чка, дру́г, друзья́, жи́л, жила́, жи́ли, не́мец, не́мцы, гости́ница, общежи́тие, факульте́т, аудито́рия, лаборато́рия, студе́нческий, хими́ческий, физи́ческий, биологи́ческий, геологи́ческий, филологи́ческий.

(b) *Pronounce each phrase as a single unit.*

Магнитого́рск, жи́л в Магнитого́рске, большо́й го́род, большо́й го́род в СССР, общежи́тие в МГУ, в общежи́тии МГУ, в гости́нице, жила́ в гости́нице, жи́ть в общежи́тии, зда́ние, но́вое зда́ние, больша́я библиоте́ка, студе́нческий клу́б, геологи́ческий музе́й, хими́ческий факульте́т, истори́ческий факульте́т,

биологи́ческий факульте́т, филологи́ческий факульте́т,
Моско́вский университе́т, студе́нческий го́род, большо́й
студе́нческий го́род.

(c) *Intonation Practice.*

Ка́тя — био́лог.

Ка́тя — / био́лог.

Ка́тя — / био́лог.

Ка́тя и Серге́й Ивано́вы — студе́нты.

Ка́тя и Серге́й Ивано́вы — / студе́нты.

Ка́тя и Серге́й Ивано́вы — / студе́нты.

Ка́тя и Серге́й — москвичи́.

Ка́тя и Серге́й — / москвичи́.

Ка́тя и Серге́й — / москвичи́.

Ки́ев — э́то большо́й го́род в СССР.

Ки́ев — / э́то большо́й го́род в СССР.

Ки́ев — / э́то большо́й го́род в СССР.

Моско́вский университе́т — э́то большо́й студе́нческий го́род.

Моско́вский университе́т — / э́то большо́й студе́нческий го́род.

Моско́вский университе́т — / э́то большо́й студе́нческий го́род.

Та́м жи́ли америка́нцы, / не́мцы, / францу́зы.

Та́м жи́ли америка́нцы, / не́мцы, / францу́зы.

Та́м жи́ли америка́нцы, / не́мцы, / францу́зы.

61. *Basic Text. Read the text and then do exercises 62 and 63.*

Ка́тя, Серге́й и и́х друзья́

Э́то на́ши знако́мые, Ка́тя и Серге́й Ивано́вы. Они́ студе́нты.
Ка́тя — био́лог. Серге́й — исто́рик. И́х друзья́ то́же студе́нты.
Оле́г Петро́в — исто́рик. Дже́йн Сто́ун — био́лог. Ка́тя, Серге́й,
Оле́г и Дже́йн — студе́нты МГУ. Ка́тя и Серге́й — москвичи́.
Оле́г и Дже́йн — не москвичи́. Оле́г ра́ньше жи́л в
Магнитого́рске. Та́м рабо́тает его́ оте́ц. Магнитого́рск — э́то
большо́й го́род в СССР.

Джéйн Стóун — америкáнка. В Амéрике онá жилá в Детрóйте. Детрóйт — большóй гóрод в США.

Сейчáс Олéг и Джéйн живýт в общежи́тии МГУ. В сентябрé Джéйн жилá в гости́нице. Тáм жи́ли америкáнцы, нéмцы, францýзы. Они́ не говори́ли по-рýсски. Друзья́ Джéйн жи́ли в общежи́тии. Онá тóже хотéла жи́ть в общежи́тии. Сейчáс онá живёт в общежи́тии. Здéсь онá мнóго говори́т по-рýсски.

Это нóвое здáние МГУ. Онó óчень большóе. Здéсь аудитóрии, лаборатóрии, большáя библиотéка, геологи́ческий музéй, студéнческий клýб, магази́н, пóчта. Общежи́тие тóже в э́том здáнии. Слéва хими́ческий факультéт и биологи́ческий факультéт. Ря́дом большóй сад и краси́вый пáрк. Спрáва физи́ческий факультéт. А тáм стадиóн и други́е здáния. Тáм истори́ческий факультéт, экономи́ческий факультéт и филологи́ческий факультéт. Москóвский университéт — э́то большóй студéнческий гóрод.

62. *Answer in the affirmative or negative, as in the model.*

Model: — Серге́й Ивано́в — студе́нт?

— Да́, / студе́нт.

— Ка́тя Ивано́ва — исто́рик?

— Не́т, / био́лог.

1. Ка́тя и Серге́й Ивано́вы — студе́нты?

2. Серге́й — био́лог?

3. Ка́тя — био́лог?

4. Оле́г Петро́в — исто́рик?

5. Джейн Сто́ун — исто́рик?

6. Ка́тя и Серге́й — москвичи́?

7. Оле́г и Джейн — москвичи́?

8. Оле́г ра́ньше жи́л в Магнитого́рске?

9. Джейн ра́ньше жила́ в Бо́стоне?

10. Сейча́с Оле́г и Джейн живу́т в общежи́тии?

11. Оле́г — америка́нец?

12. Джейн — америка́нка?

63. *Answer the questions.*

1. Где́ живу́т Ка́тя и Серге́й Ивано́вы?
2. Где́ живу́т сейча́с Оле́г Петро́в и Джейн Сто́ун?
3. Где́ ра́ньше жи́л Оле́г Петро́в?
4. Где́ ра́ньше жила́ Джейн Сто́ун?

★ **64.** *Tell in Russian what you know about Oleg Petrov and Jane Stone.*

★ **65.** *Describe in Russian what you see in the photograph on page 88.*

★ **66.** *Describe one of your friends or fellow-students. Give his or her name, nationality, occupation, place of residence. Describe in detail the city where he or she lives (or lived).*

★ **67.** *Reading Newspapers. Read the titles of newspapers.*

★ **68.** *Read the titles of the magazines.*

VOCABULARY

а and, but
а́вгуст August
америка́нец American
америка́нка American
америка́нский American
англи́йский English
англича́нин Englishman
англича́нка Englishwoman
апре́ль April
аудито́рия classroom
ба́нк bank
биологи́ческий biological
биоло́гия biology
большо́й large, big
восьмо́й eighth
второ́й second
геологи́ческий geological
госуда́рственный state
де́вушка (unmarried) girl
девя́тый ninth
дека́брь December
деся́тый tenth
друго́й another, the other
же́нщина woman
зда́ние building
знако́мый acquaintance
интере́сный interesting
истори́ческий historical
исто́рия history
июль July
ию́нь June
Ка́к ва́с зову́т? What is your name?
како́й what kind of
клу́б club
когда́ when
краси́вый beautiful

лаборато́рия laboratory
ма́й May
ма́ленький small
ма́рт March
МГУ (*abbr. for* **Моско́вский госуда́рственный университе́т**) Moscow State University
молодо́й young
москви́ч Muscovite
музе́й museum
МЭИ (*abbr. for* **Моско́вский энергети́ческий институ́т**) Moscow Power Institute
не́мец German
неме́цкий German
не́мка German
но́вый new
ноя́брь November
общежи́тие dormitory
октя́брь October
па́рк park
пе́рвый first
писа́тель writer
плохо́й bad
познако́мьтесь! meet! get acquainted!
прия́тно pleasant
пя́тый fifth
республика republic
ру́сский Russian
седьмо́й seventh
сентя́брь September
сигаре́ты cigarettes
сло́во word
сове́тский Soviet

СССР USSR
стадио́н stadium
ста́рый old
столи́ца capital
страни́ца page
студе́нческий student
США USA
тако́й such
то́т, та́, те́ that
тре́тий third
университе́т university
упражне́ние exercise
уро́к lesson
уче́бник textbook
факульте́т faculty, department
фами́лия last name
февра́ль February
фи́зика physics
физи́ческий physical
филологи́ческий philological (language and literature)
фи́льм film, movie
францу́женка Frenchwoman
францу́з Frenchman
францу́зский French
хими́ческий chemical
хи́мия chemistry
хоро́ший good
хоте́ть want
челове́к man
четвёртый fourth
шесто́й sixth
экономи́ческий economic
эта́ж floor
э́тот this
янва́рь January

В студе́нческом ла́гере «Спу́тник»

U N I T 4

PRESENTATION AND
PREPARATORY EXERCISES

| I | О чём расска́зывал Анто́н?
Анто́н **расска́зывал о Москве́**. |

▶ **1.** *Listen and analyze. (See Analysis IV, 1.0.)*

1. Ле́том Ве́ра была́ в Москве́. Она́ ча́сто **расска́зывает о Москве́**.
2. Пётр — био́лог. Он мно́го **чита́ет о приро́де.**
3. Ле́том Ни́на мно́го пла́вала в мо́ре. Сейча́с она́ ча́сто
вспомина́ет о мо́ре.
4. — **О чём** э́та кни́га? — **О му́зыке.**

2. *Listen and repeat. Pronounce each prepositional phrase with* о (об) *as a single unit.*

О Москве́ [амаскв'е́], расска́зывать о Москве́, Джон расска́зывает о
Москве́.

Мо́ре, о мо́ре [амо́р'и], вспомина́ть о мо́ре. Мы́ ча́сто вспомина́ем
о мо́ре.

О го́роде, расска́зывать о го́роде, о Ленингра́де. Он расска́зывал о
Ленингра́де.

О рабо́те, говори́ть о рабо́те. Мы́ говори́м о рабо́те.

Об институ́те [абынст'иту́т'и], Оле́г расска́зывал об институ́те.

Об университе́те. Мы́ мно́го говори́м об университе́те.

3. *Listen and reply.*

Model: — Джо́н расска́зывал о Москве́³?

— Да́¹, / о Москве́¹.

1. Вы́ говори́ли о теа́тре³?

2. А́нна Петро́вна расска́зывала о семье́³?

3. Вы́ вспомина́ете о мо́ре³?

4. Э́та кни́га о Ленингра́де³?

5. О́н говори́л об университе́те³?

6. Вы́ чита́ете о приро́де³?

7. Вы́ расска́зываете об институ́те³?

8. Они́ говори́ли о рабо́те³?

9. Дже́йн расска́зывала об Аме́рике³?

4. *Read and translate.*

В сентябре́ мо́й дру́г Ви́ктор Во́лков бы́л в Ленингра́де. Та́м о́н рабо́тал в институ́те. Он мно́го расска́зывал о Ленингра́де и об институ́те. О́н мно́го чита́л о Ленингра́де. Ви́ктор о́чень интере́сно расска́зывал о го́роде. О́н ма́ло говори́л о рабо́те. В Ленингра́де о́н бы́л в теа́тре. Он мно́го и интере́сно расска́зывал о теа́тре. И сейча́с Ви́ктор ча́сто вспомина́ет о Ленингра́де.

5. *Ask about what interests you.*

О чём э́та кни́га?

Model: — Э́то твоя́³ кни́га?

— Да́¹, / моя́¹.

— О чём она́²?

— О му́зыке¹.

теа́тр, Ленингра́д, Ки́ев, Москва́, приро́да, Аме́рика

6. *Somebody asks you a question. Answer it.*

1. О чём сего́дня расска́зывал профе́ссор?
2. О чём вы́ чита́ли в газе́те?
3. О чём э́та кни́га?
4. О чём расска́зывал журнали́ст?
5. О чём э́та статья́?
6. О чём э́тот фи́льм?

теа́тр, музе́й, семья́, му́зыка, приро́да, Аме́рика, Москва́

▶ **7.** *Listen and repeat; then read and analyze. (See Analysis IV, 2.0; 2.1; 2.11.)*

1. Это мо́й оте́ц. Я́ расска́зывала **о нём.**

2. — Э́то на́ша городска́я библиоте́ка. Вы́ чита́ли **о не́й** в журна́ле «Сове́тский Сою́з»? — Да́, чита́л.

3. Э́то ва́ша но́вая кни́га. Мы́ чита́ли **о не́й** в журна́ле «Спу́тник».

4. — Ни́на! Здра́вствуй! Мы́ сейча́с вспомина́ли **о тебе́.** — **Обо мне́?** — Да́, мы́ говори́ли **о тебе́.**

5. — Ма́ма, э́то мои́ подру́ги Ве́ра и Ната́ша. Я́ расска́зывала **о ни́х.** — О́чень прия́тно.

8. *Listen and repeat.*

1. я́ — обо мне́ [абамн'é], ты́ — о тебе́ [ат'иб'é], о́н — о нём [ан'óм], она́ — о не́й [ан'éj], мы́ — о на́с [анáс], вы́ — о ва́с [авáс], они́ — о ни́х [ан'и́х]

— Вы́ говори́ли обо мне́³? — Да́¹, / говори́ли. — Вы́ говори́ли обо мне́³? — Да́¹, / о тебе́¹.

— Э́то но́вый институ́т¹. Вы́ чита́ли о нём³?

— Э́то мои́ друзья́¹. Я́ расска́зывала о ни́х¹.

— Э́то на́ша но́вая студе́нтка¹. Я́ говори́ла о не́й¹.

— Вы́ вспомина́ли о на́с³? — Да́¹, / мы́ ча́сто вспомина́ем о ва́с¹.

2. Сове́тский [сав'éцк'иj], Сове́тский Сою́з, сове́тский писа́тель. Э́то сове́тский писа́тель. Вы́ чита́ли о нём. Э́то сове́тские студе́нты. Вы́ чита́ли о ни́х в журна́ле «Спу́тник». Городско́й [гърацкój], городско́й па́рк. Э́то городско́й па́рк. Я́ говори́ла о нём. Э́то городска́я библиоте́ка. Мы́ расска́зывали о не́й.

9. *Listen and repeat. Introduce these people.*

— Серге́й, э́то мо́й това́рищ Пётр. Я́ расска́зывал о нём.
— Здра́вствуйте, Пётр.
— Здра́вствуйте, Серге́й.

мо́й бра́т, моя́ подру́га, мо́й оте́ц, мои́ това́рищи, моя́ ма́ма, моя́ сестра́

10. *Ask about what interests you.*

Model: — Это кварти́ра № 3.
             — <u>Кто́ в не́й живёт</u> ?
             — В не́й живёт Никола́й Ива́нович .

Это го́род Росто́в.	Ве́ра Смирно́ва
Это дере́вня.	Никола́й Семёнов
Это студе́нческое общежи́тие.	сове́тские и иностра́нные студе́нты
Это кварти́ра № 2.	вра́ч
Это больша́я ко́мната.	мо́й сы́н

11. *Supply the required forms of the personal pronouns* я́, ты́, о́н, она́, вы́, они́.

Model: Это библиоте́ка. <u>В не́й</u> рабо́тает Зи́на.

1. Это институ́т. ... рабо́тает Никола́й Ива́нович Смирно́в. Мы́ чита́ли ... в газе́те «Изве́стия».
2. Это больни́ца. ... рабо́тает Ве́ра Никола́евна Пота́пова. Ве́ра Никола́евна — хоро́ший вра́ч. Мо́й бра́т расска́зывал ... .
3. — Никола́й Ива́нович, здра́вствуйте! Мы́ сейча́с говори́ли ... .
   — ...? — Да́, я́ расска́зывал ... .
4. — Дже́йн, кто́ э́то? — Это Ка́тя и Серге́й Ивано́вы. Я́ расска́зывала ... .

12. *Complete the statements, as in the model.*

Model: Это но́вый фи́льм. Я́ чита́л <u>о нём</u> в газе́те.

1. Это но́вая кни́га. Ви́ктор вчера́ говори́л ... .
2. — «Москва́» — интере́сный журна́л. — Да́, Ни́на говори́ла ... .
3. — Ки́ев — краси́вый го́род. — Да́, мои́ друзья́ расска́зывали ... .
4. — Ве́ра и Анто́н — хоро́шие студе́нты. — Да́, профе́ссор Кры́мов говори́л ... .
5. Ле́том я́ жи́л в дере́вне. Я́ расска́зывал ... .

II О како́м фи́льме расска́зывала А́нна?
А́нна расска́зывала **о но́вом фи́льме.**

▶ **13.** *Listen and analyze.(See Analysis IV, 3.0.)*

Э́то но́вое зда́ние МГУ.
Пётр живёт **в но́вом зда́нии** МГУ.

Э́то Большо́й теа́тр СССР[1].
Э́то кни́га **о Большо́м теа́тре.**

---

[1]The Bolshoi Theater, the leading Russian and Soviet theater of opera and ballet in Moscow. It was founded in 1776.

Э́то Третьяко́вская галере́я[1].
Вчера́ А́нна была́ **в Третьяко́вской галере́е.**

— И́ра, ты́ жила́ в Ри́ге?
— Да́.
— Во́т журна́л. Зде́сь статья́ **о твоём го́роде.**

---

[1]The Tretyakov Gallery, an art gallery in Moscow. It contains the largest collection of Russian and Soviet painting and sculpture in the USSR. The gallery was founded by Pavel M. Tretyakov and opened to the public in the early 1880's.

14. *Read and translate.*

1. — О чём э́та статья́? — Э́та статья́ о на́шем институ́те.
2. — Ве́ра, где́ мо́й слова́рь? — О́н лежи́т на твоём столе́.
3. — Анто́н, где́ живёт Ви́ктор? — О́н живёт в э́той кварти́ре.
4. «Во́лга-Во́лга» — о́чень ста́рый, хоро́ший фи́льм. Я́ чита́л об э́том фи́льме в журна́ле.
5. — Твоя́ статья́ в э́том журна́ле? — Да́. — На како́й страни́це?
   — На деся́той.

15. *Listen and repeat.*

Мо́й дру́г, о моём дру́ге [амајо́м дру́г'и]. Мы́ говори́м о моём дру́ге.

Моя́ сестра́, о мое́й сестре́. Я́ расска́зываю о мое́й сестре́.

Тво́й бра́т, о твоём бра́те. Мы́ вспомина́ем о твоём бра́те.

На́ш институ́т, о на́шем институ́те. Профе́ссор расска́зывал о на́шем институ́те.

Ва́ша статья́, о ва́шей статье́. Мы́ говори́м о ва́шей статье́.

— О чём вы́ говори́те?
— Мы́ говори́м о на́шей рабо́те.

— О чём вы́ расска́зываете, Дже́йн?
— Я́ расска́зываю о моём го́роде.

— О чём расска́зывал профе́ссор?
— О́н расска́зывал о на́шем институ́те.

16. *Speak. Use the verbs* расска́зывать, говори́ть, чита́ть.

Model: — Э́то тво́й бра́т и твоя́ сестра́?
        — Да́.
        — Сего́дня А́ня говори́ла <u>о твоём бра́те</u> и <u>твое́й сестре́</u> .

1. Э́то твоя́ ма́ма и тво́й оте́ц?
2. Э́то ва́ша статья́ и ва́ш уче́бник?
3. Э́то ва́ш до́м и ва́ша кварти́ра?

▶ **17.** *Read and analyze. (See Analysis IV, 3.0.)*

   На́ша семья́ живёт **в большо́м го́роде.** Мы́ живём в це́нтре. Мы́ живём **в но́вом до́ме, в большо́й хоро́шей кварти́ре.** На́ша кварти́ра **на пя́том этаже́.** Та́м живу́ я́ и мои́ роди́тели. Мо́й оте́ц

— рабо́чий. Моя́ ма́ма рабо́тает **в городско́й библиоте́ке**. Я́ — инжене́р. Я́ рабо́таю **в энергети́ческом институ́те**. Моя́ сестра́ то́же живёт в на́шем до́ме. Она́ рабо́тает **в педагоги́ческом институ́те**.

18. (a) *Listen and repeat.*

но́вый, ста́рый, ру́сский, хоро́ший, ма́ленький, хими́ческий, энергети́ческий; большо́й, небольшо́й [н'ибал'шо́j], плохо́й, городско́й [гърацко́j], пя́тый, шесто́й [шысто́j], Третьяко́вская [тр'ит'jико́фскъjь], педагоги́ческий.

(b) *Pronounce each phrase as a single unit.*

но́вый до́м, в но́вом [но́въм] до́ме. Я́ живу́ в но́вом до́ме.

но́вая у́лица, на но́вой [но́въj] у́лице. На́ш до́м на но́вой у́лице.

но́вая больни́ца, в но́вой больни́це. Мо́й оте́ц рабо́тает в но́вой больни́це.

Ру́сская му́зыка, о ру́сской му́зыке. Э́та кни́га о ру́сской му́зыке.

Ру́сский теа́тр, о ру́сском теа́тре. Э́та статья́ о ру́сском теа́тре.

Хоро́шая кварти́ра, в хоро́шей кварти́ре, больша́я кварти́ра, в большо́й кварти́ре, в хоро́шей большо́й кварти́ре. О́н живёт в хоро́шей большо́й кварти́ре.

Больша́я фа́брика, на большо́й фа́брике. Моя́ сестра́ рабо́тает на большо́й фа́брике.

Большо́й теа́тр, в Большо́м теа́тре. Мы́ чита́ем о Большо́м теа́тре.

Большо́й го́род, небольшо́й го́род, в небольшо́м го́роде, ма́ленький го́род, в ма́леньком го́роде. Дже́йн живёт в ма́леньком го́роде.

Педагоги́ческий институ́т. О́н рабо́тает в педагоги́ческом институ́те.

Городска́я библиоте́ка, в городско́й библиоте́ке. Я́ рабо́таю в городско́й библиоте́ке.

Шесто́й эта́ж [ита́ш], на шесто́м этаже́. Мы́ живём на шесто́м этаже́.

Третьяко́вская галере́я [гъл'ир'е́jь], о Третьяко́вской галере́е. Вы́ чита́ли о Третьяко́вской галере́е?

энергети́ческий институ́т, в энергети́ческом институ́те, рабо́тает в энергети́ческом институ́те.

(c) *Listen and reply.*

Model: — Вы́ живёте в большо́м го́роде?

        — Да́, / в большо́м .

1. Вы́ живёте в но́вом до́ме?
2. Вы́ живёте в хоро́шей кварти́ре?
3. Ва́ши роди́тели живу́т в ма́леньком го́роде?
4. Ва́ш оте́ц рабо́тает в энергети́ческом институ́те?
5. Вы́ живёте на второ́м этаже́?
6. Ты́ рабо́таешь в но́вой больни́це?
7. Вы́ говори́те о Большо́м теа́тре?
8. Вы́ чита́ете о Третьяко́вской галере́е?
9. Вы́ расска́зываете о Моско́вском университе́те?
10. Вы́ чита́ете о ру́сском теа́тре?
11. Она́ рабо́тает в педагоги́ческом институ́те?

Model: — Вы́ живёте в большо́м го́роде?

        — Не́т, / в ма́леньком .

1. Вы́ говори́те о но́вом журна́ле?
2. Ва́ши роди́тели живу́т в ма́леньком го́роде?
3. Профе́ссор расска́зывал о Моско́вском университе́те?
4. Ва́ш оте́ц рабо́тает в хими́ческом институ́те?
5. Вы́ живёте в ста́ром до́ме?
6. Ты́ живёшь на шесто́м этаже́?
7. Вы́ живёте в большо́й кварти́ре?
8. Вы́ говори́те об англи́йском журна́ле?

(d) *Repeat each question aloud; then reply.*

1. В како́м го́роде вы́ живёте, в большо́м и́ли в ма́леньком?
2. О како́м фи́льме вы́ говори́ли, о сове́тском и́ли об америка́нском?
3. В како́м до́ме вы́ живёте, в но́вом и́ли в ста́ром?
4. О како́й кни́ге вы́ говори́ли, о ру́сской и́ли англи́йской?
5. На како́м заво́де рабо́тает ва́ш оте́ц, на большо́м и́ли ма́леньком?
6. На како́й у́лице вы́ живёте, на но́вой и́ли на ста́рой?
7. В како́й аудито́рии ле́кция, в пя́той и́ли в шесто́й?
8. На како́м этаже́ вы́ живёте, на восьмо́м и́ли на девя́том?
9. Э́то но́вый журна́л? В како́м но́мере ва́ша статья́, в пе́рвом и́ли во второ́м?

19. *Supply the required forms of the adjectives* но́вый, ста́рый, большо́й, ма́ленький.

    1. Я́ живу́ в э́том ... до́ме.

    2. Ра́ньше мы́ жи́ли в э́том ... го́роде.

    3. Мо́й бра́т — вра́ч, и о́н рабо́тает в э́той ... больни́це.

    4. Ви́ктор — инжене́р, и о́н рабо́тает в э́том ... институ́те.

    5. В Ки́еве мы́ жи́ли в э́той ... гости́нице.

    6. Моя́ подру́га рабо́тает в э́той ... апте́ке. Ра́ньше она́ рабо́тала в э́том ... магази́не.

20. *Complete the sentences, using the words on the right.*

1. Ве́чером мы́ мно́го говори́ли о	ру́сская му́зыка и ру́сский теа́тр
2. Ле́том мы́ жи́ли в	небольшо́й го́род
3. Мо́й дру́г расска́зывал о	Большо́й теа́тр
4. Вчера́ ве́чером мы́ говори́ли о	но́вый фи́льм
5. Сего́дня у́тром Анто́н расска́зывал о	студе́нческая газе́та
6. Ве́ра рабо́тает	городска́я больни́ца
7. Мои́ друзья́ рабо́тают в	хими́ческая лаборато́рия
8. Никола́й мно́го расска́зывал об	энергети́ческий институ́т

21. *Somebody asks you a question. Answer it.*

(a) 1. В како́м го́роде вы́ живёте?	большо́й
2. На како́й у́лице вы́ живёте?	небольшо́й
3. В како́м до́ме вы́ живёте?	ма́ленький
4. В како́й кварти́ре вы́ живёте?	но́вый
	ста́рый
(b) 1. В како́м общежи́тии живу́т ва́ши друзья́?	студе́нческий
2. О како́й газе́те вы́ вчера́ говори́ли?	университе́тский
3. В како́м теа́тре рабо́тает ва́ш бра́т?	городско́й
4. В како́й лаборато́рии рабо́тали студе́нты?	физи́ческий
5. Ва́ша статья́ в э́том журна́ле? На како́й страни́це?	пя́тая
6. На како́й страни́це четвёртый уро́к?	деся́тая

▶ **22.** *Listen and repeat; then read and analyze. (See Analysis IV, 4.0.)*

Memorize: г д е?

на ю́ге	на рабо́те	на Украи́не
на се́вере	на заво́де	на Кавка́зе
на за́паде	на у́лице	на Ура́ле
на восто́ке	на по́чте	

1. — Где́ вы́ рабо́тали ле́том? — Мы́ рабо́тали на Украи́не.
2. Он рабо́тает на се́вере.
3. Они́ живу́т на восто́ке.
4. — Где́ ты́ живёшь? — В Ерева́не. — А где́ э́то? — Э́то на ю́ге, в Арме́нии. На Кавка́зе. — На како́й у́лице ты́ живёшь? — Я́ живу́ на Моско́вской у́лице.
5. — Где́ живёт ва́ша семья́? — Она́ живёт на Украи́не.
6. Мо́й бра́т живёт на Ура́ле. Он рабо́тает на заво́де.
7. — Пётр до́ма? — Не́т, на рабо́те. — А где́ он рабо́тает? — На по́чте.

23. *Listen and repeat. Pronunciation Practice: prepositional phrases.*

(a) *Prepositional phrases with* на.

на сту́ле [насту́л'и], на столе́ [нъстал'е́], на по́лке, на Кавка́зе [нъкафка́з'и], на Ура́ле, на Украи́не [нъукрайн'и], на рабо́те [нърабо́т'и], на у́лице [нау́л'ицъ], на заво́де [нъзаво́д'и], на за́паде [наза́пъд'и], на восто́ке [нъвасто́к'и], на се́вере [нас'е́в'ир'и], на ю́ге [нају́г'и].

(b) *Prepositional phrases with* в.

в = [ф]		**в = [в]**
в шко́ле	в Москве́	в лаборато́рии
в теа́тре	в Ленингра́де	в больни́це
в Ки́еве	в магази́не	в гости́нице
в столе́	в Росто́ве	в библиоте́ке
в ко́мнате	в Магнитого́рске	в июле [выју́л'и]
в портфе́ле	в маши́не	в институ́те
	в ноябре́	[вынст'иту́т'и]
	в Ерева́не	в университе́те
	в э́той шко́ле	
	в на́шем институ́те	
	в но́вой больни́це	

(c) *Listen and reply.*

Model: — Вы́ отдыха́ли на Кавка́зе?

— Да́, / на Кавка́зе.

1. Ва́ши роди́тели живу́т на Ура́ле?
2. Ва́ш оте́ц рабо́тает на заво́де?
3. А́нна отдыха́ла на ю́ге?
4. Анто́н на рабо́те?
5. Ки́ев на Украи́не?
6. Вы́ живёте на се́вере?
7. Джо́н живёт на э́той у́лице?
8. Журна́л на столе́?
9. Моя́ кни́га на по́лке?
10. Тво́й портфе́ль на сту́ле?

Model: — Вы́ живёте на Ура́ле?

— Не́т, / на Украи́не.

1. Вы́ рабо́тали на се́вере?
2. Ва́ша сестра́ рабо́тает в институ́те?
3. Вы́ живёте на Ура́ле?
4. Ва́ш оте́ц сейча́с до́ма?
5. Ленингра́д на ю́ге?
6. Э́тот го́род на восто́ке?
7. Вы́ отдыха́ли на се́вере?

восто́к
заво́д
Украи́на
рабо́та
се́вер
за́пад
ю́г

24. *Microdialogues. (a) Listen to and repeat the dialogues. Indicate the types of intonational constructions throughout.*

Где?

(1) — Скажи́те, пожа́луйста, А́нна до́ма?
— Не́т, она́ в институ́те .

рабо́та, заво́д, магази́н, теа́тр, шко́ла, больни́ца, университе́т, лаборато́рия, библиоте́ка, по́чта

(2) — Где́ вы́ рабо́таете?
— В институ́те . А вы́?
— На заво́де .

теа́тр — шко́ла, больни́ца — апте́ка, магази́н —гости́ница, по́чта — музе́й

(3) — Где́ вы́ живёте?
— В Ки́еве.
— А ва́ша сестра́?
— В Ленингра́де .

Москва́ — Ерева́н, Украи́на — Кавка́з, се́вер — ю́г, Росто́в — Ри́га

(4) — Антóн, скажи́, пожа́луйста,
    где́ <u>моя́ кни́га</u>?
    — <u>Та́м, в моём портфéле</u> .

    — А <u>журна́л</u>?
    — <u>На твоём столé</u> .

журна́л — твóй стóл,
портфéль — моя́
кóмната,
слова́рь — э́та пóлка,
газéта — ва́ш
портфéль

(b) *Compose similar dialogues by substituting the words on the right for those underlined.*

25. *Supply the preposition* в *or* на.

(a) 1. Моя́ семья́ живёт ... Москвé.
   2. Моя́ ма́ма рабóтает ... шкóле. Мóй отéц рабóтает ...
      институ́те.
   3. Моя́ сестра́ живёт ... Ленингра́де. Она́ рабóтает   ...
      магази́не.
   4. — Ма́ма, где́ моя́ газéта? — Та́м, ... портфéле.
   5. — Где́ Пётр? — Óн ... теа́тре.
   6. Лéтом они́ жи́ли ... Ки́еве.
   7. — Где́ рабóтает А́нна Ива́новна? — ... больни́це.

(b) 1. Лéтом мы́ жи́ли ... ю́ге. Мы́ отдыха́ли ... Кавка́зе.
   2. Они́ дóлго жи́ли ... Ура́ле. И́х отéц та́м рабóтал ... завóде.
   3. Моя́ семья́ живёт ... Украи́не.
   4. — Скажи́те, пожа́луйста, где́ Серёжа? — Óн ... рабóте. — А
      где́ óн рабóтает? — ... завóде.
   5. — Где́ ва́ша маши́на? — Та́м, ... у́лице.
   6. — Где́ живёт твóй бра́т? — ... сéвере. — ... сéвере? — Да́, ...
      сéвере. Óн та́м рабóтает ... завóде.
   7. — Ты́ не зна́ешь, где́ И́ра? — Она́ ... пóчте.

(c) 1. — Моя́ сестра́ живёт ... Кавка́зе. — Где́? — ... Ерева́не.
       — Она́ рабóтает? — Да́, она́ рабóтает ... пóчте.
   2. — Где́ вы́ отдыха́ли? — ... ю́ге.
   3. Гóрод Нори́льск ... сéвере СССР.
   4. — Слу́шаю. — Здра́вствуйте, э́то Антóн. — Здра́вствуй,
      Антóн. — Пётр дóма? — Нéт, ... рабóте.
   5. — Ма́ма, где́ мóй портфéль? — Та́м, ... кóмнате, ... сту́ле.
   6. — Пётр, где́ мóй слова́рь? — Та́м, ... столé и́ли ... портфéле.

▶ **26.** *Read and analyze. (See Analysis IV, 6.0.)*

1. — Ве́ра, **вы́ бы́ли** в Ленингра́де?
   — Не́т, **не была́.**
2. — Андре́й, **ты́ бы́л** вчера́ на уро́ке?
   — Не́т, **не́ был.** Я́ вчера́ **не́ был** в шко́ле.

27. (a) *Listen and repeat.*

бы́л была́ бы́ло бы́ли	бы́л, была́, бы́ло, бы́ли; не́ был, не была́, не́ было, не́ были.

Я́ бы́л на ю́ге. А я́ не была́. Óн бы́л в Москве́. А ты́ не́ был. Мы́ бы́ли в институ́те. А вы́ не́ были. Она́ была́ в теа́тре. А я́ не была́.

1. — Ма́ша, / ты́ была́ в
   Аме́рике?
   — Не́т, / не была́.
   А ты́ была́ в Ки́еве?
   — Не́т, / не была́.
   А ты́?
   — А я́ была́.

2. — Андре́й, / ты́ бы́л
   вчера́ в университе́те?
   — Не́т, / не́ был.
   — А Серге́й бы́л?
   — Серге́й то́же не́ был.

3. — Вы́ бы́ли в Большо́м
   теа́тре?
   — Да́, / бы́ли. А вы́?
   — А мы́ не́ были.

4. — Джо́н, / ты́ бы́л на
   Кавка́зе?
   — Не́т, / не́ был. А вы́
   бы́ли?
   — Да́, / мы́ бы́ли.
   — Когда́ вы́ та́м бы́ли?
   — Мы́ та́м бы́ли ле́том.

(b) *Listen. Ask questions and answer them.*

Model: — Дже́йн, / вы́ бы́ли в Большо́м теа́тре?
       — <u>Да́, / была́.</u> (Не́т, / не была́.)

1. Джо́н, / вы́ бы́ли в Москве́?
2. А́нна, / ты́ была́ в Ло́ндоне?
3. Андре́й, / ты́ бы́л на Кавка́зе?

4. Анто́н, / ты́ бы́л вчера́ в институ́те?

5. Ма́ша, / ты́ была́ сего́дня в шко́ле?

6. Джо́н, / ты́ бы́л в Москве́?

7. Ка́тя, / ты́ была́ ве́чером до́ма?

8. Ва́ши роди́тели бы́ли ле́том на ю́ге?

9. Ва́ши студе́нты бы́ли весно́й в Москве́?

Model: — Вы́ бы́ли в Москве́?   — Вы́ бы́ли в Москве́?
        — Да́, / бы́л.   — Да́, / в Москве́.

1. Вы́ бы́ли на ю́ге?

2. Вы́ бы́ли на ю́ге?

3. Вы́ бы́ли в Ленингра́де?

4. Вы́ бы́ли в Ленингра́де?

5. Вы́ бы́ли на рабо́те?

6. Вы́ бы́ли до́ма ве́чером?

7. Вы́ бы́ли до́ма ве́чером?

8. Вы́ бы́ли до́ма?

9. Вы́ бы́ли вчера́ на рабо́те?

10. Твои́ роди́тели бы́ли на Украи́не ле́том?

11. Твои́ роди́тели бы́ли на Украи́не ле́том?

12. Твои́ роди́тели бы́ли на Украи́не ле́том?

28. *Change each sentence, as in the model, using the words* у́тром, днём, ве́чером, сего́дня, вчера́, ле́том, зимо́й, весно́й, о́сенью, в декабре́, в октябре́, в феврале́, *etc.*

Model: — Ве́ра, где́ ва́ш бра́т?
        — В шко́ле.
        — А где́ о́н бы́л у́тром ?
        — У́тром о́н то́же бы́л в шко́ле .
     (— То́же в шко́ле .)

1. — Ма́ша, где́ ва́ши бра́тья? — Они́ в университе́те.
2. — Ви́ктор, где́ ва́ши друзья́? — Они́ на Украи́не.
3. — Ни́на, где́ ва́ши роди́тели? — Они́ на рабо́те.
4. — Где́ сейча́с инжене́р Серге́ев? — О́н на хими́ческом заво́де.
5. — Где́ ва́ша семья́? — Она́ в дере́вне.
6. — Где́ ва́ша подру́га? — Она́ на Кавка́зе.

29. *Somebody asks you where you were. Answer his question.*

> Где́ вы́ бы́ли?

Model:　— Где́ вы́ бы́ли сего́дня днём?
　　　　　— <u>Сего́дня днём я́ был в и нститу́те</u> .

1. Где́ вы́ бы́ли сего́дня у́тром?	университе́т, теа́тр, клу́б, ю́г,
2. Где́ вы́ бы́ли вчера́ ве́чером?	Ки́ев, Влади́мир, институ́т,
3. Где́ вы́ бы́ли ле́том?	Москва́, Бо́стон.
4. Где́ вы́ бы́ли в апре́ле?	
5. Где́ вы́ бы́ли в январе́?	
6. Где́ вы́ бы́ли сего́дня днём?	

30. *Give affirmative and negative answers.*

Model:　— Вы́ бы́ли в Москве́?
　　　　　— Да́, / я́ был в Москве́ .
　　　　　— <u>Не́т, / я́ не́ был в Москве́</u> .

Пари́ж
Берли́н
Ло́ндон
Ленингра́д
Бо́стон
Ри́га

31. *Situations:*

> Где́?

(1) One of your fellow students has been to the Soviet Union. Find out which cities he has visited.

(2) Find out where your fellow student used to live.

(3) Find out where a fellow student spent the summer.

III　Ви́ктор **чита́ет, а** А́нна **слу́шает.**
Студе́нты **не говори́ли, а** то́лько **чита́ли** по-ру́сски.
Они́ **чита́ют** по-ру́сски хорошо́, **а говоря́т** пло́хо.
Ле́том Ви́ктор **снача́ла** рабо́тал, **а пото́м** отдыха́л.

▶ **32.** *Listen and analyze. (See Analysis IV, 5.0.)*

1. Ле́том А́нна **отдыха́ла**, а Пётр **рабо́тал**.
2. Ра́ньше Оле́г жи́л **на Ура́ле**, а Никола́й жи́л **на Украи́не**.
3. — Пье́р говори́т по-ру́сски? — Не́т, о́н говори́т не **по-ру́сски**, а **по-францу́зски**.
4. — Э́то теа́тр? — Не́т, э́то не **теа́тр**, а **музе́й**.

33. *Read and translate.*

Макси́м и Ни́на — студе́нты. Макси́м — фи́зик, а Ни́на — фило́лог. Ле́том Ни́на отдыха́ла, а Макси́м рабо́тал. Снача́ла о́н рабо́тал в физи́ческой лаборато́рии, а пото́м на заво́де. Ни́на живёт в го́роде, а её роди́тели живу́т в дере́вне. В ию́ле Ни́на жила́ в дере́вне, а в а́вгусте она́ отдыха́ла на Чёрном мо́ре.

34. *Listen and repeat.*

(a) *Pay attention to intonation and breath groups (syntagms). (See Analysis, Phonetics, 3.72.)*

Э́то теа́тр, / э́то музе́й. Э́то теа́тр, / а э́то музе́й. Никола́й — вра́ч, / а Ви́ктор — журнали́ст.

Ни́на живёт в го́роде, / а её роди́тели живу́т в дере́вне. Ни́на живёт в го́роде, / а её роди́тели в дере́вне. Ни́на живёт в Москве́, / а Джейн в Детро́йте. Джейн чита́ет по-ру́сски хорошо́, / а говори́т пло́хо. Джейн говори́т по-ру́сски пло́хо, / а чита́ет хорошо́. Ро́берт говори́т по-ру́сски хорошо́, / а Джейн пло́хо. Я́ говорю́ по-ру́сски, / а Джо́н по-францу́зски. Мо́й бра́т рабо́тает в институ́те, / а оте́ц на заво́де. Мо́й оте́ц — инжене́р, / а ма́ма — вра́ч. Моя́ ма́ма — вра́ч, / а оте́ц — / инжене́р.

(b) *Dialogues. Mark intonational centers and breath groups (syntagms) throughout.*

1. — А́нна, где́ вы́ бы́ли ле́том?
   — Я́ была́ на Кавка́зе, а мои́ роди́тели бы́ли в Москве́.
   — Где́ рабо́тают ва́ши роди́тели?
   — Мо́й оте́ц рабо́тает в больни́це, а ма́ма на заво́де. Мо́й оте́ц — вра́ч, а ма́ма — инжене́р.
   — Ва́ши бра́тья то́же студе́нты?
   — Да́, Ю́рий — экономи́ст, а Андре́й — матема́тик.
   — А вы́?
   — А я́ фило́лог.

2. — Джейн, вы́ живёте в Бо́стоне?
   — Не́т, я́ живу́ в Детро́йте.
   — А где́ живу́т Джо́н и То́м?
   — То́м живёт в Ло́ндоне, а Джо́н в Нью-Йо́рке.

3. — Джо́н, вы́ хорошо́ говори́те и понима́ете по-ру́сски?

— Понима́ю хорошо́, а говорю́ пло́хо.

— А То́м и Дже́йн?

— То́м говори́т по-ру́сски хорошо́, а Дже́йн не о́чень хорошо́.

(c) *Pay attention to intonation. (See Analysis, Phonetics, 3.73.)*

1. Оле́г — исто́рик, / а Никола́й фи́зик. Никола́й не исто́рик, / а фи́зик.

2. Джо́н живёт в Бо́стоне, / а Оле́г в Москве́. Джо́н живёт не в Москве́, / а в Бо́стоне.

3. А́нна говори́т по-неме́цки, / а по-францу́зски не говори́т. А́нна говори́т не по-францу́зски, / а по-неме́цки.

4. Его́ оте́ц не инжене́р, / а вра́ч.

5. Ве́ра рабо́тает не в университе́те, / а в больни́це.

6. Са́ша рабо́тает в библиоте́ке, / а не в университе́те.

(d) *Listen and reply, as in the model.*

Model: — О́н живёт в Москве́?

— Не́т, / в Ленингра́де.

<u>О́н живёт не в Москве́, / а в Ленингра́де.</u>

1. — О́н живёт на пе́рвом этаже́? — Не́т, / на второ́м.

2. — О́н инжене́р? — Не́т, / вра́ч.

3. — Она́ рабо́тает на заво́де? — Не́т, / в библиоте́ке.

4. — Вы́ живёте в Бо́стоне? — Не́т, / в Чика́го.

5. — О́н био́лог? — Не́т, / о́н фило́лог.

6. — Э́то музе́й? — Не́т, / э́то библиоте́ка.

7. — О́н говори́т по-ру́сски? — Не́т, / по-англи́йски.

8. — Андре́й — журнали́ст? — Не́т, / исто́рик.

35. *Supply continuations to each sentence.*

1. Мо́й оте́ц — исто́рик, а моя́ ма́ть ... .

2. Мо́й бра́т живёт в столи́це, а моя́ сестра́ ... .

3. Мо́й дру́г живёт в большо́м го́роде, а его́ роди́тели ... .

4. Я́ рабо́таю в э́том зда́нии, а моя́ подру́га ... .

5. Мы́ говори́м по-ру́сски, а То́м ... .

6. Я́ хочу́ отдыха́ть в сентябре́, а мои́ друзья́ ... .

7. Снача́ла мы́ жи́ли в гости́нице, а пото́м ... .

8. Мои́ друзья́ живу́т в студе́нческом общежи́тии, а я́ ... .

9. Э́та де́вушка хорошо́ говори́т по-ру́сски, а э́тот молодо́й челове́к ... .

10. Э́тот авто́бус большо́й, а э́та маши́на ... .

36. *Answer the questions.*

Model: — Че́хов — исто́рик?

— Не́т, / Че́хов не исто́рик, / а писа́тель.

1. — Ни́льс Бо́р — хи́мик? — ... .
2. — Ча́рльз Да́рвин — фи́зик? — ... .
3. — Шекспи́р — исто́рик? — ... .
4. — Оде́сса — э́то дере́вня? — ... .
5. — «Сове́тский Сою́з» — э́то газе́та? — ... .

Model: — Ле́в Толсто́й — англи́йский писа́тель?

— Не́т, Толсто́й не англи́йский, а ру́сский писа́тель.

1. — Берна́рд Шо́у — америка́нский писа́тель? — ... .
2. — Сте́йнбек — неме́цкий писа́тель? — ... .
3. — Э́динбург — неме́цкий го́род? — ... .
4. — Бра́ндт — э́то францу́зская фами́лия? — ... .
5. — Ке́мбридж — э́то неме́цкий университе́т? — ... .

37. *Somebody asks you a question. Answer it.*

Model: — Что́ вы́ де́лали вчера́ ве́чером?

— Ма́ма чита́ла, а мы́ слу́шали.

1. Что́ вы́ и ва́ши роди́тели де́лали ле́том?
2. Что́ де́лали сего́дня в библиоте́ке вы́ и ва́ши друзья́?
3. Что́ вы́ де́лали сего́дня в университе́те?

отдыха́ть
рабо́тать
расска́зывать
слу́шать
говори́ть
вспомина́ть
чита́ть

IV Óн (не) зна́ет,
{
кто́ э́тот челове́к.
где́ рабо́тает А́нна.
когда́ рабо́тает А́нна.
ка́к рабо́тает А́нна.
како́й э́то институ́т.
}

▶ **38.** *Listen and repeat; then read and analyze.*

1. — Скажи́те, пожа́луйста, где́ здесь рестора́н?
   — В э́том большо́м зда́нии.
2. — Ни́на, когда́ Ка́тя была́ на пра́ктике?
   — Я́ не зна́ю, когда́ Ка́тя была́ на пра́ктике.
3. — Ты́ зна́ешь, в како́м институ́те рабо́тает Пётр?
   — Не́т, не зна́ю.
4. — Вчера́ бы́л о́чень хоро́ший ве́чер.
   — Кто́ та́м бы́л?
   — Ви́ктор, Ка́тя, Оле́г, Ни́на. Мы́ пе́ли, танцева́ли. Ви́ктор интере́сно расска́зывал, ка́к о́н ле́том отдыха́л в дере́вне на Ура́ле.

39. *Listen and repeat.*

(a) я́ зна́ю, ты́ зна́ешь [зна́jиш], о́н зна́ет, мы́ зна́ем, вы́ зна́ете [зна́jит'и], они́ зна́ют, я́ зна́л, она́ зна́ла, мы́ зна́ли.

1. — Где́² Джо́н? Вы́ зна́³ете, где́ Джо́н? — Да́, зна́¹ю. Я́ зна́¹ю, где́ Джо́н.

2. — Где́² здесь апте́²ка? Вы́ зна́³ете, где́ апте́ка? Вы́ зна́ете, где́ здесь апте́ка? — Не́т, я́ не зна́¹ю, где́ здесь апте́ка.

3. — Где́² живёт Оле́г? Вы́ зна́³ете, где́ живёт Оле́г? — Да́, я́ зна́¹ю, где́ живёт Оле́г. — Не́т, я́ не зна́¹ю, где́ живёт Оле́г.

4. — Где́² университе́т? Где́² Моско́вский университе́т? Вы́ зна́²ете, где́ университе́т? Вы́ зна́³ете, где́ Моско́вский университе́т? — Да́, я́ зна́¹ю, где́ Моско́вский университе́т.

5. — Ка́к его́ зову́²т? Вы́ зна́³ете, ка́к его́ зову́т? Где́² о́н рабо́тает? Вы́ зна́³ете, где́ о́н рабо́тает? В како́м институ́²те о́н рабо́тает? Вы́ зна́³ете, в како́м институ́те о́н рабо́тает? — Не́т, я́ не зна́¹ю, где́

о́н рабо́тает. Я́ не зна́ю, в како́м институ́те о́н рабо́тает.

(b) Скажи́те, пожа́луйста [пажа́лъстъ]. Скажи́те, пожа́луйста.

Скажи́те, пожа́луйста, / где́ апте́ка? Извини́те,

пожа́луйста, / где́ апте́ка? Скажи́те, пожа́луйста, / где́ до́м

но́мер ше́сть? Извини́те, пожа́луйста, / где́ до́м но́мер ше́сть?

Извини́те, пожа́луйста, / где́ физи́ческий институ́т?

Скажи́те, пожа́луйста, / где́ физи́ческий институ́т?

40. *Listen. Somebody asks you a question. Answer it.*

Model: — Скажи́те, пожа́луйста, где́ рабо́тает Андре́й?
  — Я́ не зна́ю, где́ рабо́тает Андре́й.

1. Вы́ зна́ете, где́ городска́я библиоте́ка?
2. Вы́ зна́ете, где́ живёт Дже́йн?
3. Вы́ зна́ете, о чём расска́зывал Оле́г?
4. Скажи́те, пожа́луйста, где́ зде́сь теа́тр?
5. Ты́ зна́ешь, в како́м институ́те о́н рабо́тает?
6. Скажи́те, пожа́луйста, где́ зде́сь библиоте́ка?
7. Вы́ зна́ете, где́ до́м но́мер пя́ть?
8. Скажи́те, пожа́луйста, на како́м этаже́ живу́т Петро́вы?
9. Ты́ зна́ешь, кто́ её оте́ц?
10. Скажи́те, пожа́луйста, что́ тако́е МГУ?

41. *Read and translate.*

1. А́нна зна́ет, где́ рабо́тает Ви́ктор.
2. А́нна зна́ет, где́ рабо́тал Ви́ктор.
3. А́нна зна́ла, где́ рабо́тал Ви́ктор.
4. Анто́н расска́зывает, ка́к о́н отдыха́л ле́том.
5. Анто́н расска́зывал, ка́к о́н отдыха́л ле́том.
6. Я́ зна́ю, в како́м до́ме живёт Ка́тя.
7. Я́ зна́ю, в како́м до́ме жила́ Ка́тя.

42. (a) *Dialogues. Listen and repeat.*

1. — Извини́те, пожа́луйста, где́ зде́сь апте́ка?
  — В до́ме но́мер ше́сть.
  — Спаси́бо.
  — Пожа́луйста.

2. — Скажи́те, пожа́луйста, где́ живёт Бори́с Смирно́в?
  — В шесто́й кварти́ре. (— В э́том до́ме.)
  — Спаси́бо.
  — Пожа́луйста.

(b) *Situations:*

1. You want to find out where the library, hotel, university, school, post office and the institute are located.

2. You want to know where Professor Petrov, the Ivanov family, the doctor, Nikolai Zotov, an engineer named Brown, and a lawyer named Smith live.

43. *Somebody asks you a question. Answer it.*

Model: — Вы́ зна́ете, когда́ То́м бы́л в Москве́?
    <u>— О́н бы́л в Москве́ в октябре́.</u>

1. Вы́ зна́ете, когда́ Ни́на отдыха́ла на ю́ге?
2. Вы́ зна́ете, когда́ А́нна хо́чет отдыха́ть?
3. Вы́ зна́ете, когда́ Серге́й бы́л на пра́ктике?
4. Вы́ зна́ете, когда́ Дже́йн была́ в Ленингра́де?

44. *Translate. Mark stress and intonational centers.*

Katya and Oleg have been to the theater. Katya spoke a lot, Oleg listened. Katya said that she was in practical training in the summer. She talked about the biology department and about the student theater. Oleg talked about the Urals.

CONVERSATION

I. Expressions for Addressing Persons One Does Not Know:

— **Извини́те, пожа́луйста,** вы́ не зна́ете, где́ здесь по́чта?
— Во́н та́м.

— **Молодо́й челове́к**[1], скажи́те, пожа́луйста, како́й э́то го́род?
— Э́то Кли́н.

— **Де́вушка**[1], вы́ не зна́ете, когда́ рабо́тает э́тот рестора́н?
— То́лько ве́чером.

---

[1]When addressing young strangers, the words молодо́й челове́к or де́вушка are used.

45. (a) *Listen and repeat.*

Зна́ете? Не зна́ете [н'изна́jит'и]? Вы́ не зна́ете? Где́ по́чта? Вы́ не зна́ете, где́ по́чта? Вы́ не зна́ете, где́ здесь по́чта? Зна́ешь? Не зна́ешь [н'изна́jиш]? Ты́ не зна́ешь? Где́ мо́й журна́л? Ты́ не зна́ешь, где́ мо́й журна́л? Вы́ не зна́ете? Вы́ не зна́ете, где́ Ивано́вы? Вы́ не зна́ете, где́ живу́т Ивано́вы? На како́м этаже́? Вы́ не зна́ете, на како́м этаже́? Вы́ не зна́ете, на како́м этаже́ живу́т Ивано́вы?

(b) *Paraphrase each question.*

Model: Где́ моя́ кни́га?
<u>Вы́ не зна́ете (ты́ не зна́ешь), где́ моя́ кни́га</u> ?

1. Где́ мо́й слова́рь?
2. Где́ мо́й портфе́ль?
3. Где́ здесь до́м но́мер де́сять?
4. Где́ живёт Джо́н?
5. Где́ рабо́тает А́нна?
6. На како́м этаже́ живу́т Ивано́вы?
7. Где́ здесь апте́ка?
8. В како́м институ́те рабо́тает Андре́й?
9. На како́й страни́це статья́ об англи́йском теа́тре?

46. *Somebody asks you a question. Answer it.*

1. Вы́ не зна́ете, кто́ э́та де́вушка?
2. Вы́ не зна́ете, ка́к её зову́т?
3. Вы́ не зна́ете, где́ она́ рабо́тает?
4. Вы́ не зна́ете, где́ она́ живёт?
5. Вы́ не зна́ете, кака́я э́то у́лица?
6. Вы́ не зна́ете, како́й э́то музе́й?
7. Вы́ не зна́ете, како́й э́то теа́тр?

47. *Address a stranger and ask him if he/she can give you the necessary information.*

(a) 1. Где́ студе́нческое общежи́тие?
2. Где́ здесь истори́ческий музе́й?
3. Где́ здесь стадио́н?
4. Где́ здесь городска́я библиоте́ка?
5. Где́ здесь ка́сса?

(b) 1. Какóй э́то автóбус?

    2. Какóй э́то дóм?

    3. Какóй э́то музéй?

    4. Какóй э́то институ́т?

    5. Какáя э́то библиотéка?

(c) 1. Когдá рабóтает э́тот магазѝн?

    2. Когдá рабóтает студéнческий клу́б?

    3. Когдá рабóтает аптéка?

II. Greetings

Дóброе у́тро!	Good morning.
Дóбрый дéнь!	Good afternoon.
Дóбрый вéчер!	Good evening.
— **Кáк вáши (твоѝ) делá?**	"How are you getting on?"
— **Спасѝбо, хорошó.**	"Thank you, fine".
— **Кáк вы́ живёте?**	"How are you?"
— **Спасѝбо, ничегó[1].**	"Thank you, I'm all right".

48. (a) *Basic Dialogue. Listen.*

— Здрáвствуйте, А́ня!

— Дóбрый дéнь, Вадѝм!

— Кáк вáши делá, А́ня?

— Спасѝбо, хорошó. А кáк вы́ живёте?

— Спасѝбо, ничегó.

(b) *Listen and repeat.*

Здрáвствуй [здрáствуj], здрáвствуйте [здрáствуjт'и].

— Здрáвствуйте, Андрéй!

— Здрáвствуйте, Натáша!

— Здрáвствуй, Кáтя! — Здрáвствуй, Джéйн!

— Дóбрый дéнь! — Дóбрый дéнь, Олéг!

— Дóбрый вéчер! — Дóбрый вéчер, Николáй Ивáнович!

— Дóброе у́тро! [дóбръjь у́тръ] — Дóброе у́тро!

— Дóброе у́тро, Мáша!

— Кáк делá? [кагд'илá] Кáк вáши делá? Кáк вáши делá, Натáша? Кáк родѝтели? Кáк вáши родѝтели? Кáк рабóта? Кáк вáша рабóта? Кáк живёте? [кагжыв'óт'и] Кáк живёшь? Кáк вы́ живёте? Кáк ты́ живёшь? Кáк вы́ живёте, Натáша?

— Спасѝбо [спас'ѝбъ], хорошó [хърашó]. Спасѝбо, хорошó. Ничегó [нич'ивó]. Спасѝбо, ничегó.

---

[1]Спасѝбо, хорошó... and Спасѝбо, ничегó... are neutral answers to these questions.

(c) *Listen.*

— Ка́к живёшь, Ната́ша?   — Спаси́бо, ничего́.
— Спаси́бо, хорошо́.   — Ка́к ва́ши роди́тели?
— А ка́к рабо́та?   — Хорошо́. Спаси́бо.
— То́же хорошо́. А ка́к вы́ живёте?

(d) *Listen and reply. Exchange greetings.*

Model: — До́брый де́нь!
         — До́брый де́нь! (Здра́вствуйте!)

1. До́брое у́тро!   4. До́брый де́нь!
2. Здра́вствуй, Андре́й!   5. До́брый ве́чер!
3. Здра́вствуйте!

Ask how things are.

Model: — Ка́к ва́ши дела́?
         — Спаси́бо, хорошо́. (Спаси́бо, ничего́).

1. Ка́к вы́ живёте?   5. Ка́к сестра́?
2. Ка́к ва́ши дела́?   6. Ка́к живёшь?
3. Ка́к рабо́та?   7. Ка́к дела́?
4. Ка́к ва́ши роди́тели?

Model: — Ка́к твои́ дела́?
         — Хорошо́. (Ничего́). А твои́ ка́к?

1. Ка́к ты́ живёшь?   4. Ка́к вы́ живёте?
2. Ка́к твои́ дела́?   5. Ка́к ва́ши дела́?
3. Ка́к твоя́ рабо́та?   6. Ка́к ва́ши роди́тели?

(e) *Supply the missing responses.*

— Здра́вствуйте, А́ня.
— . . . .
— Ка́к ва́ши дела́?
— . . . .

(f) *Situations:*

(1) You meet a friend.

(2) You meet a girl/young man you know.

(3) Your sister has just come to see you.

49. (a) *Basic Dialogue. Listen.*

В самолёте

П а с с а ж и́ р: — Скажи́те, пожа́луйста, / где́ моё ме́сто?

С т ю а р д е́ с с а: — Ва́ше ме́сто шесто́е «Г». Оно́ во́н та́м, / сле́ва.

П а с с а ж и́ р: — Спаси́бо.

▶ (b) *Listen and repeat. (See Analysis, Phonetics, 3.82.)*

биле́т [б'ил'е́т], ва́ш биле́т [важб'ил'е́т]. Где́ ва́ш биле́т?

Ме́сто [м'е́стъ], моё ме́сто. Где́ моё ме́сто?

Места́ [м'иста́], на́ши места́. — Где́ на́ши места́? — Зде́сь второ́е ме́сто, / а та́м тре́тье.

> ме́сто — места́

(1) — Ва́ша фами́лия?

   — Ивано́в.

   — А́дрес?

   — Ленингра́д, / Садо́вая у́лица, / до́м ше́сть.

(2) — Ва́ш биле́т?

   — Да́, / мо́й.

   — Ивано́в — ва́ша фами́лия?

   — Да́, /моя́.

   — Э́то ва́ш а́дрес?

   — Да́, / мо́й.

(c) *Dramatize the dialogues.*

(d) *Situations.*

1. You are in a train station, looking for Car No. 3.

2. You are looking for House No. 9.

3. You are at the institute, looking for Room No. 4.

50. (a) *Basic Dialogues. Listen.*

На вокзáле

— Извинúте, э́то пóезд Москвá—Кúев?
— Дá, Москвá—Кúев.
— А гдé пя́тый вагóн?
— Пя́тый вагóн? Э́то трéтий. Пя́тый тáм.
— Спасúбо.

В вагóне

— Извинúте, пожáлуйста, молодóй человéк, э́то вторóе мéсто?
— Дá, вторóе.
— Спасúбо. Вы́ москвúч?

— Да, я живу́ в Москве́.

— Я то́же москви́ч. А как вас зову́т, молодо́й челове́к?

— Серге́й Ивано́в. Я студе́нт-исто́рик.

— О́чень прия́тно. Андре́й Петро́вич Комаро́в, журнали́ст. Рабо́таю в газе́те «Изве́стия». Серге́й, вы бы́ли ра́ньше в Ки́еве?

— Нет, не был.

— А я весно́й, в ма́е, был там. Ки́ев краси́вый го́род. Ста́рый го́род. О́чень интере́сный го́род.

(b) *Listen and repeat.*

По́езд [по́јист]. Э́то по́езд. — Э́то по́езд Москва́ — Ки́ев?

— Да. Э́то по́езд Москва́ — Ки́ев. — Я москви́ч. А вы? — И я москви́ч. — Вы бы́ли в Ки́еве? — Нет, / не был. — Ки́ев — краси́вый го́род? — Да, / о́чень краси́вый. Ки́ев о́чень ста́рый го́род.

(c) *Answer the questions.*

В како́м по́езде бы́ли Серге́й и Андре́й Петро́вич? Серге́й — москви́ч? А Андре́й Петро́вич? Где рабо́тает Андре́й Петро́вич? А Серге́й рабо́тает? Серге́й ра́ньше был в Ки́еве? А Андре́й Петро́вич? Ки́ев — ста́рый го́род?

★ (d) *Tell what you learned about Sergei Ivanov and Andrei Petrovich Komarov.*

(e) *Dramatize the dialogue.*

★ (f) *Situation. Compose a dialogue which might take place in a train car between yourself and a Russian student sitting next to you.*

51. *Basic Dialogue. Listen to the dialogue and dramatize it.*

В больни́це

In a hospital a girl addresses an elderly woman.

Д е́ в у ш к а:	Извини́те, пожа́луйста, вы не зна́ете, в како́й ко́мнате лежи́т Па́влик Чудако́в?
Ж е́ н щ и н а:	Вот в э́той ко́мнате.
Д е́ в у ш к а:	Спаси́бо.
Ж е́ н щ и н а:	Извини́те, де́вушка, скажи́те, кто вы. Как вас зову́т?
Д е́ в у ш к а:	Я? Я его́ сестра́. Ната́ша.
Ж е́ н щ и н а:	О́чень прия́тно. А я его́ ма́ма.

52. (a) *You want to learn something about these people. Use the following questions.*

 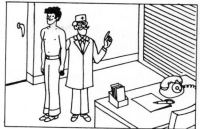 

Áнна, ты́ не зна́ешь, кто́ э́то?
Кто́ о́н (она́, они́)?
О́н студе́нт?
Ка́к его́ (её, и́х) зову́т?
Ка́к его́ (её, и́х) фами́лия?
Где́ о́н рабо́тает?

Где́ о́н рабо́тал ра́ньше?
Где́ о́н жи́л ра́ньше?
Где́ о́н живёт сейча́с?
В како́м до́ме о́н живёт?
О́н хоро́ший челове́к?

(b) *Situation. Introduce your friends to the persons depicted in the drawings above. Say something about each person you introduce. Use the expressions* Познако́мьтесь. Óчень прия́тно.

READING

▶**53.** *Read and translate. (See Analysis IV, 7.0.)*

| до́м — дома́ |
| го́род — города́ |

1. Бра́тск и Толья́тти — но́вые города́. Сейча́с э́то больши́е и краси́вые города́. Та́м но́вые дома́, краси́вые па́рки.

54. *Change the sentences, as in the model.*

Model: — Та́м краси́вый па́рк. — <u>Та́м краси́вые па́рки</u> .

1. Та́м высо́кий до́м.
2. Зде́сь но́вое зда́ние.
3. Э́то но́вый самолёт.
4. Э́то большо́й го́род.
5. Э́то небольша́я дере́вня.

▶ **55.** *Read and translate. (See Analysis IV, 4.0.)*

г д е? **на ле́кции**
на уро́ке
на пра́ктике

1. Ле́том Оле́г был **на пра́ктике.** Он рабо́тал в истори́ческом музе́е.
2. — Ни́на, где ты была́ **на пра́ктике?** — В Ки́еве.
3. Ка́тя и Дже́йн — био́логи. Ле́том они́ бы́ли **на пра́ктике.**
4. — Извини́те, А́нна Ива́новна, Ве́ра до́ма? — Не́т, она́ **на ле́кции.**
5. — Скажи́те, пожа́луйста, Никола́й Ива́нович сейча́с в шко́ле?
   — Да́, он **на уро́ке.**

56. *Supply the preposition* в *or* на.

1. — Ты́ не зна́ешь, Ни́на была́ ле́том ... пра́ктике? — Да́, была́.
   — А где́ она́ рабо́тала? — ... заво́де.
2. — Анто́н, ты́ был вчера́ ... ле́кции? — Да́, был.
3. — Извини́те, О́ля до́ма? — Не́т, она́ ... рабо́те.
4. — Дже́йн, где́ ты́ отдыха́ла ле́том? — Ле́том я́ не отдыха́ла, а рабо́тала. Я́ была́ ... пра́ктике. — Где́ ты́ была́ ... пра́ктике?
   — ... Кавка́зе.
5. — Оле́г, вчера́ ве́чером вы́ бы́ли до́ма? — Не́т, я́ был ... клу́бе ... конце́рте.
6. — Ты́ не зна́ешь, где́ сейча́с Ви́тя? — О́н ... уро́ке.

57. *Answer the questions.*

Где́ Дже́йн была́ у́тром?

Где́ сейча́с Оле́г?

Где́ Ка́тя была́ у́тром?

Где́ Серге́й бы́л у́тром?

Где́ живу́т Ве́ра Ива́новна и Бори́с Петро́вич?

Где́ рабо́тает Ве́ра Ива́новна?

Бори́с Петро́вич сейча́с до́ма?

58. *Read and translate.*

1. Ра́ньше Никола́й Петро́вич рабо́тал на Украи́не, в Ха́рькове. Ха́рьков — э́то большо́й го́род на Украи́не.
2. Весно́й я́ бы́л в Москве́. Я́ жи́л та́м в «Росси́и». «Росси́я» — / э́то больша́я гости́ница в Москве́.
3. Ра́ньше Оле́г жи́л на Ура́ле, в Магнитого́рске. Магнитого́рск — / э́то большо́й го́род на Ура́ле.
4. Ве́ра рабо́тает в Ру́сском музе́е[1]. Ру́сский музе́й — / э́то музе́й в Ленингра́де.

59. *Listen and repeat.*

го́род **на** [нъ] Украи́не, большо́й го́род на Украи́не; гости́ница, больша́я гости́ница в Москве́; живёт **и** [ы] рабо́тает, живёт и рабо́тает в Ленингра́де; дере́вня, больша́я дере́вня, больша́я дере́вня на Кавка́зе [нъкъфка́з'и], ма́ленький го́род, на се́вере СССР, ма́ленький го́род на се́вере СССР; Ру́сский музе́й, рабо́тает в Ру́сском музе́е.

---

[1]The Russian Museum, opened (1898) in the Mikhailovsky Palace in St. Petersburg (now Leningrad), contains one of the largest collections of Russian painting and sculpture.

60. *Say who lives where.*

Она́ живёт **в Москве́.**

большо́й го́род на Ура́ле; ма́ленький го́род на Украи́не; но́вая гости́ница в Москве́; краси́вый до́м в Ленингра́де; больша́я дере́вня на Кавка́зе; ма́ленький го́род на се́вере СССР.

61. (a) *Read.*

Ле́том америка́нские студе́нты бы́ли в СССР. Они́ бы́ли в Москве́ и в Ленингра́де. В Москве́ они́ жи́ли в гости́нице «Росси́я». В Москве́ они́ бы́ли в Кремле́, в Третьяко́вской галере́е, в Большо́м теа́тре, в Моско́вском университе́те. В Ленингра́де они́ жи́ли в гости́нице «Ленингра́д». В Ленингра́де они́ бы́ли в Ру́сском музе́е, в Эрмита́же,[1] в теа́тре.

★ (b) *Tell where the American students were in the summer.*

62. *Read the sentences aloud, paying attention to the intonation of the sentences containing enumerations.*

1. Анто́н говори́т по-ру́сски, / по-англи́йски / и по-неме́цки.

   Анто́н говори́т по-ру́сски, / по-англи́йски / и по-францу́зски.

   Анто́н хорошо́ говори́т по-ру́сски, / по-англи́йски / и по-францу́зски.

2. Ле́том мы́ бы́ли в Москве́, / в Ки́еве / и в Ленингра́де.

   Ле́том мы́ бы́ли в Москве́, / в Ки́еве / и в Ленингра́де.

   Ле́том мы́ бы́ли в Москве́, / в Ки́еве / и в Ленингра́де.

3. В Москве́ они́ бы́ли в Кремле́, / в Третьяко́вской галере́е, / в Большо́м теа́тре, / в Моско́вском университе́те.

   В Москве́ они́ бы́ли в Кремле́, / в Третьяко́вской галере́е, / в Большо́м теа́тре, / в Моско́вском университе́те.

   В Москве́ они́ бы́ли в Кремле́, / в Третьяко́вской галере́е, / в Большо́м теа́тре, / в Моско́вском университе́те.

---

[1] The Hermitage Museum, the State Museum of Art and Cultural History, is located in Leningrad and contains the Soviet Union's largest collection of art works from around the world.

63. *Read and translate.*

1. Вчера́ А́нна не рабо́тала. Она́ отдыха́ла. У́тром она́ была́ до́ма. Снача́ла она́ чита́ла, пото́м рисова́ла. Днём пого́да была́ хоро́шая, и А́нна гуля́ла. Ве́чером она́ была́ в теа́тре.
2. Джо́н живёт в Москве́ и уже́ непло́хо говори́т по-ру́сски.

64. *Somebody asks you a question. Answer it.*

1. Где́ вы́ бы́ли вчера́ ве́чером?
2. Где́ вы́ бы́ли сего́дня у́тром?
3. Кака́я сего́дня пого́да?
4. Кака́я пого́да была́ вчера́?
5. Где́ вы́ бы́ли ле́том?
6. Кака́я пого́да была́ ле́том?
7. Кака́я пого́да была́ в сентябре́?

65. *Note the word-building pattern.*

интере́сный — **не**интере́сный
краси́вый — **не**краси́вый

66. *Give the antonyms of the adjectives* ста́рый, большо́й, хоро́ший.

★ **67.** *Use the adjectives* интере́сный, краси́вый, неинтере́сный, некраси́вый, небольшо́й *in sentences.*

68. *Read and translate.*

плохо́й непло́хо́й	— Вы́ не зна́ете, э́то хоро́ший слова́рь? — Не́т, плохо́й. — А во́т э́тот слова́рь? — Э́то непло́хо́й слова́рь.
хоро́ший большо́й	В Моско́вском университе́те больша́я хоро́шая библиоте́ка.
небольшо́й	В э́той шко́ле ма́ленькая библиоте́ка. Ни́на рабо́тает в небольшо́й библиоте́ке.
молодо́й	— Серге́й Ивано́в — молодо́й челове́к. Его́ оте́ц уже́ немолодо́й.
ста́рый	— О́н ста́рый? — Не́т, о́н не ста́рый.

69. *Somebody asks you a question. Answer it, using the adjectives* непло́хо́й, хоро́ший, большо́й, небольшо́й, ма́ленький, молодо́й, немолодо́й, ста́рый.

1. В како́м го́роде вы́ живёте?
2. В како́м до́ме вы́ живёте?
3. В како́м до́ме живёт ва́ша семья́?
4. Где́ вы́ отдыха́ли ле́том?
5. Где́ живёт ва́ш дру́г?
6. Где́ о́н рабо́тает?

70. *Read and translate.*

другой — Где́ живёт А́нна?
— А́нна живёт в э́том до́ме.
— А вы́?
— Я́ живу́ в друго́м до́ме.

Серге́й и Никола́й — студе́нты МГУ. Оди́н — исто́рик, а друго́й — фи́зик.

71. *Introduce these people, using the words* био́лог, фи́зик, журнали́ст, инжене́р, рабо́чий, вра́ч, адвока́т, студе́нт.

Model: Э́то Оле́г и Пётр. Оди́н — студе́нт, друго́й — вра́ч.

72. *Speak about these girls, using the words* оди́н, друго́й.

1. Кто́ э́ти де́вушки?
2. Они́ ру́сские?
3. Где́ они́ живу́т?
4. Где́ они́ сейча́с?
5. Что́ они́ де́лают?

73. *Vocabulary for Reading. Study the following new words and their usage as illustrated in the sentences on the right. Read each sentence aloud.*

иностра́нный Боттиче́лли — э́то иностра́нная фами́лия.

сове́тский В общежи́тии пединститу́та живу́т сове́тские и иностра́нные студе́нты. В э́том институ́те рабо́тают сове́тские и иностра́нные инжене́ры.

де́вушка Дже́йн и Ка́тя — молоды́е де́вушки.
Де́вушка, извини́те, пожа́луйста, ка́к ва́с зову́т?

Де́вушка, вы́ не зна́ете, где́ зде́сь библиоте́ка?

това́рищ Серге́й и его́ това́рищ бы́ли зимо́й в Ленингра́де.
Това́рищ Петро́в,[1] вы́ бы́ли вчера́ в институ́те?

---

[1] The word това́рищ "comrade" is used only as an official form of address.

ме́сто	— Скажи́те, пожа́луйста, где́ второ́е ме́сто? — Та́м. — Где́ на́ши места́? — Зде́сь. Ле́том они́ отдыха́ли в о́чень краси́вом ме́сте на Кавка́зе.
расска́зывать о к о́ м — о ч ё м / *subordinate clause*	Мо́й бра́т о́чень интере́сно расска́зывает. Сейча́с о́н расска́зывает о теа́тре. О́н расска́зывал, что ле́том о́н бы́л в Ленингра́де.
вспомина́ть о к о́ м — о ч ё м / *subordinate clause*	Студе́нты вспомина́ли о Ленингра́де. Студе́нты вспомина́ли, ка́к они́ бы́ли в Ленингра́де. Ро́берт вспомина́ет о Москве́. Ро́берт вспомина́ет, ка́к о́н жи́л и рабо́тал в Москве́. А́нна ча́сто вспомина́ет о бра́те и сестре́.
гуля́ть	Вчера́ Пётр отдыха́л. У́тром о́н гуля́л. Ве́чером о́н бы́л на конце́рте.
снача́ла	Ле́том Анто́н бы́л на Украи́не. Снача́ла о́н жи́л в Ки́еве, пото́м в Ха́рькове.
гора́	Эльбру́с — высо́кая гора́ на Кавка́зе. Кавка́з — э́то молоды́е го́ры. Ура́л — э́то ста́рые го́ры.
высо́кий	Но́вое зда́ние МГУ высо́кое. Анто́н высо́кий, а Пётр невысо́кий.
пого́да	Сего́дня хоро́шая пого́да, а вчера́ была́ плоха́я пого́да.
страна́	И́ндия — э́то больша́я страна́. Непа́л — э́то небольша́я страна́.
худо́жник	Илья́ Ефи́мович Ре́пин — ру́сский худо́жник. Ренуа́р — францу́зский худо́жник. Эдуа́рд Хо́ппер — америка́н-ский худо́жник.
обы́чно	Ле́том они́ обы́чно отдыха́ют в дере́вне. В Москве́ о́н обы́чно живёт в гости́нице «Спо́рт».
пла́вать	Ро́берт хорошо́ пла́вает. Ле́том о́н мно́го пла́вал.

74. *Somebody asks you a question. Answer it, using the words* снача́ла, пото́м, обы́чно, ча́сто.

    1. Где́ вы́ обы́чно отдыха́ете ле́том?
    2. Вы́ ча́сто рабо́таете в библиоте́ке?
    3. Что́ вы́ обы́чно де́лаете ве́чером?
    4. Что́ вы́ де́лали вчера́ ве́чером?

★ **75.** *Tell about how you spent your summer vacation. Where did you vacation? Was there a river, ocean, sea, mountains nearby? What kind of a spot was it? What kind of weather predominated?*

★ **76.** *Give the names of your favorite painters and their nationality.*

    Model: Ре́пин — ру́сский худо́жник.

77. *Read the dialogues aloud.*

    1. — Что́ вы́ де́лали вчера́ ве́чером?

        — Танцева́ли.

        — Ка́тя, / ты́ то́же танцева́ла?

        — Не́т, / я́ не танцева́ла.

    2. — Ка́тя, / вы́ пла́ваете?

        — Да́, / пла́ваю. Я́ мно́го пла́вала ле́том.

        — Где́?

        — В мо́ре. Я́ была́ на Кавка́зе.

78. (a) *Pronunciation Practice. Read aloud.*

    Магази́н [мъгаз'и́н]. Где́ здéсь магази́н?
    Стадио́н [стъд'ио́н]. Где́ стадио́н?
    Общежи́тие [апщижы́т'ијь], студе́нческое общежи́тие.
    Где́ здéсь студе́нческое общежи́тие?
    Лаборато́рия [лъбърато́ријь], хими́ческая лаборато́рия.
    Где́ здéсь хими́ческая лаборато́рия?
    Гости́ница [гас'т'и́н'ицъ], гости́ница «Спо́рт».
    Где́ здéсь гости́ница «Спо́рт»?

    (b) *Situations.*

Find out where the library, dormitory, chemical laboratory, stadium, store and train car 5 are located. Ask a young woman, a young man.

79. *Supply the required verb in the correct form:* вспомина́ть, пла́вать, бы́ть, гуля́ть, жи́ть, расска́зывать, рисова́ть, чита́ть.

1. Анто́н ... на Украи́не, на Ура́ле, на Кавка́зе, в Ленингра́де, в Ми́нске.
2. Ро́берт о́чень интере́сно ... о сове́тском теа́тре.
3. Ра́ньше Оле́г ... на Ура́ле. Сейча́с о́н ча́сто ... о краси́вой ура́льской приро́де.
4. Ле́том А́нна отдыха́ла на Кавка́зе, она́ мно́го ..., ... в мо́ре, ...

★ **80.** *Tell how you spent the day yesterday. Use the verbs* рабо́тать, бы́ть, гуля́ть, чита́ть.

81. *Translate the sentences without consulting a dictionary.*

1. А́нна говори́т о́чень бы́стро, и я́ пло́хо понима́ю.
2. Казбе́к — э́то высо́кая гора́ на Кавка́зе.
3. Го́рные ре́ки о́чень бы́стрые.
4. Вчера́ Ка́тя и Дже́йн бы́ли в студе́нческом клу́бе на конце́рте.

82. *Listen and repeat.*

(a) *Pronunciation Practice: unstressed syllables.*

Во́лга [во́лгъ], пого́да [паго́дъ], мо́ре, о мо́ре [амо́р'и], говоря́т [гъвар'а́т], в сентябре́ [фс'ин'т'ибр'е́], о Днепре́ [ад'н'ипр'е́], о матема́тике [амът'има́т'ик'и], о биоло́гии [аб'иало́г'ии], слу́шают [слу́шъјут], вспомина́ют [фспъм'ина́јут], расска́зывают [расска́зывъјут], в ла́гере [вла́г'ир'и], хоро́ший [харо́шыј], хорошо́ [хърашо́], плохо́й [плахо́ј], неплохо́й [н'иплахо́ј], большо́й, небольшо́й;

пе́ла, пе́л, пе́ли; говори́ла, говори́л, говори́ли; пла́вала, пла́вал, пла́вали; гуля́ла, гуля́л, гуля́ли; отдыха́ла, отдыха́л, отдыха́ли; была́, бы́л, бы́ли; жила́, жи́л, жи́ли;

студе́нческий [студ'е́н'ч'иск'иј], иностра́нный [инастра́нныј], сове́тский [сав'е́цк'иј].

(b) *Pronounce each sentence with appropriate speed and as a single unit.*

О чём? О чём говоря́т? О чём говоря́т студе́нты? На пра́ктике, была́ на пра́ктике, была́ на пра́ктике в Оде́ссе; на Кавка́зе, отдыха́ла на Кавка́зе; в ла́гере «Спу́тник» [спу́т'н'ик], в студе́нческом ла́гере, в студе́нческом ла́гере «Спу́тник»; сове́тские студе́нты, иностра́нные студе́нты, сове́тские и иностра́нные студе́нты; о стране́, о Сове́тской стране́, говори́ли о Сове́тской стране́; об университе́те, о Моско́вском университе́те; в дере́вне, в небольшо́й дере́вне; в краси́вом ме́сте; неплохо́й худо́жник; больша́я река́, больша́я река́ на Украи́не.

(c) *Pay attention to intonation.*

Студе́нты говоря́т о фи́[3]зике, / о матема́[3]тике, / о биоло́[3]гии?

Они́ говоря́т о Кавка́[3]зе, / о Чёрном мо́[3]ре, / о Во́[1]лге.

Они́ говоря́т о Кавка́[3]зе, / о Чёрном мо́[3]ре, / о Во́[1]лге.

Они́ говоря́т о Кавка́[4]зе, / о Чёрном мо́[4]ре, / о Во́[1]лге.

Одни́ расска́[3]зывают, / други́е слу́[1]шают.

Одни́ расска́[4]зывают, / други́е слу́[1]шают.

Одни́ расска́зывают, ка́к они́ отдыха́[3]ли, / други́е слу́[1]шают.

Снача́ла Ка́тя была́ на пра́ктике в Оде́[1]ссе, / а пото́м отдыха́ла на Кавка́[3]зе.

Снача́ла Ка́тя была́ на пра́ктике в Оде́[3]ссе, / а пото́м отдыха́ла на Кавка́[1]зе.

Снача́ла Ка́тя была́ на пра́ктике в Оде́[4]ссе, / а пото́м отдыха́ла на Кавка́[1]зе.

Дне́пр — э́[3]то больша́я река́ на Украи́[1]не.

Дне́[3]пр — / э́то больша́я река́ на Украи́[1]не.

Дне́[4]пр — / э́то больша́я река́ на Украи́[1]не.

83. *Basic Text. Read the text and then do exercise 84.*

О чём говоря́т студе́нты в сентябре́?

О чём говоря́т студе́нты в сентябре́? О фи́зике, о матема́тике, о биоло́гии? Они́ ре́дко говоря́т о фи́зике, о матема́тике, о биоло́гии. Они́ говоря́т о Кавка́зе, о Чёрном мо́ре, о Во́лге.

Одни рассказывают, как они отдыхали, другие слушают.

Летом Катя Иванова была в Одессе и на Кавказе. Сначала она была на практике в Одессе, а потом отдыхала на Кавказе. Она отдыхала в студенческом лагере «Спутник». В этом лагере жили советские и иностранные студенты. В «Спутнике» Катя отдыхала очень хорошо. Она была там не одна. Там были её подруги. Их дома были рядом. Днём они много гуляли. Горы на Кавказе высокие, реки быстрые, а море большое и красивое. Погода была хорошая. Утром и вечером Катя плавала в море. Она плавает хорошо. Вечером в клубе Катя и её новые товарищи пели, танцевали, говорили. Одни говорили по-русски, а другие по-английски, по-немецки или по-французски. Они говорили о театре, о музыке. Катя часто пела в клубе. Пели и другие девушки.

Сергей и Олег отдыхали в небольшой деревне. Они жили в красивом месте. Обычно утром Сергей рисовал. Он неплохой художник. Потом они гуляли, плавали в Волге. Сейчас Сергей и Олег часто вспоминают о Волге, о деревне, рассказывают, как они там жили.

84. *Answer the questions.*

(a) 1. О чём говорят студенты в сентябре?
2. Где Катя была летом?
3. Где она отдыхала?
4. Где отдыхали Сергей и Олег?
5. Где они жили летом?

(b) 1. Как отдыхала Катя? Что она делала?
2. Как отдыхали Сергей и Олег?
3. Что они делали?
4. О чём сейчас рассказывают Сергей и Олег?

(c) О чём говорят американские студенты в сентябре?

★ **85.** *Situations.*

(1) You have just returned from an international student camp called "Sputnik". There you made the acquaintance of one Katya Ivanova. Tell your classmates about the camp and about Katya.

(2) You have been traveling in the Ukraine and met one Oleg Petrov there. Oleg told you about himself and his friend Sergei. Tell your classmates about this meeting.

★ **86.** *Speak about these people. What are their names? What do they do? Where do they live now and where did they live previously? What do you know about them and their lives?*

87. *Speak about yourself.*

1. Что́ вы́ де́лали ле́том?
2. Где́ вы́ отдыха́ли ле́том? 3. Где́ вы́ обы́чно отдыха́ете?
4. Ка́к вы́ обы́чно отдыха́ете?
5. Где́ отдыха́ет ва́ша семья́?

★ **88.** *Tell about your summer vacation in Russian and be prepared to ask a friend or a fellow student about his or her summer.*

VOCABULARY

биле́т ticket
бы́стрый fast
бы́ть be
весно́й in the spring
ве́чер evening party, social, sociable
восто́к east

вспомина́ть recollect
высо́кий high
галере́я gallery
гора́ mountain
го́рный mountain(ous)
гуля́ть stroll
до́брое у́тро good morning

до́брый ве́чер good evening
до́брый де́нь good afternoon
друго́й another, (the) other, different
за́пад west
иностра́нный foreign
интере́сно interesting

Ка́к ва́ши дела́? How are things?
конце́рт concert
Кре́мль Kremlin
* **ла́герь**[1] camp
ле́кция lecture
ма́ло little, few
ме́сто place, seat
мно́го much, a lot
мо́ре sea
москви́ч Muscovite
му́зыка music
небольшо́й small, not large
неинтере́сный uninteresting
некраси́вый plain
непло́хо not bad(ly)
неста́рый not old, new
ничего́ all right
о́ (об) about
обы́чно usually
о́сенью in the autumn
* **пассажи́р** passenger

педагоги́ческий pedagogic, teacher training
пе́ть sing
пла́вать swim
пого́да weather
по́езд train
пото́м then, after that
пра́ктика practice, practical training
приро́да nature
рабо́чий worker
расска́зывать tell, relate
ре́дко rarely
рестора́н restaurant
рисова́ть draw
роди́тели parents
самолёт airplane
се́вер north
снача́ла at first
Сове́тский Сою́з Soviet Union
статья́ article

страна́ country
* **стюарде́сса** stewardess
танцева́ть dance
това́рищ comrade, friend
то́лько only
у́лица street
университе́тский university
фа́брика factory
худо́жник artist
ча́сто often
юг South

Verb Stems:

бы́ть *irreg.* be
вспомина́й- recollect
гуля́й- stroll
пе́ть *irreg.* sing
пла́вай- swim
расска́зывай- tell, relate
рисова́- draw
танцева́- dance

---

[1]Words marked * occur only in reading texts and need not be memorized.

В Арме́нии

PRESENTATION AND PREPARATORY EXERCISES

I	Э́то ко́мната **сы́на.** Балти́йское мо́ре на за́паде **страны́.** Писа́тель расска́зывает о красоте́ **приро́ды Кавка́за.** На ю́ге страны́ мно́го **у́гля.**

▶ **1.** *Listen, read and analyze. (See Analysis V, 1.1; 1.2.)*

Бори́с — москви́ч. О́н живёт в Москве́. Его́ а́дрес — проспе́кт Ми́ра, до́м 10 (де́сять), кварти́ра 5 (пя́ть).

Бори́с — гео́граф. О́н студе́нт пединститу́та[1]. В ко́мнате **Бори́са** на столе́ лежи́т уче́бник **геогра́фии.** На стене́ виси́т больша́я ка́рта **ми́ра** и ка́рта СССР. Э́то Украи́на. Украи́на — респу́блика СССР. Столи́ца **Украи́ны** — Ки́ев. Э́то Кавка́з. Кавка́з нахо́дится на ю́ге СССР. Ру́сские писа́тели писа́ли о красоте́ **приро́ды Кавка́за.**

Ти́хий океа́н нахо́дится на восто́ке **страны́.** На за́паде **страны́** — Балти́йское мо́ре. На ю́ге страны́ **мно́го у́гля, мно́го желе́за.**

Э́то Сре́дняя А́зия. В э́том райо́не **ма́ло воды́.**

На се́вере **страны́** холо́дный кли́мат. На ю́ге **страны́** тёплый кли́мат.

---

[1]пединститу́т, *coll. abbr. for* педагоги́ческий институ́т.

2. *Listen and repeat.*

(a) *Pay attention to the pronunciation of noun endings.*

отéц — отцá
ýголь — ýгля

Украи́на, на ю́ге Украи́ны, столи́ца Украи́ны; го́род, в це́нтре го́рода; университе́т, студе́нты университе́та; страна́, на ю́ге страны́, на восто́ке страны́, на за́паде страны́, ка́рта страны́; мир, ка́рта ми́ра; Кавка́з, красота́ Кавка́за, приро́да Кавка́за, кли́мат Кавка́за; приро́да, красота́ приро́ды, красота́ приро́ды Кавка́за; отéц, ко́мната отца́; сестра́, ко́мната сестры́; геогра́фия, уче́бник геогра́фии; ýголь, мно́го ýгля; вода́, ма́ло воды́, желе́зо, мно́го желе́за.

(b) *Pay attention to the pronunciation of unstressed syllables.*

стена́ [с'т'ина́], на стене́; проспе́кт [прасп'е́кт], а́дрес [а́др'ис], гео́граф [г'ио́гръф], геогра́фия [г'иагра́ф'иjъ], ко́мната [ко́мнътъ], красота́ [кръсата́], уче́бник, респу́блика [р'испу́бл'икъ], кли́мат [кл'и́мът], холо́дный кли́мат, тёплый кли́мат; океа́н [ак'иа́н], Ти́хий океа́н.

(c) *Listen and reply.*

Model: — Э́то ко́мната сы́на?

— Да́, / э́то ко́мната сы́на.

1. Э́то уче́бник Анто́на?
2. Э́то маши́на отца́?
3. Э́то ко́мната ма́мы?
4. Э́то газе́та А́нны?
5. Э́то ка́рта Аме́рики?
6. Э́то кни́га о приро́де Кавка́за?
7. Э́то общежи́тие пединститу́та?
8. Сейча́с уро́к исто́рии?
9. Э́то уче́бник матема́тики?
10. Э́то проспе́кт Ми́ра?

Model: — Э́то слова́рь Анто́на?

— Не́т, / Ви́ктора.

Э́то ко́мната отца́?	бра́т
Э́то маши́на Оле́га?	Анто́н
Э́то общежи́тие заво́да?	пединститу́т
Э́то ка́рта Украи́ны?	Кавка́з
Э́то портфе́ль А́нны?	Ка́тя
Э́то кни́га о кли́мате Кавка́за?	Ура́л
Э́то слова́рь Ви́ктора?	Ве́ра
Э́то уче́бник геогра́фии?	исто́рия
Сейча́с уро́к хи́мии?	фи́зика

3. *Supply continuations, using the information provided.*

1. Это общежи́тие пединститу́та. Здесь живу́т То́м, Ни́на,
   Оле́г, Па́влик, А́нна, Ви́ктор.
   — Чьи э́то ко́мнаты?
   — Это ко́мната То́ма. Это ко́мната ... .
2. Это кварти́ра Ве́ры. Здесь живу́т её ма́ма, оте́ц, бра́т, сестра́.
   — Чьи э́то ко́мнаты?
   — Это ко́мната ... .
3. Это ка́рта. Здесь Евро́па, та́м Аме́рика.
   Это Украи́на, Кры́м, Кавка́з. Профе́ссор расска́зывает о приро́де
   ... , о кли́мате ... .
4. Это библиоте́ка. На столе́ лежа́т уче́бники. Это уче́бник ... .

4. *Microdialogues.*

Model: — Чья́ э́то кни́га?
        — Это кни́га Анто́на .
        — А че́й слова́рь лежи́т на по́лке?
        — На по́лке лежи́т слова́рь А́нны .

1. — Чья́ ко́мната спра́ва? — ... .   бра́т
   — А чья́ ко́мната сле́ва? — ... .   сестра́
2. — О чём сего́дня расска́зывал профе́ссор? — ... .   приро́да,
                                             Кавка́з
   — А о чём о́н расска́зывал вчера́? — ... . кли́мат,
                                             Украи́на
3. — Како́е э́то зда́ние? — ... .   институ́т
   — А како́е зда́ние та́м? — ... .   больни́ца
4. — Где́ нахо́дится Кре́мль? — ... .   це́нтр,
                                             Москва́
   — А где́ нахо́дится Эрмита́ж? — ... .   це́нтр,
                                             Ленингра́д

5. (a) *Listen and repeat.*

столи́ца, больни́ца, це́нтр, в це́нтре, оте́ц [ат’е́ц], отца́ [ацца́],
находи́ться [нъхад’и́ццъ], нахо́дится, нахо́дятся; оди́ннадцать
[ад’и́нъццът’], двена́дцать [дв’ина́ццът’], трина́дцать,
четы́рнадцать [читы́рнъццът’], пятна́дцать [п’итна́ццът’],
шестна́дцать [шысна́ццът’], семна́дцать [с’имна́ццът’],
восемна́дцать [въс’имна́ццът’], девятна́дцать [д’ив’итна́ццът],
два́дцать [два́ццът’], три́дцать [тр’и́ццът’].

(b) *Find out what interests you.*

нахожу́сь	□ ●
нахо́дишься	■ ○
нахо́дится	■ ○
нахо́димся	■ ○
нахо́дитесь	■ ○
нахо́дятся	■ ○

1. — Где́ нахо́дится Оде́сса?
   — Оде́сса нахо́дится на ю́ге Украи́ны.
   — Где́ нахо́дятся Кре́мль и Большо́й теа́тр?
   — Кре́мль и Большо́й теа́тр нахо́дятся в це́нтре Москвы́.

2. — Э́то до́м но́мер два́дцать?
   — Да́, два́дцать.

3. — Э́то кварти́ра но́мер пятна́дцать?
   — Не́т, шестна́дцать.

4. — Где́ нахо́дится кварти́ра но́мер девятна́дцать?
   — На шесто́м этаже́.

5. — Э́то до́м но́мер оди́ннадцать?
   — Не́т, э́то до́м но́мер де́вять. До́м но́мер оди́ннадцать ря́дом.

6. *Somebody asks you a question. Answer it.*

Model: — Скажи́те, пожа́луйста, где́ нахо́дится ста́рое зда́ние университе́та?
       — <u>Мохова́я у́лица, до́м два́дцать</u> ; or:
       — Ста́рое зда́ние университе́та нахо́дится <u>на Моховой у́лице в до́ме два́дцать</u> .

1. — Скажи́те, пожа́луйста, где́ нахо́дится магази́н «До́м кни́ги»?
   — Но́вый Арба́т, до́м 11.

2. — Вы́ не зна́ете, где́ нахо́дится гости́ница «Москва́»?
   — Охо́тный ря́д, до́м 12.

3. — Скажи́те, где́ нахо́дится студе́нческая библиоте́ка?
   — Проспе́кт Ми́ра, до́м 14.

4. — Скажи́те, пожа́луйста, где́ нахо́дится больни́ца но́мер 5?
   — У́лица Че́хова, до́м 15.

5. — Вы́ не зна́ете, где́ нахо́дится Де́тский теа́тр?
   — Пу́шкинская у́лица, до́м 19.

6. — Ты́ не зна́ешь, где́ живёт Анто́н?
   — Зна́ю. Его́ а́дрес: проспе́кт Ми́ра, до́м 12, кварти́ра 18.

7. — Скажи́те, пожа́луйста, где́ живёт Ве́ра Петро́вна?
   — У́лица Ге́рцена[1], до́м 16, кварти́ра 30.

---

[1]Herzen, Alexander Ivanovich (1812–1870), Russian writer and social thinker.

7. *Situations.*

Model: — Ви́ктор, ты́ не зна́ешь, где́ живёт И́горь?
— Зна́ю. О́н живёт в це́нтре Москвы́, на у́лице Че́хова , в до́ме но́мер пятна́дцать .

You want to find out Anton's, Nina's, the doctor's, the lawyer's address.

Model: — Ви́ктор, ты́ зна́ешь а́дрес музе́я Льва́ Толсто́го?
— Зна́ю. О́н нахо́дится на у́лице Толсто́го, в до́ме   но́мер два́дцать оди́н .

You want to find out the address of the library, theater, hotel, restaurant.

8. (a) *Translate.*

In the summer Katya Ivanova was on practical training in Odessa. Odessa is a large city in the south of the Ukraine. In Odessa Katya lived in the center of the city on Peace Avenue (Prospekt Mira). She lived in a dormitory. Students of the University live in that dormitory. Katya worked in the Biology Department of the University. Katya's work was interesting.

★ (b) *Situation. Compose a dialogue between Katya and Jane which deals with Katya's summer practical training in Odessa.*

II   Э́то ко́мната **мое́й сестры́.**
Э́то кни́га о приро́де **Се́верного Кавка́за.**

▶ **9.** *Listen and repeat; then read and analyze. (See Analysis V, 2.4; 2.5.)*

1. — Вы́ не зна́ете, о чём э́та кни́га?
— Э́то кни́га о кли́мате **Се́верной Аме́рики.**
2. — Скажи́те, пожа́луйста, кто́ а́втор э́той рабо́ты?
— А́втор э́той рабо́ты — студе́нтка **пя́того ку́рса** пединститу́та.
— Рабо́та э́той студе́нтки о приро́де **Се́верного Кавка́за** о́чень интере́сная.
3. — Ты́ не зна́ешь, чьи́ э́то карти́ны?
— Э́то карти́ны **молодо́го худо́жника.**
— Ка́к его́ фами́лия?
— Не́стеров.
4. — Ви́ктор, че́й э́то уче́бник?
— Э́то уче́бник **моего́ бра́та.**

10. (a) *Listen and repeat. Pronunciation Practice: genitive endings of pronouns.*

мо́й бра́т, моего́ [мъјиво́], моего́ бра́та. Э́то сы́н моего́ бра́та.

моя́ сестра́, мое́й сестры́. Э́то до́чь мое́й сестры́.

твоя́ подру́га, твое́й подру́ги. Э́то уче́бник твое́й подру́ги?

твоего́ [твъјиво́] бра́та. Э́то до́м твоего́ бра́та?

ва́ш оте́ц, ва́шего [ва́шъвъ] отца́. Э́то маши́на ва́шего отца́?

на́ш профе́ссор, на́шего профе́ссора. Э́то кни́га на́шего профе́ссора.

его́ [јиво́]. Э́то его́ сы́н?

э́та кни́га, э́той кни́ги. Кто́ а́втор э́той кни́ги? э́того [э́тъвъ]. Кто́ а́втор э́того уче́бника?

(b) *Listen and reply.*

Model:　— Э́то маши́на твоего́ отца́³?

　　　　— Да́,¹ / моего́ отца́¹.

1. Э́то кни́га ва́шего профе́ссора?
2. Э́то статья́ ва́шей студе́нтки?
3. Э́то а́дрес твоего́ бра́та?
4. Э́то кварти́ра ва́шего отца́?
5. Э́то му́ж твое́й подру́ги?
6. Э́то маши́на его́ отца́?
7. Э́то журна́л ва́шего му́жа?

Model:　— Э́то маши́на ва́шего му́жа³?

　　　　— Не́т,¹ / моего́ отца́¹.

1. Э́то му́ж твое́й подру́ги?	сестра́
2. Э́то кни́га твоего́ дру́га?	бра́т
3. Э́то маши́на твоего́ бра́та?	дру́г
4. Э́то сы́н твое́й сестры́?	подру́га
5. Э́то ко́мната ва́шей жены́?	оте́ц
6. Э́то до́м ва́шего отца́?	сы́н
7. Э́то кни́ги твоего́ сы́на?	му́ж

11. *Somebody asks you a question. Answer it.*

Model: — Чей э́то портфе́ль?
         — Э́то портфе́ль <u>моего́ бра́та</u>.

1. Чей э́то до́м?	на́ш профе́ссор
2. Чья́ э́то маши́на?	мо́й дру́г
3. Чья́ э́то ко́мната?	мо́й му́ж
4. Чьё э́то письмо́?	моя́ сестра́
5. Чей э́то журна́л?	мо́й оте́ц
6. Чья́ э́то кварти́ра?	э́та студе́нтка

Model: — Чей портфе́ль на столе́?
         — На столе́ портфе́ль <u>моего́ бра́та</u> .

1. Чей журна́л на столе́?	э́тот учени́к
2. Чья́ ка́рта на столе́?	ва́ша учени́ца
3. Чьи́ газе́ты на по́лке?	э́тот студе́нт
	э́та студе́нтка
4. Чей слова́рь на по́лке?	мо́й оте́ц
	мо́й бра́т
5. Чьи́ уче́бники на столе́?	ва́ша сестра́

12. *Microdialogues.*

   <u>Чей э́то слова́рь?</u>

Model: — Э́то твоя́ <u>кни́га</u>?	портфе́ль, мо́й дру́г; до́м, мо́й оте́ц;
— Не́т, / не моя́.	кварти́ра, моя́ сестра́;
— А чья́?	маши́на, мо́й бра́т;
— Э́то кни́га	журна́л, на́ш профе́ссор;
<u>моего́ това́рища</u> .	уче́бник, э́та де́вушка

13. *Read and translate.*

Э́то на́ша но́вая кварти́ра. Зде́сь живёт на́ша семья́: мо́й отец́, моя́ ма́ма, моя́ сестра́ и я́. Зде́сь моя́ ко́мната. Спра́ва ко́мната моего́ отца́, ря́дом ко́мната мое́й ма́мы. Напро́тив ко́мната мое́й сестры́. Она́ учени́ца пя́того кла́сса, а я́ учени́к седьмо́го кла́сса. Мо́й оте́ц — инжене́р. Сейча́с о́н рабо́тает в хими́ческой лаборато́рии большо́го заво́да. Ра́ньше мо́й оте́ц рабо́тал на се́вере страны́. Мы́ жи́ли в це́нтре небольшо́го го́рода. Напро́тив была́ шко́ла, а ря́дом находи́лось зда́ние городско́й библиоте́ки. В не́й рабо́тала моя́ ма́ма.

14. (a) *Listen and repeat.*

пя́тый кла́сс, учени́ца [учин'и́цъ], учени́ца пя́того [п'а́тъвъ] кла́сса; учени́к [учин'и́к], седьмо́й [с'ид'мо́j] кла́сс, учени́к седьмо́го [с'ид'мо́въ] кла́сса, тре́тий ку́рс, студе́нт тре́тьего [тр'е́т'jивъ] ку́рса; Се́верный Кавка́з, приро́да Се́верного [с'е́в'ирнъвъ] Кавка́за; молодо́й [мъладо́j] худо́жник, карти́ны молодо́го худо́жника; англи́йский язы́к, уче́бник англи́йского языка́; энергети́ческий институ́т, общежи́тие энергети́ческого институ́та; педагоги́ческий институ́т, библиоте́ка педагоги́ческого институ́та; ру́сский язы́к, уро́к ру́сского языка́; америка́нский писа́тель, кни́га америка́нского писа́теля; Ю́жная Аме́рика, кли́мат Ю́жной Аме́рики; восто́чная Украи́на, приро́да восто́чной Украи́ны.

(b) *Listen and reply.*

Model: — Сейча́с уро́к ру́сского языка́³?

            — Да́¹, / ру́сского языка́¹.

1. Ни́на — студе́нтка пя́того ку́рса³?

2. Э́то уче́бник англи́йского языка́³?

3. Э́то гости́ница Моско́вского университе́та³?

4. Вы́ рабо́таете в библиоте́ке педагоги́ческого институ́та³?

5. Э́то ка́рта Сове́тского Сою́за³?

6. Профе́ссор расска́зывал о приро́де Се́верной Аме́рики³?

7. Вы студе́нт филологи́ческого факульте́та³?

8. Джо́н — студе́нт истори́ческого факульте́та³?

9. Джо́н — студе́нт педагоги́ческого институ́та³?

10. Джо́н — студе́нт истори́ческого факульте́та педагоги́ческого институ́та³?

Model: — Э́то уче́бник ру́сского языка́?

— Не́т, / англи́йского .

1. Сейча́с уро́к англи́йского языка́?   ру́сский
2. Э́то кни́га америка́нского писа́теля?   англи́йский
3. Джо́н — студе́нт второ́го ку́рса?   тре́тий
4. Вы́ учени́к пя́того кла́сса?   шесто́й
5. Вы́ рабо́тали в библиоте́ке хими́ческого   биологи́ческий
   факульте́та?
6. Вы́ рабо́таете в лаборато́рии физи́ческого   хими́ческий
   факульте́та?
7. Вы́ студе́нт филологи́ческого   истори́ческий
   факульте́та?
8. Э́то ле́кция о приро́де Ю́жной Аме́рики?   Се́верный
9. Профе́ссор расска́зывал о кли́мате
   восто́чной Украи́ны?   за́падный

(c) *Dialogue. Listen and repeat. Mark intonational centers.*

— И́ра, ва́ша подру́га — студе́нтка педагоги́ческого институ́та?
— Да́, Мэ́ри — студе́нтка педагоги́ческого институ́та.
— А вы́?
— И я́ то́же. Мы́ студе́нтки биологи́ческого факульте́та.
— А ва́ш бра́т?
— Мо́й бра́т — студе́нт Ленингра́дского университе́та.
— А где́ о́н живёт?
— О́н живёт в общежи́тии истори́ческого факульте́та.
— О́н студе́нт пе́рвого ку́рса?
— Не́т, тре́тьего.
— А вы́?
— А я́ студе́нтка пя́того ку́рса.

15. *Answer the questions.*

(a) Како́й э́то уче́бник?   ру́сский язы́к
Како́й сейча́с уро́к?   англи́йский язы́к
Кака́я э́то ка́рта?   Сове́тский Сою́з
Чьи́ э́то карти́ны?   ру́сский худо́жник
Чья́ э́то кни́га?   америка́нский писа́тель

(b) О чём расска́зывал профе́ссор?	приро́да, Се́верный Кавка́з
О чём э́та кни́га?	кли́мат, Ю́жная Аме́рика
О чём вы́ пи́шете?	приро́да, Ю́жный Ура́л
О чём вы́ чита́ете?	кли́мат, Восто́чная Украи́на
О чём э́та кни́га?	исто́рия, ру́сский теа́тр

16. *Somebody asks you a question. Answer it.*

Model: — Где́ вы́ жи́ли в Ки́еве? (кварти́ра, мо́й ста́рый дру́г)
 — В кварти́ре моего́ ста́рого дру́га.

1. Где́ вы́ жи́ли в Ленингра́де?	общежи́тие, Ленингра́дский университе́т
2. Где́ вы́ рабо́тали вчера́?	библиоте́ка, на́ш институ́т
3. Где́ вы́ бы́ли сего́дня днём?	гости́ница, Моско́вский университе́т
4. Где́ о́н рабо́тает?	лаборато́рия, хими́ческий факульте́т
5. Где́ нахо́дится библиоте́ка?	зда́ние, физи́ческий факульте́т

17. *Compose sentences based on the information provided. Follow the model.*

Model: Э́то педагоги́ческий институ́т. Э́то библиоте́ка. Зде́сь рабо́тает Анто́н. Анто́н рабо́тает в библиоте́ке педагоги́ческого институ́та .

1. Э́то Ки́евский университе́т. Э́то общежи́тие. Зде́сь живёт То́м.
2. Э́то биологи́ческий факульте́т Моско́вского университе́та. Э́то лаборато́рия. Зде́сь рабо́тает Ка́тя Ивано́ва.
3. Э́то Ленингра́дский университе́т. Э́то истори́ческий факульте́т. Зде́сь рабо́тает Никола́й.
4. Э́то энергети́ческий институ́т. Э́то лаборато́рия. Зде́сь рабо́тает оте́ц Ни́ны.
5. Э́то большо́й заво́д. Э́то библиоте́ка. Зде́сь рабо́тает ма́ма Ка́ти.
6. Э́то Ленингра́дский пединститу́т. Э́то библиоте́ка. Зде́сь рабо́тает Пётр.

18. *Translate.*

1. Sergei is a historian. He works in the history department of Moscow University. Sergei reads a great deal about the history of the East.

2. Yesterday the professor discussed the geography of North America; today he is discussing the climate of South America.

3. There is a painting by an American artist in this room.

4. "Where is the old Moscow University building located?" "The old building is located in the center of Moscow."

★ **19.** *Describe the family and the apartment of a friend you have just visited.*

Áнна чита́ет кни́гу.
Ч т о́ она́ чита́ет?
Áнна зна́ет Ви́ктора и Ве́ру.
К о г о́ она́ зна́ет?

▶ **20.** *Read and analyze. (See Analysis V, 2.1; 2.2; 5.0-6.0.)*

Бори́с и Ве́ра — студе́нты педагоги́ческого институ́та. Они́ гео́графы. Бори́с изуча́ет **приро́ду** и **кли́мат** Аме́рики. Бори́с бы́л в Аме́рике. О́н ви́дел **Вашингто́н, Нью-Йо́рк** и **Филаде́льфию.** О́н мно́го чита́ет об Аме́рике. Сейча́с о́н чита́ет **кни́гу** об эконо́мике страны́. Я́ ча́сто ви́жу **Бори́са** и **Ве́ру** в библиоте́ке институ́та.

Ве́ра изуча́ет **геогра́фию** Евро́пы. Её подру́га Йра — фи́зик. Она́ изуча́ет **фи́зику** и **матема́тику.** Де́вушки о́чень лю́бят **му́зыку.** Ве́чером они́ ча́сто слу́шают **ра́дио.**

21. (a) *Listen and repeat.*

Фи́зика, изуча́ть фи́зику; геогра́фия, изуча́ю геогра́фию; исто́рия, о́н изуча́ет исто́рию; матема́тика, они́ изуча́ют матема́тику; биоло́гия, вы́ изуча́ете биоло́гию; расска́з, слу́шать расска́з, они́ слу́шают ра́дио [ра́д’ио]; му́зыка, люби́ть му́зыку, я́ люблю́ му́зыку, о́н не лю́бит му́зыку; Ве́ра, ви́деть Ве́ру, я́ ча́сто ви́жу Ве́ру; кни́га, я́ чита́ю кни́гу, эконо́мика [икано́м’икъ]. О́н чита́ет кни́гу об эконо́мике Аме́рики.

я́ люблю́	□	●	мы́ лю́бим	■	○	
ты́ лю́бишь	■	○	вы́ лю́бите	■	○	
о́н (она́) лю́бит	■	○	они́ лю́бят	■	○	

(b) *Listen and reply.*

Model: — Бори́с изуча́ет геогра́фию?

 — Да́, / о́н изуча́ет геогра́фию.

1. Вы́ слу́шаете му́зыку?
2. Вы́ ви́дели в библиоте́ке Анто́на и А́нну?
3. Серге́й изуча́ет исто́рию?
4. Пётр изуча́ет матема́тику?
5. Вы́ зна́ете сестру́ Бори́са?
6. Вы́ ви́дели отца́ Серге́я?
7. Вы́ лю́бите му́зыку?
8. Вы́ слу́шаете ра́дио?
9. Вы́ ви́дели Москву́?
10. Вы́ чита́ли кни́гу о Москве́?

Model:　— Оле́г изуча́ет геогра́фию?

　　　　— Не́т, / исто́рию.

1. Бори́с изуча́ет исто́рию?	геогра́фия
2. Пётр изуча́ет хи́мию?	матема́тика
3. И́ра изуча́ла биоло́гию?	фи́зика
4. Ка́тя изуча́ет фи́зику?	биоло́гия
5. Подру́га Ка́ти изуча́ет геогра́фию?	хи́мия
6. Ви́ктор чита́ет газе́ту?	журна́л

(c) *Dialogues. Read the dialogues. Mark stress and intonational centers.*

1.　— Вы лю́бите му́зыку?
　　— Да, о́чень люблю́.
　　— А ва́ша подру́га Ни́на?
　　— Нет, она́ не лю́бит му́зыку. Она́ лю́бит матема́тику.
　　А я матема́тику не понима́ю и не люблю́.

2.　— Джон, ты живёшь в Нью-Йо́рке?
　　— Да.
　　— Ты лю́бишь Нью-Йо́рк?
　　— Нет, не люблю́.
　　— А я живу́ в Чика́го. Я люблю́ Чика́го.
　　— А я не люблю́ го́род. Я люблю́ дере́вню.

★ (d) *Somebody asks you a question. Answer it.*

Model:　— Вы́ лю́бите теа́тр?

　　　　— Да́, / я люблю́ теа́тр.

1. Вы́ лю́бите матема́тику?　4. Ва́ши студе́нты лю́бят исто́рию?
2. Ты́ лю́бишь му́зыку?　　　5. Вы́ лю́бите бале́т?
3. Джо́н лю́бит теа́тр?

22. *Complete the sentences, using the words on the right.*

Model:　Анто́н чита́л журна́л.

1. В э́том го́роде мы́ ви́дели	теа́тр, музе́й, заво́д, университе́т, библиоте́ка
2. Вчера́ в институ́те я́ ви́дел	Бори́с, Оле́г, Ма́ша, Ната́ша, Ни́на
3. О́н ви́дел	Ки́ев и Оде́сса; Украи́на и Кавка́з
4. Она́ лю́бит	му́зыка и теа́тр
5. Мы́ изуча́ем... .	приро́да и кли́мат Евро́пы
6. Вчера́ я́ бы́л в теа́тре. Я́ ви́дел та́м	сестра́ Бори́са, бра́т Оле́га, му́ж А́нны, жена́ Никола́я, оте́ц Ви́ктора, подру́га Мари́и

★ геогра́фия — гео́граф
биоло́гия — био́лог

★ **23.** *Supply a continuation to each sentence.*

Model: Пётр — хи́мик. Он изуча́ет хи́мию .

Никола́й — фи́зик. Ка́тя — био́лог. Оле́г — исто́рик.
Бори́с — гео́граф. Анто́н — матема́тик.

24. *Dialogue.*

Кто́ они́?

— Ве́ра, кто́ э́то?
— Э́то мои́ това́рищи, студе́нты МГУ. Э́то Зи́на. Она́ био́лог. Она́ изуча́ет биоло́гию.

— А э́то кто?	Бори́с, гео́граф, приро́да Аме́рики;
—	Оле́г, исто́рик, исто́рия Восто́ка;
	Та́ня, экономи́ст, эконо́мика А́нглии

25. *Listen and repeat; then read and analyze. (See Analysis V, 2.3.)*

— Здра́вствуйте, де́вушки.
— Здра́вствуйте, Никола́й Петро́вич.
— И́ра, кто́ э́то?
— Э́то моя́ сестра́.
— Ка́к **тебя́** зову́т?
— **Меня́** зову́т Ни́на.
— О́чень прия́тно. А **меня́** зову́т Никола́й Петро́вич.
— А я́ уже́ зна́ю, ка́к **ва́с** зову́т. Мы́ ви́дели **ва́с** в теа́тре.
— Ты́ лю́бишь теа́тр?
— Да́, я́ о́чень люблю́ о́перу и бале́т.

26. (a) *Listen and repeat.*

меня́ [м'ин'а́], тебя́ [т'иб'а́], его́ [jиво́], её [jиjо́], на́с, ва́с, и́х; обо мне́, о тебе́, о нём, о ней, о ни́х; меня́ зову́т, тебя́ зову́т, его́ зову́т, её зову́т, ва́с зову́т [ваззаву́т]. Ка́к её зову́т? Я́ ви́дел её. Вы́ говори́ли о не́й.

Dialogues

1. — Ка́к ва́с зову́т?

   — Меня́ зову́т Ни́на.

   — А ка́к ва́с зову́т?

   — Меня́ зову́т Джо́н. А э́то ва́ша сестра́? Ка́к её зову́т?

   — Её зову́т Ма́ша.

2. — Вы́ зна́ете Джо́на?

   — Не́т, / я́ не зна́ю его́.

   — Э́то на́ш но́вый студе́нт.

   — Да́, / вы́ говори́ли о нём.

   — А Ка́тю и Дже́йн вы́ зна́ете? Я́ расска́зывала о ни́х.

   — Не́т, / я́ и́х то́же не зна́ю.

(b) *Listen. Ask about what interests you.*

Model: — Э́то но́вый студе́нт.
        — Ка́к его́ зову́т ?
        — Его́ зову́т Ви́ктор .

1. Э́то студе́нтка МЭЙ.   4. Э́то мои́ подру́ги.
2. Э́то моя́ сестра́.   5. Э́то мо́й дру́г.
3. Э́то мо́й му́ж.   6. Э́то студе́нты университе́та.

27. *Supply the required personal pronouns in the correct form.*

1. Э́то Никола́й Ива́нович. О́н зде́сь живёт. Мы́ хорошо́ зна́ем ... , а о́н хорошо́ зна́ет ... .

2. Его́ сестра́ рабо́тает в теа́тре. Вчера́ я́ ви́дел ... .

4. Ка́тя, ты́ вчера́ была́ в клу́бе? Мы́ не ви́дели ... .

5. Вы́ А́нна Петро́вна? Я́ ... зна́ю.

6. — Вы́ не зна́ете, где́ А́ня и Ка́тя? — Я́ ви́дел ... в общежи́тии.

7. — Когда́ я́ говорю́ по-ру́сски, вы́ понима́ете ...?
   — Да́, я́ понима́ю ... .

8. Серге́й изуча́ет исто́рию. О́н хорошо́ зна́ет ... .

9. А́ня изуча́ет теа́тр. Она́ хорошо́ зна́ет и лю́бит ... .

28. *Supply the required personal pronouns in the correct form.*

1. — Га́ля, ты́ зна́ешь Ви́ктора? — Да́, я́ зна́ю ... . Ве́ра мно́го говори́ла о ... . О́н о́чень хорошо́ поёт.

2. — Ма́ма, ты́ не зна́ешь, где́ мо́й портфе́ль? — Я́ ви́дела ... в твое́й ко́мнате на сту́ле.

3. — Бори́с, ты́ слу́шал о́перу Ве́рди «Аи́да»? — Да́, я́ слу́шал ... в Большо́м теа́тре.

4. Это картина молодого художника. Я знаю ... . Я читал о ... в газете.

5. — Ты знаешь, Антон сейчас пишет статью. Ты читал ...?
   — Нет, он только говорил о ... .

29. *Translate.*

1. Tom is reading a book about the history of Russian ballet.

2. My friend is writing a book about Russian opera.

3. Yesterday we listened to a lecture at the university about the climate of North America.

4. Boris is studying the natural history of South America.

5. "Do you read the magazine *Moskva*?" "Yes, I do."

6. "Have you read the article about French ballet in the journal *Teatr*?" "No, I haven't read it, but Peter was talking about it."

★ **30**. *Situation.*

Suppose you have met a Soviet student who studies geography at a teacher training college. His name is Boris. Describe him.

IV

Антон читает **новый журнал.**
Анна читает **интересную книгу.**
Анна знает **вашу сестру** и **вашего брата.**

▶ **31**. *Listen and repeat; then read and analyze. (See Analysis V, 2.4; 2.5.)*

1. — Олег, я видел в твоей комнате **большой портрет** симпатичной девушки. Кто это?
   — Ты знаешь **молодую артистку** Малого театра Тамару Антонову?
   — Нет, не знаю.
   — Это очень хорошая артистка. Это её портрет.
   — А кто автор портрета?
   — Нестеров. Ты знаешь его?
   — Да, я знаю **этого молодого художника.**

2. — Вы говорите по-русски?
   — Да, немного.
   — Где вы изучали русский язык?
   — В университете.
   — А что вы изучаете здесь в Москве?
   — **Русскую литературу** и **народную музыку.** А вы?
   — Я изучаю **современную экономику.**

32. *Listen and repeat.*

Э́та кни́га, э́ту кни́гу. Вы́ чита́ли э́ту кни́гу? Э́тот портре́т. Вы́ ви́дели э́тот портре́т?

моя́ сестра́, мою́ сестру́. Вы́ зна́ете мою́ сестру́?

мо́й бра́т, моего́ бра́та. Вы́ не зна́ете моего́ бра́та?

моё письмо́. Вы́ чита́ли моё письмо́? Я́ чита́л ва́ше письмо́.

ва́ша сестра́, ва́шу сестру́. Я́ ви́дел ва́шу сестру́.

ва́ш бра́т, ва́шего [ва́шъвъ] бра́та. Я́ не ви́дел ва́шего бра́та.

на́ш профе́ссор, на́шего профе́ссора. Вы́ не ви́дели на́шего профе́ссора?

33. *Agree with the following. Use the verbs* чита́ть, ви́деть, зна́ть, слу́шать.

Model: — Э́то интере́сная кни́га.
          — <u>Да́, интере́сная. Я́ чита́л э́ту кни́гу</u>.

1. Э́то но́вый слова́рь.
2. Э́то но́вая ка́рта Ю́жной Аме́рики.
3. Э́то хоро́шая о́пера.
4. Ри́га — краси́вый го́род.
5. Э́то америка́нский фи́льм.
6. Э́то но́вый райо́н го́рода.

34. *Complete the sentences, using the words on the right.*

1. Я́ ви́дела в кино́	ва́ш бра́т и ва́ша сестра́
2. — Вы́ ви́дели здесь на столе́ ...?	моя́ рабо́та
— Не́т, не ви́дел.	
3. Я́ хорошо́ зна́ю	ва́ш това́рищ
4. В музе́е я́ ви́дела	ва́ша карти́на
5. Ви́ктор зна́ет	тво́й оте́ц и тво́й бра́т
6. Я́ ви́дел на у́лице	на́ш вра́ч
7. Они́ хорошо́ зна́ют	моя́ семья́

35. (a) *Listen and repeat.*

ру́сский язы́к. Я́ изуча́ю ру́сский язы́к; ру́сская литерату́ра. Вы́ изуча́ете ру́сскую литерату́ру?

ру́сскую му́зыку. Вы́ лю́бите ру́сскую му́зыку?

совреме́нная [съвр’им’е́ннъјъ] эконо́мика. Вы́ изуча́ете совреме́нную эконо́мику?

симпати́чная де́вушка, симпати́чную де́вушку. Вы́ зна́ете э́ту симпати́чную де́вушку?

Dialogues.

1. — Что ты́ чита́ешь?

   — Я́ чита́ю о́чень интере́сную кни́гу. Я́ говори́ла о не́й.
   А ты́ что́ чита́ешь?

   — Пе́рвый но́мер журна́ла «Октя́брь».

2. — Вы́ изуча́ете ру́сский язы́к?

   — Да́, / ру́сский язы́к / и ру́сскую литерату́ру. А вы́?

   — Я́ то́же изуча́ю литерату́ру. Совреме́нную англи́йскую
   литерату́ру.

3. — Вы́ лю́бите совреме́нную му́зыку?

   — Не́т, / я́ не зна́ю её. Я́ люблю́ литерату́ру.

   — А вы́ хорошо́ зна́ете совреме́нную америка́нскую
   литерату́ру?

   — Да́, / я́ хорошо́ зна́ю совреме́нную литерату́ру.
   Я́ мно́го чита́ю.

4. — Андре́й, / ты́ ви́дишь э́ту симпати́чную де́вушку?

   — Ви́жу.

   — Ты́ зна́ешь её?

   — Да́, / э́то на́ша студе́нтка.

   — Ка́к её зову́т?

   — Ма́ша.

(b) *Listen and reply.*

Model: — Вы́ лю́бите ру́сскую му́зыку?

          — Да́, / я́ люблю́ ру́сскую му́зыку.

1. Вы́ зна́ете совреме́нную ру́сскую литерату́ру?

2. Вы́ лю́бите совреме́нную америка́нскую му́зыку?

3. Вы́ чита́ли его́ но́вую кни́гу?

4. Вы́ ви́дели э́тот но́вый фи́льм?

5. Вы́ чита́ли пя́тый но́мер журна́ла «Спу́тник»?

6. Вы́ изуча́ете совреме́нную англи́йскую литерату́ру?

7. Ты́ зна́ешь на́шу но́вую студе́нтку?

Model: — Вы́ чита́ете англи́йскую кни́гу?

— Не́т, / францу́зскую.

Вы́ изуча́ете ру́сский язы́к?	неме́цкий
Вы́ ви́дели америка́нский фи́льм?	англи́йский
Вы́ изуча́ете Се́верную Аме́рику?	Ю́жная
Вы́ чита́ли э́тот журна́л?	то́т
Вы́ слу́шали хоро́шую ле́кцию?	плоха́я

36. *Read and translate the text.*

Оле́г лю́бит кино́ и теа́тр. Вчера́ в клу́бе о́н ви́дел интере́сный фи́льм о приро́де Кавка́за. Кавка́з — о́чень краси́вое ме́сто. На Кавка́зе высо́кие го́ры, бы́стрые ре́ки. Оле́г ви́дел Чёрное мо́ре. О́н ви́дел ста́рый го́род, небольшу́ю дере́вню. Симпати́чная де́вушка и молодо́й челове́к расска́зывали о приро́де Кавка́за. Оле́г зна́ет э́ту де́вушку и э́того молодо́го челове́ка. Они́ арти́сты Ма́лого теа́тра. Ра́ньше Оле́г ви́дел и́х в теа́тре.

37. *Answer the questions.*

1. Како́й журна́л вы́ ви́дели, э́тот и́ли то́т?
2. Каку́ю кни́гу вы́ чита́ли, э́ту и́ли ту́?
3. Како́й журна́л вы́ чита́ли, ру́сский и́ли америка́нский?
4. Че́й портре́т о́н рису́ет, тво́й и́ли его́?
5. Каку́ю карти́ну о́н рису́ет, большу́ю и́ли ма́ленькую?
6. Каку́ю му́зыку вы́ лю́бите, ру́сскую и́ли неме́цкую?
7. Како́го профе́ссора вы́ вчера́ слу́шали, америка́нского и́ли англи́йского?

38. *Somebody asks you a question. Answer it.*

Model: — Вы́ зна́ете э́ту студе́нтку? Ка́к её зову́т?

   — Её зову́т Ма́ша.

1. Вы́ зна́ете э́того студе́нта?
2. Вы́ зна́ете э́ту же́нщину?
3. Вы́ зна́ете э́того молодо́го челове́ка?
4. Вы́ зна́ете э́ту де́вушку?
5. Вы́ зна́ете э́того инжене́ра?
6. Вы́ зна́ете э́ту арти́стку?
7. Вы́ зна́ете э́того врача́?

★ **39.** *Situations.*

   Кого́ вы́ зна́ете?

(1) This is a photograph of a pretty girl, young man, old woman, old doctor. Whom do you know?

(2) You were at the theater yesterday, where you came across an old friend of yours, a young lawyer, foreign journalist, young actress. Who did you see at the theater?

40. (a) *Dialogues. Compose dialogues by substituting the words on the right for those underlined.*

Model: — Что́ вы́ изуча́ете?
   — Я́ изуча́ю <u>ру́сскую му́зыку</u> .
   — А́ вы́?
   — Исто́рию <u>ру́сской му́зыки</u> .
	америка́нский теа́тр,
	ру́сский язы́к,
	Се́верная Аме́рика,
	францу́зский язы́к,
	Се́верный Кавка́з,
	англи́йская литерату́ра

(b) *Ask the names of your friend's sister, his father, brother, of his doctor and the professor of mathematics.*

Model: — Ка́к зову́т ва́шу ма́му? — Её зову́т А́нна Петро́вна.

(c) *Ask the surnames of the professor of physics, the professor of literature, the young girl, and the foreign student.*

Model: — Кто́ э́тот высо́кий челове́к? Я́ его́ не зна́ю.
   — Э́то студе́нт истори́ческого факульте́та.
   — Ка́к его́ фами́лия?
   — Соколо́в.

41. *Translate.*

In the center of Moscow there is the Moscow House of Books.[1] It is a very large store. There is a young man and a girl. I often see this young man and the girl in the store. Now they are reading a new book about Moscow. I know them; he is an engineer and she works at a school.

★ **42.** *Situations.*

(1) Suppose you have seen the same movie about the Caucasus which Oleg did. (See Exercise 36). Tell your friends about it.

(2) Tell your friends what you study at the university (college), what books you read, what subjects you are studying at present.

 Óн знáет, что Москвá — столи́ца СССР.

▶ **43.** *Read and analyze. Point out the main and subordiante clauses in each case. (See Analysis V, 3.0.)*

Мóй товáрищ Рóберт Сми́т — филóлог. Óн изучáет рýсский язы́к и рýсскую литератýру. Я знáю, что óн óчень мнóго рабóтает. Рóберт говори́т, что óн ещё плóхо понимáет по-рýсски. Я знáю, что óн лю́бит рýсский балéт, лю́бит слýшать рýсскую мýзыку. Рóберт говори́л, что óн читáет интерéсный расскáз о рýсском композиторе Прокóфьеве[2]. Я дýмаю, что Рóберт — хорóший филóлог.

44. *Listen and repeat.*

Óн плóхо говори́т по-рýсски. Óн ещё плóхо понимáет по-рýсски. Рóберт говори́т. Рóберт говори́т, что óн ещё плóхо понимáет по-рýсски.

Óн лю́бит слýшать мýзыку. Óн лю́бит слýшать рýсскую мýзыку.

Óн читáет расскáз о композиторе Прокóфьеве. Óн читáет интерéсный расскáз о рýсском композиторе Прокóфьеве. Рóберт говори́л, что óн читáет интерéсный расскáз о рýсском композиторе Прокóфьеве.

---

[1]House of Books, Дóм кни́ги.
[2] Prokofyev, Sergei Sergeyevich (1891-1953), Soviet composer; author of numerous operas and ballets (including the well-known *Romeo and Juliet* and *Cinderella*), seven symphonies, etc.

45. *Complete the sentences.*

Model: Я знаю, что Москва́ — столи́ца СССР.

Я зна́ю ...

Минск нахо́дится на за́паде СССР.
Му́рманск нахо́дится на се́вере СССР.
Владивосто́к нахо́дится на восто́ке СССР.
Ташке́нт нахо́дится на ю́ге СССР.

Он говори́л ...

Анто́н рабо́тал на Ура́ле.
Пётр жил в Та́ллинне.
Его́ оте́ц рабо́тает в газе́те.
Ле́том его́ семья́ отдыха́ла в дере́вне.
Его́ брат изуча́ет кли́мат Евро́пы.

Я ду́маю ...

А́ня непло́хо говори́т по-ру́сски.
Студе́нты хорошо́ отдыха́ли на Кавка́зе.
Вы ви́дели э́ту карти́ну Ре́мбрандта ра́ньше.
Вы ча́сто вспомина́ете о Чёрном мо́ре.

46. *Somebody asks you a question. Answer it.*

Model: — Что ви́дели ученики́ в истори́ческом музе́е?
— Я зна́ю (ду́маю), что ученики́ ви́дели в истори́ческом музе́е ста́рую Москву́, ста́рую ка́рту Москвы́.

1. Что он чита́л сего́дня в библиоте́ке?

интере́сная кни́га и́ли интере́сный журна́л

2. Что они́ ви́дели сего́дня в клу́бе?

интере́сный фильм

3. О чём расска́зывали студе́нты ва́шего факульте́та в шко́ле?

истори́ческий факульте́т, наш институ́т

4. Что она́ слу́шала вчера́ в Большо́м теа́тре?

о́пера «Бори́с Годуно́в»

47. *Translate.*

"Anton, do you know my brother Victor and my sister Anna?" "Yes, I know your brother and your sister. I know that Victor and Anna live in Kiev. They know that city very well and they like it. Kiev is the capital of the Ukraine. It is a large and beautiful city. In the summer, in June, I was also in Kiev. I saw your brother and your sister there. Now I often remember that city."

Conversation

I. Information about the Possessor of an Object

Question about the possessor:

— Чья́ э́то кни́га?

— Э́то **моя́** кни́га.
— Э́то кни́га **моего́ това́рища.**

A question which is a supposition:

— Э́то твоя́ кни́га?
— Да́, моя́.
— Э́то кни́га твоего́ бра́та?
— Да́, э́то его́ кни́га.

— Не́т, не моя́.

— Не́т, э́то не его́ кни́га.

48. *Listen. Somebody asks you a question. Answer it.*

1. Чья́ э́то кни́га?
2. Че́й э́то журна́л?
3. Че́й э́то портфе́ль?
4. Чья́ э́то ру́чка?
5. Чья́ э́то маши́на?
6. Че́й э́то слова́рь?
7. Чьи́ э́то газе́ты?

49. *Dialogue.*

<u>Че́й э́то журна́л?</u>

— Э́то тво́й <u>журна́л?</u>
— Не́т, не мо́й.
— А че́й?
— <u>Моего́ бра́та</u> .

кни́га, моя́ подру́га;
портфе́ль, на́ш профе́ссор;
ру́чка, э́тот учени́к;
каранда́ш, э́та учени́ца;
до́м, моя́ сестра́;
маши́на, мо́й дру́г

50. *Situation.*

You want to borrow a book (newspaper, pen, pencil, dictionary), but do not know whose it is. Ask the appropriate question.

Model: — Чья́ э́то кни́га?
— Э́то кни́га на́шего профе́ссора.

II. Pronouns of the Second Person Singular and Plural Used in Addressing People

Ка́к ва́ше (твоё) здоро́вье?	How are you?
Ка́к ва́ша (твоя́) рабо́та?	How is your work?
Ка́к ва́ша (твоя́) семья́?	How is your family?
Ра́д (ра́да, ра́ды) ва́с ви́деть.	I (we) am (are) glad to see you.
Я́ давно́ ва́с (тебя́) не ви́дел.	I haven't seen you for a long time.

51. *Basic Dialogue. Listen to the dialogue and analyze the situation. How do you account for the connection between the personal names and the use of the second person endings?*

— Здра́вствуйте, Ве́ра Петро́вна. Скажи́те, пожа́луйста, А́ня до́ма?

— Здра́вствуй, Бори́с. Не́т.

— А где́ она́?

— Не зна́ю. Мо́жет бы́ть, в институ́те и́ли в библиоте́ке. Давно́ я тебя́ не ви́дела, Бори́с. Ка́к ты́ живёшь? Ка́к роди́тели? Ка́к и́х здоро́вье?

— Спаси́бо, ничего́.

— Я́ ча́сто вспомина́ю, ка́к хорошо́ мы́ жи́ли ле́том на Во́лге.

— Мы́ то́же ча́сто вспомина́ем ва́с и А́ню. До свида́ния, Ве́ра Петро́вна.

— До свида́ния, Бори́с. Я́ была́ ра́да тебя́ ви́деть.

52. (a) *Listen and repeat.*

ма — мя — мья, семья́ [с'им'já], ва́ша семья́, твоя́ семья́. Ка́к ва́ша семья́? Ка́к твоя́ семья́?

ве — вье, здоро́вье [здаро́в'jь], ва́ше здоро́вье, твоё здоро́вье, и́х здоро́вье. Ка́к ва́ше здоро́вье? Ка́к твоё здоро́вье?

роди́тели [рад'и́т'ил'и], твои́ роди́тели, ва́ши роди́тели. Ка́к роди́тели? Ка́к и́х здоро́вье? Ка́к твои́ роди́тели?

де́ло [д'е́лъ], дела́ [д'ила́], ва́ши дела́, твои́ дела́. Ка́к ва́ши дела́? Ка́к твои́ дела́?

ви́деть, я́ ра́д, я́ ра́да, мы́ ра́ды. Ра́д ва́с ви́деть. Я́ ра́да тебя́ ви́деть. Я́ ра́д бы́л тебя́ ви́деть. Ра́д бы́л тебя́ ви́деть. Мы́ ра́ды ва́с ви́деть. Хорошо́. Спаси́бо, хорошо́. Ничего́ [н'ичиво́]. Спаси́бо, ничего́.

(b) *Listen and reply.*

Model: — Я ра́д ва́с ви́деть.
             — Я то́же ра́д ва́с ви́деть.

1. Здра́вствуй, Ма́ша, ра́да тебя́ ви́деть.
2. До́брый де́нь. Ра́д ва́с ви́деть.
3. Мы́ ра́ды ва́с ви́деть.
4. Ра́д бы́л ва́с ви́деть.

Model: — Ка́к ва́ши дела́?
             — Спаси́бо, хорошо́. А ка́к вы́ живёте?
             — Спаси́бо, ничего́.

1. Ка́к ты́ живёшь?
2. Ка́к ва́ша семья́?
3. Ка́к твоя́ рабо́та?

4. Ка́к ва́ше здоро́вье?
5. Ка́к ва́ши роди́тели?

53. (a) *Dialogues. Change the dialogues from familiar (2nd person singular) to formal (2nd person plural) and vice versa.*

    Greetings

1. — Здра́вствуй, И́ра.
   — Здра́вствуй, Оле́г.
     Ра́да тебя́ ви́деть.
   — Ка́к твои́ дела́?
   — Спаси́бо, ничего́.
   — А что́ ты́ сейча́с де́лаешь?
   — Пишу́ статью́.
   — О чём?
   — Об исто́рии Москвы́.

2. — До́брое у́тро, Ната́ша.
   — Здра́вствуйте, Серге́й.
   — Ка́к вы́ живёте?
   — Спаси́бо, хорошо́.
   — Ка́к ва́ш англи́йский язы́к?
   — Ничего́. Изуча́ю.
   — Англи́йский язы́к тру́дный?
   — Мо́жет бы́ть. Я́ пло́хо его́ зна́ю.
   — Вы́ говори́те по-англи́йски?
   — Пло́хо. О́чень хочу́ говори́ть по-англи́йски бы́стро и пра́вильно.

(b) *Listen and repeat.*

Статья́, пишу́ статью́, тру́дный, тру́дный язы́к, тру́дная рабо́та; пра́вильно, о́н говори́т пра́вильно.

— Что́ ты́ сейча́с де́лаешь? — Пишу́ статью́. — Каку́ю статью́? — Я́ пишу́ статью́ об исто́рии Москвы́.

— Что́ вы́ сейча́с де́лаете? — Чита́ю кни́гу. — Каку́ю кни́гу? — Кни́гу о Большо́м теа́тре.

— Ка́к ва́ша рабо́та? — Спаси́бо, ничего́.
— Ка́к ва́ш англи́йский язы́к? — Спаси́бо, хорошо́.
— Ка́к ва́ша статья́? — Пло́хо.
— Ка́к ва́ша семья́? Ка́к ва́ша сестра́? Ка́к ва́ш бра́т? — Хорошо́, спаси́бо.

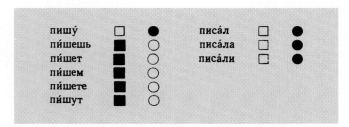

(c) *Mark stress and intonational centers.*

— Что вы пишете?
— Я пишу письмо.
— А что пишет Анна?
— Она пишет статью.
— Что пишут ваши студенты?
— Я не знаю, что они пишут.

(d) *Dramatize the preceding dialogue.*

★ (e) *Situations. Pay attention to the choice of the pronoun* ты́ *or* вы́.

1. Suppose you have come across a journalist friend whom you have not seen for a long time. Greet him appropriately and find out what he is now writing.

2. You have come across your high school Russian teacher. He is interested to learn how your study of Russian is going.

3. You have met some people with whom you vacationed this summer. They ask about you and members of you family.

4. You have met a young artist friend. You want to know what he is doing now and where he has been.

54. (a) *Basic Dialogue. Listen.*

Где́ ты́ была́ вчера́?

— Бори́с, до́брый де́нь.
— Здра́вствуй, А́ня. Где́ ты́ была́ вчера́ ве́чером?

— Вчера́ я была́ в Большо́м теа́тре.

— Что́ ты́ та́м слу́шала?

— О́перу «Евге́ний Оне́гин».

— Ты́ лю́бишь му́зыку Чайко́вского?

— Да́, я о́чень люблю́ его́ му́зыку. Чайко́вский — мо́й люби́мый композитор.

— Кто́ вчера́ пе́л?

— Пе́ли молоды́е арти́сты Большо́го теа́тра. Пе́ли о́чень хорошо́.

(b) *Listen and repeat.*

бы́ть, бы́л, была́, бы́ло, бы́ли; была́ ве́чером, вчера́ ве́чером, была́ вчера́ ве́чером. Где́ ты́ была́ вчера́ ве́чером?

Большо́й теа́тр, в Большо́м теа́тре. Была́ в Большо́м теа́тре.

слу́шать, слу́шал, слу́шали; о́пера, Евге́ний Оне́гин; слу́шала о́перу, слу́шала о́перу «Евге́ний Оне́гин».

пе́ть, пе́л, пе́ла, пе́ли, арти́ст, арти́сты, пе́л арти́ст, пе́ли арти́сты, пе́ли молоды́е арти́сты;

му́зыка, люби́ть му́зыку, я люблю́ му́зыку, ты́ лю́бишь му́зыку; композитор, люби́мый композитор.

Чайко́вский — мо́й люби́мый композитор.

Чайко̇вский — / мо́й люби́мый композитор.

Бороди́н — мо́й люби́мый композитор.

Бороди̇н — / мо́й люби́мый композитор.

Шостако́вич — мо́й люби́мый композитор.

Шостако̇вич — / мо́й люби́мый композитор.

(c) *Dramatize the dialogue in 54 (a).*

★ (d) *Situations.*

1. Your friends have been at the Bolshoi Theater, where they have heard Borodin's opera *Prince Igor*, Shostakovich's opera *Katerina Izmailova*. Find out who sang the leading parts.

2. Your friends have been at the Bolshoi Theater, where they have seen Prokofiyev's ballet *Romeo and Juliet*. Find out who danced the leading parts.

3. Your friends have been at the Metropolitan Opera. Find out what they have heard or seen, who sang or danced the leading parts.

★ **55.** *Situations. You are talking to a friend. Ask each other where you have been and what you have been doing. Use the following words:*

<u>Где́ ты́ была́?</u>

библиоте́ка: чита́ть, рома́н, расска́з, газе́та, журна́л, люби́ть;

музе́й: ви́деть, ста́рая кни́га, ка́рта, карти́на, портре́т, жи́ть, ра́ньше, сейча́с, де́лать;

клу́б: ви́деть, интере́сный фи́льм, ра́ньше, не зна́ть.

III. Supposition

— Вы́ не зна́ете, А́нна Ива́новна сейча́с в больни́це?
— Да́. — Не́т.   — Мо́жет быть.

56. *Somebody asks you a question. Answer it.*

Model: — Ты́ не зна́ешь, Оле́г переводи́л э́ту статью́?
        — Да́. (— Не́т.) (— Мо́жет бы́ть.)

1. Скажи́те, пожа́луйста, Ива́н Серге́евич сейча́с в институ́те?
2. Вы́ не зна́ете, Ивано́вы жи́ли ра́ньше в Ки́еве?
3. Ты́ не зна́ешь, Дже́йн говори́т по-францу́зски?
4. Андре́й био́лог?
5. То́м живёт в Ло́ндоне?
6. Вы́ ви́дели сего́дня Оле́га? О́н в университе́те?
7. Вы́ не зна́ете, Ро́берт Джо́нсон — адвока́т?

57. *Situations.*

Somebody asks you whether Professor Potapov is in the Institute, whether the library is open in the evening, whether the museum of nature is open today, whether Henry is in the dormitory now, whether Vera is at home now. What will your answer be if you are not sure?

READING

58. *Read and translate the text. Note the irregular plurals* человéк — лю́ди, ребёнок — дéти.

— Ви́ктор Петрóвич, скажи́те, пожáлуйста, чтó э́то такóе?

— Гдé?

— Вóт на э́той фотогрáфии.

— Э́то Байкáл. Я́ бы́л тáм в ию́ле.

— А ктó э́ти **лю́ди**?

— Спрáва стоя́т студéнты Иркýтского университéта. Они́ бы́ли на Байкáле на прáктике. Слéва — мóй дрýг, иркýтский журнали́ст, и егó **дéти**: Мáша и Антóн.

★ **59**. *Read and analyze.*

Note: г д é?   óколо Москвы́

Вéра Смирнóва живёт в Ростóве в нóвом райóне гóрода. **Óколо и́х дóма** небольшóй пáрк. **Óколо дóма** нахóдится здáние шкóлы, ря́дом магази́н и аптéка. **Óколо аптéки** нахóдится библиотéка, напрóтив гости́ница и **óколо неё** ресторáн.

★ **60.** *You want to know where the following are located.*

House No. 6, School No. 3, the theater, library, the museum of history, students' dormitory, store, pharmacy, the hotel *Moskva*

Где?

Model: — Скажи́те, пожáлуйста, гдé нахóдится дóм нóмер 5?
          — Вóн тáм, óколо магази́на .

61. *Translate into Russian.*

In my friend's room there is a big map of the world on the wall. On the right there is Africa, and on the left America. My friend knows geography well.

★ **62.** *Read and analyze.*

Note: к о г д á?   в начáле (концé) урóка

1. **В начáле урóка** ученики́ отвечáли. **В концé урóка** одни́ расскáзывали, другúе слýшали.
2. **В начáле ию́ля** Кáтя и Джéйн бы́ли на прáктике.
3. **В начáле áвгуста** Сергéй и Олéг жи́ли в Ки́еве.
4. **В начáле гóда** Ви́ктор Петрóвич бы́л в Пари́же. **В концé гóда** óн рабóтал на Сéверном Урáле.

★ **63.** (a) *Listen and repeat.*

нача́ло, в нача́ле, в нача́ле уро́ка, в нача́ле ию́ля, в нача́ле го́да; коне́ц, в конце́, в конце́ уро́ка, в конце́ го́да, в конце́ а́вгуста.

(b) *Pronunciation Practice. (See Analysis, Phonetics, 3.71)*

В нача́ле уро́ка профе́ссор расска́зывал.

В нача́ле уро̇́ка / профе́ссор расска́зывал.

В нача́ле уро̇́ка / профе́ссор расска́зывал. Студе́нты слу́шали.

В нача́ле уро̇́ка / профе́ссор расска́зывал, / а студе́нты слу́шали.

В нача́ле уро̇́ка / профе́ссор расска́зывал, / а студе́нты слу́шали.

В нача́ле э́того го́да Ви́ктор Петро́вич бы́л в Пари́же.

В нача́ле э́того го̇́да / Ви́ктор Петро́вич бы́л в Пари́же.

В нача́ле э́того го̇́да / Ви́ктор Петро́вич бы́л в Пари́же.

★ **64.** *Somebody asks you a question. Answer it.*

Model: — Ка́тя была́ на пра́ктике в ию́ле.
         — А когда́ Дже́йн была́ на пра́ктике?
         — В нача́ле (в конце́) ию́ля .

(a) 1. А́нна Ива́новна была́ в Росто́ве в сентябре́. А когда́ Ви́ктор Петро́вич бы́л в Росто́ве?
    2. Серге́й бы́л в Ленингра́де в феврале́. А когда́ Оле́г бы́л в Ленингра́де?
    3. То́м бы́л в Москве́ в январе́. А когда́ Ро́берт бы́л в Москве́?
    4. На ле́кции профе́ссор расска́зывал о приро́де А́фрики. А когда́ о́н расска́зывал о кли́мате А́фрики?

(b) 1. О чём говори́л профе́ссор в нача́ле ле́кции?
    2. О чём о́н расска́зывал в конце́ ле́кции?
    3. Что́ студе́нты де́лали в нача́ле уро́ка?
    4. Что́ они́ де́лали в конце́ уро́ка?
    5. О чём писа́тель пи́шет в нача́ле кни́ги «Приро́да Аме́рики»?

(c) 1. Где вы́ бы́ли в нача́ле ию́ля? А в нача́ле а́вгуста?

2. Что́ вы́ де́лали в конце́ января́?

3. Где́ вы́ жи́ли в нача́ле э́того го́да?

4. Что́ вы́ де́лали в нача́ле э́того го́да?

5. Где́ вы́ жи́ли в конце́ а́вгуста?

65. *Note the adjective suffix -н-.*

се́вер — се́верный
юг — ю́жный
за́пад — за́падный
восто́к — восто́чный

66. *Translate the phrases without using a dictionary.*

авто́бус — авто́бусный па́рк; приро́да — приро́дный га́з; шко́ла
— шко́льная библиоте́ка; вода́ — во́дный стадио́н; гора́ —
го́рная река́; ваго́н — ваго́нное окно́; лаборато́рия —
лаборато́рная рабо́та; музе́й — музе́йные кни́ги.

67. *Translate without using a dictionary.*

Э́то больша́я ка́рта. Э́то Евро́па. Спра́ва нахо́дится А́зия и
Австра́лия. Сле́ва Аме́рика: Се́верная Аме́рика и Ю́жная
Аме́рика. Э́то А́фрика. Та́м Антаркти́да.

68. *Give the Russian word for each of the four directions of the compass.*

69. *Translate into Russian.*

This is a Room No 4. Jane Stone, a student from the USA, lives in it. There is a small
table in her room. On the table there is a lamp, books, newspapers, magazines and a
dictionary. Jane Stone studies in the Biology Department of Moscow University. She is
studying biology. She went for practical training in the north and south of the USSR, and
she vacationed in the Caucasus and the Ukraine. Jane knows the nature and climate of the
USSR well.

70. *Vocabulary for Reading. Study the following new words and their usage as illustrated in
the sentences on the right. Read each sentence aloud.*

стоя́ть — Ира, скажи́, пожа́луйста, кто́ та́м стои́т?
— Э́то А́нна Ива́новна.
В ко́мнате Оле́га стои́т шка́ф, дива́н, большо́й
сто́л, сту́лья.
На столе́ стои́т ла́мпа, лежа́т кни́ги, журна́лы.

учéбник	— Джéйн, какóй э́то учéбник? — Э́то учéбник «Рýсский язы́к. Этáп I».
висéть	В кóмнате Джéйн на стенé вися́т фотогрáфии. На однóй фотогрáфии бéрег реки́, лéс, на другóй — мóре.
ви́деть к о г ó — ч т ó	— Джéйн, ты́ ви́дела сегóдня Рóберта? — Дá, я ýтром ви́дела егó óколо университéта. — Тóм, ты́ ви́дел фи́льм «Андрéй Рублёв»? — Нéт, не ви́дел. А ты́? — Я́ ви́дел. Э́то интерéсный фи́льм.
писáть ч т ó, о ч ё м	Джéйн пи́шет письмó. В письмé онá пи́шет о Москвé, о Ленингрáде. Ви́ктор Петрóвич пи́шет кни́гу о культýре Армéнии.
чáй	— Чтó вы́ хоти́те, чáй и́ли кóфе? — Чáй, пожáлуйста. — Я́ тóже óчень люблю́ чáй.
находи́ться г д é	Балти́йское мóре нахóдится на зáпаде СССР. Владивостóк нахóдится на востóке страны́. Мýрманск нахóдится на сéвере СССР.

71. *Tell your friends how you study Russian, what you do in class and at home.*

72. *Somebody asks you a question. Answer it. See the map on p. 166.*

Ленингрáд нахóдится на востóке СССР? Ташкéнт нахóдится на сéвере Совéтского Сою́за? Тáллинн нахóдится на зáпаде? Гдé нахóдится Ри́га? Владивостóк нахóдится на сéвере СССР? Гдé нахóдится Мýрманск? Одéсса нахóдится на востóке Совéтского Сою́за? Гдé нахóдится Еревáн?

73. *Somebody asks you a question. Answer it.*

1. Гдé нахóдятся таки́е городá США, кáк Чикáго, Хью́стон, Сан-Франци́ско, Детрóйт, Филадéльфия?
2. Гдé нахóдятся таки́е городá Áнглии, кáк Лóндон, Манчéстер, Глáзго, Э́динбург, Пóртсмут?
3. Гдé нахóдятся таки́е городá Канáды, кáк Монреáль, Торóнто, Оттáва, Ванкýвер?

★ **74.** *Ask questions and answer them.*

Model:　　— Где́ лежи́т кни́га?

　　　　　— Кни́га лежи́т на столе́ .

　　　　　(— На столе́.)

1. Где́ лежи́т журна́л?　　4. Где́ стои́т шка́ф?
2. Где́ стои́т ла́мпа?　　5. Где́ стои́т дива́н?
3. Где́ лежи́т уче́бник?　　6. Где́ лежи́т слова́рь?

Model:　　— Что́ лежи́т на столе́?

　　　　　— На столе́ лежи́т кни́га .

　　　　　(— Кни́га .)

1. Что́ лежи́т на по́лке?　　3. Что́ стои́т в ко́мнате?
2. Что́ стои́т на столе́?　　4. Что́ виси́т на стене́?

75. *Vocabulary for Reading. Study the following new words and their usage as illustrated in the sentences on the right. Read each sentence aloud.*

любить
кого — что/
inf.

1. Сергей любит рисовать. Антон любит петь. Он любит музыку. Я знаю, что ты очень любишь этот театр.
2. Я вас люблю.

работа

1. — Анна Ивановна, здравствуйте! Виктор Петрович дома? — Нет, он на работе.
2. — Роберт, какие книги стоят на этой полке?
   — Это работы моего отца, его книги.
   — А где твоя новая работа?
   — В моей комнате. Это портрет моей сестры.

76. *Complete the sentences, using the words from the preceding exercise.*

Роберт — неплохой художник. Он любит ... . Сейчас он рисует ... моей сестры. В его комнате висят ... , ... На этой картине мы видим большой ... . Это Нью-Йорк. Это новая ... Роберта.

★77. *Describe your hobbies. How do you spend your free time?*

78. *Translate without using a dictionary.*

На небольшом столе в комнате Зины стоит телевизор. Зина слушает лекцию об Австралии. Лектор рассказывает об экономике и политике Австралии, о природе и культуре этой страны. На одной фотографии Зина видит лес. Это северные районы страны. На другой фотографии — горы. Это восточные районы Австралии.

79. *Listen and repeat.*

(a) *Pronunciation Practice: unstressed syllables.*

везде [в'из'д'е], дети, деревня, на севере, очень, учебники;

лампа, около [окълъ], стол, писал, журналы, лес, уголь, летом, на столе, отдыхал летом, журнал лежит, большой, небольшой, культура;

телевизор [т'ил'ив'изър], политика, экономика [иканом'икъ];

район [рајон], рядом [р'адъм], природа.

(b) *Pronounce each breath group (syntagm) as a single unit.*

В э́той кварти́ре. Живу́т Ивано́вы. В э́той кварти́ре живу́т Ивано́вы. В ко́мнате Серге́я. О́коло окна́. В ко́мнате Серге́я о́коло окна́. Стои́т большо́й стол. В ко́мнате Серге́я о́коло окна́ / стои́т большо́й стол.

Истори́ческий факульте́т. Студе́нт истори́ческого факульте́та. В э́той ко́мнате живёт студе́нт истори́ческого факульте́та. Вы понима́ете, что в э́той ко́мнате / живёт студе́нт истори́ческого факульте́та.

На стене́ карти́ны, карти́ны и портре́ты. На стене́ вися́т карти́ны и портре́ты. Вы ви́дите Кремль. На карти́не вы ви́дите Кремль.

Вы ви́дите дере́вню. Небольшу́ю дере́вню. На друго́й карти́не. На друго́й карти́не / вы ви́дите небольшу́ю дере́вню.

Больша́я ка́рта ми́ра. Спра́ва виси́т больша́я ка́рта ми́ра. В Ю́жной Аме́рике. Он рабо́тал в Ю́жной Аме́рике. В нача́ле э́того го́да. В нача́ле э́того го́да / он рабо́тал в Ю́жной Аме́рике.

Он был на се́вере. На се́вере и на ю́ге. Он был на се́вере и на ю́ге. Он был на се́вере / и на ю́ге страны́. Райо́ны страны́, краси́вые и интере́сные. Краси́вые и интере́сные райо́ны страны́. Сиби́рь и Да́льний Восто́к. Сиби́рь и Да́льний Восто́к — / краси́вые и интере́сные райо́ны страны́.

(c) *Intonation Practice.*

Сле́ва ко́мната Серге́я, / ря́дом ко́мната его́ сестры́.

Сле́ва ко́мната Серге́я, / ря́дом ко́мната его́ сестры́.

На одно́й карти́не вы ви́дите Кремль, / Истори́ческий музе́й, / гости́ницу «Росси́я».

На одно́й карти́не вы́ ви́дите Кре́мль, / Истори́ческий музе́й, / гости́ницу «Росси́я».

На одно́й карти́не вы́ ви́дите Кре́мль, / Истори́ческий музе́й, / гости́ницу «Росси́я».

На одно́й карти́не / вы́ ви́дите Кре́мль, / Истори́ческий музе́й, / гости́ницу «Росси́я».

На друго́й карти́не / вы́ ви́дите небольшу́ю дере́вню, / ле́с, / бе́рег Днепра́.

На друго́й карти́не / вы́ ви́дите небольшу́ю дере́вню, / ле́с, / бе́рег Днепра́.

На друго́й карти́не вы́ ви́дите небольшу́ю дере́вню, / ле́с, / бе́рег Днепра́.

(d) *Read according to the intonation patterns indicated.*

В э́той кварти́ре живу́т Ивано́вы: / А́нна Петро́вна, / Ви́ктор Петро́вич, / и́х де́ти — / Ка́тя / и Серге́й.

Ви́ктор Петро́вич бы́л в Евро́пе, / в А́зии, / в А́фрике.

В нача́ле э́того го́да / о́н рабо́тал в Ю́жной Аме́рике.

В нача́ле э́того го́да / о́н рабо́тал в Ю́жной Аме́рике.

80. *Basic Text. Read the text and then do exercises 81-83.*

Здесь живу́т Ивано́вы

Э́то кварти́ра № 3. В э́той кварти́ре живу́т Ивано́вы: А́нна Ива́новна, Ви́ктор Петро́вич, и́х де́ти — Ка́тя и Серге́й.

Сле́ва ко́мната Серге́я, ря́дом ко́мната его́ сестры́, напро́тив ко́мната и́х отца́.

В ко́мнате Серге́я о́коло окна́ стои́т большо́й сто́л. На столе́ стои́т ла́мпа, лежа́т кни́ги, журна́лы, уче́бники. Вы́ чита́ете: «Исто́рия СССР», «Исто́рия Фра́нции» и понима́ете, что в э́той ко́мнате живёт студе́нт истори́ческого факульте́та. О́коло стола́ стои́т шка́ф. Сле́ва дива́н и небольшо́й сто́л. На нём телеви́зор. На стене́ вися́т карти́ны и портре́ты. Это рабо́ты Серге́я. Серге́й лю́бит рисова́ть. На одно́й карти́не вы́ ви́дите Кре́мль, Истори́ческий музе́й. Это Москва́. На друго́й вы́ ви́дите небольшу́ю дере́вню, ле́с, бе́рег Днепра́. Это Украи́на. Та́м Серге́й отдыха́л ле́том.

В ко́мнате отца́ Серге́я везде́ вися́т ка́рты и фотогра́фии. Спра́ва виси́т больша́я ка́рта ми́ра. Ви́ктор Петро́вич бы́л в Евро́пе, в А́зии, в А́фрике. В нача́ле э́того го́да о́н рабо́тал в Ю́жной Аме́рике. Ви́ктор Петро́вич — журнали́ст. О́н рабо́тает в газе́те «Изве́стия». О́н пи́шет об эконо́мике, поли́тике, кли́мате, приро́де, культу́ре. Ви́ктор Петро́вич хорошо́ зна́ет Сове́тский Сою́з. О́н бы́л на се́вере и на ю́ге, на восто́ке и за́паде страны́. О́н зна́ет Ура́л и Кавка́з, лю́бит Во́лгу и Байка́л. О́н мно́го писа́л о се́вере СССР и о Да́льнем Восто́ке. На восто́ке СССР мно́го у́гля, желе́за, га́за. Ви́ктор Петро́вич писа́л, что Се́вер и Да́льний Восто́к о́чень краси́вые и интере́сные райо́ны страны́.

В его́ ко́мнате вы́ ви́дите фотогра́фии. Во́т фотогра́фия молодо́го шофёра. О́н рабо́тает на се́вере Ура́ла.

Эта де́вушка живёт и рабо́тает в Гру́зии. Она́ собира́ет ча́й.

А на э́той фотогра́фии вы́ ви́дите Самарка́нд. Самарка́нд нахо́дится в Сре́дней А́зии. Это о́чень ста́рый го́род.

Серге́й, Ка́тя и и́х друзья́ лю́бят слу́шать, как расска́зывает Ви́ктор Петро́вич. О́н ча́сто расска́зывает, ка́к живу́т лю́ди в Сове́тском Сою́зе, в Аме́рике, в А́фрике, в А́зии.

81. *Find in the text the passages in which (a) Sergei's room, (b) his father's room described, and read them aloud.*

82. *Describe the objects in (a) Sergei's, (b) his father's room which are connected with their vocation and hobbies.*

83. *Answer the questions.*

    1. Кто́ живёт в кварти́ре № 3?
    2. Что́ стои́т в ко́мнате Серге́я?
    3. Что́ виси́т на стене́ в его́ ко́мнате?
    4. Что́ виси́т на стене́ в ко́мнате его́ отца́?

84. *Find in the text the sentences dealing with Victor Petrovich Ivanov, and read them.*

★ **85.** *Answer the questions.*

    (a) 1. Каки́е города́ СССР вы́ зна́ете? Покажи́те и́х на ка́рте.
        2. Назови́те ре́ки и го́ры в СССР.

    (b) 1. Где́ нахо́дится Оде́сса?   5. Где́ нахо́дится Ташке́нт?
        2. Где́ нахо́дится Му́рманск?   6. Где́ нахо́дится Ки́ев?
        3. Где́ нахо́дится Владивосто́к?   7. Где́ нахо́дится Самарка́нд?
        4. Где́ нахо́дится Ри́га?

★ **86.** *Answer the question.*

Как вы думаете, кто здесь работает?

87. *Describe your visit to a Soviet journalist and an American journalist.*

88. *Answer the questions.*

1. Где вы живёте?
2. Вы были в Европе?
3. Вы были в Советском Союзе?

★ **89**. *Reading Newspapers. What newspaper would you like to read?*

Model: Я хочу читать «Правду».

★90. *What magazine would you like to read?*

Model: Я хо́чу чита́ть «Москву́».

★ Supplementary Materials

★1. *Read the names aloud:*

Republic	Capital	Republic	Capital
Росси́я (РСФСР[1])	Москва́	Гру́зия	Тбили́си[2]
Украи́на	Ки́ев	Арме́ния	Ерева́н
Белору́ссия	Ми́нск	Азербайджа́н	Баку́[2]
Молдо́ва	Кишинёв	Узбекиста́н	Ташке́нт
Ла́твия	Ри́га	Кыргызста́н	Бешке́к
Литва́	Ви́льнюс	Казахста́н	Алма-Ата́
Эсто́ния	Та́ллинн	Туркме́ния	Ашхаба́д
Таджикиста́н	Душанбе́[2]		

---

[1]RSFSR = the Russian Soviet Federative Socialist Republic, the largest in the USSR.
[2]Баку́, Тбили́си and Душанбе́ are indeclinable nouns.

★ **2.** *Name the capitals of the Union Republics.*

Model: Ки́ев — столи́ца Украи́ны.

(Ки́ев — / столи́ца Украи́ны)

★ **3.** *Supply the necessary information.*

Model: — Где́ нахо́дится Украи́на?
— Украи́на нахо́дится на ю́ге.

★ **4.** *What republics and regions of the Soviet Union do you know? Show them on a map.*

VOCABULARY

а́втор author
а́дрес address
арти́ст artist
арти́стка artist
бале́т ballet
бе́рег bank; shore
везде́ everywhere
ви́деть see
висе́ть hang, be hanging
вода́ water
га́з (natural) gas
гео́граф geographer
геогра́фия geography
го́д year
городско́й city
давно́ long ago
де́ти children
дива́н sofa, couch
ду́мать think
ещё still, yet
* **желе́зо** iron
здоро́вье health;
Ка́к ва́ше здоро́вье? How are
you?
изуча́ть study (deeply)
карти́на picture
кино́ movie theater, cinema
кла́сс classroom; class; grade (in
school)
кли́мат climate

компози́тор composer
коне́ц end
ко́фе coffee
красота́ beauty
культу́ра culture
ку́рс course of study, year in
college
ла́мпа lamp
ле́с forest, wood
литерату́ра literature
люби́мый favorite
люби́ть love
лю́ди people
матема́тика mathematics
ми́р world
мо́жет бы́ть perhaps
му́зыка music
наро́дный people's, folk
находи́ться be located
нача́ло beginning
немно́го some, little
океа́н ocean
о́коло near, around
о́пера opera
переводи́ть translate
писа́ть write
поли́тика politics, policy
портре́т portrait
пра́вильно correct(ly)
проспе́кт avenue

ра́д glad
ра́д ва́с ви́деть I am glad to see
you
ра́дио radio
райо́н region
расска́з story
ребёнок (*pl.* де́ти) child
(children)
река́ river
респу́блика republic
рома́н novel
симпати́чный pleasant
(-looking), nice
собира́ть pick
совреме́нный contemporary
стена́ wall
стоя́ть stand, be standing
телеви́зор television (set)
тёплый warm
тру́дный difficult
у́голь coal
учени́к school student
учени́ца school student
учи́тель school teacher
фотогра́фия photograph
холо́дный cold
ча́й tea
шка́ф cabinet, cupboard
* **шофёр** driver
эконо́мика economy

Numerals:

оди́ннадцать eleven
двена́дцать twelve
трина́дцать thirteen
четы́рнадцать fourteen
пятна́дцать fifteen
шестна́дцать sixteen
семна́дцать seventeen
восемна́дцать eighteen
девятна́дцать nineteen

два́дцать twenty
три́дцать thirty
со́рок forty
пятьдеся́т fifty
шестьдеся́т sixty
се́мьдесят seventy
во́семьдесят eighty
девяно́сто ninety
сто́ hundred

Verb Stems:

ви́де- see
висе́- hang, be hanging
ду́май- think
изуча́й- study (deeply)
люби́- love
находи́-ся be located
переводи́- translate
писа́- write
собира́й- pick
стоя́- stand, be standing

Студе́нты изуча́ют иностра́нные языки́

PRESENTATION AND
PREPARATORY EXERCISES

Студе́нты **чита́ли журна́лы и кни́ги.**
Студе́нты **чита́ли интере́сные журна́лы и кни́ги.**

▶ **1.** *Listen, read and analyze. (See Analysis VIII, 1.0-1.12)*

1. В гла́вном зда́нии МГУ нахо́дится музе́й университе́та. Вчера́ студе́нты пе́рвого ку́рса истори́ческого факульте́та бы́ли в музе́е. Они́ **ви́дели фотогра́фии, докуме́нты, кни́ги.** Они́ **ви́дели ста́рые портре́ты и карти́ны.**

Пе́рвое зда́ние университе́та находи́лось в це́нтре Москвы́. Сейча́с на э́том ме́сте нахо́дится Истори́ческий музе́й.

Студе́нты **ви́дели пе́рвые университе́тские лаборато́рии, ма́ленькие аудито́рии ста́рого университе́та.**

В це́нтре Москвы́ нахо́дятся ста́рые зда́ния Моско́вского университе́та. **Ста́рые зда́ния Моско́вского университе́та** стро́ил ру́сский архите́ктор Казако́в[1].

2. В университе́те студе́нты изуча́ют хи́мию, фи́зику, матема́тику, иностра́нные языки́. Они́ **изуча́ют докуме́нты, собира́ют материа́лы, пи́шут курсовы́е рабо́ты.** В университе́те студе́нты **гото́вят нау́чные докла́ды, пи́шут статьи́.**

В клу́бе студе́нты слу́шают ле́кции, организу́ют концерты и спекта́кли, слу́шают му́зыку, пою́т студе́нческие пе́сни.

---

[1]Kazakov, Matvei Fyodorovich (1738-1812), outstanding Russian architect; representative of the classical school of Russian architecture. He worked mainly in and around Moscow. Among his best works are the House of the Unions and the old Moscow University building.

2. (a) *Listen and repeat.*

кни́га, кни́ги, э́ти кни́ги; журна́л, журна́лы, э́ти журна́лы; фотогра́фия, фотогра́фии, мои́ фотогра́фии; письмо́, пи́сьма, ва́ши пи́сьма; докуме́нт, докуме́нты, ста́рые докуме́нты; лаборато́рия, лаборато́рии, университе́тские лаборато́рии; зда́ние, зда́ния, ста́рые зда́ния; рабо́та, рабо́ты, курсовы́е рабо́ты; докла́д, докла́ды, нау́чные докла́ды; пе́сня, пе́сни, студе́нческие пе́сни.

1. — Вы́ ви́дели э́ти кни́ги?
   — Да́, / я ви́дел э́ти кни́ги.

2. — Вы́ ви́дели мои́ фотогра́фии?
   — Ви́дел.

3. — Что́ сейча́с де́лают ва́ши студе́нты?
   — Гото́вят курсовы́е рабо́ты.

4. — Что́ вы́ поёте?
   — Мы́ поём студе́нческие пе́сни.

5. — Где́ нахо́дятся ста́рые зда́ния Моско́вского университе́та?
   — Ста́рые зда́ния университе́та нахо́дятся в це́нтре Москвы́.

6. — Что́ изуча́ют студе́нты ва́шего институ́та?
   — Студе́нты на́шего институ́та изуча́ют иностра́нные языки́.

7. — Вы́ чита́ете англи́йские газе́ты?
   — Да́, / я чита́ю англи́йские газе́ты и журна́лы.

(b) *Listen and reply.*

Model: — Что́ вы́ чита́ете?
— Я́ чита́ю францу́зскую газе́ту.
— А что́ чита́ют ва́ши друзья́?
— Они́ то́же чита́ют францу́зские газе́ты.

1. — Что́ вы́ пи́шете?
   — Я́ пишу́ курсову́ю рабо́ту.
   — А что́ пи́шут э́ти
      студе́нты?
   — . . . .

2. — Что́ вы́ де́лаете?
   — Гото́влю нау́чный
      докла́д.
   — А что́ де́лают Серге́й
      и Оле́г?
   — . . . .

3. — Что́ о́н пи́шет?
   — О́н пи́шет курсову́ю
      рабо́ту.
   — А что́ они́ пи́шут?
   — . . . .

4. — Что́ вы́ слу́шаете?
   — Мы́ слу́шаем ру́сские
      пе́сни.
   — А что́ они́ слу́шают?
   — . . . .

5. — Что́ вы́ чита́ете?
   — Я́ чита́ю англи́йский
      журна́л.
   — А что́ де́лают То́м и
      Джо́н?
   — . . . .

3. *Somebody asks you a question. Answer it.*

Model: — Что́ вы́ собира́ете?
       — <u>Я́ собира́ю ста́рые кни́ги и ста́рые географи́ческие
         ка́рты.</u>

1. Что́ вы́ ви́дели в Ленингра́де?	ста́рое (но́вое) зда́ние, краси́вый теа́тр, интере́сный музе́й, большо́й заво́д, совреме́нная гости́ница
2. Что́ вы́ чита́ете?	интере́сный расска́з, но́вый журна́л, францу́зская газе́та
3. Что́ вы́ слу́шаете?	ру́сская пе́сня
4. Что́ вы́ ви́дели в музе́е?	краси́вая фотогра́фия, интере́сный докуме́нт

4. *Somebody asks you a question. Answer it in the negative.*

Model: — Вы́ лю́́бите совреме́нные пе́сни?
        — Не́т, / я люблю́ <u>ста́рые америка́нские</u> / и
          <u>ру́сские пе́сни.</u>

1. Вы́ ви́дели в Ленингра́де Музе́й-кварти́ру Пу́шкина?	друго́й музе́й (Эрмита́ж, Ру́сский музе́й)

2. Вы́ чита́ете неме́цкие газе́ты и журна́лы?	америка́нская и сове́тская газе́та, америка́нский и сове́тский журна́л
3. Вы́ организу́ете ле́кции в студе́нческом клу́бе?	конце́рт, спекта́кль
4. Вы́ пи́шете статью́?	нау́чный докла́д, курсова́я рабо́та

★ **5.** *Supply the required information.*

1. Каки́е респу́блики в СССР вы́ зна́ете?
2. Каки́е ру́сские ре́ки вы́ зна́ете?
3. Каки́е сове́тские газе́ты и журна́лы вы́ зна́ете?
4. Каки́е сове́тские фи́льмы вы́ ви́дели? Каки́е ру́сские пе́сни вы́ слы́шали?
5. Каки́е университе́ты в СССР вы́ зна́ете?
6. Каки́е музе́и вы́ зна́ете в Москве́ и в Ленингра́де?
7. Каки́е моско́вские и ленингра́дские теа́тры вы́ зна́ете?

6. *Translate.*

1. In the museum we saw beautiful pictures, old books, portraits and documents.

2. At the university the students study chemistry, physics, mathematics, biology, geography and history. They write term papers and prepare research papers. In the evening students have a nice time at the club. They listen to music, sing and dance.

★ **7.** *Describe what you have seen in a museum in your city, using the text of Exercise 1.*

I **Ка́ждый де́нь** студе́нты слу́шают ле́кции.

 8. *Read and analyze.*

1. **Ка́ждый де́нь** студе́нты слу́шают ле́кции, рабо́тают в лингафо́нном кабине́те. На уро́ке они́ чита́ют, пи́шут и говоря́т по-ру́сски.
2. Ма́рк лю́бит матема́тику. О́н лю́бит реша́ть зада́чи. О́н о́чень лю́бит реша́ть тру́дные зада́чи. **Ка́ждый де́нь** о́н реша́ет зада́чи.

3. **Ка́ждую неде́лю** студе́нты смо́трят фи́льмы.

4. **Ка́ждый ме́сяц** на семина́ре студе́нты слу́шают и обсужда́ют нау́чные докла́ды.

5. **Ка́ждый го́д** весно́й студе́нты организу́ют нау́чные студе́нческие конфере́нции.

9. (a) *Listen and repeat.*

ка́ждый, ка́ждый де́нь, ме́сяц [м'е́с'иц], ка́ждый ме́сяц, ка́ждый го́д, ка́ждый го́д весно́й, неде́ля, ка́ждую неде́лю; конфере́нция [кънф'ир'е́нцыjъ], конфере́нции, нау́чные конфере́нции, нау́чные студе́нческие конфере́нции; семина́р [с'им'ина́р], на семина́ре, кабине́т, лингафо́нный кабине́т, в лингафо́нном кабине́те; смотре́ть, я́ смотрю́, ты́ смо́тришь, они́ смо́трят; реша́ть, я́ реша́ю, о́н реша́ет, они́ реша́ют, о́н реша́ет зада́чу, я́ реша́ю зада́чи, они́ реша́ют зада́чи.

(b) *Dialogue. Listen and repeat. Mark intonational centers.*

1. — Алло́.
   — Здра́вствуй, Андре́й. Э́то Анто́н.
   — Здра́вствуй, Анто́н.
   — Андре́й, что́ ты́ де́лаешь?
   — Смотрю́ телеви́зор.
   — А что́ де́лает Ната́ша?
   — То́же смо́трит телеви́зор. Мы́ смо́трим но́вый францу́зский фи́льм. А ты́ не смо́тришь? Э́то интере́сный фи́льм.
   — Не́т, я́ уже́ ви́дел э́тот фи́льм. Я́ не люблю́ смотре́ть телеви́зор.
   — До свида́ния, Андре́й.
   — До свида́ния, Анто́н.

2. — То́м, ты́ бы́л вчера́ на конфере́нции?
   — Не́т, не́ был. Кака́я э́то конфере́нция?
   — Э́то нау́чная конфере́нция. Мы́ ка́ждый го́д организу́ем студе́нческие конфере́нции на на́шем факульте́те.

(c) *Pay attention to intonation.*

Ка́ждый ме́сяц студе́нты слу́шают и обсужда́ют нау́чные
докла́ды.

Ка́ждый ме́сяц / на семина́ре / студе́нты слу́шают и обсужда́ют
нау́чные докла́ды.

Ка́ждый ме́сяц / на семина́ре / студе́нты слу́шают и обсужда́ют
нау́чные докла́ды.

Ка́ждую неде́лю студе́нты смо́трят фи́льмы.

Ка́ждую неде́лю / студе́нты смо́трят фи́льмы.

Ка́ждую неде́лю / студе́нты смо́трят фи́льмы.

10. *Somebody asks you a question. Answer it, using the words* ка́ждый го́д,
ка́ждую неде́лю, ка́ждый ме́сяц, ка́ждый де́нь. *Follow the model.*

Model: — Вы́ чита́ете газе́ты и журна́лы в библиоте́ке?
            — Да́, ка́ждый де́нь я́ чита́ю газе́ты и журна́лы в
               библиоте́ке.

1. Студе́нты пи́шут курсовы́е рабо́ты?
2. Студе́нты организу́ют в клу́бе конце́рты?
3. Вы́ чита́ете газе́ты?
4. Вы́ чита́ете журна́л «Спу́тник»?
5. Вы́ слу́шаете ра́дио?
6. Вы́ ча́сто рабо́таете в лингафо́нном кабине́те?
7. Вы́ ча́сто смо́трите но́вые фи́льмы?
8. Вы́ смо́трите телеви́зор?
9. Вы́ лю́бите реша́ть зада́чи?

11. *Now Let's Talk. Give additional information, using the word* ка́ждый *and the nouns*
де́нь, го́д, неде́ля, ме́сяц.

Model: Ро́берт о́чень лю́бит смотре́ть телеви́зор.
            О́н смо́трит телеви́зор ка́ждый де́нь .

1. Серге́й лю́бит рисова́ть.
2. Ка́тя хорошо́ пла́вает.
3. Сейча́с Дже́йн хорошо́ говори́т по-ру́сски.
4. Сейча́с Ро́берт мно́го рабо́тает в библиоте́ке: о́н пи́шет
нау́чную статью́.

5. Оле́г мно́го чита́ет.
6. Мэ́ри лю́бит смотре́ть фи́льмы.
7. А́нна лю́бит отдыха́ть на ю́ге.
8. Ма́рк лю́бит реша́ть зада́чи.

12. (a) *Dialogue. Listen and repeat.*

А что́ вы́ лю́бите де́лать ве́чером?

— Ко́ля, ты́ ка́ждый ве́чер смо́тришь телеви́зор?
— Не́т. Я́ смотрю́ телеви́зор о́чень ре́дко.
— Почему́?
— Я́ не люблю́ смотре́ть телеви́зор. Э́то неинтере́сно. Я́ люблю́ реша́ть зада́чи. Я́ люблю́ реша́ть тру́дные зада́чи. Э́то о́чень интере́сно.

(b) А вы́ что́ лю́бите? Чита́ть? Слу́шать ра́дио? Смотре́ть телеви́зор? (*Say* Да́ *or* Не́т.)

★ **13.** *Act out situations in which you discuss with a Soviet student a typical day at school, at home.*

Анто́н **писа́л** письмо́. Вчера́ ве́чером Анто́н **писа́л** письмо́, а мы́ смотре́ли телеви́зор.	Анто́н **написа́л** письмо́. Вчера́ ве́чером Анто́н **написа́л** письмо́.
Ле́том Анто́н ча́сто **отдыха́л** на ю́ге.	Ле́том Анто́н хорошо́ **отдохну́л** на ю́ге.

▶ **14.** *Listen, read and analyze. (See Analysis VI, 1.0; 1.1; 1.3.)*

(a) *Compare the forms of the imperfective and perfective infinitives given below.*

Imperfective Aspect	Perfective Aspect
отвеча́ть	отве́тить
вспомина́ть	вспо́мнить
отдыха́ть	отдохну́ть
писа́ть	написа́ть
чита́ть	прочита́ть

(b) *Which meaning does each imperfective verb have in the context (process, repetition of action or the fact that the action has merely taken place)?*

1. — Что ты **делал** вчера, когда мы **смотрели** фильм?
   — Я **читал** газету.
2. Вечером Николай всегда **читает** газету.
3. — Аня, ты **читала** сегодня газету?
   — Да, **читала.**

(c) *Which meaning does each perfective verb have in the context (result or completion of action)?*

1. Я **написал** письмо. Вот оно.
2. Весной он **кончил** школу. Сейчас он студент.
3. Я **вспомнил** адрес моего товарища. Его адрес: Москва, Проспект Мира, дом 62, квартира 38.

15. *Read and translate.*

читать *imp.* — прочитать *perf.*

1. — Ты читал эту книгу?
   — Нет, не читал. А ты читал эту статью?
   — Да, читал. Я её уже прочитал.

решать *imp.* — решить *perf.*

2. — Нина, что ты делала вечером?
   — Я решала задачу.
3. — Джон, ты решил эту задачу?
   — Нет, не решил.
   — А ты решал её?
   — Нет, не решал. Вечером я был в театре.
4. — Антон, ты решил эту задачу?
   — Нет, не решил.
   — А ты решал её?
   — Да, решал. Это трудная задача. Я очень долго решал её. Я не решил эту задачу.

писать *imp.* — написать *perf.*

5. Вчера вечером мы готовили уроки, а Роберт писал письмо.
   — Роберт, ты написал письмо?
   — Да, написал.

делать *imp.* — сделать *perf.*

6. — Что ты делал вчера вечером? Читал или смотрел телевизор?
   — Я не читал и не смотрел телевизор. Я писал статью.

— И написа́л?

— Да́, написа́л.

7. На ка́ждом семина́ре студе́нты де́лают докла́ды.

— Вы́ уже́ сде́лали докла́д?

— Да́, я́ уже́ сде́лал докла́д.

переводи́ть *imp.* — перевести́ *perf.*

8. — Мэ́ри, что́ ты́ де́лала вчера́ ве́чером?

— Рабо́тала, чита́ла и переводи́ла те́кст, писа́ла упражне́ния, отдыха́ла.

— Ты́ перевела́ те́кст?

— Да́, перевела́. А ты́?

— А я́ не перевела́. Э́то о́чень тру́дный те́кст. Я́ то́лько написа́ла упражне́ния.

16. *Read the text and answer the questions given below.*

Ве́ра и Бори́с изуча́ют англи́йский язы́к. На уро́ке они́ чита́ют, перево́дят, пи́шут упражне́ния и говоря́т по-англи́йски. Сего́дня они́ то́же чита́ли, переводи́ли и говори́ли по-англи́йски. Сего́дня на уро́ке студе́нты переводи́ли о́чень тру́дный те́кст. Ве́ра перевела́ те́кст бы́стро, она́ прочита́ла и перевела́ его́ до́ма. Други́е студе́нты переводи́ли те́кст до́лго, они́ не чита́ли его́ до́ма.

1. Что́ де́лали студе́нты на уро́ке англи́йского языка́?
2. Почему́ Ве́ра бы́стро перевела́ те́кст?
3. Почему́ други́е студе́нты до́лго переводи́ли те́кст?
4. Како́й те́кст переводи́ли студе́нты?

17. *Somebody asks you a question. Answer it.*

1. Вчера́ ве́чером мы́ бы́ли в кино́. А ты́, Ни́на, что́ де́лала? — чита́ть / прочита́ть

2. Джо́н, вчера́ на уро́ке учи́тель спра́шивал тебя́? — спра́шивать / спроси́ть
   Ты́ пра́вильно отве́тил? — отвеча́ть / отве́тить
   Он ча́сто спра́шивает тебя́?

3. А́нна, ты́ написа́ла упражне́ние № 5? — писа́ть / написа́ть

4. Ка́тя, ты́ ча́сто вспомина́ешь о Кавка́зе? — вспомина́ть / вспо́мнить

5. Оле́г, ты́ чита́ешь по-англи́йски? — чита́ть / прочита́ть
   Ты́ уже́ прочита́л рома́н Ди́ккенса «Дэ́вид Ко́пперфилд»?

18. *Microdialogues.*

1. — Áнна, ты́ пи́шешь статью́? — Нéт, ...	писа́ть / написа́ть

2. — Джéйн, гдé ты́ отдыха́ла лéтом?
    — ... .
    — Кáк ты́ отдохну́ла?
    — ... .
	отдыха́ть / отдохну́ть

3. — Ро́берт, что́ ты́ дéлал вéчером? —	чита́ть / прочита́ть; писа́ть / написа́ть; переводи́ть / перевести́
4. — То́м, твоя́ сестра́ ко́нчила шко́лу? — Дá, ... Онá ужé студéнтка.	конча́ть / ко́нчить

5. — Ты́ не знáешь, э́то интерéсный
      журнáл?
    — Не знáю. ... .
	чита́ть / прочита́ть

19. *Situation.*

Tell your friends how you study Russian, what you do in class and at home.

Анто́н **бу́дет писа́ть** письмо́.	Анто́н **напи́шет** письмо́.
За́втра вéчером Анто́н **бу́дет писа́ть** письмо́, а я́ **бу́ду реша́ть** задáчи.	За́втра вéчером Анто́н **напи́шет** письмо́.
Анто́н **бу́дет** чáсто **отдыха́ть** на ю́ге.	Анто́н хорошо́ **отдохнёт** на ю́ге.

▶ **20.** *Read and analyze. (See Analysis VI, 1.22.)*

(a) Ро́берт у́чит ру́сский язы́к. Сего́дня вéчером, кáк всегдá, о́н **бу́дет гото́вить** уро́к. О́н **бу́дет чита́ть** тéкст, **бу́дет писа́ть** упражнéния. Снача́ла о́н **прочита́ет** тéкст, **переведёт** его́, а пото́м **напи́шет** упражнéния.

(b) читáть / прочитáть

— Ты́ **бу́дешь читáть** эту
статью́?
— Да́, **бу́ду.**
— Когдá ты́ **прочитáешь** её?
— Я́ **прочитáю** её зáвтра.
Сегóдня я́ **бу́ду слу́шать**
лéкцию.

решáть / реши́ть

— Джóн, ты́ реши́л
задáчу № 2?
— Нéт ещё.
— А ты́ **бу́дешь решáть**
её?
— Дá, бу́ду.
— А когдá **реши́шь?**
— Не знáю. Это óчень
тру́дная задáча.

читáть / прочитáть, писáть / написáть, переводи́ть / перевести́

1. — Мэ́ри, чтó ты́ **бу́дешь дéлать** зáвтра?
   — **Бу́ду читáть** и **переводи́ть** тéкст, **бу́ду писáть** упражнéния.
   — Когдá ты́ **бу́дешь писáть** упражнéния?
   — Снача́ла я́ **прочитáю** и **переведу́** тéкст. Потóм **бу́ду писáть**
   упражнéния.
2. Рóберт **бу́дет изучáть** францу́зский язы́к. Кáждый дéнь óн
   бу́дет читáть и **переводи́ть** тéксты, **писáть** упражнéния.
3. Это óчень тру́дный тéкст. Óн знáет, что **бу́дет переводи́ть** егó
   дóлго.

готóвить / приготóвить

— Ни́на, ты́ **приготóвила** урóк?
— Нéт, не **приготóвила.** И я́ не знáю, когдá я́ **бу́ду готóвить**
сегóдня урóки.

21. *Listen and repeat.*

(a) решáть, решáю; реши́ть, решу́, реши́шь, решáт. Я́ решáю
задáчу. А ты́ реши́шь её зáвтра.

переводи́ть, перевожу́, перевóдишь, перевóдят; перевести́,
переведу́, переведёшь, переведу́т. — Вы́ перевóдите тéкст?
— Нéт, мы́ переведём егó зáвтра.

писáть, пишу́, написáть, напишу́. — Ты́ пи́шешь письмó?
— Нéт, я́ пишу́ курсову́ю рабóту. Я́ напишу́ письмó вéчером.

готóвить, готóвлю, готóвишь, готóвят; приготóвить, приготóвлю.
— Ты́ готóвишь урóки? — Нéт, я́ читáю. Я́ приготóвлю урóки
вéчером.

отдыха́ть, отдыха́ю; отдохну́ть, отдохну́, отдохнёшь, отдохну́т.

— Ка́тя, ты́ мно́го рабо́таешь. Ты́ ма́ло отдыха́ешь. — Я́ не хочу́ сейча́с отдыха́ть. Я́ отдохну́ ле́том.

(b) — Джо́н, ты́ пи́шешь письмо́? — Не́т, я́ пишу́ курсову́ю рабо́ту, поэ́тому я́ не написа́л ещё письмо́. Я́ напишу́ его́ за́втра, когда́ ко́нчу курсову́ю. Обы́чно я́ пишу́ пи́сьма ка́ждую неде́лю.

22. Ask questions and answer them.

1. Что́ вы́ бу́дете де́лать ве́чером?	чита́ть / прочита́ть те́кст; писа́ть / написа́ть упражне́ния
2. Вы́ не зна́ете, что́ Оле́г бу́дет де́лать в а́вгусте?	отдыха́ть / отдохну́ть на Кавка́зе
3. Ве́ра и Никола́й, что́ вы́ бу́дете де́лать за́втра? А что́ бу́дут де́лать Серге́й и Оле́г?	гото́вить / пригото́вить докла́д писа́ть / написа́ть статью́

23. Somebody asks you a question. Answer it.

Model: — Мы́ сего́дня слу́шали ле́кцию профе́ссора Ивано́ва. А вы́?

— А мы́ бу́дем слу́шать э́ту ле́кцию за́втра .

1. — Вчера́ мы́ слу́шали о́перу «Евге́ний Оне́гин». А ты́? — ... .
2. — Мы́ сего́дня гуля́ли в па́рке. А вы́? — ... .
3. — Я́ сего́дня написа́л письмо́. А ты́? — ... .
4. — Серге́й сего́дня сде́лал докла́д. А вы́? — ... .
5. — Сего́дня мы́ не рабо́тали, мы́ отдыха́ли. А вы́? — ... .
6. — Я́ прочита́л э́ту статью́. А вы́? — ... .

24. Somebody asks you a question. Answer it.

1. Ка́к вы́ обы́чно гото́вите уро́ки? Сего́дня вы́ хорошо́ пригото́вили уро́ки. Ка́к вы́ э́то сде́лали?	чита́ть / прочита́ть те́кст, переводи́ть / перевести́ те́кст
2. Ка́к обы́чно студе́нт гото́вит докла́д?	чита́ть / прочита́ть статью́, изуча́ть / изучи́ть докуме́нты
Вы́ написа́ли хоро́ший докла́д. Ка́к вы́ э́то сде́лали?	писа́ть / написа́ть те́кст докла́да
3. Вы́ худо́жник? Что́ вы́ рису́ете? Э́то но́вый портре́т? Когда́ вы́ его́ нарисова́ли?	рисова́ть / нарисова́ть карти́ны, портре́ты
4. О чём вчера́ ве́чером говори́л Никола́й?	расска́зывать / рассказа́ть о Ленингра́де

25. *Ask questions and answer them. Pay attention to the words which help to determine the aspect of the verb to be used.*

1. Когда́ вы **обы́чно** гото́вите уро́ки?
2. Вы чита́ете газе́ту **ка́ждый де́нь**?
3. Вы **до́лго** переводи́ли те́кст?
4. Вы **всегда́** слу́шаете ве́чером ра́дио?
5. Когда́ вы **обы́чно** отдыха́ете?

II	**Когда́ я́ слу́шаю му́зыку, я́ отдыха́ю.**
	Когда́ о́н уви́дел А́ню, о́н реши́л нарисова́ть её портре́т.

▶ **26.** *Read and analyze. Point out the cases where the actions of the two verbs are simultaneous and where they follow each other. (See Analysis VI, 1.5.)*

1. Когда́ я́ **чита́ю** те́кст по-ру́сски, я́ **перевожу́** его́.
2. Когда́ я́ **прочита́л** те́кст по-ру́сски, я́ **написа́л** упражне́ние.
3. Когда́ студе́нты **отдыха́ют,** они́ обы́чно **пою́т, танцу́ют, разгова́ривают.**
4. Когда́ профе́ссор **чита́л** расска́з, студе́нты **слу́шали** его́.
5. Когда́ профе́ссор **прочита́л** расска́з, студе́нты **написа́ли** его́.
6. Когда́ Ро́берт **переводи́л** те́кст, о́н **смотре́л** но́вые слова́ в словаре́.

27. *Listen and repeat. (See Analysis, Phonetics, 3.75.)*

Когда́ я́ слу́шаю му́зыку, / я́ отдыха́ю.

Когда́ я́ слу́шаю му́зыку, / я́ отдыха́ю.

Когда́ я́ напишу́ статью́, / я́ бу́ду гото́вить докла́д.

Когда́ я́ напишу́ статью́, / я́ бу́ду гото́вить докла́д.

Когда́ я́ ко́нчу шко́лу, / я́ бу́ду рабо́тать.

Когда́ я́ ко́нчу шко́лу, / я́ бу́ду рабо́тать.

Когда́ я́ перевожу́ те́кст, / я́ смотрю́ но́вые слова́ в словаре́.

Когда́ я́ переведу́ те́кст, / я́ бу́ду отдыха́ть.

28. *Somebody asks you a question. Answer it.*

1. Вы́ чита́ли у́тром газе́ту?
2. Что́ де́лал ва́ш бра́т, когда́ вы́ чита́ли газе́ту?
3. Что́ вы́ де́лали, когда́ прочита́ли газе́ту?
4. Днём вы́ рабо́тали в библиоте́ке? Что́ вы́ та́м де́лали?
5. Кого́ вы́ ви́дели, когда́ бы́ли в библиоте́ке?
6. Ве́чером вы́ писа́ли докла́д? Что́ де́лал ва́ш бра́т, когда́ вы́ писа́ли докла́д?

III Олéг хорошó знáет англи́йский язы́к, **потому́ что óн много чита́ет и говори́т по-англи́йски.**

29. *Read and analyze.*

1. Э́тот журнали́ст хорошó знáет Совéтский Сою́з, потому́ что óн дóлго жи́л тáм.
2. Я́ бýду отдыхáть на ю́ге, потому́ что я́ люблю́ мóре.
3. Óн хорошó знáет А́нглию, потому́ что óн изучáет э́ту странý.
4. Я́ посещáю лéкции профéссора Ивáнова, потому́ что профéссор Ивáнов читáет кýрс истóрии Востóка.
5. Студéнты бы́стро прочитáли э́тот большóй тéкст, потому́ что тéкст бы́л не трýдный.
6. Я́ хорошó пóнял тéкст, потому́ что я́ прочитáл егó дóма.
7. Дéти внимáтельно слýшают отцá, потому́ что óн интерéсно расскáзывает.

30. *Listen and repeat. (See Analysis, Phonetics, 3.75.)*

Я́ чáсто отдыхáю на ю́ге, / потому́ что я́ люблю́ мóре.

Я́ чáсто отдыхáю на ю́ге, / потому́ что я́ люблю́ мóре.

Óн сдéлал хорóший доклáд, / потому́ что мнóго рабóтал.

Óн сдéлал хорóший доклáд, / потому́ что мнóго рабóтал.

Тóм хорошó знáет рýсский язы́к, / потому́ что дóлго жи́л в Москвé.

Я́ не хочý смотрéть э́тот фи́льм, / потому́ что я́ ужé ви́дел егó.

31. *Change the sentences, as in the model.*

Model: Олéг хорошó знáет англи́йский язы́к, потому́ что óн мнóго рабóтает. Олéг бýдет хорошó знáть англи́йский язы́к, потому́ что óн мнóго рабóтает . Олéг хорошó знáл англи́йский язы́к, потому́ что óн мнóго рабóтал .

1. Сегóдня я́ не рабóтаю в библиотéке, потому́ что я́ перевожý статью́.
2. Джýди хорошó говори́т по-рýсски, потому́ что онá живёт в Москвé.
3. Андрéй всегдá читáет журнáл «Теáтр», потому́ что óн пи́шет статьи́ о теáтре.

★ **32.** *Complete the sentences, using the present, past and future forms of the verb in brackets.*

Model: Ви́ктор не зна́ет, где́ ... (находи́ться)
　　　　Ви́ктор не зна́ет, где́ <u>нахо́дится</u> шко́ла.
　　　　Ви́ктор не зна́ет, где́ <u>бу́дет находи́ться</u> но́вая шко́ла.
　　　　Ви́ктор не зна́ет, где́ <u>находи́лась</u> ста́рая шко́ла.

1. Я́ не зна́ю, где́ о́н ... (рабо́тать).
2. Оте́ц писа́л, что ... (отдыха́ть).
3. Мы́ спроси́ли, где́ ... (находи́ться) музе́й.
4. Никола́й спра́шивает, где́ ... (жи́ть) Ната́ша.

33. *Explain the reason.*

Model: — Почему́ ты́ не реши́л э́ту зада́чу?
　　　　— Я́ не реши́л зада́чу, потому́ что она́ о́чень тру́дная.

1. Почему́ вы́ не прочита́ли те́кст?
2. Почему́ вы́ не перевели́ э́тот расска́з?
3. Почему́ вы́ не написа́ли пя́тое упражне́ние?
4. Почему́ вы́ не́ были вчера́ в университе́те?
5. Почему́ То́м хорошо́ зна́ет ру́сский язы́к?
6. Почему́ Дже́йн бы́стро перевела́ те́кст?

| **IV** | Мо́й бра́т ко́нчил шко́лу **в 1989 году́.** В к а к о́ м   г о д у́   о́н ко́нчил шко́лу? |

▶ **34.** *Read and analyze. (See Analysis IX, 1.42.)*

— Э́то но́вый райо́н?
— Да́, э́то но́вый микрорайо́н[1]. Я́ бы́л зде́сь **в 1988 году́,** и тогда́ зде́сь была́ дере́вня.
— Я́ ви́жу зде́сь но́вые дома́, магази́ны. А где́ шко́ла, кинотеа́тр, больни́ца?
— Шко́ла во́н та́м. **В про́шлом году́** де́ти учи́лись в ста́рой шко́ле, а **в э́том году́** они́ у́чатся в но́вой шко́ле. Кинотеа́тр бу́дет в э́том большо́м до́ме. Строи́тели должны́ ко́нчить его́ в сентябре́.
— А больни́ца?
— Больни́ца то́же бу́дет.
— Когда́? **В како́м году́?**
— Не зна́ю. Мо́жет бы́ть, **в 1995 году́.**

---
[1] Микрорайо́н, the name given in Russian to a residential subsection of a modern city. Each микрорайо́н possesses its own schools, stores, child-care, postal and public service facilities.

35. *Listen and repeat.*

(a) де́сять, два́дцать [два́ццьт'], три́дцать, со́рок, пятьдеся́т [п'ид'д'ис'а́т'*)*, шестьдеся́т [шыз'д'ис'а́т], се́мьдесят, во́семьдесят, девяно́сто [д'ив'ино́сть], сто́, две́сти, три́ста, четы́реста, пятьсо́т [п'иццо́т], шестьсо́т [шыссо́т], семьсо́т, восемьсо́т, девятьсо́т [д'ив'иццо́т], ты́сяча [ты́с'ичъ];

(b) в про́шлом году́, в э́том году́. — В како́м году́ ты ко́нчил институ́т? — Я ко́нчил институ́т в про́шлом году́.

ты́сяча девятьсо́т во́семьдесят седьмо́й го́д, в ты́сяча девятьсо́т во́семьдесят седьмо́м году́.

1. — Я ко́нчил университе́т в ты́сяча девятьсо́т во́семьдесят седьмо́м году́. А вы́?

   — А я в во́семьдесят пе́рвом году́.

2. — Когда́ вы бы́ли в Москве́?

   — Я бы́л в Москве́ в ты́сяча девятьсо́т во́семьдесят пя́том году́. А вы́?

   — А я в восьмидеся́том.

3. — Скажи́те, пожа́луйста, но́мер ва́шего телефо́на.

   — 147-18-25 (сто́ со́рок се́мь, / восемна́дцать, / два́дцать пя́ть). А ва́ш?

   — 433-66-13 (четы́реста три́дцать три́, / шестьдеся́т ше́сть, / трина́дцать).

36. (a) *Cover the right side of the page and read aloud the years indicated. Check yourself by looking at the right side of the page.*

(b) *Read aloud the given dates (in any order). Have the other students write down the numbers.*

1921 го́д	(ты́сяча девятьсо́т два́дцать пе́рвый го́д)
1932 го́д	(ты́сяча девятьсо́т три́дцать второ́й го́д)
1943 го́д	(ты́сяча девятьсо́т со́рок тре́тий го́д)
1954 го́д	(ты́сяча девятьсо́т пятьдеся́т четвёртый го́д)
1965 го́д	(ты́сяча девятьсо́т шестьдеся́т пя́тый го́д)
1978 го́д	(ты́сяча девятьсо́т се́мьдесят восьмо́й го́д)
1980 го́д	(ты́сяча девятьсо́т восьмидеся́тый го́д)
1990 го́д	(ты́сяча девятьсо́т девяно́стый го́д)

в 1917 году́ — в ты́сяча девятьсо́т семна́дцатом году́
в 1941 году́ — в ты́сяча девятьсо́т со́рок пе́рвом году́
в 1945 году́ — в ты́сяча девятьсо́т со́рок пя́том году́
в 1976 году́ — в ты́сяча девятьсо́т се́мьдесят шесто́м году́
в 1978 году́ — в ты́сяча девятьсо́т се́мьдесят восьмо́м году́
в 1980 году́ — в ты́сяча девятьсо́т восьмидеся́том году́
в 1992 году́ — в ты́сяча девятьсо́т девяно́сто второ́м году́

★ **37.** *Somebody asks you a question. Answer it.*

1. Когда́ вы́ поступи́ли в шко́лу?
2. Когда́ вы́ ко́нчили шко́лу?
3. Когда́ вы́ поступи́ли в университе́т?
4. В како́м году́ вы́ ко́нчите университе́т?
5. Где́ вы́ бу́дете рабо́тать? Когда́ э́то бу́дет?
6. Когда́ вы́ прочита́ли пе́рвый рома́н ру́сского писа́теля? Че́й э́то был рома́н?
7. Когда́ вы́ посмотре́ли пе́рвый ру́сский фи́льм? Како́й э́то был фи́льм?
8. Когда́ и где́ вы́ посмотре́ли пе́рвую ру́сскую о́перу и́ли бале́т?

38. *Translate.*

I graduated from high school in 1989. Because I like chemistry very much, I decided to enter the chemistry department of the University. I entered the University in 1990. Now I am a student at Moscow University. Last year freshmen did not write term papers. This year I am a sophomore. I already work in the chemistry laboratory and write research papers.

39. *Situations.*

Како́й но́мер телефо́на?

(1) You want to find out the telephone numbers of your friend, professor, teacher, lawyer, and doctor.

Model: — Вы́ не зна́ете но́мер телефо́на Ле́ны Комаро́вой?
          — Зна́ю. 235-43-45.

(145-16-81, 354-92-11, 195-16-57, 223-96-17, 434-11-98)

(2) You want to find out the telephone numbers of the institute, hotel, train station, and post office.

(143-26-14, 478-13-05)

(3) You want to know on what pages
are the lesson, the story, the writer's
picture, the photograph and the article.

Model: — На какóй страни́це
нахóдятся упражнéния?
— На стó двáдцать
пя́той страни́це.

40. *Situation.*

You are standing at a bus stop. Read the
numbers of the buses which stop here.

CONVERSATION

I. Asking for, and Giving, Information about the Character of an Action.

1. Process (*imp.*).

— Чтó ты́ **сейчáс дéлаешь**?
— **Готóвлю** урóки.
— Чтó ты́ **дéлал вчерá вéчером**?
— **Готóвил** урóки.
— Чтó ты́ **бýдешь дéлать** зáвтра ýтром?
— **Бýду готóвить** урóки.

2. Habitual action (*imp.*).

> (1) — Что́ ты́ **де́лаешь** у́тром (обы́чно)?
> — **У́тром** я́ **чита́ю** газе́ту (обы́чно).
> (2) — Тво́й бра́т инжене́р?
> — Да́, о́н инжене́р-строи́тель. О́н **стро́ит** дома́.

3. Completion or result of an action (*perf.*).

> — Ве́ра, ты́ **написа́ла** упражне́ния?
> — Да́, **написа́ла.** Во́т они́.

41. (a) *Listen and repeat. Pay attention to the pronunciation of the grammatical endings.*

чита́ешь [чита́jиш], чита́ет [чита́jит], реша́ет [р'иша́jит], де́лает, де́лаешь; слу́шаешь, слу́шает. Что́ ты́ де́лаешь? Что́ ты́ сейча́с де́лаешь?

вчера́ [фчира́], вчера́ ве́чером. Что́ ты́ де́лал вчера́? Что́ ты́ де́лал вчера́ ве́чером?

бу́дешь [бу́д'иш], бу́дешь де́лать. Что́ ты́ бу́дешь де́лать? За́втра у́тром. Что́ ты́ бу́дешь де́лать за́втра у́тром?

(b) *Read the sentences according to the model.*

Model: У́тром я́ гото́влю уро́ки.

У́тром / я́ гото́влю уро́ки.

1. Ве́чером я́ гото́вил докла́д.
2. Вчера́ ве́чером я́ бы́л в теа́тре.
3. Сего́дня у́тром я́ слу́шал ле́кции в университе́те.

(c) *Pronunciation Practice: pronounce each sentence as a single unit.*

Всегда́? Всегда́ чита́ешь? Ты́ всегда́ чита́ешь? Ты́ всегда́ чита́ешь газе́ту? Ты́ всегда́ чита́ешь газе́ту ве́чером?

Всегда́ смо́тришь? Ты́ всегда́ смо́тришь? Ты́ всегда́ смо́тришь телеви́зор? Ты́ всегда́ смо́тришь телеви́зор ве́чером?

Что́ бу́дешь де́лать? Что́ ты́ бу́дешь де́лать за́втра? Что́ ты́ бу́дешь де́лать за́втра у́тром?

42. *Situations.* (a) *Ask a classmate what he is doing now, what he did yesterday, and what he will be doing tomorrow. Use the words* читáть, решáть, писáть, готóвить; интерéсная книга, трýдная задáча, статья́, доклáд.

Model: — Чтó ты сейчáс дéлаешь?
             — Пишý упражнéния.
             — Чтó ты дéлал вчерá?
             — Писáл упражнéния.
             — Чтó ты бýдешь дéлать зáвтра?
             — Бýду писáть упражнéния.

(b) *Ask a classmate what he is doing now and whether he is always busy at this time.*

Model: — Чтó ты дéлаешь?
             — Читáю газéту.
             — Ты всегдá читáешь газéту вéчером?
             — Нéт, не всегдá.

1. смотрéть, телевизор, вéчером;
2. слýшать, рáдио, ýтром.

(c) *Ask your friend about his brother's, sister's and parents' occupation or profession.*

Model: — Твóй брáт химик?
             — Дá, óн рабóтает в институ́те, изучáет химию.

1. истóрик, музéй, изучáть, истóрия Фрáнции;
2. худóжник, писáть, картина, портрéт;
3. артист, óперный теáтр, пéть;
4. профéссор, университéт, читáть, лéкция.

43. *Microdialogues. Pay attention to the tenses of the verbs.*

Model: — Чтó ты дéлаешь?
             — Перевожý тéкст.
             — . . . . (изучáть)
             — А я́ и не знáл, что ты изучáешь рýсский язы́к.

1. — Чтó ты дéлаешь?
    — Пишý доклáд.
    — . . . . (готóвить)
2. — Гдé твóй брáт сейчáс?
    — Óн на завóде.
    — . . . . (рабóтать)
3. — Гдé сейчáс Олéг?
    — В общежитии.
    — . . . . (жить)

44. *Microdialogues. Use the words* уже́ *and* ещё.

Model:
— Ты́ **уже́ прочита́л** э́ту кни́гу?
— Не́т, **ещё чита́ю.**
— Когда́ ты́ её прочита́ешь?
— Мо́жет бы́ть, за́втра.

чита́ть / прочита́ть газе́ту; изуча́ть / изучи́ть э́ти докуме́нты; писа́ть / написа́ть статью́; рисова́ть / нарисова́ть портре́т; реша́ть / реши́ть э́ту зада́чу.

45. *Listen to the dialogue. Telephone Conversation.*

Что́ ты́ сейча́с де́лаешь?

— Алло́, я́ ва́с слу́шаю.
— Здра́вствуй, Дже́йн. Э́то Ка́тя.
— До́брый ве́чер, Ка́тя.
— Что́ ты́ сейча́с де́лаешь?
— Чита́ю и перевожу́ статью́.
— Ты́ всегда́ чита́ешь и перево́дишь ве́чером?
— Да́. Ты́ зна́ешь, что днём я́ слу́шаю ле́кции в университе́те.
— Что́ ты́ бу́дешь де́лать, когда́ переведёшь статью́?
— Бу́ду смотре́ть телеви́зор.
— Извини́, Дже́йн, я́ не зна́ла, что ты́ сейча́с рабо́таешь. Я́ позвоню́ за́втра. Хорошо́?
— Хорошо́, Ка́тя.
— До свида́ния, Дже́йн.
— До свида́ния.

46. *Listen and repeat. (See Analysis, Phonetics, 3.9.)*

(a) *Note the intonation of greetings and forms of address (IC-2).*

Здра́вствуй! Здра́вствуйте! До́брый де́нь! До свида́ния! Извини́!
Извини́те! Алло́! Дже́йн!

(b) *Read the sentences in accordance with the indicated intonation.*

Что́ ты́ де́лаешь? Что́ ты́ сейча́с де́лаешь? Что́ ты́ сейча́с де́лаешь, Дже́йн? Я́ слу́шаю. Я́ слу́шаю ле́кции. Я́ слу́шаю ле́кции в университе́те.

Днём я́ слу́шаю ле́кции в университе́те.

Днём / я слу́шаю ле́кции в университе́те.

Ты зна́ешь, что днём я слу́шаю ле́кции в университе́те.

Ты зна́ешь, что днём / я слу́шаю ле́кции в университе́те.

Что́ ты бу́дешь де́лать? Что́ ты бу́дешь де́лать ве́чером?

Что́ ты бу́дешь де́лать, когда́ переведёшь статью́?

Я не зна́ла. Я не зна́ла, что ты рабо́таешь.

Я не зна́ла, что ты сейча́с рабо́таешь.

Я позвоню́. Я позвоню́ за́втра. Я позвоню́ за́втра у́тром.

Ты позвони́шь? Ты позвони́шь за́втра? Ты позвони́шь за́втра ве́чером?

47. *Answer the questions.*

Что́ де́лала Джейн, когда́ позвони́ла Ка́тя? Джейн всегда́ чита́ет и перево́дит ве́чером? Где́ Джейн слу́шает ле́кции? Что́ бу́дет де́лать Джейн, когда́ переведёт статью́? Почему́ Ка́тя реши́ла позвони́ть за́втра?

48. *Compose dialogues based on the following situations.*

(1) Oleg is telephoning Sergei.

(2) You are telephoning your friend.

(3) You are telephoning your mother, brother.

II. Meeting People

Что́ но́вого?	What's new?
Ничего́ осо́бенного.	Nothing special.
Вы не ви́дели сего́дня Серге́я?	Have you seen Sergei today?
Ка́к давно́ я тебя́ не ви́дел!	I haven't seen you for ages!

49. *Basic Dialogue.* (a) *Listen to the dialogue and read it.*

Что́ но́вого?

— Приве́т, Серге́й.
— Приве́т, Анто́н! Давно́ тебя́ не ви́дел!

— Да, я давно́ не́ был в университе́те. Что́ но́вого на факульте́те?
— Ничего́ осо́бенного: ле́кции, семина́ры, докла́ды.
— А ка́к тво́й докла́д?
— Ничего́. Сего́дня на семина́ре бу́ду чита́ть.
— А Оле́г? Уже́ сде́лал докла́д?
— Да́, сде́лал.
— Ты́ его́ не ви́дел сего́дня?
— Ви́дел. О́н сейча́с в буфе́те.
— Спаси́бо. Ра́д бы́л тебя́ ви́деть, Серёжа. Ну́, пока́.
— Пока́.

(b) *Listen and repeat.*

Ра́д тебя́ ви́деть. Ра́д бы́л тебя́ ви́деть. Я́ ва́с не ви́дел. Я́ давно́ ва́с не ви́дел. Давно́ я́ ва́с не ви́дел. Ка́к давно́ я́ ва́с не ви́дел! Ка́к давно́ я́ тебя́ не ви́дел!

Ви́дели? Ви́дели Серге́я? Вы́ ви́дели Серге́я? Вы́ не ви́дели Серге́я?

но́вое [но́въјъ], но́вого [но́въвъ]; ничего́ [н'ичиво́], осо́бенного [асо́б'иннъвъ], сего́дня [с'иво́д'н'ъ], его́ [јиво́]. Что́ но́вого в университе́те? Что́ у ва́с но́вого? Ничего́. Ничего́ но́вого. Ничего́ осо́бенного. Вы́ не ви́дели его́? Вы́ не ви́дели его́ сего́дня?

(c) *Complete the dialogue and dramatize it.*

— Приве́т, Серге́й!
— Приве́т, Анто́н! . . . .
— . . . . Что́ но́вого на факульте́те?
— . . . .
— А ка́к тво́й докла́д?
— . . . .
— А Оле́г? . . . .
— . . . .
— Ты́ его́ не ви́дел сего́дня?
— . . . .
— Спаси́бо. . . . .
— Пока́, Анто́н.

READING

50. (a) *Read and translate.*

Note: г д é ? на лéкции
на семинáре
на урóке
на кýрсе
на факультéте

Борúс ýчится в пединститýте на географúческом факультéте. Óн ýчится на вторóм кýрсе. Ýтром óн бы́л **на лéкции.** Óн слýшал лéкцию о клúмате Сéверной Áфрики. Потóм Борúс бы́л **на семинáре. На семинáре** óн слýшал интерéсный доклáд. **На урóке** францýзского языкá Борúс читáл и переводúл тéкст, говорúл по-францýзски.

(b) *Listen and read.*

на лéкции, на урóке [нъурóк'и], на семинáре [нъс'им'инáр'и].
— Ты́ бы́л на лéкции? — Дá, на лéкции.
— Ты́ дéлал доклáд на семинáре? — Дá, на семинáре.
— Ты́ отвечáл на урóке? — Дá, отвечáл.

51. *Somebody asks you a question. Answer it.*

Где?

Model: — Вúктор — студéнт. Гдé óн бы́л ýтром?
— Ýтром óн бы́л на лéкции   .

1. Джýди изучáет рýсский язы́к. Гдé онá говорúт по-рýсски?
2. Студéнты слýшали доклáд Борúса Петрóва о прирóде Австрáлии. Гдé óн дéлал доклáд?
3. Сейчáс Кáтя рабóтает в лаборатóрии, а ýтром онá слýшала лéкцию. Гдé Кáтя былá ýтром?
4. Борúс изучáет францýзский язы́к. Дóма óн не говорúт по-францýзски. А гдé óн говорúт по-францýзски?
5. Сегóдня днём Рóберт и Джóн слýшали лéкцию. Гдé онú бы́ли днём?
6. Сегóдня студéнты слýшали интерéсные доклáды. Гдé онú слýшали э́ти доклáды?
7. Пётр Николáевич — фúзик. Óн рабóтает в университéте. На какóм факультéте óн рабóтает?

52. *Speak about yourself.*

Ка́к прохо́дит ва́ш рабо́чий де́нь? Где́ вы́ быва́ете у́тром, днём? Что́ де́лаете на семина́ре, на уро́ке? Ка́к рабо́таете до́ма?

★ **53.** (a) *Read and translate.*

Note: к о г д а́? — **по́сле уро́ка**

1. **По́сле ле́кции** Серге́й и Оле́г рабо́тали в библиоте́ке.
2. **По́сле пра́ктики** Ка́тя отдыха́ла на Кавка́зе.
3. **По́сле семина́ра** студе́нты слу́шали ле́кцию профе́ссора Про́хорова.
4. Ни́на была́ в теа́тре **по́сле рабо́ты.**
5. **По́сле конце́рта** арти́сты и студе́нты говори́ли о совреме́нном теа́тре и кино́.
6. Студе́нты рабо́тали в лаборато́рии **по́сле уро́ка.**

(b) *Listen and read.*

по́сле, по́сле рабо́ты, по́сле ле́кции, по́сле семина́ра, по́сле уро́ка. По́сле рабо́ты Ни́на была́ в теа́тре. По́сле рабо́ты / Ни́на была́ в теа́тре. Ни́на была́ в теа́тре по́сле рабо́ты.

★ **54.** *Say what these people did afterwards.*

Model: Студе́нты бы́ли на уро́ке.
          По́сле уро́ка они́ рабо́тали в лаборато́рии.

1. Ка́тя и Дже́йн слу́шали ле́кцию профе́ссора Смирно́ва. ... .
2. Серге́й бы́л на пра́ктике в Ленингра́де. ... .
3. На семина́ре Ро́берт де́лал докла́д. ... .
4. Ви́ктор и А́нна бы́ли на ле́кции. ... .
5. Мэ́ри и Ри́чард бы́ли на уро́ке ру́сского языка́. ... .
6. Вчера́ мы́ бы́ли в теа́тре. ... .
7. Днём А́нна была́ на рабо́те. ... .

★ **55.** (a) *Read and translate.*

Note: к о г д а́?

> ча́с
> неде́лю
> ме́сяц
> го́д

} наза́д

1. — А́ня, ты́ не зна́ешь, где́ Ро́берт? — Ча́с наза́д я ви́дела его́ в лингафо́нном кабине́те.
2. — Ка́тя, ты́ написа́ла докла́д? — Да́, я написа́ла его́ неде́лю наза́д.
3. — Дже́йн, когда́ ты́ была́ в Большо́м теа́тре? — Ме́сяц наза́д. Я смотре́ла бале́т «А́нна Каре́нина».
4. — Джо́н, ты́ бы́л в Сове́тском Сою́зе? — Да́, я бы́л в СССР го́д наза́д.

(b) *Listen and read.*

чáс назáд, гóд назáд, мéсяц назáд, недéлю назáд.
— Когдá ты́ ви́дела Кáтю? — Чáс назáд.
— Когдá ты́ былá в Ленингрáде? — Мéсяц назáд.
— Когдá Олéг сдéлал доклáд? — Недéлю назáд.
— Когдá вы́ кóнчили университéт? — Гóд назáд.

★ **56.** *Say when it happened.*

Model: — Когдá вы́ бы́ли в Ленингрáде?
          — Гóд назáд.

1. Когдá бы́л урóк рýсского языкá?	чáс назáд
2. Когдá былá лéкция?	недéлю
3. Когдá бы́л семинáр?	назáд
4. Когдá вы́ бы́ли в лингафóнном кабинéте?	мéсяц назáд
5. Когдá вы́ готóвили доклáд?	гóд назáд
6. Когдá вы́ написáли эту статью́?	
7. Когдá вы́ смотрéли телеви́зор?	
8. Когдá вы́ бы́ли в кинó? А в теáтре?	
9. Когдá вы́ бы́ли в музéе?	

57. *Compare corresponding Russian and English suffixes.*

-ция — *-tion*	**-ура** — *-ure*
револю́**ция** — revolu*tion*	архитект**ýра** — architect*ure*
тради́**ция** — tradi*tion*	литерат**ýра** — literat*ure*

58. *Translate without using a dictionary.*

1. Ни́на Петрóва написáла статью́ «Пéрвая рýсская револю́ция».
2. Мэ́ри реши́ла изучáть рýсский язы́к, потомý что онá лю́бит рýсскую литератýру.
3. Ви́ктор Петрóвич хорошó знáет рýсскую архитектýру.
4. В апрéле студéнты хими́ческого институ́та бы́ли на прáктике на завóде. Рабóта на этом завóде — тради́ция институ́та.

59. *Vocabulary for Reading. Study the following new words and their usage as illustrated in the sentences on the right. Read each sentence aloud.*

ви́деть к о г ó—ч т ó	Áня хорошó ви́дит. Её мáма ви́дит плóхо.
	— Ты́ ви́дела фи́льм «Áнна Карéнина»?
	— Дá, ви́дела.
	— Ни́на, ты́ ви́дела Сергéя?
	— Дá, ви́дела. Óн в лаборатóрии.

смотре́ть н а к о г о́— н а ч т о́	1. Дже́йн стоя́ла о́коло Большо́го теа́тра и смотре́ла на зда́ние теа́тра. Ви́ктор до́лго смотре́л на э́ту же́нщину. Пото́м о́н вспо́мнил, где́ о́н её ви́дел. Они́ вме́сте отдыха́ли на Кавка́зе.
ч т о́	2. — Где́ вы́ бы́ли вчера́? — В кино́. Мы́ смотре́ли но́вый францу́зский фи́льм. Ве́ра лю́бит смотре́ть документа́льные фи́льмы.

60. *Situations.*

(1) You want to know whether your friends have seen any new movies (use their titles). Find out what kind of movies they are.

(2) You want to know where your friends and teachers are (call them by name). Ask someone whether he has seen them.

61. *Situation. Suppose you have been on an excursion in an American city. Tell your friends what you have seen there.*

★ **62.** *Compose dialogues in which you ask your friends what kind of movies they enjoy watching.*

63. *Vocabulary for Reading. Study the following new words and their usage as illustrated in the sentences on the right. Read each sentence aloud.*

реша́ть / реши́ть что́ / *infinitive*	1. Учени́к бы́стро реши́л тру́дную зада́чу. О́н хорошо́ реша́ет зада́чи. 2. То́м реши́л изуча́ть ру́сский язы́к, потому́ что о́н лю́бит ру́сскую литерату́ру. Дже́йн реши́ла изуча́ть ру́сский язы́к, потому́ что она́ хо́чет чита́ть нау́чные статьи́ и кни́ги по-ру́сски.
учи́ться	Я́ учу́сь в университе́те. Ты́ у́чишься в шко́ле. О́н хорошо́ у́чится. — Вы́ у́читесь? — Не́т, я́ рабо́таю. Ка́тя и Дже́йн вме́сте у́чатся в университе́те. Ната́ша и Ни́на вме́сте учи́лись в шко́ле.

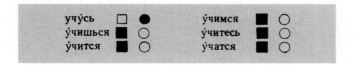

учу́сь	□ ●	у́чимся ■ ○
у́чишься ■ ○		у́читесь ■ ○
у́чится ■ ○		у́чатся ■ ○

64. *Situations.*

(1) Find out what foreign languages your friends are studying. Why did they decide to study those languages?

(2) What have you and your friends decided to do this summer?

(3) You have met a Soviet student. Find out where he studies now, where he studied in high school.

65. *Now Let's Talk...*

(a) *About yourself;* (b) *About your friends.*

Где́ вы́ живёте? Где́ вы́ учи́лись в шко́ле? Где́ вы́ у́читесь сейча́с? На како́м ку́рсе вы́ у́читесь? Что́ вы́ де́лаете в университе́те? Что́ вы́ де́лаете на уро́ке ру́сского языка́? Ка́к вы́ гото́вите уро́ки до́ма? Почему́ вы́ реши́ли изуча́ть ру́сский язы́к?

★ (c) *Situation.* You have come to a Russian language seminar. Tell your teacher about yourself, about your Russian studies.

66. *Vocabulary for Reading. Study the following new words and their usage as illustrated in the sentences on the right. Read each sentence aloud.*

поступа́ть / поступи́ть (в шко́лу, в университе́т, на заво́д)	Сестра́ Ве́ры ме́сяц наза́д поступи́ла в шко́лу. Серге́й поступи́л в университе́т го́д наза́д. По́сле шко́лы Бори́с поступи́л на заво́д.
конча́ть / ко́нчить что́ / *infinitive* (*imp.*)	Серге́й ко́нчил шко́лу го́д наза́д. Анто́н — молодо́й инжене́р. О́н ко́нчил институ́т го́д наза́д. — Ве́ра, ты́ написа́ла статью́? — Да́, я́ ко́нчила её. — Серге́й, ты́ ко́нчил портре́т Ка́ти? — Да́, ко́нчил. — Ве́ра, ты́ ко́нчила писа́ть статью́? — Да́, ко́нчила. — Ни́на, ты́ ко́нчила реша́ть зада́чу? — Не́т ещё.
посеща́ть / посети́ть что́	В институ́те студе́нты посеща́ют ле́кции, практи́ческие и лаборато́рные заня́тия. В Москве́ америка́нские студе́нты бы́ли в Большо́м теа́тре, посети́ли Истори́ческий музе́й.

всегда́

Ле́том мои́ друзья́ всегда́ отдыха́ют на ю́ге. На уро́ке студе́нты всегда́ говоря́т по-ру́сски. На семина́ре они́ всегда́ де́лают докла́ды. На ле́кции Джейн всегда́ внима́тельно слу́шает профе́ссора.

гото́вить / пригото́вить что́

Ве́ра всегда́ гото́вит уро́ки ве́чером. Ве́ра и Ната́ша гото́вили уро́ки вме́сте.
— Ната́ша, ты́ пригото́вила уро́ки?
— Да́, пригото́вила.
Ка́тя и Джейн вме́сте гото́вили э́тот докла́д.

67. *Listen and read.*

(a) поступи́ть, поступлю́, посту́пишь, посту́пят. По́сле шко́лы я́ поступлю́ на заво́д. В э́том году́ моя́ сестра́ посту́пит в шко́лу. Я́ ду́маю, что Андре́й посту́пит в университе́т.

(b) — Куда́ ты́ реши́ла поступа́ть по́сле оконча́ния шко́лы?
— Я́ хочу́ поступа́ть в университе́т. Но́ я́ ду́маю, что не поступлю́ туда́.
— Почему́ ты́ не посту́пишь? Я́ ду́маю, что посту́пишь. Ты́ всегда́ хорошо́ учи́лась.

68. *Say what departments they graduated from.*

Model: Ви́ктор — исто́рик. О́н ко́нчил истори́ческий факульте́т.

1. Андре́й — хи́мик.
2. А́нна — фи́зик.
3. Ива́н — био́лог.
4. Оле́г — гео́граф.
5. Ма́ть Та́ни — вра́ч.

★ **69.** *Situations. Be prepared to speak on the following topics.*

(1) You have been to Moscow and Leningrad. What museums did you visit there?

(2) You have been to New York and Washington. What museums did you visit there?

70. *Vocabulary for Reading. Study the following new words and their usage as illustrated in the sentences on the right. Pronounce each sentence aloud.*

разгова́ривать	По́сле конце́рта студе́нты до́лго разгова́ривали. Они́ говори́ли о теа́тре, о му́зыке. Джо́н — америка́нец, Жа́н — францу́з, Ку́рт — не́мец, Дже́к — англича́нин. Сейча́с они́ живу́т в Москве́ и изуча́ют ру́сский язы́к. На уро́ке и до́ма они́ всегда́ разгова́ривают по-ру́сски.
внима́тельно	Когда́ преподава́тель говори́т, студе́нты внима́тельно слу́шают. Джо́н внима́тельно прочита́л те́кст и бы́стро перевёл его́.
стро́ить / постро́- ить ч т о́	Ста́рое зда́ние Моско́вского университе́та постро́ил архите́ктор Казако́в. Ле́том студе́нты рабо́тали в дере́вне, они́ стро́или та́м шко́лу.
па́мятник	Ле́том англи́йские студе́нты бы́ли в Росто́ве. Они́ ви́дели та́м Кре́мль и други́е па́мятники ру́сской архитекту́ры.
организова́ть ч т о́	Э́тот интере́сный конце́рт организова́ли иностра́нные студе́нты. В общежи́тии студе́нты ча́сто организу́ют ле́кции, конце́рты, докла́ды.
получа́ть / получи́ть ч т о́	— Скажи́те, пожа́луйста, вы́ уже́ получи́ли но́вый но́мер журна́ла «Спу́тник»? — Да́, получи́ли. Вчера́ Дже́йн получи́ла письмо́. Когда́ студе́нты рабо́тают в студе́нческом строи́тельном отря́де, они́ получа́ют зарпла́ту.

| говори́ть / сказа́ть
ч т о́ /
subordinate clause | О́н хорошо́ говори́т по-ру́сски.
Дже́йн, вы́ сказа́ли э́то сло́во
непра́вильно.
Пётр говори́т, что Серге́й гото́вит
докла́д об исто́рии Москвы́.
Ната́ша сказа́ла, что Вади́м не
москви́ч. Ра́ньше о́н жи́л в
промы́шленном го́роде на Ура́ле. |
| создава́ть /
созда́ть ч т о́ | Студе́нты со́здали в институ́те
студе́нческий теа́тр. На заво́де
инжене́ры со́здали но́вую
хими́ческую лаборато́рию. |

71. *Listen and read.*

(a) разгова́ривать, я́ разгова́риваю; Пе́тя разгова́ривает на уро́ке.

организова́ть, мы́ организу́ем. Мы́ организу́ем студе́нческие конфере́нции на на́шем факульте́те.

получа́ть, я́ получа́ю. Я́ получа́ю журна́л «Но́вый ми́р».

получи́ть, я́ получу́, о́н полу́чит. Я́ получу́ зарпла́ту за́втра. Вы́ полу́чите зарпла́ту сего́дня.

внима́тельно, внима́тельно слу́шать. Мы́ внима́тельно слу́шаем профе́ссора.

па́мятник, па́мятники архитекту́ры. Студе́нты ви́дели в Ки́еве интере́сные па́мятники архитекту́ры.

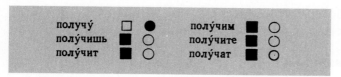

получу́	☐ ●	полу́чим	■ ○
получи́шь	■ ○	полу́чите	■ ○
полу́чит	■ ○	полу́чат	■ ○

(b) — Ка́тя, ты́ получи́ла пе́рвый но́мер «Но́вого ми́ра»?
— Не́т, ещё не получи́ла.
— А ко́гда ты́ его́ полу́чишь?
— Ду́маю, что за́втра.

72. *Determine which nouns listed on the right can be used with each of the verbs on the left.*

стро́ить до́м, ...	зда́ние, телеви́зор, газе́та, спекта́кль,
организова́ть конце́рт, ...	докуме́нт, заня́тие, ле́кция, семина́р,
получа́ть журна́л, ...	лаборато́рия, фи́льм, стадио́н,
создава́ть клу́б, ...	университе́т, рабо́та, го́род, теа́тр,
смотре́ть бале́т, ...	фотогра́фия, письмо́

73. (a) *Microdialogues.*

1. — Вы́ не зна́ете, кто́ организу́ет э́тот конце́рт?
   — Его́ организу́ют <u>студе́нты на́шего факульте́та</u> .
2. — Вы́ не зна́ете, кто́ постро́ил э́то зда́ние?
   — <u>Ру́сский архите́ктор Казако́в</u> .
3. — Вы́ получа́ете <u>газе́ту «Изве́стия»</u>?
   — Да́, получа́ю.
4. — Скажи́те, пожа́луйста, кто́ написа́л <u>о́перу «Евге́ний Оне́гин»</u>?
   — <u>Ру́сский компози́тор Чайко́вский</u> .

★ (b) *Compose dialogues based on those above by substituting new words for those underlined.*

74. *Supply the required verbs* стро́ить / постро́ить; организова́ть; получа́ть / получи́ть.

1. Э́тот семина́р ... профе́ссор Кузнецо́в.
2. — Како́й журна́л ты́ чита́ешь? — Э́то журна́л «Москва́». Я́ ... его́ вчера́.
3. Дже́йн о́чень ча́сто ... пи́сьма.
4. — Вы́ зна́ете, когда́ ... э́то зда́ние? — Не́т, не зна́ю.

75. (a) *Read the noun suffixes.*

-ение	**-ание**
реши́ть — реше́ние	око́нчить — оконча́ние
посети́ть — посеще́ние	

(b) *Translate without consulting a dictionary.*

1. Студе́нты мно́го говори́ли о ру́сской архитекту́ре по́сле посеще́ния Росто́ва.
2. По́сле оконча́ния университе́та Ви́ктор Петро́вич рабо́тал в истори́ческом музе́е.
3. Обсужде́ние докла́да бы́ло о́чень интере́сное.
4. — Я́ реши́л учи́ться в университе́те. — Я́ уже́ слы́шала о твоём реше́нии.

76. *Translate without consulting a dictionary.*

1. Когда́ Ка́тя писа́ла курсову́ю рабо́ту, она́ собрала́ интере́сный материа́л.
2. Дже́йн сде́лала на семина́ре интере́сный докла́д.
3. Она́ мно́го и серьёзно рабо́тала, когда́ гото́вила докла́д.
4. В Но́вгороде Серге́й изуча́л истори́ческие докуме́нты.
5. Э́то был тру́дный пери́од в исто́рии страны́.

77. *Listen and repeat.*

(a) *Read each phrase and sentence as a single unit, paying attention to the pronunciation of unstressed syllables and the pace of reading.*

учи́ться, я учу́сь, ты у́чишься, они́ у́чатся, он учи́лся, она́ учи́лась, они́ учи́лись. Я учу́сь в университе́те. Он то́же у́чится в университе́те. Мы у́чимся на пе́рвом ку́рсе. Мы у́чимся на истори́ческом факульте́те. Они́ у́чатся на филологи́ческом факульте́те.

поступи́ть, я поступлю́, ты посту́пишь, они́ посту́пят, он поступи́л, она́ поступи́ла, мы поступи́ли. Серге́й реши́л поступи́ть в университе́т. Я ду́маю, что он посту́пит в университе́т. В э́том году́ я то́же поступлю́ в университе́т.

поступи́ть на факульте́т; я поступи́л на факульте́т. Я поступи́л на истори́ческий факульте́т. Он реши́л поступи́ть на истори́ческий факульте́т. Он реши́л поступи́ть в университе́т на истори́ческий факульте́т.

посеща́ть, я посеща́ю заня́тия, я посеща́ю практи́ческие заня́тия, мы посеща́ем практи́ческие заня́тия и семина́ры. Слу́шать ле́кцию, они́ слу́шали ле́кцию, ле́кцию профе́ссора Ма́ркова, они́ слу́шали ле́кцию профе́ссора Ма́ркова. Серге́й и Оле́г слу́шали ле́кцию профе́ссора Ма́ркова. Сего́дня у́тром Серге́й и Оле́г слу́шали ле́кцию профе́ссора Ма́ркова.

револю́ция, пе́рвая револю́ция, пе́рвая ру́сская револю́ция, докла́д о пе́рвой ру́сской револю́ции. Оле́г сде́лал докла́д о пе́рвой ру́сской револю́ции. На э́том семина́ре Оле́г сде́лал докла́д о пе́рвой ру́сской револю́ции.

пери́од, пери́од в ру́сской исто́рии, статья́ об э́том пери́оде в ру́сской исто́рии. Он написа́л небольшу́ю статью́ об э́том пери́оде в ру́сской исто́рии.

реставри́ровать, па́мятники архитекту́ры, реставри́ровать па́мятники архитекту́ры. Мы́ бу́дем реставри́ровать па́мятники архитекту́ры.

строи́тельный отря́д, строи́тельные отря́ды, студе́нческие строи́тельные отря́ды, студе́нты создаю́т строи́тельные отря́ды. В ка́ждом институ́те студе́нты создаю́т строи́тельные отря́ды.

(b) *Intonation Practice.*

По́сле оконча́ния те́хникума о́н рабо́тал на заво́де в Магнитого́рске.

По́сле оконча́ния те́[3]хникума / о́н рабо́тал на заво́де в Магнитого́[1]рске.

По́сле оконча́ния те́[4]хникума / о́н рабо́тал на заво́де в Магнитого́[1]рске.

Го́д наза́д Оле́г реши́л поступи́ть в университе́[1]т.

Го́д наза́[3]д / Оле́г реши́л поступи́ть в университе́[1]т.

Го́д наза́[4]д / Оле́г реши́л поступи́ть в университе́[1]т.

Сего́дня у́тром Серге́й слу́шал ле́кцию профе́ссора Ма́[1]ркова.

Сего́дня у́[3]тром / Серге́й слу́шал ле́кцию профе́ссора Ма́[1]ркова.

Оле́г реши́л поступи́ть на истори́ческий факульте́[1]т, / потому́ что о́н люби́л исто́[1]рию.

Оле́г реши́л поступи́ть на истори́ческий факульте́[3]т, / потому́ что о́н люби́л исто́[1]рию.

Оле́г реши́л поступи́ть на истори́ческий факульте́[4]т, / потому́ что о́н люби́л исто́[1]рию.

Когда́ студе́нты рабо́тают в строи́тельном отря́[3]де, / они́ получа́ют зарпла́[1]ту.

Когда́ студе́нты рабо́тают в строи́тельном отря́[4]де, / они́ получа́ют зарпла́[1]ту.

78. *Basic Text. Read the text and then do exercises 79-80.*

Студе́нты

Серге́й и Оле́г — студе́нты Моско́вского университе́та. Они́ у́чатся на пе́рвом ку́рсе истори́ческого факульте́та. Серге́й поступи́л в университе́т по́сле оконча́ния шко́лы. Оле́г снача́ла учи́лся в шко́ле, пото́м в те́хникуме[1]. По́сле оконча́ния те́хникума о́н рабо́тал на заво́де в Магнитого́рске. Го́д наза́д Оле́г реши́л поступи́ть в университе́т на истори́ческий факульте́т, потому́ что о́н всегда́ люби́л исто́рию. Серге́й и Оле́г — больши́е друзья́. Они́ вме́сте слу́шают ле́кции, посеща́ют практи́ческие заня́тия и семина́ры.

Сего́дня у́тром Серге́й и Оле́г слу́шали ле́кцию профе́ссора Ма́ркова. Профе́ссор Ма́рков чита́ет ку́рс исто́рии СССР.

Пото́м бы́л семина́р. На э́том семина́ре Оле́г сде́лал докла́д о пе́рвой ру́сской револю́ции. Студе́нты внима́тельно слу́шали Оле́га. Пото́м они́ обсужда́ли его́ докла́д. Докла́д о пе́рвой ру́сской револю́ции — нау́чная рабо́та Оле́га. Профе́ссор сказа́л, что Оле́г сде́лал о́чень хоро́ший докла́д. Оле́г мно́го и серьёзно рабо́тал, когда́ гото́вил докла́д. Он до́лго собира́л материа́л, чита́л нау́чную литерату́ру, изуча́л истори́ческие докуме́нты. Он изучи́л э́тот пери́од о́чень хорошо́.

Оле́г хо́чет писа́ть курсову́ю рабо́ту о пе́рвой ру́сской револю́ции. Он написа́л небольшу́ю статью́ об э́том пери́оде ру́сской исто́рии.

По́сле семина́ра бы́л уро́к англи́йского языка́. Пото́м студе́нты отдыха́ли, пи́ли ко́фе, разгова́ривали.

— Что́ ты́ бу́дешь де́лать ле́том? — спроси́л Серге́й Оле́га.

— Наш студе́нческий строи́тельный отря́д бу́дет рабо́тать в дере́вне. Мы́ бу́дем стро́ить та́м но́вую шко́лу и клу́б. Снача́ла мы́ постро́им шко́лу, пото́м бу́дем стро́ить клу́б, — отве́тил Оле́г.

— А я бу́ду рабо́тать в Но́вгороде. Мы́ бу́дем реставри́ровать па́мятники архитекту́ры. А в а́вгусте я бу́ду отдыха́ть на Кавка́зе.

Студе́нческие строи́тельные отря́ды — э́то хоро́шая тради́ция. Пе́рвые строи́тельные отря́ды организова́ли студе́нты Москвы́ и Ленингра́да. Сейча́с в ка́ждом го́роде, в ка́ждом институ́те студе́нты создаю́т строи́тельные отря́ды. О́сенью,

---

[1] Technical college, training college.

зимо́й и весно́й студе́нты у́чатся. Ле́том они́ отдыха́ют и рабо́тают. Когда́ они́ рабо́тают в строи́тельном отря́де, они́ получа́ют зарпла́ту. Студе́нты стро́ят шко́лы, общежи́тия, больни́цы, клу́бы. Студе́нческие строи́тельные отря́ды рабо́тают везде́: в го́роде и в дере́вне, на Да́льнем Восто́ке и на Украи́не. Э́ту рабо́ту организу́ют молодёжные организа́ции.

79. *Find answers to the following questions in the text. Read them.*

    1. Где́ у́чатся Серге́й и Оле́г?
    2. Что́ де́лал Серге́й по́сле оконча́ния шко́лы?
    3. Что́ де́лал Оле́г по́сле оконча́ния те́хникума?
    4. Каки́е заня́тия посеща́ют Серге́й и Оле́г в университе́те?
    5. Како́й докла́д сде́лал Оле́г на семина́ре?
    6. Что́ Оле́г реши́л де́лать ле́том?
    7. Что́ Серге́й реши́л де́лать ле́том?

80. *Answer the questions.*

    1. На како́м ку́рсе у́чатся Серге́й и Оле́г?
    2. Когда́ Серге́й поступи́л в университе́т?
    3. Когда́ Оле́г поступи́л в университе́т?
    4. Почему́ Оле́г реши́л поступи́ть на истори́ческий факульте́т?
    5. Како́й ку́рс чита́ет профе́ссор Ма́рков на истори́ческом факульте́те МГУ?
    6. Како́й докла́д сде́лал Оле́г на семина́ре?
    7. Когда́ был уро́к англи́йского языка́?
    8. Где́ Оле́г бу́дет рабо́тать ле́том?
    9. Где́ Серге́й бу́дет рабо́тать ле́том?

★ **81.** *Situations.*

(1) You study in the history department of Moscow University. Tell about your studies, about the seminar at which Oleg Petrov made a report.

(2) Tell about Oleg Petrov, about his research work, about his work in the student construction detachment.

★ **82.** *Retell the text:*

(1) As Oleg Petrov would retell it.

(2) As Sergei Ivanov would retell it.

★ **83.** *Compose dialogues based on the following situations.*

(1) You are talking with Sergei Ivanov. You want to find out who Oleg Petrov is. Ask Sergei.

(2) You are talking with Oleg Petrov. Ask him how he studies, what research work he is engaged in.

(3) You are talking with a Soviet student. Ask each other about how you study.

84. *Tell your friends how you study.*

★ **85.** *Translate into Russian.*

1. At the University the students listen to lectures, attend practical training and laboratory classes and seminars.

2. This morning Katya and Jane listened to a lecture.

3. The lecture was delivered by Professor Smirnov.

4. In class the students usually read, translate, write exercises and speak Russian.

5. Student construction detachments provide excellent practice.

6. Student construction detachments work in the north and the south, in the east and the west of the country.

★ **86.** *Read the text without a dictionary. Try to understand the contents of the text and answer the questions.*

1. Где нахо́дится Та́рту?
2. Та́рту — э́то университе́тский го́род?
3. Каки́е вы зна́ете ста́рые европе́йские университе́ты?
4. Университе́т в Та́рту ста́рый и́ли но́вый?

Университе́т в Та́рту

Та́рту — э́то го́род в Эсто́нии.

Та́рту — кру́пный центр образова́ния и культу́ры Эсто́нии. В Та́рту нахо́дятся нау́чные институ́ты, музе́и, библиоте́ки, университе́т. Та́рту — ста́рый университе́тский го́род. Ста́рые европе́йские университе́ты — э́то Сорбо́нна, Па́дуя, О́ксфорд, Ке́мбридж, Ге́ттинген, Ка́рлов университе́т и др.[1]. В их числе́ стои́т и университе́т в Та́рту. В университе́те у́чатся фи́зики и матема́тики, био́логи и хи́мики, фило́логи и исто́рики. В э́том университе́те рабо́тают кру́пные учёные.

☆ SUPPLEMENTARY MATERIALS

★ **1.** (a) *Read without consulting a dictionary.*

Студе́нческий теа́тр МГУ

Москвичи́ хорошо́ зна́ют и лю́бят студе́нческий теа́тр МГУ. Спекта́кли студе́нческого теа́тра МГУ о́чень популя́рны. В студе́нческом теа́тре Моско́вского университе́та выступа́ли Ия Са́ввина, А́лла Деми́дова. Тогда́ они́ учи́лись в МГУ. Сейча́с Ия Са́ввина и А́лла Деми́дова — популя́рные профессиона́льные актри́сы. Они́ рабо́тают в теа́тре и в кино́.

(b) *Translate the words without consulting a dictionary.*

профессиона́льный, популя́рный

★ **2.** *Read the text. Consult a dictionary if you need to.*

Систе́ма вы́сшего образова́ния в СССР

Сове́тская систе́ма вы́сшего образова́ния отлича́ется от америка́нской, англи́йской, францу́зской. В америка́нской, англи́йской, францу́зской систе́ме вы́сшего образова́ния существу́ют ра́зные эта́пы. На пе́рвом эта́пе студе́нты получа́ют сте́пень бакала́вра. Они́ мо́гут ко́нчить образова́ние на э́том

---

[1] и др. = и други́е

эта́пе. На второ́м эта́пе студе́нты пи́шут и защища́ют специа́льную нау́чную рабо́ту и получа́ют сте́пень маги́стра.

В сове́тской систе́ме вы́сшего образова́ния э́ти два́ эта́па объединя́ются. В СССР обуче́ние в ка́ждом институ́те специализи́рованное: студе́нты получа́ют специа́льность врача́ в медици́нском институ́те, специа́льность инжене́ра — в политехни́ческом институ́те, специа́льность учи́теля — в педагоги́ческом институ́те и т. д.[1] В сове́тском ву́зе студе́нты изуча́ют ра́зные предме́ты и получа́ют практи́ческие на́выки рабо́ты. Студе́нты сдаю́т экза́мены. В ву́зе студе́нты пи́шут та́кже курсовы́е рабо́ты и́ли прое́кты. В конце́ обуче́ния студе́нты пи́шут и защища́ют специа́льную нау́чную рабо́ту. Э́то дипло́мная рабо́та и́ли дипло́мный прое́кт. Э́ту нау́чную рабо́ту оце́нивает Госуда́рственная экзаменацио́нная коми́ссия. По́сле защи́ты дипло́мной рабо́ты студе́нты получа́ют дипло́м — докуме́нт о вы́сшем образова́нии. Все́ дипло́мы име́ют одина́ковую це́нность. Вы́сшее образова́ние в СССР беспла́тное. Студе́нты получа́ют стипе́ндию. По́сле оконча́ния институ́та и́ли университе́та студе́нты получа́ют направле́ние на рабо́ту.

---

[1] и т. д. = и так да́лее, and so on, etc.

VOCABULARY

архите́ктор architect
архитекту́ра architecture
буфе́т lunch counter, snack bar
ви́деть/уви́деть see
вме́сте together
внима́тельно attentively
всегда́ always
вспомина́ть/вспо́мнить
   recollect
географи́ческий geographical
гла́вный main, chief
говори́ть/сказа́ть say, tell
гото́вить/пригото́вить
   prepare
де́лать/сде́лать do, make
де́нь day
докла́д paper, report
докуме́нт document
документа́льный documentary
до́лго for a long time
за́втра tomorrow
зада́ча problem, task
заня́тие classes
* зарпла́та salary
звони́ть/позвони́ть call up,
   telephone
изуча́ть/изучи́ть study
   (deeply)
кабине́т (лингафо́нный)
   language laboratory
ка́ждый every, each
ка́к всегда́ as always
когда́ when
конфере́нция conference
конча́ть/ко́нчить end
* курсово́й course, term
лаборато́рный laboratory
* лингафо́нный
   (кабине́т) language
   (laboratory)

материа́л material
ме́сяц month
* микрорайо́н administrative
   subdivision of a city district
* молодёжный youth
наза́д ago, back
нау́чный scientific
неде́ля week
непра́вильно (it is) incorrect
ничего́ осо́бенного nothing
   special
обсужда́ть/обсуди́ть discuss
обсужде́ние discussion
оконча́ние completion
организа́ция organization
организова́ть *imp. & p.*
   organize
о́сенью in the autumn
отвеча́ть/отве́тить answer
отдыха́ть/отдохну́ть relax,
   rest, vacation
отря́д brigade, detachment
па́мятник monument
переводи́ть/перевести́
   translate
пери́од period
пе́сня song
пе́ть/спе́ть sing
писа́ть/написа́ть write
пи́ть/вы́пить drink
пока́ so long, bye now
получа́ть/получи́ть receive
популя́рный popular
посеща́ть/посети́ть visit;
   attend
посеще́ние visit
по́сле after
поступа́ть/поступи́ть enter
потому́ что because
почему́ why
практи́ческий practical
приве́т hello

промы́шленный industrial
профессиона́льный profes-
   sional
про́шлый past, last
разгова́ривать *imp.* talk,
   converse
расска́зывать/рассказа́ть
   tell, relate
револю́ция revolution
реставри́ровать *imp.* restore
реша́ть/реши́ть solve,
   decide
реше́ние decision; resolution
рисова́ть/нарисова́ть draw
семина́р seminar
серьёзно serious(ly)
сло́во word
смотре́ть/посмотре́ть look,
   watch
собира́ть/собра́ть collect
создава́ть/созда́ть create;
   found
спекта́кль performance
спра́шивать/спроси́ть ask
   (a question), question
строи́тель builder; инжене́р-
   строи́тель civil engineer
строи́тельный building,
   construction
стро́ить/постро́ить build
те́кст text
телефо́н telephone
* те́хникум technical college,
   training college
тогда́ then, at that time
тради́ция tradition
уже́ already
учи́ться *imp.* learn, study
ча́с hour
чита́ть/прочита́ть read
что́ но́вого? what's new?

Numerals:

сто́ (one) hundred
две́сти two hundred
три́ста three hundred
четы́реста four hundred
пятьсо́т five hundred
шестьсо́т six hundred
семьсо́т seven hundred
восемьсо́т eight hundred
девятьсо́т nine hundred
ты́сяча thousand

Verb Stems:

ви́де-/уви́де- see
вспомина́й-/вспо́мни- recollect
говори́-/сказа̌- say, tell
гото́ви-/пригото́ви- prepare
де́лай-/сде́лай- do, make
звони́-/позвони́- ring up, call up, telephone
изуча́й-/изучи̌- study (deeply)
конча́й-/ко́нчи- end
обсужда́й-/обсуди̌- discuss
организова́- organize
отвеча́й-/отве́ти- answer
отдыха́й-/отдохну́- relax, rest, vacation
переводи̌-/перевёг translate
пе́ть/спе́ть *irreg.* sing
писа̌-/написа̌- write
пь̌/й-/вы̌пь/й- drink
получа́й-/получи̌- receive
посеща́й-/посети́- visit; attend
поступа́й-/поступи̌- enter
разгова́ривай- talk, converse
расска́зывай-/рассказа̌- tell, relate
реставри́рова- restore
реша́й-/реши́- solve, decide
рисова́-/нарисова́- draw
смотре̌-/посмотре̌- look, watch
собира́й-/соб/ра̌- collect
создава́й-/созда́ть *irreg.* create; found
спра́шивай-/спроси̌- ask (a question), question
стро́и-/постро́и- build
учи̌-ся learn, study
чита́й-/прочита́й- read

Как тебя зовут?

UNIT 7

PRESENTATION AND PREPARATORY EXERCISES

I	В Москве́ есть университе́т. В э́том го́роде был (бу́дет) университе́т.	В Ку́рске нет университе́та. В э́том го́роде не́ было (не бу́дет) университе́та.

▶ **1.** *Listen and repeat; then read and analyze. (See Analysis VII, 1.0; 1.1.)*

1. Джейн в Ленингра́де. Сейча́с она́ в гости́нице.
   — Скажи́те, пожа́луйста, **в гости́нице есть свобо́дные места́?**
   — Да́, есть.
   — Скажи́те, **в гости́нице есть рестора́н?**
   — Да́, **в гости́нице есть рестора́н и кафе́.**
2. Джейн и Ка́тя на у́лице в Ленингра́де.
   — Ка́тя, я хочу́ пить.
   — **В конце́ э́той у́лицы есть кафе́.**

2. (a) *Listen and repeat.*

— В ва́шей библиоте́ке ᵌесть уче́бники ру́сского языка́? — Да̍ /, ̍есть.

— На э́той у́лице ᵌесть кафе́? — ̍Есть.

— В ва́шем го́роде ᵌесть теа́тр о́перы и бале́та? — Да̍ /, ̍есть.

— Зде́сь ᵌесть метро́? — ̍Есть. Метро́ напро̍тив.

— Зде́сь ᵌесть телефо́н? — ̍Есть. Телефо́н в то́й ко̍мнате.

(b) *Listen. Somebody asks you a question. Answer it.*

Model: — Ка́тя, в Ленингра́де е́сть метро́?

             — Коне́чно /, в Ленингра́де е́сть метро́.

1. В ва́шей но́вой кварти́ре е́сть телефо́н?
2. В э́том го́роде е́сть теа́тр?
3. Джейн, в ва́шем го́роде е́сть университе́т?
4. Скажи́те, здесь е́сть телефо́н?
5. Скажи́те, пожа́луйста, в ва́шей библиоте́ке е́сть «А́нна Каре́нина»?
6. Вы́ не зна́ете, в э́том магази́не е́сть уче́бники ру́сского языка́?
7. В ва́шем институ́те е́сть библиоте́ка?
8. В ва́шем го́роде е́сть метро́?

3. *Situations.*

(1) You are planning to visit a city and would like to know if there are any historical monuments, museums, theaters and hotels in it; if the city has a subway or a university.

(2) You are talking to a student from the Russian State Pedagogical University (Leningrad). Ask him if there is a library, dormitory, club, dining-hall and a student theater in the University.

4. (a) *Read the text.*

    — Ка́тя, ты́ была́ в Оде́ссе. Расскажи́ об э́том го́роде.

    — Хорошо́, Джейн. Я́ о́чень люблю́ Оде́ссу. Оде́сса — краси́вый го́род на Чёрном мо́ре. В Оде́ссе е́сть университе́т, теа́тр о́перы и бале́та, краси́вые па́рки, стадио́ны, большо́й по́рт. В Оде́ссе жи́л А. С. Пу́шкин. И сейча́с в Оде́ссе е́сть его́ до́м-музе́й. В Оде́ссе е́сть консервато́рия. В Оде́сской консервато́рии учи́лись знамени́тые сове́тские музыка́нты Д. Ф. О́йстрах, Э. Г. Ги́лельс.

    В Оде́сском теа́тре выступа́ли знамени́тые ру́сские компози́торы и дирижёры П. И. Чайко́вский, Н. А. Ри́мский-Ко́рсаков[1], А. Г. Рубинште́йн[2], пе́л Ф. И. Шаля́пин[3].

---

[1] N. A. Rimsky-Korsakov (1844-1908), famous Russian composer, author of the operas *Sadko, May Night, The Snow Maiden, The Tsar's Bride,* etc., a number of symphonies and numerous romances.

[2] A. G. Rubinstein (1829-1894), well-known Russian pianist, composer and director; founder of the first Russian conservatory in Petersburg (1862).

[3] F. I. Chaliapin (1873-1938), famous Russian bass singer.

(b) *Ask a number of questions about Odessa and give answers to them.*

★ (c) *Situations.*

(1) You have been to Odessa. Describe the city.

(2) Describe your home town.

▶ **5.** *Listen and repeat; then read and analyze.*

— Где́ вы́ живёте?

— Я́ живу́ в це́нтре. А вы́?

— А я́ в но́вом райо́не. Ра́ньше ту́т **была́ дере́вня.** В на́шем райо́не е́сть река́ и ле́с. Ско́ро здесь **бу́дет метро́.**

— А я́ люблю́ жи́ть в це́нтре. В це́нтре е́сть теа́тры, музе́и, библиоте́ки, вы́ставки. О́коло на́шего до́ма па́рк, а ра́ньше здесь **бы́ли плохи́е ста́рые зда́ния.**

6. *Listen and repeat.*

(a) *Pay attention to the pronunciation of the sounds* [л] *and* [л'].

была́, бы́ло, бы́л, бы́ли; люби́ть, люблю́, лю́бишь, лю́бит, лю́бим, лю́бите, лю́бят, люби́л, люби́ли; ле́с, большо́й, библиоте́ка.

(b) *Pay attention to intonation and the division of sentences into syntagms.*

1. — Кака́я в Москве́ пого́да?

— Вчера́ в Москве́ была́ плоха́я пого́да, / а сего́дня хоро́шая.

2. Вчера́ в газе́те / была́ интере́сная статья́ о Большо́м теа́тре.

3. В пя́том но́мере «Но́вого ми́ра» / бы́ли интере́сные расска́зы В. Серге́ева.

(c) *Listen and reply.*

Model: — За́втра бу́дет ле́кция?

— Да́, бу́дет.

1. Вчера́ бы́ли уро́ки ру́сского языка́?
2. За́втра бу́дет ле́кция профе́ссора Петро́ва?
3. В про́шлом году́ здесь была́ вы́ставка?
4. Вчера́ бы́л семина́р?
5. За́втра бу́дет конфере́нция?

7. *Say what was there before.*

1. — Де́сять ле́т наза́д зде́сь была́ дере́вня.
   — А та́м? — ... .

   ле́с

2. — Сейча́с зде́сь библиоте́ка. — Что́ зде́сь бы́ло ра́ньше? — ... .

   шко́ла

3. — Ра́ньше в э́той аудито́рии бы́л лингафо́нный кабине́т.
   — А в то́й? — ... .

   лаборато́рия

4. — В нача́ле э́той у́лицы бы́л па́рк.
   — А в конце́? — ... .

   гости́ница

5. — О́коло э́того зда́ния сле́ва бы́л са́д.
   — А спра́ва? — ... .

   стадио́н

8. *Microdialogues. Say what was here before.*

Model: — Э́то но́вый райо́н.
        — Что́ зде́сь бы́ло ра́ньше ?
        — Ра́ньше зде́сь была́ дере́вня .

1. Э́то гости́ница «Росси́я».
2. В це́нтре Москвы́ нахо́дится но́вый проспе́кт.
3. Бра́тск — но́вый го́род в Сиби́ри.
4. Беля́ево — но́вый райо́н Москвы́.
5. Истори́ческий музе́й нахо́дится в це́нтре Москвы́.

ста́рые зда́ния
ста́рые ма́ленькие у́лицы
ле́с
дере́вня
пе́рвое зда́ние Моско́вского университе́та

9. *Ask what will be here.*

Model: — Что́ зде́сь бу́дет?
        — Гости́ница.
        — А я́ и не зна́л, что зде́сь бу́дет гости́ница.

10. *Microdialogues. Tell what took place yesterday and what is going to take place tomorrow. Use the words* спектáкль, концéрт, фи́льм, óпера, балéт, лéкция, семинáр, конферéнция.

Model: — Чтó бы́ло вчерá в институ́те?
— <u>Вчерá былá лéкция профéссора Ивáнова.</u>
— <u>А что бу́дет зáвтра?</u>
— <u>Семинáр.</u>
— <u>А я́ и не знáла, что зáвтра бу́дет семинáр.</u>

1. — Чтó бы́ло вчерá в университéте? — ... .
2. — Чтó бы́ло вчерá в клу́бе? — ... .
3. — Чтó бы́ло вчерá в консерватóрии? — ... .
4. — Чтó бы́ло вчерá в общежи́тии? — ... .
5. — Чтó бы́ло вчерá на факультéте? — ... .
6. — Чтó бы́ло вчерá в Большóм теáтре? — ... .

▶ **11.** *Listen and repeat; then read and analyze. (See Analysis VII, 1.1; 1.2.)*

1. — Рóберт, в вáшем гóроде **éсть университéт?**
— Нéт, в нáшем гóроде **нéт университéта.**
— А консерватóрия?
— **Консерватóрии** тóже **нéт.**
— А в вáшем гóроде **éсть теáтр?**
— Нéт, в гóроде **нéт теáтра.** Я́ живу́ в мáленьком гóроде.

2. — Кáтя, сегóдня **бы́л семинáр?**
— Нéт, сегóдня **нé было семинáра.**
— А зáвтра бу́дет?
— Нéт, зáвтра **семинáра** тóже **не бу́дет.**

12. (a) *Listen and repeat.*

1. Сегóдня в клу́бе бы́л вéчер. Зáвтра не бу́дет вéчера.
2. В нáшем гóроде éсть университéт. В вáшем гóроде нéт университéта.
3. Сегóдня нé было урóка ру́сского языкá. А зáвтра бу́дет урóк.
4. Сегóдня былá лéкция. Вчерá нé было лéкции.
5. Сегóдня в клу́бе бу́дет концéрт. Вчерá концéрта нé было.

(b) *Listen and reply.*

Model: — Сего́дня была́ ле́кция?

— Не́т, / сего́дня не́ было ле́кции.

1. За́втра бу́дет семина́р?

2. Зде́сь е́сть телефо́н?

3. Сего́дня бу́дет уро́к ру́сского языка́?

4. В ва́шем го́роде е́сть консервато́рия?

5. В ва́шем го́роде е́сть университе́т?

6. В э́той гости́нице е́сть рестора́н?

7. За́втра бу́дет конце́рт в клу́бе?

Remember the stress: не́ был, не была́, не́ было, не́ были

13. *Ask about what is of interest to you.*

Model: — Вы́ не зна́ете, на э́той у́лице е́сть рестора́н   ?
— Не́т, на э́той у́лице не́т рестора́на .

гости́ница
теа́тр
музе́й
магази́н
шко́ла

Model: — Вчера́ в институ́те бы́л семина́р ?
— Не́т, вчера́ не́ было семина́ра .

ле́кция
профе́ссора
Смирно́ва
конфере́нция

★ **14.** *Situations.*

(1) You have arrived in an unfamiliar city and want to know what is of interest there. Find out whether it has a theater, museum, stadium, park and a river.

(2) You were absent from the university yesterday. Find out whether Professor Petrov gave a lecture, whether there was a seminar, a Russian language class, a conference.

II У студе́нта е́сть уче́бник.   У студе́нта не́т уче́бника.
У студе́нта бы́л (бу́дет)   У студе́нта не́ было (не
уче́бник.   бу́дет) уче́бника.

▶ **15.** *Listen and repeat; then read and analyze. (See Analysis VII, 1.3; 1.7.)*

1. — А́нна Петро́вна, **у ва́с е́сть де́ти?**
   — Да́, е́сть. **У меня́ е́сть сы́н и до́чка.**
   — А я́ и не зна́ла, что у ва́с е́сть сы́н и до́чка.
2. — Джейн, **у на́с за́втра бу́дет ле́кция?**
   — Не́т, **у на́с за́втра не бу́дет ле́кции.**
3. — Оле́г, ты́ ви́дел Ка́тю и Джейн? **У ни́х бы́л сего́дня семина́р?**
   — Не́т, **у ни́х не́ было семина́ра,** и я́ и́х не ви́дел.

16. (a) *Listen and repeat, pronouncing the words in each sentence as a single unit.*

Е́сть? У ва́с е́сть? У ва́с е́сть маши́на? У ва́шего бра́та е́сть маши́на?

Бу́дет? Бу́дет уро́к? Сего́дня бу́дет уро́к? У на́с бу́дет уро́к? У на́с сего́дня бу́дет уро́к? У на́с сего́дня бу́дет уро́к ру́сского языка́?

Не бу́дет. Не бу́дет ле́кции. За́втра не бу́дет ле́кции. У на́с за́втра не бу́дет ле́кции.

(b) *Microdialogues. Listen and reply.*

Model: — У меня́ е́сть бра́т. А у ва́с?

           — У меня́ то́же е́сть бра́т.

1. У меня́ е́сть сестра́. А у ва́с?
2. У Оле́га е́сть соба́ка. А у ва́с?
3. У на́с сего́дня е́сть семина́р. А у ва́с?
4. У Джо́на е́сть ру́сские кни́ги. А у ва́с?
5. У Ни́ны е́сть уче́бник. А у ва́с?

Model: — Джейн, / у Серге́я е́сть сестра́?

           — Да́, е́сть.

           — А у Оле́га?

           — А у Оле́га не́т сестры́.

1. — Серге́й, у тебя́ е́сть телефо́н? — ... . — А у Оле́га е́сть телефо́н? — ... .

2. — У вас есть брат? — ... . А сестра? — ... .

3. — У вас есть мой адрес? — ... . А номер телефона? — ... . — А адрес Кати? — ... .

4. — У вас есть собака? — ... . — А кошка? — ... .

5. — У вашего отца есть машина? — ... . — А у брата? — ... .

6. — Скажите, пожалуйста, у вас есть словарь? — ... . — А у вас? — ... .

7. — Скажите, пожалуйста, у вас есть газета «Известия»? — ... . — А газета «Правда»? — ... .

8. — Скажите, у вас есть учебник русского языка? — ... . — А у вас? — ... .

17. *Somebody needs something. Try to help him/her, and answer.*

> У кого есть словарь?

1. У кого есть учебник русского языка?
2. У кого есть ручка?
3. У кого есть карандаш?
4. У кого есть англо-русский словарь?
5. У кого есть учебник математики?
6. У кого есть адрес Виктора?
7. У кого есть телефон Нины?
8. У кого есть журнал «Октябрь»?
9. У кого есть «Литературная газета»?
10. У кого есть карта Европы?

18. *Microdialogues.*

Model: — У вас был³ сегодня урок русского языка?

— Да¹. А у вас⁴?

— А у нас сегодня не¹ было урока.

1. У вас сегодня была лекция?
2. У вас вчера был концерт?
3. У вас вчера был семинар?
4. У вас сегодня был доклад?
5. В прошлом году у вас была конференция?

★ **19.** *Translate the text into English, then translate it back into Russian and compare your translation with the original.*

У Сергея есть сестра. Её зовут Катя. Катя знает английский язык. У неё есть английские книги. Сергей изучает английский язык в университете. У него есть английские учебники и словари. У Олега нет сестры, у него есть брат. Его зовут Саша. Саша не говорит по-английски, и у него нет учебника английского языка. У него нет словаря. У Саши есть собака. Саша очень любит эту собаку.

20. *Use the expressions* У вас есть ... ? У кого есть ... ? У вас был ... ? *in the following situations.*

(1) You are at a news-stand. Find out if the stand carries the magazine *Sputnik*.

(2) You want coffee. Ask if there is any coffee at the buffet.

(3) You need Oleg Petrov's address and telephone number. Ask if anyone has them.

(4) Ask your friend if he or his father has an automobile.

(5) You want to buy a Russian language textbook. What will you ask at the book store?

(6) You want to read Tolstoy's *Anna Karenina*. Find out if any of the students in your group has this novel.

> ★ — **У них новый** телевизор?
> — Да, **у них новый** телевизор.
> **У них новый** телевизор, а **у нас старый.**
> **У меня** сегодня **много** работы.

▶ ★ **21.** *Listen and repeat; then read and analyze. (See Analysis VII, 1.5.)*

1. — Катя, у вас есть телевизор?
   — Есть.
   — **У вас большой телевизор?**
   — Да, **у нас большой телевизор.**
2. — Борис, у вас есть машина?
   — Есть.
   — **У вас новая машина?**
   — Нет, **у нас старая «Волга».**
3. — Джейн, у тебя сегодня есть свободное время?
   — Нет, **у меня сегодня много работы.**

★ **22.** *Answer the questions. (See Analysis VII, 1.4.)*

1. У вас в городе есть университет? У вас старый университет?
2. У вас в городе есть парк? У вас красивый парк?
3. У вас есть библиотека? У вас большая библиотека?
4. У вас сегодня много работы? У вас интересная работа?
5. У вас в гостинице есть кафе? У вас хорошее кафе?

★ **23.** *Listen and reply.*

Model: — У нас большой телевизор.

— А у нас маленький.

1. У него новая машина.
2. У них маленькая библиотека.
3. У нас большая семья.
4. У меня интересная работа.
5. У меня сегодня много работы.

★ **24.** *Complete the sentences and write them down.*

Model: У меня есть словарь, а у него нет.
У меня новый словарь, а у него старый.

1. У меня есть учебник, а ... .
2. У меня новый учебник, а ... .
3. У меня есть сегодня урок, а ... .
4. У меня урок английского языка, а ... .
5. У них есть сегодня лекция, а ... .
6. У них лекция профессора Маркова, а ... .
7. У него завтра будет доклад, а ... .
8. У неё интересный доклад, а ... .
9. Сегодня в театре есть спектакль, а в клубе ... .
10. Сегодня в театре интересный спектакль, а в клубе ... .
11. У них в школе есть библиотека, а ... .
12. У них в школе большая библиотека, а ... .

★ **25.** *Translate.*

When I studied at the University, I had a friend. His name was Electron. I wondered why he had such a name. Electron had a sister. She also had an interesting name, Oktyabrina. Once I was at their house. Electron's father was a physicist. He talked only about physics. Electron's mother was a historian. She talked only about history. Now I understand why my friend and his sister had such names.

26. *Listen, repeat and analyze. (See Analysis VII, 5.0.)*

могу́	☐	●
мо́жешь	■	○
мо́жет	■	○
мо́жем	■	○
мо́жете	■	○
мо́гут	■	○
могла́	☐	●
мо́г	☐	●
могли́	☐	●

На уро́ке

— Ю́ра Комаро́в, вы **мо́жете** сейча́с **отвеча́ть?**
— Не́т, я не **могу́ отвеча́ть.**
— А вы **мо́жете реши́ть** э́ту зада́чу?
— Могу́. Э́то нетру́дная зада́ча.

27. *Listen and repeat. Mark the stress in the forms of the verb* мо́чь.

Я могу пе́ть. Ты можешь танцева́ть. Он может рисова́ть. Мы можем чита́ть по-ру́сски. Вы можете писа́ть по-ру́сски. Они могут говори́ть по-ру́сски. Я не мог прочита́ть э́ту кни́гу. Я не могла реши́ть э́ту зада́чу. Мы то́же не могли реши́ть э́ту зада́чу.

28. *Now Let's Talk. Give additional information, using the verbs* гото́вить/пригото́вить, писа́ть/написа́ть, де́лать/сде́лать, чита́ть/прочита́ть, реша́ть/реши́ть, обсужда́ть/обсуди́ть, говори́ть/сказа́ть.

Model: — Ви́тя, ты пригото́вил уро́ки?
        — У меня́ не́т уче́бника, и я не могу́ пригото́вить уро́ки.

1. — Вы перевели́ упражне́ние? — У меня́ не́т словаря́, ...
2. — Ты написа́л письмо́? — У меня́ не́т ру́чки, ...
3. — Вы обсужда́ли рома́н Б. Васи́льева? — Не́т, у на́с не́ было э́того рома́на, ...
4. — Вы слу́шали вчера́ ра́дио? Како́й хоро́ший бы́л конце́рт!
   — Не́т, не слу́шали. Мы бы́ли вчера́ в теа́тре, ...

Model: Те́кст о́чень тру́дный. Я́ не мо́г перевести́ его́.

1. Статья́ о́чень тру́дная. ... .
2. Упражне́ние о́чень большо́е. ... .
3. Зада́ча о́чень тру́дная. ... .
4. — Вы сказа́ли Ната́ше о семина́ре? — Не́т, она́ не была́ сего́дня на ле́кции. ... .
5. — Вы прочита́ли э́тот журна́л? — Не́т. Э́то францу́зский журна́л. ... .

III Слу́шай(те) внима́тельно.
Переведи́(те) э́тот те́кст.
Не переводи́(те) э́тот те́кст.

▶ **29**. *Listen and repeat; then read and analyze. (See Analysis VII, 2.0; 2.1; 2.2; 2.3.)*

1. На у́лице.

— **Скажи́те,** пожа́луйста, кака́я э́то у́лица?
— Э́то у́лица Че́хова.

2. На вокза́ле.

— До свида́ния, Ка́тя.
— До свида́ния, Серёжа. **Пиши́** пи́сьма ка́ждую неде́лю.
— Обяза́тельно.

3. Телефо́нный разгово́р.

— Алло́! Кто́ э́то говори́т?
— Дже́йн, э́то я́, Ка́тя.
— **Говори́** гро́мко, Ка́тя. Я́ пло́хо слы́шу.

4. В кла́ссе.

Сейча́с я́ прочита́ю расска́з. Я́ бу́ду чита́ть ме́дленно. Вы́
внима́тельно **слу́шайте. Не пиши́те.**

спроси́ть — спрошу́ — спроси́(те), писа́ть — пишу́ — пиши́(те)

▶ **30**. (a) *Listen and repeat. (See Analysis, Phonetics, 3.9.)*

писа́ть, вы́ пи́шете, я́ пишу́, пиши́те; написа́ть, вы́ напи́шете, я́
напишу́, напиши́те; говори́ть, вы́ говори́те, я́ говорю́, говори́те;
сказа́ть, вы́ ска́жете, я́ скажу́, скажи́те; переводи́ть, вы́
перево́дите, я́ перевожу́, переводи́те; перевести́, вы́ переведёте, я́
переведу́, переведи́те; обсужда́ть, вы́ обсужда́ете, мы́ обсужда́ем,
обсужда́йте; обсуди́ть, вы́ обсу́дите, обсуди́те; пока́зывать, вы́
пока́зываете, я́ пока́зываю, пока́зывайте; показа́ть, вы́ пока́жете, я́
покажу́, покажи́те; спра́шивать, вы́ спра́шиваете, я́ спра́шиваю,
спра́шивайте.

Скажи́те, пожа́луйста. Переведи́те, пожа́луйста, э́то сло́во.
Покажи́те, пожа́луйста, э́ту кни́гу. Расскажи́те, пожа́луйста, о
ва́шем го́роде. Напиши́те, пожа́луйста, письмо́.

(b) *Mark the stress in the verbs and indicate the numbers of ICs.*

1. — Вы́ читали э́ту кни́гу?
   — Не́т, я́ хоте́л её прочита́ть, но у меня́ её не́т.
   — Прочита́йте. Э́то о́чень интере́сная кни́га.
   — Обяза́тельно прочита́ю.

2. — Вы́ пи́шете курсову́ю рабо́ту?
   — Да́, пишу́.
   — Пиши́те бы́стро. Други́е студе́нты уже́ написа́ли.

3. — Почему́ вы́ не слу́шаете? Я́ объясня́ю зада́чу.
   — Мы́ слу́шаем.
   — Слу́шайте, пожа́луйста.

4. — Вы́ не ска́жете его́ а́дрес?
   — Скажу́.
   — Скажи́те, пожа́луйста.

31. *Make requests.*

Model: — Вы мо́жете написа́ть слова́ э́той пе́сни?
         — Коне́чно.
         — Напиши́те, пожа́луйста.

1. Вы́ мо́жете рассказа́ть об Оде́ссе? ... .
2. Вы́ мо́жете показа́ть фотогра́фии ва́шего бра́та? ... .
3. Вы́ мо́жете перевести́ э́то сло́во? ... .
4. Вы́ мо́жете написа́ть фами́лию а́втора кни́ги по-ру́сски? ... .
5. Вы́ мо́жете сказа́ть, где́ рабо́тает ва́ша сестра́? ... .
6. Вы́ мо́жете сказа́ть, когда́ постро́или ва́ш университе́т? ... .
7. Вы́ мо́жете обсуди́ть э́ту пробле́му на семина́ре? ... .
8. Вы́ бы́ли на вы́ставке. Вы́ мо́жете рассказа́ть о не́й? ... .

32. *Dialogues. Listen and repeat.*

На уро́ке геогра́фии

— Покажи́те, пожа́луйста, где́ нахо́дится
  Владивосто́к?
— Владивосто́к нахо́дится на восто́ке СССР.
  Во́т зде́сь.

го́род ...
Чёрное мо́ре
река́ ...

На у́лице

— Скажи́те, пожа́луйста, кака́я э́то у́лица?
— У́лица Че́хова.
— Вы́ не зна́ете, где́ зде́сь гости́ница?
— На э́той у́лице не́т гости́ницы.

рестора́н
вокза́л
больни́ца
магази́н

На факультéте

— Нúна, ты́ не знáешь, в какóй
аудитóрии у нáс бýдет семинáр?
— Не знáю.
— Узнáй, пожáлуйста.
— Хорошó.

лéкция
урóк
конферéнция

В библиотéке

— Дáйте, пожáлуйста, ромáн Толстóго
«Áнна Карéнина».
— Сейчáс у нáс нéт э́того ромáна. У нáс
éсть тóлько расскáзы Толстóго.

учéбник фúзики,
учéбник матемáтики
журнáл «Совéт-
ский Сою́з» № 6,
журнáл «Совéт-
ский Сою́з» № 3
áнгло-рýсский
словáрь, рýсско-
англúйский сло-
вáрь

33. (a) *Situations.*

Model: Расскажúте, пожáлуйста, о вáшем институ́те .

1. You see a building you like. You want to find out when it was built.

2. You have received a letter written in German and you do not know the language. Ask your friend to read and translate the letter for you.

3. A boy is asking his elder brother to solve a difficult homework problem.

4. Your friend has been to Leningrad. Ask him to tell you about the city.

5. You are at a library. Ask for a journal on your speciality.

6. Ask your friend to find out whether the movie is at the club or the assembly hall.

(b) *Give advice for the regular performance of actions, using imperfective verbs and the words:* днём, вéчером, ýтром, на урóке, дóма, в библиотéке, в институ́те, кáждый дéнь, кáждое ýтро, кáждый вéчер.

Model: Днём читáйте, пишúте, вéчером отдыхáйте .

1. Your friend speaks Russian slowly. Advise him to speak Russian every day.

2. Your friend writes Russian badly. Advise him to write a little every morning and every evening.

3. Your friend has to write a report soon. He has very little time. Advise him to work in the library in the morning, write the paper in the afternoon and read relevant literature in the evening.

4. A student asks his teacher how to work on a text. The teacher advises him first to pay close attention to his explanations in class, read the text carefully at home, then translate it and do exercises on the text in the evening.

(c) *Make requests, using imperfective verbs and the adverbs:* по-ру́сски, по-англи́йски; гро́мко, ме́дленно, бы́стро, внима́тельно, хорошо́.

Model: Говори́те, пожа́луйста, бы́стро и гро́мко .

1. You cannot understand something being said in Russian and ask the speaker not to talk so fast.

2. The teacher is asking his students questions and tells them to answer him quickly.

3. Your Russian teacher is asking you to speak only Russian in class.

4. You are reading a text aloud and make some mistakes. Your teacher asks you to read attentively.

5. You have made some mistakes in translating a text. Your teacher tells you to translate more carefully.

(d) *Give or take advice not to do the following. Use imperfective verbs throughout.*

Model: Не чита́йте э́тот рома́н: он неинтере́сный .

1. A friend has drawn your portrait and you do not like it. Ask him not to show it to anyone.

2. You want to discuss a new novel by a young author. You are advised not to because none of those present has read it.

3. Your friend wants to read a short story in Russian. You advise him not to read that particular story because it is too difficult.

4. You do not know what to talk about and so start discussing the weather. Your interlocutor asks you not to talk about the weather because he thinks it a dull subject.

CONVERSATION

I. Asking People to Repeat What They Have Said

1. На экскурсии.

— Архитéктор Казакóв пострóил э́то здáние в прóшлом вéке.
— Извини́те, я́ не пóнял, чтó вы́ сказáли.
— Я́ сказáл, что архитéктор Казакóв пострóил э́то здáние в прóшлом вéке.

2. В клáссе.

— Макси́м Гóрький написáл пéрвый расскáз в 1892 годý.
— Повтори́те, пожáлуйста, ещё рáз, в какóм годý óн написáл пéрвый расскáз.
— В 1892 годý.

34. *Listen and repeat.*

Поня́ть, я́ пóнял, óн не пóнял, я́ не поня́лá, мы́ не пóняли. Извини́те. Извини́те, я́ не пóнял. Извини́те, я́ не пóнял, чтó вы́ сказáли. Я́ не поня́лá вáс. Мы́ тóже не пóняли.

Повтори́ть, повторю́, повтори́те. Повтори́те, пожáлуйста. Повтори́те, пожáлуйста, ещё рáз.

пóнял	■	○	
поня́лá	□	●	
пóняли	■	○	

35. *Microdialogues.*

Model: В магази́не.

— Скажи́те, пожáлуйста, у вáс éсть áнгло-рýсские словари́?
— Дá, éсть.
— Извини́те, я́ не пóнял, чтó вы́ сказáли.
— Я́ сказáл, что у нáс éсть áнгло-рýсские словари́.

1. — Скажи́те, пожáлуйста, у вáс éсть рассказы Гóрького? — ... .
2. — Скажи́те, пожáлуйста, у вáс éсть учéбник геогрáфии? — ... .
3. — Скажи́те, пожáлуйста, у вáс éсть рýчки и карандаши́? — ... .
4. — Скажи́те, пожáлуйста, у вáс éсть кáрта Еврóпы? — ... .

Model: Телефо́нный разгово́р.

— Алло́!
— Вади́м, здра́вствуй. Э́то Йра. Вади́м, ты́ зна́ешь, за́втра у на́с не бу́дет семина́ра.
— Что́ ты́ сказа́ла? Повтори́, пожа́луйста, ещё ра́з.
— Я́ сказа́ла, что за́втра у на́с не бу́дет семина́ра.
— Спаси́бо, Йра. Я́ не зна́л об э́том.
— До свида́ния, Вади́м.
— До свида́ния, Йра.

1. — Джо́н, за́втра у на́с бу́дет контро́льная рабо́та. — ... .
2. — Ве́ра, за́втра у на́с бу́дет ле́кция в аудито́рии № 10. — ... .
3. — Йра, за́втра у на́с не бу́дет уро́ка англи́йского языка́. — ... .
4. — Алексе́й, ты́ спра́шивал о кни́ге «Москва́ и москвичи́»? У меня́ не́т э́той кни́ги. — ... .

II. Specific Advice, Advice Not to Perform an Action

1. Specific advice (*perfective verbs*)

— Ка́тя, ты́ чита́ла рома́н Фо́лкнера «Го́род»?
— Не́т, Дже́йн, не чита́ла.
— **Обяза́тельно прочита́й**. Э́то о́чень интере́сный рома́н.

2. Advice not to perform an action (*imperfective verbs*)

— Оле́г, ты́ смотре́л но́вый францу́зский фи́льм?
— Не́т.
— **Не смотри́**. Неинтере́сный фи́льм.

36. *Microdialogues. Give advice.*

Model: — Ка́тя, ты́ чита́ла сего́дня в газе́те статью́ Петро́ва?
— Не́т.
— Обяза́тельно прочита́й. О́чень интере́сная статья́.

1. — Ю́ра, ты́ смотре́л но́вый фи́льм? — ... .
2. — Ве́ра, ты́ чита́ла деся́тый но́мер журна́ла «Октя́брь»? —... .
3. — Серге́й, ты́ узна́л, когда́ у на́с за́втра семина́р? — ... .
4. — Анто́н, ты́ показа́л докла́д профе́ссору? — ... .
5. — Ва́ля, ты́ перевела́ расска́з? — ... .

Model: — Джо́н, ты́ написа́л упражне́ние?
         — Не́т.
         — <u>Не пиши́</u> . За́втра не бу́дет уро́ка ру́сского языка́.

1. — Ри́та, ты́ прочита́ла статью́ Анто́нова? — ... .
2. — Вади́м, ты́ перевёл те́кст? — ... .
3. — Кири́лл, ты́ уже́ реши́л зада́чу? — ... .
4. — И́ра, ты́ смотре́ла фи́льм о Че́хове? — ... .

★ **37.** *Situations. Give advice.*

(1) Your friends want to listen to an opera. You have heard that opera and did not like it.

(2) It is late evening and your friend is translating a text. You know there is no Russian class tomorrow.

(3) Your close friend has painted a picture. You think it is bad and advise him not to show it to anyone.

(4) Your friend says he does not feel like solving his math problems. You know that the teacher will be asking questions on the homework in class tomorrow.

(5) Your friend has not read a famous writer's new novel and does not know whether it is worth reading. Advise him to read it.

III. Names Used in Formal and Informal Situations

38. *Basic Dialogues. Listen and repeat.*

1. Дава́йте познако́мимся.

— Меня́ зову́т Вади́м. А ва́с?

— Меня́ зову́т Ка́тя. Ка́тя Ивано́ва. А ка́к ва́ша фами́лия?

— Зо́рин.

2. Познако́мьтесь.

— Ка́тя, / ка́к зову́т ва́шу подру́гу?

— Дже́йн.

— А ка́к её фами́лия?

— Сто́ун.

3. В гости́нице.

— Ва́ше и́мя[1]?

— Екатери́на.

— О́тчество?

— Ви́кторовна.

— Фами́лия?

— Ивано́ва.

и́мя — *neutr., sing.*	моё	
имена́ — *pl.*	твоё } и́мя	
	на́ше	

39. (a) *Listen and repeat.*

И́мя, ва́ше и́мя, его́ и́мя, её и́мя; Ка́к ва́ше и́мя? Ка́к его́ и́мя?

Фами́лия, ва́ша фами́лия, его́ фами́лия, её фами́лия; Ка́к ва́ша фами́лия? Ка́к его́ фами́лия?

О́тчество, ва́ше о́тчество, его́ о́тчество, её о́тчество; Ка́к ва́ше о́тчество? Ка́к её о́тчество?

Зову́т, меня́ зову́т, тебя́ зову́т, ва́с зову́т, его́ зову́т, её зову́т. Ка́к ва́с зову́т? Ка́к тебя́ зову́т? Ка́к его́ зову́т? Ка́к её зову́т?

(b) *Compare the intonation in the following questions.*

Ка́к ва́ша фами́лия?	Фами́лия?
Ка́к ва́ше и́мя?	И́мя?
Ка́к ва́ше о́тчество?	О́тчество?

(c) *Pay special attention to the intonation of elliptical questions with the conjunction* а.

Меня́ зову́т Ка́тя. А ва́с? А его́? А её? А ва́шего дру́га?

Моя́ фами́лия Ивано́ва. А ва́ша? А его́? А ва́шей подру́ги?

---

[1]For the declension of nouns of the и́мя type, see Analysis VII, 4.2.

(d) *Microdialogue. Compare the intonation of questions incorporating the copulative conjunction* а *with the intonation of elliptical questions containing the adversative conjunction* а.

— Меня́ зову́т Вади́м. А ка́к ва̊с зову́т? (А ва̊с?)

— Ни̍на.

— А ка̍к ва́ша фами̊лия?

— Никола́ева. А ва̊ша?

— Зо́рин.

40. *Supply the missing questions. Read the dialogue aloud.*

— ...?
— Меня́ зову́т Ири́на. ...?
— А меня́ Оле́г.
— ...?
— Моя́ фами́лия Петро́в. ...?
— А моя́ — Степа́нова.
— Ка́к зову́т ва́шего дру́га?
— Вади́м.
— ...?
— Его́ фами́лия Зо́рин.

41. *Situations. Take note of the intonation used in formal questions.*

(1) There is a new student in your group. Introduce yourself to him.

(2) Ask your friend what his father's, brother's, sister's, friend's names are.

(3) You do not know your new teacher's name. Ask a friend.

(4) You are a hotel receptionist. Ask a new arrival his first name, patronymic and last name.

(5) You are working as a guide for a group of tourists. You are making a list of the members of your group. Ask each person's first and last names.

IV. Getting Acquainted

Дава́йте познако́мимся.	Let's get acquainted.
Познако́мься / познако́мьтесь, пожа́луйста.	Please meet... .
О́чень прия́тно.	Pleased to meet you.
Я мно́го слы́шал о ва́с.	I've heard a lot about you.

42. *Basic Dialogues. (a) Listen and repeat.*

В университе́те

— Здра́вствуй, Ка́тя.
— До́брый де́нь, Дже́йн. Познако́мься, пожа́луйста. Э́то Ива́н Лавро́в, студе́нт на́шего факульте́та.
— О́чень прия́тно. Дже́йн. Я мно́го слы́шала о ва́с.

(b) *Make introductions.*

Model: — Познако́мьтесь. Э́то мо́й дру́г Ива́н.
         — О́чень прия́тно. Ни́на.

1. — Познако́мьтесь, пожа́луйста. Э́то моя́ жена́ Ве́ра. — ... .
2. — Познако́мьтесь, пожа́луйста, э́то моя́ сестра́ Ната́ша. — ... .
3. — Познако́мьтесь, пожа́луйста. Э́то но́вый учени́к Пе́тя Дми́триев. — ... .
4. — Познако́мьтесь. Э́то Воло́дя Сёмин. Мы́ вме́сте бы́ли на пра́ктике. — ... .
5. — Познако́мьтесь, пожа́луйста. Э́то Гали́на Петро́вна, на́ш вра́ч. — ... .

(c) *Situations. Introduce to each other: your sister and your friend; a physics student and a philology student; your new and old friends.*

43. *Dialogues.* (a) *Listen and repeat.*

Журнали́ст на заво́де

— Здра́вствуйте. Я журнали́ст. Бу́ду писа́ть статью́ о ва́шем заво́де.
— О́чень прия́тно. Дава́йте познако́мимся. Ма́рков Михаи́л Ива́нович, инжене́р.
— Ивано́в Ви́ктор Петро́вич.

(b) *Make up similar dialogues involving a reporter, using the words* шко́ла — учи́тель матема́тики, институ́т — профе́ссор биоло́гии.

44. *Dialogues.* (a) *Listen and repeat.*

В по́езде

— Дава́йте познако́мимся. Меня́ зову́т Кири́лл. Я инжене́р. А ка́к ва́с зову́т?
— Меня́ зову́т Ната́ша. Я студе́нтка.
— О́чень прия́тно.

(b) *Make up similar dialogues, using the words* учи́тель — врач, студе́нт — инжене́р, строи́тель — экономи́ст, исто́рик — студе́нтка.

45. (a) *Listen and repeat.*

В кла́ссе

Дава́йте познако́мимся. Я ваш но́вый учи́тель геогра́фии. Меня́ зову́т Серге́й Ива́нович. Моя́ фами́лия Петро́в.

(b) *Situations.*

    1. A professor introduces himself to his students.

    2. An engineer meets the workers.

    3. A new professor gets acquainted with the other professors at his university.

★ **46.** *Situations.*

    (1) Introduce yourself to a girl you have never met before.

    (2) You are talking with a young man at a conference. You find him interesting. Get to know him.

    (3) You are meeting a group of tourists. How would you introduce yourself?

    (4) Introduce your wife (husband, brother, sister, father, mother) to your friends.

READING

▶ **47.** *Read and analyze. Take note of the forms of personal names. (See Analysis VII, 3.0, 3.1, 3.20, 3.21.)*

    А́нна Ива́новна Ивано́ва живёт в Москве́. Она́ врач. А́нна Ива́новна рабо́тает в больни́це. У А́нны Ива́новны есть семья́. Её муж — Ви́ктор Петро́вич Ивано́в. Ка́тя Ивано́ва — до́чка А́нны Ива́новны; Серге́й Ивано́в — её сын. Вчера́ Ка́тя и её подру́га Джейн бы́ли на конце́рте. Там они́ ви́дели А́нну Ива́новну и Ви́ктора Петро́вича.

48. *Supply the proper forms of personal names.*

1. Пётр Никола́евич Ле́бедев — ру́сский фи́зик. Он рабо́тал в Моско́вском университе́те. В большо́й аудито́рии физи́ческого факульте́та виси́т портре́т ... . Лаборато́рия ... находи́лась ра́ньше в це́нтре Москвы́, в ста́ром зда́нии университе́та. В университе́те студе́нты слу́шали ..., он чита́л курс фи́зики. Сейча́с в музе́е Моско́вского университе́та студе́нты слу́шают ле́кции о ... .

2. Мари́я Никола́евна Ермо́лова — ру́сская актри́са. Она́ жила́ в конце́ XIX (девятна́дцатого) — в нача́ле XX (двадца́того) ве́ка. ... жила́ в Москве́ и рабо́тала в Ма́лом теа́тре. В Москве́ в Третьяко́вской галере́е виси́т большо́й портре́т ... . А́втор э́того портре́та — ру́сский худо́жник Валенти́н Алекса́ндрович Серо́в. Москвичи́ люби́ли ... . В музе́е Ма́лого теа́тра есть кни́ги о ... .

49. *Find out who these people are:*

(a) Model: — Вы не зна́ете (Скажи́те, пожа́луйста), кто э́то?
— Э́то Алекса́ндр Серге́евич Пу́шкин.

композитор
Пётр Ильи́ч
Чайко́вский

поэт
Алекса́ндр Серге́евич
Пу́шкин

худо́жник
Илья́ Ефи́мович
Ре́пин

хи́мик
Дми́трий Ива́нович
Менделе́ев

актри́са
Мари́я Никола́евна
Ермо́лова

писа́тель
Лев Никола́евич
Толсто́й

(b) Model: — Э́то Алекса́ндр Серге́евич Пу́шкин.
         — Вы́ зна́ете, кто́ о́н?
         — Зна́ю. Алекса́ндр Серге́евич Пу́шкин — ру́сский поэ́т.

50. *Find out who created the following works.*

1. Кто́ написа́л портре́т Толсто́го?	Илья́ Ефи́мович Ре́пин
2. Кто́ написа́л портре́т Ермо́ловой?	Валенти́н Алекса́ндрович Серо́в
3. Кто́ написа́л рома́н «Евге́ний Оне́гин»? А о́перу «Евге́ний Оне́гин»?	Алекса́ндр Серге́евич Пу́шкин Пётр Ильи́ч Чайко́вский
4. Кто́ написа́л рома́н «А́нна Каре́нина»? А рома́н «Воскресе́ние»?	Лёв Никола́евич Толсто́й
5. Кто́ а́втор дра́мы «Дя́дя Ва́ня»?	Анто́н Па́влович Че́хов

▶**51.** (a) *Read and analyze.*

Memorize: к о г д а́?   **В XIX (девятна́дцатом) ве́ке.**
                        В XX (двадца́том) ве́ке.

1. Ру́сский поэ́т Пу́шкин жи́л в XIX (девятна́дцатом) ве́ке.
2. Ру́сский учёный Михаи́л Васи́льевич Ломоно́сов жи́л в XVIII (восемна́дцатом) ве́ке.
3. Ру́сский компози́тор Чайко́вский жи́л в XIX (девятна́дцатом) ве́ке.
4. Сове́тский поэ́т Влади́мир Маяко́вский жи́л в XX (двадца́том) ве́ке.
5. Ру́сский поэ́т Михаи́л Ю́рьевич Ле́рмонтов жи́л в XIX (девятна́дцатом) ве́ке.

(b) *Read, paying special attention to pronunciation.*

оди́ннадцатый ве́к, в оди́ннадцатом ве́ке, двена́дцатый ве́к, в двена́дцатом ве́ке, трина́дцатый ве́к, в трина́дцатом ве́ке, в четы́рнадцатом ве́ке, в пятна́дцатом ве́ке, в шестна́дцатом ве́ке, в семна́дцатом ве́ке, в восемна́дцатом ве́ке, в девятна́дцатом ве́ке, в два́дцать пе́рвом ве́ке.

★**52.** *Supply the necessary information.*

1. Когда́ жи́л Ма́рк Тве́н?
2. Когда́ жи́л Бальза́к?
3. Когда́ жи́л Бетхо́вен?
4. Когда́ жи́л Руссо́?
5. Когда́ жи́л Бизе́?
6. Когда́ жи́л Ге́ршвин?
7. Когда́ жи́л Рафаэ́ль?
8. Когда́ жи́л Фо́лкнер?

▶ **53.** (a) *Read and analyze. Learn all forms of the verb* мóчь. (*See Analysis VII, 5.0.*)

1. В 1980 годý веснóй Вéра кóнчила шкóлу. Онá мóжет поступáть в институ́т.

2. Я могу́ кóнчить эту рабóту óсенью.

3. — Сергéй, ты мóжешь нарисовáть портрéт Джéйн? — Конéчно, могу́.

4. — Мáльчики, вы мóжете решить эту задáчу? — Конéчно, мóжем.

5. Борис и Нина пи́шут курсову́ю рабóту. Профéссор сказáл, что они мóгут читáть нау́чную литерату́ру в библиотéке университéта и истори́ческого музéя.

6. — Олéг, ты был вчерá на стадиóне? — Нéт, я не мóг. Я был на концéрте.

7. Нина не моглá занимáться вéчером в библиотéке, онá готóвила доклáд.

(b) *Read, paying special attention to pronunciation.*

мóчь, могу́, мóжешь, мóжет, мóжем, мóжете, мóгут, моглá, мóг, могли́.

— Я могу́ реши́ть эту задáчу. А ты мóжешь?
— И я могу́.
— А Пéтя мóжет?
— Пéтя тóже мóжет.
— И мы мóжем. А вчерá мы не могли́ реши́ть задáчу.
— И я не моглá.

54. *Explain why they couldn't do it.*

Model: — Нина, ты бýдешь сегóдня в клу́бе?
         — Нéт, я не могу́, у меня нéт свобóдного врéмени.

1. Ты не знáешь, Рóберт бýдет сегóдня занимáться в библиотéке?
2. Сергéй и Олéг, вы бýдете сегóдня вéчером смотрéть телеви́зор?
3. Ви́ктор Петрóвич, вы бы́ли вчерá в теáтре? А Áнна Ивáновна?
4. Вчерá былá хорóшая погóда. Ты гуля́ла, Нина?
5. Вы не знáете, Кáтя и Джéйн бы́ли вчерá на концéрте?

55. *Read the text and translate it into English. Pay special attention to the use of the pronoun* тóт *in a complex sentence.*

1. Вы знáете о тóм, что на Кавкáзе éсть высóкие, краси́вые гóры, бы́стрые рéки.
2. Я не знáл о тóм, что на этом мéсте в XVIII (восемнáдцатом) вéке стоя́ло здáние пéрвого ру́сского университéта.

3. Ка́тя в письме́ писа́ла о то́м, что снача́ла она́ изуча́ла францу́зский язы́к, а пото́м реши́ла изуча́ть друго́й иностра́нный язы́к.

4. Джо́н сказа́л о то́м, что вчера́ они́ смотре́ли интере́сный истори́ческий фи́льм «Алекса́ндр Не́вский».

56. (a) *Supply the required imperfective or perfective verbs.*

1. Ро́берт о́чень лю́бит ... . О́н ча́сто ... о то́м, ка́к о́н учи́лся в шко́ле. Вчера́, когда́ о́н ... об учи́теле литерату́ры, мы́ ... его́, что́ они́ чита́ли в шко́ле.	расска́зывать / рассказа́ть спра́шивать / спроси́ть
2. Когда́ Ро́берт расска́зывал о шко́ле, о́н ... фотогра́фии.	пока́зывать / показа́ть
3. — Серге́й, ты́ ... журна́л «Вопро́сы исто́рии»? — Како́й но́мер? — Тре́тий. — Да́, ... А ты́? — А я́ ещё не́т. Ду́маю, что ... его́ за́втра.	получа́ть / получи́ть
4. — Оле́г, ты́ пригото́вил докла́д? — Не́т. Я́ то́лько на́чал ... материа́л.	собира́ть / собра́ть

(b) *Listen and repeat.*

рассказа́ть, расскажу́, расска́жешь.
— О чём вы́ бу́дете расска́зывать, То́м и Джо́н?
— Мы́ расска́жем о на́шем го́роде.
— А вы́, Дже́йн, о чём расска́жете?
— Я́ расскажу́ о мое́й семье́.
— А Кэ́т?
— А Кэ́т расска́жет о Вашингто́не.
— Расска́зывайте, пожа́луйста. Мы́ ва́с слу́шаем.

показа́ть, покажу́, пока́жешь.
— Где́ вы́ бы́ли на пра́ктике?
— В ста́ром ру́сском го́роде Росто́ве.
— У ва́с е́сть фотогра́фии го́рода?
— Коне́чно.
— Покажи́те, пожа́луйста.
— Я́ покажу́ фотогра́фии на́ших студе́нтов. А пото́м покажу́ фотогра́фии го́рода. А Джо́н расска́жет о па́мятниках архитекту́ры.

57. *Supply the required verbs of the correct aspect, choosing them from those given on the right.*

1. — Джо́н, ты́ лю́бишь ... ?
   — Да́, я о́чень люблю́ ... .
   — ... , пожа́луйста, мо́й портре́т.
   — Пожа́луйста.

        рисова́ть / нарисова́ть

2. — Извини́те, вы́ ... по-неме́цки?
   — Не́т, не ... .
   — А я́ слы́шала, что сейча́с вы́ ...
   ·по-неме́цки.
   — О, я́ ... то́лько одно́ сло́во по-не-
   ме́цки: «Спаси́бо».

        говори́ть / сказа́ть

3. — Ве́ра, у тебя́ е́сть пя́тый но́мер
   журна́ла «Но́вый ми́р»?
   — Да́, е́сть. Я ... его́ неде́лю наза́д.
   — Ты́ уже́... его́?

        получа́ть / получи́ть
        чита́ть / прочита́ть

58. *Vocabulary for Reading. Study the following new words and their usage as illustrated in the sentences on the right. Read each sentence aloud.*

ве́жливый   Оле́г — о́чень ве́жливый челове́к.
                «Вы́» — э́то ве́жливая фо́рма обраще́ния.

ма́льчик   Э́тот ма́льчик у́чится в шко́ле.
                Э́тот ма́льчик — хоро́ший матема́тик.

де́вочка   — Вы́ не зна́ете, как и́мя э́той де́вочки?[1]
                — Ната́ша.
                — А кто́ э́та де́вочка?
                — Э́то моя́ до́чка.

иногда́   Ве́чером мы́ иногда́ смо́трим телеви́зор. Иногда́ о́н расска́зывает о то́м, ка́к жи́л и рабо́тал на се́вере.

обяза́тельно   Обяза́тельно прочита́йте э́ту кни́гу.
                — Ты́ бу́дешь поступа́ть в институ́т по́сле
                шко́лы?
                — Обяза́тельно.
                — Вы́ бу́дете ве́чером до́ма?
                — Обяза́тельно.

наро́д   1. Зде́сь живу́т эскимо́сы. О́н изуча́ет исто́рию
                э́того наро́да.
               2. Сего́дня на ле́кции бы́ло мно́го наро́да.
                Джо́н рассказа́л о то́м, ка́к одна́жды ле́том о́н
                отдыха́л на се́вере Фра́нции.

---

[1] When addressing young people whose names you do not know, use ма́льчик or де́вочка for those under 15 or 16 and молодо́й челове́к or де́вушка for those over 15 or 16.

тогда́

Вели́кий ру́сский учёный Михаи́л Васи́льевич Ломоно́сов учи́лся в университе́те в Герма́нии. Тогда́ в Росси́и не́ было университе́та. Пе́рвый университе́т в Росси́и основа́л Михаи́л Васи́льевич Ломоно́сов.

59. *Read aloud, paying special attention to pronunciation.*

де́вочка [д'е́въчкъ], де́вушка [д'е́вушкъ]; ма́льчик, челове́к, молодо́й челове́к; же́нщина [же́н'щинъ], мужчи́на [мущи́нъ]

1. — Кто́ э́та де́вочка?
— Э́та де́вочка — моя́ до́чка.
2. — Ка́к зову́т э́ту де́вочку?
— Де́вочку зову́т Та́ня.
3. — Кто́ э́та де́вушка?
— Э́та де́вушка — на́ша студе́нтка.
— Ка́к зову́т э́ту де́вушку?
— Её зову́т Ната́ша.
4. — Вы́ не зна́ете, ка́к зову́т э́ту же́нщину?
— Ве́ра Петро́вна.
— А кто́ э́тот мужчи́на?
— Э́то её му́ж.

★ **60.** *Give nouns that can go with the following adjectives:* ве́жливый, ста́рый, высо́кий, иностра́нный, нау́чный, ра́зный.

61. *Situations.*

You want to know who this person (boy, little girl, young man, girl, man, woman) is; what his/her first name, patronymic, last name is; where he/she lives; where he/she studies or works.

62. *Somebody asks you a question. Answer it.*

Model:　— Ты́ расска́жешь, ка́к ты́ отдыха́ла ле́том?
　　　　— Обяза́тельно расскажу́. (Обяза́тельно.)

1. Вы́ пока́жете ва́ши но́вые карти́ны?
2. Оле́г и Серге́й, вы́ бу́дете за́втра в университе́те?
3. Ка́к ты́ ду́маешь, Серге́й нарису́ет мо́й портре́т?
4. Ка́к вы́ ду́маете, они́ посту́пят в университе́т?
5. Ка́к ты́ ду́маешь, мы́ реши́м э́ту зада́чу?
6. Ты́ бу́дешь слу́шать ку́рс исто́рии?
7. То́м бу́дет слу́шать ку́рс эконо́мики?

★ **63.** *Translate the sentences.*

At the library I would sometimes read or prepare reports. After the library I always took a walk. Once I received a letter. Inside was my portrait. A student in my group drew it. He drew my portrait while we were working together at the library. Now the portrait is on the wall in my room.

64. *Vocabulary for Reading. Study the following new words and their usage as illustrated in the sentences on the right. Read each sentence aloud.*

слу́шать	— Вы́ слу́шали вчера́ ле́кцию профе́ссора Серге́ева?
	— Да́, э́то была́ интере́сная ле́кция.
	Мой друзья́ лю́бят слу́шать совреме́нную му́зыку.
слы́шать	— Вы́ хорошо́ слы́шите?
	— Да́, хорошо́.
	Говори́те, пожа́луйста, гро́мко. Óн пло́хо слы́шит.
	— Вы́ слы́шали, что за́втра бу́дет семина́р?
	— Не́т, не слы́шал.
испо́льзовать что́	В статье́ о́н испо́льзовал но́вые материа́лы о литерату́ре Фра́нции.

65. *Somebody asks you a question. Answer it, using the verbs* слу́шать — слы́шать, смотре́ть — ви́деть.

1. Что́ вы́ де́лали вчера́ ве́чером?
2. Вы́ бы́ли вчера́ на конце́рте? Что́ вы́ слу́шали?
3. Вы́ бы́ли вчера́ в кино́? Что́ вы́ смотре́ли?
4. Вы́ ви́дели но́вое зда́ние нау́чной библиоте́ки?
5. Вы́ слы́шали, что в на́шем го́роде стро́ят но́вое зда́ние теа́тра?
6. Вы́ ви́дели сего́дня Ро́берта? А Мэ́ри?
7. Вы́ хорошо́ ви́дите? А ка́к вы́ слы́шите?

66. *Somebody asks you a question. Answer it.*

1. Каки́е уче́бники вы́ испо́льзуете?
2. Каки́е словари́ вы́ испо́льзуете?
3. Каки́е материа́лы вы́ испо́льзовали, когда́ гото́вили докла́д?
4. Когда́ вы́ гото́вите диало́ги, вы́ испо́льзуете но́вые слова́?

★ **67.** *Supply the infinitive for each of the following verbs.*

зову́т, спрошу́, спра́шиваешь, расска́жем, расска́зываю, отве́чу, отвеча́ет, слу́шаем, слы́шишь, появлю́сь, начнёт, начина́ет, испо́льзуют, могла́, пока́жут, пока́зываю.

68. (a) *Note on word-derivation.*

-тель

писа́ть — писа́**тель**
чита́ть — чита́**тель**

(b) *Translate without consulting a dictionary.*

молоды́е чита́тели, ста́рый учи́тель, инжене́ры-строи́тели,
америка́нский писа́тель.

★ **69**. *Read and translate, paying special attention to the form of compound nouns.*

1. Му́рманск нахо́дится на се́веро-за́паде страны́.
2. Владивосто́к нахо́дится на ю́го-восто́ке СССР.
3. Оде́сса нахо́дится на ю́го-за́паде Сове́тского Сою́за.
4. Чуко́тское мо́ре нахо́дится на се́веро-восто́ке СССР.

70. *Translate without consulting a dictionary.*

(a) 1. Ка́тя неда́вно была́ в Оде́ссе.
2. Э́тот ма́льчик о́чень неве́жливый.
3. Почему́ ты та́к неве́жливо разгова́риваешь?

(b) 1. Скажи́те, пожа́луйста, како́й су́ффикс в сло́ве «дру́жеский»?
2. — Ва́ша профе́ссия? — Инжене́р-строи́тель. — А профе́ссия
ва́шей жены́? — Она́ хи́мик.
3. Пётр Пе́рвый — ру́сский импера́тор.

★ **71.** *Translate.*

My name is Sergei Nikolayevich Petrov. I live in Leningrad and work at a school. I am
a teacher. I have a family. My wife is a doctor. Her surname is Smirnova: that is her father's
last name. We have children. They go to school. Our family are very fond of music. We
often listen to Russian music and Russian operas.

72. *Listen, repeat and read.*

(a) *Pay attention to the pronunciation of sounds and unstressed syllables.*

о́тчество, фами́лия, и́мя, имена́, профе́ссия, обяза́тельно,
обраще́ние, украи́нцы; стро́ить — строи́тель, официа́льный,
неофициа́льный; Ива́н Петро́вич [п'итро́в'ич], А́нна Петро́вна
[п'итро́внъ], Ива́н Серге́евич [с'ирг'е́ич], А́нна Серге́евна
[с'ирг'е́внъ], Никола́й — Ко́ля, А́нна — А́ня.

(b) *Pay special attention to the fluency and pace of your reading.*

свобо́дное вре́мя, молодо́й челове́к, ру́сский челове́к, у ру́сского челове́ка, у ру́сского челове́ка есть и́мя, по́лные имена́, фо́рма обраще́ния, ве́жливая фо́рма обраще́ния, дру́жеская фо́рма обраще́ния, неофициа́льная фо́рма обраще́ния, ру́сские фами́лии, фами́лии расска́зывают, об исто́рии семьи́, фами́лии расска́зывают об исто́рии семьи́, и́мя мужчи́ны, на се́веро-восто́ке СССР, небольшо́й наро́д, бе́дный челове́к, бога́тые лю́ди, социа́льная диста́нция, социа́льное положе́ние челове́ка.

(c) *Pay special attention to intonation.*

Когда́ мы́ слы́шим сло́во Пётр, / мы́ зна́ем, что э́то и́мя[3] мужчи́ны[1].

Ру́сские спра́шивают[1]: / «Ка́к ва́с зову́т[2]?»

Никола́й и А́нна — э́то по́лные имена́[1].

Никола́й и А́нна[3] — / э́то по́лные имена́[1].

Никола́й и А́нна[4] — / э́то по́лные имена́[1].

Никола́й — э́то Ко́ля[1], / а А́нна — э́то А́ня[1].

Никола́й — э́то Ко́ля[3], / а А́нна — э́то А́ня[1].

Никола́й — э́то Ко́ля[4], / а А́нна — э́то А́ня[1].

Никола́й[3] — / э́то Ко́ля[1], / а А́нна[3] — / э́то А́ня[1].

Серге́й — э́то и́мя[1], / Серге́евич — о́тчество[1], / а Серге́ев — фами́лия[1].

Серге́й — э́то и́мя[3], / Серге́евич — о́тчество[1], / а Серге́ев — фами́лия[1].

Серге́й — э́то и́мя[4], / Серге́евич — о́тчество[4], / а Серге́ев — фами́лия[1].

Серге́й[3] — / э́то и́мя[1], / Серге́евич[3] — / о́тчество[1], / а Серге́ев[3] — / фами́лия[1].

73. *Basic Text. Read the text and do exercises 74 and 75.*

Имя, óтчество, фамилия

Что́ тако́е и́мя, óтчество, фами́лия? Об э́том расска́зывает кни́га Л.В. Успе́нского. Она́ называ́ется «Ты и твоё и́мя». Прочита́йте э́ту кни́гу.

В СССР живу́т ру́сские, украи́нцы, таджи́ки[1] и други́е наро́ды.

У ру́сского челове́ка есть и́мя, наприме́р, Никола́й, А́нна, Влади́мир, О́льга. И ещё есть óтчество: Петро́вич и́ли Петро́вна, Серге́евич и́ли Серге́евна. В ка́ждом óтчестве мы ви́дим и́мя отца́ и су́ффикс -óвич и́ли -óвна.

Ру́сские спра́шивают: «Ка́к ва́с зову́т? Ка́к ва́ше и́мя и óтчество?» И отвеча́ют: «Никола́й Петро́вич. А́нна Серге́евна». Никола́й Петро́вич — э́то сы́н Петра́. А́нна Серге́евна — до́чка Серге́я.

Никола́й и А́нна — э́то по́лные имена́. Никола́й Петро́вич, А́нна Серге́евна — э́то ве́жливая фо́рма обраще́ния. Но есть ещё и кра́ткие имена́. Никола́й — э́то Ко́ля, а А́нна — э́то А́ня. Ко́ля, А́ня — дру́жеская, неофициа́льная фо́рма обраще́ния. Ма́льчика и́ли молодо́го челове́ка зову́т Ко́ля, а де́вочку — А́ня.

Петро́в, Петро́ва, Кузнецо́в, Кузнецо́ва — э́то ру́сские фами́лии. Иногда́ фами́лия расска́зывает об исто́рии семьи́. Фами́лия Петро́в говори́т о то́м, что о́чень давно́ э́то была́ семья́ Петра́. Фами́лии Рыбако́в, Кузнецо́в говоря́т о профе́ссии. Таки́е фами́лии есть и в англи́йском языке́, наприме́р Smith. Фами́лии Москви́н, Во́лгин, Ю́гов, Восто́ков расска́зывают о то́м, где жила́ семья́.

Когда́ мы слы́шим сло́во Пётр, мы зна́ем, что э́то и́мя мужчи́ны. Петро́вич — óтчество, а Петро́в — фами́лия. Серге́й — э́то и́мя, Серге́евич — óтчество, а Серге́ев — фами́лия.

Но не у ка́ждого челове́ка в СССР обяза́тельно есть и́мя, óтчество и фами́лия. На се́веро-восто́ке СССР живёт небольшо́й наро́д чу́кчи. Спроси́те чу́кчу, ка́к его́ и́мя. И вы услы́шите: «Тымнэ́ро». Спроси́те, ка́к его́ фами́лия. И о́н отве́тит: «Тымнэ́ро». У него́ то́лько одно́ и́мя. У него́ нет óтчества.

Вы зна́ете, когда́ ру́сские говоря́т Никола́й Петро́вич, а когда́ — Ко́ля, когда́ говоря́т А́нна Петро́вна, а когда́ — А́ня.

---

[1]There are more than 100 nationalities living in the USSR.

Когда́ ру́сские говоря́т «ты́», а когда́ «вы́»? Ра́ньше была́ то́лько одна́ фо́рма обраще́ния — «ты́». Фо́рма «вы́» появи́лась в Росси́и в XVIII (восемна́дцатом) ве́ке. Э́ту фо́рму на́чал испо́льзовать Пётр I (пе́рвый). Тогда́ слова́ «ты́» и «вы́» дифференци́ровали социа́льное положе́ние челове́ка. Бе́дный челове́к, крестья́нин мо́г услы́шать то́лько «ты́». Бога́тые лю́ди говори́ли «ты́», когда́ хоте́ли показа́ть социа́льную диста́нцию.

Сейча́с в ру́сском языке́ «вы́» — э́то официа́льная, ве́жливая фо́рма обраще́ния, «ты́» — дру́жеская, неофициа́льная.

74. *Answer the questions.*

1. О чём расска́зывает кни́га Л.В. Успе́нского «Ты́ и твоё и́мя»?
2. Каки́е вы́ зна́ете по́лные ру́сские имена́?
3. Каки́е вы́ зна́ете кра́ткие ру́сские имена́?
4. Каки́е вы́ зна́ете ру́сские фами́лии?
5. О чём иногда́ расска́зывают фами́лии?
6. Что́ тако́е «Васи́лий», «Васи́льевич», «Васи́льев»?
7. Кака́я фо́рма обраще́ния в ру́сском языке́ — официа́льная, ве́жливая? Кака́я фо́рма — дру́жеская, неофициа́льная?

75. *Find in the text the names of nationalities inhabiting the USSR and read each aloud.*

★ **76.** *Name the republics in which the majority of the population consists of the following nationalities:* ру́сские, украи́нцы, таджи́ки.

★ **77.** *Tell the history of the pronoun* вы́ *in Russian.*

★ **78.** *Explain to a Russian what you know about American and British names and surnames; about American and British forms of address.*

★ **79.** *Supply the necessary information.*

1. Кто́ тако́й Михаи́л Васи́льевич Ломоно́сов?
2. Когда́ о́н жи́л?
3. Где́ о́н учи́лся в университе́те?
4. Когда́ появи́лся пе́рвый ру́сский университе́т?
5. Кто́ со́здал э́тот университе́т?
6. Где́ находи́лось пе́рвое зда́ние э́того университе́та?
7. Что́ сейча́с нахо́дится на э́том ме́сте?

★ **80.** *Do you know?...*

1. Ктó такóй Алексáндр Сергéевич Пýшкин? Когдá óн жúл?

2. Ктó такóй Дмúтрий Ивáнович Менделéев? Когдá óн жúл?

3. Ктó такóй Пётр Николáевич Лéбедев? Гдé óн рабóтал?

4. Ктó такáя Марúя Николáевна Ермóлова? Когдá онá жилá? Гдé онá рабóтала?

5. Ктó такóй Пётр Ильúч Чайкóвский? Какýю óперу Чайкóвского вы́ знáете?

6. Ктó такóй Илья́ Ефúмович Рéпин? О какóм портрéте Рéпина вы́ слы́шали?

81. *Speak about yourself.*

1. Кáк вáше úмя?

2. Вáша фамúлия?

3. Вáша профéссия?

4. У вáс éсть семья́?

5. У вáс éсть брáтья и сёстры? Кáк úх зовýт?

6. Гдé вы́ живёте?

7. Гдé вы́ ýчитесь?

★ **82.** (a) *Read the text.*

О Пýшкине[1]

Однáжды веснóй я́ (тогдá семилéтний мáльчик) и моя́ мáма гуля́ли. На ýлице бы́ло мнóго нарóда. Лю́ди стоя́ли, смотрéли и слýшали. Мáма подняла́ меня́ и сказáла:

подня́ть lift up

— Смотрú.

Вездé бы́ли лю́ди.

— Нý, вúдишь, — э́то Пýшкин. Вúдишь, тáм одúн человéк говорúт, а ря́дом Пýшкин.

И тогдá я́ увúдел большóй пáмятник.

Э́то бы́л Пýшкин.

Не пóмню, чтó ещё говорúла мáма. Тóлько знáю, что я́ тогдá пéрвый рáз вúдел, кáк нарóд стоя́л и слýшал, чтó лю́ди говорúли о Пýшкине.

пóмнить remember

Э́то бы́ло в 1899 годý в гóроде Сарáтове. Э́то бы́л дéнь рождéния велúкого рýсского поэ́та Алексáндра Сергéевича Пýшкина.

дéнь рождéния birthday

Тáк пéрвый рáз я́ услы́шал úмя Пýшкина.

Литератýра — э́то тó, что я́ люблю́. Э́то мóй мúр.

мúр world

В э́том мúре сáмая большáя планéта — э́то Пýшкин.

планéта planet

---

[1]Pushkin, Alexander Sergeyevich (1799-1837), widely considered the greatest Russian poet of all time and founder of modern Russian literature and modern literary Russian.

И я ча́сто вспомина́ю то́т весе́нний де́нь,
когда́ ма́ма подняла́ меня́ и сказа́ла:

— Смотри́. Та́м Пу́шкин.

Пу́шкин — э́то нача́ло всеми́рной сла́вы ру́сской
литерату́ры. Э́то нача́ло на́шей реалисти́ческой
литерату́ры XIX ве́ка.

(*From K. Fedin*)[1]

★ (b) *Answer the questions.*

1. Почему́ на у́лице бы́ло мно́го наро́да?
2. Когда́ э́то бы́ло?
3. Где́ э́то бы́ло?
4. Како́й э́то бы́л де́нь?

★ (c) *Read the text again and briefly retell it.*

★ **83.** *Read the following poem by Pushkin.*

Ты́ и вы́

Пусто́е *вы́* серде́чным *ты́*

Она́ обмо́лвясь замени́ла.

И все́ счастли́вые мечты́

В душе́ влюблённой возбуди́ла.

Пред не́й заду́мчиво стою́;

Свести́ оче́й с неё не́т си́лы;

И говорю́ е́й: ка́к *вы́* ми́лы!

И мы́слю: ка́к *тебя́* люблю́!

(1828)

---

[1]Fedin, Konstantin Alexandrovich (1892-1977), well-known Soviet writer, the author of the novels *Cities and Years* («Города́ и го́ды»), *Early Joys* («Пе́рвые ра́дости»), *No Ordinary Summer* («Необыкнове́нное ле́то»), etc.

☆ SUPPLEMENTARY MATERIALS

★ **1.** (a) *Read the text without consulting a dictionary.*

Óльга и Татья́на

На Камча́тке[1] éсть река́ Óльга и река́ Татья́на. Почему́ э́ти ре́ки получи́ли же́нские имена́? На Камча́тке в э́том райо́не рабо́тали гео́логи. Они́ иска́ли нефть. Ве́чером они́ обы́чно отдыха́ли, пе́ли, разгова́ривали. Гео́логи о́чень люби́ли Пу́шкина, люби́ли его́ стихи́. И во́т на Камча́тке появи́лись ре́ки Óльга и Татья́на.

Та́к зва́ли геройнь рома́на А.С. Пу́шкина «Евге́ний Оне́гин».

(b) *Find the following words in the text:* же́нский, гео́лог, иска́ть, стихи́. *Guess their meaning. Check yourself by consulting a dictionary.*

(c) *Read the preceding text again and answer the questions.*

1. Гдé нахо́дятся ре́ки Óльга и Татья́на?
2. Почему́ на ка́рте СССР появи́лись ре́ки Óльга и Татья́на?

★ **2.** (a) *Read the text without consulting a dictionary.*

Ру́сская и́ли англи́йская фами́лия?

Лю́ди ду́мают, что Ча́плин — э́то англи́йская фами́лия. Всё зна́ют знамени́того америка́нского киноактёра Ча́рли Ча́плина. И всё ду́мают, что Ча́плин — э́то англи́йская фами́лия.

Мо́жет бы́ть, вы́ не слы́шали, что éсть и ру́сская фами́лия Ча́плин. Ча́плин по-англи́йски — э́то chaplain. Ча́плин по-ру́сски (ча́плина = ца́пля) — э́то heron.

Пе́рвые Ча́плины появи́лись в Росси́и в 1620 году́.

(b) *Answer the questions.*

1. Éсть англи́йская фами́лия Ча́плин?
2. Éсть ру́сская фами́лия Ча́плин?
3. Что тако́е «Ча́плин» по-англи́йски?
4. Что тако́е «Ча́плин» по-ру́сски?
5. Кто тако́й Ча́рли Ча́плин?

---

[1]Kamchatka, a large peninsula in northeastern Asia within the territory of the USSR.

VOCABULARY

бе́дный poor
бога́тый rich, wealthy
ве́жливый polite
ве́к century, age
вели́кий great
вокза́л train station
вре́мя time
вы́ставка exhibition
выступа́ть / вы́ступить
   come forward, appear
гро́мко loudly
дава́йте познако́мимся let's
   get acquainted
де́вочка girl (pre-adolescent)
дирижёр conductor
* диста́нция distance
* дифференци́ровать
   differentiate
до́чка daughter
дру́жеский friendly
знамени́тый famous
* импера́тор emperor
и́мя name
иногда́ sometimes
испо́льзовать utilize, use
кафе́ cafe
коне́чно of course
консервато́рия conservatory
контро́льная рабо́та quiz
кра́ткий short, brief
крестья́нин peasant
ле́то summer

ма́льчик boy (under 15)
ме́дленно slowly
метро́ subway
мо́чь / смо́чь be able to
мужчи́на man
музыка́нт musician
на on
наприме́р for example
наро́д people, nation
начина́ть / нача́ть begin
неофициа́льный unofficial,
   informal
* обраще́ние addressing a
   person
обяза́тельно without fail
одна́жды once, at one time
о́тчество patronymic
официа́льный official,
   formal
повторя́ть / повтори́ть
   repeat
пока́зывать / показа́ть
   show
по́лный full
* положе́ние position, status
по́рт port
поэ́т poet
появля́ться / появи́ться
   appear
профе́ссия profession
ра́з time, instance; ещё раз
   once more

сади́ться / се́сть sit down
свобо́дный free
сли́шком too
слы́шать *imp.* hear
социа́льный social
су́ффикс suffix
* таджи́к Tadjik
та́к thus, so
узнава́ть / узна́ть find out
* украи́нец Ukrainian
учёный scholar, scientist
* фо́рма form
* чу́кча Chukchi
экску́рсия excursion

Verb Stems:

выступа́й- / *вы́ступи-* come
   forward, appear
дифференци́рова- differentiate
испо́льзова- utilize, use
мо́чь / смо́чь *irreg.* be able to
начина́й- / *на́чн-* begin
повторя́й- / *повтори́-* repeat
пока́зывай- / *показа̌-* show
появля́й-ся / *появи̌-ся*
   appear
сади́-ся / *се́сть irreg.* sit down
слы́ша- hear
узнава́й- / *узна́й-* find out

Это «Слóво о полкý Ѝгореве»

U N I T 8

PRESENTATION AND
PREPARATORY EXERCISES

В Москве́ **мно́го теа́тров, библиоте́к.**

▶ **1.** *Listen and repeat; then read and analyze. (See Analysis VIII, 1.13; 1.14.)*

1. В Ленингра́де.

Джéйн спра́шивает.
— Скажи́те, пожа́луйста, како́й э́то теа́тр?
— Э́то Теа́тр коме́дии.
— А **ско́лько** в Ленингра́де **теа́тров?**
— В Ленингра́де **мно́го теа́тров.** В Ленингра́де есть теа́тр
о́перы и бале́та и други́е теа́тры.
— А что здесь?
— Здесь па́рк.
— В Ленингра́де **мно́го па́рков?**
— Да, в Ленингра́де и о́коло го́рода **мно́го па́рков.**
— Кака́я э́то пло́щадь?
— Э́то Дворцо́вая пло́щадь.

2. Колле́кция значко́в.

— Оле́г, посмотри́. Э́то моя́ колле́кция.
— Ты собира́ешь значки́?
— Да, смотри́, э́то о́чень краси́вый значо́к.
— Да, краси́вый. Как **мно́го** у тебя́ **значко́в!**

257

2. (a) *Listen and repeat.*

ско́лько [скол'къ], мно́го, значо́к, значки́, коме́дия [кам'е́д'иjь], теа́тр коме́дии, колле́кция [кал'е́кцыjь], колле́кция значко́в, мно́го значко́в, мно́го теа́тров, мно́го библиоте́к, мно́го кни́г.

1. Кака́я э́то пло́щадь?
2. Э́то Теа́тр коме́дии?
3. У ва́с е́сть колле́кция значко́в?

(b) *Listen and reply.*

Model: — В Москве́ мно́го теа́тров?

— Да́, / в Москве́ мно́го теа́тров.

1. В Ло́ндоне мно́го музе́ев?
2. В ва́шей колле́кции мно́го значко́в?
3. В ва́шей библиоте́ке мно́го кни́г?
4. В ва́шем го́роде мно́го теа́тров?
5. В ва́шем университе́те мно́го студе́нтов?
6. В ва́шей библиоте́ке мно́го журна́лов?

Model: — У ва́с в го́роде мно́го музе́ев?

— Не́т, / у на́с ма́ло музе́ев.

1. У ва́с мно́го кни́г?
2. У Джо́на мно́го значко́в?
3. У ва́с в го́роде мно́го заво́дов?
4. В ва́шем го́роде мно́го библиоте́к?
5. В ва́шей стране́ мно́го ре́к?
6. В ва́шем райо́не мно́го магази́нов?
7. У ва́с мно́го газе́т?

3. (a) *Somebody asks you a question. Answer it.*

1. В Москве́ е́сть теа́тры? В Москве́ мно́го теа́тров?
2. В э́том го́роде е́сть гости́ница? В э́том го́роде мно́го гости́ниц?
3. О́коло гости́ницы е́сть магази́н? О́коло гости́ницы мно́го магази́нов?
4. В э́том го́роде е́сть стадио́н? В э́том го́роде мно́го стадио́нов?
5. В э́том райо́не е́сть библиоте́ка? В э́том райо́не мно́го библиоте́к?
6. На э́той у́лице е́сть рестора́н? На э́той у́лице мно́го рестора́нов?
7. В Ки́еве е́сть па́рк? В Ки́еве мно́го па́рков?

(b) *Compose a dialogue based on the following situation.*

Suppose you are talking with a man who resides in a city you have never visited. Ask him if there are hotels, theaters, museums, restaurants, libraries, colleges and parks in his city.

4. (a) *Give additional information.*

(a) Model: — В э́том райо́не го́рода есть институ́ты, библиоте́ки.
— Да́, я зна́ю, что в э́том райо́не го́рода <u>мно́го институ́тов, библиоте́к</u> .

1. В це́нтре Москвы́ есть музе́и, теа́тры, институ́ты, магази́ны, гости́ницы, библиоте́ки.
2. О́коло Большо́го теа́тра стоя́т маши́ны, авто́бусы.
3. Ро́берт о́чень лю́бит чита́ть. У него́ на столе́ всегда́ лежа́т кни́ги, газе́ты, журна́лы.

(b) Model: Москва́ — го́род студе́нтов.
<u>В Москве́ мно́го институ́тов</u> .

1. Сове́тский Сою́з — больша́я страна́. | гора́, река́
2. Ленингра́д — краси́вый го́род. | па́рк, пло́щадь, па́мятник архитекту́ры

5. (a) *Read and analyze.*

Э́то Тверска́я у́лица. Тверска́я у́лица нахо́дится в це́нтре Москвы́. На Тверско́й у́лице мно́го гости́ниц, магази́нов, рестора́нов, теа́тров, библиоте́к. На Тверско́й у́лице нахо́дятся больши́е кни́жные магази́ны, магази́н «Пода́рки». В ни́х всегда́ мно́го тури́стов и госте́й столи́цы. Они́ покупа́ют кни́ги, ма́рки, пласти́нки, значки́, сувени́ры. На Тверско́й у́лице ма́ло музе́ев. На не́й не́т заво́дов и институ́тов.

(b) *Give answers to the questions and write them down.*

1. На Тверско́й у́лице е́сть гости́ницы, магази́ны, рестора́ны, теа́тры, библиоте́ки?
2. На Тверско́й у́лице е́сть музе́и?
3. На не́й е́сть заво́ды и институ́ты?

★ (c) *Situation.*

You visited Moscow and took photographs of Tverskaya Street. Show them to your friends and tell them what you know about this street.

6. *Listen and repeat.*

ма́рка, мно́го ма́рок, пласти́нка, мно́го пласти́нок, тури́ст, мно́го тури́стов, го́сть, мно́го госте́й, сувени́ры, ма́ло сувени́ров, кни́жный магази́н, большо́й кни́жный магази́н, кни́жные магази́ны, больши́е кни́жные магази́ны.

1. У Джо́на мно́го ма́рок. О́н собира́ет ма́рки.
2. У А́нны мно́го пласти́нок. Она́ собира́ет пласти́нки.
3. Ле́том в Москве́ мно́го тури́стов. Что́ покупа́ют тури́сты?
4. На э́той у́лице е́сть кни́жные магази́ны?
5. У ва́с бы́ло мно́го госте́й?

Microdialogues.

6. — У ва́с мно́го ма́рок?
   — Не́т, у меня́ не́т ма́рок. Я́ не собира́ю ма́рки.
   — А у ва́с е́сть пласти́нки?
   — Да́, у меня́ мно́го пласти́нок. А вы́ что́ собира́ете?
   — Я́ собира́ю значки́. У меня́ больша́я колле́кция значко́в.
7. — У ва́с вчера́ бы́ли го́сти?
   — Да́.
   — У ва́с бы́ло мно́го госте́й?
   — Не́т, у на́с бы́ло ма́ло госте́й.

7. (a) *Supply the required words.*

1. Дже́йн собира́ет значки́. У неё мно́го ... . А у меня́ ма́ло ... .
2. — У кого́ е́сть пласти́нки? — У Ро́берта мно́го ... . У него́ хоро́шая колле́кция ... .

3. — Это твои́ ма́рки? Ка́к мно́го у тебя́ ... ! — Э́то не мои́ ма́рки. У меня́ не́т ... .

★ (b) *Situations. Ask these people about their collections:* Ва́ши това́рищи — коллекционе́ры. Ро́берт собира́ет пласти́нки. Джейн собира́ет значки́. Мэ́ри собира́ет ма́рки. *Use:* Ка́к мно́го у (к о г о?)..., у (к о г о?) ма́ло ..., у (к о г о?) е́сть ..., не́т... .

I На э́той у́лице нахо́дится **три́ теа́тра, пя́ть библиоте́к.**

▶ **8.** *Listen and repeat; then read and analyze. (See Analysis VIII, 2.10–2.13.)*

Note carefully: 2, 3, 4, 22, 23, 24 ..., etc. + *gen. sing.*
5, 6, 7, 20, 30, 35, 36, 37 ..., etc. + *gen. pl.*

1. Джейн спра́шивает Оле́га:
   — Оле́г, каки́е у ва́с сего́дня заня́тия?
   — Сего́дня у на́с **две́ ле́кции** и **оди́н семина́р.**
   — А за́втра?
   — За́втра бу́дет **три́ семина́ра.**
2. Иностра́нные студе́нты в Моско́вском университе́те.
   — Скажи́те, пожа́луйста, ско́лько факульте́тов в МГУ?
   — В Моско́вском университе́те **шестна́дцать факульте́тов.**
   — А ско́лько студе́нтов у́чится в МГУ?
   — В МГУ у́чится **два́дцать во́семь ты́сяч студе́нтов.**

9. (a) *Listen and repeat.*

оди́н семина́р, два́ семина́ра, два́ сы́на, три́ челове́ка, пя́ть уро́ков, одна́ кни́га, две́ кни́ги, три́дцать три́ кни́ги, две́ ты́сячи кни́г.

(b) *Listen and reply.*

Model: — У ва́с два́ значка́?
   — Да́, у меня́ два́ значка́ .

1. В МГУ шестна́дцать факульте́тов?
2. У него́ два́ сы́на?
3. У ва́с пя́ть ко́мнат?
4. У ва́с сего́дня три́ семина́ра?
5. У ва́с бы́ло пя́ть ле́кций?
6. У ва́с за́втра ше́сть уро́ков?

★ **10.** *Somebody asks you a question. Answer it.*

1. Ско́лько домо́в на ва́шей у́лице?
2. Ско́лько кварти́р в ва́шем до́ме?
3. Ско́лько ко́мнат в ва́шей кварти́ре?
4. Ско́лько о́кон в ва́шей кварти́ре?

11. *Now Let's Talk.*

Model:
— У меня́ два́ журна́ла. А у ва́с?
— У меня́ пя́ть журна́лов . А ско́лько журна́лов у Ро́берта?
— У него́ три́ журна́ла .

1. У Ни́ны два́дцать значко́в. А у ва́с?
2. У меня́ четы́ре словаря́. А ско́лько словаре́й у ва́с?
3. Я́ прочита́л во́семь страни́ц. А вы́?
4. У Никола́я в кла́ссе семна́дцать ма́льчиков и пятна́дцать де́вочек. А ско́лько ма́льчиков и де́вочек бы́ло у ва́с в кла́ссе?
5. У на́с в го́роде два́ теа́тра. А у ва́с?
6. У на́с в го́роде два́дцать одна́ шко́ла. А у ва́с?
7. У на́с в го́роде пя́ть гости́ниц. А у ва́с?

★ **12.** *Ско́лько челове́к живёт в э́тих города́х?*

Model: В Москве́ живёт 9 миллио́нов челове́к.

Ленингра́д (3.000.000), Ки́ев (2.000.000), Ми́нск (1.000.000), Нью-Йо́рк (8.000.000), Вашингто́н (3.000.000), Ло́ндон (10.000.000), Ли́верпуль (600.000).

13. (a) *Read the text.*

Библиоте́ка и́мени В. И. Ле́нина

В це́нтре Москвы́ о́коло Кремля́ нахо́дится Госуда́рственная библиоте́ка СССР и́мени В. И. Ле́нина. В библиоте́ке 27

миллио́нов кни́г, газе́т, журна́лов. Ка́ждое у́тро библиоте́ка получа́ет ты́сячи газе́т. Она́ получа́ет 12 ты́сяч журна́лов. Ка́ждый де́нь библиоте́ку посеща́ет 10 ты́сяч чита́телей.

Библиоте́ка и́мени В. И. Ле́нина — э́то го́род кни́г. У библиоте́ки не́сколько зда́ний. В не́й 22 за́ла. А́дрес библиоте́ки: Москва́, Но́вый Арба́т, до́м 3.

(b) *Answer the questions.*

1. Где́ нахо́дится Библиоте́ка и́мени В. И. Ле́нина?
2. Ско́лько кни́г в Библиоте́ке и́мени В. И. Ле́нина?
3. Ско́лько она́ получа́ет журна́лов?
4. Ско́лько газе́т она́ получа́ет ка́ждое у́тро?
5. Ско́лько челове́к посеща́ет библиоте́ку ка́ждый де́нь?

★ **(c)** *Situations.*

1. Your friend was in Moscow and studied in the Lenin Library. Ask him about the library.
2. You were on a tour of the Lenin Library. Tell your friend about it.

★ **14.** *Situations.*

You are in an unfamiliar city and question a local resident about it. Find out how many museums, theaters, colleges, schools, libraries, hotels, stadiums and parks there are in it.

II	— С к о́ л ь к о сейча́с в р е́ м е н и? — Сейча́с **де́вять часо́в пятна́дцать мину́т.**

 15. *Listen and repeat; then read and analyze. (See Analysis VIII, 3.0.)*

Ско́лько сейча́с вре́мени?

1. — Ма́ма, ско́лько сейча́с вре́мени? Во́семь часо́в?
   — Не зна́ю. Включи́ ра́дио. Слу́шай, сейча́с ска́жут.
   — Говори́т Москва́. Моско́вское вре́мя — **во́семь часо́в пятна́дцать мину́т.**
   — Ты́ слы́шала, Ка́тя? **Во́семь часо́в пятна́дцать мину́т.**
   — Да́, слы́шала.
2. — Скажи́те, пожа́луйста, ско́лько сейча́с вре́мени?
   — Сейча́с **двена́дцать часо́в два́дцать пя́ть мину́т.**
   — Спаси́бо.
   — Пожа́луйста.

16. *Listen and repeat.*

вре́мя, ско́лько вре́мени. Ско́лько сейча́с вре́мени? Скажи́те, пожа́луйста, ско́лько сейча́с вре́мени? Вы́ не зна́ете, ско́лько сейча́с вре́мени? пя́ть часо́в [чисо́ф], ше́сть часо́в; две́ мину́ты, пя́ть мину́т, пятна́дцать мину́т. Сейча́с пя́ть часо́в. Сейча́с ше́сть часо́в два́дцать мину́т.

Моско́вское вре́мя — трина́дцать часо́в три́дцать пя́ть мину́т.

17. *Read the text aloud.* ★ *Compose similar texts.*

Ско́лько сейча́с вре́мени?

У́тром я опа́здывал. Мой часы́ пока́зывали

Часы́ на у́лице пока́зывали

Я уви́дел часы́ в магази́не. Они́ пока́зывали

В метро́ было

Óколо меня́ стоя́л молодо́й челове́к. Его́ часы́ пока́зывали

Скажи́те, пожа́луйста, ско́лько сейча́с вре́мени?

18. (a) *Situation.*

You want to listen to the radio. Look through the radio program. Say what you would like to listen to.

РАДИО

26 апреля

ПЕРВАЯ ПРОГРАММА. 5.02, 6.02, 8.00, 10.00, 13.00, 15.00, 17.00, 19.00, 22.00, 23.50 — «Последние известия». 5.15 — «Земля и люди». Радиожурнал. 6.30, 7.30 — «Утро». Информационно-публицистическая программа 7.00 — Обзор газеты «Правда». 9.00 — По страницам центральных газет.

9.15 — «Мир красоты». Беседа с главным редактором журнала «Художник» Б. Лукьяновым. 10.15 — Радиостанция «Смена». «Обращение к сердцу». О проблемах инвалидов детства. 11.15 — «Музыкальный радиоурок». Передача для младших школьников. 12.00 — Радиостанция «Союз». В выпуске: На сессии Верховного Совета СССР; «Обновленные Советы: первые шаги». Репортаж (г. Свердловск). 12.30 — «В рабочий полдень». В передаче принимает участие композитор В. Добрынин. 13.10— Литературные чтения. Г. Степанов «Закат в крови». Главы из романа. Передача 2-я. 13.55— «Экономический вестник». 14.00 — «Приглашают радиостудии страны». Концерт солистов и оркестра легкой музыки Литовского радио и телевидения. Трансляция из Вильнюса. 14.40— «Медицинские аспекты аварии на Чернобыльской АЭС». Передача Белорусского радио. 15.30— «Точка зрения». Передача на темы международной жизни. 16.00 — Радиостанция «Смена». 17.15 — «Юность». Экспедиция «ЭР». 18.00 — «Для вас, товарищи воины». Концерт. 18.40 — «Садоводам и огородникам». 20.00 — «Мысли об экономике». Беседа с членом Постоянной комиссии Верховного Совета СССР по вопросам цен и социальной политики А. Г. Журавлевым. 20.15 — Концерт Р. Бабаян. 20.45 — Международный дневник. 21.00 — «Радиостудия-73» в прямом эфире». На вопросы слушателей отвечают Л. А. и В. П. Никитины. 22.30 — «Жалейте матерей» Музыкально-поэтическая композиция. 23.05— «Юность». 0.03 — «После полуночи».

(b) *Listen. Situation.*

In Moscow, when you want to learn the exact time, you should dial 100. Then you will get a reply.

III — Ско́лько вре́мени они́ жи́ли на ю́ге?
— Они́ жи́ли та́м **четы́ре го́да.**

▶ **19.** *Listen and repeat; then read and analyze. (See Analysis VIII, 4.0.)*

1. Ро́берт спра́шивает Оле́га:
   — Оле́г, вы́ москви́ч?
   — Не́т. Я́ живу́ в Москве́ то́лько **го́д.**
2. Оле́г спра́шивает Ка́тю:
   — Ка́тя, ско́лько вре́мени ты́ была́ на пра́ктике?
   — **Два́ ме́сяца.**
3. На семина́ре Оле́г спра́шивает Серге́я:
   — Серге́й, у тебя́ большо́й докла́д?
   — Не́т, не о́чень. Я́ бу́ду говори́ть **два́дцать мину́т.**

20. *Listen and repeat.*

оди́н го́д, два́ го́да, пя́ть ле́т; оди́н де́нь, два́дцать два́ дня́, пятна́дцать дне́й; оди́н ме́сяц, два́ ме́сяца, ше́сть ме́сяцев.

Microdialogues

1. — Ско́лько дне́й вы́ бу́дете в Москве́?
   — Я́ бу́ду в Москве́ три́ дня́.
   — Ско́лько вре́мени вы́ изуча́ете ру́сский язы́к?
   — Два́ го́да.
   — Ско́лько ле́т у́чатся в ва́шем ко́лледже?
   — Четы́ре го́да.
2. — Ско́лько дне́й в феврале́?
   — Два́дцать во́семь дне́й.
3. — Ско́лько ле́т вы́ рабо́таете в университе́те?
   — Двена́дцать ле́т.

21. *Microdialogues. Use the words* час, день, год *and numerals.*

   Ско́лько вре́мени о́н рабо́тал та́м?

Model: — Я́ слы́шал, что Ви́ктор Петро́вич рабо́тал на Да́льнем
   Восто́ке. Ско́лько вре́мени о́н рабо́тал на Да́льнем Восто́ке   ?
   — Два́ го́да .

   1. Я́ зна́ю, что Ро́берт рабо́тал в институ́те.
   2. Я́ слы́шал, что Кле́р жила́ в Детро́йте.
   3. Бори́с изуча́л англи́йский язы́к.
   4. Ка́тя отдыха́ла на Кавка́зе.
   5. Дже́йн была́ на пра́ктике.
   6. Я́ зна́ю, что Бори́с живёт в Москве́.
   7. Ве́ра ка́ждый де́нь смо́трит телеви́зор.
   8. Оле́г вчера́ занима́лся в библиоте́ке.
   9. Я́ слы́шал, что Мэ́ри была́ в Ленингра́де.
   10. Я́ зна́ю, что А́нна неда́вно рабо́тает в э́том институ́те.

★ **22.** *Say when you saw them, using the words* мину́та, ча́с, ме́сяц, го́д *and numerals.*

Model: — Вы́ не ви́дели Никола́я?
   — Я́ ви́дел его́ де́сять мину́т наза́д .

   1. Вы́ не ви́дели А́нну Ива́новну?
   2. Вы́ не зна́ете, где́ сейча́с до́ктор Петро́в?
   3. Вы́ не ви́дели сего́дня Бори́са?
   4. Вы́ не зна́ете, где́ сейча́с журнали́ст Бело́в?
   5. Вы́ давно́ не ви́дели профе́ссора Серге́ева?
   6. Вы́ не ви́дели зде́сь Оле́га Петро́ва?

23. *Speak about yourself.*

   1. Ско́лько вре́мени вы́ учи́лись в шко́ле? В како́м году́ вы́
      ко́нчили шко́лу?
   2. Когда́ вы́ поступи́ли в университе́т? Ско́лько вре́мени вы́
      бу́дете учи́ться в университе́те?
   3. Ско́лько ле́т наза́д вы́ ко́нчили шко́лу?
   4. Ско́лько ле́т у ва́с в университе́те изуча́ют иностра́нные
      языки́?
   5. Ско́лько вре́мени вы́ бу́дете изуча́ть ру́сский язы́к?
   6. Когда́ вы́ ко́нчите университе́т?

★ **24.** *Translate. (Remember that when counting the number of months in excess of 12, Russians normally express the time in years and months; e.g., 16 months is expressed as 1 year and 4 months* — го́д и 4 ме́сяца).*

1. Victor lived in Odessa for 15 months.
2. We worked in the library today for three hours.
3. My friends will study at this university for another 29 months.
4. The school students worked on those difficult problems for 2 hours.
5. He spoke for only 10 minutes but said a lot.
6. I have been working at this institute for 14 months.
7. My girl friend's brother has been studying English for only one week and four days.

Ви́ктор взя́л не́сколько но́вых журна́лов.

▶ **25.** *Listen and repeat; then read and analyze. (See Analysis VIII, 1.3.)*

— Серге́й, у тебя́ е́сть интере́сные кни́ги?
— Да́, у меня́ **мно́го интере́сных кни́г.** У меня́ е́сть дре́вние и совреме́нные кни́ги, альбо́мы. У меня́ е́сть альбо́м **дре́вних архитекту́рных па́мятников** Арме́нии и Росси́и.

26. (a) *Listen and repeat.*

Зде́сь мно́го интере́сных кни́г. Я ви́дел мно́го хоро́ших фи́льмов. Э́то фотогра́фия мои́х друзе́й. У него́ мно́го хоро́ших друзе́й.

(b) *Listen and reply.*

Model: — У ва́с е́сть но́вые кни́ги?
         — Не́т, у меня́ не́т но́вых кни́г.
         (— Да́, у меня́ мно́го но́вых кни́г.)
         (— У меня́ ма́ло но́вых кни́г.)

1. У ва́с е́сть но́вые пласти́нки?
2. В ва́шем го́роде мно́го но́вых домо́в?
3. В ва́шем го́роде е́сть хоро́шие музе́и?
4. В ва́шей библиоте́ке е́сть ру́сские кни́ги?

★ **27.** (a) *Supply the necessary information, using the words* мно́го, немно́го, ма́ло, не́т. *Consult a map of the USSR.*

1. В Сове́тском Сою́зе е́сть больши́е ре́ки? Каки́е ре́ки вы́ зна́ете?
2. На ю́ге СССР е́сть высо́кие го́ры? А на се́вере СССР е́сть высо́кие го́ры?
3. На Ура́ле е́сть больши́е ре́ки? А высо́кие го́ры та́м е́сть?
4. На Ура́ле е́сть больши́е города́?
5. Где́ мно́го дре́вних городо́в?

(b) *Situations.*

1. Ask your friends about the physical geography of the United States, Canada, Australia, Britain.

2. Ask your friends about their home towns. Find out whether they have any historical monuments, beautiful parks, high-rise buildings, large hotels.

28. *Somebody asks you a question. Answer it, using the words* мно́го, ма́ло, не́т.

    1. У ва́с в го́роде е́сть истори́ческие па́мятники?

    2. В ва́шем го́роде жи́ли знамени́тые лю́ди?

    3. О́коло ва́шего го́рода е́сть больши́е ре́ки и́ли высо́кие го́ры?

    4. На э́той у́лице е́сть больши́е магази́ны?

    5. У ва́с в библиоте́ке е́сть иностра́нные кни́ги?

> Э́то **Театра́льная пло́щадь.**
>
> Де́тский теа́тр нахо́дится **на Театра́льной пло́щади.**

▶ **29.** *Read and analyze. (See Analysis VIII, 5.1., 5.2.)*

Письмо́ Джéйн

Здра́вствуй, А́нна!

Сейча́с я живу́ в Москве́, учу́сь в Моско́вском университе́те. Я изуча́ю ру́сский язы́к и пишу́ по-ру́сски. На откры́тке ты ви́дишь **пло́щадь** Револю́ции. **Пло́щадь** Револю́ции — э́то больша́я краси́вая **пло́щадь** в це́нтре Москвы́. **Пло́щадь** Револю́ции нахо́дится о́коло Кра́сной **пло́щади.** На Кра́сной **пло́щади** нахо́дится Кре́мль.

А́нна, ле́том я бу́ду на пра́ктике в **Сиби́ри.** Ты зна́ешь, что тако́е **Сиби́рь? Сиби́рь** — э́то большо́й бога́тый райо́н Сове́тского Сою́за. Го́род Новосиби́рск нахо́дится в **Сиби́ри.** Сиби́рские учёные изуча́ют **Сиби́рь:** кли́мат, приро́ду, эконо́мику **Сиби́ри.** Сейча́с мно́го пи́шут и говоря́т о **Сиби́ри.**

Ка́к ты живёшь? Ка́к твои́ дела́? Пиши́.

До свида́ния. Джéйн.

30. (a) *Listen and repeat.*

пло́щадь [пло́щит'], на пло́щади, Сиби́рь, в Сиби́ри, тетра́дь, в тетра́ди, пло́щадь Револю́ции, на пло́щади Револю́ции, Кра́сная пло́щадь, на Кра́сной пло́щади. Кре́мль нахо́дится на Кра́сной пло́щади. На́ш институ́т на пло́щади Маяко́вского. Мо́й дру́г живёт в Сиби́ри, в го́роде Новосиби́рске.

(b) *Listen. Confirm it.*

Model: — Вы́ рабо́таете на Театра́льной пло́щади?
— Да́, на Театра́льной пло́щади .

1. Вади́м живёт в Сиби́ри?
2. Андре́й живёт на пло́щади Маяко́вского?
3. Кре́мль нахо́дится на Кра́сной пло́щади?
4. Большо́й теа́тр на Театра́льной пло́щади?
5. Новосиби́рск нахо́дится в Сиби́ри?
6. Вы́ написа́ли перево́д в тетра́ди?

31. *Ask questions about what interests you. Use the words given below.*

(a) Model: — Скажи́те, пожа́луйста, где́ нахо́дится Большо́й теа́тр?
— На Театра́льной пло́щади .

Ма́лый теа́тр, Де́тский теа́тр — Театра́льная пло́щадь
кинотеа́тр «Росси́я» — Пу́шкинская пло́щадь
кинотеа́тр «Москва́» — пло́щадь Маяко́вского
Кре́мль — Кра́сная пло́щадь
Новосиби́рск — Сиби́рь

(b) Model: — Вы́ зна́ете, что́ нахо́дится
на пло́щади Маяко́вского ?
— Не́т, не зна́ю. Я́ ви́дел
пло́щадь Маяко́вского
то́лько на
фотогра́фии.

пло́щадь Гага́рина
пло́щадь Револю́ции
Кра́сная пло́щадь

32. *Situations. The "information booth"*
(Спра́вки) *provides Soviet telephones and addresses.*

Model: — Скажи́те, пожа́луйста,
а́дрес и телефо́н
Большо́го теа́тра.
— Во́т, возьми́те.
Пожа́луйста, 20 копе́ек.
— Пожа́луйста.

How would you find out the following: the address and the telephones of the Pushkin Russian Language Institute, the Lenin Library, the Art Theatre, the Conservatory, the circus, the hotel *Rossiya,* the hotel *Savoy,* the restaurant *Praga,* the restaurant *National.*

33. (a) *Microdialogues.*

> ## Где́ мо́й слова́рь?

— Ты́ не зна́ешь, где́ мо́й слова́рь?
— Я́ ви́дел тво́й слова́рь на столе́.
— Я́ уже́ смотре́л, словаря́ та́м не́т.
— Ты́ пло́хо смотре́л. Во́т о́н. На словаре́ лежа́л журна́л.

> ## Где́ моя́ тетра́дь?

(b) *Imagine you are looking for your notebook. Compose a dialogue similar to the preceding one.*

Я́ зна́ю э́тих иностра́нных студе́нтов.

▶ **34.** *Read and analyze. (See Analysis VIII, 1.3.)*

Ка́к называ́ются у́лицы и пло́щади Москвы́?

Центра́льная у́лица Москвы́ — Тверска́я. В Москве́ е́сть у́лица Льва́ Толсто́го, у́лица Ге́рцена, Пу́шкинская пло́щадь и пло́щадь Маяко́вского. В Москве́ жи́ло мно́го знамени́тых люде́й. Мы́ зна́ем **э́тих люде́й: знамени́тых писа́телей, компози́торов, худо́жников. В Москве́** вы́ мо́жете уви́деть и **други́е знако́мые имена́:** у́лица Менделе́ева, у́лица Ле́бедева, Ломоно́совский проспе́кт. Э́то имена́ учёных. Е́сть и истори́ческие назва́ния: пло́щадь Револю́ции, Октя́брьская пло́щадь. В Москве́ е́сть не́сколько Па́рковых у́лиц, е́сть Лесна́я у́лица, Садо́вая, Весе́нняя и Весёлая.

35. *Listen and repeat.*

у́лица называ́ется [нъзыва́jиццъ], центра́льная [цынтра́л'нъjь], центра́льная у́лица, центра́льная у́лица называ́ется; Ка́к называ́ется э́та у́лица? Ка́к называ́ется центра́льная у́лица Москвы́? Ка́к называ́ется центра́льная у́лица в ва́шем го́роде?

36. *Complete the sentences, using the phrases on the right.*

1. Сего́дня у на́с го́сти. Я́ пригласи́ла мно́го госте́й:	знако́мые студе́нты, мои́ подру́ги, твои́ това́рищи
2. Вчера́ в клу́бе бы́л интере́сный конце́рт. В клу́бе Серге́й ви́дел	знамени́тые арти́сты, сове́тские и иностра́нные студе́нты, на́ши профессора́
3. Я́ зна́ю ... . Я́ чита́л статью́ о ни́х в журна́ле.	э́ти молоды́е худо́жники и писа́тели.

IV Пётр до́лжен повтори́ть уро́к.

▶ **37.** *Listen and repeat; then read and analyze. (See Analysis VIII, 6.0.)*

— Ве́ра, вы обяза́тельно **должны́ посмотре́ть** э́тот фи́льм.
— Почему́?
— Э́то о́чень интере́сный и весёлый фи́льм.
— А у меня́ не́т биле́та.
— Биле́ты сейча́с бу́дут. Оле́г **до́лжен купи́ть** биле́ты.

38. *Respond to the statements.*

Model: — Я́ должна́ рабо́тать сего́дня.
          — Я́ то́же до́лжен рабо́тать сего́дня .

1. Я́ должна́ написа́ть письмо́.
2. Я́ должна́ перевести́ э́ту статью́.
3. Мы́ должны́ чита́ть по-ру́сски ка́ждый де́нь.
4. Я́ должна́ написа́ть докла́д.
5. Я́ должна́ прочита́ть э́тот журна́л.

39. *Say that they should do the following.*

Model: А́ня должна́ прочита́ть э́ту кни́гу .

обсуди́ть статью́
1. Ви́ктор и Ве́ра ... . 2. Мы́ ... .

посмотре́ть э́тот спекта́кль
1. Ни́на ... . 2. На́ши студе́нты ... . 3. Ва́ш бра́т ... .

купи́ть э́ту кни́гу
1. Студе́нты-фило́логи ... . 2. Ка́ждый студе́нт ... . 3. Ва́ша сестра́ ... .

40. *Give your reason.*

Model: — Почему́ вы́ вчера́ не́   — Почему́ вы́ за́втра не бу́дете
были в клу́бе? (гото́вить)   в клу́бе? (гото́вить)
    — Вчера́ я́ до́лжен бы́л   — За́втра я́ до́лжен бу́ду
(должна́ была́) гото́вить   (должна́ бу́ду) гото́вить уро́ки.
уро́ки.

1. Почему́ вы́ вчера́ не́ были в теа́тре? (переводи́ть)
2. Почему́ вы́ за́втра не бу́дете в клу́бе? (рабо́тать)
3. Почему́ за́втра ва́ша подру́га не бу́дет на конце́рте? (писа́ть)
4. Почему́ вчера́ ва́ши друзья́ не́ были на стадио́не? (отдыха́ть)
5. Почему́ вы́ вчера́ опозда́ли? (гото́вить)
6. Почему́ за́втра ва́ши това́рищи не бу́дут на вы́ставке? (рабо́тать)

★ **41.** *Situations.*

(a) *Advise a friend about what he should do when studying a foreign language; use the verbs* читáть, переводи́ть, понимáть, учи́ть, повторя́ть, писáть, расскáзывать, обсуждáть, спрáшивать, знáть, изучáть, разговáривать.

(b) *Advise a friend about what she should do when studying to become a musician; use the verbs* слýшать, посещáть, изучáть, пéть, смотрéть.

> Óн **нáчал писáть** доклáд в январé, а **кóнчил** в мáрте.

▶ **42.** *Listen, repeat and analyze. (See Analysis VIII, 7.0.)*

1. — Ты́ ужé прочитáла шестóй нóмер «Нóвого ми́ра»?
   — Нéт ещё, тóлько **началá читáть.** Я́ получи́ла егó сегóдня.
   — Когдá ты́ **кóнчишь** егó **читáть?**
   — Дýмаю, что зáвтра. Я́ хочý прочитáть тóлько оди́н расскáз.
2. — Андрéй, ты́ ужé **кóнчил писáть** курсовýю рабóту?
   — Нéт ещё, я́ тóлько **нáчал** её **писáть.** Я́ дóлго собирáл материáлы.
   — А Джóн и Дэ́вид? Они́ тóже тóлько **нáчали писáть?**
   — Нéт, они́ ужé кóнчили.

43. *Somebody asks you a question. Answer it.*

Model: — Ты́ ужé реши́л задáчу?

   — Нéт ещё, я́ тóлько нáчал её решáть. (*imp.*)

or:

   — Дá, я́ тóлько кóнчил её решáть. (*imp.*)

1. Ты́ ужé написáл упражнéние?
2. Вы́ ужé сдéлали урóки?
3. Ты́ ужé прочитáл статью́?
4. Ты́ ужé посмотрéл нóвый журнáл?
5. Ты́ ужé написáл пи́сьма?
6. Вы́ ужé обсуди́ли доклáд Джóна?
7. Они́ ужé перевели́ тéкст?

44. *Microdialogues. Use the verbs* читáть, переводи́ть, рисовáть.

Model: — Ве́ра, ты́ сейча́с отдыха́ешь?
— Не́т, я́ начала́ писа́ть упражне́ние.
— А когда́ ты́ ко́нчишь писа́ть?
— Не зна́ю.

 V Э́тот уче́бник **сто́ит во́семьдесят копе́ек.**
Э́та кни́га **сто́ит два́ рубля́ со́рок одну́ копе́йку.**

▶ **45.** *Listen and repeat; then read and analyze.*

В магази́не

— Скажи́те, пожа́луйста, **ско́лько сто́ит** э́та пласти́нка?
— Э́та пласти́нка **сто́ит ру́бль два́дцать копе́ек.**

46. (a) *Become familiar with Soviet monetary units. Read their names.*

1 (оди́н) ру́бль; 2, 3, 4 рубля́; 5, 10, 25 рубле́й
1 (одна́) копе́йка
2 (две́) копе́йки
3, 4 копе́йки
5, 10, 15, 20, 50 копе́ек

(b) *Somebody asks you about prices. Give answers.*

Model: — Скажи́те, пожа́луйста, э́та ру́чка сто́ит 70 копе́ек?
— Не́т, э́та ру́чка сто́ит 72 копе́йки .

1. Вы́ не зна́ете, э́тот каранда́ш сто́ит 3 копе́йки?
2. Э́та тетра́дь сто́ит 4 копе́йки?

3. Э́та откры́тка сто́ит 6 копе́ек?
4. Э́та ма́рка сто́ит 10 копе́ек?
5. Э́тот уче́бник сто́ит 80 копе́ек?
6. Э́та кни́га сто́ит 2 рубля́?
7. Э́та пласти́нка сто́ит ру́бль?
8. Э́тот телеви́зор сто́ит 450 рубле́й?
9. Э́та ла́мпа сто́ит 23 рубля́?

47. *Ask how much newspapers and magazines are.*

Model: — Ско́лько сто́ит газе́та «Изве́стия»? (10 коп.)
— Газе́та «Изве́стия» сто́ит 10 копе́ек .

«Пра́вда» (10 коп.), «Вече́рняя Москва́» (10 коп.), «Пионе́рская пра́вда» (3 коп.), «Комсомо́льская пра́вда» (10 коп.), «Тру́д» (8 коп.), «Сове́тский спо́рт» (10 коп.), «Литерату́рная газе́та» (40 коп.).

Model: — Ско́лько сто́ит журна́л «Но́вый ми́р»? (2 руб. 10 коп.)
— Журна́л «Но́вый ми́р» сто́ит 2 рубля́ 10 копе́ек .

«Москва́» (1 руб. 30 коп.), «Сове́тский Сою́з» (1 руб. 90 коп.), «Сове́тская же́нщина» (1 руб. 60 коп.), «Же́нщины ми́ра» (30 коп.), «Студе́нческий меридиа́н» (60 коп.), «Теа́тр» (2 руб. 80 коп.)

48. *Dialogues.* (a) *Read the dialogue aloud.*

Что́ вы́ хоти́те купи́ть?

— Ка́тя, что́ ты́ хо́чешь купи́ть?
— Краси́вую ру́чку.
— Во́т симпати́чная ру́чка. Она́ сто́ит три́ рубля́.
— Э́то до́рого, Дже́йн. У меня́ ма́ло де́нег.
— Тогда́ купи́ во́т э́ту ма́ленькую ру́чку. Она́ сто́ит девяно́сто копе́ек. Э́то недо́рого.

(b) *Say what you would like to buy. Look at the picture.*

49. *Situation.*

You want to buy a newspaper. Ask whether it is on sale and how much it is.

Model: — У ва́с е́сть «Вече́рняя Москва́»?
— Е́сть.
— Ско́лько она́ сто́ит?
— 10 копе́ек.
— Да́йте, пожа́луйста, «Вече́рнюю Москву́» и «Пра́вду».

CONVERSATION

I. Evaluation of Information Received

1. — Сего́дня профе́ссор Ивано́в чита́ет ле́кцию о Сиби́ри.
  — **Э́то о́чень интере́сно.**
2. — Ле́том студе́нты-журнали́сты бу́дут рабо́тать в газе́те.
  — **Э́то хорошо́, что** студе́нты бу́дут рабо́тать в газе́те.

50. *Listen and repeat.*

Э́то интере́сно. Э́то о́чень интере́сно. Э́то тру́дно. Э́то о́чень тру́дно. Э́то хорошо́. Э́то о́чень хорошо́. Э́то нехорошо́. Э́то до́рого. Э́то недо́рого.

51. *Give your assessment, using the words* хорошо́, нехорошо́, пло́хо, интере́сно, неинтере́сно, тру́дно, до́рого, недо́рого.

Model: — Сего́дня мы́ бу́дем рабо́тать в лингафо́нном кабине́те.
— Э́то о́чень интере́сно.

1. Никола́й собира́ет ста́рые кни́ги. — ... .
2. Па́вел опя́ть вчера́ опозда́л. — ... .
3. Мы́ бу́дем занима́ться на стадио́не ка́ждый де́нь. — ... .
4. Мо́й бра́т хо́чет учи́ться на физи́ческом факульте́те. — ... .
5. У моего́ бра́та не́т друзе́й. — ... .
6. Зде́сь ско́ро бу́дет вы́ставка карти́н молоды́х худо́жников. — ... .
7. Ю́рий купи́л альбо́м. О́н сто́ит де́сять рубле́й. — ... .
8. Ве́ра купи́ла пла́тье. Оно́ сто́ит пятна́дцать рубле́й. — ... .
9. Моя́ сестра́ бу́дет учи́ться на филологи́ческом факульте́те. — ... .

Model: — За́втра в клу́бе бу́дет конце́рт студе́нтов на́шего
              институ́та.
            — Я́ ду́маю, э́то бу́дет интере́сно.
            — Я́ ду́маю, э́то бу́дет не о́чень интере́сно.

1. Сего́дня студе́нты бу́дут говори́ть о пра́ктике. — ... .
2. На конце́рте сего́дня бу́дут пе́ть арти́сты о́перного теа́тра. — ... .
3. В клу́бе сейча́с вы́ставка. — ... .
4. За́втра у на́с бу́дет контро́льная рабо́та. — ... .
5. И́ра реши́ла собира́ть ма́рки и значки́. — ... .

52. *Give your assessment.*

Model: — Ле́том мы́ бу́дем жи́ть на ю́ге.

— Э́то хорошо́.   *or:*   — Э́то пло́хо (нехорошо́). Мы́ не
Я́ то́же бу́ду   уви́дим ва́с два́ ме́сяца.
отдыха́ть та́м.

1. — Мы́ на́чали изуча́ть францу́зский язы́к. — ... .
2. — Я́ о́чень люблю́ теа́тр. — ... .
3. — А́втор испо́льзовал в рома́не расска́зы друзе́й. — ... .
4. — Я́ бу́ду учи́ться в педагоги́ческом институ́те. — ... .
5. — За́втра у на́с не бу́дет ле́кций. — ... .
6. — Сего́дня у меня́ свобо́дный де́нь. — ... .

II. Expressions of Agreement and Disagreement in Conversation

                    — Петро́в — хоро́ший арти́ст.

— Да́, о́н хоро́ший арти́ст.   — Не ду́маю.
— Ты́ пра́в. О́н хоро́ший арти́ст.   — Не́т, не о́чень.
— Ты́ пра́в. (Full agreement with the (Disagreement with
speaker.)   the speaker.)

                    — Я́ ду́маю, за́втра бу́дет хоро́шая пого́да.

— Да́, вы́ пра́вы, за́втра   — Мо́жет бы́ть.
бу́дет хоро́шая пого́да.   (Indefinite answer.)
— Да́, вы́ пра́вы.
(Absolute certainty.)
— Да́, вы́ пра́вы, за́втра
должна́ бы́ть хоро́шая
пого́да.
(Certainty with a shade of
doubt.)

53. *Express agreement or disagreement, using the expressions* вы́ пра́вы, мо́жет бы́ть, не ду́маю, не о́чень.

1. — Его́ дру́г — о́чень ве́жливый молодо́й челове́к. — ... .
2. — Зде́сь о́чень краси́вые места́. — ... .
3. — Мари́я — о́чень краси́вое и́мя. — ... .
4. — Профе́ссия архите́ктора — о́чень интере́сная профе́ссия. — ... .
5. — На се́вере всегда́ холо́дная пого́да. — ... .
6. — Рестора́н «Росси́я» — о́чень хоро́ший рестора́н. — ... .

54. *Agree with the speaker and give a reason for agreeing.*

Model: — Я́ ду́маю, конце́рт бу́дет интере́сный.
— Да́, вы́ пра́вы, конце́рт до́лжен бы́ть интере́сный. Сего́дня выступа́ют о́чень хоро́шие арти́сты.

1. — Я́ ду́маю, сего́дня бу́дет интере́сная ле́кция. — ... .
2. — Я́ ду́маю, у Ка́ти бу́дет интере́сный докла́д. — ... .
3. — Я́ ду́маю, что конфере́нция бу́дет интере́сная. — ... .
4. — Зде́сь бу́дет кинотеа́тр. Э́то бу́дет большо́е и совреме́нное зда́ние. — ... .
5. — Я́ ду́маю, сего́дня в клу́бе бу́дет интере́сный ве́чер. — ... .
6. — Я́ ду́маю, что на ве́чере бу́дет мно́го наро́да. — ... .

55. (a) *Listen to and read the dialogue.*

Ivan Ivanovich has run into Sasha in a store which sells flowers.

В цвето́чном магази́не

— Здра́вствуйте, Ива́н Ива́нович! Ка́к я́ ра́д ва́с ви́деть!
— До́брый де́нь, Са́ша. О́чень прия́тно ви́деть ва́с зде́сь, в цвето́чном магази́не. Вы́ хоти́те купи́ть цветы́?
— Да́, у мое́й ма́мы сего́дня де́нь рожде́ния. Зде́сь та́к мно́го ра́зных цвето́в: кра́сные, жёлтые, бе́лые, си́ние. Я́ не зна́ю, что́ купи́ть.
— У мое́й жены́ то́же за́втра де́нь рожде́ния. И я́ купи́л кра́сные ро́зы.
— Пра́вильно, Ива́н Ива́нович. Я́ то́же куплю́ кра́сные ро́зы. Ма́ма о́чень лю́бит ро́зы. Спаси́бо! До свида́ния!
— До свида́ния, Са́ша!

(b) *Listen and repeat.*

Бе́лый, чёрный, кра́сный, зелёный, си́ний, жёлтый. Бе́лый цве́т, кра́сный цве́т, чёрный цве́т, зелёный цве́т, си́ний цве́т, жёлтый цве́т.

(c) *Answer the questions.*

Где́ уви́дел Са́ша Ива́на Ива́новича? О чём спроси́л Са́шу Ива́н Ива́нович? Каки́е цветы́ уви́дел Са́ша в магази́не? Каки́е цветы́ о́н купи́л?

(d) *Dramatize the dialogue.*

★ (e) *Situations.*

1. Your friend comes to the university in a new car. You are surprised. You ask him about his car.

2. You want to buy a car, but do not know what kind. Ask for your friend's opinion. You want to buy an inexpensive car.

3. You have come to the store to buy a car. The salesman wants to help you. Use the remarks Како́й ма́рки маши́ну вы́ хоти́те? Како́го цве́та маши́ну вы́ хоти́те? Покажи́те, пожа́луйста... Ско́лько сто́ит... Э́то сли́шком до́рого.

III. In a Cafeteria

Э́то ме́сто свобо́дно?	Is this seat free?
бра́ть / взя́ть на пе́рвое	to have for the first course
Что́ взя́ть на второ́е?	What should I have for my main course?
Не зна́ю, что́ взя́ть на тре́тье.	I don't know what to have for dessert.

56. (a) *Basic Dialogue. Listen to the dialogue and read it aloud.*

Ты́ сего́дня обе́дал?

— Здра́вствуй, Па́влик. Давно́ тебя́ не ви́дел!

— Здра́вствуй, Серёжа. Что́ но́вого?

— Ничего́ осо́бенного. Сего́дня ко́нчил курсову́ю рабо́ту. Тепе́рь у меня́ мно́го свобо́дного вре́мени.

— Э́то о́чень хорошо́. А я то́лько на́чал писа́ть. Два́ ме́сяца чита́л учебники. Пото́м чита́л ра́зные статьи́.

— Ты́ сего́дня обе́дал, Па́влик?

— Не́т ещё. А ско́лько сейча́с вре́мени?

— Три́ часа́. Мо́жет бы́ть, пообе́даем вме́сте?

— О́чень хорошо́.

(b) *Listen and repeat.*

Что́ но́вого? Ничего́ осо́бенного. Обе́дать. Ты́ обе́дал? Ты́ сего́дня обе́дал? Пообе́дать. Мы́ пообе́даем. Мы́ вме́сте пообе́даем. Мо́жет бы́ть, мы́ вме́сте пообе́даем? Ско́лько вре́мени? Ско́лько сейча́с вре́мени?

(c) *Answer the questions.*

Кто́ таки́е Серёжа и Па́влик? О чём спроси́л Па́влик Серёжу? Почему́ у Серёжи сейча́с мно́го свобо́дного вре́мени? Почему́ Па́влик неда́вно на́чал писа́ть курсову́ю рабо́ту? Когда́ сего́дня обе́дали Па́влик и Серёжа?

(d) *Dramatize the dialogue.*

(e) *Situation.*

You have run into one of your friends. Invite him/her to have lunch with you.

57. *Basic Dialogue.* (a) *Listen to the dialogue and read it aloud.*

<u>В столо́вой</u>

— Извини́те, э́то ме́сто свобо́дно?
— Да́, сади́тесь, пожа́луйста.
— Па́влик, сади́сь зде́сь, о́коло окна́.

(b) *Dramatize the dialogue and compose similar dialogues.*

58. *Basic Dialogue. Listen to the dialogue and read it aloud.*

<u>Что́ ты́ хо́чешь?</u>

— Па́влик, что́ ты́ хо́чешь взя́ть на пе́рвое?
— Я́ возьму́ су́п. А ты́?
— Я́ возьму́ на пе́рвое су́п, а на второ́е — ры́бу.
— А я́ не е́м ры́бу. Я́ не люблю́ её. Я́ возьму́ мя́со.
— А ско́лько сто́ит мя́со?
— Мя́со сто́ит 60 копе́ек, ры́ба сто́ит 43 копе́йки, а су́п сто́ит 21 копе́йку.
— А что́ мы́ возьмём на тре́тье?
— Не зна́ю. Мо́жет бы́ть, фру́кты?

— Хорошо́. Возьмём фру́кты. А что́ ты бу́дешь пи́ть? Ча́й и́ли ко́фе?

— Ча́й.

— А я́ пью́ ча́й то́лько у́тром, когда́ за́втракаю, и́ли ве́чером, когда́ у́жинаю. Днём я́ пью́ ко́фе. Я́ о́чень люблю́ чёрный ко́фе[1].

(b) *Listen and repeat.*

Су́п, мя́со, ры́ба, фру́кты, ча́й, ко́фе; на пе́рвое, на второ́е, на тре́тье, взя́ть на пе́рвое, взя́ть су́п на пе́рвое, взя́ть мя́со на второ́е, взя́ть фру́кты на тре́тье.

За́втракать, обе́дать, у́жинать. Я́ за́втракаю до́ма. О́н обе́дает в столо́вой. Мы́ у́жинаем до́ма.

Е́сть. Я́ е́м. Я́ е́м мя́со. Ты́ е́шь. Ты́ е́шь ры́бу. О́н е́ст. О́н е́ст су́п. Мы́ еди́м. Мы́ еди́м фру́кты. Вы́ еди́те су́п. Они́ едя́т мя́со.

(c) *Answer the questions.*

Что́ взя́ли Серёжа и Па́влик на пе́рвое? Что́ они́ взя́ли на второ́е? Почему́ Па́влик не хоте́л бра́ть ры́бу? Что́ они́ взя́ли на тре́тье? Ско́лько сто́или су́п, мя́со и ры́ба? Почему́ Серёжа пи́л ко́фе, а не ча́й?

(d) *Dramatize the dialogue.*

(e) *Situations.*

1. You have invited a girl to have lunch with you. Find out what she likes. Help her to choose a first, second and third course.

★ 2. You met a foreigner. Find out what they eat for breakfast, lunch and dinner in his country.

59. *Situation.*

You have come to the student's canteen. Read the menu[2].

(1) Say how much the salad, soup, fish, meat, fruit, tea, and the coffee is.

(2) Say what you would like to buy. How much will it cost?

60. *Dialogue.* (a) *Listen to the dialogue and read it aloud.*

О ф и ц и а́ н т: Я́ ва́с слу́шаю. Что́ вы́ хоти́те?

С е р г е́ й: Пожа́луйста, су́п, мя́со, ры́бу, фру́кты, ча́й и ко́фе.

О ф и ц и а́ н т: Хорошо́.

---

[1] Remember that the indeclinable noun ко́фе is masculine: чёрный ко́фе.
[2] Prices for dishes are given in copecks. Note that the menu is from 1990.

МЕНЮ

на « ——— » ———————— 197 г.

По залу ————————————

Выход	Наименование блюд	Цена
	Закуски	
100	Салат мясной	38
100	Салат из огурцов и помидоров	32
100	Салат витаминный	12
100	Сыр латвийский	14
	I	
500/20	Суп из овощей	23
500/20	Борщ украинский	25
500/20	Щи домашние	23
	II	
100/50	Рыба отварная, соус польский	25
200/75	Мясо жареное	42
200/50	Плов фруктовый	29
190/20	Пудинг из творога с джемом	21
	III	
200	Компот из яблок	17
200/16	Чай с сахаром	03
200	Кофе	20
	Гарниры	
100	Картофельное пюре	08
100	Макароны	05
	Хлеб ржаной	01
	Хлеб пшеничный	01

Директор комбината ————————

Зав. производством ————————

Калькулятор ————————

Типография газеты «Правда». Зак. 8491.

(b) *Dramatize the dialogue.*

(c) *Situations.*

Order lunch for yourself; for yourself and a friend; for yourself and a number of friends.

61. *Situation.*

You have come to a restaurant. Read the menu.

(1) Say how much the salad, soup, fish, meat, fruit, tea, and the coffee is.

(2) What will you order? How much will it cost?

		На 30.9.90
Шифр	Наименование	Цена
	Холодные блюда и закуски	
9925	Рыба заливная «Русский сувенир»	2.55
9919	Сельдь по-московски	1.12
9954	Салат «Славянский» овощной	0.50
9542	Салат из белокочанной капусты	0.15
9051	Салат из свежих огурцов со сметаной	0.54
9050	Салат из свежих помидоров со сметаной	0.67
	Горячие супы	
8910	Суп-рассольник с рыбой и расстегаями	3.36
8088	Щи русские в горшочке с гречневой кашей	3.20
8930	Бульон с кулебякой слоеной	1.12
	Горячие блюда из рыбы	
7910	Рыба в сметане с грибами	4.24
7932	Рыба, запеченная по-московски	3.40
7236	Рыба жареная	3.85
	Горячие мясные блюда	
7471	Жаркое «Русское»	3.27
7468	Говядина по-русски в горшочке	3.54
7550	Шницель из свинины с гарниром	3.15
	Котлета свиная отбивная с гарниром	3.82
7552	Баранина в горшочке	3.35
	Блюда из птицы и дичи	
7737	Цыплята в красном вине	3.75
7720	Индейка жареная с маринованными фруктами	4.63
7726	Утка жареная в сметане с яблоками	3.68
7780	Котлеты рубленые из кур «Пожарские»	3.52
	Русские блины	
1620	Блины с маслом и сметаной	0.52
1632	Блины с мёдом	0.56
	Сладкие блюда	
2282	Компот из свежих яблок	0.23
2284	Фрукты консервированные, в сиропе	0.36
2990	Пломбир «Сюрприз»	0.65
	Прохладительные напитки	
2976	Квас с хреном на меду	0.17
2570	Кофе чёрный с мороженым	0.26
	Горячие напитки	
6000	Чай с сахаром	0.03
6038	Кофе чёрный с сахаром	0.12
6026	Кофе с молоком	0.20

READING

62. *Read the text.*

Note:			
1, 21, 31, etc.	год	челове́к
2, 3, 4, 22, 23, 24, etc.	го́да	челове́ка
5, 6, 7, 11, 20, 30, 25, 26, etc. ско́лько, не́сколько	ле́т	челове́к
мно́го, ма́ло	ле́т	люде́й

Гео́ргий — студе́нт-матема́тик. Óн у́чится в институ́те уже́ 3 го́да. Сейча́с о́н на тре́тьем ку́рсе. Óн бу́дет учи́ться ещё 2 го́да, потому́ что студе́нты у́чатся в институ́те 5 ле́т. У Гео́ргия в гру́ппе — 12 челове́к. 6 челове́к — москвичи́, 4 челове́ка — ленингра́дцы. В гру́ппе у́чатся 2 иностра́нца: англича́нин и болга́рин.

63. *Read the text and answer the following questions.*

1. Ско́лько челове́к могло́ посеща́ть библиоте́ку ка́ждый де́нь в XIX ве́ке?
2. Ско́лько челове́к посеща́ет библиоте́ку ка́ждый де́нь сейча́с?

О Библиоте́ке В.И. Ле́нина

Пе́рвая публи́чная библиоте́ка появи́лась в Москве́ в XIX ве́ке[1]. В не́й бы́ло 100 ты́сяч кни́г. Ка́ждый де́нь в не́й могло́ рабо́тать то́лько 20 челове́к.

А ско́лько челове́к посеща́ет Библиоте́ку и́мени В.И. Ле́нина сейча́с? Ка́ждый де́нь библиоте́ку посеща́ет 10 ты́сяч челове́к. Мно́го люде́й рабо́тает в не́й: москвичи́, ленингра́дцы, жи́тели Украи́ны и Да́льнего Восто́ка. В библиоте́ке рабо́тает мно́го иностра́нцев.

---

[1] Today it is one of the Lenin State Library buildings.

64. *Somebody asks you a question. Answer it.*

1. Ско́лько лет де́ти у́чатся в шко́ле в ва́шей стране́?
2. Ско́лько лет студе́нты обы́чно у́чатся в университе́те?
3. Како́й иностра́нный язы́к вы зна́ете? Ско́лько лет вы его́ изуча́ли?
4. Ско́лько лет вы хоти́те изуча́ть ру́сский язы́к?
5. Ско́лько челове́к в ва́шей гру́ппе?
6. Ско́лько челове́к изуча́ет ру́сский язы́к в ва́шем университе́те?

★ **65.** *Read and translate.*

Note: Он написа́л **уче́бник для фило́логов.**
Э́то **тетра́дь для упражне́ний.**

О Библиоте́ке и́мени В.И. Ле́нина

В Библиоте́ке и́мени В.И. Ле́нина не́сколько чита́льных за́лов. На второ́м этаже́ нахо́дится два́ чита́льных за́ла: чита́льный за́л № 1 для профессоро́в, иностра́нных аспира́нтов и стажёров и чита́льный за́л № 3 для фило́логов, исто́риков, фило́софов, экономи́стов. На тре́тьем этаже́ нахо́дится чита́льный за́л № 2 для матема́тиков, фи́зиков. На пе́рвом этаже́ нахо́дится чита́льный за́л № 4 для био́логов, хи́миков, гео́логов, враче́й.

★ **66.** *Say what books are available.*

Model: В э́той библиоте́ке е́сть кни́ги для студе́нтов .

1. Каки́е кни́ги е́сть в э́той библиоте́ке? (фило́логи, исто́рики, фило́софы, гео́логи, гео́графы, матема́тики, фи́зики, хи́мики, био́логи, врачи́, инжене́ры)
2. В ва́шем университе́те е́сть библиоте́ка? Каки́е кни́ги е́сть в э́той библиоте́ке? (студе́нты, ученики́)

67. *Read. Note the masculine nouns which end in a stressed* á *in the nominative plural.*

1. Анга́рск, Толья́тти, Навои́ — молоды́е города́ Сове́тского Сою́за.
2. На э́той у́лице постро́или но́вые краси́вые дома́.
3. — Скажи́те, пожа́луйста, каки́е номера́ журна́ла «Спу́тник» у вас сейча́с е́сть? — У нас е́сть пе́рвый и второ́й но́мер.
4. В э́том университе́те на хими́ческом факульте́те рабо́тают молоды́е профессора́.
5. В на́шей шко́ле рабо́тают хоро́шие учителя́.

68. *Microdialogues.*

Model: — Би́рмингем — англи́йский го́род.
          — Каки́е други́е англи́йские города́ вы зна́ете?
          — Я зна́ю Ли́верпуль, Ли́дс, Ше́ффилд и други́е города́.

1. Ташке́нт — сове́тский го́род.
2. У меня́ есть тре́тий но́мер журна́ла «Сове́тский Сою́з».
3. На филологи́ческом факульте́те рабо́тает профе́ссор Кузнецо́в.
4. В э́той шко́ле рабо́тает учи́тель Джо́нсон.

▶ **69.** *Read and analyze. Point out the cases in which imperfective verbs denote simultaneous actions and those in which perfective verbs denote consecutive actions. (See Analysis VI, 1.5.)*

1. Учи́тель объясня́л уро́к, ученики́ писа́ли но́вые слова́.
2. Учени́к откры́л кни́гу и прочита́л текст.
3. Мэ́ри, прочита́йте предложе́ние, пото́м повтори́те его́.
4. Студе́нты слу́шали расска́з журнали́ста о Сиби́ри и смотре́ли фотогра́фии.
5. Профе́ссор прочита́л ле́кцию о приро́де Кана́ды, пото́м студе́нты посмотре́ли фильм.

70. *Translate.*

1. John was writing a report and listening to music.
2. Victor was telling about the Volga and showing photographs.
3. Yesterday Boris gave a talk about the Ukraine and showed many interesting pictures.
4. First David saw the American film *Anna Karenina,* then he decided to read the novel in Russian.
5. Anna was reading a story, looking up the new words in the dictionary.

71. *Translate.*

Imperfective	Perfective

приглаша́ть / пригласи́ть к о г о́
Note: объясня́ть / объясни́ть ч т о́ / *subordinate clause*
покупа́ть / купи́ть ч т о́

1. Сего́дня у Дже́йн собрали́сь го́сти. Она́ пригласи́ла Ка́тю, Серге́я, Оле́га, Ни́ну и Ро́берта. — Дже́йн, а где́ Джон? Ты́ приглаша́ла его́? — Да́, приглаша́ла. Его́ не бу́дет. Он сказа́л, что сего́дня ве́чером он до́лжен чита́ть ле́кцию.
2. Ни́на хорошо́ зна́ет Ленингра́д, а Ро́берт не́ был в э́том го́роде. Ни́на объясни́ла, где́ нахо́дится Эрмита́ж, Ру́сский музе́й, Ленингра́дский университе́т, Педагоги́ческий институ́т и́мени А.И. Ге́рцена.

3. Когда́ учи́тель объясня́л но́вые слова́, ученики́ слу́шали его́.

4. — Ве́ра, у тебя́ есть расска́зы Фо́лкнера? — Да́, есть. — Где́ ты́ их купи́ла? — В магази́не «Прогре́сс». Я́ ча́сто покупа́ю та́м кни́ги.

72. *Microdialogues.*

1. — Джо́н, у тебя́ есть ру́сско-англи́йский слова́рь?	покупа́ть /
— Е́сть.	купи́ть
— Где́ ты́ его́ ...?	
— В магази́не «Прогре́сс».	
2. — Дже́йн, ты́ зна́ешь, где́ нахо́дится Большо́й теа́тр?	
— Да́. Ка́тя ... мне́.	объясня́ть / объясни́ть

73. *Give infinitives for each of the following verb forms; then supply the infinitive of the other aspect.*

приглашу́, смо́трят, объясню́, спрошу́, собира́ешь, расска́жешь, куплю́, начну́т, создаду́т, появи́лся, пи́шут, реши́л, понима́ете, ви́жу

▶ **74.** *Answer the questions, using the words in brackets. Remember that such verbs as* нача́ть *and* ко́нчить *are followed only by an imperfective infinitive. (See Analysis VIII, 7.0.)*

1. Где́ вы́ на́чали изуча́ть ру́сский язы́к? (университе́т)
2. Когда́ на́чали реставри́ровать э́тот па́мятник? (ию́нь)
3. Когда́ ва́ш бра́т на́чал учи́ться в шко́ле? (в 1985 г.)
4. Когда́ Серге́й на́чал гото́вить докла́д? (ме́сяц наза́д)
5. Худо́жник давно́ ко́нчил рисова́ть э́ту карти́ну? (го́д наза́д)
6. Когда́ вы́ ко́нчили писа́ть курсову́ю рабо́ту? (октя́брь)

75. *Read and compare the sentences. Tell when the infinitive denotes a process, repeated action or simply names the action and when it expresses a desire to achieve a result or a possibility of achieving it.*

1. Сего́дня ве́чером я́ хочу́ чита́ть.

2. Я́ давно́ не рисова́л. О́чень хочу́ рисова́ть.

3. Мо́й дру́г хо́чет собира́ть ста́рые кни́ги.

4. Я́ могу́ чита́ть и переводи́ть те́ксты в библиоте́ке.

1. Сего́дня ве́чером я́ хочу́ прочита́ть э́тот рома́н.

2. Я́ о́чень хочу́ нарисова́ть ва́ш портре́т.

3. О́н хо́чет собра́ть бога́тую библиоте́ку.

4. Ты́ мо́жешь перевести́ э́то предложе́ние?

5. Она́ мо́жет о́чень до́лго
расска́зывать о мо́ре.

5. Он мо́жет рассказа́ть об
э́том молодо́м челове́ке.
Он зна́ет его́.

6. Ученики́ пя́того кла́сса
мо́гут реша́ть таки́е зада́чи.

6. Он мо́жет реши́ть э́ту
тру́дную зада́чу.

76. *Supply additional information.*

Model: Кэ́т хо́чет изуча́ть ру́сский язы́к. <u>Она́ начнёт изуча́ть
ру́сский язы́к в сентябре́</u> .

1. Влади́мир хо́чет написа́ть статью́. Он ... .
2. О́ля хо́чет перевести́ э́тот расска́з. Она́ ... .
3. Я хочу́ написа́ть письмо́. По́сле уро́ка я ... .
4. Мы хоти́м написа́ть исто́рию на́шего институ́та. Мы ... .
5. Я хочу́ сде́лать но́вую кни́жную по́лку. Я ... .
6. Сего́дня мы хоти́м обсуди́ть на́ши студе́нческие пробле́мы.
По́сле семина́ра мы ... .

77. *Somebody asks you a question. Answer it.*

1. Когда́ вы на́чали слу́шать курс ру́сской литерату́ры?
2. Когда́ профе́ссор ко́нчит чита́ть э́тот курс?
3. Когда́ вы на́чали изуча́ть ру́сский язы́к?
4. Вы лю́бите слу́шать му́зыку? Каку́ю му́зыку вы лю́бите
слу́шать?
5. Вы лю́бите посеща́ть музе́и и теа́тры?
6. Что вы хоти́те посмотре́ть в теа́тре?
7. Где вы реши́ли отдыха́ть ле́том?
8. Когда́ вы мо́жете прочита́ть ле́кцию в университе́те?

78. *Note: Verbs with the prefix* **за-** *may denote the beginning of action.*

	за-
пе́ть	запе́ть
смея́ться	засмея́ться

79. *Translate without using a dictionary.*

1. — Ка́тя, спой, пожа́луйста. — Пожа́луйста. — Ка́тя запе́ла
«Кали́нку».
2. Де́вушки спе́ли ру́сскую наро́дную пе́сню, пото́м запе́ли
совреме́нную англи́йскую пе́сню.
3. Когда́ Оле́г заговори́л по-францу́зски, Пьер засмея́лся. Он
сказа́л, что Оле́г о́чень пло́хо говори́т по-францу́зски.

80. *Vocabulary for Reading. Study the following words and their usage as illustrated in the sentences on the right. Read each sentence aloud.*

дре́вний	Ки́ев — дре́вний го́род. В Ки́еве есть па́мятники дре́вней архитекту́ры. В Библиоте́ке и́мени В.И. Ле́нина есть зал дре́вних кни́г.
знамени́тый	Ива́н Петро́вич Па́влов — знамени́тый ру́сский учёный. Дми́трий Дми́триевич Шостако́вич — знамени́тый сове́тский компози́тор. Михаи́л Алекса́ндрович Шо́лохов — знамени́тый сове́тский писа́тель.
иску́сство	Серге́й хорошо́ зна́ет дре́внее ру́сское иску́сство. Ве́ра собира́ет кни́ги об иску́сстве Дре́вней Гре́ции.
взро́слый	— У вас есть де́ти? — Да, у меня́ два взро́слых сы́на. — Ма́ма, купи́, пожа́луйста, э́ту кни́гу. — Нет, не куплю́. Это кни́га для взро́слых.
жизнь	В э́той кни́ге а́втор расска́зывает о жи́зни худо́жника Ре́пина. Неда́вно Ка́рин пе́рвый раз в жи́зни была́ в Ленингра́де.

★ **81.** *Supply the necessary information.*

1. Каки́е па́мятники дре́вней архитекту́ры вы зна́ете?
2. В Москве́ есть па́мятники дре́вней архитекту́ры? А в Ки́еве?
3. Вы лю́бите дре́внюю архитекту́ру?
4. Где в ва́шей стране́ есть па́мятники дре́вней архитекту́ры?

82. *Name some famous scholars, writers, artists and composers of your country.*

Model:　Са́рджент — знамени́тый америка́нский худо́жник.

83. *Answer the questions.*

Об иску́сстве

1. Како́е иску́сство вы лю́бите, совреме́нное и́ли дре́внее?
2. Вы чита́ли об иску́сстве Дре́вней Гре́ции и Дре́внего Ри́ма? Вы зна́ете э́то иску́сство?

84. *Give additional information.*

Model: Мэ́ри ви́дела сове́тский фи́льм. Она́ ви́дела сове́тский
фи́льм пе́рвый ра́з в жи́зни.

1. Ро́берт бы́л в Ленингра́де.
2. Ка́тя отдыха́ла на Кавка́зе.
3. Ри́чард ви́дел сове́тский бале́т.
4. Оле́г де́лал докла́д на нау́чной конфере́нции.

85. *Vocabulary for Reading. Study the following words and their usage as illustrated in the sentences on the right. Read each sentence aloud.*

называ́ться	Э́тот журна́л называ́ется «Сове́тский Сою́з». — Скажи́те, пожа́луйста, ка́к называ́ется э́та у́лица? — У́лица Ге́рцена. Э́та газе́та называ́ется «Сове́тский спо́рт». Вчера́ я ви́дел сове́тский фи́льм. О́н называ́ется «Сте́пь». — Скажи́те, пожа́луйста, ка́к называ́ется э́тот го́род? — Ту́ла. — Ка́к называ́ется э́та гости́ница? — «Спу́тник».
зва́ть	— Ка́к ва́с зову́т? — Бори́с. — Ка́к зову́т ва́шего отца́? — Кири́лл Андре́евич. На́шего профе́ссора зову́т Алекса́ндр Никола́евич. Мою́ сестру́ зову́т Ни́на, а моего́ бра́та — Ви́тя. На́шу соба́ку зову́т Ро́й, а на́шу ко́шку зову́т Му́рка.

Remember: In naming living beings, the verb зва́ть is used; and in naming objects, the verb называ́ться is used.

86. *Ask questions about what interests you.*

(a) 1. Ка́к называ́ется э́та кни́га? («А́нна Каре́нина»)
2. Ка́к называ́ется э́тот журна́л? («Спу́тник»)
3. Ка́к называ́ется э́та газе́та? («Изве́стия»)
4. Ка́к называ́ется э́тот го́род? (Ки́ев)
5. Ка́к называ́ется рома́н Пу́шкина? («Евге́ний Оне́гин»)

(b) 1. Ка́к зва́ли Пу́шкина? (Алекса́ндр Серге́евич)

2. Ка́к зва́ли Че́хова? (Анто́н Па́влович)

3. Ка́к зва́ли Менделе́ева? (Дми́трий Ива́нович)

4. Ка́к зва́ли Ломоно́сова? (Михаи́л Васи́льевич)

5. Ка́к зва́ли Ле́рмонтова? (Михаи́л Ю́рьевич)

87. *Situations.*

You want to know the title of a book, newspaper, magazine, movie; the name of a street, city; the name of your friend's brother, sister, father, mother; the name of this professor, girl, young man, woman, man.

★ **88.** *Situations.*

Note:

кни́га
журна́л
газе́та
} на ру́сском языке́

говори́ть
понима́ть
} по-ру́сски

(1) You are talking to a stranger. Find out whether he speaks Russian, German, French.

(2) You have come to a library. Find out whether it stocks the magazines *Sputnik* and *Soviet Union* in English. What issues of these magazines does it have?

89. *Translate without using a dictionary.*

1. В э́той кни́ге о́чень хоро́шие иллюстра́ции.

2. В Музе́е иску́сства наро́дов Восто́ка в Москве́ больша́я колле́кция инди́йских ва́з.

3. Когда́ Оле́г гото́вил докла́д, о́н чита́л фотоко́пии истори́ческих докуме́нтов.

90. *Listen and repeat.*

(a) *Pay special attention to the pronunciation of words and to fluency.*

пригласи́ли, пригласи́ли друзе́й; па́мятник, па́мятник дре́вней литерату́ры, па́мятник дре́вней ру́сской литерату́ры, литерату́ра двена́дцатого ве́ка, па́мятник дре́вней ру́сской литерату́ры двена́дцатого ве́ка; иллюстра́ции, хоро́шие иллюстра́ции; объясни́ть, объясню́, объясни́те; колле́кция букваре́й, посмотре́ть коллéкцию букварéй; непонятное, мнóго непонятного; на рýсском языкé, букварú на рýсском языкé; фотокóпия [фътакóп'иjь], фотокóпия пéрвого букваря; модéль [мадэл'], модéль печáтного станкá; искýсство [искýствъ], искýсство тогó [тавó] врéмени; Октябрьская революция, пóсле Октябрьской революции; кнúга называется; деревéнские дéти, шкóла для деревéнских детéй; негрáмотные, миллиóны людéй бы́ли негрáмотные.

(b) *Pay special attention to intonation.*

Смотрúте, кáк мнóго кнúг.[2]

Посмотрúте, какúе бýквы красúвые.[2]

Какúе хорóшие картúны.[5]

Я спрáшивал,[3] / и óн рассказывал, кáк жúли лю́ди рáньше.[1]

Однáжды я увúдел интерéсную кнúгу[3-4] / и купúл её.

Однáжды[3-4] / я увúдел интерéсную кнúгу[1] / и купúл её.

Эта кнúга[3-4] — / пáмятник дрéвней рýсской литератýры двенáдцатого вéка.[1]

Это фотокóпия[3] / пéрвого рýсского печáтного букваря.[1]

Это фотокóпия[4] / пéрвого рýсского печáтного букваря.[1]

Эти кнúги и эти картúны[3-4] / мóгут мнóго рассказáть о культýре,[4] / наýке,[4] / искýсстве,[4] / о жúзни людéй тогó врéмени.[1]

Когдá Толстóй жúл в Ясной Поляне,[3-4] / óн организовáл тáм шкóлу для деревéнских детéй.[1]

В стáрой Россúи миллиóны людéй бы́ли негрáмотные.[1]

В стáрой Россúи[3-4] / миллиóны людéй бы́ли негрáмотные.[1]

Учителя днём рабóтали в шкóле,[3-4] / а вéчером учúли взрóслых.[1]

91. *Basic Text. Read the text and then do exercises 91 and 92.*

Колле́кция

Одна́жды А́нна Ива́новна и Ви́ктор Петро́вич пригласи́ли госте́й. Го́сти слу́шали му́зыку, разгова́ривали. Бы́ли друзья́ Серге́я и Ка́ти — Дже́йн и Оле́г.

— Ви́ктор Петро́вич, ка́к мно́го у ва́с кни́г!

— Да́, о́чень мно́го. Посмотри́, Дже́йн, во́т «Сло́во о полку́ И́гореве» [1] — па́мятник дре́вней ру́сской литерату́ры XII (двена́дцатого) ве́ка.

— Каки́е хоро́шие иллюстра́ции! А здесь буква́рь, ещё буква́рь. Ви́ктор Петро́вич, почему́ у ва́с та́к мно́го букваре́й?

— Сейча́с объясню́. Кто́ хо́чет посмотре́ть мою́ колле́кцию букваре́й? — спроси́л Ви́ктор Петро́вич.

— Ви́ктор Петро́вич, а почему́ вы́ реши́ли собира́ть буквари́?

— Снача́ла у меня́ бы́ло то́лько два́ букваря́: мо́й и моего́ де́да. Э́то бы́ли о́чень интере́сные кни́ги. Я́ люби́л смотре́ть ста́рый буква́рь, та́м бы́ло мно́го непоня́тного. Я́ спра́шивал, и де́д расска́зывал, ка́к лю́ди жи́ли ра́ньше. Одна́жды я́ уви́дел ста́рый буква́рь в магази́не и купи́л его́. Та́к я́ на́чал собира́ть буквари́. Сейча́с у меня́ уже́ два́дцать два́ букваря́. Посмотри́те, э́то фотоко́пия пе́рвого ру́сского печа́тного букваря́. О́н появи́лся в XVI ве́ке. Его́ со́здал знамени́тый Ива́н Фёдоров [2].

— О́чень краси́вые бу́квы. Сейча́с та́к не пи́шут.

— Пра́вильно, Дже́йн. В Росси́и бы́ло не́сколько рефо́рм ру́сской гра́фики. Наприме́р, рефо́рмы бы́ли в XVIII ве́ке и в XX ве́ке (в 1918 году́). А во́т э́та кни́га называ́ется «Но́вая а́збука». Э́то то́же буква́рь. Его́ написа́л Ле́в Никола́евич Толсто́й [3].

— А я́ ду́мала, что Толсто́й писа́л то́лько рома́ны и расска́зы.

— Когда́ Толсто́й жи́л в Я́сной Поля́не, о́н организова́л та́м шко́лу для дереве́нских дете́й. Э́та шко́ла рабо́тала не́сколько ле́т. Толсто́й учи́л дете́й, а пото́м реши́л написа́ть для ни́х буква́рь. Э́то бы́л о́чень просто́й буква́рь.

---

[1] *The Lay of Igor's Campaign,* twelfth-century Old Russian epic about the campaign of a minor Russian prince in 1185 against the nomadic steppe people known as the Polovtsians, who had been attacking the Russians for over 100 years. The author of the epic is unknown. The epic was published for the first time in Moscow in 1800.
[2] Ivan Fedorov (d. 1583) established the first printing press in Russia (in Moscow), publishing his first book in 1564. His monument stands near one of the main book stores in the center of Moscow.
[3] Lev Nikolayevich Tolstoy (1828-1910), great Russian writer. His best known works include the novels *War and Peace, Anna Karenina* and *Resurrection.*

А э́тот буква́рь появи́лся по́сле Октя́брьской револю́ции [1]. Э́то буква́рь для взро́слых. В ста́рой Росси́и миллио́ны люде́й бы́ли негра́мотные. По́сле револю́ции они́ должны́ бы́ли учи́ться. Учителя́ днём рабо́тали в шко́ле, а ве́чером учи́ли взро́слых. Э́та кни́га не то́лько буква́рь. Для миллио́нов люде́й э́то был пе́рвый уче́бник эконо́мики, исто́рии, э́тики. Буква́рь не то́лько у́чит чита́ть. Он мо́жет о́чень мно́го рассказа́ть о стране́, о жи́зни люде́й, о нау́ке и культу́ре того́ вре́мени.

92. *Find in the text and reread the sentences about:*

1. *The Lay of Igor's Campaign.*
2. The first printed Russian ABC.
3. Lev Tolstoy's ABC.
4. The ABC for adults.
5. The reforms of Russian orthography.

93. *Answer the questions.*

1. Каки́е интере́сные кни́ги есть у Ви́ктора Петро́вича?
2. Каки́е кни́ги он собира́ет?
3. Почему́ он люби́л смотре́ть ста́рый буква́рь?
4. Как он на́чал собира́ть буквари́?
5. Почему́ Ви́ктор Петро́вич реши́л собира́ть буквари́?
6. Почему́ по́сле Октя́брьской револю́ции в Росси́и появи́лся буква́рь для взро́слых?

★ **94.** *Situations.*

Sergei Ivanov is your friend. Tell your other friends (1) about the Ivanov family and their home; (2) about Victor Petrovich's collection.

★ **95.** *Situation.*

You called on Sergei Ivanov. Your friends ask you about your visit.

★ **96.** *Questions on literature.*

1. Что вы зна́ете о «Сло́ве о полку́ И́гореве»?
2. Каки́х ру́сских писа́телей вы зна́ете?
3. Скажи́те, когда́ они́ жи́ли?
4. Каки́х сове́тских писа́телей вы зна́ете?

---

[1]The October Revolution (the official name is the Great October Socialist Revolution) took place on the 7th of November, 1917 (or on October 25, according to the Julian Calendar, which was in use in Russia until early 1918). November 7 is a national holiday in the USSR.

★ **97.** *Do you know?...*

О литерату́ре

1. Кто́ написа́л рома́н «Евге́ний Оне́гин?
2. Кто́ написа́л рома́н «Геро́й на́шего вре́мени»?
3. Кто́ написа́л рома́н «Отцы́ и де́ти»?
4. Кто́ написа́л рома́н «Бра́тья Карама́зовы»?
5. Кто́ написа́л дра́мы «Три́ сестры́», «Дя́дя Ва́ня»? Каки́е расска́зы э́того писа́теля вы́ зна́ете?
6. Кто́ написа́л рома́н «А́нна Каре́нина»?
7. Кто́ написа́л рома́н «Ма́ть»?

98. *Somebody asks you a question. Answer it.*

1. Вы́ чита́ете газе́ты? Каки́е газе́ты вы́ чита́ете?
2. Каки́е журна́лы вы́ чита́ете?
3. Каки́е сове́тские газе́ты вы́ зна́ете?
4. Каки́е сове́тские журна́лы вы́ зна́ете?
5. Каки́е сове́тские газе́ты и журна́лы вы́ мо́жете купи́ть в ва́шей стране́?

★ **99.** *Speak about these people.*

These people are collectors. Describe them. (Who are they? What are their names? Where do they live? Where do they work? What kind of family do they have? What do they collect? Why?)

100. *Situations. Speak on the following subject.*

(1) A visit to a Soviet student.

(2) A visit to an American student.

101. *Speak about yourself.*

Вы́ лю́бите чита́ть? Вы́ мно́го чита́ете? Что́ вы́ лю́бите чита́ть? Кто́ ва́ш люби́мый писа́тель? Почему́ вы́ лю́бите э́того писа́теля? У ва́с до́ма е́сть библиоте́ка? Ско́лько кни́г в ва́шей библиоте́ке? Когда́ вы́ на́чали собира́ть кни́ги?

102. *Read without using a dictionary. Answer the questions.*

1. Где́ в СССР нахо́дится музе́й кни́ги?
2. Каки́е кни́ги е́сть в э́том музе́е?

Музе́й кни́ги

В Ки́еве на́чал рабо́тать Музе́й кни́ги. В э́том музе́е посети́тели мо́гут уви́деть ра́зные кни́ги: кни́ги Ки́евской Руси́, кни́ги на́ших дне́й. Э́то музе́й исто́рии ру́сской кни́ги, фотоко́пии дре́вних па́мятников старославя́нской пи́сьменности. Зде́сь е́сть кни́ги Ива́на Фёдорова.

★ **103.** *Read aloud.*

Чте́ние — во́т лу́чшее уче́нье. (А. Пу́шкин)	Reading is the best teacher. (A. Pushkin)
Лю́ди перестаю́т мы́слить, когда́ перестаю́т чита́ть. (Д. Дидро́)	People stop thinking when they stop reading. (D. Diderot)
Люби́те кни́гу, ... она́ нау́чит ва́с уважа́ть челове́ка. (М. Го́рький)	You should love the book ... it will teach you to respect man. (M. Gorky)

★ **104.** (a) *Read this passage without consulting a dictionary.*

Ка́к называ́ются урага́ны?

Неда́вно газе́ты писа́ли, что в Австра́лии бы́л о́чень си́льный урага́н. Э́то бы́л урага́н Тре́йси. Урага́н опя́ть получи́л же́нское и́мя. Австрали́йские газе́ты на́чали получа́ть и публикова́ть пи́сьма. Э́ти пи́сьма писа́ли же́нщины. Они́ протестова́ли. Урага́ны всегда́ получа́ли же́нские имена́: Изабе́лла, Ве́ра, Кла́ра. Мужчи́ны в Австра́лии реши́ли, что э́то неве́жливо. Сейча́с положе́ние измени́лось. Урага́ны бу́дут получа́ть и мужски́е имена́.

(b) *Find the following words in the text:* публикова́ть, протестова́ть, урага́н, измени́ться. *Guess their meaning. Check yourself by consulting a dictionary. Read through the text once more.*

★**105.** *Reading Newspapers. Read the headings. Say which articles you would like to read.*

НАУКА В СОВРЕМЕННОМ МИРЕ

Дом, где «делают» миллионы	**Спасибо, —— доктор Уотсон**

☆ SUPPLEMENTARY MATERIALS

★ **1.** *Read this passage, consulting a dictionary if necessary.*

Кни́ги в СССР

В Сове́тском Сою́зе мно́го чита́ют. Ка́ждый де́нь в СССР печа́тается 4 миллио́на кни́г. В СССР рабо́тает 350 ты́сяч библиоте́к, 15 ты́сяч кни́жных магази́нов.

Иностра́нные го́сти почти́ всегда́ говоря́т о то́м, что в Сове́тском Сою́зе лю́ди чита́ют везде́: в па́рке и в трамва́е, в авто́бусе и в метро́. Почти́ в ка́ждой семье́ е́сть дома́шняя библиоте́ка. В стране́ мно́го коллекционе́ров кни́г.

В СССР печа́тается 400 газе́т, 130 журна́лов. Е́сть журна́лы «Вопро́сы литерату́ры», «В ми́ре кни́г».

★ **2.** *Read this passage, consulting a dictionary if necessary.*

Антоло́гия америка́нской поэ́зии

Изда́тельство «Прогре́сс» вы́пустило кни́гу «Совреме́нная америка́нская поэ́зия». Э́то втора́я кни́га. Пе́рвая кни́га называ́лась «Поэ́ты Аме́рики. XX ве́к» (нача́ло ве́ка — середи́на тридца́тых годо́в). В кни́ге «Совреме́нная америка́нская поэ́зия» (коне́ц тридца́тых — нача́ло семидеся́тых годо́в) — стихи́ большо́й гру́ппы кла́ссиков совреме́нной америка́нской поэ́зии: Р. Фро́ста, К. Сэ́ндберга, У. Ка́рлоса Уи́льямса. В э́той кни́ге е́сть стихи́ поэ́тов Л. Ферлинге́тти, Д. Ле́вертова, А. Ги́нсберга и др. В конце́ кни́ги чита́тель мо́жет прочита́ть биогра́фии э́тих поэ́тов.

VOCABULARY

* а́збука ABC primer, reader
* альбо́м album
архитекту́рный architectural
аспира́нт post graduate student
бе́лый white
* болга́рин Bulgarian
бра́ть / взя́ть take
бра́ть / взя́ть на пе́рвое, на второе, на тре́тье take for the first, second, third course
бу́ква letter
* буква́рь ABC primer, reader
ва́за vase
весёлый happy, cheerful
ве́чер evening
взро́слый adult
взя́ть *see* **бра́ть**
включа́ть / включи́ть turn on
гео́лог geologist
геро́й hero
го́д *gen. pl.* ле́т year
го́сть guest
гра́мотный literate
* гра́фика spelling
* дед grandfather
де́нь рожде́ния birthday
де́ньги money
дереве́нский village
для for
до́лжен ought, should
дорого́й expensive
дре́вний old, ancient
е́сть, е́м, е́шь, е́ст, еди́м, еди́те, едя́т eat
жёлтый yellow

жи́знь *f.* life
жи́тель inhabitant
за́втракать / поза́втракать have breakfast
заговори́ть *p.* start talking
за́л hall, large room
запе́ть start singing
засмея́ться burst out laughing
зелёный green
значо́к badge
* иллюстра́ция illustration
иностра́нец foreigner
иску́сство art
кинотеа́тр movie theater
кни́жный book
колле́кция collection
коме́дия comedy
копе́йка copeck
кра́сный red
купи́ть *see* **покупа́ть**
* ленингра́дец Leningrader
лю́ди people
ма́ло little, few
ма́рка 1. postage stamp; 2. make
миллио́н million
мину́та minute
* моде́ль *f.* model, make
моско́вский Moscow
мя́со meat
назва́ние name
называ́ться be called
нау́ка science
недорого́й inexpensive
* негра́мотный illiterate
непоня́тный incomprehensible

не́сколько several
обе́дать / пообе́дать have dinner
объясня́ть / объясни́ть explain
опа́здывать / опозда́ть be late
опя́ть again
открыва́ть / откры́ть open
откры́тка postcard
* официа́нт waiter
* печа́тный printed
пласти́нка record
пла́тье dress
пло́щадь *f.* square
пода́рок gift
покупа́ть / купи́ть buy
поня́тный comprehensible
пра́в right
предложе́ние sentence
приглаша́ть / пригласи́ть invite
програ́мма program
просто́й simple
* публи́чная библиоте́ка public library
ра́зный various, different
* рефо́рма reform
ро́за rose
ру́бль ruble
ры́ба fish
си́ний dark blue
ско́лько how many
смея́ться *imp.* laugh
социалисти́ческий socialist
* стажёр visiting postgraduate student

сто́ить cost
сувени́р souvenir
су́п soup
тепе́рь now
тетра́дь *f.* copybook, jotter
тури́ст tourist
у́жин supper
у́жинать / поу́жинать have supper
у́тро morning
фило́соф philosopher
* **фотоко́пия** photo copy
фру́кт, фру́кты fruit
цве́т color
цвето́к, *pl.* цветы́ flower

центра́льный central
часы́ clock, watch
чёрный black
* чита́льный reading
чита́тель reader
* э́тика ethics

Verb Stems:

б/ра̌- / взя́ть irreg. take
включа́й- / включи́- turn on
éсть irreg. eat
за́втракай- / поза́втракай- have breakfast
заговори́- start talking

запе́ть irreg. start singing
засмея́-ся burst out laughing
купи̌- buy
называ́й-ся be called
обе́дай- / пообе́дай- have dinner
объясня́й- / объясни́- explain
опа́здывай- / опозда́й- be late
открыва́й- / откро́й- open
покупа́й- / купи̌- buy
приглаша́й- / пригласи́- invite
смея́-ся laugh
сто́и- cost
у́жинай- / поу́жинай- have supper

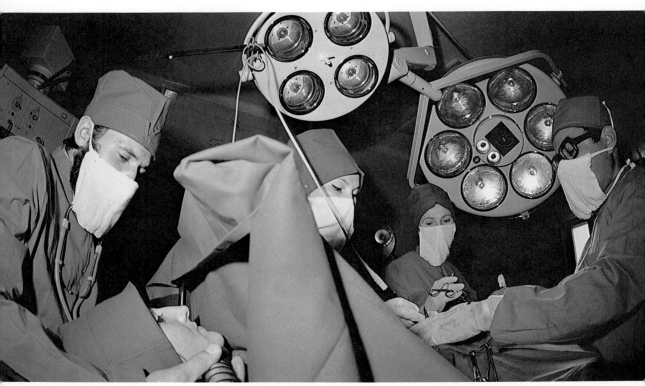

Хиру́рг де́лает сло́жную опера́цию.

PRESENTATION AND
PREPARATORY EXERCISES

I	Нача́ло конце́рта **в 19 часо́в 30 мину́т.**

▶ **1.** *Listen and repeat; then read and analyze. (See Analysis IX, 1.0; 1.32.)*

1. — Оле́г, ты́ не зна́ешь, у на́с бу́дет сего́дня семина́р?
   — Обяза́тельно бу́дет.
   — А когда́?
   — **В 11 (оди́ннадцать) часо́в.**

2. — Ка́тя, где́ ты́ была́ вчера́ днём? Я́ позвони́ла, а тебя́ не́ было до́ма.
   — Когда́ ты́ звони́ла, Дже́йн?
   — **В 2 (два́) часа́.**
   — **В 2 (два́) часа́** я́ была́ в библиоте́ке.

3. — Дже́йн, вы́ зна́ете, сего́дня у на́с в клу́бе бу́дет конце́рт.
   — А когда́ нача́ло?
   — **В 8 (во́семь) часо́в.**

2. *Listen and repeat.*

(a) *Pay special attention to the sound* [ч].

ча́с, часа́, два́ часа́ [чиса́], четы́ре часа́, пя́ть часо́в [чисо́ф], в два́ часа́ [вдва́], в пя́ть часо́в [фп'а́т'], вчера́, ве́чером, вчера́ ве́чером, нача́ло.

(b) *Pay special attention to the sound* [ц].

ле́кция, конце́рт, оди́ннадцать [цц], двена́дцать, трина́дцать, четы́рнадцать, пятна́дцать, шестна́дцать [шысна́ццът'], семна́дцать, восемна́дцать, девятна́дцать, два́дцать, три́дцать.

(c) *Pay special attention to soft consonants.*

оди́н, три́, четы́ре, пя́ть, ше́сть, се́мь, во́семь, де́вять, де́сять, сего́дня [с'иво́д'н'ъ], сеа́нс [с'иа́нс], днём [д'н'о́м], семина́р, тебя́ [т'иб'а́], в клу́бе, мину́та, се́мь мину́т, интере́сный, позвони́ть, позвони́те, фи́льм, интере́сный фи́льм, обяза́тельно.

3. *Look at the TV program on p. 525 and answer the questions:*

(a) Когда́ бу́дет фильм? Когда́ бу́дет конце́рт?

(b) Что́ вы́ хоти́те посмотре́ть? Когда́ э́то бу́дет?

▶ **4.** *Listen and reply. Note the intonation of clarifying questions. (See Analysis, Phonetics, 3.83.)*

Model: — Скажи́те, пожа́луйста, / когда́ нача́ло вече́рних

спекта́клей?

— В девятна́дцать часо́в.

— Когда́?

— В девятна́дцать часо́в.

1. — Ска́жите, пожа́луйста, когда́ начина́ет рабо́тать ГУМ?[1]
— В во́семь часо́в утра́.
— Когда́?
— . . . .

2. — Ка́тя, когда́ нача́ло спекта́клей в Большо́м теа́тре?
— В се́мь три́дцать ве́чера.
— Когда́?
— . . . .

3. — Оле́г, когда́ сего́дня нача́ло конце́рта?
— В се́мь три́дцать.
— Когда́?
— . . . .

5. *Microdialogues.*

(а) Когда́ нача́ло?

Model: — Сего́дня в на́шем клу́бе интере́сный спекта́кль.
— А когда́ нача́ло ?
— В 19 часо́в 30 мину́т . (В 19.30.)

1. Сего́дня в уни-
верsitéте интере́с-
ная ле́кция.

2. За́втра у на́с
бу́дет конце́рт.

3. Сего́дня в клу́бе
но́вый фи́льм.

(b) Когда́ о́н бу́дет?

Model: — Алло́.
— Здра́вствуйте.
— Позови́те, пожа́луйста, Серге́я.
— Его́ не́т.
— А когда́ о́н бу́дет?
— Позвони́те, пожа́луйста, в три́ часа́.
— Хорошо́. До свида́ния.
— До свида́ния.

6. *You come to the movie theater. Say what film you would like to see. When will it begin?*

7. *Situations.*

Когда́?

(1) You want to see a new film, but you do not know when it starts.

(2) You want to call on your friend. Ask him when he will be at home.

(3) You want to know when the lecture begins.

(4) You want to know when the performances begin at the Bolshoi Theater.

II   Ле́кция бу́дет **в сре́ду.**

▶ **8.** *Listen and repeat; then read and analyze. (See Analysis IX, 1.10; 1.11; 1.12.)*

1. В институ́те.

— Ве́ра Никола́евна, скажи́те, пожа́луйста, когда́ у на́с бу́дет уро́к ру́сского языка́?
— **В четве́рг.**
— Спа́сибо.

2. В поликли́нике.

— Ска́жите, пожа́луйста, когда́ рабо́тает до́ктор[1] Ивано́ва?
— **В понеде́льник, сре́ду** и **пя́тницу** у́тром, **во вто́рник** и **четве́рг** ве́чером.
— А **в суббо́ту** она́ рабо́тает?
— Не́т, **в суббо́ту** она́ не рабо́тает. Она́ чита́ет ле́кции в медици́нском институ́те.
— Спаси́бо.

9. *Listen and repeat.*

дни́ неде́ли: понеде́льник, вто́рник, среда́, четве́рг, пя́тница, суббо́та, воскресе́нье;

в [ф] понеде́льник, **во** [ва] вто́рник, **в** [ф] сре́ду, **в** [ф] четве́рг, **в** [ф] пя́тницу, **в** [ф] суббо́ту, **в** [в] воскресе́нье.

Note stress: среда́, в сре́ду.

10. *Listen and reply.*

Model: (1) — Вы́ рабо́таете   (2) — Вы́ рабо́таете
в пя́тницу?   в пя́тницу?
— Не́т, / в пя́тницу   — Да́, / в пя́тницу.
я́ не рабо́таю.

1. Скажи́те, ГУМ рабо́тает в воскресе́нье?
2. Скажи́те, пожа́луйста, до́ктор Леви́тин рабо́тает во вто́рник?
3. Оле́г, ле́кция бу́дет в понеде́льник?
4. Конце́рт бу́дет в суббо́ту?
5. Вы́ бу́дете на рабо́те в пя́тницу?
6. Вы́ бу́дете в Москве́ в сре́ду?

Model: — Семина́р бы́л во вто́рник?
— Не́т, / в понеде́льник.

1. До́ктор Ивано́ва рабо́тает в пя́тницу?	суббо́та
2. Конце́рт ру́сской пе́сни бу́дет в суббо́ту?	воскресе́нье
3. Уро́к ру́сского языка́ бу́дет во вто́рник?	пя́тница
4. Вы́ бу́дете на рабо́те в пя́тницу?	среда́
5. Конце́рт в клу́бе бу́дет в сре́ду?	четве́рг
6. Ва́ш докла́д на семина́ре бу́дет во вто́рник?	понеде́льник

---

[1] The words вра́ч and до́ктор are both translated as "doctor". The word до́ктор is often used when addressing a doctor and may be followed by his last name.
— До́ктор, когда́ вы́ бу́дете за́втра?
— За́втра я́ не рабо́таю. За́втра рабо́тает до́ктор Ивано́ва.

11. *Microdialogues. Find out the following.*

— Скажи́те, пожа́луйста, когда́ у нас бу́дет семина́р? — В понеде́льник и в четве́рг .	уро́к ру́сского языка́ ле́кция лаборато́рные заня́тия конфере́нция

12. *Situations.*

Tell your friends where you study and what you study. On what days do you have lectures? When do you have Russian language classes, seminars, lab sessions?

★ **13.** *Situation.*

Your acquaintances are asking you when they can reach you at home. Answer them, using these time expressions: понеде́льник, 2 часа́; вто́рник, 5 часо́в; среда́, час; четве́рг, 4 часа́; пя́тница, 6 часо́в; суббо́та, 12 часо́в; воскресе́нье, 9 часо́в.

14. *Situation. (See p. 306)*

You are standing at the time-table in the Pushkin Russian Language Institute.

(a) Which lectures would you like to attend? (b) When will these lectures begin?

	ПОНЕДЕЛЬНИК	ВТОРНИК	СРЕДА	ЧЕТВЕРГ	ПЯТНИЦА
9.30—10.50	Лекция: Грамма-тика современного русского языка	Лекция по страноведению	Лекция по современному русскому языку	Экскурси-онный день	Семинар: Методика преподавания русского языка
11.00—12.20	Филологизация: чтение текстов по специальности	Лекция: Методика преподавания русского языка	Практические занятия по фонетике		Практические занятия по переводу
12.40—14.00	Практические занятия по переводу	Практические занятия по русскому языку	Практические занятия по русскому языку		Лекция: Грамматика современного русского языка
14.30—15.50	Курс по выбору	Самостоятельные занятия в лингафонном кабинете	Курс по выбору		Анализ художест-венного текста. Практические занятия

СУББОТА
Библиотечный день

Курсы по выбору:
1. Дискуссионный клуб
2. Виды глагола в тексте
3. Глаголы движения
4. Интонационные особенности русской речи
5. Простое предложение
6. Сложное предложение
7. Предложно-падежная система в русском языке
8. Русская фразеология

А.С. Пу́шкин роди́лся 6 ию́ня 1799 го́да (шесто́го ию́ня ты́сяча семьсо́т девяно́сто девя́того го́да).

▶ **15.** *Listen and repeat; then read and analyze. (See Analysis IX, 1.40; 1.41; 1.42; 1.43.)*

— Джейн, ты́ зна́ешь, в четве́рг 18 (**восемна́дцатого**) **ноября́** и в пя́тницу 19 (**девятна́дцатого**) **ноября́** в университе́те «Ломоно́совские чте́ния»¹. Я ви́дела програ́мму. Э́то бу́дет интере́сно.
— А почему́ «Ломоно́совские чте́ния» бу́дут 18 (восемна́дцатого) и 19 (девятна́дцатого) ноября́?
— Потому́ что М. В. Ломоно́сов роди́лся 19 (**девятна́дцатого**) **ноября́ 1711 го́да.**

16. *Listen and repeat, paying attention to stress.*

роди́ться, роди́лся, роди́лось, родила́сь, роди́ли́сь;

янва́рь — деся́того января́, февра́ль — деся́того февраля́, сентя́брь — деся́того сентября́, октя́брь — деся́того октября́, ноя́брь — деся́того ноября́, дека́брь — деся́того декабря́;

пе́рвого [п’е́рвъвъ] января́, второ́го февраля́, тре́тьего ма́рта, четвёртого апре́ля, пя́того ма́я, шесто́го ию́ня, седьмо́го ию́ля, восьмо́го а́вгуста, девя́того сентября́, деся́того октября́, оди́ннадцатого ноября́, двена́дцатого января́, трина́дцатого, четы́рнадцатого, пятна́дцатого, шестна́дцатого, семна́дцатого, восемна́дцатого, девятна́дцатого, двадца́того, два́дцать пе́рвого, тридца́того.

17. *Confirm it.*

Model: — Ка́тя, когда́ ты́ родила́сь? 10 ма́рта?
            — <u>Да́, 10 ма́рта</u> .

1. Когда́ вы́ бу́дете в Москве́? 15 января́?
2. Когда́ бу́дет ва́ша ле́кция? 12 февраля́?
3. Когда́ бу́дет семина́р? 5 апре́ля?
4. Когда́ бу́дет «Евге́ний Оне́гин» в Большо́м теа́тре? 20 ма́я?
5. Когда́ вы́ бы́ли на вы́ставке совреме́нного иску́сства? 2 ию́ня?
6. Когда́ профе́ссор Серге́ев начнёт чита́ть ку́рс ру́сской литерату́ры? 23 сентября́?
7. Когда́ в Большо́м теа́тре бу́дет бале́т «Спарта́к»? 24 декабря́?

---

¹ Lomonosov readings, traditional scientific conferences held annually at Moscow University.

18. (a) *Read the text.*

Констру́ктор косми́ческих кораблей

Серге́й Па́влович Королёв[1] — сове́тский учёный, констру́ктор косми́ческих кораблей.

С.П. Королёв — созда́тель практи́ческой космона́втики.

С.П. Королёв роди́лся 12 января́ 1907 го́да. По́сле оконча́ния институ́та он рабо́тал в авиа́ции, пото́м в космона́втике. Пе́рвый иску́сственный спу́тник Земли́ со́здали в констру́кторском бюро́ С. П. Королёва. Лю́ди услы́шали о нём 4 октября́ 1957 го́да. С. П. Королёв был руководи́тель прое́кта. В констру́кторском бюро́ С. П. Королёва роди́лись косми́ческие корабли́ «Восто́к», «Восхо́д», «Сою́з». Констру́кторское бюро́ С. П. Королёва гото́вило полёт пе́рвого космона́вта Земли́ Ю́рия Гага́рина. Э́то бы́ло 12 апре́ля 1961 го́да.

(b) *Answer the questions.*

1. Когда́ роди́лся С. П. Королёв?
2. Когда́ был полёт пе́рвого спу́тника?
3. Когда́ был полёт Ю́рия Гага́рина, пе́рвого лётчика-космона́вта?

★ **19.** (a) *Say when the following writers were born (the birth dates are given in parentheses).*

М. Ю. Ле́рмонтов (15/X, 1814), Л. Н. Толсто́й (9/IX, 1928), А. П. Че́хов (29/I, 1860), М. Го́рький (28/III, 1868).

(b) *Say when the following scientists were born.*

М. В. Ломоно́сов (19/XI, 1711), Д. И. Менделе́ев (8/II, 1834), И. П. Па́влов (26/IX, 1849).

---

[1] Korolyov, Sergei Pavlovich, was born in 1907; he died in 1966.

★ **20.** *Situations.*

(1) You are standing in front of this playbill. What would you like to see? When will it be?

(2) Tell a friend what plays and concerts are on in your city.

Здесь **строят** школу.
Здесь будут **строить** школу.
В газете **писали** об этой школе.

▶ **21.** *Listen and repeat; then read and analyze. (See Analysis IX, 2.0.)*

1. — Вы не знаете, какая завтра будет погода?
   — В газете **писали,** что завтра будет хороший день.
2. — Джейн, когда вы говорите по-русски, вас **понимают?**
   — Да, Джон, **понимают.**
3. — Катя, ты не знаешь, что здесь **строят?**
   — В газете **писали,** что здесь **строят** новую гостиницу. А рядом **будут строить** новую станцию метро.
4. — **Говорят,** у Ивана Петровича красивая дочка?
   — Да, **говорят.**

22. *Somebody asks you a question. Answer it.*

Model: — Завтра будет плохая погода?
        — Говорят, что завтра будет плохая погода.

1. У Сергея новая машина?
2. В этом музее выставка Пикассо?
3. Здесь будут строить новый стадион?
4. Завтра лекции не будет?
5. У Ивана Ивановича хорошая библиотека?
6. Завтра будет хорошая погода?

23. *Somebody asks you a question. Answer it, using the constructions* говорят (говорили), что..., пишут (писали), что...

1. Вы не знаете, что здесь строят?
2. Вы не слышали, какая завтра будет погода?
3. Вы не знаете, в Новгороде есть интересные памятники?
4. Какая сейчас выставка в этом музее?
5. Вы не знаете, что делают на этом заводе?
6. Вы не знаете, что говорят о новом фильме?
7. Вы не знаете, что писали в газете об этой книге?

24. (a) *Now Let's Talk. Give additional information, using the phrases* ка́ждый де́нь, ка́ждую неде́лю, ка́ждый ме́сяц, ка́ждый го́д, в э́том году́, в про́шлом году́.

Model: На филологи́ческом факульте́те ча́сто обсужда́ют но́вые кни́ги.
Говоря́т, что та́м обсужда́ют но́вые кни́ги ка́ждый ме́сяц .

1. В студе́нческом клу́бе ча́сто пока́зывают фи́льмы.
2. Ве́ра ча́сто получа́ет пи́сьма.
3. В университе́те ча́сто организу́ют нау́чные конфере́нции.

(b) *Somebody asks you a question. Answer it.*

Model: — Когда́ постро́или э́то зда́ние?
— Говоря́т, что его́ постро́или в 1878 году́, в XIX ве́ке .

1. В це́нтре ва́шего го́рода нахо́дится краси́вый теа́тр. Когда́ его́ постро́или?
2. Андре́й — студе́нт. Когда́ о́н поступи́л в университе́т?
3. Э́то но́вый журна́л. Когда́ Ви́ктор получи́л его́?
4. В журна́ле но́вая статья́ на́шего профе́ссора. Когда́ о́н её написа́л?
5. Э́то но́вая фотогра́фия. Когда́ ва́ш дру́г её сде́лал?

★ **25.** *Answer the questions.*

1. Когда́ бы́ли револю́ции в Росси́и? (1905 г., 1917 г.)
2. Когда́ бы́ли револю́ции во Фра́нции? (1789 г., 1848 г., 1871 г.)
3. Когда́ со́здали ООН[1]? (1945 г.)
4. В како́м году́ постро́или зда́ние Большо́го теа́тра в Москве́? (1824 г.)
5. В како́м году́ постро́или но́вое зда́ние Моско́вского университе́та? (1953 г.)

В газе́те писа́ли **о молоды́х худо́жниках** Ленингра́да.

▶ **26.** *Listen and repeat; then read and analyze. (See Analysis IX, 3.0, 3.1, 3.2.)*

1. — Пётр, почему́ ты́ не́ был **на ле́кциях?**
— Я́ бы́л бо́лен. А о чём расска́зывал профе́ссор Петро́в?
— О **совреме́нных пробле́мах** эконо́мики.
2. — Скажи́те, пожа́луйста, о чём э́та кни́га?
— Э́та кни́га **о моско́вских у́лицах и площадя́х.**

---

[1] ООН (*abbr. for* Организа́ция Объединённых На́ций), the UN.

27. *Listen and repeat.*

О чём? О чём книга? О чём э́та книга? О чём э́та статья́? О чём э́тот фильм? Э́та книга о но́вых города́х. Э́тот фильм о сове́тских космона́втах. Э́та статья́ об америка́нских университе́тах. О чём расска́зывал? О чём расска́зывал профе́ссор Петро́в на ле́кции? О чём расска́зывал профе́ссор Петро́в вчера́ на ле́кции?

28. *Situations.*

(a) You want to know the contents of a book, an article, a novel, a story. Use the words and phrases ру́сские наро́дные пе́сни, ленингра́дские у́лицы и пло́щади, сове́тские и америка́нские космона́вты, молоды́е врачи́.

(b) You missed a class and want to know what was discussed at a seminar, what the professor spoke about. Use the phrases Ура́льские го́ры, расска́зы Че́хова, рома́ны Достое́вского, америка́нские худо́жники.

29. *Answer the questions.*

1. О чём пи́шут сего́дня в газе́тах?	серьёзные пробле́мы науки
2. О чём э́та статья́ в журна́ле?	са́мые ва́жные вопро́сы студе́нческой жи́зни
3. О чём говори́ли учёные на конфере́нции?	са́мый весёлый де́тский журна́л современный теа́тр медици́нские пробле́мы сло́жные опера́ции гла́за национа́льное иску́сство и культу́ра

Студе́нты лю́бят петь **свои́** студе́нческие пе́сни.

▶ **30.** (a) *Read and analyze. (See Analysis IX, 5.0.)*

В воскресе́нье мы́ пригласи́ли **свои́х** друзе́й, и вчера́ ве́чером у нас бы́ли го́сти. Ка́тя пригласи́ла **свою́** подру́гу. Я́ пригласи́л **своего́** това́рища.

На́ши го́сти собрали́сь в се́мь часо́в. Снача́ла мы́ говори́ли о **свои́х** студе́нческих дела́х. Пото́м я́ рассказа́л о **своём** това́рище. Моего́ това́рища зову́т Бори́с. Бори́с пи́шет пе́сни и немно́го поёт. О́н спе́л не́сколько **свои́х** пе́сен. Мы́ то́же пе́ли его́ пе́сни. Мы́ и ра́ньше пе́ли э́ти студе́нческие пе́сни, но не зна́ли, кто́ и́х а́втор. Бори́с о́чень хорошо́ поёт **свои́** пе́сни.

(b) *Answer the questions.*

1. Кого́ пригласи́ла Ка́тя?
2. О чём они́ говори́ли?
3. Ка́кие пе́сни пел Бори́с?
4. Чьи́ пе́сни они́ пе́ли?
5. Бори́с хорошо́ поёт свои́ пе́сни?

31. *Answer the questions.*

Model: 1)　— Вы́ взя́ли сво̃й журна́л?

　　　　　— Да̃, / сво̃й. (Не̃т, / его́ журна́л.)

　　　2)　— Вы́ взя́ли сво̃й журна́л?

　　　　　— Да̃, / взя̃л.

1. Ты́ взял свою̃ кни́гу? Ты́ взял свою̃ кни́гу?

2. Он расска́жет о свое́й рабо̃те? Он расска́жет о свое́й рабо̃те?

3. Она́ показа̃ла фотогра́фию своего́ сы́на? Она́ показа́ла фотогра́фию своего́ сы̃на?

32. *Answer the questions, using the pronoun* свой.

1. Что́ он взя́л?

2. Что́ она́ взяла́?

3. О чём он расска́зывал?

4. О ко́м они́ говори́ли?

5. О ко́м они́ расска́зывают?

33. *Read and say who performed the action. Note the use of possessive pronouns.*

1. Мо́й дру́г написа́л статью́.	Мы́ говори́ли о **его́** статье́. О́н не лю́бит чита́ть **свои́** статьи́.
2. Э́то моя́ шко́ла.	О **мое́й** шко́ле писа́ли в газе́те. Я́ чита́л в газе́те о **свое́й** шко́ле.
3. Э́то мо́й дру́г.	**Его́** портре́т бы́л в журна́ле. Вчера́ о́н уви́дел **сво́й** портре́т в журна́ле.

34. *Read the following. Note that* сво́й *is practically never used with a noun in the nominative.*

    1. — Тво́й бра́т гео́граф?
       — Да́.
       — Э́то **его́ кни́га?**
       — Да́, его́.
       — О чём о́н пи́шет **в свое́й кни́ге?**
       — О Да́льнем Восто́ке.
    2. — Сего́дня Ва́ля расска́зывала **о свое́й семье́. Её семья́** живёт в Ленингра́де.
       — **Её ма́ма** вра́ч?
       — Да́. Она́ сказа́ла, что **её ма́ма** вра́ч.
    3. — Анто́н, ты́ не зна́ешь, где́ **мои́ тетра́ди?** Я́ по́мню, они́ бы́ли здесь, а сейча́с и́х не́т.
       — Ты́ вчера́ взя́л **свои́ тетра́ди.**

35. *Now Let's Talk. Give additional information.*

    Model: Э́то мо́й бра́т Пе́тя. А э́то его́ соба́ка Па́льма. Пе́тя о́чень лю́бит свою́ соба́ку.

    1. Э́то моя́ подру́га А́ня. А э́то её бра́т Оле́г. ...
    2. Э́то мои́ сёстры И́ра и Ка́тя. А э́то на́ша ма́ма. ...
    3. Мои́ бра́тья Пе́тя и Бори́с у́чатся в шко́ле. Э́то и́х шко́ла. ...

36. *Translate.*

(1) "Yura, did you take your books?" "Yes, my books are on the shelf".

(2) Yura said that his books were on the shelf. He took his books.

(3) "Olya, last night we saw your brother on stage at the theater. I didn't know he was an actor." "Yes, he is an actor. Yesterday I also saw my brother on stage for the first time."

(4) "Who is that?" "It's Tata. That's what Igor calls his sister. Her name is Tanya. She is still a child."

37. *Supply the required possessive pronouns.*

1. — Мы́ здесь живём. Э́то ... до́м. ... до́м не о́чень большо́й.
   — Вы́ уже́ расска́зывали о ... до́ме.

2. Ива́н Петро́вич — учи́тель ... сы́на Ю́ры. Ю́ра о́чень лю́бит ... учи́теля. ... учи́тель о́чень интере́сно расска́зывает. Де́ти лю́бят слу́шать ... расска́зы.

3. Ве́ра и Ни́на рабо́тают в больни́це. ... больни́ца нахо́дится в це́нтре го́рода. Они́ ча́сто расска́зывают о ... больни́це.

★ **38.** *Somebody asks you a question. Answer it.*

Model: — Что́ сказа́л Никола́й о своём дру́ге?
        — О́н сказа́л, что его́ дру́г хорошо́ зна́ет ру́сский язы́к.

1. Что́ вы́ зна́ете о своём институ́те, о своём университе́те, о своём го́роде?
2. Что́ вы́ ду́маете о свое́й профе́ссии, о свое́й рабо́те?
3. Что́ о́н говори́л о свое́й семье́, о своём бра́те, о свое́й сестре́, о свои́х роди́телях?
4. Что́ писа́тель говори́л о свое́й кни́ге, о своём рома́не, о своём расска́зе?

39. *Complete the questions and answer them.*

Model: Ни́на показа́ла фотогра́фию свое́й шко́лы.
        — Где́ нахо́дится её шко́ла?
        — Её шко́ла нахо́дится в це́нтре го́рода.
        — Что́ она́ рассказа́ла о свое́й шко́ле?
        — Она́ рассказа́ла, что в её шко́ле е́сть шко́льный теа́тр.

1. — Я́ живу́ в небольшо́м го́роде о́коло мо́ря. — Где́ нахо́дится ...? Вы́ хорошо́ зна́ете ...? Вы́ мо́жете рассказа́ть о ...?
2. — Здесь лежа́л мо́й уче́бник. Вы́ не ви́дели, кто́ взя́л ...? — А где́ лежа́л ...? — На столе́.
3. — Я́ бу́ду отдыха́ть у свои́х роди́телей. — Где́ живу́т ...? Вы́ ча́сто отдыха́ете у ...?

★ **40.** *Situations.*

(1) Ask your friend to tell you about his work, family, friends, university, report.

(2) Ask your friend to show his photograph, collection, library, article.

Model: — Расскажи́те о свое́й жи́зни.
        — Я́ не люблю́ расска́зывать о свое́й жи́зни. Э́то неинтере́сно.

CONVERSATION

I. Request for Additional Information. Amplificatory Counter-Questions

— Ты́ реши́л зада́чу?
— Каку́ю?
— Деся́тую.
— Реши́л.

— Ты́ бы́л в клу́бе?
— Когда́?
— Вчера́ ве́чером.
— Не́т, не́ был.

— Ты́ получи́л письмо́?
— Чьё?
— Моё.
— Не́т, не получи́л.

41. *Microdialogues.*

Model: — Ты́ ви́дел Бори́са?
        — Како́го?
        — Бори́са Петро́ва.
        — Не́т, не ви́дел.

1. Ты́ взя́л кни́гу?
2. Ты́ ви́дел сего́дня О́лю?
3. Ты́ чита́л рома́н Толсто́го?
4. Покажи́те, пожа́луйста, журна́л.
5. Ты́ получа́ешь газе́ту?

Model: — Ты́ бы́л на ле́кции?
        — Когда́?
        — В сре́ду у́тром.
        — Бы́л. А что́?
        — Расскажи́, что́ та́м бы́ло.

1. Ты́ бы́л на заня́тиях?
2. Ты́ бы́л на конце́рте?
3. Ты́ бы́л на ве́чере в клу́бе?

II. At the Doctor's

— Ка́к вы́ себя́ чу́вствуете?	"How do you feel?"
— Я чу́вствую себя́ хорошо́.	"I feel fine."
— Что́ у ва́с боли́т?	"Where does it hurt?"
— У меня́ боли́т рука́.	"My arm hurts."
Я бо́лен.	I'm sick.
Я больна́.	I'm sick.
Мы́ больны́.	We are sick.
Я здоро́в.	I'm well.
Я здоро́ва.	I'm well.
Мы́ здоро́вы.	We are well.
Принима́йте лека́рство три́ ра́за в де́нь.	Take the medicine three times a day.
У меня́ (бы́л) гри́пп. У меня́ (была́) температу́ра.	I have (had) the flu. I have (had) a temperature.
Всё в поря́дке.	Everything's all right.

42. *Basic Dialogue.*

(a) *Listen to the dialogue, then read it.*

— Здра́вствуй, Дже́йн!
— До́брый де́нь, Ка́тя.
— Ка́к ты́ себя́ чу́вствуешь, Дже́йн?
— Я чу́вствую себя́ пло́хо. У меня́ боли́т голова́.
— Мо́жет бы́ть, у тебя́ температу́ра?
— Не́т, температу́ры, ка́жется, не́т. Я мно́го занима́юсь. У меня́ пятна́дцатого января́ бу́дет экза́мен. А я́ о́чень ме́дленно чита́ю по-ру́сски.
— А ты́ была́ у врача́?
— Не́т ещё.

(b) *Listen and repeat.*

— Ка́к ты́ себя́ чу́вствуешь? — Спаси́бо, хорошо́. — Ка́к вы́ себя́ чу́вствуете? — Спаси́бо, ничего́. — А ка́к вы́ себя́ чу́вствуете? — Я чу́вствую себя́ хорошо́. — А ка́к ма́ма? — Она́ чу́вствует себя́ пло́хо. — Ты́ хорошо́ вы́глядишь. — Спаси́бо. — Ты́ пло́хо вы́глядишь. Ты́ больна́? — Да́. — Что́ у тебя́ боли́т? — У меня́ боли́т голова́. У меня́ о́чень боли́т голова́. — У меня́ температу́ра. — У меня́ не́т температу́ры. У меня́, ка́жется, не́т температу́ры.

(c) *Dramatize the dialogue.*

(e) *Situations.*

1. You meet a friend who was sick recently. Ask him about his health.

2. You meet a girl you know. Ask her about her parents' health.

43. *Basic Dialogue.*

(a) *Listen to the dialogue, then read it.*

Джéйн в поликлúнике у врачá

— Здрáвствуйте, дóктор.

— Здрáвствуйте, садúтесь, пожáлуйста. Я слýшаю вáс. Чтó у вáс болúт?

— У меня́ болúт головá.

— Давнó?

— Нéт, недáвно.

— А рáньше у вáс головá не болéла?

— Нéт.

— Когдá болúт головá? Ýтром? Вéчером?

— Вéчером. У меня́ скóро экзáмены. Я мнóго рабóтаю. Я должнá хорошó сдáть экзáмены.

— Вы́ должны́ отдохнýть нéсколько днéй. Вóт рецéпт. Принимáйте лекáрство трú рáза в дéнь. Отдохнúте, не рабóтайте тáк мнóго. Скóро вы́ бýдете здорóвы и всё бýдет в поря́дке.

(b) *Listen and repeat.*

Болéть, болúт, боля́т. Болúт головá. У меня́ болúт головá. Чтó болúт? Чтó у вáс болúт? Я не бóлен.

У меня́ экзáмены. У меня́ скóро экзáмены. Сдáть экзáмен.

Рецéпт. Вóт рецéпт. Лекáрство. Принимáйте лекáрство трú рáза в дéнь. Одúн рáз, двá рáза, трú рáза, четы́ре рáза, пя́ть рáз. Всё бýдет в поря́дке. Скóро вы́ бýдете здорóвы.

(c) *Answer the questions.*

Гдé былá Джéйн? Чтó спросúл дóктор? Давнó у неё болúт головá? А рáньше у неё болéла головá? Чтó сказáл дóктор?

(d) *Compose a dialogue between a doctor and a patient, using:*

1. Questions requesting general information.

2. Doctor's questions (What hurts? How long has it hurt? Where does it hurt?).

(e) *Situations.*

You are at the doctor's. Your arm (рука́) hurts. Your eyes (глаза́), teeth (зу́бы) ache. Tell this to the doctor.

44. (a) *Basic Dialogue. Listen to the dialogue, then read it.*

— Оле́г, почему́ тебя́ не́ было во вто́рник на ле́кции?
— Я был бо́лен. У меня́ был грипп.
— А ка́к ты себя́ сейча́с чу́вствуешь?
— Спаси́бо, хорошо́. Я здоро́в.

(b) *Listen and repeat.*

Бо́лен, больна́, больны́. Я был бо́лен. Я была́ больна́. Они́ бы́ли больны́. Что́ у тебя́ бы́ло? Грипп. У меня́ был грипп. Здоро́в, здоро́ва, здоро́вы.

(c) *Dramatize the dialogue.*

(d) *Situations.*

1. You meet a friend who was absent from the seminar. You thought he was sick, but he was at the movies.

2. There is a student missing in class. She is sick. Ask her friend about her health.

III. In Class

Кого́ сего́дня не́т в кла́ссе?	Who is not in class today?
О́н бо́лен.	He is sick.
Она́ больна́.	She is sick.
Они́ больны́.	They are sick.
Сади́тесь.	Sit down.
Како́е сего́дня число́?	What is the date today?
Сего́дня четвёртое декабря́.	Today is the fourth of December.
Чита́йте да́льше.	Read on.
У кого́ е́сть вопро́сы?	Who has questions?

45. (a) *Basic Dialogue. Listen and read.*

На уро́ке

— Здра́вствуйте. Дава́йте познако́мимся. Я ва́ш но́вый учи́тель англи́йского языка́. Меня́ зову́т Вади́м Ива́нович. А тепе́рь я хочу́ узна́ть, ка́к ва́с зову́т. Бело́ва Йра. Кто́ э́то?
— Э́то я.
— О́чень прия́тно, сади́тесь.

— Вахта́нг Ло́гинов.

— Э́то я.

— Вахта́нг — э́то грузи́нское и́мя? У ва́с ру́сская фами́лия и грузи́нское и́мя?

— Да́. У меня́ ма́ма грузи́нка, а оте́ц ру́сский.

(b) *Listen and repeat.*

Учи́тель, но́вый учи́тель, ва́ш но́вый учи́тель. Я́ ва́ш но́вый учи́тель. Я́ ва́ш но́вый учи́тель англи́йского языка́.

Сади́тесь. Сади́тесь, пожа́луйста.

Грузи́нская фами́лия, ру́сская фами́лия, грузи́нское и́мя, ру́сское и́мя.

(c) *Dramatize the dialogue.*

(d) *Make up similar dialogues, using these names:* Ка́рл Бра́ун, Мэ́ри Бенуа́, Гизе́ла Ма́ркова.

46. (a) *Listen to the exchanges and read them, paying special attention to the expressions of dates.*

1. — Какóе сегóдня числó?
2. — Какóе числó бы́ло вчерá? — Сегóдня трéтье января.— Вчерá бы́ло вторóе января.

(b) *Make up similar dialogues, using the following dates.*

1/I, 3/II, 10/III, 4/IV, 8/V, 29/VI, 17/VI, 2/IX, 13/X, 30/XI, 1/XII.

47. (a) *Basic Dialogue. Listen to the dialogue and read it aloud.*

На урóке англи́йского языкá
Начáло урóка

— Здрáвствуйте, сади́тесь. Когó сегóдня нéт в клáссе?
— Сегóдня нéт Николáя Петрóва.
— Почемý егó нéт? Óн бóлен? Вчерá óн бы́л в шкóле?
— Бы́л, тóлько опоздáл немнóго.
— Спаси́бо, сади́тесь. Ктó мóжет сказáть, какóе сегóдня числó?
— Сегóдня пятнáдцатое ноября́.
— Чтó вы́ готóвили дóма?
— Мы́ читáли четвёртый тéкст, дéлали упражнéния, повторя́ли словá.
— Вы́ прочитáли и перевели́ э́тот тéкст?
— Конéчно.
— У когó éсть вопрóсы?
— У меня́ éсть вопрóс. Кáк по-англи́йски «фами́лия»?
— Ктó мóжет отвéтить?
— Фами́лия по-англи́йски last name.
— Прáвильно. А тепéрь открóйте кни́ги. Серёжа, читáй тéкст. Óчень хорошó. Йра, читáй дáльше. Переведи́. Повтори́те э́то предложéние ещё рáз. Óчень хорошó.

(b) *Listen and repeat.*

Вопрóсы. Éсть вопрóсы? У когó éсть вопрóсы? Откры́ть. Открóйте. Открóйте кни́гу. Повтори́ть. Повтори́те. Повтори́те ещё рáз. Повтори́те э́то предложéние ещё рáз. Читáть. Читáйте. Читáйте дáльше.

(c) *Answer the questions.*

О чём спроси́л учи́тель в начáле урóка? Когó нé было в клáссе? Кáк учи́тель нáчал урóк? Чтó ученики́ готóвили дóма? Ктó читáл тéкст?

(d) *Dramatize the dialogue.*

(e) *Compose similar dialogues between a Russian teacher and a student (male, female).*

48. (a) *Listen to the text.*

Конец урока

Николай Петров опоздал.

— Извините, я немного опоздал.

— Садитесь. У нас уже конец урока. На втором уроке будет контрольная работа, а сейчас отдохните.

— Думаю, что я появился слишком рано.

(b) *Listen and repeat.*

Опоздать, опоздал, опоздала. Я опоздал. Я не опоздала? Я немного опоздал. Контрольная работа. Будет контрольная работа. На втором уроке будет контрольная работа.

(c) *Repeat the dialogue.*

★ **49**. *Read and memorize the proverbs given below.*

Меньше говори, больше делай.	Speak less and do more.
Не говори, что делал, а говори, что сделал.	Do not talk about what you have taken up, but talk about what you have carried through.
Кончил дело — гуляй смело.	Finish your business first, then feel free to have a good time.

IV. A Workday

вставать в семь часов	to get up at seven o'clock
слишком рано	too early
слишком поздно	too late
Почему ты не в институте?	Why aren't you at the institute?
Как обычно.	As usual.
Я не заметил, что...	I didn't notice that...
Я не виноват.	It's not my fault.
Конечно, помню.	Of course I remember.
Я точно не помню.	I don't remember exactly.
Совершенно верно.	Quite right.

50. *Basic Dialogue.*

(a) *Listen to the dialogue, then read it.*

Почему́ Па́влик опозда́л

— Па́влик, почему́ у тебя́ тако́е лицо́? Почему́ ты тако́й невесёлый? Ты бо́лен? Ты пло́хо себя́ чу́вствуешь?

— Нет, Ка́тя, я здоро́в.

— А почему́ ты не на заня́тиях?

— Я опозда́л.

— Опя́ть опозда́л? Почему́? Мо́жет быть, ты по́здно встал?

— Нет, у́тром я встал как всегда́, в во́семь часо́в и́ли почти́ в во́семь часо́в.

— А семина́р в де́вять часо́в. Коне́чно, ты сли́шком по́здно встаёшь.

— Нет, э́то не я сли́шком по́здно встаю́, а в университе́те заня́тия начина́ются сли́шком ра́но для меня́.

(b) *Listen and repeat.*

Невесёлый [н'ив'ис'о́лыј]. Почему́ ты тако́й невесёлый? Заня́тия, на заня́тиях, не на заня́тиях. Почему́ ты не на заня́тиях? Я опозда́л. Опозда́л? По́здно [по́знъ]. По́здно встаёшь. Сли́шком по́здно встаёшь. Ра́но [ра́нъ]. Ра́но встаёшь. Сли́шком ра́но встаёшь.

(c) *Dramatize the dialogue.*

51. *Answer the questions.*

1. Когда́ вы встаёте у́тром?
2. Вы ча́сто опа́здываете?
3. Когда́ студе́нты начина́ют сдава́ть экза́мены?
4. Когда́ вы лю́бите отвеча́ть на экза́мене, в нача́ле и́ли в конце́ экза́мена?

52. *Microdialogues.*

Model: — Скажи́те, пожа́луйста, когда́ нача́ло конце́рта?
   — Я то́чно не по́мню, ка́жется, в во́семь часо́в ве́чера.
   — Для меня́ э́то сли́шком по́здно (сли́шком ра́но).

1. Когда́ нача́ло конфере́нции?
2. Когда́ начина́ет рабо́тать библиоте́ка?
3. Когда́ у вас в го́роде открыва́ют магази́ны?
4. Когда́ открыва́ют ка́ссы кинотеа́тра?
5. Когда́ открыва́ют э́тот музе́й?

Model: — Вы́ мо́жете поза́втракать в 7 часо́в?
          — Не́т, э́то сли́шком ра́но (по́здно). Обы́чно я́ за́втракаю
          в 9 часо́в (в 6 часо́в).

1. Вы́ мо́жете вста́ть в 5 часо́в?
2. Вы́ мо́жете прочита́ть за́втра ле́кцию в 10 часо́в?
3. Вы́ мо́жете пообе́дать в 6 часо́в?
4. Вы́ мо́жете собра́ть свои́х друзе́й в 4 часа́?
5. Вы́ мо́жете посети́ть музе́й в 12 часо́в?
6. Мы́ мо́жем организова́ть ве́чер в 5 часо́в?
7. Мы́ мо́жем поу́жинать в 10 часо́в?

Model: — Ве́ра, ты́ по́мнишь, ка́к называ́ется статья́ в журна́ле
          «Москва́»?
          — Коне́чно, по́мню. Она́ называ́ется «Космона́втика и
          медици́на».
          — Соверше́нно ве́рно, большо́е спаси́бо.

1. Ты́ вчера́ бы́л в кино́? Ты́ по́мнишь назва́ние фи́льма?
2. Ты́ по́мнишь, когда́ ты́ бы́л у врача́?
3. Ты́ зна́ешь, когда́ открыва́ется конфере́нция?
4. Ты́ по́мнишь, когда́ мы́ впервы́е встре́тились?
5. Ты́ по́мнишь, когда́ вы́ познако́мились?
6. Ты́ не по́мнишь, когда́ открыва́ют театра́льные ка́ссы?

Model: — Кто́ основа́л Моско́вский университе́т?
          — Я́ то́чно не зна́ю, но ка́жется, Ломоно́сов.

1. Кто́ основа́л э́ту больни́цу?   3. Кто́ основа́л э́тот го́род?
2. Кто́ основа́л э́тот теа́тр?   4. Кто́ основа́л э́тот университе́т?

★ **53.** *Speak about yourself.*

1. Когда́ вы́ встаёте?
2. Когда́ вы́ за́втракаете?
3. Кто́ гото́вит за́втрак?
4. Что́ вы́ еди́те на за́втрак?
5. Где́ вы́ у́читесь?
6. Ско́лько ле́кций вы́ слу́шаете ка́ждый де́нь?
7. Что́ вы́ де́лаете по́сле ле́кций?
8. Когда́ вы́ обе́даете? Где́ вы́ обе́даете?
9. Вы́ ча́сто обе́даете в студе́нческой столо́вой? Что́ вы́ обы́чно берёте на пе́рвое, на второ́е, на тре́тье?
10. Когда́ вы́ начина́ете гото́вить уро́ки?
11. Ско́лько вре́мени вы́ гото́вите уро́ки?
12. Когда́ вы́ у́жинаете? Что́ вы́ еди́те на у́жин?
13. Когда́ вы́ отдыха́ете? Ка́к вы́ отдыха́ете?

READING

★**54.** *Read and analyze.*

«Сове́тские же́нщины»

Неда́вно в США появи́лась кни́га. Она́ называ́ется «Сове́тские же́нщины». Её написа́л оди́н америка́нский журнали́ст. В э́той кни́ге он расска́зывает, ка́к живу́т сове́тские же́нщины, ка́к они́ у́чатся, рабо́тают, отдыха́ют. **Все́** материа́лы для свое́й кни́ги а́втор собира́л в Сове́тском Сою́зе. Он шесть ра́з бы́л в СССР, хорошо́ зна́ет ру́сский язы́к. В кни́ге мно́го стати́стики. (Её лю́бят америка́нцы.) Та́к, наприме́р, а́втор пи́шет, что 50% (проце́нтов) **все́х** студе́нтов в СССР — де́вушки, 70% (проце́нтов) **все́х** учителе́й и 33% (проце́нта) инжене́ров — же́нщины. Зарпла́та у **все́х** же́нщин така́я же, ка́к и у и́х колле́г — мужчи́н. В кни́ге а́втор расска́зывает о же́нщинах ра́зных профе́ссий: о космона́вте и враче́, об инжене́ре и учёном, об актри́се и адвока́те.

★**55.** *Give clarifying answers, as in the model.*

Model: — На заня́тиях вы́ говори́те по-ру́сски?
         — На все́х заня́тиях мы́ говори́м по-ру́сски.

1. Вы́ чита́ли но́вую статью́ Никола́ева об архитекту́ре Ленингра́да?
2. Вы́ ви́дели в Большо́м теа́тре бале́т «Спарта́к»?
3. У тебя́ е́сть уче́бники для пе́рвого ку́рса?
4. Ты́ ви́дел вы́ставку портре́та в До́ме худо́жника?

56. *Read, translate and analyze the following. Note the meaning of the adjectival phrases with the word* са́мый.

1. **Са́мый большо́й** го́род в СССР — э́то его́ столи́ца Москва́.
2. Москва́ — оди́н из **са́мых дре́вних** ру́сских городо́в.
3. **Са́мая больша́я** библиоте́ка в Сове́тском Сою́зе — э́то Библиоте́ка им. В.И. Ле́нина. Она́ нахо́дится в Москве́.
4. Оста́нкинская телеба́шня — **са́мое высо́кое** зда́ние в Москве́. Её высота́ 533 ме́тра.
5. **Са́мая высо́кая** в Евро́пе гора́ — Эльбру́с — нахо́дится на Се́верном Кавка́зе.

▶ **57.** *Dialogue. Note that the words* папа *and* мужчина *are both masculine. (See Analysis VII, 4.1.)*

— Скажите, пожалуйста, Максим, кто этот молодой мужчина?
— Это мой папа.
— Ваш папа? А я думала, что это ваш брат.
— Нет, это мой папа. Мой папа каждый день бегает. Он очень любит бегать. На нашей улице он организовал клуб «Старт». Все члены клуба бегают.
— А вы бегаете?
— Нет, я ещё не бегаю.
— Это очень плохо.
— Мой папа тоже говорит, что это очень плохо.

58. *Vocabulary for Reading. Study the following new words and their usage as illustrated in the sentences on the right. Pronounce each sentence aloud.*

знакомиться / познакомиться	— Познакомьтесь: это моя сестра.
	— А мы уже познакомились.
встречаться / встретиться	Впервые мы встретились в университете на вечере.
мечтать о ч ё м? / inf.	Мой брат географ. Он мечтает о разных странах. Мечтает открыть новые земли.
заниматься	— Где ты была утром?
	— Я занималась в библиотеке.
	Вечером Олег обычно занимается в общежитии.
	— Где вы любите заниматься, дома или в библиотеке?
	— Я люблю заниматься дома.
невозможно	— Ты будешь выступать на конференции?
	— Нет, это невозможно. В это время я буду в Ленинграде.
друг друга	— Вы давно знакомы?
	— Мы знаем друг друга уже много лет.
во-первых, во-вторых, в-третьих	— Мария, почему ты не была на лекции?
	— Во-первых, я была больна, во-вторых, я не люблю историю, а в-третьих, была плохая погода.

59. *Answer the questions.*

1. Это ваш друг. Где вы впервые встретили друг друга? Вы хорошо знаете друг друга?
2. Где вы познакомились?
3. Где вы обычно занимаетесь?
4. Ваш друг артист (архитектор, врач, композитор). О чём он мечтает?
5. Вы написали новую песню. Мы можем послушать эту песню?

60. *Answer the questions.*

Model: — Почему ты так любишь Ленинград? (большой, самый красивый, жить)
— Во-первых, это большой город, во-вторых, это самый красивый город, и, в-третьих, я тут живу.

1. Почему вы выбрали профессию инженера-строителя? (интересный, важный, любить строить)
2. У тебя болит зуб. Почему ты не был в поликлинике? (не очень болеть, чувствовать себя хорошо, нет свободного времени)
3. Почему ты хочешь купить эту книгу? Это книга для детей? (интересный, красивый, для брата)

61. *Translate without consulting a dictionary.*

1. Мы туристы. Он живёт в Италии, а я в Нью-Йорке. Но мы встретились и познакомились в Москве.
2. Это молодёжное кафе. Здесь встречаются молодые люди, обсуждают свои проблемы, спорят.
3. Мой друг хорошо знает и понимает армянскую национальную культуру, особенно музыку.

62. *Listen and repeat.*

(a) *Pay special attention to the pronunciation of words and to fluency.*

Счастливый [щисл'ивый], молодой и счастливый, молодые и счастливые люди; встретиться [фстр'ет'иццъ], познакомиться [пъзнаком'иццъ], встретиться и познакомиться; медицинский [м'ид'ицынск'ий], медицинский институт, учиться в медицинском институте; выбрать, выбрать профессию, выбрать интересную профессию; мечтать, мечтать о счастье; во-первых [вап'ервых], во-вторых [въвтарых], в-третьих [фтр'ет'их]; национальный [нъцыанал'ный], национальные проблемы; обязательно [аб'изат'ил'нъ], особенно [асоб'иннъ].

(b) *Pay special attention to intonation.*

Суса́нна и Ники́та / — му́ж и жена́. Они́ таки́е молоды́е, / таки́е счастли́вые. Ники́та вра́ч, / а Суса́нна — учи́тельница.

Мы́ обсужда́ем ра́зные пробле́мы: / и свои́ семе́йные/, и шко́льные/ и медици́нские.

Вы́ зна́ете, что я́ вра́ч.

Во-пе́рвых, / у на́с не́т свое́й кварти́ры. Во-вторы́х, / у роди́телей е́сть свои́ интере́сы, / а у на́с — свои́.

Мы́ живём интере́сно: / смо́трим фи́льмы, / посеща́ем теа́тры/, вы́ставки.

В Арме́нии живу́т не то́лько армя́не, / но и ру́сские, / и украи́нцы, / и евре́и.

У на́с о́чень ма́ло свобо́дного вре́мени. Мы́ мно́го рабо́таем, / занима́емся в библиоте́ке, / а в ми́ре та́к мно́го интере́сного.

63. *Say when and where they are to meet.*

Model: Анто́н и То́м бу́дут на вы́ставке молоды́х худо́жников. Они́ должны́ встре́титься на вы́ставке молоды́х худо́жников в 7 часо́в .

1. Ве́чером Дже́йн и Оле́г бу́дут в теа́тре.
2. Ка́тя и Бори́с бу́дут на конце́рте.
3. Ве́ра и Ната́ша бу́дут занима́ться в библиоте́ке.
4. У́тром мы́ бу́дем в институ́те.
5. Вади́м и Андре́й бу́дут рабо́тать в лаборато́рии.
6. А́нна Ива́новна и Никола́й Петро́вич рабо́тают в больни́це.

64. *Say what you dream about.*

65. *Explain why it all happened, using the words* во-пе́рвых, во-вторы́х, в-тре́тьих.

1. Почему́ вы́ не позвони́ли мне́ вчера́ ве́чером?
2. Почему́ вы́ опозда́ли?
3. Почему́ вы́ не сда́ли экза́мен?
4. Почему́ вы́ не перевели́ те́кст?
5. Почему́ вы́ не написа́ли упражне́ние?

66. (a) *Note the word-building.*

-тель	-ница
учи́тель	учи́тельница
писа́тель	писа́тельница
чита́тель	чита́тельница

(b) *Translate without consulting a dictionary.*

1. Ни́на Серге́евна рабо́тает в шко́ле. Она́ учи́тельница.
2. В студе́нческом клу́бе выступа́ли молоды́е америка́нские писа́тельницы.
3. Мы́ ча́сто вспомина́ем свою́ пе́рвую шко́льную учи́тельницу.

67. *Translate without consulting a dictionary.*

1. А́нна Ива́новна — вра́ч. Она́ зако́нчила медици́нский институ́т в Ленингра́де.
2. Пе́тя о́чень лю́бит матема́тику. О́н у́чится в математи́ческой шко́ле.
3. Совреме́нные молоды́е лю́ди лю́бят ро́к-му́зыку. Они́ лю́бят слу́шать музыка́льные компози́ции ро́к-гру́пп.

68. *Ask the price of the food items pictured below.*[1]

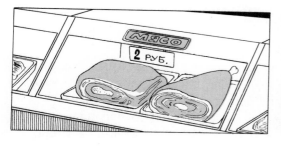
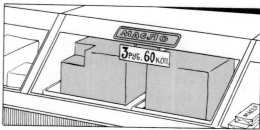
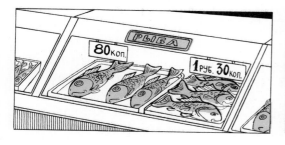
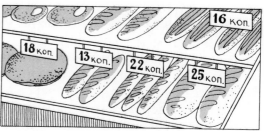

---

[1]Prices in the USSR are usually given for 1 kilogram of the product. Note that the prices are from 1990.

69. (a) *Name the items pictured below.*

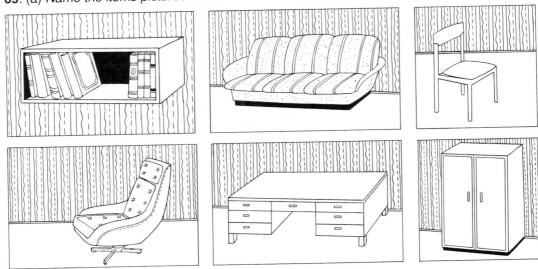

(b) *Describe your room. What is there in it? What hangs on the walls?*

70. *Basic Text. Read the text and then do exercises 71-74.*

Гла́вное — мы́ вме́сте

— Мы́ лю́бим дру́г дру́га, и э́то са́мое гла́вное! — Ники́та обнима́ет Суса́нну и улыба́ется.

Суса́нна и Ники́та — му́ж и жена́. Суса́нна — армя́нка, Ники́та — ру́сский. Они́ таки́е молоды́е, таки́е счастли́вые, что лю́ди смо́трят на ни́х и то́же улыба́ются. И я́ как журнали́ст хочу́ написа́ть о ни́х в молодёжной газе́те. То́лько ча́с наза́д Ники́та бы́л в больни́це на опера́ции. Ники́та Быстро́в — вра́ч. О́н хиру́рг. Мы́ и познако́мились в больни́це, а пото́м реши́ли встре́титься ве́чером. И во́т в 7 часо́в мы́ встре́тились в небольшо́м кафе́. В Ерева́не мно́го таки́х кафе́. Ники́та, Суса́нна и я́ сиди́м и разгова́риваем.

— Вы́ спра́шиваете, ка́к мы́ познако́мились? — спроси́л Ники́та. — Тогда́ я́ ещё учи́лся в медици́нском институ́те, а Суса́нна учи́лась в университе́те на математи́ческом факульте́те. Ча́сто ве́чером мы́ и на́ши друзья́ сиде́ли в кафе́, та́к же, как мы́ сейча́с, говори́ли о свои́х дела́х, спо́рили. Та́м мы́ и познако́мились. Мы́ и сейча́с мно́го спо́рим, ве́чером до́ма обсужда́ем ра́зные пробле́мы: и свои́ семе́йные, и шко́льные, и медици́нские. Всё пробле́мы реша́ем вме́сте.

— А ка́к вы́ вы́брали свою́ профе́ссию?

— Вы́ зна́ете, что я́ вра́ч. Я́ вы́брал профе́ссию хиру́рга, потому́ что хиру́рг, ка́к Бо́г, о́н спаса́ет жи́знь челове́ка. А Суса́нна сейча́с рабо́тает в шко́ле. Она́ учи́тельница. Она́ всегда́ люби́ла дете́й, осо́бенно ма́леньких.

— А о чём вы́ мечта́ете?

— Э́то сло́жный вопро́с. О мно́гом... Ну́, наприме́р, о де́тях, — говори́т Ники́та. — У на́с бу́дут ма́льчик и де́вочка. Семья́ должна́ бы́ть по́лная. Но сейча́с э́то невозмо́жно. Во-пе́рвых, у на́с не́т свое́й кварти́ры. Мы́ сейча́с живём в до́ме мои́х роди́телей. А э́то не о́чень про́сто, у ни́х до́м небольшо́й. Во-вторы́х, у роди́телей е́сть свои́ интере́сы, а у на́с свои́, поэ́тому мы́ хоти́м жи́ть в свое́й кварти́ре. А в-тре́тьих, мы́ хоти́м учи́ться да́льше. Та́к что пробле́ма кварти́ры, пробле́ма дете́й, пробле́ма учёбы.

С у с а́ н н а: Но мы́ живём хорошо́, интере́сно: посеща́ем интере́сные вы́ставки, мно́го гуля́ем, смо́трим фи́льмы, спекта́кли, слу́шаем конце́рты.

Н и к и́ т а: А в суббо́ту и в воскресе́нье мы́ иногда́ отдыха́ем у роди́телей Суса́нны. Вся́ её семья́ живёт в дере́вне.

— Ка́жется, я́ могу́ спроси́ть ва́с и о национа́льных пробле́мах. А в ва́шей семье́ е́сть э́ти пробле́мы?

— В на́шей семье́ не́т, — говори́т Суса́нна. — Я́ хорошо́ себя́ чу́вствую в ру́сской семье́ моего́ му́жа, а Ники́та хорошо́ себя́ чу́вствует у мои́х роди́телей. Я́ ду́маю, что та́к чу́вствует себя́ большинство́ люде́й, но не́которые армя́не сейча́с хотя́т жени́ться то́лько на армя́нках. Армя́н ма́ло, и они́ боя́тся раствори́ться в друго́м наро́де. Национа́льные пробле́мы е́сть, и я́ ду́маю, что мы́ не должны́ об э́том молча́ть. Осо́бенно сейча́с, в пери́од гла́сности и перестро́йки. В Арме́нии живу́т не то́лько армя́не, но и ру́сские, и украи́нцы, и евре́и, и други́е. Они́ ча́сто не зна́ют армя́нского языка́, ма́ло зна́ют армя́нскую культу́ру. Но я́ ду́маю та́к: они́ живу́т зде́сь и обяза́тельно должны́ зна́ть армя́нский язы́к, изуча́ть армя́нскую культу́ру. Мо́й му́ж зна́ет армя́нский язы́к: о́н вра́ч, он до́лжен говори́ть по-армя́нски, и о́н понима́ет э́то. Его́ роди́тели то́же говоря́т по-армя́нски, а во́т я́ ещё не о́чень хорошо́ говорю́ по-ру́сски. Но я́ мно́го чита́ю по-ру́сски. И вообще́ мы́ хорошо́ понима́ем дру́г дру́га.

Н и к и́ т а: Когда́ лю́ди живу́т вме́сте, они́ должны́ понима́ть дру́г дру́га, должны́ изуча́ть язы́к и литерату́ру, культу́ру друго́го наро́да. Мы́ должны́ слу́шать и слы́шать дру́г дру́га.

С у с а́ н н а: Но éсть ещё одна́ пробле́ма — э́то свобо́дное вре́мя. У на́с о́чень ма́ло свобо́дного вре́мени. Мы́ мно́го рабо́таем, занима́емся в библиоте́ке, а в ми́ре та́к мно́го интере́сного.

Н и к и́ т а: Всé э́ти пробле́мы — чепуха́! Са́мое гла́вное — мы́ вме́сте.

71. *Find in the text and read the sentences which answer the following questions.*

1. Где́ познако́мились журнали́ст и Ники́та Быстро́в?
2. Кто́ таки́е Суса́нна и Ники́та?
3. Почему́ лю́ди улыба́ются, когда́ смо́трят на ни́х?
4. Где́ встре́тились Суса́нна, Ники́та и журнали́ст?
5. Почему́ Ники́та вы́брал профе́ссию хиру́рга?
6. Где́ о́н учи́лся?
7. Где́ учи́лась Суса́нна?
8. Где́ они́ познако́мились?
9. Где́ сейча́с рабо́тают Суса́нна и Ники́та?
10. Где́ сейча́с живу́т Суса́нна и Ники́та?
11. Где́ они́ хотя́т жи́ть?
12. Где́ живёт семья́ Суса́нны?
13. Где́ иногда́ отдыха́ют Суса́нна и Ники́та?

72. (a) *Find in the text excerpts about this young family and their problems. Read them.*

(b) *Find in the text excerpts about national problems in Armenia. Read them.*

73. *Answer the questions.*

1. Где́ живу́т Суса́нна и Ники́та?
2. Где́ рабо́тает Ники́та? Кака́я у него́ профе́ссия?
3. Где́ рабо́тает Суса́нна? Кака́я у неё профе́ссия?
4. Где́ они́ учи́лись?
5. Где́ они́ познако́мились?
6. О чём мечта́ют Суса́нна и Ники́та?
7. У ни́х мно́го свобо́дного вре́мени?
8. Ка́к они́ отдыха́ют?

74. *Let's speak about this young family.*

1. Э́то счастли́вая семья́?
2. Они́ лю́бят дру́г дру́га?
3. О чём они́ мечта́ют?
4. Почему́ жи́ть в до́ме роди́телей не о́чень про́сто?

5. Где они хотят жить?
6. В их жизни есть проблемы?
7. Как они решают свои проблемы?
8. В их семье есть национальные проблемы?
9. Никита знает армянский язык?
10. Сусанна знает русский язык?
11. Как они понимают друг друга?
12. Что самое главное в их жизни?

75. *Situation.*

You visited Yerevan and got acquainted with the Bystrovs. Speak about Nikita Bystrov and his wife Susanna.

76. *Situations.*

(1) The American students ask Susanna and Nikita Bystrov about their life.

(2) The American journalist interviews Susanna and Nikita.

77. *Situation.*

In a cafe in Yerevan you get acquainted with two young people, Susanna and Nikita Bystrov. You are talking to them.

★ **78.** *Discussion.*

1. Что такое счастливая семья? Как вы думаете?
2. Должна ли современная женщина работать?

79. *Speak about them.*

Who are these women? Make up names for them: their first name, patronymic and last name. What do they work as? Where do they work? Where do you think they live? Say something about their family and their work. *(See pp. 333-334)*

★ **80.** *Reading Newspapers. Read these materials. Who do you think are the authors of the articles in this section of Pravda, a journalist or readers?*

ДИАЛОГ

ЧИТАТЕЛЬ СПРАШИВАЕТ, СПОРИТ, РАЗМЫШЛЯЕТ

Услышать и помочь

Свыше шести тысяч посетителей побывало за прошлый год в приемной «Правды». Каждый день десятки людей приходили к нам, чтобы поделиться бедой или заботой, попросить совета, помощи, поддержки. О том, как работала приемная, газета редко сообщала на своих страницах. Теперь мы предполагаем делать это регулярно.

ПИСЬМА В «ПРАВДУ»

УСЛЫШАТЬ ДРУГ ДРУГА

VOCABULARY

* авиа́ция aircraft, aviation
* армяни́н *m* Armenian
* армя́нка *f* Armenian
бе́гать run
* Бо́г God
боле́ть (боли́т) hurt, be painful, ache
больно́й patient
большинство́ majority
боя́ться fear
* бюро́ office, bureau
ва́жный important
ве́сь whole, entire, all
винова́т guilty
во-вторы́х in the second place, secondly
* вообще́ in general
во-пе́рвых in the first place, firstly
вопро́с question
воскресе́нье Sunday
впервы́е for the first time
всё в поря́дке everything is all right
встава́ть / вста́ть get up, rise
встреча́ться / встре́титься meet (with)
вто́рник Tuesday
в-тре́тьих in the third place, thirdly
выбира́ть / вы́брать select, elect
гла́вное the main thing
гла́з eye
гла́сность glasnost, openness
голова́ head
гри́пп flu
да́льше further
де́ло matter, affair
де́тский children's
до́ктор doctor
дру́г дру́га each other, one another
* евре́й Jew
* жени́ться get married
за́втрак breakfast
замеча́ть / заме́тить notice
занима́ться work, study

здоро́вый healthy
земля́ land, earth
зу́б tooth
интере́сы *pl.* interests
иску́сственный artificial
ка́жется (it) seems
Ка́к вы себя́ чу́вствуете? How do you feel?
коне́чно of course
* колле́га colleague
* констру́ктор designer
* констру́кторский designing, designer's
кора́бль ship
* косми́ческий space
космона́вт cosmonaut, astronaut
* космона́втика cosmonautics, astronautics
лека́рство medicine
лётчик pilot, flyer
ли́ whether
лицо́ face
медици́нский medicine, medical
мечта́ть dream, wish
* молча́ть keep silent
национа́льный national
недавно not long ago
но but
* обнима́ть hug, embrace
опера́ция operation
* опери́ровать operate
основа́ть *p.* found, establish
особенно especially
* перестро́йка perestroika, restructuring
по́здно (it is) late
познако́миться be acquainted, be introduced
* полёт flight
поликли́ника polyclinic
понеде́льник Monday
почти́ almost
принима́ть / приня́ть (лека́рство) take (a medicine)
пробле́ма problem
прое́кт project, draft

* проце́нт per cent
пя́тница Friday
ра́но (it is) early
* раствори́ться dissolve
реце́пт prescription
роди́ться *imp. & p.* be born
рука́ hand, arm
руководи́тель leader
сади́ться / се́сть sit down
са́мый the very, most
сво́й one's own
сдава́ть *imp.* экза́мен take an exam
сда́ть *p.* экза́мен pass an exam
сеа́нс performance, showing
серьёзный serious
сиде́ть sit, be sitting
Ско́лько вре́мени? What is the time?
ско́ро soon
сли́шком too
сло́жный complex
Соверше́нно ве́рно. Quite right.
созда́тель creator
* спаса́ть / спасти́ save
спо́рить / поспо́рить argue
спу́тник satellite
среда́ Wednesday
* стати́стика statistics
суббо́та Saturday
счастли́вый happy
та́к thus, so
та́к же, ка́к... just as
та́к что so
* телеба́шня television tower
температу́ра temperature
то́чно exactly
у́жин supper, dinner
* украи́нец *m.* Ukrainian
улыба́ться smile
* учёба studies
хиру́рг surgeon
* чепуха́ trifles
четве́рг Thursday
число́ number; date
чу́вствовать себя́ хорошо́ / пло́хо feel well / bad
экза́мен examination

Verb Stems:

бéгай- run
болé- hurt, be painful, ache
боя́-ся (жа- verb*)* fear
встава́й- / *вста́н-* get up, rise
встреча́й-ся / *встрéти-ся*
    meet (with)
выбира́й- / *вы́б/ра-* select,
    elect

жени́-ся get married
замеча́й- / *замéти-* notice
занима́й-ся work, study
мечта́й- dream, wish
молча́- to keep silent
обнима́й- hug, embrace
опери́рова- operate
основа́- found, establish
познакóми-ся be acquainted,
    be introduced
принима́й- take

раствори́-ся dissolve
роди́-ся be born
сади́-ся / *сéсть* *irreg.* sit down
сдава́й- take (an exam)
сда́ть *irreg.* pass (an exam)
сидé- sit, be sitting
спаса́й- / *спас-́* save
спóри- / *поспóри-* argue
улыба́й-ся smile
чу́вствова- feel

Мѝнск

PRESENTATION AND
PREPARATORY EXERCISES

I Ве́ра **покупа́ет пода́рки бра́ту и сестре́.**

▶ **1.** *Listen and repeat; then read and analyze. (See Analysis X, 1.0, 1.1; 1.41, 1.42.)*

Ка́тя и Дже́йн покупа́ют пода́рки.

— Ско́ро Но́вый го́д. Я хочу́ **купи́ть пода́рки бра́ту** и **сестре́.**
— А кто́ тво́й бра́т?
— О́н студе́нт университе́та.
— **Подари́ бра́ту кни́гу** о Москве́. Во́т но́мер телефо́на магази́на. Вчера́ я ви́дела та́м э́ту кни́гу.
— Спаси́бо. Позвоню́. А **сестре́?**
— **А́нне подари́ пласти́нку.**
— О́чень хорошо́. Я **подарю́ Джо́ну кни́гу** о Москве́, а **А́нне пласти́нку.** Большо́е спаси́бо, Ка́тя.

2. (a) *Listen and repeat.*

пода́рки бра́ту, купи́ть пода́рки бра́ту и сестре́, письмо́ дру́гу, сдава́ть экза́мен профе́ссору Ивано́ву, подари́ть пласти́нку сестре́, позвони́ть А́нне, рассказа́ть Оле́гу, помога́ть подру́ге.

(b) *Pronunciation Practice: memorize the following verbs with shifting stress.*

купи́ть, куплю́, ку́пишь, ку́пит, ку́пим, ку́пите, ку́пят, купи́.

Я куплю́ кни́гу, а ты́ ку́пишь пласти́нку. А́нне мы́ ку́пим цветы́.

люби́ть, люблю́, лю́бишь, лю́бит, лю́бим, лю́бите, лю́бят. — Ты́ лю́бишь му́зыку? — Люблю́.

кури́ть, курю́, ку́ришь, ку́рит, ку́рим, ку́рите, ку́рят, кури́. — Ты́ ку́ришь? — Не́т, не курю́.

подари́ть, подарю́, пода́ришь, пода́рит, пода́рим, пода́рите,
пода́рят, подари́. Я́ подарю́ ему́ кни́гу, а ты́ подари́ пласти́нку.

сказа́ть, скажу́, ска́жешь, ска́жет, ска́жем, ска́жете, ска́жут, скажи́.
— Ты́ ска́жешь мне́ его́ но́мер телефо́на? — Скажу́.

показа́ть, покажу́, пока́жешь, пока́жет, пока́жем, пока́жете,
пока́жут, покажи́. — Покажи́те, пожа́луйста, э́ту кни́гу.
— Сейча́с покажу́.

писа́ть, пишу́, пи́шешь, пи́шет, пи́шем, пи́шете, пи́шут, пиши́.
— Что́ ты́ пи́шешь? — Я́ пишу́ статью́.

3. *Listen and reply.*

Model: — Вы́ пи́шете письмо́ отцу́³?

— Да́¹, / отцу́¹.

1. Вы́ хоти́те подари́ть э́ту кни́гу бра́ту?
2. Вы́ звони́те Оле́гу?
3. Э́то письмо́ Ка́те?
4. Вы́ сдава́ли экза́мен профе́ссору Петро́ву?
5. Вы́ купи́ли пласти́нки сы́ну?
6. Вы́ написа́ли письмо́ дру́гу?
7. Вы́ расска́зывали о свое́й рабо́те подру́ге?

Model: — Вы́ написа́ли письмо́ дру́гу³?

— Не́т¹, / подру́ге¹.

1. Вы́ подари́ли кни́гу Оле́гу?	Ве́ра
2. Вы́ звони́те Ве́ре?	Серге́й
3. Вы́ пи́шете письмо́ дру́гу?	подру́га
4. Вы́ да́ли слова́рь А́нне?	сестра́
5. Вы́ купи́ли э́тот журна́л до́чке?	сы́н
6. Вы́ сдава́ли экза́мен профе́ссору Петро́ву?	Смирно́в
7. Вы́ помога́ете переводи́ть бра́ту?	това́рищ

4. *Somebody asks you a question. Answer it.*

Кому́?

Model: — Кому́ вы́ подари́ли пласти́нку?
— Бра́ту.

1. Кому́ вы́ написа́ли письмо́?
2. Кому́ вы́ звони́те?
3. Кому́ вы́ расска́зывали о Сове́тском Сою́зе?

4. Кому́ вы́ покупа́ете пода́рки?
5. Кому́ вы́ сдава́ли экза́мен?
6. Кому́ вы́ да́ли ва́ш а́дрес?
7. Кому́ э́то письмо́?
8. Кому́ вы́ пока́зывали свою́ рабо́ту?
9. Кому́ вы́ да́ли мо́й но́мер телефо́на?

▶ **5.** *Read and analyze (See Analysis X, 1.2.)*

Са́ша и Ви́тя — друзья́. Они́ у́чатся в шко́ле, в тре́тьем кла́ссе. Вчера́ Ви́тя сказа́л Са́ше: «Я́ написа́л поэ́му. Я́ говорю́ об э́том то́лько **тебе́,** потому́ что ты́ мо́й дру́г».

У́тром об э́том зна́ли то́лько Ви́тя и Са́ша. Ве́чером Ви́тя рассказа́л об э́том сестре́. Сестра́ Ви́ти уви́дела свою́ шко́льную подру́гу и рассказа́ла **ей** об э́том, то́лько **ей.** Подру́га рассказа́ла об э́том бра́ту, то́лько **ему́.** О́н рассказа́л ма́ме и отцу́, то́лько **и́м.** Они́ рассказа́ли **на́м,** а мы́ рассказа́ли **ва́м.**

6. *Listen and repeat.*

(a) кому́, мне́, позвони́ мне́; тебе́, рассказа́ть тебе́; ему́, пода́рок ему́; ей, помоги́те ей; на́м, напиши́те на́м; ва́м, ва́м письмо́; и́м, расскажи́те и́м.

(b) 1. Да́йте мне́, пожа́луйста, э́ту кни́гу.
2. Помоги́те на́м пожа́луйста.
3. Позвони́те ей, пожа́луйста.
4. Да́йте ему́ мо́й а́дрес.
5. Да́йте ей мо́й но́мер телефо́на.
6. Расскажи́те на́м об Аме́рике.
7. Покажи́те мне́, пожа́луйста, журна́л.

7. *Read the sentences with the correct intonation.*

1. Да́йте мне́ э́ту кни́гу.
2. Покажи́те на́м э́тот журна́л.
3. Расскажи́те ему́ об экза́мене.
4. Позвони́те на́м, пожа́луйста.
5. Помоги́те мне́.
6. Переведи́те и́м э́тот те́кст.
7. Напиши́те мне́, пожа́луйста.

8. *Give additional information.*

Model: Ни́на написа́ла бра́ту письмо́. Она́ ча́сто пи́шет ему́ пи́сьма.

1. Бори́с рассказа́л И́ре о свое́й рабо́те.
2. Анто́н подари́л Бори́су и И́горю откры́тки.
3. Серге́й помо́г мне́ и Ве́ре перевести́ те́кст.

4. Брат помо́г сестре́ реши́ть зада́чу.

5. Ве́ра дала́ Серге́ю свой уче́бник.

6. Мы написа́ли Вади́му и Бори́су о свои́х дела́х.

★ **9.** *You cannot comply with the following requests and advices. Explain why.*

Model: — Позвони́те, пожа́луйста, Оле́гу.
— Я не могу́ ему́ позвони́ть. У меня́ нет его́ телефо́на[1].

1. Помоги́те мне́, пожа́луйста, перевести́ статью́.

2. Напиши́те Ви́ктору письмо́.

3. Подари́те Оле́гу кни́гу.

4. Купи́те э́ту пласти́нку сы́ну.

5. Да́йте мне́ э́ту кни́гу, пожа́луйста.

6. Позвони́те ей за́втра.

7. Расскажи́те ему́ о Да́льнем Восто́ке.

10. *Situations.*

You are in a store. Ask for a book, a dictionary, a magazine, badges, stamps, a record, a postcard.

Model: Да́йте мне́, пожа́луйста, уче́бник.
or Покажи́те мне́, пожа́луйста, уче́бник.

11. *Situations.*

(1) Your friend is telephoning somebody. Find out whom.

(2) You come home and see a letter. Ask whom it is for.

(3) Your friend took an exam recently. Find out who the examiner was.

(4) Your girl-friend is writing a letter. Ask whom she is writing to.

(5) A student in your group is helping someone you don't know to translate a text. Find out whom he is helping.

---

[1]Note that here телефо́н means "a telephone number".

Помогите **этому молодому человеку** написать адрес по-русски.

▶ **12.** *Listen and repeat; then read and analyze. (See Analysis X, 1.3.)*

Телефонный разговор.

— Алло! Нина? Это говорит Сергей. Борис дома?
— Нет, его нет. Он будет вечером.
— Скажи **своему брату,** что лекций завтра не будет.
— Хорошо, скажу.
— Нина, позвони, пожалуйста, **моей маме.** Скажи ей, что я буду дома поздно. Я не могу ей позвонить.
— Хорошо, позвоню.

13. *Listen and repeat.*

скажи брату, скажи своему брату; позвони маме, позвони моей маме; расскажите другу, расскажите вашему другу; помогите моей сестре.

14. *Microdialogues.*

Model: — Джейн, кому ты пишешь письмо?
          — Своей сестре.
          — Кому?
          — Своей сестре .

1. — Кому вы звоните?
   — Своему другу. ...
2. — Кому вы помогаете переводить статью?
   — Своей подруге. ...
3. — Кому вы показывали свой доклад?
   — Нашему профессору. ...
4. — Кому вы дали ваш адрес?
   — Новому студенту. ...

15. *Situations.*

You are asking for a book, dictionary, magazine, textbook, article, paper. You get a refusal and are given reasons for the refusal.

Model: — Дайте мне, пожалуйста, новый журнал.
          — У меня его нет. Я его дал своему другу.

16. *Give advice, using the verbs* купи́ть, позвони́ть.

Model: — Я хочу́ купи́ть пода́рок сы́ну.

             — <u>Купи́те ва́шему сы́ну пласти́нки</u> .

1. Я хочу́ купи́ть пода́рок бра́ту.
2. Я не зна́ю, где́ за́втра бу́дет ле́кция.
3. Я не зна́ю, когда́ в клу́бе бу́дет конце́рт.
4. Мы́ не зна́ем, экза́мены бу́дут пя́того и́ли шесто́го ма́я.

17. *Microdialogues.*

Model: — Где́ тво́й <u>докла́д</u> ?

             — Я да́л его́ <u>моему́ това́рищу</u> .

| учебник, словарь, книга рассказов Чехова, карта, статья, журналы | оди́н студе́нт, одна́ студе́нтка, на́ш профе́ссор, на́ша учи́тельница, одна́ де́вушка |

18. *Somebody asks you a question. Answer it.*

1. Кому́ вы́ хоти́те показа́ть свою́ статью́?
2. Почему́ у ва́с не́т уче́бника? Кому́ вы́ его́ да́ли?
3. Кому́ вы́ пи́шете пи́сьма?
4. Кто́ пи́шет ва́м пи́сьма по-ру́сски?
5. Кому́ вы́ купи́ли лека́рство?

19. (a) *You want to send a letter to the Soviet Union. Write the address on the envelope. (See pp. 345–346.)*

Model: [1]

(b) *Write the given addresses on the envelopes. Also write your address.*

1. 103001, Москва́, ул. Ма́лая Бро́нная, д. 16, кв. 54. Скворцо́вой Гали́не Никола́евне.
2. 117330, Москва́, ул. Мосфи́льмовская, д. 27, кв. 35. Бори́сову Вади́му Петро́вичу.

---

[1] Remember how addresses are written in Russian: the names of the country, city, and the street, the house number, the number of the apartment, and the addressee's last name, first name and patronymic (in the dative case) or the initials for the first name and patronymic. The zip code is written in the lefthand bottom corner of the envelope.

Ташкент. „Ўзбекистон" меҳмонхонаси

Ташкент. Гостиница „Узбекистан"

117870

Пишите индекс предприятия связи места назначения

Москва, ул. Волгина, д. 11, кв. 26

Смирнову Борису Николаевичу

| Индекс предприятия связи | и адрес отправителя |

443098

г. Куйбышев, ул. Пугачёвская, д. 22 кв. 10

Петровой З. Н.

Изготовлено на Пермской ф-ке Гознака

С Министерство связи СССР. 1990

12 03 90 136680 Цена 6 к. Фото А. Расовского

В н и м а н и е !
Образец написания цифр индекса:

0123456789

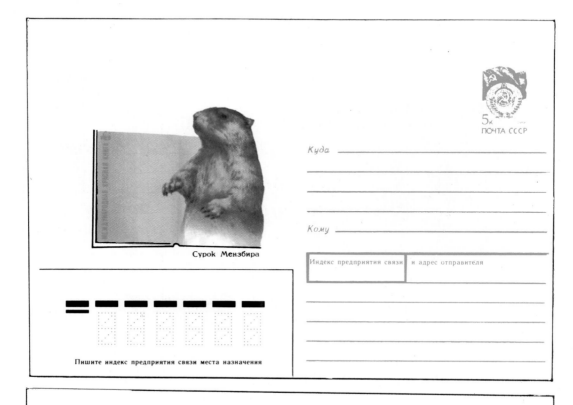

Сурок Мензбира

Индекс предприятия связи | и адрес отправителя

Куда

Кому

Пишите индекс предприятия связи места назначения

5 к
ПОЧТА СССР

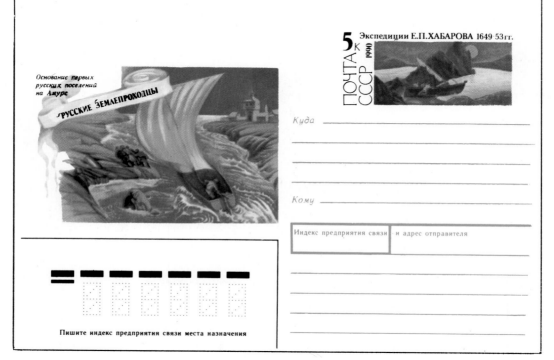

Основание первых
русских поселений
на Амуре

РУССКИЕ ЗЕМЛЕПРОХОДЦЫ

Экспедиции Е.П.ХАБАРОВА 1649-53гг.

5 к
ПОЧТА СССР 1990

Куда

Кому

Индекс предприятия связи | и адрес отправителя

Пишите индекс предприятия связи места назначения

20. *Translate.*

We had a lecture this morning. After the lecture our professor told us that there would be no seminar today. Anton and Nina were not present at the lecture and did not know that there would be no seminar. I saw them in the library in the afternoon. I gave them a book and three journals because I had already read them. Then I told Anton and Nina about the seminar. Anton showed us two big English-Russian dictionaries. He gave one dictionary to me and will give the other to his good friend, Pavel Antonov. Pavel knows English well and helps Anton read and translate.

> ## III — Ско́лько ле́т ва́шему бра́ту?
> — Ему́ четы́рнадцать ле́т.

 21. *Listen and repeat; then read and analyze. (See Analysis X, 1.5.)*

— Ма́ма, **ско́лько мне́ ле́т?**
— **Тебе́ ше́сть ле́т.**
— А **ско́лько ле́т Ната́ше?**
— **Ей четы́ре го́да.**
— А почему́ она́ моя́ тётя?

22. *Listen and repeat. Pronunciation Practice: the sound* [л].

в шко́ле, бы́ли, на́чали, учи́тель, преподава́тель.

ле́т, пя́ть ле́т, ше́сть ле́т, се́мь ле́т, во́семь ле́т, де́сять ле́т.

Ско́лько; ско́лько ле́т; Ско́лько ва́м ле́т? Ско́лько ле́т ва́шему сы́ну? Ско́лько ле́т ва́шей сестре́? Ско́лько ле́т ва́шему отцу́?

23. *Somebody asks you a question. Answer it.*

Model: — Ско́лько ва́м ле́т?

— Ско́лько мне́ ле́т? Мне́ два́дцать ле́т.

1. Ско́лько ле́т ва́шему бра́ту?
2. Ско́лько ле́т ва́шей жене́?
3. Ско́лько ле́т ва́шей ма́ме?
4. Ско́лько ле́т её сестре́?
5. Ско́лько ле́т её му́жу?
6. Ско́лько ле́т ва́шей подру́ге?
7. Ско́лько ле́т ва́шему дру́гу?

24. *Microdialogues.*

Model: — У тебя́ е́сть сестра́?
   — Е́сть.
   — Ско́лько е́й ле́т?
   — Мое́й сестре́ два́ го́да.

1. — У ва́с е́сть бра́т?
   — Е́сть.
2. — У ва́с е́сть де́ти?
   — Да́, е́сть. У меня́ сы́н и до́чка.
3. — Кто́ э́то?
   — Мо́й дру́г.

25. *Situations.*

(1) Ask the ages of your classmates. Use the numbers 17, 18, 19, 21, 23.

(2) Find out the age of your friend's sister, brother, friend (*m.* and *f.),* mother, father, wife, husband.

26. *Speak about yourself.*

1. Ско́лько ва́м бы́ло ле́т, когда́ вы́ на́чали учи́ться в шко́ле?
2. Ско́лько ва́м бы́ло ле́т, когда́ вы́ ко́нчили шко́лу?
3. Ско́лько ва́м бы́ло ле́т, когда́ вы́ поступи́ли в университе́т?
4. Ско́лько ле́т бы́ло ва́шему отцу́, когда́ о́н на́чал рабо́тать?

★ **27.** (a) *Read the text.*

Фо́рмула долголе́тия

Когда́ марафо́нец появи́лся на стадио́не, э́то бы́л триу́мф. Э́то не́ был чемпио́н ми́ра и́ли чемпио́н Гре́ции. Его́ зва́ли Дими́тр Иорда́нис, и бы́ло ему́ 98 ле́т. Когда́ журнали́сты спроси́ли о секре́те его́ «ве́чной мо́лодости», о́н отве́тил: «Я́ не курю́, не е́м мя́со и о́чень мно́го гуля́ю».

Мо́жет бы́ть, э́то и е́сть фо́рмула долголе́тия?

Спро́сим столе́тнего челове́ка. Пятиэта́жный до́м в Москве́. На четвёртом этаже́ живёт Гео́ргий Васи́льевич Лео́нов. Ему́ 100 ле́т.

— В чём секре́т ва́шего долголе́тия? — спроси́л журнали́ст.

долголе́тие longevity

марафо́нец marathon runner

триу́мф triumph

секре́т secret
ве́чная мо́лодость eternal youth
столе́тний 100-year-old

— Секре́та не́т. Я́ на́чал рабо́тать, когда́ мне́ бы́ло 12 ле́т. Рабо́тал на заво́де. Я не курю́, вино́ пью то́лько во вре́мя пра́здников.

вино́ wine

Когда́ мне́ бы́ло 90 ле́т, я́ бы́л в Ки́еве, писа́л дневни́к, где́ бы́л, что́ ви́дел.

дневни́к diary

И сейча́с ка́ждый де́нь два́ часа́ гуля́ю. До́ма у меня́ то́же е́сть дела́. Я́ слу́шаю ра́дио, смотрю́ телеви́зор. У меня́ хоро́шие де́ти, вну́ки.

В ко́мнате Гео́ргия Васи́льевича на по́лке три́ больши́е меда́ли: «90 ле́т», «95 ле́т» и «100 ле́т».

меда́ль medal

(b) *Answer the questions.*

1. Ско́лько ле́т бы́ло марафо́нцу Дими́тру Иорда́нису?
2. Что́ о́н сказа́л о секре́те свое́й «ве́чной мо́лодости»?
3. Ско́лько ле́т Г.В. Лео́нову?
4. Что́ о́н рассказа́л о свое́й жи́зни?
5. Ка́к вы́ ду́маете, в чём секре́т долголе́тия?

IV

Ва́ш сы́н поёт, **ему́ на́до учи́ться** в музыка́льной шко́ле.
Ви́ктор бо́лен. **Ему́ нельзя́ кури́ть.**

28. *Listen and repeat; then read and analyze. (See Analysis X, 2.1; 2.11; 2.12; 2.13.)*

— Алло́, А́нна Ива́новна? Здра́вствуйте. Э́то Оле́г.
— Здра́вствуй, Оле́г.
— Ка́тя до́ма?
— Да́, до́ма. Но она́ больна́, Оле́г. **Ей нельзя́ встава́ть.** Вра́ч сказа́л, что **ей на́до лежа́ть.**
— Извини́те, пожа́луйста, А́нна Ива́новна. **Мо́жно мне́** за́втра ва́м **позвони́ть**?
— Да́, коне́чно, звони́, пожа́луйста.

29. *Listen and repeat.*

мо́жно, мне́ мо́жно, ва́м мо́жно. Ва́м мо́жно позвони́ть? на́до, мне́ на́до, ва́м на́до гуля́ть; Ва́м на́до прочита́ть э́ту кни́гу. Тебе́ на́до посмотре́ть но́вый фи́льм. нельзя́, мне́ нельзя́, ему́ нельзя́, ей нельзя́. Ей нельзя́ кури́ть. Мне́ нельзя́ мно́го рабо́тать.

30. *Somebody asks you a question. Answer him.*

Model: — Мо́жно взя́ть его́ слова́рь?

               — Да́, мо́жно.

           (— Не́т, нельзя́.)

1. Зде́сь мо́жно купи́ть тетра́ди?
2. Сего́дня мо́жно посмотре́ть ва́ш докла́д?
3. В э́том магази́не мо́жно купи́ть ру́сские кни́ги?
4. Что́ сказа́л до́ктор? Ва́м мо́жно гуля́ть?
5. Когда́ вы не зна́ете челове́ка, мо́жно говори́ть ему́ «ты́»?
6. Его́ зову́т Пётр Никола́евич. Мо́жно зва́ть его́ Пе́тя?
7. Когда́ вы пи́шете контро́льную рабо́ту, мо́жно испо́льзовать слова́рь?

Model: — Ва́м на́до сего́дня бы́ть в институ́те?

               — Не́т, <u>мне́ не на́до</u> сего́дня бы́ть в институ́те.

1. В э́том году́ ва́м на́до сдава́ть экза́мены?
2. Ва́м на́до чита́ть э́тот рома́н?
3. На́м на́до писа́ть э́то упражне́ние?
4. На́м на́до повторя́ть те́ксты?
5. Ва́м на́до объясня́ть э́ти слова́?

31. *Give advice.*

Model: — Мо́й бра́т пло́хо себя́ чу́вствует. О́н о́чень мно́го рабо́тает.

               — <u>Ва́шему бра́ту нельзя́ мно́го рабо́тать.</u>

1. Мо́й му́ж о́чень мно́го ку́рит.
2. Мо́й бра́т живёт на ю́ге. О́н ча́сто боле́ет.
3. Мо́й сы́н бо́лен. О́н мно́го чита́ет.

32. *Give advice.*

Model: Э́то хоро́ший фи́льм. <u>Ва́м на́до посмотре́ть его́.</u>

1. Э́то совреме́нный бале́т.
2. Вы́ не смотре́ли э́тот фи́льм?
3. Вы́ не чита́ли э́тот рома́н?
4. Вы́ ещё не чита́ли э́тот журна́л? Та́м хоро́ший расска́з.
5. Ва́ш сы́н о́чень лю́бит му́зыку. О́н не у́чится в музыка́льной шко́ле?

33. *Give advice not to do the following and give reasons for your advice. Remember that* не на́до *and synonymous expressions are followed by an imperfective infinitive.*

Model: Не на́до чита́ть э́тот журна́л. О́н неинтере́сный.

чита́ть / прочита́ть, переводи́ть / перевести́, бра́ть / взя́ть, пока́зывать / показа́ть, говори́ть / сказа́ть, собира́ть / собра́ть, сдава́ть / сда́ть.

34. *Somebody asks you a question. Answer it.*

1. У вас за́втра бу́дет уро́к? Что́ вам на́до сде́лать? (прочита́ть расска́з, перевести́ те́кст, вы́учить диало́г, повтори́ть слова́)
2. У ва́шего това́рища в октябре́ бу́дет докла́д. Что́ ему́ на́до сде́лать? (изучи́ть докуме́нты, прочита́ть литерату́ру, написа́ть те́кст докла́да)
3. Ле́том я хочу́ отдыха́ть на Кавка́зе. Ка́к вы ду́маете, что́ мне на́до сде́лать сейча́с? (купи́ть ка́рту Кавка́за, прочита́ть кни́ги о Кавка́зе)

V Сейча́с у на́с бу́дет **ле́кция по матема́тике.**

35. *Listen and repeat; then read and analyze. (See Analysis X, 6.0; 6.1; 6.2.)*

— Ира, каки́е ле́кции у ва́с бу́дут за́втра?
— У на́с бу́дут ле́кции **по дре́вней исто́рии** и **по археоло́гии** и **семина́р по социоло́гии.** А у ва́с?
— У на́с бу́дет ле́кция **по матема́тике** и практи́ческие заня́тия **по программи́рованию.**

36. *Listen and repeat.*

статья́, докла́д, уро́к, кни́га, экза́мен [игза́м'ин], уче́бник, семина́р [с'им'ина́р], фи́зика, ле́кция [л'е́кцыъ], исто́рия, заня́тие, литерату́ра, матема́тика, конфере́нция, биоло́гия, археоло́гия; на уро́ке, на ле́кции, на семина́ре, на экза́мене, на конфере́нции, на уро́ке исто́рии; на ле́кции по литерату́ре; на семина́ре по матема́тике; на экза́мене по биоло́гии; на конфере́нции по археоло́гии; на конфере́нции по программи́рованию.

37. *Listen and reply.*

Model: — Ка́тя, ты́ была́ на ле́кции по литерату́ре?
— Да́, / я была́ на ле́кции по литерату́ре.

1. Вы́ бы́ли на семина́ре по исто́рии?
2. Вы́ бы́ли на конфере́нции по эконо́мике?
3. В Ленингра́де была́ конфере́нция по биоло́гии?
4. Вы́ сдава́ли экза́мен по археоло́гии?
5. Вы́ де́лали докла́д по литерату́ре?
6. У ва́с сего́дня бы́л уро́к ру́сского языка́? У ва́с бы́л семина́р по программи́рованию?

Model: — У ва́с уче́бник по биоло́гии?³

— Не́т,¹ / по исто́рии.¹

У ва́с сего́дня ле́кция по эконо́мике?   литерату́ра
У ва́с не́т уче́бника по психоло́гии?   матема́тика
В университе́те бу́дет конфере́нция
по археоло́гии?   фи́зика
У ва́с за́втра семина́р по хи́мии?   биоло́гия
Вы́ сдаёте экза́мен по ру́сскому языку́?   исто́рия
У ва́с сего́дня семина́р по матема́тике?   программи́рование

38. *Microdialogues.*

Ле́кция по психоло́гии

Model: — Ю́ра, где́ ты́ бы́л?
        — На семина́ре.
        — На како́м семина́ре?
        — На семина́ре по археоло́гии.

ле́кция, литерату́ра; семина́р, ру́сский язы́к; заня́тие, биоло́гия;
конфере́нция, социоло́гия, практи́ческие заня́тия,
программи́рование.

39. *Somebody asks you a question. Answer it.*

1. Каки́е кни́ги мо́жно купи́ть в э́том магази́не?
2. Каки́е кни́ги вы́ купи́ли?
3. Каки́е уче́бники у ва́с е́сть и каки́х уче́бников у ва́с не́т?
4. Каки́е статьи́ в газе́тах и журна́лах вы́ чита́ете?
5. Каки́е докла́ды вы́ слу́шаете на конфере́нции?
6. Каки́е экза́мены вы́ бу́дете сдава́ть в э́том году́?

VI Э́то **журна́л, кото́рый** вчера́ получи́л Ви́ктор.
Э́то **кни́га, кото́рую** написа́л америка́нский
писа́тель.

 40. *Listen and repeat; then read and analyze. (See Analysis X, 3.1.)*

— Дже́йн, ты́ по́мнишь англи́йскую балла́ду «**До́м, кото́рый
постро́ил Дже́к**»? Её перевёл С.Я. Марша́к¹.

---

¹ Marshak, Samuil Yakovlevich (1887-1964), poet, author of numerous children's verses, distinguished
translator of Shakespeare, Robert Burns, Heinrich Heine, and others.

— Нет, не помню, Олег.

— Катя, я забыла фамилию **писателя, который перевёл английскую балладу.**

— Какую, Джейн?

— **Балладу, о которой говорил Олег.**

— Это Самуил Маршак. У него очень хорошие переводы Шекспира, Роберта Бёрнса и других английских поэтов.

41. *Listen and repeat. (See Analysis, Phonetics, 3.75.)*

▶

1. Это книга, / о которой я вам говорила.

2. Я прочитала журнал, / который вы мне дали.

3. Я купила учебники, / о которых вы мне говорили.

4. Я была на конференции, / которая была в Ленинграде.

42. *Ask about what interests you.*

1. Вы знаете Сергея, который учится на историческом факультете?	Наташа, Олег
2. Вы прочитали книгу, которую я вам дал?	журнал, газета
3. Вы знаете имя автора, который написал роман «Мартин Иден»?	писатель
4. Вы взяли тетради, которые лежали здесь?	книги, открытки
5. Вы купили учебник, о котором я вам говорил?	словарь, книга
6. Вы посмотрели балет, о котором писали в газетах?	фильм, спектакль

43. *Complete the sentences, using the statements preceding them as attributive clauses.*

Model: Книга лежит на столе. Ира читает книгу.
— Дайте мне книгу, которая лежит на столе.
— Дайте мне книгу, которую читает Ира.

1. Володя купил журнал. Володя и Нина говорят о новом журнале, ... Покажите мне журнал, ...

2. Вера пригласила артистов. Мы много слышали об артистах, ... Я видела вчера артистов, ...

3. Надя живёт в городе Ялте. Этот город находится около моря. Мы говорили о городе, ...

★ **44.** *Translate the text into English, then translate it back into Russian and compare your translation with the original.*

Третьяко́вская галере́я

Третьяко́вскую галере́ю в Москве́ основа́л Па́вел Миха́йлович Третьяко́в, кото́рый на́чал собира́ть карти́ны ру́сских худо́жников в 1856 году́. Ему́ помога́л его́ брат Серге́й Миха́йлович. В 1873 году́ у П.М. Третьяко́ва была́ уже́ больша́я колле́кция, и Третьяко́в откры́л свою́ галере́ю для москвиче́й. В 1881 году́ в галере́е бы́ло уже́ 3500 карти́н. В 1892 году́ П.М. Третьяко́в подари́л свою́ галере́ю го́роду Москве́, и в 1893 году́ откры́ли музе́й, кото́рый называ́лся «Моско́вская городска́я галере́я и́мени бра́тьев Па́вла и Серге́я Третьяко́вых». По́сле Октя́брьской револю́ции 1917 го́да Третьяко́вская галере́я — госуда́рственный музе́й.

CONVERSATION

I. Asking for Information: Brief and Detailed Answers

Brief Answer

— Вы́ зна́ете Ка́тю Ивано́ву?
— Да́, зна́ю.

— Ва́ш докла́д гото́в?
— Не́т, не гото́в.

Answer Containing Detailed Information

— Вы́ чита́ли но́вый расска́з Бори́са Васи́льева?
— Да́, я нашла́ его́ в журна́ле «Но́вый ми́р».

— Вы́ бу́дете сего́дня на конце́рте?
— К сожале́нию, не́т. У меня́ не́т биле́та.

45. *Listen and repeat. Pay attention to the pronunciation of the sounds* [л] *and* [л'].

чита́ла, чита́л, чита́ли; смотре́ла, смотре́л, смотре́ли; дала́, да́л, да́ли; ви́дела, ви́дел, ви́дели; купи́ла, купи́л, купи́ли; слу́шала, слу́шал, слу́шали; де́лала, де́лал, де́лали; была́, бы́л, бы́ло, бы́ли, не́ был, не была́, не́ было, не́ были; нашёл, нашла́, нашли́;

к сожале́нию [ксъжыл'е́н'иjу]. — Вы́ бы́ли в теа́тре? — К сожале́нию, не́ был. К сожале́нию, не была́. К сожале́нию, не́ были.

нельзя́, больна́, контро́льная, обяза́тельно, фи́льм.

1. — Вы́ чита́ли э́ту кни́гу? — К сожале́нию, не чита́л.
   — Вы́ смотре́ли но́вый фи́льм? — К сожале́нию, не смотре́л.

2. — Вы́ бы́ли на ле́кции? — К сожале́нию, не была́.

3. — Вы́ де́лали докла́д? — К сожале́нию, не де́лал. — Вы́ купи́ли слова́рь? — К сожале́нию, не купи́л.
   — Обяза́тельно купи́те.

4. — Ва́м мо́жно гуля́ть? — К сожале́нию, нельзя́. Я больна́.

5. — Вы́ слу́шали но́вую о́перу? — К сожале́нию, не слу́шал.
   — Обяза́тельно послу́шайте.

46. *Express your regret.*

Model: — Вы́ бы́ли вчера́ на ле́кции?
             — К сожале́нию, не́ был.

1. Вы́ бы́ли на конфере́нции в Ки́еве?
2. Ты́ была́ на конце́рте в консервато́рии?
3. Вы́ ви́дели но́вый фи́льм?
4. Ты́ зна́ешь телефо́н Ка́ти?
5. Ты́ бу́дешь за́втра в университе́те?

Model: — Вчера́ бы́л конце́рт в клу́бе?
             — К сожале́нию, вчера́ не́ было конце́рта.

1. В четве́рг бы́л семина́р?
2. В апре́ле в университе́те была́ нау́чная конфере́нция?
3. В суббо́ту в институ́те бы́ли заня́тия?
4. В воскресе́нье у ва́с бу́дет свобо́дное вре́мя?
5. В суббо́ту в клу́бе бы́л ве́чер?

47. *Read the questions.*

Вы́ ко́нчите рабо́ту? Вы́ ко́нчите ва́шу рабо́ту? Вы́ ко́нчите ва́шу курсову́ю рабо́ту? Вы́ ко́нчите ва́шу курсову́ю в э́том ме́сяце? Вы́ бу́дете сдава́ть экза́мен? Вы́ бу́дете весно́й сдава́ть экза́мен? Вы́ бу́дете весно́й сдава́ть экза́мен по ру́сскому языку́? Вы́ пока́жете статью́? Вы́ пока́жете ва́шу статью́? Вы́ пока́жете ва́шу статью́ профе́ссору? Вы́ пока́жете ва́шу статью́ профе́ссору Ивано́ву? Вы́ пока́жете сего́дня ва́шу статью́ профе́ссору Ивано́ву? Вы́ бу́дете де́лать докла́д? Вы́ бу́дете сего́дня де́лать докла́д? Вы́ бу́дете сего́дня де́лать докла́д на конфере́нции? Вы́ бу́дете сего́дня де́лать докла́д на конфере́нции по ру́сскому языку́? Вы́ прочита́ли кни́гу? Вы́ прочита́ли кни́гу, кото́рую я ва́м да́л?

48. *Give various types of answers.*

Model: — Вы́ зна́ете э́ту статью́?
      (a) — Да́, зна́ю. (— Не́т, не зна́ю.)
      (b) — Да́, я чита́л её го́д наза́д в журна́ле «Приро́да».

1. Вы́ зна́ете но́вую рабо́ту профе́ссора Во́лина?
2. Вы́ зна́ете програ́мму конце́рта?
3. Ва́м говори́ли о програ́мме рабо́ты конфере́нции?
4. Вы́ зна́ете, когда́ у на́с бу́дет пра́ктика?
5. Ва́м объясни́ли, почему́ в суббо́ту не бу́дет ве́чера?
6. Ва́м сказа́ли, что 5 ноября́ открыва́ют вы́ставку в До́ме архите́ктора?

49. *Speak about these people in detail. Use the words* вме́сте, учи́ться, рабо́тать, отдыха́ть, встреча́ться, гото́вить, жи́ть, ви́деть, слы́шать.

1. Вы́ зна́ете Джи́ма Бро́уди?
2. Вы́ зна́ете Ле́ну Кла́рк?
3. Вы́ слы́шали о Кири́лле Лавро́ве?
4. Вы́ слы́шали о Ве́ре Немцо́вой?
5. Вы́ зна́ете Ви́ктора Бело́ва?

50. *Somebody asks you a question. Answer it.*

Model: — Вы́ бу́дете сего́дня де́лать докла́д?
          — К сожале́нию, не́т. Мо́й докла́д не гото́в.

1. Вы́ пока́жете сего́дня ва́шу статью́ профе́ссору?
2. Вы́ ко́нчите ва́шу курсову́ю рабо́ту в э́том ме́сяце?
3. Вы́ бу́дете весно́й сдава́ть экза́мены по ру́сскому языку́?
4. Вы́ ко́нчили рисова́ть портре́т ва́шего дру́га?
5. Вы́ уже́ прочита́ли кни́гу, кото́рую я́ ва́м да́л?
6. Вы́ смотре́ли фи́льм, о кото́ром я́ ва́м говори́ла?

★ **51.** *Dialogues.*

Model: — Вы́ чита́ли рома́н Паусто́вского «Чёрное мо́ре»?
          — К сожале́нию, не́т. Я́ не мо́г найти́ э́тот рома́н.
          — Обяза́тельно прочита́йте. Э́то хоро́шая кни́га.

1. Вы́ смотре́ли фи́льм «Алекса́ндр Не́вский»?
2. Вы́ слу́шали о́перу Чайко́вского «Иола́нта»?
3. Вы́ чита́ли э́ту статью́?
4. Вы́ смотре́ли фи́льм «Война́ и ми́р»?
5. Вы́ чита́ли рома́н Достое́вского «Бра́тья Карама́зовы»?

52. *Microdialogues. Use the words* обяза́тельно, мо́жет бы́ть *and* к сожале́нию.

Model: — Вы́ бу́дете слу́шать конце́рты у на́с в клу́бе?
          (a) — Обяза́тельно бу́ду. А вы́?
          (b) — Мо́жет бы́ть, бу́ду.
          (c) — К сожале́нию, не́т. У меня́ не́т вре́мени.

1. Вы́ бу́дете посеща́ть уро́ки англи́йского языка́?
2. Когда́ вы́ бу́дете покупа́ть пода́рки? В суббо́ту?
3. В э́том году́ вы́ бу́дете де́лать докла́д на семина́ре?
4. Вы́ бу́дете сего́дня рабо́тать в лаборато́рии?

II. Requesting Permission

Requesting Permission to Perform a Concrete Action (Perfective Verb)

— Óля, мóжно мнé взя́ть твою́ рýчку?

— Дá, пожáлуйста.   — К сожалéнию, э́то не моя́ рýчка.

Requesting General Permission (Imperfective Verb)

— Здéсь мóжно курúть?

— Дá, мóжно.   — Нéт, нельзя́.

53. *Listen and repeat.*

взя́ть, брáть, курúть, купúть, плáвать, игрáть, смотрéть,

посмотрéть, éсть;

Мо́жно взя́ть тетрáдь? Мо́жно взя́ть рýчку? Мо́жно взя́ть твою́

рýчку? Мо́жно взя́ть словáрь? Мо́жно брáть кнúги в библиотéке?

Мо́жно курúть? Здéсь мо́жно курúть? Мо́жно посмотрéть

журнáл?

54. (a) *Somebody asks your permission. Give a reply.*

Model: — Мóжно взя́ть вáшу рýчку?

         — Дá, пожáлуйста.

or

         — К сожалéнию, э́то не моя́ рýчка.

1. Мóжно взя́ть вáшу кнúгу? 4. Мóжно посмотрéть твóй доклáд?
2. Мóжно взя́ть вáш словáрь? 5. Мóжно взя́ть вáш учéбник?
3. Мóжно взя́ть э́тот журнáл?

(b) *Somebody asks your permission. Give or withhold permission.*

Model: — Здéсь мóжно курúть?

         — Дá, мóжно.

or

         — Нéт, нельзя́.

1. Здéсь мóжно плáвать?   3. Тебé мóжно курúть?
2. Здéсь мóжно разговáривать?   4. Тебé мóжно гуля́ть?

55. *Somebody asks you a question. Answer it.*

1. Мо́жно взя́ть ва́ш слова́рь?
2. Ты́ ле́том отдыха́л на Во́лге? А та́м мо́жно пла́вать?
3. В общежи́тии е́сть библиоте́ка? В воскресе́нье та́м мо́жно рабо́тать?
4. В институ́те е́сть спорти́вный клу́б? Та́м мо́жно танцева́ть?
5. Э́то ва́ша кни́га? Мо́жно посмотре́ть?

56. *Ask somebody's permission to borrow something.*

Model: У меня́ не́т карандаша́. Мо́жно взя́ть ва́ш каранда́ш?	ру́чка, тетра́дь, уче́бник, слова́рь

57. (a) *Dialogue.*

В кафе́

— Мо́жно взя́ть меню́?
— Да́, пожа́луйста.
— Спаси́бо. Да́йте мне́, пожа́луйста, <u>хле́б</u>.
— Чёрный и́ли бе́лый?
— Чёрный.

со́ль, сы́р, молоко́, су́п, мя́со, ры́ба, фру́кты

★ (b) *Compose similar dialogues by substituting the words on the right for the underlined word.*

58. *Dialogues.*

(a) *Complete the dialogue.*

В магази́не

— А́нна Ива́новна, что́ вы́ хоти́те купи́ть?
— . . . .
— Кому́?
— . . . .

(b) *Make up a dialogue which might take place in a book store. Use the following expressions.*

Что́ вы́ хоти́те? Что́ вы́ ещё хоти́те? Мне́ на́до купи́ть... Мо́жно посмотре́ть...? Да́йте, мне́, пожа́луйста, ... К сожале́нию, у на́с не́т...

III. Evaluation of Something Seen, Heard, Read, etc.

— Вáм понрáвился фильм?	(a) — Дá, óчень. — Дá, фильм прекрáсный. (b) — Ничегó осóбенного. — Ничегó. (c) — Нéт, не óчень. — Нéт, не понрáвился.

59. (a) *Listen and repeat.*

нрáвиться [нрáв'иццъ], нрáвится, нрáвятся, понрáвиться, понрáвился. Вáм понрáвился расскáз? Вáм нрáвятся расскáзы Чéхова?

Мнé нрáвится э́тот гóрод. Мнé óчень нрáвится э́тот фильм. Мнé не понрáвился фильм.

(b) *Listen and repeat; then read and analyse (See Analysis X, 1.4.). Note the range of evaluative possibilities in the following replies.*

1. — Вáм понрáвился Ленингрáд?
   — Дá, óчень. Прекрáсный гóрод.
2. — Вáм нрáвится балéт?
   — Дá, я óчень люблю́ балéт.
3. — Вáм нрáвится совремéнная архитектýра?
   — Нрáвится. А вáм?
   — А мнé не нрáвится. Мнé бóльше нрáвится дрéвняя архитектýра.
4. — Вы́ бы́ли на стадиóне? Вáм понрáвилась нáша комáнда?
   — Нéт, не óчень.
5. — Вы́ ви́дели нóвый фильм?
   — Дá.
   — Хорóший фильм?
   — Ничегó.
6. — Вы́ ви́дели нóвую пьéсу?
   — Дá.
   — Ну и кáк?
   — Ничегó осóбенного.

60. *Somebody asks you a question. Answer it.*

1. Я знáю, что вы́ бы́ли в кинó. Вáм понрáвился фильм? Какие фильмы вáм нрáвятся?

2. Я слы́шал, что вы́ бы́ли в теáтре. Вáм понрáвилась пьéса? Какие пьéсы вáм нрáвятся?

3. Говорят, вы были на концерте в консерватории. Вам понравился концерт? Какие концерты вам больше нравятся?

4. Вы были на лекции? Вам понравилась лекция? Какие лекции вам больше нравятся?

5. Вы прочитали этот роман? Он вам понравился? Какие книги вам нравятся?

61. *Microdialogues.*

Model: — Где вы были летом, Игорь?
— В Ленинграде.
— Вам понравился Ленинград?
— Да, мне очень понравился Ленинград.

1. — Где была в мае ваша сестра? — В Лондоне.
2. — Куда ездили летом ваши друзья? — На Кавказ.
3. — Вы видели фильм «Война и мир»? — Да.
4. — Вы смотрели в театре новую пьесу? — Да.

62. *Situations.*

(1) Your friends have just returned from a trip. Find out where they have been, what they saw, what they liked and didn't like, and why.

(2) You are talking about the theater with your friends. Find out what they have seen lately and who liked what. Ask for reasons for their judgments.

IV. At an Examination

сдавать экзамен	to take an exam
сдать экзамен	to pass an exam
сдать / сдавать экзамен к о м у́	to be examined by (somebody)
сделать ошибку	to make a mistake
получить 5 (4, 3, 2)[1]	to receive a grade of 5(A), 4(B), 3(C), 2(D)

63. *Listen and repeat.*

сдать [здат'], сдавать [здават'], экзамен [игзам'ин], сдать экзамен, сдавать экзамен; сделать [з'делът'], сделать ошибку [ашыпку]; отметка, получить отметку, получить пять, получить четыре, получить два;

---

[1] In the Soviet Union, a 5-point grading system is used. 5 is the highest grade, and 2 and 1 are unsatisfactory.

Вы сдали экзамен? Что вы сдаёте? Мы сдаём экзамен по химии. Я сдала химию. Что вы получили? Я получила четыре. Я сделала три ошибки.

В [ф] пять часов. В три часа [часа]. В час. У меня в час экзамен. У нас в два часа экзамен по русскому языку.

64. (a) *Basic Dialogue. Listen.*

Сегодня у нас экзамен

— Наташа, ты сегодня свободна?
— К сожалению, нет. Сегодня в три часа у нас экзамен.
— Что вы сдаёте?
— Историю СССР.
— Кому вы сдаёте?
— Профессору Белову.
— Это трудный экзамен?
— Нет, не очень.

(b) *Answer the questions.*

Наташа сегодня свободна? Что сегодня у Наташи в три часа? Наташа сегодня сдаёт математику? Это трудный экзамен?

(c) *Dramatize the dialogue.*

(d) *Situation.*

Suppose your friend took his exam yesterday. Ask him about it.

65. (a) *Basic Dialogue. Listen.*

Вы сдали экзамены?

— Вера, ты сдала все экзамены?
— К сожалению, нет. Мне надо сдать ещё два экзамена.
— А ты не знаешь, Оля сдавала вчера химию?
— Сдавала. Она очень хорошо отвечала на экзамене. Получила «четыре».
— А почему четыре? Были ошибки?
— Да, она сделала две ошибки в контрольной работе.
— А Вадим вчера сдавал экзамен?
— Да, он тоже сдавал, но не сдал. У него были очень трудные вопросы. Он будет сдавать экзамен в июне.

(b) *Answer the questions.*

Вéра сдалá всé экзáмены? Скóлько экзáменов éй нáдо сдáть? Óля сдавáла хи́мию? Кáк онá сдалá экзáмены? Почемý онá получи́ла «четы́ре»? А Вади́м вчерá сдавáл экзáмен? Почемý óн не сдáл экзáмен? Когдá óн бýдет сдавáть экзáмен?

(c) *Dramatize the dialogue.*

(d) *Situation.*

Yesterday your friend took an exam. Tell what happened.

66. *Listen, then read.*

Студéнты говоря́т

— Чтó такóе экзáмен?
— Экзáмен — э́то игрá, в котóрой оди́н не знáет, но говори́т, а другóй знáет, но молчи́т.

> **игрá** game
> **молчáть** be silent

Пóсле экзáмена

— Ю́ра, у тебя́ сегóдня бы́л экзáмен? Ты́ сдавáл англи́йский (язы́к)?
— Дá.
— Ну и кáк? Сдáл?
— Нéт.
— А чтó тебя́ спрáшивали?
— Не знáю. Они́ спрáшивали по-англи́йски.

★67. *Read and learn the following two Russian proverbs.*

Учéнье — свéт, неучéнье — тьмá.

Learning is light, (and) ignorance is darkness.

Вéк живи́ — вéк учи́сь.

cf. Live and learn.

READING

★ **68.** (a) *Read and translate.*

Note: г д é ?   **недалеко́ от институ́та**
                 недалеко́ от Москвы́

— Оле́г, скажи́, пожа́луйста, где нахо́дится консервато́рия?
— На у́лице Ге́рцена, **недалеко́ от ста́рого зда́ния** университе́та.
— А Теа́тр и́мени Маяко́вского?
— **Недалеко́ от консервато́рии.**

(b) *Read aloud, paying attention to unstressed syllables.*

недалеко́ [н'идъл'ико́], от Москвы́, недалеко́ от Москвы́, от
институ́та [атынст'иту́тъ], недалеко́ от институ́та, недалеко́ от
университе́та, недалеко́ от консервато́рии.

★ **69.** *Explain where* библиоте́ка, гости́ница, теа́тр, институ́т, универма́г,
апте́ка, больни́ца *are located.*

Model: Библиоте́ка нахо́дится недалеко́ от шко́лы.

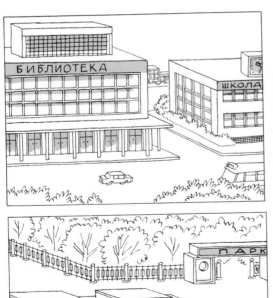

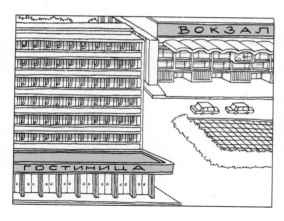
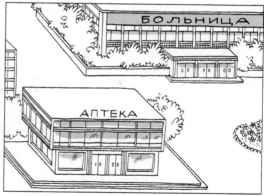

★ **70.** *Read and translate. Note the use of the genitive after* во время *"during".*

— Серге́й, у тебя́ уже́ была́ пра́ктика?

— Да́, была́.

— Где́ ты́ рабо́тал?

— В Истори́ческом музе́е. Во вре́мя пра́ктики я гото́вил материа́лы об Оте́чественной войне́ 1812 го́да[1].

★ **71.** *Answer the questions, using the words* пра́ктика, уро́к, ле́кция.

Model: — Когда́ ва́м сказа́ли об экза́мене?
        — Во вре́мя уро́ка.

1. Когда́ Серге́й рабо́тал в Истори́ческом музе́е?
2. Когда́ студе́нты переводи́ли те́кст?
3. Когда́ профе́ссор расска́зывал о ру́сской му́зыке?
4. Когда́ Ка́тя жила́ в Оде́ссе?
5. Когда́ студе́нты смотре́ли фи́льм о Москве́?

▶**72.** *Read and translate. Note the use of the phrase* дру́г дру́га. *(See Analysis XIII, 2.1.)*

1. Ро́берт и Джо́н ча́сто занима́ются вме́сте. Они́ помога́ют **дру́г дру́гу** переводи́ть, объясня́ют **дру́г дру́гу** но́вые слова́.
2. Ве́ра живёт в Москве́, её подру́га Ни́на живёт в Ленингра́де. Де́вушки ча́сто пи́шут **дру́г дру́гу** пи́сьма.
3. — Серге́й, ты́ зна́ешь Ната́шу Смирно́ву? — Да́, мы́ вме́сте учи́лись в шко́ле. Но я давно́ не ви́дел её и ду́маю, что сейча́с мы́ не узна́ем **дру́г дру́га.**
4. Ге́нри и Ри́чард собира́ют ма́рки. Они́ ча́сто пока́зывают **дру́г дру́гу** свои́ но́вые ма́рки.

---

[1]The Patriotic War of 1812, the war of the Russians against Napoleon.

▶**73.** *Read and analyze. (See Analysis X, 2.0.)*

1. — Ви́ктор, где́ ты́ бы́л вчера́?
   — На ве́чере совреме́нных поэ́тов.
   — Ну и ка́к?
   — **Мне́ бы́ло** о́чень **интере́сно.**
2. — Ве́ра, **тебе́ не хо́лодно?**
   — Не́т, спаси́бо, **мне́ тепло́.**

74. *Situations.*

Ask where Boris, Anna, Oleg and Katya have been, whether it was interesting, pleasant, fun, warm enough for them there.

Бори́с бы́л на конце́рте в суббо́ту. А́нна была́ на ле́кции в понеде́льник. Оле́г и Ка́тя в воскресе́нье гуля́ли в па́рке.

★**75.** *Read and translate. Analyze the syntactic structure of the sentences.*

Note: В Москве́, **в до́ме, где жи́л Толсто́й,** сейча́с музе́й.
В како́м до́ме сейча́с музе́й?

1. В Ленингра́де е́сть до́м, где жи́л Пу́шкин. В э́том до́ме сейча́с нахо́дится музе́й.

2. В города́х, кото́рые нахо́дятся на се́веро-за́паде СССР, мно́го па́мятников древнеру́сской архитекту́ры.

3. В XVIII (восемна́дцатом) ве́ке архите́ктор Баже́нов постро́ил в Москве́ зда́ние, где сейча́с нахо́дится за́л Библиоте́ки и́мени В.И. Ле́нина.

76. *Read and translate.*

Note:	**игра́ть** в о ч т о́	в ша́хматы в футбо́л в волейбо́л в те́ннис в баскетбо́л

1. Серге́й хорошо́ игра́ет в волейбо́л.
2. Оле́г лю́бит игра́ть в футбо́л.
3. А́нна хорошо́ игра́ет в ша́хматы, а Бори́с пло́хо.
4. Ве́чером Ро́берт и Джо́н ча́сто игра́ют в ша́хматы.
5. Ле́том мы́ лю́бим игра́ть в баскетбо́л.
6. Кэ́т хорошо́ игра́ет в те́ннис.

77. *Somebody asks you a question. Answer it.*

1. Вы́ лю́бите игра́ть в волейбо́л? А в баскетбо́л?
2. Вы́ игра́ете в те́ннис?
3. Вы́ игра́ете в ша́хматы?
4. Ва́ши друзья́ лю́бят игра́ть в футбо́л?
5. Кто́ в ва́шей гру́ппе хорошо́ игра́ет в те́ннис? А в ша́хматы?
6. Вы́ ча́сто игра́ете в те́ннис? А в баскетбо́л?
7. Когда́ вы́ игра́ете в те́ннис и в баскетбо́л?

78. *Read the questions and answer them.*

1. Ва́ш бра́т игра́ет в те́ннис?

   Ва́ш бра́т игра́ет в те́ннис?

   Ва́ш бра́т игра́ет в те́ннис?

   Ва́ш бра́т игра́ет в те́ннис?

2. Вы́ игра́ете в воскресе́нье в футбо́л?

   Вы́ игра́ете в воскресе́нье в футбо́л?

   Вы́ игра́ете в воскресе́нье в футбо́л?

   Вы́ игра́ете в воскресе́нье в футбо́л?

3. Ва́ш дру́г игра́ет в ша́хматы?

   Ва́ш дру́г игра́ет в ша́хматы?

   Ва́ш дру́г игра́ет в ша́хматы?

   Ва́ш дру́г игра́ет в ша́хматы?

79. *Using the verb* игра́ть, *ask your friends what sports they engage in.*

80. *Vocabulary for Reading. Study the following new words and their usage as illustrated in the sentences on the right. Pronounce each sentence aloud.*

помога́ть / помо́чь к о м у́ + *infinitive*	Ро́берт помо́г мне́ реши́ть э́ту зада́чу. О́н всегда́ помога́ет мне́. Профе́ссор помо́г студе́нту перевести́ статью́. О́н помога́ет ему́ переводи́ть тру́дные статьи́.
объясня́ть / объясни́ть к о м у́, ч т о́ / *subordinate clause*	В нача́ле уро́ка учи́тель объясня́л на́м но́вые слова́. Объясни́те на́м, пожа́луйста, когда́ на́до испо́льзовать ИК-3. В конце́ уро́ка учи́тель объясня́л, а ученики́ внима́тельно слу́шали.
сообща́ть / сообщи́ть к о м у́, о ч ё м / *subordinate clause*	Ро́берт сообщи́л на́м о конце́рте. Ро́берт сообщи́л на́м, что за́втра в клу́бе бу́дет интере́сный конце́рт.

81. *Read aloud, paying attention to unstressed syllables.*

помога́ть [пъмага́т'], я́ помога́ю тебе́, ты́ помога́ешь мне́, о́н помога́ет е́й;

помо́чь, я́ помогу́ тебе́, ты́ помо́жешь мне́, о́н помо́жет е́й, помоги́те мне́, помо́г; помогла́, помогло́, помогли́;

объясня́ть [абjис'н'а́т'], я́ объясня́ю тебе́, ты́ объясня́ешь Андре́ю, о́н объясня́ет мне́, объясня́йте, объясня́л, объясня́ла, объясня́ли;

объясни́ть, я́ объясню́ Андре́ю, ты́ объясни́шь мне́ слова́, о́н объясни́т на́м но́вые слова́, объясни́те мне́, объясни́л, объясни́ла, объясни́ли;

сообща́ть [съапща́т'], я́ сообща́ю ва́м, ты́ сообща́ешь на́м, сообща́йте на́м, сообща́л, сообща́ла, сообща́ли;

сообщи́ть, я́ сообщу́ ва́м, ты́ сообщи́шь на́м о семина́ре, о́н сообщи́т е́й о конце́рте, сообщи́те мне́, сообщи́л, сообщи́ла, сообщи́ли.

▶ **82.** *Read and analyze. Note that the imperfective verb* бра́ть *in the past tense may denote an action the result of which has been canceled out by the moment of speaking.*

1. — Ни́на, у тебя́ е́сть уче́бник ру́сского языка́?
   — Е́сть. Я́ взяла́ в библиоте́ке.
2. — Ро́берт, у тебя́ е́сть ру́сско-англи́йский слова́рь?
   — Сейча́с не́т. Я́ бра́л его́ в библиоте́ке.

83. *Supply the correct aspectual form of the verbs on the right.*

1. — Андре́й, ты́ ... мне́ перевести́ э́тот те́кст? — Коне́чно. Помогу́. Ра́ньше я́ тебе́ всегда́	помога́ть / помо́чь
2. — Вы́ зна́ете, что за́втра не бу́дет ле́кции? — Да́, зна́ем. На́м ... об э́том.	сообща́ть / сообщи́ть
3. — Ни́на Ива́новна, ..., пожа́луйста, когда́ на́до испо́льзовать ИК-1. — Хорошо́!	объясня́ть / объясни́ть
4. — Кристи́на, у тебя́ е́сть э́та кни́га? — Да́, е́сть. Мне́ ... её сестра́.	дари́ть / подари́ть
5. — Джо́н, э́то тво́й журна́л? — Не́т, я́ ... его́ в библиоте́ке.	бра́ть / взя́ть
6. — Ро́берт, у тебя́ е́сть а́нгло-ру́сский слова́рь? — Сейча́с не́т. Я́ ... его́ в библиоте́ке.	бра́ть / взя́ть

84. *Vocabulary for Reading. Study the following new words and their usage as illustrated in the sentences on the right. Pronounce each sentence aloud.*

по́мнить к о г о́ — ч т о / *subordinate clause*
забыва́ть / забы́ть
к о г о́ — ч т о́, о к о́ м — о ч ё м / *subordinate clause*

Я хорошо́ по́мню э́того челове́ка. Он учи́лся в на́шем университе́те.
— Вы́ по́мните слова́ э́той пе́сни?
— Не́т, забы́л.
— Ви́ктор Петро́вич, вы́ по́мните, что в сре́ду у ва́с бу́дет ле́кция?
— Большо́е спаси́бо, что сказа́ли. Я по́мню, что у меня́ должна́ бы́ть ле́кция, но забы́л, когда́ она́ бу́дет.

запомина́ть / запо́мнить к о г о́ — ч т о́ / *subordinate clause*

— Ро́берт, вы́ по́мните, что у на́с бу́дет семина́р?
— Не́т, забы́л. А когда́ о́н бу́дет?
— Запо́мните, пожа́луйста, что семина́р бу́дет во вто́рник.
У Джо́на хоро́шая па́мять. О́н бы́стро и хорошо́ запомина́ет.
У Дже́ка плоха́я па́мять. О́н о́чень бы́стро забыва́ет.
Вы́ должны́ хорошо́ запо́мнить э́ти слова́. Не забыва́йте и́х.

85. *Read aloud.*

по́мнить, я́ по́мню, ты́ по́мнишь, слова́, о́н по́мнит слова́, о́н по́мнил, она́ по́мнила;

запо́мнить, я́ запо́мню э́то, ты́ запо́мнишь, запо́мните э́то, о́н запо́мнил, она́ запо́мнила; запомина́ть [зъпъм'ина́т'], я́ запомина́ю, ты́ запомина́ешь слова́, о́н запомина́ет слова́ хорошо́, запомина́йте, я́ запомина́л, она́ запомина́ла;

па́мять [па́м'ит'], хоро́шая па́мять, плоха́я па́мять; забыва́ть, я́ забыва́ю, ты́ бы́стро забыва́ешь, о́н бы́стро забыва́ет, не забыва́йте; забы́ть, я́ забу́ду, ты́ забу́дешь, о́н не забу́дет, не забу́дьте, не забу́дь, пожа́луйста.

86. *Supply the correct aspectual form of the verbs* по́мнить, забыва́ть / забы́ть, запомина́ть / запо́мнить.

1. — А́нна, у тебя́ хоро́шая па́мять?
   — Не́т, плоха́я. Я́ о́чень бы́стро ... .
2. — А́нна Ива́новна, кто́ э́тот челове́к?
   — Э́то хиру́рг Петро́в. Я́ хорошо́ ... его́. Мы́ вме́сте учи́лись в институ́те.
3. — Кэ́т, ты́ ... , когда́ бу́дет экза́мен?
   — Не́т, не́ ... . Профе́ссор говори́л на́м, но я́ ... .
4. — У Джо́на хоро́шая па́мять. О́н бы́стро ... . О́н мо́жет бы́стро ... всё но́вые слова́ уро́ка.
5. — Верони́ка, вы́ зна́ете, где́ в Москве́ нахо́дится музе́й Толсто́го?
   — Не́т, не зна́ю. Мне́ объясни́ли, но я́ ... . Я́ ... то́лько, что о́н нахо́дится недалеко́ от Па́рка культу́ры.

87. *Vocabulary for Reading. Study the following new words and their usage as illustrated in the sentences on the right. Pronounce each sentence aloud.*

| иска́ть к о г о́ — ч т о́ | — Йра, ты́ не ви́дела мо́й уче́бник? Я́ потеря́ла его́.
— Где́ ты́ иска́ла его́?
— В столе́, на столе́, в портфе́ле.
— Посмотри́ на по́лке. |
| нахо́дить / найти́ к о г о́ — ч т о́ | — Спаси́бо, я́ нашла́ его́. О́н лежи́т зде́сь. |

88. *Read aloud.*

иска́ть, я́ ищу́, ты́ и́щешь уче́бник, о́н и́щет портфе́ль, мы́ и́щем, вы́ и́щете, они́ и́щут, о́н иска́л, она́ иска́ла, они́ иска́ли, ищи́те, не ищи́те;

находи́ть, я́ нахожу́, ты́ нахо́дишь, о́н нахо́дит, о́н находи́л, она́ находи́ла, они́ находи́ли;

найти́, я́ найду́, ты́ найдёшь статью́, о́н найдёт портфе́ль, о́н нашёл статью́, она́ нашла́ статью́, они́ нашли́ статью́ в журна́ле, найди́те но́вое сло́во, о́н нашёл, она́ нашла́, они́ нашли́.

89. (a) *Read and analyze the following dialogue.*

— Оле́г, ты́ не зна́ешь, в како́м но́мере журна́ла «Спу́тник» е́сть статья́ о Сиби́ри? Мне́ на́до её найти́.

— Не ищи́, я́ уже́ нашёл её. Э́та статья́ во второ́м но́мере.

★ (b) *Situations.*

You need an article on contemporary Armenian poets, on a conference of surgeons.

90. *Vocabulary for Reading. Study the following new words and their usage as illustrated in the sentences on the right. Pronounce each sentence aloud.*

боро́ться п р о́ т и в к о г о́— ч е г о́, з а к о г о́—ч т о́	Сове́тский Сою́з боро́лся про́тив фаши́стской Герма́нии почти́ четы́ре го́да. Во вре́мя войны́ в Сталингра́де солда́ты боро́лись за ка́ждую у́лицу, за ка́ждый до́м.
погиба́ть / поги́бнуть	Во вре́мя войны́ у э́той же́нщины поги́бло два́ сы́на.
бы́вший	— Вы́ не зна́ете, кто́ э́тот челове́к? — Э́то профе́ссор Петро́в, бы́вший дире́ктор институ́та. — А́нна, кто́ тво́й оте́ц? — Мо́й оте́ц — бы́вший крестья́нин. А сейча́с о́н рабо́тает на заво́де.

91. *Read aloud.*

боро́ться [баро́ццъ], я́ борю́сь, ты́ бо́решься, о́н бо́рется, о́н боро́лся, она́ боро́лась, они́ боро́лись, бори́тесь;

отря́д, партиза́нский отря́д, большо́й отря́д, большо́й партиза́нский отря́д;

погиба́ть, погиба́ю, погиба́ешь; поги́бнуть, поги́бну, поги́бнешь, поги́б, поги́бла, поги́бло, поги́бли;

бы́вший, бы́вший дире́ктор, бы́вший дире́ктор институ́та, крестья́нин [кр'ис'т'jа́н'ин], бы́вший крестья́нин, бы́вший студе́нт;

во-пе́рвых [вап'е́рвых], во-вторы́х [въфтары́х]

★ **92.** *Paraphrase each statement, using the word* бы́вший.

Model: Профе́ссор Ивано́в рабо́тал в на́шем институ́те.
— Ивано́в — бы́вший профе́ссор на́шего институ́та.

1. Серге́ев учи́лся в на́шей гру́ппе.
2. Ра́ньше её фами́лия была́ Петро́ва.
3. Ра́ньше в э́том кабине́те рабо́тал профе́ссор Ле́бедев.
4. В э́том зда́нии был о́перный теа́тр.
5. Сейча́с Семёнов — аспира́нт. Ра́ньше он учи́лся в на́шем институ́те.

★ **93.** *Remember the plural form and the stress of these nouns.*

англича́нин — англича́не
крестья́нин — крестья́не
армяни́н — армя́не

★ **94.** (a) *Note the noun suffix* **-ость.**

но́вый — но́вость
ве́жливый — ве́жливость

(b) *Translate the sentences without consulting a dictionary.*

1. Мы услы́шали интере́сную но́вость.
2. Кра́ткость — сестра́ тала́нта.
3. Сейча́с в СССР стопроце́нтная гра́мотность.
4. Джон Смит — знамени́тость на́шего университе́та.
5. Все врачи́ понима́ют ва́жность э́той опера́ции.

95. *Read aloud.*

получи́ть письмо́, от дру́га [аддру́гъ], письмо́ от дру́га, в э́том году́ ле́том, студе́нты университе́та, студе́нты Моско́вского университе́та; недалеко́ от[д] го́рода, недалеко́ от го́рода Бре́ста, дере́вня нахо́дится недалеко́, дере́вня нахо́дится недалеко́ от го́рода Бре́ста; шко́льники, белору́сские шко́льники Оле́г и[ы] Андре́й, познако́мились [пъзнако́м'ил'ис'], Оле́г и Андре́й; учени́к деся́того [учин'и́г д'ис'а́тъвъ] кла́сса; строи́тельный отря́д, рабо́тал строи́тельный отря́д, отря́д студе́нтов, отря́д студе́нтов-исто́риков, рабо́тал строи́тельный отря́д студе́нтов-исто́риков; прекра́сно понима́ли, прекра́сно понима́ли друг дру́га; студе́нческие пе́сни, пе́ли студе́нческие пе́сни;

организова́ть музе́й, организова́ть в ста́рой шко́ле музе́й, ребя́та хотя́т организова́ть в ста́рой шко́ле музе́й; Бре́стская [бр'е́сскъјь] кре́пость, недалеко́ от Бре́стской кре́пости, в восемна́дцатом ве́ке, интере́сные материа́лы, докуме́нты и фотогра́фии, мно́го докуме́нтов и фотогра́фий; Вели́кая Оте́чественная война́, о Вели́кой Оте́чественной войне́, два́дцать миллио́нов челове́к, иска́ть истори́ческие докуме́нты; систематизи́ровать материа́лы, прия́тная но́вость, сообщи́ть прия́тную но́вость; изуча́ть археоло́гию, хочу́ изуча́ть археоло́гию; истори́ческий факульте́т, поступа́ть на истори́ческий факульте́т.

96. *Listen and repeat. (See Analysis, Phonetics, 3.76.)*

В э́том году́ ле́том / студе́нты Моско́вского университе́та рабо́тали в Белору́ссии.

В э́том году́ ле́том / студе́нты Моско́вского университе́та рабо́тали в Белору́ссии.

В э́том году́ ле́том / студе́нты Моско́вского университе́та / рабо́тали в Белору́ссии.

В э́том году́ ле́том / студе́нты Моско́вского университе́та / рабо́тали в Белору́ссии.

Дере́вня, в кото́рой они́ рабо́тали, / нахо́дится недалеко́ от го́рода Бре́ста.

Дере́вня, в кото́рой они́ рабо́тали, / нахо́дится недалеко́ от го́рода Бре́ста.

Дере́вня, в кото́рой они́ рабо́тали, / нахо́дится недалеко́ от го́рода Бре́ста.

Дере́вня, в кото́рой они́ рабо́тали, / нахо́дится недалеко́ от го́рода Бре́ста.

Дере́вня, в кото́рой они́ рабо́тали, / нахо́дится недалеко́ от го́рода Бре́ста.

Когда́ Оле́г уви́дел, каки́е интере́сные материа́лы собра́ли ребя́та, / он реши́л помо́чь им.

Когда́ Оле́г уви́дел, каки́е интере́сные материа́лы собра́ли ребя́та, / он реши́л помо́чь им.

97. *Basic Text. Read the text and then do exercises 98-100.*

Письмо друга

Олег получил письмо от Андрея, своего белорусского друга. В этом году летом студенты Московского университета работали в Белоруссии, строили школу. Деревня, в которой они работали, находится недалеко от Минска. Белорусские школьники помогали им. Там познакомились Олег и Андрей.

Андрей — ученик десятого класса[1]. Он занимался в историческом кружке[2]. И когда в деревне работал строительный отряд студентов-историков, Андрей всегда был около них.

Студенты и школьники не только работали, они много разговаривали. Москвичи говорили по-русски, а школьники по-русски и по-белорусски. Они прекрасно понимали друг друга. Вечером они играли в футбол, в шахматы. Москвичи часто пели свои студенческие песни.

Олег узнал, что ребята хотят организовать в старой школе музей[3]. Ребята объяснили ему, что во время войны[4] в 1941-1943 годах в лесах недалеко от этой деревни были партизаны. Это во-первых. Во-вторых, недалеко от деревни археологи нашли место, где жили люди в XIII веке.

Олег очень удивился, когда увидел, какие интересные материалы собрали ребята.

У ребят было много документов и фотографий, которые рассказывали о Великой Отечественной войне. Во время войны в Советском Союзе погиб каждый десятый человек (20 миллионов человек), а в Белоруссии — каждый четвёртый.

Это было трудное время, и о нём нельзя забывать. Помнят об этом старые крестьяне, бывшие солдаты и партизаны. Должны знать об этом и молодые люди. Вот и решили ребята организовать свой небольшой музей.

Андрею было очень интересно собирать исторические документы, изучать их, искать новые материалы. Олег помогал ему систематизировать их. И когда Олег получил письмо от Андрея, он был очень рад. Андрей писал:

«Дорогой Олег! Здравствуй!

---

[1] The full secondary education program in the USSR lasts for eleven years.

[2] Extracurricular groups for school-age children are known as кружки "circles" and are organized in schools, clubs and Young Pioneer Palaces throughout the USSR. "Circles" engage in activities ranging from academic work in history, biology or math to training in music, dancing, singing, dramatics or hobbyist activities (sketching, crafts, model airplanes, etc.)

[3] In Soviet schools there is a tradition of organizing school museums of history and geography.

[4] i. e. during the Great Patriotic War of 1941-45, the liberation war waged by the Soviet people against fascist Germany and its allies.

Хочу́ сообщи́ть тебе́ прия́тную но́вость. Пя́того ноября́ откры́ли на́ш музе́й. Бы́ло о́чень мно́го наро́да. Говори́ли бы́вшие партиза́ны, дире́ктор шко́лы, учителя́.

Бы́ло о́чень интере́сно. Спаси́бо тебе́. Ты́ та́к помо́г на́м.

Я́ учу́сь. У меня́ всё в поря́дке. Хочу́ изуча́ть археоло́гию. В бу́дущем году́ бу́ду поступа́ть на истори́ческий факульте́т. Сейча́с мне́ на́до мно́го занима́ться. О́чень ма́ло свобо́дного вре́мени.

До свида́ния, Оле́г. Пиши́ мне́.

Тво́й Андре́й».

98. *Find the answers to the questions in the text and read them out.*

1. Где́ нахо́дится дере́вня, в кото́рой рабо́тали студе́нты Моско́вского университе́та?
2. Кто́ помога́л студе́нтам?
3. В како́м кружке́ занима́лся Андре́й?
4. Что́ ребя́та объясни́ли Оле́гу?
5. Когда́ Оле́г реши́л помо́чь и́м?
6. Каки́е докуме́нты и фотогра́фии бы́ли у ребя́т?
7. Кто́ помога́л Андре́ю систематизи́ровать материа́лы?
8. Когда́ откры́ли шко́льный музе́й?

99. *Give full answers to the questions.*

1. Где познакомились Олег и Андрей?
2. Кто такой Андрей?
3. Почему Андрей всегда был около студентов-историков?
4. Как отдыхали студенты и школьники?
5. Почему Андрей и другие ребята решили организовать в старой школе музей?
6. Почему Олег решил помочь им?
7. Что собрали ребята?

100. *Consult those passages in the story which tell about Andrei; then tell what you know about him in your own words.*

★ **101.** *Why do you think Andrei and his friends decided to organize a school museum?*

★ **102.** *Retell the story: (a) from Andrei's point of view; (b) from Oleg's point of view.*

103. *Situations.*

(1) Ask Oleg Petrov about the Byelorussian village he worked in this summer.

(2) You have made the acquaintance of the Byelorussian schoolboy Andrei. Ask him about his school work and how he lives. Where does he vacation? What does he like to do? What does he do in the summer? What university or institute does he hope to enter; which department? Why does he want to enter that department?

(3) Ask Andrei about the museum he organized at school.

★ **104.** *Situations.*

(1) You have made the acquaintance of a Russian schoolboy. Ask him about his school work, his home, how and where he vacations, what institute he hopes to enter, what he hopes to study.

(2) Tell a Soviet student about your own life, interests, hobbies. Do you enjoy the theater, sports, movies? What are you reading right now? How do you spend your vacations or free time? What subjects are you taking?

105. *Speak about yourself.*

Tell how you studied at high school, where you went to school.

★ **106.** *Supply the necessary information.*

1. Какие музеи есть в вашем городе?
2. Какие музеи есть в вашем университете (колледже)?

3. Что́ мо́жно уви́деть в э́тих музе́ях?

4. Каки́е музе́и вы́ зна́ете в свое́й стране́ и в други́х стра́нах?

5. Каки́е музе́и вы́ лю́бите? Почему́?

6. Что́ вы́ лю́бите смотре́ть в музе́ях?

7. В э́том году́ вы́ бы́ли в музе́е? В како́м? Когда́ э́то бы́ло?

8. В ва́шей стране́ есть музе́й кни́ги?

★ **107.** (a) *Read the text once without consulting a dictionary.*

А́гния Барто́

Писа́тель и лю́ди

Писа́ть стихи́ я начала́ о́чень ра́но. Одна́жды я тяжело́ боле́ла, у меня́ была́ высо́кая температу́ра. Я лежа́ла и гро́мко чита́ла стихи́. Пото́м, когда́ я начина́ла гро́мко чита́ть стихи́, моя́ ма́ма спра́шивала: «Ка́к ты́ себя́ чу́вствуешь? Кака́я у тебя́ температу́ра?»

О профе́ссии поэ́та я не ду́мала. Я учи́лась в бале́тной шко́ле. Когда́ мы́ ко́нчили шко́лу, у на́с бы́ли экза́мены. На экза́менах мы́ танцева́ли, пе́ли, чита́ли стихи́. В конце́ экза́мена я чита́ла свои́ стихи́. Это бы́ли о́чень гру́стные стихи́. Я чита́ла стихи́, а орке́стр игра́л Шопе́на[1]. На экза́мене бы́л Анато́лий Васи́льевич Лунача́рский[2]. Когда́ я чита́ла свои́ стихи́, Анато́лий Васи́льевич смея́лся. Я не понима́ла, почему́ о́н смеётся. Ведь э́то бы́ли таки́е гру́стные стихи́. По́сле экза́мена Анато́лий Васи́льевич сказа́л, что я обяза́тельно бу́ду писа́ть ... весёлые стихи́. «Мо́жет бы́ть, ты́ и сейча́с пи́шешь весёлые стихи́?» — сказа́л о́н. «И ка́к о́н узна́л об э́том?» — поду́мала я. Анато́лий Васи́льевич до́лго спра́шивал меня́, что́ я люблю́ чита́ть, кто́ мо́й люби́мый писа́тель.

Та́к я начала́ писа́ть весёлые стихи́. И, наве́рное, поэ́тому я начала́ писа́ть стихи́ для дете́й. А.В.Лунача́рский по́нял, что у меня́ есть чу́вство ю́мора. А э́то чу́вство — обяза́тельное сво́йство де́тского поэ́та. Я всегда́ хочу́ говори́ть о серьёзном про́сто и ве́село. Тогда́ де́ти бу́дут чита́ть и понима́ть мои́ стихи́.

По́сле войны́ в мое́й жи́зни случи́лось неожи́данное. Мою́ поэ́му «Звени́город»[3] прочита́ла одна́ же́нщина. Я получи́ла её письмо́. Эта же́нщина писа́ла: «Во вре́мя войны́ я потеря́ла мою́

---

[1] Frédéric F. Chopin (1810-1849), Polish-born composer and pianist.

[2] A.V. Lunacharsky (1875-1933), Soviet statesman and academician. He was a distinguished orator, publicist and specialist in the history of art and literature.

[3] The poem *Zvenigorod* tells about orphaned children who lost their parents during the war, children's homes and foster families.

дочь Нину. Ей было тогда восемь лет. Сейчас я прочитала вашу поэму и подумала, что, может быть, и мою Нину воспитали хорошие люди».

Мы решили искать Нину. В Советском Союзе есть специальная организация, она ищет людей, которые потеряли друг друга во время войны. Эта организация нашла Нину. Сейчас Нина и её мать вместе живут в Караганде[1]. У Нины есть муж и два сына. В газетах написали об этом случае, и я начала получать много писем. Люди просили помочь им найти сына, дочку, маму, отца, брата, сестру. Это было очень не просто. Дети часто не знали, какое у них было раньше имя, какая была фамилия. Когда они потеряли своих родителей, они были очень маленькие. Но иногда они могли вспомнить эпизоды своего детства, свой дом, любимую песню мамы, любимую книгу отца.

И вот московская радиостанция «Маяк» начала передавать эти воспоминания. Их услышали на Украине и в Сибири, в Грузии и на Чукотке. И люди начали находить друг друга. Много людей помогало нам в этом деле. Об этом я написала книгу «Найти человека». Почти девять лет радиостанция «Маяк» передавала эти воспоминания.

(b) *Find in the text the following words and expressions and translate each without using a dictionary.*

оркестр, организация, радиостанция; балетный, детство, воспоминания; стихи, грустный, чувство юмора, неожиданный.

(c) *Give* Да / Нет *answers to the questions.*

1. Áгния Барто рано начала писать стихи?
2. Она думала о профессии поэта?
3. Она училась в балетной школе?
4. Она начала писать стихи для детей?
5. Женщина, которая написала А.Барто письмо, потеряла во время войны сына?
6. Газеты написали об этом?
7. Московская радиостанция «Маяк» помогала находить тех, кто потерял друг друга во время войны?
8. Áгния Барто написала об этом статью?

★**108.** *Read the text once more. Point out those key words and sentences which express the main ideas of the text.*

---

[1] Karaganda, a large industrial city in Kazakhstan.

★**109.** *Divide the text into smaller sections and supply a title for each.*

★**110.** *Reading Newspapers. Translate the headlines of the articles without consulting a dictionary.*

Размышляя над письмами

КОМУ ЖАРКО, КОМУ ХОЛОДНО

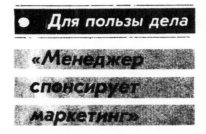

● Для пользы дела

«Менеджер спонсирует маркетинг»

ИЗВЕСТИЯ

Корреспонденты «Известий» о событиях в мире

Трудности с выполнением резолюций ▬ ▬ ▬ ▬

ООН: НОВЫЕ ПРОБЛЕМЫ

VOCABULARY

археолог archeologist
археология archeology
* баллáда ballad
баскетбóл basketball
* белорусский Byelorussian
бóлен sick, ill
борóться struggle, fight
бывший former
* вáжность f. importance
* вéжливость f. politeness
* Велúкая Отéчественная
  войнá Great Patriotic War
вéсело cheerfully
винó wine
внук grandson
во врéмя during
войнá war
волейбóл volleyball
* воспоминáния pl.
  recollections, reminiscences
готóв (is) ready
* грáмотность f. literacy
грустный sad
давáть / дáть give
дарúть / подарúть give (as a
  present)
дéтство childhood
забывáть / забыть forget
запоминáть / запóмнить
  memorize
* знаменúтость f. celebrity
игрáть imp. play
искáть imp. search
комáнда (athletic) team
котóрый which, who, that
* крáткость f. brevity
* крéпость f. fortress
* кружóк circle
к сожалéнию unfortunately
курúть smoke
меню menu
* мировáя войнá world war
мóжно (it is) possible, (it is)
  permitted
* мóлодость f. youth
молокó milk
музыкáльный musical

нáдо (it is) necessary
находúть / найтú find
недалекó от not far from
нельзя (it is) not permitted, (it
  is) impossible
* неожúданный unexpected
нóвость f. news
нрáвиться / понрáвиться
  be pleasing to; like
* оркéстр orchestra
отмéтка mark, grade
ошúбка mistake
пáмять f. memory
* партизáн guerrilla
* партизáнский guerrilla
перевóд translation
передавáть / передáть pass,
  convey
* по-белорусски (in)
  Byelorussian
* погибáть / погúбнуть
  perish, die
пóмнить remember
помогáть / помóчь help,
  assist
* поэ́ма (narrative) poem
прáздник holiday
прекрáсно (it is) magnificent
прекрáсный beautiful,
  excellent
приятный pleasant
программúрование
  programming
психолóгия psychology
пьéса play
* радиостáнция radio station
ребята pl. guys, lads; colloq.
  boys and girls
систематизúровать imp.
  systematize
* солдáт soldier
сóль f. salt
сообщáть / сообщúть inform
социолóгия sociology
стихú pl. verse
* стопроцéнтный one
  hundred per cent; accomplished

сыр cheese
талáнт talent
тéннис tennis
теплó (it is) warm
терять / потерять lose
тётя aunt
удивляться / удивúться be
  surprised
* фашúстский fascist
* фóрмула formula
футбóл soccer
хлéб bread
хóлодно (it is) cold
чемпиóн champion
* чувство feeling
шáхматы pl. chess
шкóльный school
юмор humor

Verb Stems:

боро̌-ся struggle, fight
давáй- / дáть irreg. give
дарú- / подарú- give (as a
  present)
забывáй- / забыть irreg. forget
запоминáй- / запóмни-
  memorize
игрáй- play
искá- search
курú- smoke
находú- / найтú irreg. find
нрáви-ся / понрáви-ся be
  pleasing to; like
передавáй- / передáть irreg.
  pass, convey
погибáй- / погúб(ну)- perish,
  die
пóмни- remember
помогáй- / помóчь irreg. help,
  assist
систематизúрова- systematize
сообщáй- / сообщú- inform
терЯй- / потерЯй- lose
удивля́й-ся / удивú-ся be
  surprised

Ленингра́д

Presentation and Preparatory Exercises

I

— Куда́ иду́т э́ти студе́нты?
— Они́ **иду́т в университе́т.**

▶ **1.** *Listen and repeat, then read and analyze. (See Analysis XI, 1.0; 1.1.)*

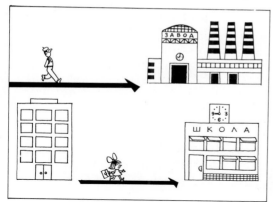

— **Куда́** сейча́с **иду́т**
О́ля и Анто́н?
— О́ля **идёт в шко́лу,**
а Анто́н **идёт на заво́д.**

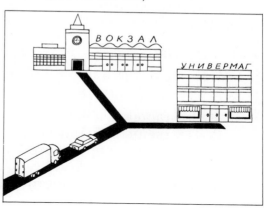

— **Куда́ е́дут** Ве́ра и Ви́ктор?
— Ве́ра **е́дет в магази́н,** а
Ви́ктор **е́дет на вокза́л.**

2. *Listen and repeat.*

иду́ в библиоте́ку; идёт в институ́т; идём в теа́тр; иду́т в кино́;
е́ду в университе́т; е́дем на стадио́н; е́дет в Большо́й теа́тр; е́дем
в Та́ллинн; е́дут в Ленингра́д.

На у́лице

— А́нна, куда́ ты́ идёшь?
— Я́ иду́ в библиоте́ку.
— А Ка́тя?
— Она́ идёт в институ́т. А вы́ куда́ идёте?
— Мы́ идём в кино́. А э́то на́ши друзья́. Они́ то́же иду́т в кино́.

В метро́

— Куда́ ты́ е́дешь, Ви́ктор?
— Я́ е́ду в университе́т. А вы́?
— Мы́ е́дем на стадио́н.

На вокза́ле

— Ма́ша, куда́ вы́ е́дете?
— Мы́ е́дем в Та́ллинн. А ты́?
— А я́ е́ду в Ленингра́д.
— А э́то твои́ друзья́?
— Не́т. Э́то тури́сты. Они́ то́же е́дут в Ленингра́д.

3. *Listen and reply.*

Model:　— Вы́ идёте в шко́лу?
　　　　— Да́, мы́ идём в шко́лу.

1. Вы́ идёте на по́чту?
2. Ты́ идёшь в библиоте́ку?
3. Вы́ идёте в университе́т?
4. О́н идёт в институ́т?
5. Она́ то́же идёт в институ́т?
6. Вы́ е́дете в теа́тр?
7. Она́ то́же е́дет в теа́тр?
8. Вы́ е́дете в Ки́ев?
9. Они́ е́дут в Ленингра́д?
10. Ты́ е́дешь в Ташке́нт?

4. *Tell what you see.*

Model:　— Э́тот ма́льчик идёт?
　　　　— Не́т, о́н е́дет.
　　　　— Э́та де́вочка е́дет?
　　　　— Не́т, она́ идёт.

5. *Somebody asks you a question. Answer it.*

1. Джéйн, кудá тьı идёшь?	шкóла
2. Áнна, кудá тьı идёшь?	университéт
3. Кудá вьı éдете, Николáй Петрóвич?	библиотéка
4. А кудá éдет Андрéй?	теáтр
5. Кудá éдут шкóльники?	Кúев
6. Кудá éдут студéнты?	Ленингрáд
7. Кудá éдут турúсты?	Ташкéнт

Memorize: Г д é?   К у д á?

Óн (бьıл) дóма.   Óн идёт домóй.
Óн (бьıл) тáм.   Óн идёт тудá.
Óн (бьıл) здéсь.   Óн идёт сюдá.

6. *Listen and repeat.*

идý домóй, идёшь домóй, идёт домóй, идём домóй, идёте домóй, идýт домóй.

— Ктó идёт домóй? Тьı идёшь, Мáша?
— Дá, я идý домóй.
— А Вадúм тóже идёт домóй?
— Нéт, óн идёт на стадиóн.
— Ребя́та, вьı идёте домóй?
— Дá, мьı всé идём домóй.

7. *Say that you (someone else) are (is) doing or did the same.*

Model: — Мьı идём в библиотéку.   — Мьı живём в общежúтии.
         — Я тóже идý тудá .   — Я тóже живý тáм .

1. Мьı éдем в университéт.
2. Мьı идём в столóвую.
3. В воскресéнье я бьıл на вьıставке.
4. — Гдé Николáй? — Óн здéсь. — А Вúктор?
5. Ю́ра сейчáс дóма. А егó брáт?
6. Я идý домóй. А вьı?
7. Мьı éдем в пáрк.

8. *Where, in your opinion, are these people going?*

9. *Listen and repeat.*

иду́ на уро́к, идёт на конце́рт; идёшь на экза́мен [игза́м'ин], идём на семина́р, идёте на конфере́нцию, иду́т на заня́тия, е́ду на пра́ктику.

Сего́дня уро́к ру́сского языка́. Я́ иду́ на уро́к. У на́с сего́дня ле́кция. Мы́ идём на ле́кцию. Сего́дня экза́мен. Они́ иду́т на экза́мен. У ни́х сего́дня семина́р. Они́ иду́т на семина́р. Сего́дня в институ́те конфере́нция. Студе́нты иду́т на конфере́нцию.

Dialogues

1. — Ребя́та, где́ вы́ бы́ли?
   — Мы́ бы́ли на ле́кции по социоло́гии.
   — А куда́ вы́ идёте сейча́с?
   — Мы́ идём на ле́кцию по психоло́гии. А вы́?
   — У на́с бы́л семина́р по эконо́мике, а тепе́рь мы́ идём на уро́к ру́сского языка́.

2. — Ка́тя, куда́ ты́ е́дешь?
   — Я́ е́ду в Оде́ссу на пра́ктику. А ты́?
   — Я́ е́ду в Ташке́нт на конфере́нцию. А э́то мои́ друзья́. Они́ то́же е́дут на конфере́нцию.

10. *Somebody asks you a question. Answer it.*

Model: — Куда́ ты́ идёшь? У тебя́ сейча́с ле́кция?
        — Да́, я́ иду́ на ле́кцию.

1. Куда́ вы́ идёте? У ва́с сейча́с семина́р?
2. Куда́ идёт Ни́на? У неё сейча́с экза́мен?
3. Куда́ ты́ идёшь? У тебя́ уро́к ру́сского языка́?
4. Куда́ иду́т студе́нты? У ни́х сейча́с ле́кция по психоло́гии?
5. Куда́ все́ иду́т? Сего́дня в институ́те конфере́нция?
6. Куда́ вы́ идёте? Сего́дня в клу́бе конце́рт?

11. *Answer the questions.*

1. Где́ вы́ бы́ли вчера́? А куда́ вы́ идёте сего́дня?
2. Где́ Серге́й бы́л в суббо́ту ве́чером? А куда́ о́н идёт сейча́с?
3. Где́ бы́ли ва́ши друзья́ во вто́рник? А куда́ они́ иду́т сейча́с?
4. У́тром Ю́ра и Бори́с бы́ли на заня́тиях. А куда́ они́ иду́т сейча́с?

12. *Microdialogues.*

Model: — Ве́ра, куда́ ты́ идёшь? — На каку́ю ле́кцию?
        — Я́ иду́ на ле́кцию. — На ле́кцию по литерату́ре.

1. — Андре́й, куда́ ты́ идёшь? — Я́ иду́ на семина́р.
2. — Бори́с, куда́ ты́ идёшь? — Я́ иду́ на конфере́нцию.
3. — Ве́ра, куда́ ты́ идёшь? — Я́ иду́ на экза́мен.
4. — О́ля, куда́ ты́ идёшь? — Я́ иду́ на заня́тия.
5. — Ни́на, Ва́ля, куда́ вы́ идёте? — Мы́ идём на ле́кцию.

II   Вчера́ мы́ гуля́ли **по го́роду.**

▶ **13.** *Listen and repeat; then read and analyze. (See Analysis XI, 2.5.)*

1. — Вы́ не зна́ете, кто́ э́то идёт **по коридо́ру?**
   — Э́то но́вый инжене́р.
2. — Что́ вы́ бу́дете де́лать ве́чером?
   — Ве́чером мы́ бу́дем гуля́ть **по Москве́.**
3. — **По како́й у́лице** мы́ идём?
   — Мы́ идём **по у́лице Че́хова.**

14. *Listen and repeat.*

идём по у́лице, идём по у́лице Че́хова, идёт по коридо́ру, гуля́ть по го́роду, гуля́ем по Москве́, люблю́ гуля́ть по ле́су.

1. — Скажи́те, пожа́луйста, где́ у́лица Че́хова?
   — Вы́ идёте по у́лице Че́хова.
   — Да́? Спаси́бо.
2. — Вы́ лю́бите гуля́ть по ле́су зимо́й?
   — Не́т, не люблю́.

15. *Listen and reply.*

Model: — Мы́ идём по у́лице Че́хова?
    — Да́, мы́ идём по у́лице Че́хова.

1. Вы́ гуля́ете ве́чером по па́рку?
2. Вы́ лю́бите гуля́ть по ле́су?
3. Вы́ вчера́ гуля́ли по го́роду?
4. Вы́ бу́дете ве́чером гуля́ть по Москве́?
5. Мы́ е́дем по у́лице Че́хова?

16. *Somebody asks you a question. Answer it, using the words* па́рк, ле́с, го́род, у́лица Че́хова.

1. Где́ вы́ лю́бите гуля́ть ве́чером?
2. Где́ вы́ обы́чно гуля́ете в суббо́ту и в воскресе́нье?

★ **17.** *Somebody asks you a question. Answer it.*

Model: — Ка́к называ́ется пло́щадь, по кото́рой мы́ идём?
    — Пло́щадь Маяко́вского.

1. Ка́к называ́ется у́лица, по кото́рой мы́ идём?
2. Ка́к называ́ется го́род, по кото́рому мы́ е́дем?
3. Ка́к называ́ется па́рк, по кото́рому мы́ идём?
4. Ка́к называ́ется дере́вня, по кото́рой мы́ е́дем?
5. Ка́к называ́ется проспе́кт, по кото́рому мы́ е́дем?

идти́	ходи́ть
О́н **идёт** в институ́т.	О́н **хо́дит** по ко́мнате.
	Я́ ча́сто **хожу́** в теа́тр.
	О́н лю́бит **ходи́ть** пешко́м.
	Вчера́ я́ **ходи́л** в теа́тр.
	(only past tense)

▶ **18.** *Read and analyze. (See Analysis XI, 2.0; 2.1; 2.2.)*

В институ́те

Сейча́с 9 часо́в утра́. Студе́нты **иду́т** по коридо́ру в аудито́рию. Та́м профе́ссор Казако́в бу́дет чита́ть ле́кцию по археоло́гии. 10 часо́в 45 мину́т. По́сле ле́кции студе́нты **хо́дят** по коридо́ру, разгова́ривают. Мы́ стои́м о́коло окна́. Недалеко́ от институ́та небольшо́й па́рк. В па́рке игра́ют и **бе́гают** де́ти. А во́т **идёт** Та́ня Лео́нова. Она́ **идёт** о́чень бы́стро. Она́ спеши́т, потому́ что она́ опа́здывает. Она́ почти́ **бежи́т**.

19. *Listen and repeat.*

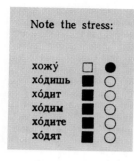

Note the stress:

хожу́	☐	●
хо́дишь	■	○
хо́дит	■	○
хо́дим	■	○
хо́дите	■	○
хо́дят	■	○

ходи́ть по ко́мнате, хо́дит по коридо́ру, хо́дим в теа́тр, она́ спеши́т, бежи́т в институ́т, бе́гают по па́рку.

1. — Вы́ лю́бите ходи́ть?
   — Да́, о́чень. Я́ мно́го хожу́. Я́ всегда́ хожу́ пешко́м на рабо́ту.
   — Я́ то́же. Я́ люблю́ ходи́ть по го́роду. Куда́ вы́ сейча́с идёте?
   — Я́ иду́ домо́й.

2. — Ма́ша, ты́ ча́сто хо́дишь в теа́тр?
   — Да́, я́ ча́сто хожу́ в теа́тр. А ты́?
   — А я́ ре́дко. Я́ не люблю́ теа́тр. Я́ ча́сто хожу́ в кино́.

3. — Куда́ вы́ бежи́те, Пе́тя?
   — Я́ бегу́ в институ́т. Я́ опа́здываю.
   — А ты́ куда́ бежи́шь, Анто́н? Ты́ то́же спеши́шь в институ́т?
   — Не́т. Я́ зде́сь живу́. Я́ всегда́ бе́гаю у́тром. Я́ люблю́ бе́гать.

20. *Complete the sentences and write them down.*

1. А́ня идёт...
2. А́ня и Ви́ктор хо́дят...
3. У́тром де́ти бегу́т...
4. Де́ти бе́гают...
5. Соба́ка бе́гает...
6. Когда́ у Ди́мы боли́т зу́б, о́н хо́дит...
7. Ди́ма идёт...
8. Ско́ро де́вять часо́в. Студе́нты иду́т...
9. Ве́ре на́до купи́ть слова́рь. Она́ идёт...
10. Оле́г забы́л купи́ть хле́б. О́н бежи́т...

▶ **21**. *Read and analyze. (See Analysis XI, 2.0; 2.1; 2.2.)*

— Во́т **е́дет** Дми́трий Ива́нович. О́н ча́сто **е́здит** по э́той у́лице, **во́зит** за́втраки и обе́ды в шко́лу.
— Для кого́?
— Для дете́й мла́дших кла́ссов.
— А ста́ршие шко́льники?
— Одни́ за́втракают в буфе́те, други́е **но́сят** за́втраки в шко́лу.

22. *Listen and repeat.*

е́здить [jéз'д'ит']; я е́зжу [jéжжу]; Я́ е́зжу в шко́лу. О́н е́здит. О́н е́здит в институ́т. Я́ ча́сто е́зжу в Ленингра́д. О́н ча́сто хо́дит в теа́тр. Мы́ е́здим в библиоте́ку ка́ждый де́нь. Она́ хо́дит в институ́т ка́ждый де́нь. Мы́ ча́сто хо́дим в музе́й.

23. *Listen and reply.*

Model:　— Вы́ ча́сто хо́дите в теа́тр?
　　　　　— Да́, я ча́сто хожу́ в теа́тр.

1. Вы́ ча́сто е́здите в Ленингра́д?
2. Вы́ ча́сто хо́дите в музе́й?
3. Вы́ ча́сто хо́дите в кино́?
4. Вы́ хо́дите в институ́т ка́ждый де́нь?
5. Вы́ ча́сто е́здите в библиоте́ку?
6. Вы́ ча́сто хо́дите по э́той у́лице?
7. Вы́ ча́сто е́здите по у́лице Че́хова?

24. *Give additional information.*

Model:　Анто́н у́чится в институ́те. <u>Ка́ждый де́нь о́н хо́дит (е́здит) в институ́т</u> .

1. Ве́ра рабо́тает в библиоте́ке.
2. Бори́с у́чится в университе́те.
3. Дми́трий рабо́тает в лаборато́рии.
4. Мы́ лю́бим игра́ть в клу́бе в ша́хматы.
5. О́льга у́чится в медици́нском институ́те.
6. Я́ зна́ю, что вы́ рабо́таете в истори́ческом музе́е.

25. *Microdialogues.*

Model:　— Куда́ вы́ идёте?
　　　　　— Мы́ идём в па́рк.
　　　　　— Вы́ ча́сто туда́ хо́дите?
　　　　　— Мы́ хо́дим в па́рк ка́ждый де́нь.

1. Куда́ иду́т э́ти студе́нты?	стадио́н
2. Куда́ идёт Серге́й?	магази́н
3. Куда́ идёт Ка́тя?	по́чта
4. Куда́ е́дет Дже́йн?	заво́д
5. Куда́ вы́ е́дете?	ю́г
6. Куда́ е́дет ва́ш бра́т?	Ленингра́д
7. Куда́ е́дут студе́нты в э́том году́?	пра́ктика

26. *Dialogues.*

Model:
— Куда́ ты́ идёшь?
— Я́ иду́ в институ́т. Я́ та́м рабо́таю.
— Ты́ ка́ждый де́нь хо́дишь в сво́й институ́т?
— Да́, ка́ждый де́нь.

27. *Listen and repeat. Memorize the pairs of correlated verbs.*

идёт — несёт
— Кто́ э́то идёт?
— Э́то идёт Оле́г.
— Что́ о́н несёт?
— О́н несёт пи́сьма на по́чту.

хо́дит — но́сит
— Оле́г ча́сто хо́дит на по́чту?
— О́н ка́ждый де́нь хо́дит на по́чту, но́сит пи́сьма.

е́дет — везёт
— Куда́ е́дет Ю́ра?
— О́н е́дет в го́род.
— Что́ о́н везёт?
— О́н везёт цветы́.

е́здит — во́зит
— Ю́рий ча́сто е́здит в го́род?
— Да́, о́н ка́ждую неде́лю е́здит в го́род, о́н во́зит цветы́.

28. *Listen and repeat.*

Note the stress:	
ношу́	вожу́
но́сишь	во́зишь
но́сит	во́зит
но́сим	во́зим
но́сите	во́зите
но́сят	во́зят

нести́ [н'ис'т'и́], я́ несу́ кни́ги, ты́ несёшь цветы́, о́н несёт пи́сьма, мы́ несём цветы́, вы́ несёте пласти́нки, они́ несу́т журна́лы;

носи́ть, я́ ношу́ пи́сьма, ты́ но́сишь газе́ты, о́н но́сит кни́ги, мы́ но́сим журна́лы, вы́ но́сите газе́ты, они́ но́сят пи́сьма;

везти́, я́ везу́ кни́ги, ты́ везёшь сы́на, о́н везёт до́чку, мы́ везём дете́й, вы́ везёте кни́ги, они́ везу́т дете́й;

вози́ть, я́ вожу́, ты́ во́зишь, о́н во́зит, мы́ во́зим, вы́ во́зите, они́ во́зят.

29. *Listen and reply.*

Model:　— Вы́ е́дете в го́род?
　　　　　— Да́, я́ е́ду в го́род.

1. Вы́ е́дете на по́чту?
2. Вы́ везёте пи́сьма?
3. Вы́ идёте домо́й?
4. Вы́ несёте кни́ги?
5. Вы́ хо́дите на по́чту ка́ждый де́нь?
6. Вы́ но́сите туда́ пи́сьма?
7. Вы́ е́здите в го́род ка́ждый де́нь?
8. Вы́ во́зите дете́й в шко́лу?

30. *Supply responses incorporating the following words and phrases:* ча́сто, обы́чно, всегда́, иногда́, ка́ждый де́нь, ка́ждое воскресе́нье, ка́ждую суббо́ту.

Model: Ва́ля несёт в кла́сс ка́рту. — <u>Она́ ча́сто но́сит в кла́сс ка́рту</u> ?

1. Мы́ идём на по́чту.
2. Никола́й Ива́нович везёт дете́й в теа́тр.
3. Ро́берт идёт занима́ться в библиоте́ку.
4. О́ля несёт журна́лы в шко́лу.
5. Ка́тя несёт пласти́нки подру́ге.
6. Дми́трий везёт тетра́ди, ру́чки, карандаши́ в шко́лу.
7. Одна́ маши́на везёт в го́род мя́со, друга́я маши́на везёт молоко́.

31. *Complete the sentences, using the transitive verbs* нести́ *or* носи́ть *and* везти́ *or* вози́ть.

1. Ве́ра была́ в магази́не. Она́ идёт домо́й и ... .
2. Ди́ма бы́л в библиоте́ке. О́н идёт домо́й, ...
3. Ве́ра ча́сто хо́дит на по́чту, ...
4. Во́т е́дет больша́я маши́на, ...
5. Мо́й дру́г бо́лен. Я́ е́ду в больни́цу, ...
6. По э́той доро́ге ча́сто е́здят шко́льные авто́бусы, они́ ... .

III　Ма́льчик **е́дет на велосипе́де.**

▶ **32**. *Read and analyze. (See Analysis XI, 2.4.)*

(1) — Ива́н Петро́вич, здра́вствуйте. Куда́ вы́ та́к ра́но идёте?
　　— На рабо́ту.
　　— А почему́ вы́ идёте на рабо́ту пешко́м?
　　— Я́ не люблю́ е́здить **на маши́не.**
　　— Я́ то́же не е́зжу **на маши́не.** Вра́ч сказа́л, что мне́ на́до бо́льше ходи́ть пешко́м и е́здить **на велосипе́де.**

(2) — Ве́ра, почему́ ты́ опозда́ла?
　　— Обы́чно я́ е́зжу **на авто́бусе,** а сего́дня я́ е́хала **на трамва́е** и **на тролле́йбусе.**
　　— Тебе́ на́до бы́ло е́хать **на такси́.**

33. *Listen and repeat.*

Я люблю ходи́ть. Óн лю́бит е́здить. Онá не лю́бит ходи́ть. Они́ не лю́бят ходи́ть пешко́м.

Я е́ду на маши́не. Я е́зжу на маши́не. Óн не лю́бит е́здить на маши́не.

Éздить на метро́. Я е́зжу на метро́. Óн е́здит в институ́т на метро́. Éздить на авто́бусе. Я люблю́ е́здить на авто́бусе. Я е́зжу на рабо́ту на авто́бусе. Éздить на тролле́йбусе. Я е́зжу на тролле́йбусе. Я е́зжу в институ́т на тролле́йбусе. На трамва́е, е́здить на трамва́е. Я не люблю́ е́здить на трамва́е. Я е́зжу на трамва́е. Я е́зжу на рабо́ту на трамва́е. На такси́. Я е́зжу на такси́. Я ча́сто е́зжу на такси́.

34. *Say that you do (or feel) the same.*

Model: — Я хожу́ на рабо́ту пешко́м.
        — Я то́же хожу́ на рабо́ту пешко́м.

1. Я люблю́ ходи́ть пешко́м.
2. Я люблю́ е́здить на метро́.
3. Я е́зжу на рабо́ту на авто́бусе.
4. Андре́й е́здит на рабо́ту на маши́не.
5. Áлла е́здит в институ́т на тролле́йбусе.
6. Оле́г ча́сто е́здит в университе́т на такси́.
7. Я люблю́ е́здить на трамва́е.

35. *Somebody asks you a question. Answer in the negative.*

Model: — Вы хо́дите в институ́т пешко́м?
        — Не́т, я е́зжу в институ́т на метро́.

1. Вы хо́дите в библиоте́ку пешко́м?
2. Вы е́здите в институ́т?
3. Вы е́здите в шко́лу?
4. Вы е́здите в магази́н?
5. Вы хо́дите в университе́т?
6. Вы е́здите на по́чту?

★ **36.** *Answer the questions, using the words* метро́, авто́бус, тролле́йбус, трамва́й, такси́, маши́на.

1. Вы е́здите в институ́т и́ли хо́дите пешко́м?
2. Ка́к вы е́здите в институ́т?

★ **37.** *Complete the sentences.*

1. Я́ живу́ недалеко́ от институ́та. В институ́т я́...
2. Мо́й това́рищ живёт далеко́ от институ́та. О́н...
3. Я́ люблю́ ходи́ть пешко́м и не люблю́...
4. Я́ не люблю́ е́здить на метро́, люблю́...
5. — Почему́ ты́ несёшь кни́ги в рука́х? Где́ тво́й портфе́ль?
   — Не люблю́...
6. Мы́ е́здим в ле́с на велосипе́дах. Мы́ не лю́бим...

▶ **38.** *Listen and repeat; then read and analyze. (See Analysis XI, 2.1.)*

1. — Ве́ра, где́ ты́ **была́** вчера́ ве́чером?
   — Я́ **ходи́ла** в теа́тр.
   — Ты́ ча́сто быва́ешь в теа́тре?
   — Да́, я́ хожу́ в теа́тр ка́ждое воскресе́нье.
2. — Серге́й, где́ ты́ **бы́л** ле́том?
   — Я́ **е́здил** на ю́г.

39. *Listen and repeat.*

Я́ ходи́л, ты́ ходи́ла; о́н носи́л, ты́ носи́ла; о́н вози́л, я́ вози́ла; я́ е́здил, она́ е́здила; мы́ ходи́ли, вы́ е́здили, они́ носи́ли, вы́ вози́ли, мы́ везли́, вы́ несли́; я́ была́, о́н бы́л, они́ бы́ли; Где́ ты́ бы́л? Где́ она́ была́? Где́ вы́ бы́ли? Где́ вы́ бы́ли ле́том? Вы́ е́здили ле́том в Ленингра́д? Ты́ е́здил в воскресе́нье в ле́с? Вы́ е́здили в А́нглию? Вы́ бы́ли на факульте́те? Вы́ бы́ли в шко́ле сего́дня?

40. *Somebody asks you a question. Answer it.*

Model: — Где́ вы́ бы́ли сего́дня днём?
        — Я́ ходи́л (е́здил) на рабо́ту.

1. Где́ вы́ бы́ли вчера́ ве́чером?	па́рк, ле́с, шко́ла, рестора́н,
2. Где́ вы́ бы́ли сего́дня в пя́ть часо́в?	по́чта, вокза́л, теа́тр, кино́,
3. Где́ вы́ бы́ли в а́вгусте?	се́вер, Ленингра́д, Украи́на,
4. Где́ вы́ бы́ли в про́шлом году́?	А́нглия, ю́г

▶ ★ **41.** *Listen and repeat; then read and analyze. (See Analysis XI, 2.3.)*

1. — Когда́ вы́ **е́дете** в Тбили́си?
   — Мы́ **е́дем за́втра** в ше́сть часо́в.
2. — Почему́ вы́ сего́дня не мо́жете бы́ть на заня́тиях?
   — **В три́ часа́** я́ **иду́** сдава́ть экза́мен.

★ **42.** *Answer the questions.*

1. Куда́ вы́ идёте сего́дня ве́чером? А куда́ иду́т ва́ши друзья́?
2. Куда́ е́дут отдыха́ть ва́ши роди́тели? А куда́ е́дете вы́?
3. Когда́ вы́ е́дете на ю́г? А когда́ е́дет ва́ша семья́?
4. Э́то ва́ши биле́ты? Куда́ вы́ е́дете?
5. Куда́ вы́ е́дете в э́то воскресе́нье?
6. Где́ вы́ бы́ли в про́шлом году́ ле́том и куда́ вы́ е́дете в э́том году́?

★ **43.** *Answer the questions.*

Model: — Почему́ вы́ не бу́дете сего́дня на конце́рте?
             — Ве́чером я́ иду́ в теа́тр.

1. Вы́ бу́дете до́ма сего́дня ве́чером?
2. По́сле семина́ра вы́ ещё бу́дете в университе́те?
3. Почему́ вы́ не бу́дете в сре́ду на конфере́нции?
4. В четы́ре часа́ я́ бу́ду звони́ть ва́м. Вы́ бу́дете до́ма?
5. Вы́ сего́дня бу́дете обе́дать до́ма?
6. В суббо́ту мы́ е́дем в Ки́ев. А вы́?

★ **44.** *Somebody asks you a question. Answer it.*

1. Вы́ быва́ете в университе́те ка́ждый де́нь?
2. Ка́к вы́ е́здите в университе́т?
3. Вы́ лю́бите е́здить на маши́не и́ли ходи́ть пешко́м?
4. Вы́ ча́сто быва́ете в теа́тре, на конце́ртах?
5. Куда́ вы́ идёте в воскресе́нье?
6. Где́ вы́ отдыха́ете в э́том году́?
7. Куда́ идёт ва́ш това́рищ? Что́ о́н несёт?
8. Де́ти всегда́ хо́дят в шко́лу пешко́м?
9. Вы́ покупа́ете молоко́ в магази́не и́ли ва́м но́сят молоко́ домо́й?

★ **45.** *Translate.*

"Ira, where are you going?"

"I'm on my way to the hospital. Sergei is sick. I'm taking some books for him."

"Do you often go to the hospital?"

"No, I am going there for the first time."

"Where were you last Saturday?"

"I was in the country on Saturday. My parents live there. I go there every week."

"And where were you yesterday?"

"Yesterday I went to the Museum of Folk Art. I like to go to that museum. There is much of interest there."

IV **Éсли я́ бу́ду учи́ться в Москве́,** я́ бу́ду ча́сто ходи́ть в музе́и и теа́тры.
Éсли вы́ дади́те мне́ а́дрес, то́ я напишу́ ва́м.

▶ **46.** *Listen and repeat; then read and analyze. (See Analysis XI, 4.0.)*

— Оле́г, **е́сли** за́втра у на́с **бу́дет** контро́льная рабо́та по англи́йскому языку́, ты́ **мо́жешь** да́ть мне́ сво́й слова́рь?
— Пожа́луйста.
— Спаси́бо. **Éсли** я **забу́ду** сло́во, то́ **посмотрю́** его́ в словаре́.
— Я́ ду́маю, что ты́ **не смо́жешь** написа́ть контро́льную рабо́ту, **е́сли бу́дешь иска́ть** слова́ в словаре́. Слова́ на́до вы́учить сего́дня.

47. *Listen and repeat.*

Éсли пого́да хоро́шая, / я хожу́ на рабо́ту пешко́м.

Éсли ле́то бу́дет холо́дное, / мы́ бу́дем отдыха́ть на ю́ге.

Éсли вы́ хоти́те хорошо́ говори́ть по-ру́сски, / ва́м ну́жно мно́го занима́ться.

Éсли у ва́с е́сть вре́мя, / прочита́йте но́вый расска́з Наги́бина.

48. *Read aloud with the correct intonation.*

Éсли пого́да плоха́я, / то́ я е́зжу в институ́т на авто́бусе.

Éсли пого́да хоро́шая, / мы́ хо́дим домо́й пешко́м.

Éсли я бы́стро переведу́ те́кст, / то́ ве́чером бу́ду слу́шать му́зыку.

Éсли у ва́с за́втра бу́дет вре́мя, / посмотри́те но́вый фи́льм.

49. *Read and compare the sentences in each pair.*

1. Éсли кни́га интере́сная, я чита́ю её бы́стро. Éсли кни́га бу́дет интере́сная, я прочита́ю её бы́стро.
2. Éсли пого́да хоро́шая, мы́ гуля́ем в па́рке. Éсли пого́да бу́дет хоро́шая, мы́ бу́дем гуля́ть в па́рке.
3. Éсли вы́ изуча́ете литерату́ру, ва́м на́до мно́го чита́ть. Éсли вы́ бу́дете изуча́ть литерату́ру, ва́м на́до бу́дет мно́го чита́ть.

50. *Say what will happen if these conditions are met. Mark intonational centers.*

1. Éсли студе́нт мно́го рабо́тает, о́н...
2. Éсли вы́ бу́дете хорошо́ занима́ться, вы́...
3. Éсли вы́ понима́ете по-ру́сски, вы́ мо́жете...
4. Éсли у ва́с боли́т зу́б, ва́м на́до...
5. Éсли и́мя отца́ Никола́й, то́ о́тчество его́ сы́на...
6. Éсли те́кст бу́дет нетру́дный, я́...
7. Éсли вы́ хорошо́ зна́ете дру́г дру́га, вы́ мо́жете...
8. Éсли вы́ помо́жете на́м, мы́...

★ **51.** *Give advice.*

1. Что́ мне́ на́до де́лать, е́сли я́ хочу́ изуча́ть ру́сский язы́к?
2. Что́ мне́ на́до де́лать, е́сли я́ хочу́ учи́ться рисова́ть?
3. Что́ мне́ на́до де́лать, е́сли в библиоте́ке не́т э́той кни́ги?
4. Что́ на́до сказа́ть по-ру́сски, е́сли челове́к помо́г мне́?

52. *Read and translate.*

Отве́т арти́ста

Одна́жды знамени́того арти́ста спроси́ли:

— Каки́е ро́ли вы́ лю́бите игра́ть, больши́е и́ли ма́ленькие?

— Éсли пье́са хоро́шая, то́ люблю́ больши́е ро́ли. Éсли пье́са плоха́я, то́ са́мые ма́ленькие.

Пётр Ива́нович удиви́лся

CONVERSATION

I. Communications Expressing Identical Actions and Circumstances. *(See Analysis XI, 5.0.)*

— Андрéй пи́шет диссертáцию.
— **И** Вéра пи́шет диссертáцию. (information about a new person performing the same action)
— Вéра **тóже** пи́шет диссертáцию. (information about the identical action)

53. *Listen and repeat. Note the shift of intonational centers.*

Кáтя — студéнтка. И я́ студéнтка. Джéйн идёт в институ́т. И мы́ идём в институ́т. А́нна рабóтает. И я́ рабóтаю.

Кáтя у́чится. Джéйн тóже у́чится. Андрéй читáет. Я́ тóже читáю. Олéг рабóтает в институ́те. Мы́ тóже рабóтаем в институ́те.

54. *Say that you do (did) or feel the same.*

Model: — И́ра лю́бит пéть.   — И я́ люблю́ пéть.
                                                  — Мы́ тóже лю́бим пéть.

1. Андрéй собирáет мáрки.
2. О́ля недáвно купи́ла часы́.
3. Вéра лю́бит игрáть в шáхматы.
4. Антóн лю́бит ходи́ть в теáтр.
5. Мои́ друзья́ лю́бят éздить на велосипéде.
6. Андрéй éздит на рабóту на своéй маши́не.
7. Пáвел хóчет купи́ть нóвую «Вóлгу».
8. В прóшлом году́ Пáвел бы́л на сéвере.
9. Рáньше Ни́на жилá в дерéвне.

II. Expression of Suggestion and Agreement under Fixed Conditions

(a) — Éсли хоти́те, я́ покажу́ вáм свою́ коллéкцию.
    — Спаси́бо. Э́то óчень интерéсно.
(b) — У вáс нéт учéбника. Возьми́те мóй.
    — Спаси́бо. Éсли мóжно, я́ возьму́ вáш учéбник.

55. *Listen and repeat.*

Éсли хоти́те, / я покажу́ ва́м свою́ статью́. Éсли хоти́те, / я да́м
ва́м э́ту кни́гу. Éсли мо́жно, / я возьму́ э́тот журна́л. Éсли
мо́жно, / позвони́те мне́ ве́чером. Éсли мо́жно, / я возьму́ ва́шу
ру́чку.

56. *Microdialogues.*

Model: — Вы́ бы́ли на Чёрном мо́ре?
          — Да́. Éсли хоти́те, я могу́ рассказа́ть ва́м о Чёрном мо́ре.
          — Расскажи́те. Э́то бу́дет о́чень интере́сно.

1. Вы́ бы́ли в Крыму́?   4. Вы́ бы́ли в Брази́лии?
2. Вы́ бы́ли на Кавка́зе?   5. Вы́ бы́ли в Австра́лии?
3. Вы́ бы́ли в Ита́лии?   6. Вы́ бы́ли на Бе́лом мо́ре?

Model: — Вы́ должны́ сде́лать докла́д на семина́ре.
          — Éсли на́до, я сде́лаю докла́д.

1. Вы́ должны́ перевести́ э́ту статью́.
2. Вы́ должны́ купи́ть э́тот уче́бник.
3. Вы́ должны́ позвони́ть ва́шему дру́гу.
4. Вы́ должны́ написа́ть статью́ о Ди́ккенсе.

Model: — Сего́дня не бу́дет семина́ра, а Ле́на не зна́ет об э́том.
          — Éсли хо́чешь, я могу́ позвони́ть е́й.

Use the verbs купи́ть, помо́чь, перевести́, сказа́ть, да́ть.

1. Сего́дня в клу́бе конце́рт, а у меня́ не́т биле́та.
2. За́втра контро́льная рабо́та, а я пло́хо зна́ю уро́к.
3. Он говори́т по-неме́цки, и я его́ не понима́ю.
4. Сего́дня мы́ идём на вы́ставку, а Ва́ля не зна́ет об э́том.
5. — Почему́ ты́ не купи́л кни́гу? — У меня́ не́т де́нег.

Model: — У ва́с не́т ру́чки. Возьми́те мою́.
          — Спаси́бо. Éсли мо́жно, я возьму́.

1. У ва́с не́т словаря́. Возьми́те мо́й.
2. У ва́с не́т биле́та на конце́рт. Возьми́те мо́й.
3. У ва́с не́т тетра́ди. Возьми́те мою́.
4. У ва́с не́т газе́ты. Возьми́те мою́.

III. Finding One's Way Around the City. Transportation

Идёт [1] автóбус.	A bus is coming, going.
Автóбусы здéсь не хóдят.	Buses don't run here.
Я бóльше люблю éздить.	I prefer to ride.
садиться / сéсть на автóбус	to get on a bus

57. *Listen and repeat.*

Останóвка, останóвка автóбуса. Гдé здéсь останóвка автóбуса? Скажите, пожáлуйста, гдé здéсь останóвка автóбуса? Здéсь хóдит автóбус. Автóбус здéсь не хóдит. Здéсь хóдит трамвáй. Сéсть на автóбус. Мóжно сéсть на автóбус. Кудá идёт э́тот трамвáй? Скажите, пожáлуйста, кудá идёт э́тот трамвáй?

58. *Basic Dialogues. Make up similar dialogues, using the words on the right.*

На у́лице

— Скажите, пожáлуйста, гдé нахóдится Большóй теáтр?	Истори́ческий музéй
— Иди́те пря́мо по э́той у́лице, потóм напрáво, потóм налéво.	гости́ница
— Спаси́бо.	вокзáл
— Мóжно сéсть на автóбус. Останóвка вóн тáм.	
— Скажите, пожáлуйста, гдé здéсь останóвка автóбуса?	троллéйбус
— Автóбус здéсь не хóдит. Здéсь хóдит тóлько трамвáй.	
— Скажите, пожáлуйста, кудá идёт э́тот трамвáй?	автóбус
— Какóй? Пя́тый?	троллéйбус
— Дá.	
— Пя́тый трамвáй идёт в цéнтр.	
— Большóе спаси́бо.	
— Скажите, пожáлуйста, какóй автóбус идёт на у́лицу Гéрцена?	у́лица Чéхова
— Восьмóй.	плóщадь Револю́ции
— Спаси́бо.	плóщадь Гагáрина

---

[1] When speaking about city transportation (the subway, buses, trolleybuses and streetcars), the verbs идти́ — ходи́ть are used.

59. *Situation.*

You are standing at a bus-stop and suddenly see that the bus (trolleybus) you need does not stop there. Ask where its stop is.

Model: (1) — Скажите, пожалуйста, здесь ходит 226 автобус?
          — Да.
          — А где его остановка?
          — Вон там. На той стороне.
          — Спасибо.

       (2) — Скажите, пожалуйста, здесь ходит 196 автобус?
          — Нет, не ходит.
          — А где он ходит?
          — По Профсоюзной улице.
          — А где это?
          — Идите направо. Там будет Профсоюзная улица.
          — Спасибо.

60. *Situations.*

(1) Suppose you have just arrived in an unfamiliar city and want to find a hotel. Ask where one is located and how to get there.

(2) A friend of yours has just invited you to visit him and is giving you his address. Ask him how to find his house or apartment.

(3) You know that Bus No. 5 passes near your hotel. Find out where the bus stop is and whether or not there are alternative ways of getting to your hotel.

61. *Answer the questions.*

1. Что́ вы бо́льше лю́бите: е́здить и́ли ходи́ть пешко́м?
2. На чём вы бо́льше лю́бите е́здить: на маши́не и́ли на велосипе́де, на авто́бусе и́ли на метро́? Почему́?

62. *Basic Dialogue.*

(a) *Read the following passage; then do the exercises as directed.*

В автобусе

— Мария Петровна, здравствуйте. Рад вас видеть.
— Добрый день, Николай Иванович.
— Куда вы едете, Мария Петровна?
— На работу.
— А где вы сейчас работаете?
— В университете.
— Вы всегда ездите на работу на этом автобусе?
— Нет, обычно я хожу пешком. Я живу здесь недалеко. А сегодня я опаздываю. А вы тоже едете на работу?
— Нет, я ездил на вокзал. Купил билеты на поезд. Завтра еду на Урал.
— Работать?
— Нет. Там живёт моя мама. Я езжу туда отдыхать.
— Вот моя остановка. До свидания, Николай Иванович.
— До свидания, Мария Петровна.

(b) *Listen and repeat.*

Вы ездите на автобусе? Вы ездите на работу на автобусе? Вы всегда ездите на работу на автобусе? Вы всегда ездите на работу на этом автобусе? Я ездил на вокзал. Еду на Урал. Завтра еду на Урал. Я езжу туда отдыхать [аддыхать'].

(c) *Answer the questions.*

Кого встретил Николай Иванович в автобусе? О чём он спросил Марию Петровну? Что узнал Николай Иванович о Марии Петровне? Что узнала Мария Петровна о Николае Ивановиче?

(d) *Situations.*

1. You have met a student from your institute on the bus.

2. You have met a girl from your school on the bus.

3. You have met your old neighbor on the bus.

★ 63. *Answer the questions.*

1. В вашем городе ходят автобусы, троллейбусы, трамвай?
2. Когда утром начинают ходить автобусы? А троллейбусы?
3. Когда кончают ходить автобусы?
4. Около вашего института есть остановка автобуса?
5. Какой автобус идёт в центр города?
6. Куда идёт автобус № 1?

64. *Listen and read; then dramatize the dialogues.*

— Бáбушка, ты́ летáла на самолёте?   **бáбушка** grandmother

— Летáла.

— И ты́ не боя́лась?   **боя́ться** be afraid

— Снача́ла боя́лась.

— А потóм?

— А потóм я́ ужé не летáла.

— Пéтя, ты́ éхал на трамвáе?

— Дá, мáма, и знáешь,
одúн человéк всё врéмя
смотрéл на меня́ тáк, бýдто   **бýдто** as though
у меня́ нé было билéта.

— А ты́?

— А я́ смотрéл на негó тáк, бýдто у
меня́ бы́л билéт.

READING

65. *Read and translate. Note that the words* учёный, рабóчий, столóвая,
морóженое *are nouns.*

1. Úмя велúкого рýсского учёного Ивáна Петрóвича Пáвлова[1]
   знáют во мнóгих стрáнах.
2. В Москóвском университéте рабóтает мнóго знаменúтых
   совéтских учёных.
3. Москвичú и гóсти столúцы óчень лю́бят москóвское
   морóженое.
4. Студéнческая столóвая нахóдится в здáнии институ́та.
5. Николáй Смирнóв — молодóй рабóчий.

---

[1] I.P. Pavlov (1848-1936), famous Russian and Soviet physiologist; creator of the materialistic theory of the
higher nervous activity of man and animals; member of the USSR Academy of Sciences.

★ **66.** *Read and translate. Note that the indefinite quantifiers* мно́го *and* ма́ло *govern a genitive singular adjective.*

    1. — Оле́г, ты́ бы́л вчера́ на ле́кции по археоло́гии?
        — Бы́л. Ле́кция была́ о́чень интере́сная. Мы́ услы́шали мно́го но́вого.
    2. — Вы́ бы́ли на вы́ставке совреме́нного иску́сства?
        — Не́т, не́ был. Но я́ слы́шал, что та́м ма́ло интере́сного.

★ **67.** *Read aloud.*

столо́вая [стало́въјъ], моро́женое [маро́жънъјъ], и́мя учёного [учо́нъвъ], и́мя вели́кого ру́сского учёного; мно́го но́вого [но́въвъ]; ма́ло интере́сного [ин'т'ир'е́снъвъ]; вы́ставка [вы́стъфкъ]; вы́ставка совреме́нного [съвр'им'е́ннъвъ] иску́сства; дре́вняя [др'е́вн'ъјъ] архитекту́ра; ле́кция о дре́вней архитекту́ре.

★ **68.** *Situations. Tell what you heard or saw, using the expressions* мно́го (ма́ло) но́вого, мно́го (ма́ло) интере́сного.

    Model: Вчера́ я́ слу́шал ле́кцию о дре́вней архитекту́ре. Я́ узна́л мно́го но́вого.

You were at a physics lecture, a lecture on modern ballet, a lecture on Space, at an exhibition of French graphic art, of badges, of old clocks.

▶ **69.** *Read and analyze. Note the indeclinable neuter nouns* метро́, кино́, ра́дио *and* такси́.

    1. **Ленингра́дское метро́** на́чало рабо́тать в 1955 году́.
    2. В До́ме культу́ры МГУ рабо́тает вы́ставка **«Сове́тское кино́».**
    3. **Моско́вское ра́дио** начина́ет рабо́тать в ше́сть часо́в утра́.
    4. В журна́ле «Иску́сство кино́» была́ интере́сная статья́ о **совреме́нном америка́нском кино́.**

▶ **70.** (a) *Read. Note that the following nouns take the ending* **-у** *in the prepositional singular when denoting place.* (See Analysis XI, 3.0.)

Я́ бы́л в Новосиби́рске

Неда́вно я́ бы́л в Новосиби́рске.

Новосиби́рск нахо́дится в Сиби́ри. О́н стои́т **на берегу́** реки́ Обь.

Новосиби́рск — краси́вый го́род. Я́ жи́л о́коло реки́ и люби́л гуля́ть по бе́регу, стоя́ть **на мосту́** и смотре́ть на го́род.

Недалеко́ от Новосиби́рска нахо́дится Академгородо́к. Академгородо́к — столи́ца сиби́рской нау́ки. В го́роде живу́т интере́сные лю́ди. Э́то фи́зики и матема́тики, хи́мики и экономи́сты, гене́тики и архео́логи. Академгородо́к постро́или **в лесу́**. **В лесу́** стоя́т дома́, нау́чные институ́ты, лаборато́рии. Недалеко́ от Академгородка́ нахо́дится большо́й са́д. **В э́том саду́** мно́го ра́зных дере́вьев. Зде́сь рабо́тают бота́ники.

(b) *Answer the questions.*

1. Где находится Новосибирск?
2. Где находится Академгородок?
3. Где находятся дома, научные институты, лаборатории Академгородка?
4. Где много разных деревьев?

71. *Answer the questions, using the words* шкаф, лес, берег, сад.

1. Где лежат ваши книги и тетради?
2. Где вы любите гулять?
3. Где вы гуляли вчера?

★ **72.** *Name the rivers on the banks of which Washington, London, Paris, Leningrad and Kiev are located.*

★ **73.** *Read and analyze. Note the form of the words dependent on the conjunction* как *in the comparative constructions introduced by* как.

1. Он знает Москву, как свой дом.
2. Ребята говорили серьёзно, как взрослые.
3. Она смеялась, как ребёнок.
4. Он говорил о своём друге, как о брате.

★ **74.** *Complete the sentences, supplying comparative constructions.*

Model: Он знает Киев, как свой дом.

1. Он знает этот лес, ...
2. Она рассказывала о городе, ...
3. Она помогала мне, ...
4. Его сын всегда говорит серьёзно, ...
5. Она рисует, ...

75. *Read the nouns and state the gender of each. Supply adjectives to qualify each noun.*
день, дверь, соль, ночь, гость, словарь, портфель, тетрадь, память, площадь, новость.

★ **76.** *Microdialogues.*

Model: — Смотри, слева площадь.
          — Какая площадь?
          — Площадь Маяковского.

1. Дайте мне, пожалуйста, тетрадь.
2. Ты слышала новость?
3. Ты не знаешь, где портфель?
4. У вас есть словарь?
5. Вы видели эту площадь?
6. У нас сегодня будет гость.

77. *Vocabulary for Reading. Study the following new words, their forms and usage as illustrated in the sentences on the right. Read each sentence aloud.*

открыва́ть / откры́ть ч т о́	1. Откро́йте, пожа́луйста, окно́. В ко́мнате ду́шно. 2. В Москве́ откры́ли до́м-музе́й А.П. Че́хова.
закрыва́ть / закры́ть ч т о́	Закро́йте, пожа́луйста, окно́, в ко́мнате хо́лодно. Закро́йте, пожа́луйста, две́рь.
быва́ть / побыва́ть г д е́	Ви́ктор Петро́вич мно́го е́здит. О́н быва́л в ра́зных стра́нах. Побыва́л в Евро́пе, в А́зии, в Аме́рике.
сиде́ть г д е́	— Вы́ не ска́жете, кто́ здесь А́нна Ива́новна? — Она́ сиди́т о́коло окна́. — Ве́ра, ты́ бу́дешь за́втра в библиоте́ке? — Бу́ду. — А где́ ты́ обы́чно сиди́шь? — В це́нтре за́ла.

78. *Read aloud.*

открыва́ть, открыва́ю; закрыва́ть, закрыва́ю; быва́ть, быва́ю, побыва́ть, побыва́ю; откры́ть. Я́ откро́ю две́рь. Ты́ откро́ешь окно́. Откро́йте окно́. Откро́йте две́рь. Откро́йте, пожа́луйста, две́рь. Закро́йте, пожа́луйста, две́рь. Я́ сижу́ о́коло две́ри. Ты́ сиди́шь на дива́не. Мы́ сиди́м здесь. Они́ сидя́т та́м.

79. *Ask somebody to do something, using these pairs of verbs:* открыва́ть / откры́ть, закрыва́ть / закры́ть.

Model: Сейча́с вы́ бу́дете писа́ть слова́. Закро́йте, пожа́луйста, кни́ги.

Сейча́с мы́ бу́дем чита́ть те́кст. Откро́йте кни́ги.

1. Пиши́те упражне́ние № 5.
2. В ко́мнате ду́шно.
3. Ва́м не на́до сейча́с смотре́ть в слова́рь.
4. Э́то, наве́рное, идёт Анто́н.
5. В коридо́ре гро́мко разгова́ривают.
6. В ко́мнате хо́лодно, и на у́лице то́же хо́лодно.

★ **80.** *Now Let's Talk. Give additional information.*

Model: Мы́ уже́ бы́ли в но́вом кинотеа́тре. Его́ откры́ли не́сколько дне́й наза́д.

1. В воскресе́нье мы́ бы́ли в музе́е А.П. Че́хова.
2. Я́ уже́ была́ на вы́ставке цвето́в.
3. Музе́й приро́ды ещё не рабо́тает.
4. Но́вый конце́ртный за́л начнёт рабо́тать о́сенью.

81. *Vocabulary for Reading. Study the following words, their forms and usage as illustrated in the sentences on the right. Read each sentence aloud.*

осо́бенно

1. Джо́н изуча́ет дре́внее иску́сство. Осо́бенно хорошо́ о́н зна́ет архитекту́ру Ри́ма. Осо́бенно прия́тно ви́деть ста́рых друзе́й.
2. Сего́дня на ле́кции по исто́рии бы́ло осо́бенно мно́го наро́да.

о́стров

Мадагаска́р — э́то большо́й о́стров. О́коло Ита́лии мно́го острово́в.

82. *Read aloud.*

осо́бенно [асо́б'иннъ], осо́бенно хорошо́, осо́бенно тепло́, осо́бенно хо́лодно, осо́бенно прия́тно, осо́бенно мно́го; о́стров [о́стръф], острова́, большо́й о́стров, мно́го острово́в.

83. *Give expanded affirmative responses, as in the model.*

Model: — В Сиби́ри холо́дная зима́.
  — Да́. Осо́бенно холо́дная зима́ на се́вере Сиби́ри.

1. В э́том магази́не мно́го сувени́ров.
2. В Австра́лии тёплый кли́мат.
3. В Ита́лии всегда́ мно́го тури́стов.
4. Джо́н хорошо́ зна́ет ру́сскую литерату́ру.
5. Профе́ссор Фёдоров интере́сно чита́ет ле́кции.
6. Кристи́на хорошо́ зна́ет иностра́нные языки́.

84. *Somebody asks you a question. Answer it.*

Model: — Ро́берт, ты́ купи́л но́вый слова́рь?
  — Ещё не́т, но ско́ро куплю́.

1. Али́са, ты́ дала́ Верони́ке но́мер своего́ телефо́на?
2. Ве́ра, ты́ нашла́ тре́тий но́мер журна́ла «Спу́тник»?

3. Ни́на Петро́вна, вы́ сообщи́ли, что во вто́рник не бу́дет семина́ра?

4. То́м, вы́ взя́ли в библиоте́ке уче́бник по хи́мии?

5. Бори́с, ты́ объясни́л Ка́те, где́ на́до взя́ть э́ту кни́гу?

6. Дже́к, ты́ уже́ купи́л пода́рок А́нне?

7. Серге́й, ты́ пригласи́л Оле́га?

8. Дже́йн, ты́ узна́ла, где́ нахо́дится Третьяко́вская галере́я?

9. Мэ́ри, ты́ начала́ переводи́ть те́кст?

★ **85.** *What islands do you know? Where are they located?*

86. *Vocabulary for Reading. Study the following new words, their forms and usage as illustrated in the sentences on the right. Read each sentence aloud.*

светло́	Сади́тесь, пожа́луйста, о́коло окна́. Зде́сь светло́. На у́лице бы́ло светло́, ка́к днём.
темно́	Я́ пло́хо ви́жу. В ко́мнате о́чень темно́. Сейча́с ещё то́лько ше́сть часо́в, а на у́лице уже́ темно́.
ста́рший	— Ро́берт, у тебя́ е́сть бра́тья и сёстры? — Да́, у меня́ е́сть два́ бра́та. — Ско́лько и́м ле́т?
мла́дший	— Ста́ршему бра́ту два́дцать пя́ть ле́т, а мла́дшему — девятна́дцать.

87. *Read aloud.*

светло́, зде́сь светло́, темно́, зде́сь темно́, о́чень темно́, мла́дший [мла́тшый], мла́дший бра́т, ста́рший, ста́рший бра́т.

88. *Give the antonym of each word.*

бога́тый, ве́жливый, тёплый, гра́мотный, прия́тный, ста́рший, гру́стный, интере́сный, темно́, по́здно, непоня́тно.

89. *Suppose you have just returned from the grocer's. Tell what you have bought. Use the names of the foods shown in the pictures.* (молоко́, мя́со, ры́ба, фру́кты, со́ль)

90. *Vocabulary for Reading. Study the following new words, their forms and usage as illustrated in the sentences on the right. Read each sentence aloud.*

велосипéд

— У вáс éсть велосипéд?
— Нéт. Я не люблю́ éздить на велосипéде.

самолёт

— Скажи́те, пожáлуйста, какóй э́то самолёт?
— Э́то Ил-86.
— А тáм?
— Ил-62.

91. *Read aloud.*

велосипе́д [в'ильс'ип'е́т], на велосипе́де, е́здить на велосипе́де; самолёт [съмал'о́т], лета́ем на самолёте, лете́ть на самолёте, лечу́ на самолёте.

92. *Answer the questions.*

1. У ва́с е́сть велосипе́д?
2. Вы́ лю́бите е́здить на велосипе́де?
3. Вы́ ча́сто е́здите на велосипе́де?
4. У ва́с е́сть маши́на?
5. Кака́я у ва́с маши́на?
6. Вы́ хо́дите в университе́т пешко́м и́ли е́здите?
7. На чём вы́ е́здите в университе́т?

★ **93.** Зна́ете ли вы́...?

Give the names of American, European and Soviet aircraft you know.

94. *Read the text without consulting a dictionary.*

Не то́лько для молоды́х!

Мне́ уже́ 65 ле́т, но са́мый хоро́ший для меня́ о́тдых — езда́ на велосипе́де.

Велосипе́д помо́г мне́ уви́деть краси́вые места́ Подмоско́вья, побыва́ть в Ту́ле, во Влади́мире. На велосипе́де я́ е́здила и по Украи́не.

Впервы́е в жи́зни я́ се́ла на велосипе́д, когда́ мне́ бы́л 61 го́д. Я́ учи́лась е́здить две́ неде́ли. И тепе́рь я́ говорю́ все́м: учи́тесь е́здить на велосипе́де.

★ **95.** *Situation.*

Describe the kinds of public transportation available in your city. Do you usually drive a car or use public transportation? What kind of transportation do you prefer?

96. *Listen and repeat.*

(a) большо́й го́род, культу́рный це́нтр, промы́шленный и культу́рный це́нтр, нахо́дится на берегу́, на берегу́ реки́, на берегу́ реки́ Невы́, Ленингра́д нахо́дится на берегу́ реки́ Невы́.

Го́род называ́ется Петербу́рг. Петропа́вловская кре́пость, недалеко́ от кре́пости, недалеко́ от Петропа́вловской кре́пости;

истори́ческий па́мятник, архитекту́рный па́мятник, архитекту́рный и истори́ческий па́мятник, интере́сный архитекту́рный и истори́ческий па́мятник; больши́е корабли́, корабли́ ра́зных стра́н;

Дворцо́вая пло́щадь, на Дворцо́вую пло́щадь, центра́льная пло́щадь, центра́льная пло́щадь Ленингра́да, краси́вая пло́щадь го́рода, са́мая больша́я пло́щадь, са́мая больша́я и краси́вая пло́щадь; мла́дшие шко́льники, ученики́ ста́рших кла́ссов.

(b) Éсли хоти́те узна́ть го́род,³ / ходи́те пешко́м.¹

Éсли хоти́те узна́ть го́род,⁴ / ходи́те пешко́м.¹

Когда́ у меня́ éсть вре́мя,³ / я хожу́ пешко́м.¹

Когда́ у меня́ éсть вре́мя,⁴ / я хожу́ пешко́м.¹

Когда́ я иду́ по у́лице,³ / я не спешу́.¹

Когда́ я иду́ по у́лице,⁴ / я не спешу́.¹

97. *Basic Text. Read the text; then do exercises 98-101.*

Éсли хоти́те узна́ть го́род...

Вы́ бы́ли в Ленингра́де? Не́ были? Éсли хоти́те, я могу́ рассказа́ть ва́м об э́том го́роде. Я не ленингра́дка, я учу́сь в Педагоги́ческом университе́те и́мени А.И. Ге́рцена.

Ленингра́д — большо́й го́род, промы́шленный и культу́рный це́нтр. В Ленингра́де ка́ждая у́лица — исто́рия, почти́ ка́ждый до́м — па́мятник. Ленингра́д нахо́дится на берегу́ реки́ Невы́ и на острова́х. Ленингра́д основа́л в 1703 году́ ру́сский ца́рь Пётр I. Го́род тогда́ называ́лся Петербу́рг. На берегу́ Невы́, недалеко́ от Петропа́вловской кре́пости и сейча́с нахо́дится

Не́вский проспе́кт

Петропа́вловская кре́пость

деревя́нный до́мик Петра́ I.
Э́то са́мое ста́рое зда́ние в
Ленингра́де.
Петропа́вловскую кре́пость
то́же на́чали стро́ить в 1703
году́. Петропа́вловская
кре́пость — интере́сный
архитекту́рный и
истори́ческий па́мятник.
По́сле револю́ции в
Петропа́вловской кре́пости
откры́ли истори́ческий
музе́й.

Зи́мний дворе́ц

В Ле́тнем саду́ всегда́ мно́го тури́стов.

Говоря́т, е́сли хоти́те узна́ть го́род, ходи́те пешко́м. И я́ ходи́ла. Ходи́ла и смотре́ла, смотре́ла и слу́шала. Когда́ у меня́ е́сть свобо́дное вре́мя, я́ хожу́ пешко́м и в институ́т, и на по́чту, и в магази́ны. Когда́ я́ иду́ по у́лице, я́ не спешу́. Я́ о́чень люблю́ иска́ть и находи́ть интере́сные дома́. А таки́х домо́в здесь мно́го. В Ленингра́де жи́ли

Дворцо́вая пло́щадь

А.С. Пу́шкин, Н.В. Го́голь[1], Ф.М. Достое́вский, П.И. Чайко́вский[2], Д.Д. Шостако́вич[3] и мно́гие други́е знамени́тые лю́ди.

В Ленингра́де мно́го па́мятников, кото́рые расска́зывают об Октя́брьской револю́ции и о Ленингра́де — го́роде-геро́е[4]. О́чень краси́в Ленингра́д ра́но у́тром и но́чью. Я люблю́ гуля́ть по го́роду, осо́бенно, когда́ быва́ют бе́лые но́чи.

Хорошо́ ходи́ть по бе́регу реки́ и смотре́ть, ка́к по Неве́ плыву́т больши́е корабли́. В Ленингра́дском порту́ мо́жно уви́деть корабли́ ра́зных стра́н.

Но́чь. А на у́лице светло́. Во́т по мосту́ е́дет маши́на, она́ везёт хле́б. Друга́я маши́на везёт молоко́. Идёт такси́. Лю́ди спеша́т домо́й. А я́ не спешу́. Я иду́ на Дворцо́вую пло́щадь. Э́то центра́льная пло́щадь Ленингра́да, са́мая больша́я и краси́вая пло́щадь го́рода. Зде́сь нахо́дится Эрмита́ж[5] и Зи́мний дворе́ц[6].

Я люблю́ смотре́ть, ка́к Ленингра́д начина́ет но́вый де́нь. Идёт пе́рвый трамва́й. О́н почти́ пусто́й. Начина́ют ходи́ть авто́бусы, открыва́ет свои́ две́ри метро́. Иду́т пе́рвые пассажи́ры. Э́то рабо́чие. Пото́м иду́т шко́льники. Снача́ла — мла́дшие шко́льники. Они́ иду́т споко́йно, ка́к взро́слые. Пото́м иду́т ученики́ ста́рших кла́ссов. Ско́ро де́вять часо́в. И они́ уже́ не иду́т, а бегу́т.

Днём на у́лицах и площадя́х го́рода тури́сты, го́сти Ленингра́да. Они́ иду́т в музе́и: в Эрмита́ж, в Ру́сский музе́й, иду́т в магази́ны, в па́рки. Я то́же иду́ в Ле́тний са́д. Зде́сь ста́рые дере́вья, мно́го цвето́в. Я люблю́ сиде́ть в э́том ста́ром па́рке и смотре́ть, ка́к игра́ют де́ти, бе́гают, е́здят на велосипе́дах.

Я ещё не могу́ сказа́ть, что хорошо́ зна́ю Ленингра́д. Но ка́ждый де́нь я узна́ю об э́том го́роде мно́го но́вого.

---

[1] Gogol, Nikolai Vasilyevich (1809-1852), outstanding Russian novelist and dramatist; author of *Dead Souls*, the comedy *The Inspector General* and a number of short stories, such as *The Overcoat, The Nose* and *Taras Bulba.*

[2] Tchaikovsky, Peter Ilyich (1840-1893), great Russian composer whose symphonies, operas (*Eugene Onegin, The Queen of Spades, Mazepa,* etc.) and ballets (*Swan Lake, The Nutcracker, The Sleeping Beauty*) are known all over the world.

[3] Shostakovich, Dmitry Dmitryevich (1906-1975), famous Soviet composer; author of symphonies, preludes, oratorios and other musical works.

[4] Like Volgograd (Stalingrad), Moscow, Sevastopol, Odessa and other cities, Leningrad has been awarded the title of Hero City for its particular contribution to the war effort during the Great Patriotic War of 1941-1945. In 1941 Leningrad was blockaded by Hitler's troops. During the siege, which lasted 900 days, the Leningraders displayed great courage. Despite the cold and starvation the city did not surrender. On January 18, 1943 the Soviet army lifted the siege.

[5] The Hermitage—the State Museum of Art, History and Culture—is the largest repository of works of art in the USSR.

[6] The Winter Palace (built in 1754-1762) was originally designed (by the architect Bartolommeo Rastrelli) as the principal residence of Russian tsars. It now houses some of the collections of the Hermitage.

98. *Find the sentences in the text which are concerned with Leningrad. Reread them.*

99. *Find in the text the answers to these questions.*

1. Где находится Ленинград?
2. Кто и когда основал Ленинград?
3. Как тогда назывался город?
4. Где находится сейчас деревянный домик Петра I?
5. Какое здание самое старое в Ленинграде?
6. Когда начали строить Петропавловскую крепость?
7. О чём рассказывают памятники Ленинграда?
8. Какая площадь — центральная площадь Ленинграда?

100. *Give the names of Russian and Soviet writers and composers who lived in Leningrad. What Leningrad museums do you know?*

101. *Answer the questions.*

1. Почему о Ленинграде говорят, что в нём каждая улица — история, почти каждый дом — памятник?
2. Как вы думаете, Ленинград — красивый город?
3. Вы или ваши друзья были в Ленинграде?

★ **102.** *Situation.*

Your friend has just returned from a visit to Leningrad. Ask him questions about Leningrad. Tell him what you know about the city.

★ **103.** *Now Let's Talk.*

1. Что вы знаете об истории города, в котором вы живёте?
2. Это старый или новый город?
3. Когда его начали строить?
4. Есть ли в этом городе исторические памятники?
5. Есть ли в нём музеи? Какие?

★ **104.** *Write about another city you have recently visited.*

★ **105.** *What cities have you been to? Describe them.*

★ **106.** *Situation.*

Your friends have just returned from an excursion to a certain city. Find out where they have been and what they learned about that city.

107. *Answer the questions.*

1. Вы́ мно́го хо́дите?
2. Вы́ лю́бите ходи́ть?
3. Ка́к вы́ ду́маете, совреме́нный челове́к до́лжен мно́го ходи́ть и́ли е́здить?
4. Вы́ лю́бите бе́гать?
5. Вы́ бе́гаете ка́ждый де́нь?

★ **108.** *Situation.*

You were in the Soviet Union and visited Odessa, Leningrad and Novgorod. Show your friends your photographs and explain what each one shows.

Ленингра́д

Нóвгород

Одécca

★ **109**. (a) *Read without consulting a dictionary.*

Зна́ете ли вы́?

1. Зна́ете ли вы́, что впервы́е назва́ние «Москва́» исто́рики нашли́ в истори́ческих докуме́нтах XII ве́ка. В 1147 году́ оди́н ру́сский князь написа́л друго́му кня́зю письмо́, в кото́ром он приглаша́л его́ в Москву́.
2. Зна́ете ли вы́, что в США́ есть города́, кото́рые называ́ются Москва́ и Петербу́рг?

(b) *Answer the questions.*

1. Ско́лько сейча́с лет Москве́?
2. Ско́лько лет Ленингра́ду?

VOCABULARY

бежа́ть *imp.* run
* бота́ник botanist
быва́ть / побыва́ть visit
везти́ take, carry (by conveyance)
велосипе́д bicycle
вести́ *imp.* lead (on foot)
води́ть *imp.* lead (on foot)
вози́ть *imp.* carry (by conveyance)
* гене́тик geneticist
дверь door

* дворе́ц palace
де́рево tree
деревя́нный wooden
* диссерта́ция dissertation
домо́й to one's house, home(wards)
доро́га road
* ду́шно (is) stuffy
* езда́ travel; riding
е́здить go (by conveyance), drive
е́сли if

е́хать *imp.* go (by conveyance), drive
закрыва́ть / закры́ть close
идти́ *imp.* go (on foot)
кора́бль ship
коридо́р corridor
культу́рный cultural; cultured
лета́ть fly
лете́ть fly
мла́дший younger, junior
моро́женое ice-cream
мост bridge

* наве́рное probably, most likely
нале́во to the left
напра́во to the right
нести́ *imp.* carry (on foot)
носи́ть *imp.* carry (on foot)
но́чь *f.* night
но́чью at night
обе́д lunch, dinner
о́вощи *pl.* vegetables
остано́вка stop
о́стров island
отве́т answer
* пассажи́р passenger
пешко́м on foot
* плов pilau (a dish made of seasoned rice and meat)
плы́ть *imp.* swim
по́ on, along; according to

пря́мо straight, directly
пусто́й empty
ро́ль *f.* role, part
светло́ (is) bright, (is) light
спеши́ть hurry
споко́йно calmly, peacefully
ста́рший elder, senior
столо́вая cafeteria; canteen
сюда́ here, to this place
такси́ taxicab
темно́ (it is) dark
трамва́й streetcar
тролле́йбус trackless trolley car
туда́ to that place, there
ходи́ть *imp.* walk, go (on foot)
* ца́рь tsar
шко́льник schoolboy

Verb Stems:

бежа́ть *irreg.* run
быва́й- / побыва́й- visit
вёз- take, carry (by conveyance)
вёд- lead (on foot)
води́- lead (on foot)
вози́- carry (by conveyance)
е́зди- go (by conveyance), drive
е́хать *irreg.* go (by conveyance), drive
закрыва́й- / закро́й- close
идти́ *irreg.* go (on foot)
лета́й- fly
лете́- fly
нёс- carry (on foot)
носи́- carry (on foot)
плы́в- swim
спеши́- hurry
ходи́- walk, go (on foot)

Учёный совет

U N I T 12

PRESENTATION AND PREPARATORY EXERCISES

I	г д é?	к у д á?	о т к ý д а?

I Мáша **в шкóле.** Мáша идёт **в шкóлу.** Мáша идёт **из шкóлы.**
Пётр **на завóде.** Пётр идёт **на завóд.** Пётр идёт **с завóда.**

▶ **1.** *Listen and repeat; then read and analyze. (See Analysis XII, 1.0.)*

— Óля, **кудá** ты́ **идёшь?**
— **Я́ идý в инститýт на
лéкцию.** А ты́?
— А я́ **из инститýта с лéкции.**
— Ты́ не ви́дела на лéкции
Бóрю?
— Нéт, егó сегóдня нé было в
инститýте.

— Скажи́те, пожáлуйста, **кудá
идёт э́тот пóезд?**
— Э́тот пóезд **идёт в Ки́ев.**
— А **откýда** óн **идёт?**
— **Из Москвы́.** Э́то пóезд
Москвá — Ки́ев.
— Большóе спаси́бо.

2. *Listen and repeat.*

идёт тудá; откýда, оттýда, идý оттýда;

я́ éду в инститýт [вынст'итýт]; из инститýта [изынст'итýтъ]; óн
éдет из инститýта; мы́ идём на семинáр; с семинáра
[с'с'им'инáрь], они́ идýт с семинáра; óн идёт на лéкцию; с

лекции, она идёт с лекции; они едут на завод; с завода [ззаводъ], мы едем с завода; Петя едет на вокзал; с вокзала, Аня едет с вокзала.

3. *Listen and reply.*

> Model: — Ты идёшь из института?
> — Да, из института.

1. Вы идёте из кино?
2. Олег идёт из библиотеки?
3. Ты едешь из института?
4. Ты идёшь с семинара?
5. Пётр идёт с завода?
6. Катя идёт с лекции?
7. Анна Петровна едет из больницы?
8. Иван Петрович едет из клуба?
9. Андрей едет с юга?
10. Вы едете с практики?

> Model: — Вы едете на практику?
> — Нет, с практики.

1. Ты идёшь в библиотеку?
2. Ты едешь в институт?
3. Вы едете на юг?
4. Олег едет на завод?
5. Вы идёте на лекцию?
6. Вы идёте в кино?
7. Они идут в парк?
8. Маша идёт в школу?
9. Антон идёт в сад?
10. Вы едете на вокзал?

4. *Microdialogues. Use the adverbs* там, туда, оттуда.

> Model: — Куда ты идёшь?
> — Я иду на стадион.
> — Я тоже иду туда.

1. — Куда ты едешь? — Я еду в порт.
2. — Где ты был? — Я был в кино.
3. — Куда ты идёшь? — Я иду в сад.
4. — Куда ты идёшь? — Я иду на завод.
5. — Откуда ты едешь? — Я еду из института.
6. — Где были ребята? — Они были в лесу.
7. — Откуда едут студенты? — Они едут с практики.
8. — Откуда ты едешь? — Я еду с вокзала.

5. *Ask about what interests you, using the verbs* идти, ехать, бежать, нести, везти *and the words* где? куда? откуда? что?

6. *Listen and repeat.*

городско́й [гърацко́j] па́рк, я иду́ в городско́й па́рк, из городско́го па́рка, о́н идёт из городско́го па́рка; литерату́рный [л'ит'ирату́рныj] семина́р, на литерату́рный семина́р, мы́ идём на литерату́рный семина́р, вы́ идёте с литерату́рного семина́ра; физи́ческая [ф'из'и́чискъjъ] лаборато́рия [лъбърато́р'иjъ], мы́ идём в физи́ческую лаборато́рию, они́ иду́т из физи́ческой лаборато́рии.

7. *Microdialogues.*

Model:
— Куда́ ты́ идёшь?
— <u>Я́ иду́ в физи́ческую лаборато́рию.</u>
— А я́ иду́ <u>из физи́ческой лаборато́рии.</u>
— Кто́ ещё бы́л сего́дня <u>в физи́ческой лаборато́рии?</u>
— Студе́нты физи́ческого факульте́та.

на́ша библиоте́ка
литерату́рный семина́р
городско́й па́рк
ша́хматный клу́б

г д é?	к у д á?	о т к ý д а?
II Анто́н бы́л у **това́рища.**	Анто́н идёт **к това́рищу.**	Анто́н идёт **от това́рища.**

8. (a) *Listen and repeat; then read and analyze. (See Analysis XII, 1.0.)*

— Серге́й, где́ ты́ бы́л?
— **Я́ бы́л у врача́.**
— Но ты́ и в пя́тницу **бы́л у врача́.**
— Да́, сего́дня я́ **ходи́л к врачу́** второ́й ра́з.
— Когда́ ты́ **верну́лся от врача́?**
— Я́ верну́лся в четы́ре часа́.

9. *Listen and repeat.*

Куда́ она́ идёт? К кому́ [ккаму́]? к врачу́, к дру́гу [гдру́гу], к бра́ту, к това́рищу, к сестре́, к подру́ге, ко мне́, к тебе́, к нему́, к не́й, к на́м, к ва́м, к ни́м.

Отку́да о́н идёт? От врача́, от дру́га [аддру́гъ], от бра́та, от това́рища, от сестры́, от подру́ги, от меня́, от тебя́ [ат'т'иб'а́], от него́ [ат'н'иво́]; от неё, от на́с, от ва́с, от ни́х.

Dialogues

Куда́ ты идёшь?

— Серге́й, куда́ ты идёшь ве́чером?
— Ве́чером я иду́ к Анто́ну.
— А ты́, Ка́тя, бу́дешь до́ма?
— Не́т, я иду́ к подру́ге.
— А Бори́с?
— О́н идёт к бра́ту.

Отку́да ты́ верну́лся?

— Серге́й, ты́ уже́ верну́лся сего́дня от Анто́на?
— Я́ не́ был у Анто́на. Я́ бы́л до́ма.
А ты́, Ка́тя, уже́ ходи́ла к подру́ге?
— Да́, я уже́ верну́лась от подру́ги.
— А Бори́с верну́лся от бра́та?
— Не́т ещё.

10. *Listen and reply.*

Model: — А́ня, ты́ е́здила к бра́ту?
— Да́, к бра́ту.

1. Оле́г, ты́ ходи́л к врачу́?
2. Ка́тя, ты́ е́здила к сестре́?
3. Вы́ идёте к подру́ге?
4. Оле́г ходи́л к дру́гу?
5. Ты́ идёшь к това́рищу?

6. Вы́ идёте от врача́?
7. Вы́ идёте от бра́та?
8. Ты́ идёшь к профе́ссору?
9. О́н идёт от отца́?

Model: — Вы́ идёте к бра́ту?
— Не́т, к дру́гу.

1. Ты́ идёшь к сестре́?   подру́га
2. Вы́ идёте к профе́ссору?   дру́г
3. Вы́ е́здили ле́том к ма́ме?   сестра́
4. Вы́ идёте от врача́?   профе́ссор
5. Ты́ идёшь от бра́та?   вра́ч
6. Ты́ верну́лся от сестры́?   бра́т

11. *Ask about what interests you.*

Model: — Áнна Ивáновна в январé былá в Еревáне.
— <u>А к комý онá éздила?</u>
— <u>Онá éздила к сестрé.</u>

1. Вадúм в суббóту бы́л в общежúтии.
2. Сергéй вчерá днём бы́л в институ́те.
3. Вéра сегóдня былá в больнúце.
4. Лéтом мы́ бы́ли в Ташкéнте.
5. В прóшлом годý мы́ бы́ли на Украúне.

12. *Complete the sentences.*

1. Сегóдня в институ́те былá консультáция. Мы́ тóже ходúли ... .
В двá часá мы́ вернýлись ... .
2. Вчерá у Вúти собирáлись друзья́. И мы́ ходúли ... . Мы́ пóздно
вернýлись ... .
3. В воскресéнье в гóроде бы́л прáздник. Ребя́та éздили ... . В
понедéльник онú вернýлись ... .
4. Егó мáть рабóтает в шкóле. Днём óн ходúл к нéй ... . Я́ вúдел,
когдá óн шёл ... .
5. Óсенью мы́ отдыхáли в дерéвне у брáта. Тóлько в октябрé мы́
вернýлись ... . Мы́ чáсто éздим ... .
6. Óн бы́л в больнúце у хирýрга. Я́ знáю, что вчерá óн ходúл ... .
Óн бы́л невесёлый, когдá вернýлся ... .

В суббóту я́ éздил **к своúм родúтелям.**

▶ **13.** *Listen and repeat; then read and analyze.*
(See Analysis XII, 3.0; 3.1; 3.2.)

В прóшлом годý лéтом
Борúс и егó друзья́ éздили на
Урáл на прáктику. Онú
помогáли **геóлогам.** Двá
мéсяца студéнты и геóлоги
рабóтали вмéсте. Когдá
студéнты вернýлись в Москвý,
онú послáли **своúм нóвым
друзья́м** письмó и
фотогрáфии, котóрые сдéлали
лéтом на прáктике. А недéлю
назáд геóлоги послáли

студе́нтам колле́кцию ура́льских камне́й. Они́ приглаша́ли студе́нтов на Ура́л.

14. (a) *Listen and repeat.*

объясни́ть студе́нтам, покупа́ть кни́ги де́тям, чита́ть ле́кции студе́нтам-фило́логам, е́здить к роди́телям, ходи́ть к друзья́м, помога́ть бра́тьям; посла́ли письмо́ друзья́м, посла́ли письмо́ свои́м но́вым друзья́м, посла́ли колле́кцию камне́й, посла́ли студе́нтам колле́кцию камне́й.

(b) *Listen. Reply in the affirmative.*

Model: — Вы́ е́здили ле́том к друзья́м?
         — Да́, мы́ е́здили к друзья́м.

1. Вы́ чита́ли ле́кцию студе́нтам-фило́логам?
2. Вы́ е́здили к роди́телям?
3. Вы́ пи́шете письмо́ друзья́м?
4. Вы́ купи́ли кни́ги бра́тьям?
5. Вы́ пока́зывали статью́ това́рищам?

15. *Somebody asks you a question. Answer it.*

1. Вы́ идёте в го́сти? К кому́?
2. Вы́ е́дете в Ки́ев? К кому́?
3. Э́тот челове́к лети́т в Нью-Йо́рк? К кому́?
4. Вы́ е́дете в общежи́тие? К кому́?

друзья́, роди́тели
бра́тья, сёстры
де́ти
студе́нты-
экономи́сты

16. *Listen. Reply in the affirmative.*

Model: — Вы́ идёте к на́м? — Да́, к ва́м.

1. Вы́ помога́ли и́м?
2. Вади́м идёт к ва́м?
3. Вы́ писа́ли и́м?
4. Э́ти кни́ги присла́ли на́м?
5. Э́та де́вушка прие́хала к ва́м?
6. Петро́в сдава́л экза́мены ва́м?

17. *Supply the missing pronouns.*

1. Шко́льники присла́ли на́м свои́ рабо́ты. На́до написа́ть ... .
2. Учёные ра́зных стра́н пи́шут дру́г дру́гу. Э́то помога́ет ... в рабо́те.
3. Вы́, Ве́ра Петро́вна, мно́го рабо́таете. Могу́ я́ помо́чь ...?
4. У на́с в гру́ппе три́ де́вушки. За́втра восьмо́е ма́рта[1], на́до купи́ть ... цветы́.

---

[1] The 8th of March (International Women's Day) is an official holiday in the USSR.

5. Борис, вы сейчас свободны? Помогите ... .

6. В этом году я побывал в Ереване. Могу показать ... фотографии.

18. (a) *Listen and repeat.*

нашим студентам, помогаете нашим новым студентам; вашим ученикам, пишете вашим новым ученикам; к родителям, едете к вашим родителям; к детям, идёте к вашим детям.

(b) *Listen. Reply in the affirmative.*

Model: — Вы пишете письмо вашим новым друзьям?
— Да, новым друзьям.

1. Вы идёте к вашим старым друзьям?
2. Вы обо всём рассказали этим людям?
3. Вы звонили своим родителям?
4. Вы пишете вашим старшим братьям?

19. *Microdialogues. Use the adjectives* старший, младший, старый, новый.

Model: — Сегодня вечером мы идём к друзьям.
— <u>К каким друзьям?</u>
— <u>К своим старым друзьям.</u>

1. Летом я еду к братьям.
2. Он часто пишет письма сёстрам.
3. Скоро праздник. Надо послать письма учителям.
4. В пятницу я иду к своим друзьям.

20. *Somebody asks you a question. Answer it.*

1. Кому вы рассказывали об истории Ленинграда?
2. Кому вы покупаете детские книги?

3. Кому вы читали свою статью о Маяковском?

4. Кому читают лекции о культуре Древней Руси?

5. Кому вы объясняли, как работает городской транспорт?

6. К кому вы ездили в январе?
7. К кому вы ходили сегодня?
8. Кому вы послали книги?

туристы
младшие
братья
студенты-
филологи
студенты-
историки
незнакомые
люди
иностранные
туристы
родители
друзья
знакомые
ребята

при- Серге́й неда́вно **пришёл** домо́й. (О́н до́ма.)

Оле́г ча́сто **при**хо́дит к на́м.

у- Серге́й неда́вно ушёл из до́ма. (Его́ не́т до́ма.)

У́тром о́н всегда́ **ухо́дит** (из до́ма) на рабо́ту.

▶ **21.** *Listen and repeat; then read and analyze. (See Analysis XII, 2.0; 2.1.)*

1. — Анто́н уже́ зде́сь?
   — Да́.
   — А когда́ о́н **пришёл?**
   — О́н **пришёл** ча́с наза́д.
   — А Бори́с?
   — Бори́с **приходи́л** у́тром. О́н **принёс** програ́мму конце́рта. Во́т она́.
   — Спаси́бо. А биле́ты?
   — О́н сказа́л, что **придёт** к на́м ве́чером и **принесёт** биле́ты.

2. — Здра́вствуй, Ве́ра.
   — Приве́т, Серёжа.
   — Анто́н до́ма?
   — Не́т, о́н **ушёл** на рабо́ту.
   — О́н не звони́л мне́?
   — Не зна́ю, я то́же **уходи́ла.**
   — А ве́чером ты́ бу́дешь до́ма?
   — Не́т, к сожале́нию, я опя́ть **уйду́.**

22. *Now Let's Talk....*

Отку́да они́ прие́хали?   Где́ они́ бы́ли?

23. *Give additional information, using the adverbs* ча́сто, иногда́, обы́чно.

> Model: Ле́том студе́нты уе́хали на пра́ктику. — Обы́чно ле́том студе́нты уезжа́ют на пра́ктику.

1. Óсенью студе́нты прие́хали с пра́ктики.
2. В апре́ле геóлоги уе́хали в гóры.
3. В ма́е в Ленингра́д прие́хало мнóго тури́стов.
4. Ви́ктор пришёл на завóд ра́но у́тром.
5. Сегóдня Ви́ктор пришёл домóй сли́шком пóздно.

24. *Give additional information.*

> Model: Ма́ша сейча́с в шкóле. — Она́ скóро придёт (прие́дет) из шкóлы.

1. Ви́ктор Петрóвич сейча́с в столóвой.
2. Антóн сейча́с в дере́вне.
3. Ве́ра сейча́с в Ленингра́де.
4. Студе́нты сейча́с на пра́ктике.
5. Студе́нты сейча́с на стадиóне.
6. Бра́т сейча́с у това́рища.
7. Ма́ма сейча́с на рабóте.
8. Сестра́ сейча́с на факульте́те.
9. Де́ти сейча́с в саду́.
10. Роди́тели сейча́с на конце́рте.

25. *Situations.*

> Model: You see a man you don't know.
>
> — Ктó э́то?
> — Э́то това́рищ моегó бра́та. Óн прие́хал к на́м из Ри́ги.

(1) You see a foreign student at the University.

(2) You see a girl you have never met before at your friend's.

(3) You see an unfamiliar professor in the faculty.

(4) You see an unfamiliar woman in the dormitory.

(5) You see a group of tourists in the square.

> Model: You see a book on your desk.
>
> — Чья́ э́то кни́га?
> — Э́то Ни́на принесла́ тебе́ кни́гу.
> — А где́ Ни́на? Она́ здéсь?
> — Нéт, она́ приходи́ла днём.

(1) You see some magazine on the table.

(2) You see tickets for the theater on the table.

(3) You see your friend's books on the table.

(4) You see flowers in your room.

(5) You see exotic fruit on the table.

(6) You see some medicine on the table.

Model: You want to ask something about Oleg's report.

        — Ты́ слу́шал докла́д Оле́га?
        — Не́т.
        — Ты́ ра́но ушёл с конфере́нции?
        — Не́т, когда́ о́н де́лал докла́д, я́ уходи́л в библиоте́ку.

(1) You want to know whether your friend saw Jane at the University at three o'clock.

(2) You want to find out what the students had to say about their practical training.

(3) You want to find out what photographs the students showed.

(4) Medical students ask their classmate whether he was present at the operation.

по- — Где́ Серге́й?
     — О́н **пошёл** в университе́т.
     — Где́ ты́ бу́дешь за́втра?
     — Я́ **пойду́** в университе́т.

▶ **26.** *Read and analyze. (See Analysis XII, 2.2.)*

1. Мы́ до́лго иска́ли теа́тр. Снача́ла шли́ по Тверско́й у́лице, пото́м **пошли́** напра́во, пото́м **пошли́** нале́во. Шли́ ме́дленно, чита́ли назва́ния у́лиц. Уви́дели теа́тр и **пошли́** бы́стро.

2. — Скажи́те, пожа́луйста, где́ профе́ссор Смирно́в? — О́н **пошёл** в столо́вую. — А ско́ро о́н бу́дет? — Ду́маю, ско́ро.

3. — Где́ вы́ бу́дете отдыха́ть ле́том? — Хоти́м **пое́хать** на Байка́л. — Э́то прекра́сно.

▶ **27.** *Somebody asks you a question. Answer it. (See Analysis XII, 2.3.)*

Model: — Где Óльга? (сестра́, больни́ца)
— Она́ пошла́ (пое́хала) к сестре́ в больни́цу.

1. Где ва́ша сестра́?
2. Где Бори́с?
3. Где студе́нты?
4. Воло́ди нет до́ма?
5. Где ва́ши де́ти?
6. Где ваш брат?

роди́тели, дере́вня
профе́ссор, факульте́т
друзья́, общежи́тие
това́рищ, лаборато́рия
шко́ла
ма́ма, больни́ца

Model: — Вы за́втра бу́дете до́ма? (го́род, сестра́)
— Нет, я пое́ду в го́род к сестре́.

1. Вы ве́чером бу́дете до́ма?
2. Вы сего́дня бу́дете на семина́ре?
3. Вы ве́чером бу́дете свобо́дны?
4. В воскресе́нье вы бу́дете свобо́дны?
5. Вы у́тром бу́дете свобо́дны?

общежи́тие, това́рищи
больни́ца, врач
конце́рт
подру́га, дере́вня
профе́ссор, консульта́ция

28. *Somebody asks you a question. Answer it. Use the verb forms* пошёл — ходи́л, пое́хал — е́здил *as required by the sense.*

1. Где ваш брат? Где был ваш брат вчера́?
2. Где ва́ши роди́тели? Где бы́ли ва́ши роди́тели зимо́й?
3. Где ваш това́рищ? А где он был час наза́д?
4. Где вы бы́ли в ма́е? А ва́ша жена́ то́же была́ там? А где она́ сейча́с?
5. Где вы бы́ли вчера́? А ваш това́рищ то́же был там? А где он сейча́с?

★**29.** *Speak about your plans.*

1. За́втра воскресе́нье. Куда́ вы пойдёте?
2. Ско́ро пра́здник. Куда́ вы пойдёте? К кому́ вы пойдёте?
3. Куда́ вы пое́дете, когда́ сдади́те экза́мены?
4. Куда́ вы пое́дете, когда́ ко́нчите университе́т?
5. Ско́ро ле́то. Куда́ вы пое́дете отдыха́ть?

30. *Microdialogues.*

Model: — Ди́ма до́ма?
            — Не́т, о́н ушёл.
            — А куда́ о́н пошёл?
            — О́н пошёл в магази́н.
            — А О́ля до́ма?
            — Она́ ещё не пришла́ (из шко́лы).

1. Серге́й до́ма?   4. Джо́н в лаборато́рии?
2. Ната́ша зде́сь?   5. Ни́на в шко́ле?
3. Ве́ра на факульте́те?   6. Анто́н в библиоте́ке?

31. *Now Let's Talk. Give additional information.*

Model: Я́ не́ был в А́нглии. Я́ о́чень хочу́ пое́хать в А́нглию.

1. Она́ не была́ в Кана́де.
2. Мы́ не́ были в Ита́лии.
3. Они́ не́ были в Сове́тском Сою́зе.
4. Я́ не́ был в Австра́лии.
5. О́н не́ был во Фра́нции.
6. Я́ не́ был в И́ндии.

★32. (a) *Answer the questions based on the picture.*

У́тром Ко́ля бы́л в шко́ле.
А куда́ о́н пошёл из шко́лы?
А пото́м?

(b) *Find out from classmates where they were in the morning, afternoon, evening.*

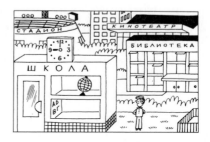

III   **Че́рез го́д** Ната́ша ко́нчит шко́лу.

33. *Listen and repeat; then read and analyze.*

— Когда́ вы́ пойдёте сего́дня в университе́т?
— Мне́ на́до бы́ть в университе́те в оди́ннадцать часо́в. Ско́лько сейча́с вре́мени?
— Де́вять часо́в.
— Я́ пойду́ **через ча́с.** А вы́?
— А я́ пойду́ **через де́сять мину́т.**

34. *Listen and repeat.*

через ча́с [чир'исча́с]; через го́д [чир'изго́т], через де́нь [чир'из'д'е́н'], через ме́сяц [чир'изм'е́с'иц], через неде́лю, через мину́ту, через два́ дня́, через пя́ть дне́й; через три́ часа́, через пя́ть часо́в; через четы́ре ме́сяца, через ше́сть ме́сяцев.

35. *Listen. Answer the questions in the affirmative.*

Model: — Вы́ ко́нчите институ́т через го́д?
— Да́, через го́д.

1. О́н прие́дет через два́ го́да?
2. Вы́ вернётесь с пра́ктики через ме́сяц?
3. По́езд ухо́дит через де́сять мину́т?
4. Нача́ло сеа́нса через три́ мину́ты?
5. Магази́н откро́ют через два́ часа́?
6. Вы́ставку закро́ют через неде́лю?
7. Вы́ вернётесь через два́ ме́сяца?
8. Оле́г уезжа́ет через четы́ре дня́?
9. Ва́ш мла́дший бра́т пойдёт в шко́лу через го́д?

36. *Say when it will happen.*

1. Мы́ пригласи́ли госте́й. Они́ приду́т через ... .
2. Ве́ра пошла́ в магази́н. Она́ вернётся через ... .
3. — У́жин гото́в? — У́жин бу́дет гото́в через ... .
4. Пришёл Бори́с. О́н е́хал на авто́бусе, а Ю́ра идёт пешко́м. О́н придёт через ... .
5. Ви́ктор не придёт. О́н уе́хал на пра́ктику и вернётся то́лько через ... .
6. Мо́жно взя́ть э́ту кни́гу? Я́ принесу́ её через ... .

37. *Somebody asks you a question. Answer it.*

1. Е́сли мы́ пое́дем в ле́с на велосипе́де, мы́ ско́ро прие́дем туда́?
2. Е́сли мы́ пое́дем в го́род на авто́бусе, когда́ мы́ прие́дем?
3. Е́сли мы́ пое́дем на вы́ставку на маши́не, мы́ ско́ро прие́дем?
4. Е́сли мы́ пойдём в общежи́тие пешко́м, когда́ мы́ прие́дем туда́?
5. Я́ о́чень спешу́. Ско́ро мы́ прие́дем?
6. Я́ опа́здываю. Ско́ро мы́ прие́дем?
7. Мы́ та́к до́лго е́дем. Ско́ро бу́дет на́ша остано́вка?

38. *Microdialogues.*

Model: — Где́ Ва́ля?
        — Она́ пошла́ в шко́лу.
        — Ско́лько вре́мени она́ бу́дет в шко́ле?
        — Она́ бу́дет та́м 3—4 часа́.
        — Когда́ она́ вернётся?
        — Она́ вернётся через 3—4 часа́.

1. — Где́ Анто́н? — О́н пое́хал в Ленингра́д.
2. — Где́ Ма́ша? — Она́ пошла́ к врачу́.
3. — Где́ Дми́трий Ива́нович? — О́н пошёл к дире́ктору заво́да.
4. — Где́ Ка́рин? — Она́ пое́хала отдыха́ть на Гава́йские острова́.

39. *Translate into Russian, marking stress and intonational centers throughout.*

"Good morning, Anna Petrovna."

"Good morning, Kolya."

"Is Andrei home?"

"No, he's left for the institute."

"Was it long ago?"

"No, not very long."

"What classes does he have today?"

"He has a seminar."

"Did he say when he'll be back?"

"He said he would be back in three hours and then would go to Sergei's. Sergei has decided to gather his old school friends together this evening. He wrote to his friends a month ago and they told him that they would come today, March 15th."

"Thanks, Anna Petrovna. Good-by."

CONVERSATION

I. The Self-Inclusive Imperative (Imperfective and Perfective)

(a) Suggestion to carry out some action (perfective verb) *(See Analysis XII, 4.0.)*

— Ребя́та, **дава́йте пое́дем** в па́рк.
— Дава́йте.
— Ната́ша, **пойдём** сего́дня в кино́.
— Пойдём.

(b) Suggestion to engage in some activity for a period of time or to do something regularly (imperfective verb)

Ребя́та, **дава́йте игра́ть** в футбо́л.
Ви́тя, **дава́й собира́ть** ма́рки.

▶ **40.** (a) *Listen and repeat. (See Analysis, Phonetics 3.9.)*

Пойдём в кино́. Дава́й пойдём в кино́. Дава́йте пойдём в кино́.
Пойдём в теа́тр. Дава́й пойдём в теа́тр. Дава́йте пойдём в теа́тр.
Пойдём на вы́ставку. Дава́й пое́дем на юг. Дава́йте смотре́ть телеви́зор.

(b) *Read aloud. Mark intonational centers.*

Дава́й пойдём к Серге́ю. Дава́йте пойдём в кино́. Пое́дем домо́й. Дава́й игра́ть в ша́хматы. Дава́йте пойдём в рестора́н. Пойдём на конце́рт. Дава́йте пойдём на конце́рт в консервато́рию. Дава́й пойдём в Большо́й теа́тр на «Евге́ния Оне́гина».

41. *Microdialogues.*

Model:
— Куда́ ты идёшь?
— Я иду́ в гости́ницу.
— Я то́же. Пойдём вме́сте.
— Пойдём.

рестора́н
столо́вая
общежи́тие
по́чта
вокза́л

42. (a) *Respond to the suggestions in the affirmative.*

1. Давай поедем в субботу в деревню.
2. Давайте ездить в деревню каждую субботу.
3. Давайте пойдём в кино.
4. Давайте ходить в кино каждую неделю.
5. Давайте поедем на стадион.
6. Давайте ездить на стадион каждую неделю.
7. Давайте посмотрим новый фильм.
8. Давайте смотреть фильмы на русском языке.

(b) *Situations.*

Suggest to your friends that you go to the theater, to an exhibition, a museum, make a trip to another city, to a different country, that you work together in the library, that you listen to the radio, have dinner in the cafeteria.

★ **43.** *Situation.*

You want to go to the theater. Read the programs in a newspaper. Say what play you would like to see. What's the name of the theater? When is this play on?

ГАБТ СССР. 12/IV Пиковая дама. 13/IV Раймонда.

МХАТ СССР имени А. П. ЧЕХОВА (пр. Художественного театра, 3). 12/IV Перламутровая Зинаида. 13/IV Кабала святош. Новая сцена. 12/IV По соседству мы живем. 12/IV Звезды на утреннем небе.

МХАТ СССР имени М. ГОРЬКОГО (Тверской бул., 22). 12/IV премьера Зойкина квартира. 13/IV На дне. Малая сцена. 12/IV Путь в Мекку.

АКАД. ТЕАТР имени Евг. ВАХТАНГОВА. 13/IV Кабанчик.

АКАД. ТЕАТР имени МОССОВЕТА. 12/IV На бойком месте. 13/IV Шум за сценой. Малая сцена. 13/IV Заговор чувств.

АКАД. ТЕАТР имени Вл. МАЯКОВСКОГО. 12/IV Круг. 13/IV Молва. Малая сцена. 12/IV премьера Розенкранц и Гильденстерн мертвы (сп. Театра-студии А. Гончарова). Филиал театра (ул. Хмелева, 21). 12/IV Игра в джин. 13/IV Подземный переход.

АКАД. ТЕАТР САТИРЫ. 13/IV Прощай, конферансье!

ЦЕНТР. АКАД. ТЕАТР СОВЕТСКОЙ АРМИИ. Большой зал. 13/IV Мандат. Малый зал. 12/IV Клоп. 13/IV Счастье мое...

АКАД. МУЗ. ТЕАТР имени К. С. СТАНИСЛАВСКОГО и Вл. И. НЕМИРОВИЧА-ДАНЧЕНКО. 12/IV Иоланта. 13/IV Балет. Балет. Балет.

АКАД. ТЕАТР ОПЕРЕТТЫ. ГАСТРОЛИ ЧУВАШСКОГО ГОС. МУЗ. ТЕАТРА. 12/IV Тысяча и одна ночь. 13/IV Похищение из сераля.

АКАД. ДЕТСКИЙ МУЗ. ТЕАТР. ГАСТРОЛИ НАЦИОНАЛЬНОГО ФОЛЬКЛОРНОГО АНСАМБЛЯ (Южная Корея). 12/IV и 13/IV Маленькие ангелы.

АКАД. ЦЕНТР. ДЕТСКИЙ ТЕАТР. 12/IV премьера Дома. 13/IV Приключения Тома Сойера.

АКАД. ЦЕНТР. ТЕАТР КУКОЛ под руководством С. В. Образцова. 12/IV в 19 ч. 30 м. Божественная комедия.

ТЕАТР имени ЛЕНИНСКОГО КОМСОМОЛА. 12/IV премьера Поминальная молитва.

ТЕАТР НА ТАГАНКЕ. 12/IV Живой. 13/IV Мастер и Маргарита. Новая сцена. Назнач. на 13/IV сп. Федра отменен. Билеты просим возвратить в кассу театра в декадный срок.

ТЕАТР имени М. Н. ЕРМОЛОВОЙ. 13/IV Утиная охота.

ДРАМ. ТЕАТР имени А. С. ПУШКИНА. 12/IV Эвридика. 13/IV Я — женщина.

ТЕАТР «СОВРЕМЕННИК». 12/IV Три сестры. 13/IV Квартира Коломбины. В помещ. ДК «Меридиан» (ул. Профсоюзная, 61) 13/IV Звезды на утреннем небе.

ДРАМ. ТЕАТР имени К. С. СТАНИСЛАВСКОГО. 12/IV Дневник доктора Борменталя. 13/IV Улица Шолом-Алейхема, дом 40.

МОСКОВСКИЙ ТЕАТР
ЛЕНКОМ
НА УЛИЦЕ ЧЕХОВА ДОМ 6

ПРЕМЬЕРА
17, 18, 24, 25 апреля,
3, 4, 9, 10 мая в 19 час.

Владимир СТЕКЛОВ,
Ирина АЛФЕРОВА,
Юрий АСТАФЬЕВ,
Марьяна ПОЛТЕВА
в пьесе
Фридриха ДЮРРЕНМАТТА

«Ромул ВЕЛИКИЙ»

В спектакле участвуют: В. БЕЛОУСОВ, Б. БЕККЕР, Л. ЗОРИНА, Л. ГРОМОВ, Н. ГОРШКОВА, В. ИВЛЕВА, В. КОРЕЦКИЙ, Г. КОЗЛОВ, Б. НИКИФОРОВ, Н. ПАЛАДИНА, С. СТЕПАНЧЕНКО, В. ШИРЯЕВ, Н. ШУШАРИН.

Постановка   Петра ШТЕЙНА.
Сценография   Сергея БАРХИНА.
Музыка   Геннадия ГЛАДКОВА.

II. Invitation to Visit the Speaker at Home, at Work, etc. (Imperfective Verb)

— Олег, **приходи́ к на́м** ве́чером.
— Спаси́бо, приду́.
— Ребя́та, **приезжа́йте к на́м** в институ́т.
— Обяза́тельно прие́дем.

44. (a) *Listen and repeat.*

Приходи́ к на́м. Приходи́те к на́м. Приходи́те ве́чером.
Приходи́те к на́м ве́чером. Приходи́те к на́м сего́дня ве́чером.
Приходи́те к на́м домо́й сего́дня ве́чером. Приезжа́йте к на́м в
институ́т. Приезжа́йте к на́м в институ́т за́втра у́тром.

Е́сли хоти́те, / приходи́те к на́м. Е́сли бу́дете в Москве́, /
приезжа́йте к на́м в институ́т. Е́сли вы́ свобо́дны, / приходи́те к
на́м обе́дать. Е́сли вернётесь ра́но, / приходи́те ко мне́.

(b) *Read the sentences and mark intonational centers throughout.*

Е́сли хоти́те, приходи́те ко мне́ пи́ть ча́й. Е́сли у ва́с бу́дет
вре́мя, приезжа́йте к на́м на факульте́т. Е́сли вы́ вернётесь в
пя́тницу ра́но, приходи́те ко мне́. Е́сли хоти́те, приезжа́йте к на́м
в студе́нческий теа́тр. Е́сли у ва́с бу́дет вре́мя, приходи́те к на́м
за́втра ве́чером.

45. (a) *Microdialogues.*

Model: — О́ля, Серге́й, е́сли вы́ свобо́дны, приходи́те к на́м
сего́дня ве́чером.
— Спаси́бо, обяза́тельно приду́.
— Спаси́бо, но, к сожале́нию, мне́ на́до е́хать на вокза́л.
Е́сли я́ верну́сь ра́но, то́ приду́.

1. Ни́на, Вади́м, е́сли вы́ свобо́дны, приходи́те к на́м сего́дня на
   обе́д.
2. Ве́ра, Никола́й, е́сли хоти́те, приходи́те ве́чером в клу́б.
3. А́ня, Ми́ша, е́сли хоти́те, приходи́те сего́дня на стадио́н.
4. Га́ля, Бори́с, е́сли у ва́с е́сть вре́мя, приходи́те к на́м в
   общежи́тие. Бу́дем слу́шать му́зыку.

(b) *Situations.*

Invite your friends to your home, dormitory, institute, music or chess club.

46. *Situations. Discuss with your friends the itinerary of a summer vacation trip along the Black Sea. Use the following questions* (a) *and statements* (b).

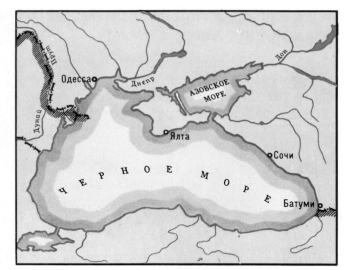

(a) Куда́ мы́ пое́дем? Почему́ вы́ хоти́те туда́ пое́хать? На чём мы́ пое́дем? Отку́да мы́ пое́дем? Когда́ мы́ пое́дем? Ско́лько вре́мени мы́ бу́дем е́хать? Где́ мы́ бу́дем отдыха́ть?

(b) Дава́йте пое́дем на маши́не. Я́ не люблю́ е́здить на по́езде, лета́ть на самолёте. Мне́ не нра́вится е́здить на ... . Дава́йте снача́ла пое́дем ..., а пото́м ... . В э́том го́роде нахо́дится ... . Недалеко́ от го́рода нахо́дится ... . Та́м хоро́ший кли́мат. Та́м тепло́. Та́м мо́жно пла́вать.

III. Invitations, Visits, Choice of a Route

бы́ть в гостя́х	to be visiting
Приходи́те в го́сти.	Come to see us.
Что́ бу́дет на у́жин?	What shall we have for supper?
Ка́к мы́ пое́дем?	How shall we get there?
Мы́ пое́дем на трамва́е.	We'll go by streetcar.
Мы́ пое́дем по у́лице Че́хова.	We'll go down Chekhov Street.
— Я́ опозда́л? — Ничего́.	"Am I late?" "It doesn't matter."

47. (a) *Listen and repeat.*

го́сть, го́сти, в го́сти, в гостя́х; У на́с го́сти [уна́згóс'т'и]. Приходи́те в го́сти. Мы́ бы́ли в гостя́х. Мы́ пое́дем на метро́. О́н пое́дет на авто́бусе. Вы́ пое́дете на тролле́йбусе. Она́ пое́дет на трамва́е. Они́ пое́дут на такси́, по у́лице, по у́лице Че́хова.

(b) *Listen and repeat.*

Ка́к вы́ пое́дете?

— Ка́к вы́ е́дете?
— На авто́бусе. А вы́?
— А я́ на метро́. А ка́к вы́ пое́дете обра́тно?
— Обра́тно — на трамва́е. А вы́?
— Я́ не хочу́ е́хать на трамва́е. Я́ пое́ду на такси́.
— Ка́к мы́ пое́дем в це́нтр?
— По Тверско́й у́лице.
— А по у́лице Че́хова нельзя́?
— Не́т, по у́лице Че́хова нельзя́.

48. *Somebody asks you a question. Answer it.*

Model: — Где́ вы́ бы́ли?
         — В гостя́х у Серге́я.

1. Где́ бы́ли ве́чером ва́ши друзья́?
2. Где́ бы́ли в суббо́ту ва́ши роди́тели?
3. Где́ бы́л вчера́ ва́ш бра́т?
4. Где́ вы́ бы́ли в воскресе́нье?
5. Где́ была́ сего́дня ва́ша сестра́?

49. *Situations.*

Приходи́те к на́м в го́сти

Invite your friends and your teacher to a New Year's party, a family celebration, a party in honor of someone's arrival.

Model: — Ви́ктор Ива́нович, приходи́те к на́м в го́сти. У на́с
         за́втра пра́здник: Ва́ля око́нчила шко́лу.
         — Спаси́бо, приду́.

50. *Microdialogues.*

Ка́к мы́ пое́дем?

(a) Model: — Мы́ пое́дем на авто́бусе?
           — Не́т. Авто́бусы зде́сь не хо́дят.
           — Тогда́ пое́дем на метро́ (пойдём пешко́м).

1. Мы́ пое́дем на тролле́йбусе?
2. Мы́ пое́дем на трамва́е?

(b) Model: — Ка́к мы́ пое́дем на конце́рт?

— Туда́ мы́ пое́дем на авто́бусе, а обра́тно пойдём пешко́м по у́лице Ге́рцена.

1. Ка́к мы́ пое́дем в теа́тр?
2. Ка́к мы́ пое́дем на вокза́л?
3. Ка́к мы́ пое́дем на Пу́шкинскую пло́щадь?
4. Ка́к мы́ пое́дем в музе́й?
5. Ка́к мы́ пое́дем на вы́ставку?

51. *Microdialogues.*

Model: — Куда́ вы́ идёте сего́дня ве́чером?
— Ещё не зна́ю, куда́ пойду́ ве́чером.
— Дава́йте пойдём в кино́.
— Я́ не люблю́ кино́. Мне́ бо́льше нра́вится теа́тр.

| музыка́льный теа́тр |
| студе́нческий клу́б |
| центра́льный па́рк |

52. (a) *Basic Dialogue. Listen and read.*

В кварти́ре Ивано́вых

П а́ в л и к: Здра́вствуйте. Извини́те, пожа́луйста, мне́ нужна́ Ка́тя Ивано́ва. Она́ зде́сь живёт?
А́ н н а И в а́ н о в н а: Здра́вствуйте. Ка́тя, к тебе́ пришли́.
К а́ т я: Па́влик, ка́к хорошо́, что ты́ пришёл! Ма́ма, познако́мься: э́то Па́влик Чудако́в.
А́ н н а И в а́ н о в н а: О́чень прия́тно.

(b) *Situations.*

1. You came to see a friend of yours; the door was opened by his father.

2. You came to the dormitory and are looking for your friend.

3. Your sister's boy-friend came to see her. He wants to invite her to a theater.

★ 53. (a) *Listen and repeat, paying particular attention to evaluative intonation. (See Analysis, Phonetics, 3.5.)*

Ка́к хорошо́! Ка́к хорошо́ о́н поёт! Кака́я хоро́шая сего́дня пого́да! Како́й прекра́сный фи́льм! Како́й плохо́й бале́т! Ка́к хорошо́, что вы́ пришли́! Ка́к я́ ра́да, что вы́ верну́лись! Ка́к хорошо́, что вы́ прие́хали! Ка́к хорошо́, что мы́ пое́дем на ю́г!

54. (a) *Rasic Dialogue. Listen and read.*

Ивановы ждут гостей

— Катя, уже пять часов. Скоро придут Олег и Павлик. Ужин уже готов?

— Готов, мама.

— А что у нас будет на ужин?

— Я приготовила салат и мясо. На десерт будет мороженое и фрукты. А Серёжа купил вино?

— Конечно.

— Какое?

— Красное. Очень вкусное вино.

— Ну, тогда всё в порядке.

(b) *Listen and repeat.*

Готов? Ужин готов? Ужин уже готов? Конечно [кан'ешнъ]. Конечно, готов! Ужин скоро будет готов? Когда будет готов ужин? Что будет на ужин? Что на ужин? А что на обед? Что у нас на обед? Что у нас сегодня на обед? На ужин салат. А что на десерт? На десерт мороженое. — Как ваши дела? — Всё в порядке. А у вас как дела? — У меня тоже всё в порядке.

(c) *Reproduce the dialogue.*

(d) *Situations.*

1. You are waiting for guests to arrive and discussing with your mother what to have for supper.

2. You have decided to get together with your friends. Discuss what you need to buy, who should buy what, how much various grocery items cost, how much money will be necessary.

55. (a) *Read the text.*

«Анапа»[1] на счастье

Друзья пригласили меня на встречу Нового года. После спектакля я побежал в магазин. Надо было купить подарки. Но магазин уже закрыли. Продавец спросил:

— Почему вы так поздно?

— Я играл в спектакле.

---

[1] "Anapa", a port wine, named after the town where it is produced. Anapa is a spa situated in the Crimea on the Black Sea Coast.

— Эх, мо́лодость, мо́лодость! У меня́ есть две́ бутьı́лки портве́йна «Ана́па», хоти́те? Вино́ неплохо́е. Бери́те. Э́то вино́ принесёт ва́м в но́вом году́ сча́стье.

портве́йн port

Я́ взя́л вино́. До́ма перели́л его́ в одну́ краси́вую бутьı́лку и пошёл к друзья́м.

перели́ть pour

Моё ме́сто бьı́ло о́коло окна́. Ря́дом сиде́ла де́вушка. Её зва́ли Та́ня. Я́ спроси́л Та́ню, где она́ рабо́тает. Она́ отве́тила. Я́ не по́нял, но не хоте́л спра́шивать ещё ра́з.

Когда́ жена́ моего́ дру́га поста́вила на сто́л мою́ бутьı́лку, э́то была́ сенса́ция.

сенса́ция sensation

Я́ скро́мно сказа́л, что э́то вино́ подари́л мне́ знамени́тый францу́зский виноде́л, мо́й хоро́ший знако́мый, и что э́тому вину́ 200 ле́т. Вино́ бьı́стро вьı́пили.

виноде́л wine maker

— А ва́м не нра́вится? — спроси́л я́ Та́ню, когда́ уви́дел, что она́ вьı́пила о́чень немно́го.

— Не́т, почему́, нра́вится. Отку́да у ва́с таки́е знако́мые?

Я́ не хоте́л обма́нывать, но о́чень хоте́л понра́виться э́той де́вушке. Я́ расска́зывал о Фра́нции, в кото́рой я́ не́ был, о знамени́тых францу́зских ви́нах, о кото́рых то́лько слы́шал. Та́ня слу́шала. Она́ пила́ моё вино́ и улыба́лась, а я́ ... я́ почти́ ве́рил тому́, что говори́л.

обма́нывать lie

Пото́м мы́ ушли́ и всю́ но́чь ходи́ли по Москве́...

Та́ня уже́ давно́ моя́ жена́. У на́с два́ сы́на. По профе́ссии Та́ня виноде́л и дегуста́тор... И ка́ждый Но́вый го́д у на́с на пра́здничном столе́ в це́нтре стои́т буты́лка портве́йна «Ана́па». И всегда́ мы́ вспомина́ем знамени́того «францу́за-виноде́ла», кото́рый подари́л на́м сча́стье.

дегуста́тор taster

After O. Tumanov

(b) *Answer the questions.*

На како́й пра́здник пригласи́ли молодо́го челове́ка его́ друзья́? Почему́ о́н та́к по́здно пошёл в магази́н? О́н купи́л пода́рки? Кто́ помо́г ему́? Что́ сказа́л продаве́ц о портве́йне «Ана́па»? Что́ принёс молодо́й челове́к в до́м свои́х друзе́й? Где́ бьı́ло его́ ме́сто? Кто́ сиде́л ря́дом? Вино́ понра́вилось гостя́м? О чём говори́ли молодо́й челове́к и Та́ня? Почему́ молодо́й челове́к на́чал расска́зывать о Фра́нции? Ка́к слу́шала его́ Та́ня? Молоды́е лю́ди ушли́ вме́сте? Где́ они́ гуля́ли? Ка́к вы́ ду́маете, когда́ молодо́й челове́к узна́л, что Та́ня по профе́ссии дегуста́тор и виноде́л? Ка́к о́н чу́вствовал себя́, когда́ узна́л об э́том? Кака́я тради́ция е́сть в и́х семье́?

★ (c) *Compose dialogues based on the following situations.*

1. The conversation in the store between the young man and the elderly salesman.

2. The conversation at the dinner party between Tanya and the young man.

★ (d) *Situations.*

1. Imagine that you are the elderly salesman. What would you tell your family about the late visit by the young man?

2. Imagine that you are the hostess. What would you tell your friends about the unusual wine?

3. Imagine that you are Tanya. What would you tell your close friends about how and where you made the acquaintance of your future husband?

★ (e) *Give detailed answers to the following questions, using the words on the right.*

1. Что́ вы́ мо́жете сказа́ть о молодо́м челове́ке, а́вторе расска́за? Кто́ о́н по профе́ссии? Како́й о́н челове́к?	хоро́ший — плохо́й симпати́чный — несимпати́чный краси́вый — некраси́вый интере́сный — неинтере́сный серьёзный — несерьёзный
2. Что́ вы́ мо́жете сказа́ть о Та́не? Како́й она́ челове́к? У неё е́сть чу́вство ю́мора?	весёлый — невесёлый совреме́нный — несовреме́нный

★ **56.** *Study and learn the following proverbs.*

Не име́й сто́ рубле́й, а име́й сто́ друзе́й.

A hundred friends are worth more than a hundred rubles.

Се́меро одного́ не жду́т.

Seven persons won't wait for one.

«Пётр I говáривал: несчáстья боя́ться — счáстья не видáть».
(А. С. Пу́шкин)

«Говоря́т, что несчáстье хорóшая шкóла. Мóжет бы́ть. Но счáстье éсть лу́чший университéт».
(А. С. Пу́шкин)

"Peter I used to say: to fear adversity is to know no happiness."

"They say that adversity is a good school. Maybe so. But happiness is the best university."

Reading

★ **57.** *Read and translate.*

Note: **Оди́н из студéнтов** нáшей гру́ппы бы́л в Москвé.

Скóро экзáмены

На **однóй из лéкций** по математи́ческому анáлизу студéнты спроси́ли профéссора, каки́е задáчи бу́дут на экзáмене. Профéссор отвéтил: «Задáчи бу́дут интерéсные. **Одну́ из ни́х** сейчáс решáет оди́н профéссор. Éсли óн реши́т э́ту задáчу, тó онá бу́дет у вáс на экзáмене».

★ **58.** (а) *Read and translate. Note the use of* чтó *as a relative pronoun after the word* всё.

Note: **Всé** бы́ли в музéе.
Всё, чтó мы́ уви́дели в музéе, нáм бы́ло интерéсно.

Дворéц в Калу́ге

На землé мнóго знамени́тых городóв. Всé знáют Москву́ и Лóндон, Нью-Йóрк и Венéцию, Бомбéй и Си́дней. Мáленькая Калу́га — тóже знамени́тый гóрод. Здéсь роди́лся отéц космонáвтики К. Э. Циолкóвский[1]. Всéм, ктó приезжáет в Калу́гу, покáзывают дóм К. Э. Циолкóвского, местá, гдé óн рабóтал. 13 января́ 1967 гóда в Калу́ге откры́ли музéй К. Э. Циолкóвского.

---

[1] Tsiolkovsky, Konstantin Eduardovich (1857-1935), famous Russian and Soviet rocket designer and expert, specialist in aeronautics and aerodynamics.

Сейча́с все́, кто́ быва́ет в Калу́ге, посеща́ют э́тот музе́й. Э́то дворе́ц космона́втики. Музе́й на́чали стро́ить в 1961 году́ по́сле полёта пе́рвого космона́вта Земли́ Ю́рия Алексе́евича Гага́рина.

Всё в музе́е Циолко́вского расска́зывает о космона́втике, о созда́нии косми́ческой те́хники.

(b) *Answer the questions.*

1. Каки́е знамени́тые города́ вы́ зна́ете?
2. Почему́ ма́ленькая Калу́га — знамени́тый го́род?
3. Когда́ в Калу́ге откры́ли музе́й К. Э. Циолко́вского?
4. Кто́ посеща́ет э́тот музе́й?
5. Когда́ на́чали стро́ить музе́й?
7. О чём расска́зывает э́тот музе́й?

(c) *Tell the story about the museum in Kaluga in your own words.*

★ **59**. *Answer the questions, using* все *or* всё, *as required by the sense.*

Model: — Кто́ из ва́с бы́л в теа́тре?
         — Все́ бы́ли.

         — Ты́ зна́ешь, что за́втра не бу́дет семина́ра?
         — Да́, я́ уже́ обо всём зна́ю.

1. Кто́ из ва́шей гру́ппы взя́л в библиоте́ке э́тот журна́л?
2. Кто́ до́лжен купи́ть э́ту кни́гу?
3. Вы́ зна́ете, что за́втра у на́с бу́дут го́сти?
4. Она́ тебе́ объясни́ла, где́ мо́жно сде́лать фотоко́пию?
5. Вы́ зна́ете, что за́втра бу́дет семина́р по литерату́ре?
6. Кому́ вы́ сообщи́ли о ле́кции?

60. (a) *Read the following. Note the Russian words for "stop" and "station".*

остано́вка { авто́буса
тролле́йбуса **ста́нция** метро́
трамва́я

Зна́ете ли вы́, что в 1938 году́ маке́т ста́нции метро́ «Маяко́вская» получи́л «Гран-при́» на вы́ставке в Нью-Йо́рке?

(b) *Read aloud.*

остано́вка авто́буса, остано́вка пя́того авто́буса. Где́ нахо́дится остано́вка авто́буса? Где́ нахо́дится остано́вка пя́того авто́буса? Здесь хо́дит второ́й тролле́йбус? Где́ остано́вка шесто́го тролле́йбуса?

Университе́тская [ун'ив'ирс'ит'е́цкъјъ], Маяко́вская [мъјико́фскъјъ], Комсомо́льская [къмсамо́л'скъја]; метро́, ста́нция метро́, ста́нция метро́ «Университе́тская». Где́ нахо́дится ста́нция метро́ «Университе́тская»? Ста́нция метро́ «Маяко́вская» напро́тив. Ста́нция «Комсомо́льская» недалеко́. Ста́нция метро́ «Беля́ево». Ста́нция метро́ «Ю́го-За́падная». Ста́нция метро́ «Октя́брьская».

(c) *Situations.*

Вы хотите узнать, где находится остановка 5 автобуса, 2 троллейбуса, 6 автобуса, 8 автобуса, 9 троллейбуса, 7 трамвая; где находятся станции метро «Университетская», «Маяковская», «Арбатская», «Площадь Революции», «Комсомольская», «Пушкинская», «Юго-Западная», «Беляево».

61. *Answer the questions.*

	на о́строве
	на вы́ставке
Note: г д е́?	на по́чте
	на остано́вке

1. Где́ вы́ купи́ли э́ти ма́рки?
2. Где́ мо́жно уви́деть пе́рвые ру́сские печа́тные кни́ги?
3. Где́ вы́ встре́тили своего́ това́рища?
4. Где́ нахо́дится го́род Коло́мбо?
5. Где́ нахо́дится То́кио?
6. Где́ мо́жно уви́деть большу́ю колле́кцию карти́н?

62. (a) *Read aloud.*

Когда́ я поступи́л в институ́т, / мне́ бы́ло восемна́дцать ле́т.

Когда́ я ко́нчил университе́т, / я уе́хал рабо́тать в Сиби́рь. О́н уе́хал в Сиби́рь, / когда́ ко́нчил университе́т.

(b) *Read and analyze.* Note the use of the verbs of motion.

1. Э́тот студе́нт — москви́ч, а я прие́хала в Москву́ с восто́ка, из Комсомо́льска-на-Аму́ре.
2. Когда́ я жила́ в Комсомо́льске-на-Аму́ре, к на́м из Москвы́ ча́сто приезжа́л э́тот арти́ст.
3. Когда́ я ко́нчу институ́т, я пое́ду рабо́тать на Да́льний Восто́к.
4. Мо́й оте́ц прие́хал на Да́льний Восто́к, когда́ ещё не́ было го́рода Комсомо́льска-на-Аму́ре, не́ было заво́да.
5. Когда́ они́ постро́или го́род и заво́д, они́ не уе́хали, а оста́лись жи́ть и рабо́тать в э́том го́роде.

63. *Read and translate.*

1. — Ве́ра, ты́ не зна́ешь, где́ А́лла? — Она́ пошла́ занима́ться в библиоте́ку.
2. Ро́берт и Джо́н прие́хали в Москву́ изуча́ть ру́сскую литерату́ру.
3. Вчера́ ве́чером они́ ходи́ли в клу́б слу́шать му́зыку.
4. Ле́том Ни́на и Анто́н е́здили отдыха́ть на Украи́ну.
5. — Скажи́те, пожа́луйста, где́ Никола́й? — О́н уе́хал на вокза́л встреча́ть бра́та.
6. Из ра́зных городо́в страны́ прие́хала в Ташке́нт молодёжь стро́ить но́вые дома́, шко́лы, больни́цы.
7. По́сле оконча́ния институ́та Ви́ктор Петро́вич пое́хал рабо́тать на Ура́л.

64. *Vocabulary for Reading. Study the following new words, their forms and usage as illustrated in the sentences on the right. Read each sentence aloud.*

выбира́ть / вы́брать к о г о́ — ч т о́	В ма́рте в СССР выбира́ли наро́дных депута́тов. Ле́том я́ хочу́ пое́хать в го́ры отдыха́ть, но́ не зна́ю, како́й маршру́т вы́брать. — Вы́ уже́ вы́брали кни́гу? — Не́т, ещё выбира́ю.
кандида́т	Кандида́ты в наро́дные депута́ты выступа́ли по ра́дио и по телеви́дению. О кандида́тах писа́ли в газе́тах.
предлага́ть / предложи́ть к о м у́ *inf.*	Студе́нты предложи́ли созда́ть в институ́те Пу́шкинский клу́б. Никола́й предложи́л на́м пое́хать в воскресе́нье в ле́с.
ока́нчивать / око́нчить ч т о	Сове́тский компози́тор Д.Д. Шостако́вич око́нчил Ленингра́дскую консервато́рию. На́дя око́нчила шко́лу в 1989 году́.
уча́ствовать в ч ё м	Студе́нты уча́ствовали в созда́нии но́вых компью́терных програ́мм. В конце́рте уча́ствовали популя́рные ро́к-гру́ппы.

молодёжь

Сове́тская молодёжь акти́вно
уча́ствует в перестро́йке. Совреме́нная
молодёжь лю́бит рок-му́зыку.

проводи́ть / провести́
ч т о: (1. иссле́дования,
экспериме́нты;
2. вре́мя, де́нь,
воскресе́нье, ве́чер)

1. В э́том институ́те провели́
   интере́сный экспериме́нт.
2. В воскресе́нье на́ша семья́ хорошо́
   провела́ вре́мя: мы́ мно́го гуля́ли, а
   ве́чером бы́ли на конце́рте.

самостоя́тельно

Молодёжь хо́чет самостоя́тельно
реша́ть свои́ пробле́мы. Студе́нты
самостоя́тельно провели́ интере́сные
иссле́дования.

65. *Situations.*

Suggest that your friends go to the cinema in the evening, to a concert on Sunday, to the
exhibition of modern art this evening, to Leningrad in the summer, to the forest on Saturday.

Model: — Предлага́ю ва́м ве́чером пойти́ в кино́.
          — Большо́е спаси́бо. Пойду́ с удово́льствием.

66. *Speak about yourself.*

1. Когда́ вы́ око́нчили шко́лу?
2. Когда́ вы́ хоти́те око́нчить университе́т?
3. У ва́с е́сть друзья́?
4. Ка́к их зову́т?
5. Когда́ они́ око́нчили шко́лу?
6. Они́ у́чатся в университе́те?
7. Когда́ они́ хотя́т око́нчить университе́т?

67. *Read and analyze. Note the words with the same root. Translate them.*

самостоя́тельный	самостоя́тельно	самостоя́тельность
акти́вный	акти́вно	акти́вность
ве́жливый	ве́жливо	ве́жливость
совреме́нный	совреме́нно	совреме́нность

68. (a) *Read the text without consulting a dictionary. Find the words* сокращéние, сокращáть *in it. Infer their meanings and then check your guess with the dictionary.*

Кáк должны́ рабóтать студéнты

Сейчáс в институ́тах появи́лась тендéнция сокращéния лекциóнных ку́рсов. Говоря́т: студéнты должны́ бóльше рабóтать самостоя́тельно, должны́ самостоя́тельно изучáть материáл.

Я ду́маю, что э́то не óчень прáвильно. Конéчно, студéнты должны́ бóльше рабóтать самостоя́тельно. Но лекциóнный материáл дóлжен давáть информáцию, котóрую студéнт не мóжет найти́ в учéбниках, в наýчной литератýре, в журнáлах. Нельзя́ сокращáть информáцию о нóвом, прогресси́вном.

И ещё я ду́маю, что в суббóту студéнты не должны́ ходи́ть в институ́т. В суббóту они́ должны́ рабóтать самостоя́тельно, должны́ занимáться в библиотéке, читáть наýчную литератýру.

Я ду́маю, что студéнты бýдут тáк рабóтать. А éсли не бýдут, то экзáмены покáжут э́то. Вóт э́то и бýдет самостоя́тельность на дéле, а не на словáх.

(b) *Read the text once more and say whether you agree with the author of the article or not.*

69. *Read aloud.* (a) *Pronunciation Practice.*

всё [фс'é], всё [фс'ó], встрéча [фстр'éчъ]; выбирáть, выбирáть рéктора; перестрóйка [п'ир'истрójкъ], сейчáс идёт перестрóйка [с'ичáс ыд'óт п'и'р'истрójкъ], демокрáтия [д'имакрáт'ијъ], демокрáтия и перестрóйка, молодёжь [мълад'óш], рабóтать самостоя́тельно [съмъстајáт'ил'нъ], специали́ст [сп'ицыал'и́ст], готóвить специали́стов, давáть хорóшую подготóвку, вы́полнить прогрáмму, вы́брать дирéктора завóда, вы́брать рéктора институ́та, рассказáть о своéй прогрáмме, обсуждáть прогрáмму, учáствовать в обсуждéнии проблéм, учáствовать в решéнии проблéм, искáть нóвое, готóвить хорóших специали́стов.

(b) *Intonation Practice.*

В зáле институ́та[3-4] / собрали́сь акадéмики,[4] / профессорá[4], / студéнты[1]. Они́ выбирáют директорóв завóдов,[4] / рéкторов институ́тов[4] / и университéтов. Кáждый кандидáт выступáет,[4] / расскáзывает о своéй прогрáмме[1]. Учёный совéт обсуждáл прогрáммы,[4] / котóрые предложи́ли кандидáты. Óн говори́т[1]

о то́м, / что молодёжь, / студе́нты / должны́ акти́вно
уча́ствовать в реше́нии все́х вопро́сов. Гла́вное — / на́до всё
вре́мя учи́ться.

70. *Basic Text. Read the text and then do exercises 71-72.*

Кто́ «за́», кто́ «про́тив»?

Что́ тако́е физте́х[1]? Всё о́чень про́сто. Вы́ е́дете на ста́нцию
Долгопру́дная (э́то недалеко́ от Москвы́). Зде́сь нахо́дится
физте́х. Но́ всё и не та́к про́сто. Не та́к про́сто поступи́ть в
физте́х. У студе́нта физте́ха должна́ бы́ть хоро́шая голова́.

А сего́дня в за́ле институ́та собрали́сь акаде́мики[2],
профессора́, студе́нты. Они́ прие́хали в институ́т потому́, что
институ́т выбира́л ре́ктора. Сейча́с в СССР перестро́йка. В
Сове́тском Сою́зе выбира́ют директоро́в заво́дов, ре́кторов
университе́тов и институ́тов. Ка́ждый кандида́т выступа́ет,
расска́зывает о свое́й програ́мме. Его́ спра́шивают, о́н отвеча́ет.
Все́ хотя́т зна́ть, како́й э́то челове́к, ка́к о́н бу́дет рабо́тать.

В физте́хе ре́ктора выбира́л учёный сове́т институ́та. В э́том
учёном сове́те бы́ли и студе́нты. Ка́к обы́чно, ра́зные факульте́ты
институ́та предлага́ли свои́х кандида́тов. Кандида́ты выступа́ли
на учёном сове́те и расска́зывали о свое́й програ́мме. Всё о́чень
внима́тельно и́х слу́шали. Не́сколько часо́в учёный сове́т
обсужда́л програ́ммы, кото́рые предложи́ли кандида́ты. Лю́ди
ду́мали, выступа́ли, спо́рили, говори́ли эмоциона́льно, потому́
что обсужда́ли бу́дущее институ́та.

Учёный сове́т вы́брал Никола́я Васи́льевича Ка́рлова. О́н
учи́лся в МГУ́, до́ктор нау́к[3], профе́ссор, чле́н-корреспонде́нт
Акаде́мии нау́к СССР[4]. Хорошо́ зна́ет физте́х и его́ пробле́мы.
Н.В. Ка́рлов говори́л о демокра́тии и перестро́йке, о пробле́мах
институ́та, о то́м, что молодёжь, студе́нты должны́ акти́вно

---

[1]физте́х (or **МФТИ**), abbreviation for the Moscow Institute of Physics and Technology, one of the leading
Soviet technical colleges. It trains future physicists. The teachers at this college include leading Soviet scientists.
While studying, students actively participate in scientific research in Moscow's main reseach centers.
[2] Academician, a member of the USSR Academy of Sciences, elected at a general meeting of the Academy.
The USSR Academy of Sciences is the highest scientific organization in the Soviet Union. There is an academy
of sciences in every Soviet republic. There are also various academies for certain branches of science, e.g. the
Academy of Medical Science, the Academy of Architecture, the Academy of Pedagogical Science, etc.
[3] In the Soviet Union there are two academic degrees: кандида́т нау́к and до́ктор нау́к.
[4] In the USSR Academy of Sciences there are corresponding members and full members who are elected by
secret ballot during the sessions of the Academy's departments. Only academicians and corresponding
members belonging to the department have the right to vote.

уча́ствовать в реше́нии все́х вопро́сов.

Он сказа́л, что на́до стро́ить но́вые зда́ния институ́та и общежи́тий, улучша́ть рабо́ту библиоте́к, лаборато́рий, клу́бов, стадио́нов, столо́вой. «А вы́ бу́дете ходи́ть в студе́нческую столо́вую?» — спроси́ли его́ на вы́борах. Он отве́тил: «Я и сейча́с всё вре́мя в не́й обе́даю. И столо́вая начала́ рабо́тать немно́го лу́чше».

Н.В. Ка́рлов сказа́л: «Мы́ должны́ учи́ть молодёжь рабо́тать самостоя́тельно, ду́мать самостоя́тельно, нестанда́ртно. Гла́вное — на́до всё вре́мя, всю жи́знь учи́ться, всё вре́мя иска́ть но́вое. Мы́ должны́ гото́вить специали́стов широ́кого про́филя.

Мы́ должны́ дава́ть студе́нтам хоро́шую фундамента́льную подгото́вку и учи́ть и́х проводи́ть иссле́дования в конкре́тной о́бласти».

А че́рез не́сколько ле́т в э́том за́ле опя́ть бу́дет говори́ть ре́ктор, бу́дет отвеча́ть на вопро́с, ка́к о́н вы́полнил свою́ програ́мму.

71. *Find in the text and read the answers to the questions.*

1. Что́ тако́е физте́х?
2. Кто́ собра́лся в за́ле институ́та?
3. Почему́ акаде́мики, профессора́, студе́нты прие́хали в институ́т?
4. Ка́к выбира́ли ре́ктора в физте́хе?
5. Ка́к учёный сове́т обсужда́л кандида́тов?
6. Кого́ вы́брал учёный сове́т физте́ха?
7. Что́ сказа́л Н.В. Ка́рлов о пробле́мах институ́та, о рабо́те студе́нтов?
8. Каки́х специали́стов на́до гото́вить в институ́те?

72. *Find in the text and read the excerpts about (a) Professor N.V. Karlov, (b) his program.*

★ **73.** *Say what Professor N.V. Karlov thinks about the students' participation in solving the Institute's problems.*

★ **74.** *Speak about the program proposed by Professor N.V. Karlov.*

★ **75.** *Discussion. Do you think students should participate in the election of the rector?*

★76. *Situations.*

(1) You have met a Soviet student. Ask him about his institute and about his studies.

(2) Soviet students came to visit your university. Speak with them about your university and your studies.

★77. *Reading Newspapers. Read. Say who was invited by various ministries and editorial boards of youth newspapers and magazines.*

Министры и студенты

Участников Всесоюзного студенческого форума пригласили 47 министерств и ведомств, редакции центральных молодежных газет и журналов. Продолжилось обсуждение проблем, начатое в дискуссионных клубах.

★78. *Reading Newspapers. Say who was interviewed by Pravda's correspondent. In teaching what subjects is perestroika needed?*

Уйти от догматизма

НАШЕ ИНТЕРВЬЮ

Уже несколько лет в Университете дружбы народов проводится большая работа по повышению роли гуманитарных наук, ведутся поиски новых путей формирования мировоззрения студентов. Корреспондент «Правды» попросил рассказать об этом ректора УДН им. Патриса Лумумбы

★79. *Read the following newspaper item.*

Родился...
Юрий Гагарин

Недавно у дочери легендарного космонавта Галины Гагариной родился сын, и назвали его в честь деда Юрием Гагариным. Так что космическая династия Гагариных продолжается.

А. САФОНОВ.

☆ SUPPLEMENTARY MATERIALS

1. (a) *Read the text without consulting a dictionary. Find the words* особый, обучéние, подготóвка, обязáтельный, разрабáтывать, облегчáть. *Infer their meanings and then check your guess with the dictionary.*

Студéнты-индивидуáлы

Валéрий Смирнóв стал кандидáтом технических наýк, когдá емý бы́ло 25 лéт, чéрез 2 гóда пóсле окончáния МАИ[1]. «Óн талáнтливый», — говорили о нём в институ́те. Нó дéло не тóлько в талáнте.

Помоглá осóбая прогрáмма обучéния, котóрая éсть в э́том институ́те. Э́то прогрáмма индивидуáльной подготóвки студéнтов. На пéрвом и вторóм кýрсе выбирáют талáнтливых студéнтов. На трéтьем кýрсе они мóгут занимáться по индивидуáльной прогрáмме. В э́той прогрáмме éсть обязáтельные учéбные предмéты, теоретическая и экспериментáльная рабóта. У э́тих студéнтов — свобóдное посещéние лéкций. Нó у них тáк мáло свобóдного врéмени. Они слýшают лéкции, рабóтают в лаборатóриях, занимáются в библиотéке. Обы́чно э́ти студéнты пи́шут наýчные статьи́, разрабáтывают конкрéтные наýчные проблéмы.

Индивидуáльная прогрáмма не облегчáет жи́знь студéнтов. Нéкоторые студéнты говоря́т, что тáк рабóтать óчень трýдно и хотя́т опя́ть учи́ться по традициóнной прогрáмме.

(b) *Read the text once more and answer the question:*

Кáк вы́ дýмаете, чтó помоглó Валéрию Смирнóву стáть учёным?

VOCABULARY

академик academician
активно actively
анáлиз analysis
бóльше more
бýдущее the future
буты́лка bottle
вéрить / повéрить believe

вернýться *see*
    возвращáться
вкýсный tasty, delicious
возвращáться / вернýться
    return
всé everybody, all
всё everything

встрéча meeting, getting together
* выполня́ть / вы́полнить
    carry out, fulfil
давáй(те) игрáть let us play
* демокрáтия democracy
* десéрт dessert
дирéктор director

---

[1]МАИ — Москóвский авиациóнный институ́т

ждать / подождать wait;
    expect
из out of; from
* исследования *pl.* research
к to, towards
камень rock, stone
кандидат candidate
класть / положить place (in
    a lying position)
конкретный concrete, specific
консультация consultation
* космонавтика
    cosmonautics, astronautics
куда where
лучше better
* макет model
маршрут itinerary, route
математический
    mathematics, mathematical
молодёжь *f.* youth
молодость *f.* youth
* нестандартно in a non-
    standard way
* несчастье adversity
нужен (is) necessary
* область (науки) branch
* облегчать facilitate
обратно back
* обучение education
обязательно *here:* surely
* обязательный obligatory
оканчивать / окончить
    finish, graduate
оставаться / остаться
    remain, stay
от from
откуда from where
оттуда from there
* побежать run
подготовка training
поехать go (by conveyance)
пойти go, set off
посылать / послать send
предлагать / предложить
    propose
приезжать / приехать arrive
    (by conveyance)
приносить / принести
    bring (on foot)
присылать / прислать send
приходить / прийти come,
    arrive (on foot)

проводить / провести
    (время) spend, pass (time)
проводить / провести
    (исследования) carry on
    (research)
продавец salesman, seller
* просто simply
* разрабатывать /
    разработать elaborate,
    work out
разрешать / разрешить
    allow, permit
* ректор rector
с from, off
салат lettuce; salad
самостоятельно on one's own
* семеро seven (together)
скромно modestly
собираться / собраться
    gather together
создание creation
сокращать / сократить cut
    down, reduce
сокращение cutting down,
    reduction
специалист specialist
* специалист широкого
    профиля wide range
    specialist
ставить / поставить place
    (in a standing position)
станция station
стать be
счастье happiness
талантливый talented, gifted
транспорт transport,
    transportation
уезжать / уехать depart (by
    conveyance)
условия *pl.* conditions
уходить / уйти leave (on
    foot)
участвовать participate
* улучшать better
учёный совет Academic
    Council
* фотокопия Photostat (copy)
* фундаментальный
    fundamental
через in, after; across, through
* эмоционально emotionally

Verb Stems:

вери- / *повери-* believe
возвращай-ся / *верну́-ся*
    return
выполняй- / *выполни-* carry
    out, fulfil
жда́- / *подождá-* wait; expect
клад́- / *положи́-* place (in a lying
    position)
облегчай- facilitate
оканчивай- / *окончи-* finish,
    graduate
оставай-ся / *остáн-ся* remain,
    stay
побежáть *irreg.* run
поéхать *irreg.* go (by
    conveyance)
пойти́ *irreg.* go, set off
посылай- / *послá-* (сл/шл')
    send
предлагай- / *предложи́-*
    propose
приезжай- / приéхать *irreg.*
    arrive (by conveyance)
приноси́- / *принёс́-* bring (on
    foot)
присылай- / *прислá-*
    (сл/шл') send
приходи́- / прийти́ *irreg.*
    come, arrive (on foot)
проводи́- / *провёд́-* spend, pass
    (time); carry on (research)
разрабáтывай- /
    разрабóтай- elaborate, work
    out
разрешай- / *разреши́-* allow,
    permit
собирай-ся / *соб/рá-ся* gather
    together
сокращай- / *сократи́-* (т/щ)
    cut down, reduce
стáви- / *постáви-* place (in a
    standing position)
уезжáй- / *уéхать* *irreg.* depart
    (by conveyance)
уходи́- / уйти́ *irreg.* leave (on
    foot)
учáствова- participate
улучшáй- better

Альпини́сты

PRESENTATION AND
PREPARATORY EXERCISES

I
> — Óн **бы́л студе́нтом.**
> К é м ó н с т á л тепéрь?
> — Óн **стáл врачóм.**

▶ **1.** *Listen and repeat; then read and analyze. (See Analysis XIII, 1.0; 1.1; 1.5.)*

Семья́ моего́ бра́та

Э́то семья́ моего́ бра́та. Его́ жена́ Мари́я — тре́нер по гимна́стике. Ра́ньше она́ **была́ гимна́сткой.** Э́то его́ до́чка Áня. Áне се́мь ле́т. В э́том году́ она́ **ста́ла шко́льницей.** Она́ **хо́чет быть учи́тельницей.** А э́то его́ сы́н Кири́лл. Неда́вно Кири́лл **ста́л студе́нтом.** Кири́лл **капита́н** футбо́льной кома́нды. Мо́жет быть, его́ кома́нда **ста́нет чемпио́ном** го́рода.

— А **ке́м бу́дет** Кири́лл, когда́ око́нчит институ́т?
— Че́рез пя́ть ле́т о́н **бу́дет архите́ктором.**

2. (a) *Listen and repeat.*

я ста́ну студе́нтом, ты́ ста́нешь врачо́м, о́н ста́нет архите́ктором, она́ ста́нет учи́тельницей; я бу́ду инжене́ром, о́н бы́л рабо́чим

(b) *Listen and reply.*

Model: — Вы́ хоти́те бы́ть учи́телем?
— Да́, я хочу́ бы́ть учи́телем.

1. Óн бу́дет музыка́нтом?
2. Вы́ хоти́те бы́ть журнали́стом?
3. Тво́й бра́т хо́чет бы́ть врачо́м?
4. Ва́ш сы́н бу́дет строи́телем?
5. Ты́ хо́чешь бы́ть матема́тиком?
6. Óн хо́чет ста́ть фи́зиком?
7. Ва́ша сестра́ ско́ро ста́нет архите́ктором?

3. *Say what they have become.*

Model: Мóй брáт был студéнтом, сейчáс óн инженéр.
         Мóй брáт был студéнтом, <u>сейчáс óн стáл инженéром.</u>

1. Витя был шкóльником, сейчáс óн студéнт.
2. Йра кóнчила институ́т, сейчáс онá учи́тельница.
3. Николáй кóнчил университéт, сейчáс óн археóлог.
4. Сергéй Николáевич рабóтал в газéте, сейчáс óн писáтель.
5. Николáй Петрóвич был учи́телем, сейчáс óн профéссор.
6. Вéре ужé сéмь лéт, онá шкóльница.
7. Ни́на у́чится в университéте, онá студéнтка.

4. *Microdialogues.*

Model: — Николáй у́чится на физи́ческом факультéте.
         — <u>А кéм óн бу́дет?</u>
         — <u>Óн бу́дет фи́зиком.</u>

1. Вáля у́чится в архитекту́рном институ́те.
2. Дми́трий у́чится в строи́тельном институ́те.
3. Йра у́чится на филологи́ческом факультéте.
4. Михаи́л у́чится в медици́нском институ́те.
5. Бори́с у́чится в хими́ческом институ́те.
6. Андрéй у́чится на геологи́ческом факультéте МГУ.
7. Ни́на у́чится в экономи́ческом институ́те.
8. Тóм у́чится на факультéте психолóгии.
9. Бэ́тси у́чится на филосóфском факультéте.

II   Студéнты **разговáривали с профéссором.**

▶ **5.** *Listen and repeat; then read and analyze. (See Analysis XIII, 1.3; 1.6; 1.7.)*

— Сергéй, **с кéм** ты ходи́л вчерá в кинó?
— **С Йрой Белóвой.**
— Я́ **с нéй** не знакóм.
— Éсли хóчешь, могу́ познакóмить тебя́ **с нéй.** Йра у́чится в
   университéте. Онá хорóшая спортсмéнка, шахмати́стка.

6. *Fill in the blanks. (See Analysis XIII, 1.6.)*

1. Я хорошо́ зна́ю Ви́ктора, я учи́лся ... в Москве́.
2. Моя́ ма́ма хорошо́ зна́ет ру́сский язы́к, я разгова́риваю ... по-ру́сски.
3. Оле́г зна́ет Ни́ну, он познако́мился ... ле́том на пра́ктике.
4. А́нна приезжа́ла к на́м в воскресе́нье, она́ ходи́ла ... в теа́тр.
5. За́втра я да́м тебе́ э́ту кни́гу, мы встре́тимся ... в университе́те.
6. Вы ста́ли хоро́шим шахмати́стом, я о́чень люблю́ игра́ть в ша́хматы ... .
7. Ви́ктор и Анто́н — хоро́шие спортсме́ны, мы игра́ли ... в баскетбо́л.

7. *Dialogues.*

1. Вы и́щете това́рища.

Model: — Кого́ ты и́щешь?
         — Ты не ви́дел Никола́я?
         — Я с ни́м разгова́ривал ча́с наза́д.
         — А где́ о́н сейча́с?
         — О́н пошёл в буфе́т с Андре́ем.

2. Вы хоти́те узна́ть.

Model: — Ты зна́ешь О́лю Орло́ву?
         — Да́, зна́ю.
         — А где́ ты с не́й познако́мился?
         — У на́с в клу́бе. Она́ приходи́ла туда́ с И́рой.

Его́ бра́т бы́л **знамени́тым футболи́стом.**

▶ **8.** *Read and analyze. (See Analysis XIII, 1.6)*

Ле́том мы е́здили **с на́шим преподава́телем** в Сове́тский Сою́з. Мы бы́ли в Москве́ и в Ленингра́де. В Москве́ мы познако́мились **с сове́тским студе́нтом.** Его́ зову́т Андре́й. О́н фи́зик, у́чится в Моско́вском университе́те. Мы говори́ли с Андре́ем по-ру́сски. Андре́й познако́мил на́с с Москво́й, **с Моско́вским университе́том.** О́н ходи́л с на́ми в теа́тры, в музе́и, расска́зывал на́м о своём родно́м го́роде, о его́ исто́рии. Андре́й хоро́ший спортсме́н. О́н игра́ет в те́ннис.

9. (a) *Listen and repeat.*

познакомиться, советский студент, познакомиться с советским студентом, познакомиться с новым преподавателем, руководитель, научный руководитель, разговаривать с научным руководителем, стать знаменитым спортсменом, играть со знаменитой футбольной командой.

(b) *Listen and reply in the affirmative.*

Model: — Вы познакомились с новым музеем?
— <u>Да, мы познакомились с новым музеем</u> .

1. Ваша сестра стала хорошей спортсменкой?
2. Вы ездили на практику со своим преподавателем?
3. Вы разговаривали со своим научным руководителем?
4. Вы разговаривали с моей женой?
5. Вы уже познакомились со своим новым профессором?

10. *Give additional information.*

Model: Я знаю твоего брата и твою сестру, <u>потому что я учился с твоим братом и твоей сестрой</u> .

1. Мой брат знает твою сестру.
2. Я знаю этого студента и эту студентку.
3. Мы знаем этого артиста и эту артистку.
4. Мой брат знает эту девушку и этого молодого человека.
5. Мой друг Олег хорошо знает вашу дочку и вашего сына.

11. *Say what they are now.*

Model: Раньше я не знал профессора Комарова, сейчас он мой научный руководитель.
Раньше я не знал профессора Комарова, а сейчас он <u>стал моим научным руководителем</u> .

1. Раньше я не знал Сергея, сейчас он мой товарищ.
2. Антон Петрович работал в лаборатории, сейчас он наш профессор.
3. Ирина учится на нашем факультете, она моя подруга.
4. Сергей Николаевич раньше работал на заводе, сейчас он знаменитый писатель.
5. Виктор Петров учился в нашем университете, сейчас он хороший артист.

6. Пётр Сергéевич рабóтал в нáшем инститýте, сейчáс óн спортúвный журналúст.

7. Ирúна знаменúтая спортсмéнка, онá чемпиóнка странý.

8. Нúна учúлась в нáшей шкóле, сейчáс онá знаменúтая артúстка.

★**12.** *Name the capitals of the following countries:* СССР, Итáлия, Фрáнция, Канáда, Австрáлия, Úндия.

Model: Столúцей США являéтся Вашингтóн.

13. *Make up sentences incorporating the following names of cities and the adjectives given below.*

Cities: Ленингрáд, Кúев, Нью-Йóрк, Чикáго, Гáмбург, Торóнто, Канбéрра, Лóндон, Дéли

Adjectives: промýшленный, крýпный, культýрный, наýчный

Model: Новосибúрск являéтся крýпным промýшленным цéнтром.

14. *Speak about yourself.*

1. С кéм вмéсте вý учúлись в шкóле?
2. С кéм вý éздили отдыхáть?
3. С кéм вý познакóмились лéтом?
4. С кéм вý поéдете в Совéтский Союз?
5. С кéм вý обýчно разговáриваете по-рýсски?
6. С кéм вý любите игрáть в шáхматы?
7. С кéм вý обýчно игрáете в волейбóл, в баскетбóл, в футбóл?
8. С кéм вý ходúли вчерá в теáтр?
9. С кéм вý обýчно хóдите на стадиóн?
10. С кéм вý познакóмились в спортúвном клýбе?

III Óн занимáется спóртом.

▶ **15.** *Listen and repeat; then read and analyze. (See Analysis XIII, 1.4.)*

— Чтó вý читáете?

— Журнáл «Физкультýра и спóрт». Здéсь интерéсная статья о бóксе.

— Вý боксёр?

— Нéт, я **занимáюсь гимнáстикой.**

— А кто́ **руководи́т ва́шей спорти́вной се́кцией?**

— **На́шей се́кцией руководи́т** Ви́ктор Петро́вич Кузнецо́в. А вы́ то́же спортсме́н?

— Не́т, я́ то́лько **интересу́юсь спо́ртом.**

16. (a) *Listen and repeat.*

я́ занима́юсь бо́ксом; Че́м ты́ занима́ешься?

гимна́стика, занима́ться гимна́стикой; О́н занима́ется гимна́стикой.

руководи́ть, я́ руковожу́ спорти́вной се́кцией; Кто́ руководи́т ва́шим семина́ром?

(b) *Listen and reply in the affirmative.*

Model: — Вы́ занима́етесь гимна́стикой?

         — Да́, я́ занима́юсь гимна́стикой.

1. Ва́ш сы́н занима́ется му́зыкой?
2. Вы́ интересу́етесь совреме́нной архитекту́рой?
3. Профе́ссор Петро́в руководи́т семина́ром по литерату́ре?
4. Ва́ш дру́г интересу́ется спо́ртом?
5. Вы́ занима́етесь ру́сским языко́м?
6. Вы́ занима́етесь ру́сской литерату́рой девятна́дцатого ве́ка?

17. *Somebody asks you a question. Answer it.*

Model: — Почему́ вы́ реши́ли ста́ть био́логом?

         — Я́ реши́л ста́ть био́логом, потому́ что я́ интересу́юсь биоло́гией .

1. Почему́ вы́ реши́ли ста́ть гео́графом?
2. Почему́ вы́ поступи́ли на хими́ческий факульте́т?
3. Почему́ ва́ш дру́г чита́ет кни́ги по иску́сству?
4. Почему́ ва́ша сестра́ та́к ча́сто хо́дит в теа́тр?
5. Почему́ о́н вчера́ ушёл с ле́кции по археоло́гии?
6. Почему́ вы́ не хо́дите на семина́ры по исто́рии му́зыки?
7. Почему́ вы́ посла́ли бра́ту кни́ги по исто́рии теа́тра?

Model: — Вы́ спортсме́н?

         — Да́, я́ занима́юсь спо́ртом .

1. Ва́ш дру́г — хи́мик?
2. Ва́ш бра́т — музыка́нт?
3. Ва́ш това́рищ — архео́лог?
4. Почему́ вы́ та́к мно́го чита́ете по исто́рии?
5. Почему́ вы́ чита́ете литерату́ру о Петре́ I?
6. Ва́ша сестра́ — спортсме́нка?
7. Вы́ гимна́ст?
8. Ва́ш дру́г — боксёр?

Model: — Руководи́тель ва́шего семина́ра — профе́ссор
          Поляко́в?
          — Да́, профе́ссор Поляко́в руководи́т на́шим семина́ром.

1. Руководи́тель ва́шего кружка́ — профе́ссор Со́мов?
2. Руководи́тель наро́дного теа́тра — арти́ст Кулико́в?
3. Руководи́тель спорти́вной се́кции — тре́нер Козло́в?
4. Кто́ руководи́тель э́того институ́та?

18. *Speak about yourself.*

1. Вы́ лю́бите спо́рт? Че́м вы́ занима́етесь?
2. Вы́ ча́сто быва́ете в музе́ях? Че́м вы́ интересу́етесь?
3. Че́м вы́ интересова́лись в шко́ле?
4. Че́м вы́ занима́етесь в свобо́дное вре́мя?

19. *Translate.*

My friend Sergei Belov did not formerly care for sports, but last year a new coach came to our club. He was a famous boxer, a world champion, and his name was Boris Lavrov. He became the leader of the boxing section of our club and boxing became a popular sport in our institute. Sergei Belov began to train with the new coach. Soon he became a good boxer and this year he has already become the champion of our institute.

★ **20.** *Read the text and retell it in your own words. What do you know about the teaching of Russian in the United States?*

Ру́сский язы́к в США

Америка́нцы говоря́т, что ру́сский язы́к в США на́чали изуча́ть в 1896 году́ в Га́рвардском университе́те. Но и ра́ньше ру́сский язы́к был одни́м из изве́стных иностра́нных языко́в в США.

изве́стный popular

В 1781 году́ Джо́н Куи́нси А́дамс, бу́дущий шесто́й президе́нт США, на́чал занима́ться ру́сским языко́м.

бу́дущий future

Одни́м из пе́рвых преподава́телей ру́сского языка́ был Ле́о Ви́нер, оте́ц созда́теля кибернетики Но́рберта Ви́нера. Ле́о Ви́нер со́здал антоло́гию произведе́ний ру́сских писа́телей. Он перевёл собра́ние сочине́ний Льва́ Толсто́го (22 то́ма). Всё э́то помогло́ америка́нцам познако́миться с ру́сской литерату́рой. Немно́го по́зже ру́сский язы́к

киберне́тика cybernetics
антоло́гия anthology
произведе́ние work
собра́ние сочине́ний
collected works
то́м volume

на́чали изуча́ть в университе́тах Бе́ркли и Чика́го.

В 1939 году́ ру́сский язы́к изуча́ли в 19 ко́лледжах. Сейча́с в 500 (пятиста́х) университе́тах и ко́лледжах США изуча́ют ру́сский язы́к.

★ Я́ купи́л оди́н журна́л дру́гу, а друго́й — **себе́.**

▶ ★ **21.** *Listen and repeat; then read and analyze. (See Analysis XIII, 4.0.).*

— Тебе́ ну́жен уче́бник по хи́мии?
— Не́т, я́ уже́ купи́л **себе́** уче́бник.
— Ве́ра, да́й, пожа́луйста, твою́ тетра́дь по англи́йскому языку́.
— Я́ не ношу́ все́ тетра́ди **с собо́й.**

★ **22.** *Supply the appropriate form of the reflexive pronoun* себя́.

1. Ри́та мно́го расска́зывала о свое́й семье́ и о ... .
2. Пётр не ве́рит, что о́н мо́жет хорошо́ учи́ться. О́н пло́хо зна́ет ... .
3. Вчера́ о́н бы́л у на́с, а сего́дня пригласи́л на́с к ... .
4. О́н пи́шет в свои́х кни́гах о вре́мени и о ... .
5. О́н купи́л кни́гу бра́ту и ша́хматы ... .

Мне́ **нра́вится** э́та кни́га.
Бале́т **ко́нчился** по́здно ве́чером.

▶ **23.** *Read and analyze. (See Analysis XIII, 2.0; 2.1; 2.2; 3.0.)*

Че́м они́ интересу́ются?

— Вы́ хорошо́ зна́ете студе́нтов ва́шей гру́ппы. Скажи́те, **че́м** они́ **интересу́ются?**

— У ка́ждого студе́нта своё хо́бби. Вади́м **интересу́ется архитекту́рой. Ему́ нра́вятся** совреме́нные зда́ния. Михаи́л и Алексе́й — спортсме́ны. Михаи́л **занима́ется тури́змом.** Зимо́й о́н трениру́ется, хо́дит на лы́жах. Алексе́й — хоккеи́ст. Мы́ ча́сто хо́дим на трениро́вки и на хокке́йные ма́тчи, когда́ игра́ет Алексе́й.

Ле́на **интересу́ется экономи́ческой геогра́фией.** Она́ хо́чет ста́ть экономи́стом. Э́то о́чень хоро́шая специа́льность.

24. (a) *Listen and repeat.*

нра́виться. Мне́ нра́вится конце́рт;

интересова́ться [ин'т'ир'исава́ццъ], я́ интересу́юсь бале́том, о́н интересу́ется о́перой;

удивля́ться, я́ удивля́юсь, о́н удивля́ется;

ко́нчиться. Когда́ ко́нчится уро́к?

нача́ться. Когда́ начнётся фи́льм?

гото́виться. Я́ гото́влюсь к экза́мену. О́н гото́вится к докла́ду.

учи́ться. — Где́ у́чится ва́ш бра́т? — О́н у́чится в университе́те. — А вы́? — Я́ учу́сь в шко́ле.

(b) *Listen and reply in the affirmative.*

Model: — Ва́м нра́вится совреме́нная архитекту́ра?
        — Да́, мне́ нра́вится совреме́нная архитекту́ра.

1. Ва́м понра́вился но́вый фи́льм?
2. Экза́мен уже́ начался́?
3. Вы́ интересу́етесь бале́том?
4. Вы́ занима́етесь спо́ртом?
5. Ва́м нра́вится ходи́ть на лы́жах?
6. Вы́ гото́витесь к экза́мену?
7. Ва́ш бра́т у́чится?
8. Уро́к уже́ ко́нчился?

25. *Somebody asks you a question. Answer it, paying particular attention to the choice of case after the verbs in -ся.*

(a)1. Где́ вы́ у́читесь?
  2. Че́м вы́ интересу́етесь?
  3. Вы́ занима́етесь спо́ртом?
  4. Э́то журна́л «Тури́зм в СССР». Вы́ интересу́етесь тури́змом?

(b)1. Ва́м нра́вится футбо́л?

  2. Вы́ бы́ли на футбо́льном ма́тче. Ва́м понра́вилось, ка́к игра́ли футболи́сты?

26. *Fill in the blanks with the proper verbs. Note that the verbs* нача́ть — ко́нчить *and* нача́ться — ко́нчиться *are used in different situations.*

нача́ть — ко́нчить

1. Анто́н ... писа́ть курсову́ю рабо́ту в декабре́, а ... писа́ть её в ма́е.
2. Ге́нри хо́чет говори́ть по-ру́сски. Он ... изуча́ть ру́сский язы́к.
3. Андре́й хорошо́ игра́ет в ша́хматы. Он ... игра́ть, когда́ бы́л ма́леньким.
4. — Ма́ма, мо́жно я пойду́ гуля́ть, я уже́ ... гото́вить уро́ки.
   — Е́сли ... гото́вить уро́ки, то мо́жно.
5. — Ви́ктор, ка́к твоя́ кни́га? Ты́ ... её писа́ть? — Не́т, ещё не ... .
6. Бори́с Ива́нович ... рабо́тать в 9 часо́в, а ... в 6 часо́в.

нача́ться — ко́нчиться

1. — Скажи́те, пожа́луйста, когда́ ... фи́льм? — В 7 часо́в. — А когда́ ...? — В 8.30.
2. Вы́ не зна́ете, когда́ ... спекта́кль? — В 7 часо́в. — А когда́ ...? — В 10.30.
3. В университе́те заня́тия ... обы́чно в 9 часо́в.
4. Мы́ опозда́ли и пришли́ в теа́тр, когда́ спекта́кль уже́ ... .
5. — Что́ зде́сь бу́дет? — Зде́сь бу́дут стро́ить до́м. — А когда́ ... строи́тельство? — Ду́маю, что ско́ро.
6. — Серёжа, когда́ сего́дня ... заня́тия? — В 2 часа́.

27. *Supply the required verb.*

конча́ть / ко́нчить, конча́ться / ко́нчиться

1. Мо́й дру́г ... писа́ть курсову́ю рабо́ту.
2. О́тдых ..., на́до рабо́тать.
3. Зима́ ..., ста́ло тепло́.
4. Я́ ... чита́ть кни́гу по́здно ве́чером.
5. Оле́г ... писа́ть сво́й докла́д.
6. Обы́чно заня́тия у на́с ... по́здно, а сего́дня ... ра́но.

начина́ть / нача́ть, начина́ться / нача́ться

1. В СССР шко́льники ... учи́ться в сентябре́.
2. Футболи́сты ... тренирова́ться в ма́е, а на́ши трениро́вки ... в апре́ле.
3. В Варша́ве ... свою́ рабо́ту конфере́нция преподава́телей ру́сского языка́.
4. Они́ пришли́ на стадио́н, когда́ хокке́йный ма́тч уже́ ... .
5. Весна́ у на́с ... в ма́рте, а ле́то ... в ию́не.
6. Строи́тельство стадио́на ... в э́том году́.

28. *Now Let's Talk. Give additional information.*

Model: В ма́рте у на́с бу́дет конце́рт.
            Мы́ гото́вимся к конце́рту.

1. За́втра у на́с семина́р.
2. Ско́ро у на́с начну́тся экза́мены.
3. За́втра Анто́н выступа́ет с докла́дом.
4. Ско́ро Но́вый го́д.
5. В суббо́ту у на́с ве́чер.
6. В сре́ду у на́с ва́жный футбо́льный ма́тч.
7. Че́рез неде́лю у на́с бу́дет ле́кция о совреме́нном иску́сстве.
8. Че́рез два́ дня́ у на́с в клу́бе бу́дет встре́ча с журнали́стом из Инди́и.

в- (во-)	Ле́на **вошла́** в кла́сс и сказа́ла: «Здра́вствуйте».
вы-	В се́мь часо́в о́н **вы́**шел из до́ма и пошёл на ста́нцию.

29. *Listen and repeat; then read and analyze.*

У врача́

— До́ктор, разреши́те **войти́.**
— Да́, **входи́те,** пожа́луйста.

В метро́

— Молодо́й челове́к, здесь нельзя́ **выходи́ть:** здесь вхо́д, а вы́ход во́н та́м.
— Извини́те, я́ не ви́дел.

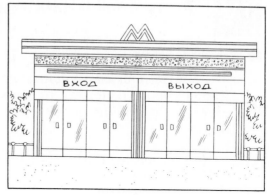

30. *Listen and repeat.*

входи́ть, я́ вхожу́, входи́, входи́те, выходи́ть, ты́ выхо́дишь, о́н то́же выхо́дит, выходи́, выходи́те; Вы́ выхо́дите? Вы́ выхо́дите сейча́с? — Вы́ выхо́дите на Пу́шкинской пло́щади? — Да́, выхожу́. Не́т, я́ не́ выхожу́ на Пу́шкинской пло́щади. Это ты́, Оле́г? Входи́, пожа́луйста.

войти́, вы́йти, я́ вы́йду; Сейча́с ты́ вы́йдешь на у́лице Че́хова, о́н то́же та́м вы́йдет.

Мо́жно войти́? Мо́жно вы́йти? Разреши́те войти́. Разреши́те вы́йти.

— Зде́сь вхо́д? — Не́т, зде́сь вы́ход. — А где́ вхо́д? — Вхо́д та́м.

— Э́то вы́ход? — Не́т, зде́сь не́т вы́хода.

31. *Situations. Use the verbs* вы́йти, прийти́, войти́, уйти́.

Model: О́льга Петро́вна, разреши́те (мне́) вы́йти из кла́сса. У меня́ боли́т голова́.

(1) You are late for the lesson and want to enter the classroom.

(2) You were taken ill and must leave before the end of the lesson.

(3) You want to look at the books your friend has bought. Ask his permission to come to his place.

(4) You are not feeling well and must leave the classroom (for a short time).

 IV   **Пого́да была́ плоха́я, поэ́тому мы́ не пое́хали на мо́ре.**

32. *Read and analyze.*

Учи́тель сказа́л ученика́м: «До́ма напиши́те о футбо́ле». Когда́ ученики́ принесли́ тетра́ди, учи́тель откры́л одну́ из тетра́дей и прочита́л: «Вчера́ шёл до́ждь, **поэ́тому футбо́ла не́ было**».

▶ **33.** (a) *Listen and repeat. (See Analysis, Phonetics, 3.75.)*

Вчера́ шёл до́ждь, / поэ́тому футбо́ла не́ было.

Вчера́ шёл до́ждь, / поэ́тому футбо́ла не́ было.

Оле́г забы́л биле́ты до́ма, / поэ́тому о́н опозда́л.

Оле́г забы́л биле́ты до́ма, / поэ́тому о́н опозда́л.

На́ш профе́ссор бо́лен, / поэ́тому ле́кции не́ было.

На́ш профе́ссор бо́лен, / поэ́тому ле́кции не́ было.

(b) *Now read the sentences aloud with the correct intonation.*

Бы́ло о́чень хо́лодно, поэ́тому мы́ пое́хали на авто́бусе. Я́ люблю́ му́зыку, поэ́тому я́ ча́сто хожу́ на конце́рты. Мне́ о́чень нра́вится ру́сская литерату́ра XIX ве́ка, поэ́тому я́ изуча́ю ру́сский язы́к.

34. *Change the sentences, as in the model.*

Model: Ви́ктор опозда́л на рабо́ту, потому́ что о́н шёл пешко́м.
<u>Ви́ктор шёл пешко́м, поэ́тому о́н опозда́л на рабо́ту.</u>

1. Журнали́ст Петро́в хорошо́ зна́ет Фра́нцию, потому́ что о́н до́лго жи́л в э́той стране́.
2. Никола́й ча́сто хо́дит в истори́ческие музе́и, потому́ что о́н интересу́ется исто́рией своего́ наро́да.
3. Ни́на помога́ет Джо́ну де́лать уро́ки по ру́сскому языку́, потому́ что Джо́н не по́нял объясне́ние преподава́теля.
4. Бра́т чита́ет журна́л «Теа́тр», потому́ что о́н интересу́ется теа́тром.
5. О́ля не была́ на заня́тиях, потому́ что она́ была́ больна́.
6. Анто́н не выступа́л на семина́ре, потому́ что его́ докла́д не́ был гото́в.
7. Мы́ не пошли́ гуля́ть, потому́ что бы́ло хо́лодно.

35. *Microdialogues.*

Model: — Вы́ хорошо́ зна́ете Ки́ев?
— Не́т, не о́чень. <u>Я́ бы́л в Ки́еве оди́н ра́з, поэ́тому я́ пло́хо зна́ю го́род.</u>

1. Вы́ хорошо́ зна́ете Кана́ду?
2. Вы́ хорошо́ зна́ете А́нглию?
3. Вы́ хорошо́ зна́ете Вашингто́н?
4. Вы́ хорошо́ зна́ете Ленингра́д?
5. Вы́ хорошо́ зна́ете Чика́го?
6. Вы́ хорошо́ зна́ете Эрмита́ж?
7. Вы́ ча́сто хо́дите на конце́рты совреме́нной му́зыки?

CONVERSATION

I. Invitation to Join a Current or Contemplated Action.

— Мы́ идём на конце́рт. **Вы́ не хоти́те пойти́ с на́ми?**
— Спаси́бо. С удово́льствием.
— За́втра мы́ пое́дем в Росто́в. **Вы́ не хоти́те пое́хать с на́ми?**
— Спаси́бо, но у меня́ за́втра заня́тия.

36. *Listen and repeat.*

Хоти́те пойти́ в теа́тр? Не хоти́те пойти́ на конце́рт? Вы́ не хоти́те пойти́ на конце́рт? Вы́ не хоти́те пойти́ на конце́рт совреме́нной му́зыки? Спаси́бо. Большо́е спаси́бо. С удово́льствием. Спаси́бо, с удово́льствием. Спаси́бо, не могу́. К сожале́нию, не могу́. Спаси́бо, к сожале́нию, я́ не могу́.

37. *Situation.*

Invite your friend to a concert, the theater, the circus, a restaurant, a snackbar.

Model: — Вы́ не хоти́те пойти́ в кино́?
— Спаси́бо, с удово́льствием. (— Спаси́бо, но́ сего́дня я́ не могу́.)

38. *Microdialogues.*

Model: — Вы́ идёте в буфе́т?
— Да́. Вы́ не хоти́те пойти́ с на́ми? (со мно́й?)
— Спаси́бо. С удово́льствием.

1. Вы́ идёте в столо́вую? 4. Вы́ е́дете в ле́с?
2. Вы́ идёте в кино́? 5. Вы́ е́дете в па́рк?
3. Вы́ идёте в ци́рк? 6. Вы́ идёте в клу́б?

39. *Microdialogues.*

Model: — В воскресе́нье мы́ хоти́м пое́хать за́ город. Ты́ хо́чешь пое́хать с на́ми? (Пое́дем с на́ми.)
— Спаси́бо. С удово́льствием.

1. Мы́ хоти́м пое́хать на острова́.
2. За́втра мы́ хоти́м пое́хать в го́ры.
3. В суббо́ту мы́ пое́дем в ле́с.
4. Че́рез неде́лю мы́ пое́дем в Ленингра́д.

Model: — Мы́ хоти́м пойти́ в музе́й. Éсли хо́чешь, пойдём с на́ми.

             — Спаси́бо, но сего́дня я́ не могу́: я́ до́лжен переводи́ть статью́.

1. Ве́чером мы́ пойдём к друзья́м в общежи́тие.
2. Сего́дня мы́ идём обе́дать в рестора́н.
3. Мы́ реши́ли пойти́ посмотре́ть ма́тч.
4. Мы́ хоти́м пойти́ к одному́ знако́мому журнали́сту.

Model: — Куда́ вы́ идёте?

             — Мы́ идём в кино́.

             — Мо́жно я́ пойду́ с ва́ми?

             — Пожа́луйста. Мы́ бу́дем ра́ды.

1. Мы́ идём в ци́рк.
2. Мы́ идём в па́рк.

3. Мы́ идём в спортклу́б.
4. Мы́ е́дем к на́шему учи́телю.

II. Public Transportation

Вы́ сейча́с выхо́дите?	Are you getting off now?
На како́й остано́вке вы́ выхо́дите?	What stop are you getting off at?
Кака́я сле́дующая остано́вка?	What is the next stop?
Скажи́те, когда́ мне́ (на́до) выходи́ть?	Will you tell me when I should get off, please?
Я́ выхожу́ на сле́дующей остано́вке.	I'm getting off at the next stop.
Я́ выхожу́ на Тверско́й у́лице.	I'm getting off at Tverskaya Street.
Я́ выхожу́ у Большо́го теа́тра.	I'm getting off at the Bolshoi Theater.

40. (a) *Listen, repeat and read.*

В авто́бусе

— Вы́ выхо́дите на сле́дующей остано́вке?
— А кака́я сле́дующая?
— Пло́щадь Револю́ции.
— Выхожу́.

(b) *Listen and repeat.*

сле́дующая остано́вка, на сле́дующей остано́вке; Вы́ выхо́дите?
Вы́ выхо́дите на сле́дующей? Вы́ выхо́дите на сле́дующей
остано́вке?

Кака́я сле́дующая остано́вка? Кака́я сле́дующая? Сле́дующая остано́вка — пло́щадь Пу́шкина. Сле́дующая остано́вка — / пло́щадь Гага́рина. Сле́дующая остано́вка — / пло́щадь Мая́ко́вского.

(c) *Situations.*

1. You have to get off at Tverskaya Street, the Arbat, Pushkin Square, Gagarin Square.

2. You have to get off at the Bolshoi Theater, the Museum of the Revolution, the restaurant, the Intourist Hotel.

41. (a) *Listen, repeat and read.*

В метро́

— Извини́те, пожа́луйста. Я́ е́ду на Ленингра́дский вокза́л. Скажи́те, на како́й ста́нции мне́ на́до выходи́ть?
— Ва́м на́до выходи́ть на ста́нции «Комсомо́льская».
— Спаси́бо. Е́сли ва́м не тру́дно, скажи́те, когда́ бу́дет э́та ста́нция.
— Хорошо́.

(b) *Situations.*

1. You are unfamiliar with the city and need to get to the train station, the port, a hotel, the university, the city center.

2. You have bought theater tickets, but don't know where the theater is. Find out where the theater is located, what bus goes there, where the stop for that bus is. On the bus ask where you should get off. Ask someone to let you know when you should get off.

III. How could I get to...?

Ка́к дое́хать до це́нтра?	How do I get to the city center?
До це́нтра мо́жно дое́хать на метро́, на авто́бусе.	You can get to the center by subway or by bus.
Где́ мне́ на́до сде́лать переса́дку?	Where shall I change?
Переса́дку на́до сде́лать на ста́нции «Че́ховская».	You should change at the station *Chekhovskaya.*

42. (a) *Basic Dialogue. Listen, repeat and read.*

— Извини́те, пожа́луйста, ка́к дое́хать до Большо́го теа́тра?
— До Большо́го теа́тра мо́жно дое́хать на метро́. Снача́ла на́до е́хать до ста́нции «Па́рк культу́ры», пото́м на́до сде́лать

пересáдку и éхать до стáнции «Проспéкт Мáркса».
— Большóе спасúбо.

(b) *Situation.*

You are in the subway. Ask how to get to the station you need.

(c) Show on the map your route

if you are at the ...
station.

1) «Беля́ево»
2) «Проспéкт Мáркса»
3) «Спортúвная»
4) «Краснопрéсненская»

if you are to go as far
as ... station.

1) «ВДНХ»
2) «Ю́го-Зáпадная»
3) «Пýшкинская»
4) «Октя́брьская»

IV. Sport

Вы занима́етесь спо́ртом?	Do you participate in sports?
ходи́ть на лы́жах	to ski
ката́ться на конька́х	to skate
Я не уме́ю ката́ться на конька́х.	I don't know how to skate.
учи́ться / научи́ться ката́ться	to learn how to skate
уча́ствовать в соревнова́ниях	to take part in competitions
вид спо́рта	a sport

43. *Listen and repeat.*

лы́жи, на лы́жах, ката́ться на лы́жах, коньки́, на конька́х, ката́ться на конька́х; Я ката́юсь на лы́жах. Он ката́ется на конька́х. Она́ у́чится ката́ться на лы́жах.

уча́ствовать [уча́ствъвът'], соревнова́ния [сър'ивнава́н'ијъ], уча́ствовать в соревнова́ниях, я не уча́ствую в соревнова́ниях. Он то́же не уча́ствует в э́тих соревнова́ниях.

44. *Speak about yourself.*[1]

Вы хо́дите на лы́жах?
Вы хорошо́ хо́дите на лы́жах?
Где́ вы научи́лись ходи́ть на лы́жах?
Когда́ вы научи́лись ходи́ть на лы́жах?

Вы ката́етесь на конька́х?
Вы лю́бите ката́ться на конька́х?
Вы давно́ научи́лись ката́ться на конька́х?
Вы ча́сто ката́етесь на конька́х?
Вы лю́бите смотре́ть, как ката́ются на конька́х?
Вы лю́бите фигу́рное ката́ние?
Вы зна́ете имена́ чемпио́нов по фигу́рному ката́нию?

---

[1]Students may choose any sport they like.

Вы́ е́здите на велосипе́де?
Вы́ хорошо́ е́здите на велосипе́де?
Вы́ бы́стро е́здите? Вы́ уча́ствовали в
соревнова́ниях по велосипе́дному спо́рту?
Вы́ вы́играли и́ли проигра́ли? Вы́ лю́бите
смотре́ть соревнова́ния?

Вы́ игра́ете в волейбо́л?
С ке́м вы́ обы́чно игра́ете в волейбо́л?
У ва́с хоро́шая волейбо́льная кома́нда?
А кто́ капита́н ва́шей кома́нды?
Когда́ у ва́с бу́дут соревнова́ния?
Вы́ бу́дете уча́ствовать в ни́х?

★ **45.** *Speak about yourself.*

1. Каки́е соревнова́ния вы́ лю́бите смотре́ть?
2. Каки́м ви́дом спо́рта занима́етесь вы́ и ва́ши друзья́?
3. В каки́х соревнова́ниях уча́ствовали вы́ и ва́ши друзья́?
4. В ва́шем университе́те е́сть спортза́л?
5. В э́том спорти́вном за́ле быва́ют соревнова́ния по фигу́рному ката́нию?
6. Каки́е соревнова́ния быва́ют в э́том спортза́ле?

пла́вание
лы́жи
бо́кс
велосипе́дный спо́рт
гимна́стика
ша́хматы

V. Team Sports

футбо́льный ма́тч	soccer match
встре́ча по волейбо́лу	volleyball meet
Кто́ с ке́м игра́ет?	Who is playing against whom?
Како́й счёт?	What is the score?
С каки́м счётом ко́нчилась игра́?	What was the final score?
За каку́ю кома́нду вы́ боле́ете?	What team are you rooting for?
Что́ с тобо́й?	What is the matter with you?
Что́ случи́лось?	What happened?
Кто́ вы́играл?	Who won?
Кто́ проигра́л?	Who lost?

46. (a) *Basic Dialogue. Listen and then read.*

Пе́ред ма́тчем

— Оле́г, мне́ на́до поговори́ть с тобо́й. Ты́ сейча́с свобо́ден?

— Извини́, Юра, я́ спешу́ на стадио́н: сего́дня футбо́льный ма́тч. Э́то о́чень ва́жная для на́с игра́.

— Ты́ игра́ешь сего́дня?

— Не́т, я́ то́лько боле́ю за свою́ кома́нду, за «Спарта́к»[1].

— А с ке́м игра́ет сего́дня «Спарта́к»?

— С «Дина́мо». Ты́ не хо́чешь пойти́ с на́ми?

— А когда́ начина́ется ма́тч?

— Че́рез пятна́дцать мину́т.

— К сожале́нию, я́ не могу́: у меня́ трениро́вка.

— Тогда́ дава́й встре́тимся за́втра и обо всём поговори́м.

— Хорошо́. Пока́.

— Пока́.

(b) *Answer the questions.*

Почему́ Оле́г не мо́г в э́то вре́мя поговори́ть с Ю́рой? Како́й ма́тч бы́л сего́дня? Кто́ с ке́м игра́л? За каку́ю кома́нду боле́л Оле́г? Оле́г пригласи́л Ю́ру пойти́ с ни́ми на стадио́н? Почему́ Ю́ра не пошёл на стадио́н? Когда́ они́ встре́тятся?

(c) *Dramatize the dialogue.*

(d) *Situations.*

1. You meet Tanya and want to discuss the seminar with her. Tanya is in a hurry to go to the stadium. There is going to be a volleyball game there. She invites you to join her.

2. You meet Victor. You want to talk to him about the New Year's party. Victor is in a hurry because he is on his way to a basketball game.

47. (a) *Basic Dialogue. Listen and then read.*

По́сле ма́тча

— Оле́г, что́ с тобо́й? Что́ случи́лось?

— Ничего́ осо́бенного. Я́ бы́л на футбо́ле.

— Тебе́ понра́вилась игра́?

— Игра́ понра́вилась. Мне́ не понра́вилось, что вы́играла кома́нда «Дина́мо», а «Спарта́к» проигра́л. Футболи́сты «Спартака́» та́к хорошо́ игра́ли!

— А с каки́м счётом ко́нчилась игра́?

---

[1] "Spartak" and "Dynamo" are the names of two popular Soviet sports clubs.

— 3 : 0 (три — ноль).

— Большой счёт. Ну ничего, через неделю будет ещё игра, и тогда всё будет в порядке.

(b) *Answer the questions.*

Где был Олег? Олег был весёлый, когда шёл с футбола? Почему вы думаете, что он был невесёлый? Игра понравилась Олегу? Как играла команда «Спартак»? Что не понравилось Олегу? С каким счётом кончилась игра? Когда будет следующая игра?

(c) *Dramatize the dialogue.*

(d) *Situations.*

1. You meet some girls you know. They are returning from the stadium where they have been playing volleyball.

2. Your friend is very upset because he played basketball and his team lost. Ask him how it happened.

3. Your friend was absent from the seminar and you think he is ill. Ask him what happened to him.

48. *You want to go to a sport competition. Read the advertisements in the newspapers.*

Скажите, куда вы хотите пойти? Какие это соревнования? Когда они будут? Где они будут? Какие команды будут играть? Когда начало соревнований?

★ **49**. *Read and retell in your own words.*

Семейные разговоры

— Ты не думаешь обо мне, — говорит жена. — Ты думаешь только о футболе. Мне кажется, что ты даже не помнишь, когда была наша свадьба.

свадьба wedding

— Ну что ты, конечно, помню. Это было тогда, когда «Спартак» выиграл у «Динамо» со счётом 2:1.

— Что ты говоришь жене, когда поздно приходишь домой?

— Я говорю ей: «Добрый вечер, дорогая», а дальше говорит только она...

дорогая dear

★ **50**. *Answer the questions.*

1. Какие матчи были у вас на городском стадионе в воскресенье?
2. Кто с кем играл?
3. Вам понравилась эта встреча?
4. Как играла ваша команда?
5. Кто выиграл в этой встрече?
6. Какой был счёт?

★ **51**. *Situations.*

(1) Discuss recent sports events with a friend who has been out of town.

(2) You meet a friend with a bandaged head, arm and leg. He played soccer for the first time in his life. Ask him what happened to him.

★ **52**. *Speak about Pavlik Chudakov.*

Павлик Чудаков и лыжный спорт

Лыжи — это моё хобби.

Кататься на лыжах — это такое удовольствие!

Когда занимаешься лыжным спортом, чувствуешь себя очень хорошо.

Па́влик Чудако́в на охо́те

— Кака́я у́тка!
— А почему́ зде́сь ци́фры 2.25?
— Э́то я́ написа́л ча́с и мину́ты, когда́ я́ уби́л её.

охо́та hunt
у́тка duck
уби́ть kill

★ **53.** *Say what you see. Use the words* одна́жды…, вдру́г… .

Во́т что́ случи́лось одна́жды

Опя́ть телеви́зор не рабо́тает.

— Мне́ сказа́ли, что вы́ боле́ете…
— Да́, я́ боле́ю за на́шу кома́нду.

READING

▶ **54.** (a) *Read and analyze. (See Analysis XIII, 1.3.)*

Note:	г д é?	**Пéред гости́ницей** нахо́дится па́рк.
		Над го́родом лета́ют самолёты.
		Под за́лом нахо́дится бассе́йн.

Стадио́н в Лужника́х

Стадио́н им. В.И. Лéнина — центра́льный стадио́н Москвы́. Óн нахо́дится на берегу́ Москвы́-реки́. На друго́м берегу́ реки́ **пéред стадио́ном** — Лéнинские го́ры. Здéсь нахо́дится Моско́вский университéт. Стадио́н в Лужника́х — э́то центра́льная спорти́вная арéна, Дворéц спо́рта, бассéйн. **Над бассéйном** нахо́дятся спорти́вные за́лы. **Под спорти́вной арéной** нахо́дится музéй, кинотеáтр «Рекóрд» и спорти́вные за́лы.

(b) *Read aloud, pronouncing each phrase as a single unit.*

пéред дóмом [п'ир'иддóмъм], пéред институ́том [п'ир'идынст'иту́тъм], пéред стадио́ном [п'ир'итстъд'иóнъм], над дóмом [наддóмъм], под дóмом [паддóмъм], над столóм [нътсталóм], под столóм [пътсталóм].

(c) *Answer the questions.*

1. Где́ нахо́дится Стадио́н и́мени В.И. Ле́нина?
2. Где́ нахо́дится МГУ?
3. Где́ на стадио́не нахо́дятся спорти́вные за́лы?
4. Где́ нахо́дится кинотеа́тр «Реко́рд»?

▶ ★ **55.** (a) *Read and analyze. (See Analysis XIII, 1.3.)*

Note: к а́ к?   Э́тот спекта́кль идёт **с антра́ктом.**
Э́тот спекта́кль идёт **без антра́кта.**

1. Студе́нты **с трудо́м** перевели́ э́ту статью́.
2. Э́то лёгкое упражне́ние, студе́нты переведу́т его́ **без труда́.**
3. Мы лю́бим слу́шать его́ расска́зы. Он всегда́ говори́т интере́сно, **с ю́мором.**
4. Он говори́л серьёзно, **без ю́мора.**
5. Он **с удово́льствием** занима́ется му́зыкой.

(b) *Read aloud.*

С трудо́м, без труда́ [б'иструда́], с ю́мором [сjу́мъръм], без ю́мора [б'изjу́мъръ], с удово́льствием.

★ **56.** *Disagree with each assertion, as in the model.*

Model: — Э́тот спекта́кль идёт без антра́кта.
— Не́т, с антра́ктом.

1. Хо́р бу́дет пе́ть без орке́стра.
2. Я́ ду́маю, что Ро́берт без труда́ переведёт э́ту статью́.
3. Джо́н о́чень серьёзный челове́к, о́н всегда́ говори́т без ю́мора.

★ **57.** (a) *Read and translate.*

Note: к о г д а́? **В де́тстве** о́н жи́л на Украи́не.

Пе́рвые олимпи́йские чемпио́ны

Впервы́е спорти́вные та́нцы на льду́ появи́лись в програ́мме Олимпиа́ды в 1976 году́. Пе́рвые олимпи́йские чемпио́ны в э́том ви́де спо́рта — сове́тские спортсме́ны Людми́ла Пахо́мова и Алекса́ндр Горшко́в.

Сла́ва не сра́зу пришла́ к ни́м. Людми́ла Пахо́мова увлека́лась фигу́рным ката́нием ещё **в де́тстве.** Тогда́ в Сове́тском Сою́зе ещё то́лько начина́ли занима́ться спорти́вными та́нцами.

В 1966 году́ Людми́ла Пахо́мова начала́ выступа́ть вме́сте с Алекса́ндром Горшко́вым. О молоды́х спортсме́нах сра́зу заговори́ли. Людми́ла и Алекса́ндр мно́го рабо́тали, создава́ли сло́жные та́нцы, иска́ли но́вые движе́ния, иска́ли сво́й сти́ль. В и́х та́нцах е́сть не то́лько высо́кая те́хника. В ни́х е́сть му́зыка, красота́, чу́вство. «В та́нцах должна́ бы́ть жи́знь», — говори́ла Людми́ла Пахо́мова. Они́ со́здали но́вый сти́ль в спорти́вных та́нцах, а пото́м боро́лись за э́тот сти́ль. Боро́лись и победи́ли. Успе́х пришёл к ни́м. Ше́сть ра́з они́ бы́ли чемпио́нами ми́ра и Евро́пы, а в 1976 году́ ста́ли пе́рвыми олимпи́йскими чемпио́нами в спорти́вных та́нцах на льду́.

★ (b) *Answer the questions.*

1. Когда́ спорти́вные та́нцы на льду́ появи́лись в програ́мме Олимпиа́ды?
2. Кто́ бы́л пе́рвым Олимпи́йским чемпио́ном в э́том ви́де спо́рта?
3. Когда́ Людми́ла Пахо́мова начала́ занима́ться спорти́вными та́нцами?
4. Когда́ Людми́ла и Алекса́ндр Горшко́в ста́ли олимпи́йскими чемпио́нами?

★ 58. *Speak about yourself.*

1. Где́ вы́ жи́ли в де́тстве?
2. Че́м вы́ интересова́лись в де́тстве?
3. В де́тстве вы́ занима́лись спо́ртом?
4. Каки́м ви́дом спо́рта вы́ занима́лись в де́тстве?
5. Вы́ занима́лись в де́тстве му́зыкой?

▶ 59. *Read and analyze. (See Analysis XIII, 1.7.)*

В на́шем институ́те о́чень лю́бят спо́рт. У на́с е́сть шахмати́сты, гимна́сты, футболи́сты. Сейча́с я познако́млю ва́с с ни́ми. Снача́ла я познако́млю ва́с **с Ири́ной Смирно́вой.** Она́ о́чень хорошо́ игра́ет в ша́хматы. На́ши мужчи́ны не лю́бят игра́ть с не́й, потому́ что и́м тру́дно победи́ть **Ири́ну Смирно́ву.** В про́шлом году́ **Ири́на Смирно́ва** ста́ла ма́стером спо́рта.

А э́то **Андре́й Петро́в.** Ра́ньше о́н учи́лся в на́шем институ́те, а сейча́с ста́л знамени́тым футболи́стом. **Об Андре́е Петро́ве** ча́сто пи́шут в газе́тах. Портре́ты **Андре́я Петро́ва** мо́жно уви́деть в журна́лах. **Андре́й Петро́в** — чемпио́н СССР. Ве́чером мы́ встре́тимся **с Андре́ем Петро́вым** на стадио́не. Та́м бу́дут выступа́ть на́ши футболи́сты.

60. *Vocabulary for Reading. Study the following new words and their usage as illustrated in the sentences on the right. Read each sentence aloud.*

боле́ть ч е́ м	В де́тстве она́ ча́сто боле́ла.
	Неда́вно Ро́берт боле́л гри́ппом.
ве́рить / пове́рить к о м у́—ч е м у́ / *subordinate clause*	1. О́н всегда́ ве́рил своему́ отцу́. Я ве́рю ва́м. Я зна́ю, что вы́ говори́те пра́вду.
	2. Ма́тч бы́л тру́дным, но спортсме́ны ве́рили, что они́ победя́т.

побежда́ть / победи́ть к о г о́—ч т о́	Деви́з олимпи́йского движе́ния: «Гла́вное — не побежда́ть, гла́вное — уча́ствовать». В после́днем хокке́йном ма́тче «Спарта́к» победи́л «Дина́мо».
знако́мить / познако́мить к о г о́, с к е́ м—ч е́ м	— На́дя, кто́ э́то? — Это на́ш но́вый инжене́р. — Познако́мь меня́ с ни́м, пожа́луйста. Вчера́ меня́ познако́мили с одни́м молоды́м худо́жником.
идти́	1. О́н идёт в шко́лу. Она́ идёт о́чень бы́стро. 2. По реке́ иду́т корабли́. По у́лице иду́т маши́ны, авто́бусы. 3. Часы́ иду́т хорошо́. 4. Вре́мя идёт бы́стро. Моя́ рабо́та идёт хорошо́. В СССР везде́ идёт строи́тельство. 5. Сего́дня в теа́тре идёт пье́са А.П. Че́хова «Дя́дя Ва́ня». В э́том теа́тре идёт бале́т «А́нна Каре́нина». — Како́й фи́льм идёт у на́с сего́дня? — «На золото́м пруду́».

61. *Situation.*

Suppose you have just returned from a sports match. Give your impressions of the match, using the verbs ве́рить / пове́рить, побежда́ть / победи́ть.

62. *How would you find out in Russian which team had won in a sports competition?*

63. *How would you ask a friend or acquaintance in Russian to introduce you to: a new student, a young woman, a famous artist, a young artist, a new engineer, Professor Sergeyev, Doctor Ivanov, Nina's brother. Use the verbs* знако́миться / познако́миться.

64. *Vocabulary for Reading. Study the following new words and their usage as illustrated in the sentences on the right. Read each sentence aloud.*

чужо́й	В э́той кни́ге а́втор собра́л биогра́фии знамени́тых спортсме́нов. Для рабо́ты о́н испо́льзовал свои́ и чужи́е воспомина́ния. В де́тстве она́ жила́ в чужо́й семье́.
споко́йно	Говори́те, пожа́луйста, споко́йно. Я ва́с пло́хо понима́ю.

65. *Situation. Describe a person you know, using the adjectives* прекра́сный, си́льный, краси́вый, некраси́вый, прия́тный, неприя́тный, весёлый, гру́стный, серьёзный, несерьёзный, симпати́чный, несимпати́чный.

66. (a) *Read aloud.*

Сего́дня си́льный ве́тер.

Сего́дня идёт до́ждь.

Сего́дня идёт сне́г.

(b) *Speak about the weather.*

Model: — Кака́я сего́дня пого́да?
  — Холо́дная, с ве́тром (без ве́тра).

Model: Сего́дня така́я хоро́шая пого́да!

67. (a) *Read these words denoting relations:* ба́бушка, де́душка, му́ж, жена́, па́па, ма́ма, сы́н, до́чка.

(b) *Tell who these people are.*

Model: Это Ви́ктор Миха́йлович. Ви́ктор Миха́йлович — сын Миха́йла Петро́вича.

Ве́ра Ива́новна и Михаи́л Петро́вич, Ви́ктор Миха́йлович и Ни́на Серге́евна, Ле́на и Бори́с.

(c) *Tell about your family.*

68. (a) *Give the names of these sports.*

★ (b) *Speak about yourself.*

Say what sports your friends participate in. What sport do you like? What sport do you participate in? What (else) would you like to take up?

★ **69**. *Situation.*

You are talking with a Soviet student. Find out what sport he is active in now, what sports he participated in as a child, what sport the students of his institute participate in.

70. *Note the suffix -ист(ка),* denoting a person engaged in the sport designated by the noun to which it is added.

волейбо́л — волейболи́ст — волейболи́стка
баскетбо́л — баскетболи́ст — баскетболи́стка
ша́хматы — шахмати́ст — шахмати́стка

71. (a) *Read without consulting a dictionary.*

Спорти́вная семья́

В на́шей семье́ все́ спортсме́ны. Мо́й оте́ц — хоккеи́ст, о́н чемпио́н Евро́пы, ми́ра, олимпи́йский чемпио́н. Сейча́с о́н уже́ не игра́ет в хокке́й. Он рабо́тает тре́нером. Моя́ ма́ма — альпини́стка. Она́ и сейча́с занима́ется альпини́змом, ча́сто хо́дит в го́ры. В на́шей семье́ три́ бра́та и сестра́. Мо́й ста́рший бра́т — футболи́ст, второ́й бра́т — гимна́ст и шахмати́ст, а я́ ещё ду́маю, каки́м ви́дом спо́рта заня́ться. Я́ хочу́ бы́ть волейболи́стом и́ли баскетболи́стом. А моя́ сестра́ — фигури́стка. И все́ мы́ тури́сты. Мы́ о́чень лю́бим ходи́ть и мно́го хо́дим.

(b) *Answer the questions.*

1. Каки́ми ви́дами спо́рта занима́ется э́та семья́?
2. Каки́м ви́дом спо́рта занима́ются оте́ц и ма́ма?
3. Каки́м ви́дом спо́рта занима́ются сыновья́?
4. Каки́м ви́дом спо́рта занима́ется сестра́?

72. *Read and analyze the related words. Translate the words.*

спо́рт	тре́нер	волейбо́л
спортсме́н	тренирова́ться	волейболи́ст
спортсме́нка	трениро́вка	волейболи́стка
спорти́вный		волейбо́льный
те́ннис	ша́хматы	гимна́стика
тенниси́ст	шахмати́ст	гимна́ст
тенниси́стка	шахмати́стка	гимна́стка
те́ннисный	ша́хматный	гимнасти́ческий

73. (a) *Read the text.*

Ка́к стано́вятся спортсме́нами?

Ка́к лю́ди начина́ют занима́ться спо́ртом? Ка́к они́ стано́вятся спортсме́нами? Кто́ помога́ет и́м в э́том? Семья́ и́ли шко́ла? Кни́ги и́ли фи́льмы? Э́ту пробле́му изуча́л оди́н учёный из Баку́. Те́, кто отвеча́л на его́ анке́ту, написа́ли, что ста́ть спортсме́нами и́м помога́ли кни́ги, фи́льмы, роди́тели. Большинство́ люде́й (77,2%) отве́тило, что любо́вь к спо́рту воспита́ли в ни́х переда́чи по ра́дио и по телеви́зору, спорти́вные газе́ты и журна́лы. И то́лько 5,3% отве́тило, что в э́том помогли́ и́м роди́тели.

(b) *Answer the questions.*

1. Вы́ уже́ на́чали занима́ться спо́ртом?
2. Когда́ вы́ на́чали занима́ться спо́ртом?
3. Почему́ вы́ на́чали занима́ться спо́ртом?
4. Кто́ помо́г ва́м нача́ть занима́ться спо́ртом?

★ (c) *Retell the text in your own words.*

★**74.** (a) *Read the text through without consulting a dictionary.*

Студе́нты отдыха́ют

Ко́нчились экза́мены, начали́сь студе́нческие кани́кулы. Институ́тские спортклу́бы организова́ли интере́сный и весёлый о́тдых для студе́нтов-спортсме́нов.

На́ши корреспонде́нты расска́зывают о то́м, ка́к прово́дят кани́кулы студе́нты Москвы́, Ленингра́да и други́х городо́в.

Москва́. В суббо́ту гру́ппа лы́жников моско́вских институ́тов вы́ехала в Звени́город. Баскетболи́сты МЭИ[1] пе́рвого февраля́ жду́т в го́сти болга́рских студе́нтов. Волейболи́сты э́того институ́та встре́тятся с кома́ндой Льво́вского медици́нского институ́та.

Ленингра́д. Студе́нческий спортла́герь бу́дущих го́рных инжене́ров нахо́дится недалеко́ от Ленингра́да. Здесь всегда́ е́сть сне́г, е́сли да́же в Ленингра́де зимо́й тепло́. Шестьдеся́т студе́нтов Ленингра́дского го́рного институ́та прие́хали в сво́й

---

[1] МЭИ (*abbr. for* Моско́вский энергети́ческий институ́т), Moscow Power Institute.

спортлáгерь. У нúх бýдет интерéсная и большáя прогрáмма: днём лы́жи и конькú, вéчером шáхматы, настóльный тéннис. У всéх бýдет актúвный óтдых. Нáчали свои восхождéния альпинúсты, ушлú грýппы турúстов. Альпинúсты уéхали в Тянь-Шáнь и на Кавкáз. Турúсты институ́та поéхали в Карпáты.

Мúнск. В Мúнском радиотехнúческом институ́те мнóго студéнтов занимáется турúзмом. Однá грýппа уéхала в Карпáты, другáя собирáется на Урáл. В спортлáгере, котóрый нахóдится недалекó от Мúнска, тренúруются хоккеúсты, лы́жники. А баскетболúсты институ́та встрéтятся с комáндой из Кúева.

(b) *Answer the questions.*

1. О студéнтах какúх городóв расскáзывают корреспондéнты газéты?
2. Ктó вы́ехал на спортбáзу в Звенúгород?
3. Какúе студéнты должны́ приéхать пéрвого февраля́ в МЭЙ?
4. С кéм встрéтятся баскетболúсты МЭИ?
5. Гдé нахóдится спортлáгерь Ленингрáдского гóрного институ́та?
6. Какúм вúдом спóрта бýдут занимáться студéнты э́того институ́та в спортлáгере?
7. Кудá уéхали альпинúсты и турúсты э́того институ́та?
8. Какúм вúдом спóрта занимáются студéнты Мúнского радиотехнúческого институ́та?
9. Кудá уéхали турúсты э́того институ́та?

(c) *Find in the text and translate (without consulting a dictionary) these words and phrases:* грýппа, капитáн, актúвный, спортлáгерь, гóрный инженéр, настóльный тéннис, канúкулы. *Consult a dictionary to check your translations.*

(d) *Reread the text, then give a brief summary in Russian.*

★**75.** *Compose and write down a brief conversation (in Russian) between yourself and a Soviet student in which you discuss each other's winter vacations.*

76. *Listen and repeat.*

(a) Корреспондéнт, плáвание, тренирóвка, тренировáться, восхождéние, новичкú, мастерáми, подготóвка, обморóзились; бы́ли здорóвыми и сúльными; познакóмились с альпинúстами; нáчали тренировáться; пéрвое восхождéние, сáмые слóжные восхожде́ния, ста́ли мастера́ми спо́рта; почти́ без подгото́вки; знамени́тые альпини́сты; занима́ются альпини́змом, ма́стер спо́рта по альпини́зму, рискова́ть жи́знью; спо́рт интеллектуа́лов; интере́сно для молодёжи; сле́дующие четы́ре го́да.

(b) Мои́ това́рищи бы́ли здоро́выми и си́льными, / а я́ бы́л о́чень сла́бым. Для альпини́ста са́мое ва́жное не си́ла, / не высо́кая те́хника, / а све́тлая голова́.

Альпини́ст, е́сли о́н хо́чет победи́ть, / всегда́ до́лжен ду́мать, / находи́ть бы́стрые и пра́вильные реше́ния. Мне́ ка́жется, что когда́ та́к говоря́т, / ду́мают о ри́ске.

77. *Basic Text. Read the text and then do exercises 78-81.*

Отве́ты альпини́ста

На́ш корреспонде́нт побыва́л у альпини́ста Вита́лия Абала́кова[1].

— Вита́лий Миха́йлович, расскажи́те, ка́к вы́ начина́ли?

— В де́тстве я́ о́чень мно́го боле́л. Мои́ това́рищи бы́ли здоро́выми и си́льными, а я́ бы́л о́чень сла́бым. Я́ занима́лся гимна́стикой, лы́жами, конька́ми, пла́ванием, волейбо́лом, тури́змом. И всё без успе́ха. Мы́ жи́ли в Сиби́ри, недалеко́ от знамени́тых Столбо́в[2]. Одна́жды мы́ с бра́том познако́мились с альпини́стами и на́чали тренирова́ться вме́сте с ни́ми. Пе́рвое на́ше восхожде́ние бы́ло на Кавка́зе. Мы́ — я́, бра́т Евге́ний и моя́ неве́ста Ва́ля — сра́зу ста́ли мастера́ми спо́рта. Сле́дующие четы́ре го́да бы́ли года́ми больши́х успе́хов и сла́вы. Мы́ бы́ли мо́лоды и ду́мали: всё мо́жем. И то́лько по́сле восхожде́ния на Хан-Те́нгри[3], когда́ поги́б оди́н на́ш това́рищ, я́ по́нял, что для альпини́ста са́мое ва́жное не си́ла, не высо́кая те́хника, а све́тлая голова́.

— Ка́к э́то случи́лось?

— Мы́ бы́ли мо́лоды и сильны́. На́чали восхожде́ние почти́

---

[1]Vitaly Mikhailovich Abalakov, Honored Master of Sports of the USSR, holder of many records of the USSR, gifted engineer, inventor of over 100 various devices and instruments used in sports.
[2]The Pillars of Krasnoyarsk, sheer cliffs in the Krasnoyarsk territory, which challenge expert mountain-climbers.
[3]Khan-Tengri, the highest peak in the Tien Shan mountain range, 6,995 m. (22,950 ft.) high.

без подготовки. И вдруг ветер, снег. Мы обморозились. Мне ампутировали часть стопы и семь пальцев на руках. Мне было тогда только тридцать лет, а я стал инвалидом. Врач сказал мне: «Об альпинизме забудьте. Занимайтесь наукой». Я не хотел этому верить. Я не мог жить без гор. Я смог вернуться в горы только через девять лет.

— Что вам дал альпинизм?

— Альпинизм дал мне интересную жизнь, помог победить болезнь. Все мои самые сложные восхождения были уже после Хан-Тенгри. После Хан-Тенгри и операции я не болел и сейчас я без труда могу идти на лыжах пятьдесят километров и больше.

— Говорят, что некоторые знаменитые альпинисты не любят, когда их дети занимаются альпинизмом. Они не разрешают им заниматься альпинизмом.

— Я много ходил в горы с братом, с невестой, которая потом стала моей женой. И дети ходили с нами. Мне кажется, что, когда так говорят, думают о риске. Но альпинизм не бывает без риска. А риск бывает разный. Нельзя рисковать жизнью, и для этого мы долго готовимся. Для этого есть голова.

Я рад, что наша семья такая спортивная. Много лет мы ходили в горы вместе с женой. Она тоже мастер спорта. Сын Олег — мастер спорта по альпинизму. Дочка — горнолыжница. Зимой, осенью и весной у нас тренировки: лыжи, бег, гимнастика. Каждое восхождение — это экзамен.

— Что вам нравится в альпинизме?

— Говорят, что альпинизм — спорт интеллектуалов. И это правильно. Альпинист, если он хочет победить, всегда должен думать, находить быстрые и правильные решения. Почти все альпинисты — прекрасные люди. Эгоист не может быть альпинистом.

И потом горы. Это такая красота... Белые горы, а ты над ними. Не каждый человек может всё это увидеть.

— Что вам хотелось сделать и чего вы не сделали в вашей жизни?

— Мне очень хотелось побывать на Эвересте. Думаю, что это сделает мой сын или внук.

— Вы думаете, ваш внук тоже станет альпинистом?

— Не знаю. Он должен быть здоровым и больше времени проводить на лыжах, а не перед телевизором.

— Вы против телевизора?

— Нет, я против того, что люди весь день сидят перед телевизором и смотрят на то, что делают другие, и у них нет времени для чтения, занятий спортом, для активной жизни.

— Кака́я рабо́та у ва́с сейча́с?

— Пишу́ кни́гу об альпини́стах и о своём вре́мени.

78. *Answer the questions.*

1. Каки́м бы́л Вита́лий Абала́ков в де́тстве?
2. Каки́ми ви́дами спо́рта о́н начина́л занима́ться в де́тстве?
3. Где́ бы́ло его́ пе́рвое восхожде́ние?
4. Что́ случи́лось во вре́мя восхожде́ния на Хан-Те́нгри?
5. Что́ да́л Абала́кову альпини́зм?
6. Каки́м ви́дом спо́рта занима́ется жена́ Абала́кова, его́ сы́н и до́чь?
7. Каки́м до́лжен бы́ть альпини́ст?

79. *Tell in Russian: how Vitaly Abalakov became a mountain-climber; what you know about his family; why people climb mountains.*

80. *Answer the questions and give reasons for your answers.*

1. Ва́м нра́вится альпини́зм?
2. Вы́ хоти́те занима́ться альпини́змом?
3. В ва́шей стране́ занима́ются альпини́змом?

★ **81.** *Tell (in Russian) about Vitaly Abalakov.*

★ **82.** *Situation.*

Suppose you are interviewing a famous sportsman (sportswoman), what questions would you ask?

★ **83.** *Tell about a leading sportsman (sportswoman) in your own country.*

★ **84.** *Discussion Topics. Express your opinion about the assertions:*

1. Спо́рт даёт челове́ку мно́го но́вого: но́вых това́рищей, но́вые си́лы, но́вые чу́вства.
2. Реко́рды олимпи́йских чемпио́нов у́чат люде́й бы́ть си́льными, у́чат побежда́ть.
3. Что́ тако́е спо́рт? — Спо́рт — э́то игра́? Спо́рт — э́то рабо́та? Спо́рт — э́то иску́сство?

★ **85.** *Tell (in Russian) about these people. Make up their biographies.*

★ 86. *Express your opinion.*

Какие люди вам нравятся, какие не нравятся? Как вы думаете, что самое важное в человеке?

87. *Speak about yourself.*

Как вы проводите свободное время? Чем вы занимаетесь? Чем интересуетесь?

88. *Discussion Topic:* Свободное время современного человека.

1. Как современный человек должен отдыхать?
2. Что такое активный отдых?
3. Помогает ли телевизор современному человеку? Вы знаете людей, которые не смотрят телевизор? Вы их понимаете?

★ **89**. *Reading Newspapers.*

(a) *Read the headlines taken from the newspaper* Sportivnaya Moskva. *Would you like to read the articles?*

В НОМЕРЕ:

Вузовский спорт — это дело серьезное.

3-я стр.

Восхождение на третью вершину мира — Канченджангу — еще одна памятная страница в летописи покорения советскими альпинистами восьми- тысячников Гималаев.

8-я стр.

(b) *Read this article. Find the following information.*

Первый советско-американский матч по атлетизму

В Ленинграде завершился первый матч СССР — США по атлетизму. В команде США участвовали абсолютные чемпионки страны 1988 года Д. Херндон, Л. Бьюдри, Д. Дэннис, «Мистер Универс» Л. Фрейтаз, П. Гюлламз. Наша команда представлялась чемпионами и призерами страны в этом пока молодом для нас виде спорта.

В соревнованиях, оформленных как музыкальное шоу, участвовали лучшие эстрадные ансамбли, хореографические коллективы, солисты и артисты Ленинграда.

● Выступления атлетов СССР и США.

Фото А. Медведникова.

1. Какóй э́то бы́л мáтч?
2. Спортсмéны каки́х стрáн учáствовали в нём?
3. Каки́е спортсмéны бы́ли в комáнде СШÁ?
4. Где́ бы́л мáтч?

VOCABULARY

акти́вный active
* анке́та questionnaire
* антра́кт intermission
альпини́зм mountain climbing
альпини́ст(ка) mountain climber
* ампути́ровать amputate
* аре́на arena
баскетболи́ст(ка) basketball player
бассе́йн swimming pool
бе́г running, race
бе́з without
* биогра́фия biography
бо́кс boxing
боксёр boxer
боле́знь f. illness
боле́ть be ill; root (for), support
бу́дущий future
вдру́г suddenly
ве́тер wind
ви́д kind
волейболи́ст(ка) volleyball player
воспи́тывать / воспита́ть educate, bring up
* восхожде́ние ascent
* вслу́х aloud
вхо́д entrance, entry
входи́ть / войти́ enter
выи́грывать / вы́играть win
вы́ход exit
выходи́ть / вы́йти go out, leave
* герои́зм heroism
гимна́ст(ка) gymnast
гимна́стика gymnastics
гото́виться / подгото́виться prepare (for)
гру́ппа group
да́же even
движе́ние movement
до́ждь rain
дое́хать p. reach (by conveyance)
дорого́й dear

занима́ться imp. participate in
идти́ imp.: до́ждь идёт it is raining
* инвали́д invalid
* интеллектуа́л intellectual
интересова́ться be interested
кани́кулы vacation
капита́н captain
ката́ться imp. roll; ride (by conveyance)
киломе́тр kilometer
ко́лледж college
конча́ть(ся) / ко́нчить(ся) end
коньки́ skates
кру́пный large
лёд, льда́ ice
лы́жи skis
* лы́жница skier
* любо́вь f. love
ма́стер спо́рта Master of Sports
ма́тч match, competition
на́д above
* насто́льный те́ннис table tennis
начина́ть(ся) / нача́ть(ся) begin
неве́ста bride
не́который some
* непого́да bad weather
* новичо́к novice
* обморо́зиться be frost-bitten
* олимпиа́да Olympic Games
* олимпи́йский Olympic
орке́стр orchestra
основа́тель founder
* па́лец finger, toe
пе́ред before, in front of
переда́ча broadcast
пла́вание swimming
побе́да victory
побежда́ть / победи́ть win, conquer
поговори́ть p. have a talk
по́д under, below
поэ́тому therefore

пра́вда truth
президе́нт president
преподава́тель instructor
прои́грывать / проигра́ть lose (a game)
про́тив against
разгово́р conversation
разреша́ть / разреши́ть permit
* ри́ск risk
* рискова́ть imp. risk
родно́й own, kindred
руководи́ть imp. lead, direct
све́тлый bright
себя́ oneself
се́кция section
си́ла strength
си́льный strong
сла́бый weak
сла́ва glory
сле́дующий following
* случи́ться p. happen, occur
сне́г snow
соревнова́ние competition
специа́льность f. specialty, speciality, occupation
спо́рт sport(s)
спорти́вный sport(s), athletic
* спортла́герь athletic camp
спортсме́н(-ка) athlete
сра́зу at once
ста́ть p. become
* сти́ль style
* стопа́ foot
* счёт score
та́нец dance
тре́нер coach, trainer
тренирова́ться imp. train
трениро́вка training
тру́д labor, work
увлека́ться / увле́чься enjoy
удово́льствие: с удово́льствием with pleasure
уме́ть be able to
успе́х success
учи́тельница teacher

учи́ться / научи́ться + *inf.* learn

фигури́ст(ка) figure skater

* фигу́рное ката́ние figure skating

физкульту́ра physical education

футболи́ст soccer player

футбо́льный soccer

* хо́бби hobby

хоккеи́ст hockey player

хокке́й hockey

хокке́йный hockey

хо́р choir; chorus

чужо́й someone else's, another

шахмати́ст(-ка) chess player

шко́льница high school student

* эго́ист egoist, selfish person

явля́ться be

Verb Stems:

ампути́рова- amputate

боле́й- to be ill; root (for), support

воспи́тывай- / воспита́й- educate, bring up

входи́- / войти́ *irreg.* enter

выи́грывай- / вы́играй- win

выходи́- / вы́йти *irreg.* go out, leave

гото́ви-ся / подгото́ви-ся prepare (for)

дое́хать *irreg.* reach (by conveyance)

занима́й-ся participate in

интересова́-ся be interested

ката́й-ся roll; ride (by conveyance)

конча́й-(ся) / ко́нчи-(ся) end

начина́й-(ся) / начн-(ся) begin

обморо́зи-ся be frost-bitten

побежда́й- / победи́- win, conquer

поговори́- have a talk

прои́грывай- / проигра́й- lose (a game)

разреша́й- / разреши́- permit

рискова́- risk

руково́ди- lead, direct

случи́-ся happen, occur

ста́н- become

тренирова́-ся train

увлека́й-ся / увлёк-ся be keen on

уме́й- be able to

учи́-ся / научи́-ся learn

явля́й-ся be

Концерт рок-му́зыки

U N I T 14

PRESENTATION AND PREPARATORY EXERCISES

Через го́д студе́нты ста́нут **инжене́рами.**

▶ **1.** *Listen and repeat; then read and analyze. (See Analysis XIII,1.5.)*

— Йра, че́м увлека́ется ва́ш бра́т?
— О́н увлека́ется **значка́ми** и **ма́рками.**
— А спо́ртом?
— О́н занима́ется пла́ванием.

2. (a) *Listen and repeat.*

увлека́ться ма́рками; увлека́ться ша́хматами

— Мо́й сы́н интересу́ется ма́рками.
— А ша́хматами?
— И ша́хматами то́же.

бы́ть учителя́ми, ста́нете врача́ми, бу́дут матема́тиками;

Через го́д вы́ ста́нете учителя́ми. Через го́д студе́нты бу́дут врача́ми, учёными, инжене́рами, журнали́стами.

с друзья́ми, с ученика́ми, со шко́льниками, со студе́нтами;

Я́ иду́ в теа́тр с друзья́ми. Профе́ссор разгова́ривает со студе́нтами. Мне́ ну́жно с ва́ми поговори́ть.

(b) *Listen and reply in the affirmative*

Model:　— Вы́ идёте в кино́ с това́рищами?
　　　　— Да́, я́ иду́ с това́рищами.

1. Вы́ е́дете отдыха́ть с роди́телями?
2. Профе́ссор разгова́ривает со студе́нтами?
3. Эти студе́нты бу́дут врача́ми?
4. Вы́ интересу́етесь расска́зами Фо́лкнера?
5. Вы́ пойдёте в кино́ с друзья́ми?
6. Вы́ интересу́етесь значка́ми?

3. *Complete the sentences.*

1. Мы́ шко́льники. Ско́ро мы́ ста́нем ... .
2. Сейча́с они́ студе́нты медици́нского институ́та, ско́ро они́ ста́нут ... .
3. Они́ занима́ются гимна́стикой. Они́ бу́дут ... .
4. Во́т на́ши студе́нческие биле́ты. Мы́ явля́емся ... э́того институ́та.
5. Э́то чемпио́ны на́шего институ́та. Хоти́те познако́миться с ...?
6. — Хоти́те посмотре́ть значки́? — Я́ не интересу́юсь ... .
7. Э́то на́ш профе́ссор. О́н руководи́т ... .

4. *Suggest doing this.*

Model: Посмотри́ э́ту кни́гу. В не́й хоро́шие фотогра́фии.
<u>Посмотри́ э́ту кни́гу с фотогра́фиями.</u>

1. Купи́те откры́тки. Зде́сь ви́ды на́шего го́рода.
2. Да́йте мне́, пожа́луйста, журна́л. Та́м статья́ на́шего профе́ссора.
3. Покажи́те, пожа́луйста, э́ту газе́ту. Та́м, ка́жется, е́сть фотогра́фии.
4. Прочита́йте э́ту кни́гу. В не́й е́сть расска́зы о совреме́нной Аме́рике.
5. Возьми́те э́тот журна́л. Та́м е́сть стихи́ молоды́х поэ́тов.

Э́ти де́вочки ста́нут **хоро́шими гимна́стками.**

▶ **5.** *Read and analyze. (See Analysis XIII, 1.6.)*

Е́сли вы́ интересу́етесь **ру́сскими ма́рками,** я́ могу́ показа́ть ва́м не́сколько интере́сных ма́рок. Во́т, наприме́р, ма́рка с портре́том П.И. Чайко́вского. Э́та ма́рка вы́шла в 1974 году́ во вре́мя пя́того Междунаро́дного ко́нкурса и́мени П.И. Чайко́вского в Москве́. Э́тот ко́нкурс на́чали проводи́ть в 1958 году́. В э́том ко́нкурсе обы́чно уча́ствуют молоды́е музыка́нты из ра́зных стра́н. Одни́м из победи́телей пе́рвого ко́нкурса ста́л америка́нский

пиани́ст Ва́н Кли́берн, победи́телем второ́го ко́нкурса ста́л англича́нин Джо́н О́гден. Победи́телями ко́нкурса бы́ли и сове́тские музыка́нты В. Кли́мов, А. Гаври́лов, М. Плетнёв и други́е. Молоды́е арти́сты, победи́тели э́того ко́нкурса, ча́сто стано́вятся **знамени́тыми музыка́нтами** и **певца́ми.**

6. (a) *Listen and repeat.*

интересова́ться совреме́нными ма́рками; Я интересу́юсь совреме́нными ма́рками. Вы́ интересу́етесь ру́сскими ма́рками?

ста́ть музыка́нтами, ста́ли знамени́тыми музыка́нтами; Мно́го бы́вших студе́нтов Моско́вской консервато́рии ста́ли знамени́тыми музыка́нтами.

победи́тели ко́нкурса; победи́тели междунаро́дного ко́нкурса; Молоды́е музыка́нты из ра́зных стра́н ста́ли победи́телями междунаро́дного ко́нкурса.

олимпи́йские чемпио́ны, ста́ть олимпи́йскими чемпио́нами; Каки́е спортсме́ны ста́ли пе́рвыми олимпи́йскими чемпио́нами по спорти́вным та́нцам на льду́?

(b) *Somebody asks you a question. Answer it.*

Вы́ интересу́етесь ма́рками? Когда́ вы́шла ма́рка с портре́том П.И. Чайко́вского? Каки́е музыка́нты ста́ли победи́телями ко́нкурса и́мени П.И. Чайко́вского? Каки́е арти́сты из ва́шей страны́ уча́ствовали в э́том ко́нкурсе? Каки́е уча́стники ко́нкурса ста́ли знамени́тыми?

7. *Somebody asks you a question. Answer in the negative.*

Model: — Хоти́те посмотре́ть мои́ но́вые францу́зские ма́рки?
            — Я́ не интересу́юсь францу́зскими ма́рками.

1. Вы́ смотре́ли но́вый худо́жественный фи́льм?
2. Вы́ не хоти́те пойти́ на вы́ставку совреме́нных худо́жников?
3. Вы́ не хоти́те посмотре́ть спорти́вную програ́мму по телеви́зору?
4. Вы́ бы́ли на соревнова́ниях по гимна́стике?

8. *Complete the sentences.*

1. И. Роднина́ и А. За́йцев явля́ются	олимпи́йский чемпио́н
2. Москва́ и Ленингра́д явля́ются	кру́пный промы́шленный це́нтр
3. Оде́сса и Никола́ев явля́ются	кру́пный по́рт

9. *Microdialogues.*

Model: — Кто́ э́ти де́вушки? <u>Я́ хочу́ познако́миться с ни́ми.</u>
             — <u>Я́ могу́ (не могу́) познако́мить тебя́ с э́тими</u>
             <u>де́вушками. Я́ с ни́ми знако́м (не знако́м).</u>

1. Кто́ э́ти молоды́е лю́ди? ... .   3. Кто́ э́та же́нщина?
2. Кто́ э́ти спортсме́ны?   4. Кто́ э́ти лю́ди?

I   Никто́ ничего́ не зна́л о конфере́нции.

▶ **10.** *Listen and repeat; then read and analyze. (See Analysis XIV, 3.0; 4.0.)*

В Ки́еве в гости́нице

— Здра́вствуйте.
— До́брый де́нь. Вы́, ка́жется, живёте в пя́том но́мере? А я́ живу́ ря́дом. Я́ ва́ш сосе́д. Вы́ давно́ прие́хали в Ки́ев?

— Нет, я приехал неделю назад. Я ещё **нигде́ не́ был, ничего́ не ви́дел**. Вчера́ с трудо́м нашёл свою́ гости́ницу.

— Éсли хоти́те, я могу́ показа́ть вам го́род. Я уже́ был здесь не́сколько раз и хорошо́ зна́ю э́тот го́род.

— Большо́е спаси́бо, это о́чень хорошо́. Я не люблю́ оди́н ходи́ть по го́роду. Это неинтере́сно.

— А у вас есть знако́мые в Ки́еве?

— К сожале́нию, нет. Я здесь **никого́ не зна́ю**. Ещё **ни с ке́м не познако́мился**.

— Я обеща́ю показа́ть вам всё са́мое интере́сное.

11. (a) *Listen and repeat.*

никто́ не зна́ет; никого́ не зна́ю; ничего́ не зна́ю; никому́ не скажу́; ниче́м не интересу́юсь; ни с ке́м не разгова́риваю; ни о ко́м не говорю́, ни о чём не ду́маю; ни к кому́ не хожу́; нигде́ не́ был; никуда́ не пойду́; никогда́ не́ был там.

1. — Кто́ зна́ет э́ту де́вушку? — Никто́ не зна́ет.
2. — Что́ вы подари́ли Оле́гу? — Ничего́ не подари́ли.
3. — Кого́ он пригласи́л на де́нь рожде́ния? — Никого́ не пригласи́л.
4. — Кому́ он дал журна́л? — Никому́ не дал.
5. — Где́ ты вчера́ был? — Нигде́ не́ был.
6. — Куда́ ты сего́дня пойдёшь? — Никуда́ не пойду́.
7. — О ко́м вы говори́ли? — Ни о ко́м не говори́ли.
8. — С ке́м вы познако́мились в Ки́еве? — Ни с ке́м не познако́мился.

(b) *Listen. Respond to your conversation partner's remark.*

Model: — Я никогда́ не́ был в Большо́м теа́тре.
        — Я то́же никогда́ та́м не́ был.

1. Я никогда́ не́ был в Москве́.
2. Я никогда́ не́ был в А́нглии.
3. Я никогда́ не ви́дел ру́сский бале́т.
4. Я нигде́ не́ был в воскресе́нье.
5. Я никуда́ не пойду́ ве́чером.
6. Я ничего́ не зна́ю об э́том ко́нкурсе.

12. *Somebody asks you a question. Answer in the negative.*

Model: — Где́ ты́ бы́л ве́чером?

— Я́ нигде́ не́ был.

1. Где́ вы́ отдыха́ли в э́том году́?
2. Где́ вы́ слы́шали э́ту пе́сню ра́ньше?
3. Где́ вы́ ви́дели карти́ны э́того худо́жника ра́ньше?
4. Где́ ещё вы́ ви́дели таки́е краси́вые цветы́?
5. Где́ вы́ чита́ли о встре́че по волейбо́лу студе́нческих кома́нд?

Model: — Куда́ ты́ идёшь сего́дня?

— Сего́дня я́ никуда́ не иду́. Я́ бу́ду до́ма.

1. Куда́ вы́ пое́дете ле́том?
2. Куда́ вы́ пойдёте по́сле заня́тий?
3. Куда́ пое́дут спортсме́ны по́сле соревнова́ний?
4. Вы́ пойдёте сего́дня на конце́рт?
5. Вы́ пое́дете в ма́е на конфере́нцию?
6. Вы́ пойдёте сего́дня ве́чером к ва́шим друзья́м?
7. Куда́ вы́ пое́дете с ва́шими друзья́ми в воскресе́нье?

Model: — Вы́ бы́ли во Фра́нции?

— Не́т, я́ никогда́ не́ был во Фра́нции.

1. Вы́ бы́ли в А́нглии?
2. Вы́ бы́ли в И́ндии?
3. Вы́ слы́шали о́перу Чайко́вского «Евге́ний Оне́гин»?
4. Вы́ ви́дели ра́ньше ру́сские наро́дные та́нцы?
5. Вы́ слы́шали пе́сни компози́тора Дунае́вского?
6. Вы́ ви́дели бале́т на льду́?
7. Вы́ ча́сто хо́дите на стадио́н?

Model: — Вы́ уже́ купи́ли ма́рки, откры́тки?

— Не́т, я́ сего́дня нигде́ не́ был, никуда́ не ходи́л.

1. Вы́ уже́ посмотре́ли го́род?
2. Вы́ уже́ познако́мились с дире́ктором институ́та?
3. Вы́ купи́ли биле́ты в кино́?
4. Вы́ сего́дня бы́ли на стадио́не?
5. Вы́ уже́ посла́ли това́рищу кни́ги?

Model: — Вы́ лю́бите игра́ть в баскетбо́л?

— Я́ никогда́ не игра́л в баскетбо́л.

1. Вы́ бы́ли ра́ньше в на́шем го́роде?
2. Вы́ ви́дели журна́л «Сове́тский Сою́з»?
3. Вы́ ча́сто смо́трите футбо́льные ма́тчи?
4. Вы́ ви́дели бале́т Большо́го теа́тра?
5. Вы́ хорошо́ игра́ете в ша́хматы?

13. *Now Let's Talk. Give additional information.*

Model: Я́ хочу́ пое́хать в Ло́ндон. Я́ никогда́ не́ был в Ло́ндоне.

1. Я́ хочу́ пое́хать в Торо́нто.
2. О́н хо́чет пое́хать в Стокго́льм.
3. Она́ хо́чет пое́хать в Пра́гу.
4. Мы́ хоти́м пое́хать в Ленингра́д.
5. Они́ хотя́т пое́хать в Ме́льбурн.
6. О́н хо́чет пое́хать в Ри́м.

14. *Reply in the negative.*

1. Где́ вы́ бы́ли вчера́?
2. Куда́ вы́ пойдёте сего́дня?
3. Где́ вы́ бы́ли в четве́рг?
4. Куда́ вы́ пое́дете в пя́тницу?
5. Когда́ вы́ бы́ли в э́том музе́е?
6. Куда́ вы́ пое́дете отдыха́ть?
7. Где́ вы́ рабо́тали весно́й?

15. *Disagree with each assertion.*

Model: — Ви́ктор всё зна́ет о нём. — Не́т, Ви́ктор ничего́ не зна́ет о нём.

1. Учи́тель всё объясни́л.
2. Мы́ всё по́няли.
3. Она́ всё вспо́мнила.
4. Пётр всё сде́лал.
5. На экза́мене о́н всё реши́л.
6. Они́ всё сообщи́ли.
7. О́н всё забы́л.
8. Они́ всё привезли́.
9. Она́ всё купи́ла.

Model: — Ни́на всём помога́ет. — Не́т, Ни́на никому́ не помога́ет.

1. Конце́рт всём понра́вился.
2. О́н все́х зде́сь зна́ет.
3. О́н всём подари́л кни́гу свои́х расска́зов.
4. О́н все́х (госте́й) познако́мил дру́г с дру́гом.
5. Роди́тели всём привезли́ пода́рки.
6. О́н все́х слу́шал.

7. Всё реши́ли э́ту зада́чу.

8. Всё встаю́т в шесть часо́в утра́.

9. Он всем сообщи́л о семина́ре.

10. Она́ всем ве́рит.

16. *Somebody asks you a question. Answer it.*

Model: — Почему́ профе́ссор Поляко́в не прие́хал на конфере́нцию?

— <u>Он никому́ не сообщи́л об э́том</u>.

1. Куда́ ушёл ваш сын?

2. Почему́ не прие́хал ваш брат?

3. Профе́ссор сказа́л, когда́ бу́дет семина́р?

4. В како́й аудито́рии бу́дут пока́зывать студе́нчес-кие фи́льмы?

5. Как пя́тая гру́ппа сдала́ экза́мены?

6. Вы не зна́ете, где бу́дет докла́д Анто́нова?

7. Говоря́т, что Но́сов рису́ет карти́ну для вы́ставки?

сказа́ть
написа́ть
сообщи́ть
говори́ть
пока́зывать

17. *Now Let's Talk. Give additional information.*

Model: — Что ты бу́дешь де́лать сего́дня ве́чером?

— Я бу́ду отдыха́ть, я ничего́ не бу́ду де́лать.

1. — Что здесь бу́дут стро́ить? — Здесь бу́дет парк, ...

2. — Что вы ещё хоти́те купи́ть? — Я уже́ всё купи́л, ...

3. — Куда́ вы сего́дня ещё пойдёте? — У меня́ нет вре́мени, ...

4. — Кому́ вы хоти́те подари́ть э́ту фотогра́фию? — Фотогра́фия мне не нра́вится, ...

18. *Somebody asks you a question. Answer in the negative.*

Model: — У кого́ есть а́нгло-ру́сский слова́рь?

— <u>Ни у кого́ нет а́нгло-ру́сского словаря́.</u>

(a) 1. Кто бу́дет сдава́ть экза́мены в сре́ду?

2. Что вчера́ говори́ли об экза́менах?

3. Кого́ вы зна́ете на истори́ческом факульте́те?

4. Кому́ вы сообщи́ли о конфере́нции?

5. О чём вы говори́ли с профе́ссором по́сле ле́кции?

(b) 1. О чём ты сейча́с ду́маешь?

2. Чем ты сейча́с занима́ешься?

3. Кому́ ты звони́л вчера́ ве́чером?

4. У кого́ ты был в суббо́ту?

5. К кому́ ты е́здил в воскресе́нье?

6. О чём ты говори́л с Ле́ной?

Óн пришёл к нám, **чтобы посмотрéть** фотогрáфии.
Óн пришёл к нám, **чтобы мы́ посмотрéли**
фотогрáфии.

▶ **19.** *Read and analyze. (See Analysis XIV, 1.0.)*

— Ви́ктор, зачéм ты́ звони́л Йре?
— Я́ звони́л éй, **чтобы пригласи́ть** её на концéрт.
— А зачéм ты́ звони́л Сáше?
— Я́ звони́л емý, **чтобы óн принёс** мнé журнáл «Теáтр».

20. (a) *Listen and repeat.*

Ви́ктор звони́л Йре, / чтобы пригласи́ть её на концéрт.
Ви́ктор звони́л Йре, / чтобы пригласи́ть её на концéрт.
Ви́ктор звони́л Йре, / чтобы пригласи́ть её на концéрт.
Чтóбы стáть врачóм, / нýжно окóнчить медици́нский институ́т.
Чтóбы стáть врачóм, / нýжно окóнчить медици́нский институ́т.

(b) *Mark the intonation for each of the sentences; then read them aloud.*

1. Я́ позвони́л Олéгу, чтобы пригласи́ть егó на дéнь рождéния.
2. Я́ ходи́л в магази́н, чтобы купи́ть подáрки роди́телям.
3. Я́ мнóго рабóтаю, чтобы кóнчить доклáд в мáе.
4. Я́ ходи́л в Музéй и́мени Пу́шкина, чтобы посмотрéть
   америкáнскую вы́ставку.
5. Я́ éздил в кни́жный магази́н, чтобы купи́ть учéбники по
   рýсскому языку́.

21. *Read and analyze each pair of sentences.*

1. Я́ пришёл, чтобы помóчь вáм. — Я́ пришёл, чтобы вы́
   помогли́ мнé.
2. Ученики́ принесли́ тетрáди, чтобы показáть и́х учи́телю.
   — Ученики́ принесли́ тетрáди, чтобы учи́тель посмотрéл и́х.
3. Оксáна спéла нéсколько пéсен, чтобы показáть нáм, кáк поют
   на Украи́не. — Оксáна спéла нéсколько пéсен, чтобы мы́
   послýшали украи́нские пéсни.

22. *Say why they did it.*

Model: Óн пришёл, чтобы я́ помóг емý реши́ть задáчу.
        Óн пришёл, чтобы помóчь мнé реши́ть задáчу.

1. Мы́ пое́хали в ле́с, что́бы ... .   Мы́ хоте́ли отдохну́ть.
2. Она́ внима́тельно слу́шала учи́-   Она́ хоте́ла всё поня́ть.
   теля, чтобы ... .

3. Ма́льчик принёс отцу́ свою́ фо-   Оте́ц посмотре́л
   тогра́фию, чтобы ... .   фотогра́фию.
4. Я́ позвони́л това́рищу, чтобы ... .   Я́ хоте́л узна́ть но́мер
       телефо́на институ́та.
       Това́рищ сказа́л мне́
       но́мер телефо́на
       институ́та.

5. Я́ позвони́л Оле́гу, чтобы ... .   Я́ хоте́л сказа́ть ему́ о
       трениро́вке.
       Óн пришёл ко мне́.

23. *Say why they did it.*

Model: — Заче́м вы́ ходи́ли к преподава́телю?

(a) Преподава́тель объясни́л   (b) Я́ показа́л ему́ свою́ рабо́ту.
мне́ зада́чу.
— Я́ ходи́л к преподава́телю,   — Я́ ходи́л к преподава́телю,
чтобы о́н объясни́л мне́ зада́чу.   чтобы показа́ть ему́ свою́
    рабо́ту.

1. Заче́м вы́ взя́ли в библиоте́ке расска́зы Че́хова?

   (a) Мо́й бра́т прочита́л   (b) Я́ прочита́л не́сколько
   расска́з «Ма́льчики».   расска́зов Че́хова.

2. Заче́м ты́ звони́л Са́ше?
   (a) Я́ пригласи́л его́ на   (b) Óн пригласи́л Ле́ну на
   конце́рт.   конце́рт.

3. Заче́м вы́ ходи́ли вчера́ к това́рищу?
   (a) Óн помо́г мне́ реши́ть   (b) Я́ рассказа́л ему́ о конце́рте.
   зада́чу.

4. Заче́м вы́ носи́ли ва́шу карти́ну к худо́жнику?
   (a) Óн посмотре́л мою́ рабо́ту.   (b) Я́ показа́л ему́ свою́ рабо́ту.

24. *Somebody asks you a question. Answer it. Use these words:* геблог, архитéктор, адвокáт, стрóитель, студéнт *and* поступи́ть, учи́ться, кóнчить, рабóтать.

> Model: — Чтó нáдо сдéлать, чтобы стáть врачóм?
> — Чтобы стáть врачóм, нáдо кóнчить медици́нский институ́т.

▶ **25.** *Review of Time Expressions. Read and analyze. (See Analysis XIV, 6.0-6.3.)*

Nominative:	— К а к б е сегóдня ч и с л б? — Сегóдня **пя́тое сентября́.** — К а к б й сегóдня д é н ь? — Сегóдня **втóрник.**	date

Nominative:	— С к б л ь к о сейчáс в р é м е н и?
	 — Сейчáс — чáс.
	      — **2 часá 15 мину́т.**
	      — **4 часá 30 мину́т.**
	      — **5 часóв 45 мину́т.**
		time as shown by a clock

Genitive:	— К о г д á óн роди́лся? — Óн роди́лся **седьмóго октября́ 1965 гóда.**	date of an event

Accusative:	— С к б л ь к о в р é м е н и óн здéсь жи́л?
	 — Óн здéсь жи́л — **гóд, двá гóда.**
	      — **пя́ть лéт.**
	      — **недéлю.**
	      — **нéсколько мéсяцев.**
		period of action

Accusative:	— Óн ч á с т о бывáет у вáс?
	 — Óн бывáет у нáс — **кáждый дéнь.**
	      — **кáждую недéлю.**
	      — **кáждый мéсяц.**
		repetition of action at regular intervals

Continued

в plus accusative:	— Когда́ о́н прие́хал? — О́н прие́хал ⎸ — **в три́ часа́.** ⎸ — **в воскресе́нье.**	time of an event (the hour, day of the week)
в plus prepositional:	— Когда́ постро́или э́то зда́ние? — Э́то зда́ние постро́или ⎸ — **в декабре́, в ма́е.** ⎸ — **в 1975 году́.** ⎸ — **в э́том году́.** ⎸ — **в про́шлом ве́ке.**	time when an event took place (month, year, century)
че́рез plus accusative:	— Когда́ о́н прие́дет? — О́н прие́дет **че́рез** ⎸ — ча́с. ⎸ — де́нь. ⎸ — неде́лю. ⎸ — ме́сяц. ⎸ — го́д.	
Accusative plus **наза́д:**	— Когда́ о́н прие́хал? — О́н прие́хал ⎸ — го́д наза́д. ⎸ — неде́лю наза́д.	time when an event took place
во вре́мя plus genitive:	— Когда́ о́н жи́л зде́сь? — О́н жи́л зде́сь **во вре́мя войны́.**	
по́сле plus genitive:	— Когда́ они́ прие́хали? — Они́ прие́хали **по́сле рабо́ты.**	
пе́ред plus instrumental:	— Когда́ вы́ встре́тили его́? — Я́ встре́тил его́ **пе́ред уро́ком.**	

26. *Somebody asks you a question. Answer it.*

1. Како́е сего́дня число́? Како́й сего́дня де́нь?
2. Ско́лько сейча́с вре́мени?
3. Ско́лько вре́мени вы́ изуча́ете ру́сский язы́к?
4. Ско́лько вре́мени вы́ занима́етесь ка́ждый де́нь?
5. Когда́ начина́ются ле́кции в университе́те? А когда́ конча́ются?

6. В каком году́ вы́ поступи́ли в университе́т?
7. Когда́ быва́ют экза́мены в университе́те?
8. Когда́ вы́ сдава́ли пе́рвый в ва́шей жи́зни экза́мен?
9. Когда́ вы́ бу́дете сдава́ть экза́мен по ру́сскому языку́?
10. Когда́ вы́ ко́нчите университе́т?

★ **27.** *What time is it?*

1. Когда́ в Москве́ 9 часо́в, в Вашингто́не ... .
2. Когда́ в Пра́ге 2 час. 15 мин., в Нью-Йо́рке ... .
3. Когда́ в Ло́ндоне 4 час. 50 мин., в Бо́стоне ... .
4. Когда́ во Владивосто́ке 6 час. 10 мин., в Москве́ ... .

28. *Somebody asks you a question. Answer it.*

1. Когда́ открыва́ются у́тром магази́ны? А когда́ закрыва́ются?
2. Когда́ начина́ются заня́тия в шко́ле? А когда́ они́ конча́ются?
3. Когда́ начина́ет рабо́ту городско́й тра́нспорт?
4. Когда́ открыва́ется метро́?
5. Когда́ начина́ются заня́тия в университе́те?

29. *Read and speak. Situation.*

They ask you what is on TV tonight. Read the TV program on p. 525.

Model: В двена́дцать часо́в три́дцать мину́т переда́ча «Здоро́вье».

30. *Complete each question.*

1. Когда́ вы́ уезжа́ете в Кры́м, в суббо́ту и́ли ... ?
2. Когда́ ухо́дит ва́ш по́езд, в ча́с со́рок и́ли ... ?
3. Когда́ улета́ет ва́ш самолёт, в три́ два́дцать и́ли ... ?
4. Когда́ вы́ вернётесь, в ма́е и́ли в ... ?
5. Вы́ бы́ли на ю́ге, в 1985 году́ и́ли ... ?
6. Вы́ жи́ли та́м три́ го́да и́ли ... ?
7. А тепе́рь вы́ бу́дете жи́ть та́м ме́сяц и́ли ... ?
8. Вы́ вернётесь че́рез ме́сяц и́ли ... ?

31. *Ask questions and answer them.*

Model: — Вы́ до́лго гото́вились к экза́менам?
  — Я́ гото́вился ве́сь го́д.

гото́виться, жи́ть, тренирова́ться, рабо́тать, занима́ться, отдыха́ть, игра́ть, пла́вать, разгова́ривать, танцева́ть;

ве́сь го́д, ве́сь ме́сяц, ве́сь де́нь, всё ле́то, всю́ зи́му, ве́сь ве́чер, всё у́тро

32. *Somebody asks you a question. Answer it.*

1. Что́ вы́ де́лаете ка́ждый де́нь?
2. Что́ вы́ де́лаете ка́ждую неде́лю?
3. Что́ вы́ де́лаете ка́ждый ме́сяц?
4. Что́ вы́ де́лаете ка́ждое ле́то?
5. Что́ вы́ де́лаете ка́ждый го́д?

33. (a) *Tell about a friend.*

Когда́ вы́ познако́мились? Ско́лько вре́мени вы́ уже́ зна́ете его́? Когда́ вы́ ста́ли друзья́ми? Вы́ ча́сто встреча́етесь с ни́м? Когда́ вы́ с ни́м вме́сте отдыха́ли? Ско́лько вре́мени вы́ вме́сте отдыха́ли? О́н ско́ро ко́нчит университе́т?

★ (b) *Write a brief story about a friend, your brother, sister.*

★ **34.** *Say when these events happened.*

1. В како́м ве́ке откры́ли Аме́рику?
2. В како́м ве́ке жи́ли Д. Ва́шингтон, А. Ли́нкольн, Ф. Ру́звельт?
3. В како́м году́ бы́л пра́здник «200 ле́т США»?
4. Когда́ была́ Октя́брьская социалисти́ческая револю́ция в Росси́и?
5. Когда́ была́ пе́рвая мирова́я война́?

▶ ★ **35.** *Note the two ways of expressing "time after". (See Analysis XIV, 5.3.-5.4)*

1. Э́той рабо́той мы́ бу́дем занима́ться че́рез го́д. — Э́той рабо́той мы́ бу́дем занима́ться по́сле Но́вого го́да.
2. Семина́р начнётся че́рез полчаса́. — По́сле семина́ра мы́ пойдём на конце́рт, в клу́б.
3. По́сле соревнова́ний спортсме́ны пое́дут отдыха́ть. Они́ верну́тся в го́род че́рез ме́сяц.
4. А́ня сейча́с на трениро́вке. Она́ бу́дет свобо́дна че́рез ча́с. По́сле трениро́вки она́ пое́дет домо́й.

★ **36.** *Make up sentences, using:*

(a) Nouns denoting time: мину́та, ча́с, де́нь, неде́ля, ме́сяц, го́д.
(b) Nouns denoting a fact or an event: ле́кция, семина́р, конце́рт, заня́тия, рабо́та.

★ **37.** *Supply appropriate expressions of "time after".*

1. Óн пошёл рабóтать на завóд	окончáние школы
2. Óн пришёл рабóтать на завóд и ... получи́л специáльность.	мéсяц
3. Ви́ктор поступи́л в медици́нский институ́т: ... óн стáнет врачóм.	шéсть лéт
4. У нáс в садý мнóго молоды́х дерéвьев, ... нáш сáд стáнет óчень краси́вым.	пять лéт
5. В шкóле выступáл знамени́тый шахмати́ст, и ... мнóгие ребя́та нáчали занимáться шáхматами.	егó выступлéние
6. Николáй пришёл на завóд ... и скóро стáл хорóшим инженéром. Егó женá ещё ýчится. Онá ... стáнет врачóм.	окончáние институ́та год

★ **38.** *Answer the questions.*

1. Чтó вы́ пьёте пóсле обéда, кóфе и́ли чáй?
2. О чём вы́ обы́чно разговáриваете во врéмя обéда?
3. Кудá вы́ пойдёте пóсле обéда?
4. Кáк вы́ чýвствовали себя́ перед экзáменом?
5. Кáк вы́ чýвствовали себя́ пóсле экзáмена?

★ **39.** *Translate.*

1. "How long did you wait for us at the station?" "We waited for you for 15 minutes."

2. "Do you often have sports competitions in your city?" "We have competitions every summer."

3. "What competitions did you have last year?" "A year ago, in July, we had boxing competitions."

4. "When was your brother born?" "He was born in August 1975."

5. Talking is not allowed during lectures. If necessary, we can talk today after the lecture or tomorrow before the lecture.

CONVERSATION

I. Phrases Expressing Agreement or Disagreement with Another's Opinion and Agreement or Refusal to Perform an Action

1. — Я ду́маю, что здесь о́чень хорошо́ отдыха́ть ле́том.

Agreement with another's opinion.	Disagreement with another's opinion.
— Да́, вы́ пра́вы. (Я согла́сен с ва́ми.) Ле́том здесь о́чень хорошо́.	— Я не согла́сен с ва́ми. Ле́том здесь отдыха́ет о́чень мно́го люде́й.

2. — У меня́ то́лько два́ биле́та. Юра, купи́, пожа́луйста, ещё два́.

Agreement to perform an action.	Refusal to perform an action.
— Хорошо́, я могу́ купи́ть ещё два́ биле́та. (— Хорошо́. Я куплю́.)	— К сожале́нию, я не могу́. (— Не́т, я не могу́.)

40. *Listen and repeat.*

— О́н пра́в. — Не́т, о́н не пра́в. — Вы́ не пра́вы. — Не́т, я пра́в.

— Вы́ согла́сны со мно́й? — Да́, я согла́сен. — Я то́же согла́сна.

— А мы́ с ва́ми не согла́сны. Джейн то́же не согла́сна.

Microdialogues

1. О пого́де

— Кака́я хоро́шая пого́да!
— Да́, вы́ пра́вы. Пого́да прекра́сная.
— Я не согла́сна с ва́ми. По-мо́ему, сли́шком хо́лодно.

2. Пойдём в кино́

— Пойдём в кино́, Джейн.
— К сожале́нию, не могу́, Оле́г. Мне́ ну́жно ещё перевести́ статью́. У меня́ за́втра семина́р.

— А éсли я тебé помогу́ перевести́ ча́сть статьи́, пойдёшь? Кино́
— хоро́шая пра́ктика по ру́сскому языку́.
— Ну хорошо́, Олéг, я согла́сна.

41. *Listen and agree or disagree.*

Model: — Сего́дня была́ о́чень интерéсная лéкция.
         — Да́, я согла́сен с ва́ми. (Да́, вы́ пра́вы.)

1. Я ду́маю, что Джéйн бу́дет хоро́шим преподава́телем.
2. Хорошо́ бы́ть врачо́м и лечи́ть людéй. Вы́ согла́сны?
3. Фи́льм о́чень неинтерéсный. Вы́ согла́сны?
4. Джéйн говори́т, что учи́ть ру́сский язы́к легко́.

Model: — Возьми́, пожа́луйста, для меня́ слова́рь в библиотéке.
         — Хорошо́, возьму́.

1. Расскажи́те, пожа́луйста, о ва́шем го́роде.
2. Принеси́те за́втра свою́ тетра́дь по ру́сскому языку́.
3. Прочита́йте, пожа́луйста, мою́ статью́.
4. Купи́, пожа́луйста, мнé два́ билéта на концéрт.
5. Покажи́ мнé свои́ но́вые ма́рки.

Model: — Пойдём за́втра в теа́тр.
         — К сожалéнию, я не могу́.

1. Да́й, пожа́луйста, мнé твой́ слова́рь.
2. Пойдём за́втра на концéрт.
3. Помоги́те мнé перевести́ статью́.
4. Пойдём вéчером гуля́ть.

42. *Express agreement or disagreement with each assertion.*

1. На́ша ро́к-гру́ппа всегда́ выступа́ет с больши́м успéхом.
2. По-мо́ему, Андрéй о́чень хорошо́ игра́ет в ша́хматы.
3. Та́м река́, лéс. Это прекра́сное мéсто для заня́тий спо́ртом.
4. Зима́ — хоро́шее врéмя го́да.
5. Баскетбо́л — о́чень тру́дный ви́д спо́рта.
6. Я ду́маю, что Ю́ре на́до продолжа́ть занима́ться бо́ксом.

43. *Express agreement or disagreement.*

1. Ни́на, ребя́та интересу́ются ша́хматами. Расскажи́ им о после́дних соревнова́ниях.
2. Андре́й, помоги́ мне́. Переведи́, пожа́луйста, э́ту статью́.
3. Во́т но́вая пье́са. Гла́вные ро́ли бу́дут игра́ть Ната́ша и Андре́й. Вы́ согла́сны?
4. А́ня бу́дет жи́ть в гости́нице, а вы́, Ко́ля, — в общежи́тии.
5. Дава́йте пое́дем за́втра в ле́с.
6. О́ля, помоги́ мне́ пригото́вить у́жин.

II. The Theater and the Movies

Что́ сего́дня идёт?	What is on today?
В како́м кинотеа́тре идёт э́тот фи́льм?	At which theater is this film showing?
Кто́ игра́ет в э́том фи́льме (спекта́кле)?	Who plays in this movie (play)?
В гла́вной ро́ли молода́я арти́стка.	The leading part is played by a young actress.
Спекта́кль произвёл на меня́ большо́е впечатле́ние.	The play made a great impression on me.

44. (a) *Listen to the dialogue.*

— Оле́г, ты́ ви́дел фи́льм «Андре́й Рублёв»?
— Да́.
— Хоро́ший фи́льм?
— Тру́дно сказа́ть, Серге́й. Одни́м фи́льм нра́вится, други́м — не́т. Мне́ фи́льм понра́вился. Я́ люблю́ фи́льмы Андре́я Тарко́вского. Та́м игра́ют хоро́шие арти́сты. Коне́ц фи́льма произвёл на меня́ о́чень большо́е впечатле́ние.
— А ты́ не зна́ешь, где́ о́н сейча́с идёт?
— Ка́жется, неда́вно э́тот фи́льм шёл в кинотеа́тре «Реко́рд». Дава́й позвони́м туда́.
— Дава́й. Во́т тебе́ две́ копе́йки[1]. Звони́. Узна́й, когда́ начина́ются сеа́нсы.

(b) *Listen and repeat.*

Что́ сего́дня идёт? Что́ сего́дня идёт в кинотеа́тре «Реко́рд»? Что́ сего́дня в «Реко́рде»? Вы́ не зна́ете, что́ сего́дня идёт в «Реко́рде»? Вы́ не зна́ете, где́ идёт «Андре́й Рублёв»? В како́м

---

[1] In the USSR a call made from a public telephone booth costs 2 kopecks per 3 minutes.

кинотеа́тре идёт «Андре́й Рублёв»? Впечатле́ние [фп'ичитл'е́н'иiъ]. Большо́е впечатле́ние. Произвести́ большо́е впечатле́ние. Э́тот фи́льм произвёл большо́е впечатле́ние. Кто́ игра́ет? Кто́ игра́ет в э́том фи́льме? Каки́е актёры игра́ют в э́том фи́льме?

(c) *Answer the questions.*

О како́м фи́льме спроси́л Серге́й Оле́га? Оле́г ви́дел фи́льм «Андре́й Рублёв»? Э́тот фи́льм нра́вится все́м? Оле́гу фи́льм понра́вился? Что́ произвело́ на него́ большо́е впечатле́ние? В како́м кинотеа́тре э́тот фи́льм идёт сейча́с? Заче́м друзья́ хоте́ли звони́ть в кинотеа́тр «Реко́рд»?

(d) *Memorize the preceding dialogue and dramatize it.*

45. *Listen and reply.*

Model: — Вы́ не зна́ете, что́ сего́дня идёт в «Реко́рде»?
          — Не́т, я́ не зна́ю, что́ сего́дня идёт в «Реко́рде».

1. Что́ сего́дня идёт в Большо́м теа́тре?
2. Скажи́те, пожа́луйста, что́ сего́дня идёт в студе́нческом клу́бе?
3. Что́ сего́дня идёт в кинотеа́тре «Ми́р»?
4. Вы́ не зна́ете, где́ идёт фи́льм-бале́т «А́нна Каре́нина»?
5. Вы́ не зна́ете, кто́ игра́ет в э́том фи́льме?

46. *Situations.*

(1) You want to find out what films are showing in movie theaters in the city.

(2) You want to see a new movie. Find out where it is showing.

(3) You want to find out who plays in the new movie.

47. *Read and speak. Situation. (See p. 520.)*

You want to go to the movie theater. Read the advertisements in a newspaper. Say what movie you would like to see. Where and when is it showing?

анонс!

23,24,25 апреля
ЦЕНТРАЛЬНЫЙ СТАДИОН
имени В. И. ЛЕНИНА
ДВОРЕЦ СПОРТА
Совместное советско-амери-
канское предприятие «КОСТАР»
при участии В/О «Союзкино-
фонд»

представляют:

Юла Бриннера — в остросю-жетном американском фильме «СМЕРТЕЛЬНАЯ ЯРОСТЬ», герой которого — наёмный киллер мафии — мстит «крёстным» отцам за смерть брата. Ю. Бриннер широко известен по нашумевшему боевику «Великолепная семёрка»;

Приключенческий американский
боевик

«СТРЕЛОК» («Кровавые деньги») Поиск сокровищ в фильме сопровождается захватывающими дух погонями, борьбой кон-фу, меткой стрельбой и прочими «забавами», характерными для жанра «вестерн».
Начало сеансов в 14.00 и 19.00.
Справки по телефонам:
246-55-15, 16, 17, 18.

24 ВОСТОК (м.,,Октябрьское поле", ,,Щукинская", пл. Курчатова, тт.196-49-49, 196-69-14): Восход «Чёрной Луны» 16-22. ЗАЛ ПОВТОРНОГО ФИЛЬМА — Окно спальни, Нечистая сила 16-22. **Детям:** Мультфильмы 20-21, Садко 22.

25 ВОСХОД (м.,,Рязанский проспект", ул. Михайлова, 29, корп., 1, тт.171-99-83, 171-43-70): Дон Кар-ролл-стрит 16-22. **Детям:** Шаг с крыши 17, Пётр I 18, Весёлое волшебство 22.

26 ВСТРЕЧА — кинотеатр клубных программ (м.,,Красные ворота", Садовая-Черногрязская, 5/9, тт.975-43-89, 975-15-00): Жикина династия 16-22, Посвящённый 18-22. **Детям:** Мультфильмы 22.

27 ВЫМПЕЛ — детский (м.,,Бабушкинская", Коминтерна, 8, тт.472-32-40, 472-20-09): Огонь, вода и... медные трубы, Верная Рука — друг индейцев 16-18, Отроки во Вселенной 17-18, Мультфильмы, Враг мой 20-22, Золотой эшелон 22. **Вечером:** Маленькая Вера 16-22.

28 ВЫСОТА (м.,,Кузьминки", ул. Юных ленинцев, 52, тт. 178-58-80, 172-78-51): Беспредел, Кинг-Конг жив 16-22. **Детям:** Верный друг Санчо 18, Мультфильмы 20, Потерпевшие с «Лигурии» 22.

29 ГАВАНА (м.,,Рижская", ул. Шере-

35 ЗВЕЗДА — кинотеатр повторного фильма (м.,,Курская", ул. Чкалова,18/22, тт.297-62-09, 227-87-56): Обманщики 16-22. **Вечером:** Храм 20-22.

36 ЗВЁЗДНЫЙ — кинотеатр предварительного показа (м.,,Проспект Вернадского", просп. Вернадского, 14, тт.133-97-78, 138-29-84, 133-96-00): Казанова (Италия), Леди Гамильтон (Франция) 16-22, XX век 4 серии (Италия) 20-22. ДЕТСКИЙ ЗАЛ — Мультфильмы, Золотая цепь 16-22. **Вечером:** Канувшее время 16-17, 19-20, 22, Давайте любить (СФРЮ) 18, Сальвадор 21.

37 ЗЕНИТ (м.,,Таганская", Таганская, 40/42, тт. 271-14-40, 271-04-90): Частный детектив, или Операция «Кооперация» 16-22. **Детям:** Мультфильмы 22.

38 ИЛЛЮЗИОН (Котельническая наб., Высотное здание, 1/15, т.227-43-39): Большой вальс (США), Вознесение на небо (Мексика) 16, Мужество, Один сам с тобой (США), Полюби меня в эту ночь (США) 17, Восстание в пустыне (Германия) 18, Март — апрель, На одной планете 19, Первый посетитель, Сан-Франциско (США) 20, Белый шейх (Италия) 21.

39 ИСКРА — детский (ул. Костякова, 10, тт.216-27-24, 216-14-44): Вода и... медные трубы, Вождь Белое Перо 16-22. **Вечером:** Сила любви 16-22.

40 КАЗАХСТАН (Ленинский просп., 105, тт.433-41-65, 433-41-83): Под принуждением 16-22. **Детям:** Ходжа из Пьорта 17, И ещё одна ночь Шахерезады 19, Дикие лебеди 22.

41 КЕРЧЬ (м.,,Ленино", Бирюлевская, 17, тт. 326-16-66, 326-54-82): Частный детектив, или Операция «Кооперация» 16-22. ДЕТСКИЙ ЗАЛ — Коронный номер 16-19, Сказка о прекрасной Айсулу 20-22. **Вечером:** Боны и покой 16-22.

42 КИЕВ (м.,,Кутузовская", Кутузовский просп., 30/32, тт. 249-38-64, 249-16-24):Фанат, Модернисты 16-22, Процесс 19. **Детям:** Казнены на рассвете 21-22.

43 КИРГИЗИЯ (м.,,Новогиреево", Зеленый просп., 81, тт. 301-42-46, 301-33-37, 302-34-08): XVIII Международный кинофестиваль фантастических фильмов в г. Авориазе (Франция) 16-18. Частный детектив, или Операция «Кооперация» 19-20. Три толстяка 21-22.

44 КИШИНЕВ (м.,,Текстильщики", ул. Юных ленинцев, 12, тт.179-37-47, 179-70-14): Мужчины-проказники 16-22.

51 ЛИТВА (Ломоносовский просп., 29/8, тт.147-22-82, 143-26-43): Частный детектив, или Операция «Кооперация» 16-22, Зимняя вишня, Берег правый, берег левый 21, Друг моей подруги (на французском языке) 20. **Детям:** Эта опасная дверь на балкон 18, Принцесса-павлин 22.

52 МАРС (Бескудниково, Инженерная, 1, тт.901-05-88, 901-46-33): «Авария» — дочь мента 16-22. **Детям:** На златом крыльце сидели... 22.

53 МЕТЕОР (Тушино, ул. Свободы, 10, тт. 491-51-01, 491-13-97): Налево от лифта 16-22. **Детям:** Инспектор без оружия 19, Сердце матери 21-22.

54 МЕЧТА (м.,,Каширская", Каширское ш., 42/2, тт. 324-85-77, 324-53-49): Налево от лифта 16-22, Белая кость 20-22. **Детям:** Приключения Али-бабы и сорока разбойников 19, Бегемот Гуго 21.

55 МИНСК (Можайское ш., 54, тт.447-02-00, 447-08-85): Канзас 16-22. **Детям:** Роня — дочь разбойника 22.

56 МИР (м.,,Колхозная", ,,Цветной бульвар", Цветной б-р, 11, тт.200-16-95, 924-96-96): Пиры Валтасара, или Ночь со Сталиным 16-22.

57 МОЛОДЕЖНЫЙ — детский (м. ,,Текстильщики", Люблинская, тт.177-71-60, 177-90-10): Белая роза бессмертия, Кащей Бессмертный 16-22, Рейс 222 16-19, Волшебный халат 20-22, Семья Ульяновых 22. **Вечером:** Жикина династия 16-22.

58 МОСКВА (пл. Маяковского, 1, тт.251-72-22, 251-58-60): «Авария» — дочь мента 16-22. **Детям:** Сердце матери 22.

59 ИМЕНИ МОССОВЕТА (м.,,Преображенская площадь", Преображенская пл., 4/2, тт.963-03-32, 963-03-20): БОЛЬШОЙ ЗАЛ — Канзас 16-22. МАЛЫЙ ЗАЛ — Вилла «Орхидея» 16-22. **Детям:** Малыш и озорники 16-18, 20-22, Мультфильмы 16-22, Кремлевские куранты 22.

60 НЕВА (м.,,Речной вокзал", Беломорская, 16-а, тт.457-42-21, 457-42-01): Фанат 16-22. **Детям:** Шкатулка из крепости 16, Отроки во Вселенной 22.

61 НОВАТОР (м.,,Бауманская", Спартаковская пл., 1/2, тт. 261-75-30, 261-90-21): Поездка в Висбаден 16-22. Широкоэкранный показ видеопрограмм 16-22. **Детям:** Мультфильмы 22.

---

48. *Share your impressions.*

Model: — Вам понравился фильм?
— Да, фильм произвёл на меня хорошее впечатление (приятное, большое, сильное, плохое). Я советую вам посмотреть этот фильм.

1. Что вы думаете о новом спектакле?
2. Вам понравился артист, который играл главную роль?
3. А что вы скажете об артистке, которая играла главную роль?

4. Вы́ бы́ли неда́вно на вы́ставке. Что́ вы́ мо́жете сказа́ть о не́й?

5. В воскресе́нье вы́ слу́шали о́перу Ве́рди «Аи́да». Ва́м понра́вилось?

6. Вы́ ви́дели выступле́ние молоды́х арти́стов о́перного теа́тра. Ва́м понра́вилось?

7. Вы́ бы́ли на конце́рте популя́рной ро́к-гру́ппы. Ва́м понра́вилась э́та гру́ппа?

★ **49.** *Что́ ва́м бо́льше всего́ понра́вилось?*

Model: — Вы́ бы́ли в теа́тре. Что́ ва́м бо́льше всего́ понра́вилось?

— Бо́льше всего́ мне́ понра́вился актёр, кото́рый игра́л ро́ль гла́вного геро́я.

1. Вы́ бы́ли в теа́тре о́перы и бале́та.

2. Вы́ бы́ли на музыка́льном спекта́кле.

3. Вы́ бы́ли на конце́рте наро́дной пе́сни и та́нца.

4. Вы́ слу́шали выступле́ние студе́нтов консервато́рии.

5. Вы́ бы́ли в кино́.

6. Вы́ бы́ли на конце́рте ро́к-му́зыки.

50. (a) *Answer the questions.*

Вы́ купи́ли биле́ты в теа́тр? Когда́ вы́ пойдёте в теа́тр? В како́й теа́тр вы́ пойдёте?

Когда́ нача́ло спекта́кля? У ва́с хоро́шие места́? Вы́ пойдёте оди́н? Ско́лько сто́ят биле́ты?

★ (b) *Situations.*

You are going to a theater. Your friends are wondering where you are going, what you are going to see, where you bought your tickets, what seats you have got, who you have invited. They want to find out what kind of plays you like, what theater, what actors.

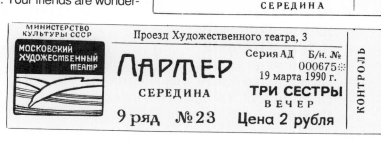

51. (a) *Basic Dialogue. Read.*

Вы́ не ви́дели э́тот фи́льм?

— Джéйн, вы́ не хоти́те пойти́ в кино́?
— С удовóльствием, Серёжа. А что́ сегóдня идёт?
— В кинотеáтре «Прогрéсс» идёт фи́льм «Курьéр». Вы́ не ви́дели э́тот фи́льм?
— Нéт. Я́ ничегó не слы́шала об э́том фи́льме. Кто́ игрáет в э́том фи́льме?
— В глáвной рóли молодóй арти́ст.

(b) *Answer the questions.*

Когó пригласи́л Серёжа в кино́? Что́ отвéтила Джéйн? О чём спроси́ла Джéйн? Какóй фи́льм шёл в э́тот дéнь? В какóм кинотеáтре шёл фи́льм «Курьéр»? Джéйн ви́дела рáньше э́тот фи́льм? Кто́ игрáл глáвную рóль в э́том фи́льме? Джéйн слы́шала рáньше об э́том фи́льме?

(c) *Dramatize the dialogue.*

(d) *Listen and reply.*

Model: — Давáйте пойдём в теáтр.
         — С удовóльствием. А что́ сегóдня идёт?

1. Ты́ не хóчешь пойти́ в кино́?
2. Давáй пойдём вéчером в университéтский клýб.
3. Пойдём сегóдня в Большóй теáтр. У меня́ éсть билéты.
4. Вы́ не хоти́те пойти́ в студéнческий теáтр?

(e) *Dramatize the situations in Russian.*

1. A student from France is inviting you to a French movie.

2. You and your friends want to see a movie in Russian.

52. (a) *Basic Dialogue. Read and dramatize.*

У кáссы

— Дáйте, пожáлуйста, двá билéта на дéвять двáдцать.
— На вечéрний сеáнс?
— Нéт, на у́тренний.
— Какóй ря́д?
— Пятнáдцатый и́ли шестнáдцатый.
— Пожáлуйста, пятьдеся́т копéек.
— Спаси́бо.

(b) *Compose similar dialogues in which you buy tickets to the showings announced above.*

📀📀 53. (a) *Basic Dialogue. Read.*

— Серёжа, вам понравился фильм?

— Не очень, Джейн.

— Почему?

— Я не хочу сказать, что фильм плохой. Нет. В нём очень актуальная проблема: молодёжь в современном обществе. В фильме мы видим разных людей. Их играют хорошие актёры.

— Что же вам не понравилось, Серёжа?

— Эти люди очень много говорят. Они всё объясняют. Я не люблю такие фильмы.

— Я не согласна с вами. Мне фильм понравился. Герои фильма говорят о том, что они думают, что они чувствуют. И я верю им.

— Я думаю, Джейн, что главный герой фильма произвёл слишком сильное впечатление на вас.

— Не шутите, он действительно мне понравился. И я была очень довольна, что поняла, о чём они говорили. Раньше я почти ничего не понимала. Сейчас мне уже интересно смотреть фильмы на русском языке.

(b) *Answer the questions.*

Фильм понравился Джейн и Сергею? Почему фильм не очень понравился Сергею? Почему Джейн была не согласна с Сергеем? Чем она была довольна?

(c) *Dramatize the dialogue.*

★ (d) *Situations.*

1. You and your friends want to go to the movies. Choosing the movie becomes a problem since some like comedies, while the others prefer movies dealing with serious subjects.

2. Discuss with your classmates a movie you have recently seen. Exchange opinions about the movie itself, the actors, the staging.

54. *Speak about yourself.*

Вы часто ходите в кино? Вы любите ходить в кино один (одна)? Вы любите обсуждать фильмы с вашими товарищами? Какие фильмы вы любите смотреть? Какие фильмы вам особенно нравятся? О чём рассказывают эти фильмы? Какой фильм вы смотре́ли неда́вно? Како́е впечатле́ние произвёл на ва́с э́тот фи́льм? Кто́ в нём игра́ет гла́вные ро́ли?

★ **55.** *Read and retell in your own words.*

«Поговори́м о ва́с»

Оди́н актёр всегда́ и везде́ говори́л то́лько о себе́. Одна́жды в гостя́х он два́ часа́ говори́л своему́ сосе́ду о то́м, ка́к тру́дно бы́ть актёром. Наконе́ц он заме́тил, что его́ слу́шатель уста́л.

наконе́ц at last
уста́ть be tired

— Ах, извини́те, — сказа́л он. — Я всё вре́мя говорю́ о себе́. Дава́йте поговори́м о ва́с. Ка́к ва́м понра́вилась моя́ ро́ль в но́вой пье́се?

«Я ничего́ не слы́шу»

Мужчи́на сиде́л в теа́тре. Ря́дом с ни́м сиде́ли две́ же́нщины, кото́рые всё вре́мя разгова́ривали.

— Извини́те, но я ничего́ не слы́шу, — сказа́л мужчи́на. Же́нщины удиви́лись:

— А ва́м и не на́до слу́шать. Э́то ли́чный разгово́р.

ли́чный private

56. (a) *Complete the dialogue. The program on p. 525 will supply you with some necessary information.*

— Ка́тя, я прочита́ла програ́мму телеви́дения на сего́дня и ничего́ не поняла́.
— Что́ ты не поняла́, Дже́йн? Дава́й посмо́трим вме́сте. Сейча́с в Москве́ ты мо́жешь смотре́ть 5 програ́мм. Э́то... Кака́я програ́мма тебя́ интересу́ет?
— Я не зна́ю, я слы́шала, что сего́дня по телеви́зору в спорти́вной переда́че бу́дет выступа́ть изве́стная америка́нская актри́са Дже́йн Фо́нда.
— А, э́то бу́дет переда́ча «Аэро́бика». Она́ идёт по пе́рвой програ́мме. А когда́ она́ начина́ется, ты мо́жешь посмотре́ть.
— Спаси́бо, Ка́тя. Во́т пе́рвая програ́мма. Аэро́бика начина́ется в...

(b) *Make up similar dialogues. Consult the program.*

— Ка́тя, а что́ э́то за переда́чи: «Колла́ж», «2х2», ТСН?
— Пе́рвые две́ — э́то рекла́мные переда́чи, а ТСН — э́то телевизио́нная слу́жба новосте́й (Telenews Service).

ВОСКРЕСЕНЬЕ,
21 октября

Первая программа. 8.00 — Спорт для всех. **9.00** — «С утра пораньше!» **11.00** — Утренняя развлекательная программа. **11.30** — Клуб путешественников. **12.30** — Здоровье. **13.15** — «Музыкальный киоск». **13.45** — «Аэробика». Ведущая — американская актриса Джейн Фонда. **14.45** — Выступление детского ансамбля «Моримба Помес» (Япония). **15.15** — В мире сказок и приключений. Мультфильм «Вук». **15.45** — Сельский час. **18.00** — Мультфильмы. **18.15** — Премьера телевизионного спектакля по рассказам А. Аверченко. **19.45** — Песня-90. **20.50** — Встреча министра иностранных дел СССР с советскими журналистами. **21.00** — Время. **21.40** — «Будьте счастливы, Вас любят...». **22.00** — «Маппет-шоу». 5-я и 6-я серии (Великобритания). **22.50** — Футбольное обозрение.

Вторая программа. 8.00 — На зарядку становись! **8.20** — Мультфильм. **9.00** — Концерт. **9.25** — Документальные фильмы. **10.05** — Концерт. **10.55** — «Объектив». **11.30** — Клуб путешественников (с сурдопереводом). **13.00** — Волейбол. Чемпионат мира. Мужчины. Сборная Венесуэлы — сборная СССР. **14.25** — Коллаж. **14.30** — «Советская Россия». **17.00** — Планета. **20.00** — «Спокойной ночи, малыши!» **21.00** — Время (с сурдопереводом). **21.40** — «Детектив... детектив!!!» **23.40** — Классическая борьба. Чемпионат мира. **0.40** — Авторалли «Ялта-90».

Московская программа. 7.00 — «2х2». **17.00** — Петер Штайн — «Режиссер в меняющемся мире». **18.20** — Обвиняется оперетта. **19.30** и **21.40** — Добрый вечер, Москва! **20.45** — «Спокойной ночи, малыши!» **21.00** — Время.

Образовательная программа. 8.00 — Разминка для эрудитов. **8.50** — Испанский язык. 2-й год обучения. **9.25** — Мама, папа и я. Ребенку второй год. **10.25** — Все грани прекрасного. **11.10** — Немецкий язык. 2-й год обучения. **11.45** — Детский час (с уроком английского языка). **12.45** — В мире животных. **13.45** — «Рассказывает Ираклий Андроников». **14.40** — Французский язык. 2-й год обучения. **15.15** — Педагогика для всех. **16.00** — «Стоп-кадр». **17.00** — Английский язык. 2-й год обучения. **17.35** — Телевизуса. А.П. Чехов. — «Вишнёвый сад». 2-я серия. **19.00** — В объективе — Германия (передача на немецком языке). **19.55** — Чтение с продолжением. Мария Башкирцева. Дневники. **20.10** — «Если вам за...». **20.55** — Итальянский язык. **21.25** — Испанский язык. 2-й год обучения. **21.55** — «Семья». **22.55** — Морис Бежар.

Ленинградская программа. 11.55 — Встреча. «Бог даёт надежду». **15.00** — «Тигрёнок Кузя и его друзья». **15.15** — «Телекурьер». **16.00** — «Фея кукол». Телефильм-балет. **18.50** — В.Успенский — «Диалог о любви». Вокально-симфонический цикл. **19.30** — «Зебра». **21.00** — Время. **21.40** — «Из компетентных источников». **22.55** — Музыкальная телевизионная игра «Да!»

ПОНЕДЕЛЬНИК,
22 октября

Первая программа. 6.30 — «120 минут». **8.35** — «Американская трагедия». Художественный фильм. 1-я серия. **9.40** — Мультфильмы. **10.15** — «Футбольное обозрение». **10.45** — «Фантазии Елены Пелевиной и многое другое». **11.20** — В мире животных. **12.20** — Коллаж. **12.30** — Время. **15.30** — ТСН. **15.45** — Концерт. **16.10** — Объектив. **16.45** — Детский час. **17.45** — «Рынок: как это делается в Германии». Передача 3-я. **18.30** — Время. **19.00** — Мультфильм. **19.10** — «Судьбе завистливой назло». **19.40** — Актуальное интервью. **21.00** — Время. **21.40** — Коллаж. **21.45** — На чемпионате мира по шахматам. **21.55** — Художественный фильм. «Когда мне будет 54 года». **23.20** — ТСН.

Вторая программа.
8.00 — Утренняя гимнастика. **8.15** — Мультфильм. Научно-популярный фильм. **8.35, 9.35** — Физика. 10-й класс. **9.05** — Итальянский язык. **10.05** — Мама, папа и я. Ребенку второй год. **10.35, 11.40** — Биология. 7-й класс. **10.55** — Педагогика для всех. **12.00** — Сеанс повторного фильма. «И оглянулся путник...». **13.10** — Документальный фильм. **17.00** — Баскетбол. Международный турнир. **17.40** — Телестудии городов России. **18.30** — Время (с сурдопереводом). **19.00** — Концерт. **20.00** — «Спокойной ночи, малыши!» **20.15** — «Мёртвые деньги». **20.30** — Телевизионный музыкальный абонемент. **21.40** — На сессии Верховного Совета СССР. **22.40** — Дневник сессии Верховного Совета РСФСР. **23.40** — «Тихая квартира». Худ. фильм.

Московская программа.
7.00 — «2х2». **18.30** — Панорама Подмосковья. **19.30** и **21.40** — Добрый вечер, Москва! **20.45** — «Спокойной ночи, малыши!» **21.00** — Время (с сурдопереводом).

Образовательная программа.
17.55 — «Огненные дороги» 16-я серия. **19.00** — Школьный час. Литература. Общая биология. **20.00** «Если вам за...» **20.45** — Итальянский язык. **21.15** — Научный вестник. **22.00** — Авангардизм.

Ленинградская программа.
19.10 — «Гражданин и закон». **20.10** — Телестанция «Факт». **20.30** — «Большой фестиваль». **20.45** — Спорт, спорт, спорт. **21.00** — Время. **21.40** — «600 секунд». **21.50** — Реклама. **21.55** — Ленсовет — прямой эфир. **22.05** — Реклама. **22.10** — «Пятое колесо».

(c) *Ask and answer the questions. Consult the program.*

1. Какие информационные передачи будут в воскресенье по первой программе? (литературные передачи, музыкальные, спортивные, детские).

2. Какие фильмы можно посмотреть по телевизору в воскресенье и в понедельник? Когда они начинаются? (художественные фильмы, feature films, мультфильмы, animated cartoons).

3. Что это за передача — ТСН? («Музыкальный киоск», «Время», «Спокойной ночи, малыши», «Детский час»).

4. Какие иностранные языки можно изучать по телевизору? Когда и по какой программе бывают эти передачи?

5. Какие программы вам больше нравятся? Утренние? Дневные? Вечерние?

6. Как называется передача, которая вам понравилась? Почему она вам понравилась?

(d) *Situations.*

(1) Your friend is an athlete. He watches all sports programs on TV. Ask him what interesting sports programs he saw this week.

(2) You never watch the educational channel, while your friend prefers it. Ask him why.

(3) You have met students from the USSR. Ask them about Soviet television and its popular programs.

READING

▶ **57.** (a) *Read and analyze.*

Note: **участвовать** в чём

Институт русского языка имени А.С. Пушкина

В Москве на улице Волгина, 6 находится Институт русского языка имени А.С. Пушкина. В институте учатся

иностра́нные студе́нты, кото́рые изуча́ют ру́сский язы́к. В Москве́
они́ посеща́ют практи́ческие заня́тия, слу́шают ле́кции,
уча́ствуют в рабо́те семина́ров, знако́мятся с исто́рией страны́, с
её культу́рой. В институ́те рабо́тает Пу́шкинский клуб. В его́
рабо́те уча́ствуют иностра́нные студе́нты. Они́ чита́ют стихи́
А.С. Пу́шкина, пою́т рома́нсы на его́ слова́. Пу́шкинский клуб
прово́дит конце́рты и ко́нкурсы. В э́тих конце́ртах и ко́нкурсах
уча́ствуют иностра́нные студе́нты.

(b)*Answer the questions.*

1. Где́ нахо́дится Институ́т ру́сского языка́ и́мени А.С. Пу́шкина?
2. Кто́ занима́ется в э́том Институ́те?
3. Ка́к занима́ются студе́нты в э́том Институ́те?
4. Како́й клуб рабо́тает в Институ́те?
5. Кто́ уча́ствует в конце́ртах и ко́нкурсах, кото́рые прово́дит э́тот
клуб?

58. *Microdialogues.*

— Вы́ бы́ли в Пу́шкинском клу́бе на
ко́нкурсе?
— Да́, бы́л.
— А кто́ в нём уча́ствовал?
— Сове́тские и иностра́нные студе́н-
ты.

ко́нкурс ру́сской пе́сни—
молоды́е певцы́, конце́рт
совреме́нной пе́сни
— певцы́ из ра́зных
стра́н, социологи́ческая
конфере́нция
— молоды́е учёные,
конце́рт ро́к-му́зыки —
ро́к-гру́ппы из ра́зных
городо́в, ша́хматный
ма́тч — спортсме́ны
из ра́зных стра́н.

▶ **59.** *Read and analyze.*

Note: **игра́ть** в чём

Популя́рный арти́ст

Михаи́л Улья́нов — популя́рный сове́тский арти́ст теа́тра и
кино́. Он игра́л в ра́зных фи́льмах и спекта́клях. Он игра́л в
пье́сах сове́тских и иностра́нных а́второв.

▶ **60.** (a) *Read and analyze. Pay attention to the adjectives* у́тренний, вече́рний, зи́мний, ле́тний.

1. — Скажи́те, пожа́луйста, у ва́с е́сть биле́ты?
   — Да́, е́сть биле́ты на у́тренние сеа́нсы.
   — А на вече́рние?
   — На вече́рние — не́т.

2. — Серге́й, скажи́, пожа́луйста, когда́ у ва́с начина́ются зи́мние кани́кулы?
   — Два́дцать пя́того января́.
   — А ле́тние?
   — Ле́тние — пе́рвого ию́ля.

(b) *Pronunciation Practice.*

сеа́нс, у́тро, у́тренний, у́тренний сеа́нс; ве́чер, вече́рний, вече́рний сеа́нс, биле́ты на у́тренние сеа́нсы, биле́ты на вече́рние сеа́нсы; Да́йте мне́, пожа́луйста, два́ биле́та на у́тренний сеа́нс. У ва́с е́сть биле́ты на вече́рние сеа́нсы? зима́, зи́мний, кани́кулы, ле́то, ле́тний [л'е́тн'ий], ле́тние кани́кулы; Куда́ вы́ пое́дете на ле́тние кани́кулы? Куда́ студе́нты пое́дут на зи́мние кани́кулы? Когда́ начина́ются ле́тние кани́кулы в Аме́рике?

(c) *Situations.*

You want to buy tickets for the theater, the movies, a concert.

61. *Vocabulary for Reading. Study the following new words and their usage as illustrated in the sentences on the right. Read each sentence aloud.*

стара́ться + *inf.*	Го́лос у неё бы́л си́льный, но́ она́ стара́лась пе́ть гро́мко.
ве́рить / пове́рить к о м у́? в к о г о́? в о ч т о́?	Спортсме́ны ве́рят своему́ тре́неру. Спортсме́н до́лжен ве́рить в себя́, в свои́ си́лы.
исполня́ть / испо́лнить ч т о́?	На ко́нкурсе певе́ц исполня́л рома́нсы П.И. Чайко́вского. Ро́к-гру́ппа испо́лнила на конце́рте совреме́нные пе́сни.
роди́ться	А.С. Пу́шкин роди́лся 6 ию́ня 1799 го́да в Москве́. Л.Н. Толсто́й роди́лся 28 а́вгуста 1828 го́да.
остава́ться / оста́ться г д е́?	— Ребя́та, а где́ Бори́с? — О́н оста́лся в лаборато́рии. Ле́том Оле́г не пое́хал домо́й, а оста́лся в Москве́.

получа́ть / получи́ть ч т о́? — Скажи́те, пожа́луйста, где здесь мо́жно получи́ть де́ньги?
— В тре́тьем окне́.
— То́м, у тебя́ есть тре́тий но́мер журна́ла «Спу́тник»?
— Нет, я ещё не получи́л его́.
Бори́с учи́лся в университе́те. Он получи́л хоро́шее образова́ние.

изменя́ть / измени́ть ч т о? Совреме́нные певцы́ изменя́ют хара́ктер исполне́ния пе́сен.
Нау́чный руководи́тель измени́л пла́н экспериме́нта.

62. *Situation.*

You were at a rock-concert. Say what singers sang and what songs they sang, what sort of music do they popularize.

63. *Tell when and where you were born.*

64. *Make up sentences, using the following phrases. Follow the model.*

Model: Профе́ссор попроси́л студе́нта прочита́ть статью́.

встре́тить его́; найти́ э́ти слова́ в словаре́; запо́мнить слова́; продолжа́ть чита́ть те́кст; собра́ться о́коло вы́хода.

Model: Профе́ссор попроси́л у студе́нта те́кст его́ докла́да.

но́вый журна́л, кни́га стихо́в Пу́шкина, ру́чка, «Литерату́рная газе́та».

65. *Compose dialogues, as in the model.*

Model: — Мэ́ри, у тебя́ есть «Война́ и ми́р» Толсто́го?
— Нет, э́тот рома́н, ка́жется, есть у Ро́берта. Попроси́ у него́.

Use the word groups: ру́сско-англи́йский слова́рь; уче́бник ру́сского языка́; газе́та «Сове́тский спорт»; журна́л «Сове́тская же́нщина»; журна́л «Спу́тник».

66. *Answer the questions.*

1. Вы ча́сто получа́ете пи́сьма?   5. Кому́ вы пи́шете?
2. Кто вам пи́шет?   6. Вы лю́бите получа́ть пода́рки?
3. Вы лю́бите получа́ть пи́сьма?   7. Вы лю́бите дари́ть пода́рки?
4. Вы лю́бите писа́ть пи́сьма?

67. (a) *Describe a person of your choice, using the following adjectives. State which qualities you admire (or don't admire) in other people.*

высо́кий, невысо́кий, краси́вый, некраси́вый, симпати́чный, молодо́й, ста́рый, ве́жливый, неве́жливый, интере́сный, неинтере́сный, хоро́ший, плохо́й, у́мный, глу́пый, до́брый, си́льный, сла́бый, сме́лый, весёлый, прия́тный, неприя́тный, серьёзный, энерги́чный.

(b) *Describe one of your classmates in Russian so that others can guess his identity. (Other classmates may ask questions).*

★ **68.** *Give the antonyms of:* гру́стный, тру́дный, сла́бый, хоро́ший, холо́дный, ста́рый, ма́ленький, ста́рший, здоро́вый, бе́дный.

69. (a) *Read the text without consulting a dictionary.*

Но́вый анса́мбль

Со стари́нными веща́ми мо́жно познако́миться в **ве́щь** thing, object музе́е. А где́ мо́жно познако́миться со стари́нными пе́снями? Пе́сню нельзя́ уви́деть в музе́е. Пе́сня живёт то́лько тогда́, когда́ её пою́т.

В Москве́ появи́лись афи́ши но́вого анса́мбля. Пе́рвые конце́рты э́того анса́мбля прошли́ с успе́хом. Но́вый анса́мбль поёт стари́нные ру́сские пе́сни. Поёт их та́к, ка́к пе́ли их ра́ньше.

Все́ де́сять певцо́в анса́мбля получи́ли специа́льное музыка́льное образова́ние. Чтобы пе́сня звуча́ла та́к, ка́к её пою́т в Ку́рской и́ли Вологодской о́бласти, певцы́ пое́хали учи́ться к **о́бласть** province наро́дным мастера́м. В деревня́х они́ учи́лись пе́ть, игра́ть на стари́нных наро́дных инструме́нтах. Певцы́ изуча́ют стари́нную ру́сскую наро́дную пе́сню, и конце́рты — результа́т их рабо́ты.

(b) *Find in the text the words* стари́нный, анса́мбль, афи́ша, певе́ц *and translate them without consulting a dictionary.*

(c) *Reread the text and answer the questions.*

1. Како́й но́вый анса́мбль появи́лся в Москве́?
2. Где́ певцы́ изуча́ют стари́нную ру́сскую наро́дную пе́сню?

70. (a) *Remember the meanings of the words* пе́ть, победи́ть, интере́сный, рисова́ть.

(b) *Translate the underlined words without consulting a dictionary.*

пе́ть	победи́ть	интере́сный	рисова́ть
певе́ц	победи́тель	интересова́ться	рису́нок
певи́ца	побе́да	интере́с	

71. *Read the following sentences. Infer the meaning of the underlined words, then check your guess with the dictionary.*

1. Пла́н мо́жно вы́полнить, е́сли он реа́льный .
2. Молодо́й специали́ст получи́л интере́сное предложе́ние рабо́тать в компью́терном це́нтре.
3. Э́тот учёный изуча́ет при́нципы рабо́ты компью́теров. В своём выступле́нии на конфере́нции он рассказа́л о результа́тах э́той рабо́ты.

72. (a) *Read the text without consulting a dictionary.*

«Но́вое в социоло́гии»

В на́шем Институ́те мы́сленных завихре́ний (Institute of Braintwist) прово́дят интере́сные социологи́ческие экспериме́нты. Молоды́е учёные у́чатся нестанда́ртно объясня́ть фа́кты. Вот результа́ты на́шей но́вой рабо́ты. Учёные изуча́ли пробле́мы сосредото́ченности (concentration). Учёные проводи́ли экспериме́нты на симфони́ческих конце́ртах. Когда́ лю́ди внима́тельно слу́шают класси́ческую му́зыку, о чём они́ ду́мают? Мы получи́ли таки́е результа́ты:

— анализи́руют конфли́кты в свое́й семье́— 40%
— анализи́руют конфли́кты на рабо́те— 15%
— ду́мают, ско́лько де́нег полу́чит дирижёр— 15%
— счита́ют, ско́лько музыка́нтов сиди́т на сце́не— 15%
— смо́трят на краси́вую же́нщину в пя́том ряду́— 7%
— стара́ются вспо́мнить, ка́к называ́ется са́мая больша́я труба́— 7%
— наслажда́ются му́зыкой— 1%

Вы́вод: Вне́шняя сосредото́ченность (outer concentration) не всегда́ соотве́тствует вну́тренней сосредото́ченности (inner concentration).

Таки́е же результа́ты получи́ли учёные, когда́ они́ проводи́ли экспериме́нты на собра́ниях, ле́кциях.

(b) *Now answer only this question:*

Ско́лько проце́нтов люде́й внима́тельно слу́шают му́зыку?

If your answer is correct, then you have understood the text.

73. *Read aloud.*

(a) го́лос [го́лъс], го́лос си́льный и краси́вый, го́лос у него́ си́льный и краси́вый, легко́ [л'ихко́], образова́ние [абръзава́нијъ], получи́ть образова́ние, наро́дный хо́р, оста́ться [аста́ццъ], норма́льно [нарма́л'нъ], всё норма́льно, похо́ж [пахо́ш], о́н похо́ж на меня́, дру́г на дру́га, они́ похо́жи дру́г на дру́га, боя́ться [баја́ццъ], попроси́ть [пъпрас'и́т'], звезда́ [зв'изда́], о́н ста́л звездо́й, совсе́м, я́ совсе́м не отдыха́л, не могу́ [нимагу́], не пе́ть [н'ип'е́т'], не могу́ не пе́ть, продолжа́ть [пръдалжа́т'], продолжа́ть пе́ть, рабо́тать, междунаро́дный [м'иждунаро́дныј], междунаро́дный ко́нкурс.

(b) Пе́ть о́н на́чал / ещё в де́тстве. Когда́ учи́лся в девя́том кла́ссе, / поступи́л в Сту́дию эстра́дного иску́сства. И вдру́г оста́лся оди́н. Почему́? Мо́жет быть, бы́ли конфли́кты? Всё бы́ло норма́льно. Бы́л успе́х. Бы́ли де́ньги. Я́ всегда́ чу́вствовал, / что могу́ де́лать бо́льше. Я́ по́нял, / что могу́ рабо́тать самостоя́тельно. Ко́нкурс — / э́то реа́льный ша́нс. Вы́ ста́ли звездо́й. И не́т никаки́х пробле́м? Тепе́рь я́ са́м реша́ю, / что бу́ду пе́ть, / и пою́, что́ хочу́. Я́ ду́маю, / что ро́к — / э́то му́зыка, / кото́рая звучи́т в се́рдце.

74. *Basic Text. Read the text and then do exercises 75 and 76.*

Я́ ве́рю в своё иску́сство
(интервью)

— Мы́ исполня́ем му́зыку на́шего вре́мени — энерги́чный, эмоциона́льный «Ха́рд энд хэ́ви». И вме́сте с ни́м ру́сскую наро́дную му́зыку — рома́нсы, наро́дные пе́сни. Мы́ не хоти́м и́х забыва́ть, — та́к сказа́л Алекса́ндр Мали́нин журнали́стам, когда́ получи́л «Гра́н-при́» на телеко́нкурсе в Ю́рмале.[1]

Алекса́ндр Мали́нин роди́лся в небольшо́й дере́вне на Ура́ле. Пе́ть на́чал ещё в де́тстве. Го́лос у него́ был си́льный и краси́вый, и пе́л он легко́. Когда́ учи́лся в девя́том кла́ссе, поступи́л в Сту́дию эстра́дного иску́сства Свердло́вской филармо́нии. Та́м получи́л музыка́льное образова́ние. Пе́л в Ура́льском наро́дном хо́ре. Пото́м был соли́стом ра́зных популя́рных гру́пп. И вдру́г оста́лся оди́н. Почему́? Мо́жет бы́ть, бы́ли конфли́кты с руководи́телями гру́пп?

Алекса́ндр Мали́нин: Всё у меня́ бы́ло норма́льно. Был успе́х. Бы́ли де́ньги. На конце́ртах гру́пп, в кото́рых я рабо́тал, всегда́ мно́го наро́да. Но ка́ждый музыка́нт в свое́й рабо́те до́лжен по́лностью выража́ть себя́. Не́которые певцы́ мо́гут де́лать э́то в гру́ппе, а я не могу́. В гру́ппе всё одина́ковые, похо́жи дру́г на дру́га. Я всегда́ чу́вствовал, что могу́ де́лать бо́льше. Я по́нял, что до́лжен рабо́тать самостоя́тельно. Что́ на́до сде́лать для э́того? Каки́е пе́сни на́до пе́ть? Во́т об э́том я спроси́л себя́. Меня́ никто́ не зна́ет. Ну́жно, чтобы меня́ зна́ли. Ка́к мо́жно э́то сде́лать? Зде́сь мо́жет помо́чь и́ли ко́нкурс, и́ли телеви́дение. Ко́нкурс — э́то, коне́чно, лотере́я, но э́то и реа́льный ша́нс. Телеко́нкурс в Ю́рмале был для меня́ таки́м ша́нсом. Боя́лся ли я? Нет, не боя́лся. Телеви́дение три́ дня́ пока́зывало мои́ выступле́ния. Тогда́ во вре́мя ко́нкурса меня́ узна́ла вся́ страна́. А я давно́ выступа́ю. В про́шлом году́ успе́шно вы́ступил на «Ро́к-панора́ме», рабо́тал в США́, но меня́ никто́ не зна́л.

Корреспонде́нт попроси́л А. Мали́нина отве́тить на не́сколько вопро́сов:

— Сейча́с вы́ действи́тельно ста́ли популя́рным певцо́м. На у́лицах афи́ши с ва́шими портре́тами. Молодёжь зна́ет ва́ши пе́сни, лю́бит пе́сню «Две́ри закрыва́ются»[2] и други́е. Тепе́рь вы́ ста́ли звездо́й. И не́т никаки́х пробле́м?

А. Мали́нин: Пробле́мы е́сть. По́сле ко́нкурса в Ю́рмале на́до бы́ло выступа́ть ка́ждый де́нь. Я совсе́м не отдыха́л. Но тепе́рь я самостоя́тельно реша́ю, что́ бу́ду пе́ть, и пою́, что́ хочу́. Но на́до о́чень мно́го рабо́тать, на́до иска́ть но́вое. Гла́вное — на́до де́лать всё че́стно. И пе́сни я таки́е выбира́ю, в кото́рых могу́ отве́тить за ка́ждое сло́во. Мо́й при́нцип — пе́ть на сце́не, а не открыва́ть ро́т под фоногра́мму. Тако́е выступле́ние — не иску́сство, а

---

[1] Jurmala is a resort in Latvia on the Baltic Sea coast.
[2] Две́ри закрыва́ются, very frequently used words which people hear in the subway, e. g.: «Осторо́жно. Две́ри закрыва́ются. Сле́дующая ста́нция... Беля́ево».

обма́н люде́й. Я́ всегда́ бу́ду пе́ть на сце́не — э́то моя́ тво́рческая пози́ция.

Корреспонде́нт: Вы́ — ро́к-певе́ц. А поёте рома́нсы и наро́дные пе́сни. Вы́ пропаганди́руете в ро́ке наро́дную культу́ру?

А. Мали́нин: А что́ тако́е ро́к? Кто́ мо́жет сказа́ть то́чно? Мо́й ро́к — э́то пе́сни, кото́рые я́ не могу́ не пе́ть. Я́ про́сто пою́ пе́сни, кото́рые люблю́, и хочу́, что́бы и́х люби́ли други́е. Я́ ду́маю, что ро́к — э́то му́зыка, кото́рая звучи́т в се́рдце, пе́ние на преде́ле[1]. Та́к я́ стара́юсь пе́ть. Вре́мя изменя́ет жи́знь. И мно́гие стари́нные наро́дные пе́сни, рома́нсы я́ пою́ в совреме́нной аранжиро́вке, то́ есть пою́ по-друго́му, по-сво́ему.

Корреспонде́нт: Каки́е у ва́с пла́ны?

А. Мали́нин: Гла́вное — рабо́та. Бу́ду продолжа́ть пе́ть: репети́ции, конце́рты. Хочу́ игра́ть в кино́, но не в музыка́льных фи́льмах. Пра́вда, сейча́с не могу́: о́чень мно́го выступа́ю. Бу́ду де́лать но́вую програ́мму. В бу́дущем году́ пое́ду на междунаро́дный ко́нкурс. Я́ ве́рю в своё иску́сство, ве́рю в себя́.

75. *Answer* Да́ *or* Не́т.

1. Алекса́ндр Мали́нин — о́перный певе́ц?
2. О́н ро́к-певе́ц?
3. О́н роди́лся в го́роде?
4. О́н пе́л в Ура́льском наро́дном хо́ре?
5. О́н бы́л соли́стом ро́к-гру́пп?
6. Э́ти гру́ппы име́ли успе́х?
7. О́н выступа́л на телеко́нкурсе в Ю́рмале?
8. О́н ста́л ро́к-звездо́й?
9. О́н поёт пе́сни и рома́нсы в совреме́нной аранжиро́вке?

76. *Find the answers to the questions in the text and read them.*

1. Что́ сказа́л Алекса́ндр Мали́нин, когда́ получи́л «Гра́н-при́» в Ю́рмале на телеко́нкурсе?
2. Почему́ Алекса́ндр Мали́нин ста́л рабо́тать оди́н?
3. Каки́е у него́ е́сть пробле́мы?
4. Что́ для него́ гла́вное?
5. Кака́я у него́ тво́рческая пози́ция?
6. Ка́к А. Мали́нин понима́ет, что́ тако́е ро́к?

---

[1] пе́ние на преде́ле singing to the limit.

77. *Divide the text into several parts and give a title to each.*

78. *Answer the questions.*

1. Кто́ тако́й Алекса́ндр Мали́нин?
2. Ка́к Алекса́ндр Мали́нин учи́лся пе́ть?
3. Где́ о́н выступа́л?
4. Ка́к Алекса́ндр Мали́нин ста́л популя́рным?
5. Почему́ о́н ста́л пе́ть оди́н?
6. Кака́я у него́ тво́рческая пози́ция?

79. *Tell Alexander Malinin's biography.*

80. *Speak about your favorite singer.*

81. *Answer the questions.*

1. В ва́шей стране́ популя́рна ро́к-му́зыка?
2. У ва́с е́сть ро́к-звёзды? Назови́те и́х имена́.
3. Каки́е ро́к-гру́ппы е́сть в ва́шей стране́?
4. Где́ они́ выступа́ют?

★82. *Discussion Topics. Why do you think rock music is so popular?*

★ 83. Situation.

You are taking an interview from Alexander Malinin. Ask him questions.

★ 84. *Tell the biography of an actor you know.*

★ 85. *Situations.*

You have been at a concert of rock music, at a concert of folk music. Your friends are asking you about your impressions.

86. *Answer the questions, giving reasons for your answers.*

1. Вы́ лю́бите иску́сство?
2. Како́е иску́сство вы́ лю́бите?
3. Что́ вы́ лю́бите: теа́тр, кино́, о́перу, бале́т?
4. Ка́к вы́ ду́маете, о́пера и бале́т — э́то совреме́нные ви́ды иску́сства?

★ **87.** *Discussion.*

Каки́м должно́ бы́ть совреме́нное иску́сство?

88. *Essay Topic:* Что́ даёт челове́ку иску́сство?

89. *Read and speak. Situation.*

You want to go to the concert. Read advertisements in a newspaper.

1. На како́й конце́рт вы хоти́те пойти́?
2. Кто выступа́ет?
3. Когда́ бу́дет конце́рт?
4. Когда́ нача́ло?
5. Где бу́дет э́тот конце́рт?
6. Како́й а́дрес?

Агентство «МЕГАПОЛИС»
программа «ВЗГЛЯД»

ЦЕНТРАЛЬНЫЙ СТАДИОН
имени В. И. ЛЕНИНА

Универсальный спортивный зал
«ДРУЖБА»

21 и 22 апреля

РОК-АТТРАКЦИОН

Участвуют: «БРИГАДА С», Рэд ГРЭМИ (США), «АВИА», Андрей МИ-СИН, «ВВ», «АГАТА КРИСТИ», «СКАНДАЛ», «НЮАНС», «МЕГАПО-ЛИС», «НАСТЯ», «ДЕТИ», «ТЕЛЕВИЗОР», «КРЕМЛЕВСКИЙ СОЛО-ВЕЙ», Элис ТИРОЛ (США), ГИНТАРИ (США).
Программу ведет Э. ЛЬВОВ.
Режиссер-постановщик — П. ЛЕОНТЬЕВ.
Музыкальный редактор — М. ЛОЗОВАЯ.
Продюсер — Б. ХРАПАЛЬ.
Начало в 14 и 19 час.
Билеты продаются в кассах стадиона и МДТЗК.
Справочная служба стадиона 201-09-55.
Автоответчики: 246-55-15, 16, 17, 18.

ГОСУДАРСТВЕННЫЙ
ЦЕНТРАЛЬНЫЙ
КОНЦЕРТНЫЙ ЗАЛ
(Москворецкая наб., 1)
8 апреля в 14 час.
Шестой концерт
абонемента
«ВАМ, МОЛОДЫЕ
МОСКВИЧИ»
Авторская песня

КОЛОННЫЙ ЗАЛ
ДОМА СОЮЗОВ
(Пушкинская ул., 1)
7 апреля в 19 час.
К 150-летию со дня рождения
П. И. Чайковского
КОНЦЕРТ
лауреата международных конкурсов
Александра МОРОЗОВА
Партия фортепьяно — Ирина
СОБОЛЕВА.
В программе — сцены из опер
и романсы русских композиторов.
Билеты продаются в кассе Колон-
ного зала.

Советский фонд милосердия и здоровья
Агентство «МЕГАПОЛИС»

ЦЕНТРАЛЬНЫЙ СТАДИОН
имени В. И. ЛЕНИНА

Универсальный спортивный зал
«ДРУЖБА»

С 18 по 20 апреля в 19 час.

ПОП-АТТРАКЦИОН

Участвуют: Элис ТИРОЛ (США), ГИНТАРИ (США), Саша АЙВА-ЗОВ, Инна НОВИЦКАЯ, АЛИШЕР, Филипп КИРКОРОВ, АЗИЗА; груп-пы: «РИТОН» (НРБ), «МИССИЯ», «МАЛЕНЬКИЙ ПРИНЦ», «ТВОЙ ДЕНЬ», «КЛЕОПАТРА», «КОЛЛЕДЖ», «МАКСИ», «КРЕМЛЕВСКИЙ СОЛОВЕЙ», «АЛЬФА», «ДЕТИ АРБАТА».
Программу ведет Э. ЛЬВОВ.
Режиссер-постановщик — П. ЛЕОНТЬЕВ. Продюсер — Б. ХРА-ПАЛЬ.
Художественный руководитель — В. МИГУЛЯ.
Билеты продаются в кассах стадиона и МДТЗК.
Справочная служба стадиона 201-09-55. Автоответчики: 246-55-15, 16, 17, 18.

90. (a) *Read the text without consulting a dictionary.*

Большо́й теа́тр

Назва́ние э́того теа́тра — Госуда́рственный академи́ческий Большо́й теа́тр СССР. О чём говоря́т э́ти слова́? В СССР 560 профессиона́льных теа́тров. Почему́ то́лько оди́н из ни́х Большо́й?

Почему́ он <u>Большо́й</u>?

Те́, кто́ интересу́ется Больши́м теа́тром, ча́сто спра́шивают: «Э́то пра́вда, что в Большо́м теа́тре рабо́тает почти́ 3000 челове́к?» Да, пра́вда. 3000 челове́к — э́то и арти́сты, и хо́р, и орке́стр и т. д.

У Большо́го са́мый большо́й зри́тельный за́л? — Да́, 2000 ме́ст в за́ле теа́тра и 6000 ме́ст в Кремлёвском Дворце́ съе́здов (Palace of Congresses). Но теа́тр — не стадио́н, чтобы горди́ться разме́рами.

В Большо́м никогда́ не быва́ет свобо́дных ме́ст. Почему́ о́н та́к популя́рен?

Большо́й теа́тр на́чал та́к называ́ться то́лько в 1825 году́, когда́ ста́л одни́м из са́мых кру́пных теа́тров в Евро́пе, вторы́м по́сле Мила́нского о́перного теа́тра. Гла́вное — не разме́ры теа́тра, а то́, каки́м явля́ется его́ иску́сство.

<u>Академи́ческий</u> — этало́н (highest example) мастерства́

В Большо́м теа́тре иду́т ра́зные спекта́кли: класси́ческие («Лебеди́ное о́зеро» и «Евге́ний Оне́гин» П. И. Чайко́вского, «Карме́н» Ж. Бизе́, «Русла́н и Людми́ла» М. И. Гли́нки) и совреме́нные («Спарта́к» А. И. Хачатуря́на, «Война́ и ми́р» и «Роме́о и Джулье́тта» С. Проко́фьева и др.). Большо́й не забыва́ет ста́рые тради́ции и и́щет но́вые реше́ния.

Большо́й — э́то этало́н мастерства́ для други́х теа́тров страны́. Он мно́го сде́лал для созда́ния сове́тских национа́льных о́перных и бале́тных шко́л. Арти́сты Большо́го теа́тра выступа́ют в больши́х и ма́леньких города́х, в ра́зных райо́нах Се́вера, Сиби́ри, Да́льнего Восто́ка. Они́ помога́ют профессиона́льным и самоде́ятельным коллекти́вам.

Мно́го арти́стов из ра́зных респу́блик страны́ учи́лись и выступа́ли в Большо́м теа́тре. Си́ла Большо́го теа́тра в его́ постоя́нной мо́лодости, в его́ конта́ктах с иску́сством все́й страны́.

Что такое <u>государственный</u> ?

Большой театр приносит доход (makes a profit) государству? Нет, не приносит.

Каждый год театр получает от государства 1 миллион рублей. Государство помогало театру и во время войны. В театре много артистов, поэтому, когда часть из них уезжает на гастроли, другая часть выступает в Москве. Театр может работать всё время. Большой театр — это слава русского искусства, это его история и современность. Большой театр дарит людям праздник, праздник каждый вечер.

(b) *Translate without using a dictionary:* гастроли, академический, мастерство, классический, контакт, помощь. *Check your translations with a dictionary.*

(c) *Infer the meaning of the underlined words from the context.*

1. Юрий Власов выступал на Олимпийских играх. Это было важным <u>событием</u> в его жизни. На этих играх он стал олимпийским чемпионом. Об этом <u>событии</u> написали все газеты. Советские газеты писали, что в СССР <u>гордятся</u> новым олимпийским чемпионом. Особенно <u>гордились</u> Юрием Власовым в школе, где он учился, где он начал заниматься спортом.
2. Балерина должна танцевать каждый день. Эти <u>постоянные</u> занятия называются классом. Без таких <u>постоянных</u> занятий балерина теряет форму.
3. — Скажите, столицей какого <u>государства</u> является Париж?
   — Париж — столица Франции. Испания — это <u>государство</u>, которое находится на западе Европы.

(d) *Find the word* размер *in the text and define its meaning on the basis of context. Check your definition with a dictionary.*

91. *Read the text* «Большой театр» *once more. Answer the questions.*

1. Сколько человек работает в Большом театре?
2. Когда этот театр стал называться Большим?
3. Что главное в искусстве Большого театра?
4. Какие спектакли идут в Большом театре?

★ **92.** *Give a brief summary of the article on the Bolshoi Theater.*

★ **93.** *Reading Newspapers. Read these articles. Find the following information.*

(a) Какóй фильм впервы́е пока́зывали в Москве́? Ка́к встре́тила фильм моско́вская пу́блика?

«Унесенные ветром»: встреча через полвека

«Унесенные ветром»—экранизация романа Маргарет Митчелл, сделанная в 1939 году, самый кассовый фильм в истории кино, фильм—обладатель десяти наград Американской киноакадемии — наконец увидели в нашей стране. Первый показ уже состоялся в Москве, затем картина «поедет» в Тбилиси, Ленинград, Киев, Одессу, Минск...

Ах, обаяние старого, доброго романа, которым зачитывались и зачитываются до сих пор! Обаяние старого кино, где все так красиво — пейзажи, лица, наряды, чувства... Где жизнь и война, любовь и утраты, невзгоды и слезы, и боль, и счастье... Где весь сюжет — судьба женщины, живой и страстной. Кра-

савицы. Победительницы. Неужели этот сюжет, эта простота и наивность, и эта красочность, и это обаяние все еще способны тронуть наши сердца?

Искушенная кинопублика на премьере в «Октябре»—и так неожиданно, посреди показа аплодисменты, детские, дружные, когда на экране бравый и ироничный Ретт Батлер, спасая Скарлетт и Мелани с ребенком, благополучно прорвался сквозь огонь, через горящие склады со снарядами. Неужто мы, зрители, еще способны на эту непосредственность, на это простодушие? И если так—спасибо старому фильму.

М. МУРЗИНА.

(b) Отку́да пришёл в Нью-Йо́рк па́русный кора́бль «Дру́жба»? Кто́ бы́л на борту́ корабля́? Что́ бы́ло напи́сано на плака́те на корабле́?

«Дружба» под белыми парусами

НЬЮ-ЙОРК, 20. (Соб. корр. «Правды»). Сверкая в жарких лучах августовского солнца великолепием белоснежных парусов, у 17-го парадного пирса нью-йоркской гавани стоит трехмачтовый парусник «Дружба».

Учебный корабль, принадлежащий Высшему одесскому инженерному морскому училищу имени Ленинского комсомола, на днях завершил морской переход в 6,5 тысячи миль из Одессы в Нью-Йорк. На его борту — совместный советско-американский экипаж из одесских курсантов и кадетов американских мореходных училищ.

Первая стоянка парусника «Дружба» на атлантическом побережье США пришлась на Балтимор. На то есть особые причины, ведь этот город — побратим Одессы. Там к советским коллегам присоединились курсанты академии береговой охраны США. Прежде, чем взять курс к родным берегам, «Дружба» пройдет вдоль восточного берега США, «подбирая» по пути будущих мореходов Америки. Развлекательной прогулкой это не назовешь, ибо все вахты и тяготы морской службы будущие советские и аме-

риканские моряки делят между собой поровну:

«Для меня это плавание — ни с чем не сравнимый опыт совместной работы и жизни с со-

США

ветскими моряками,— делится своими впечатлениями кадет академии береговой охраны США Р. Мэйси.— Они отличные ребята».

На одном из транспарантов, развевавшихся на корабле, было начертано: «Мы все в одной лодке». На «Дружбе» эти слова имеют буквальный смысл. В последние годы нет недостатка в символах советско-американского сотрудничества в самых различных областях. Но этот — под белыми парусами — особенно красив.

☆ SUPPLEMENTARY MATERIALS

★ **1.** (a) *Read the text without consulting a dictionary.*

О балалайке

Создатель русской балалайки — народ. Балалайка — это такой же народный инструмент, как мандолина (mandolin) у итальянцев, гитара (guitar) у испанцев, банджо (banjo) у американцев.

Когда появилась балалайка, никто не знает. В конце XVIII века балалайкой впервые заинтересовались профессиональные музыканты. Но только в XIX веке балалайка стала концертным инструментом. Русский музыкант Василий Андреев создал первый оркестр русских народных инструментов, в котором были разные балалайки: большие и маленькие. Оркестр Андреева выступал с большим успехом в России и в других странах.

Сейчас никто не удивляется успеху этого простого инструмента. У балалайки есть свой голос. Он звучит и грустно, и весело. Балалайка звучит в оркестрах, балалайка звучит на концертах.

(b) *Read each sentence without consulting a dictionary. Infer the meaning of the underlined words from the context.*

1. Вера хорошо поёт. У неё красивый <u>голос</u>.
2. — Вы поёте? — Нет. У меня нет <u>голоса</u>.
3. — Сегодня вы поёте не очень хорошо. Ваш <u>голос</u> не <u>звучит</u>.
4. Когда Ирина поступала в консерваторию, она не умела петь, её <u>голос</u> <u>звучал</u> ещё не очень хорошо. Она много работала, училась, и её <u>голос</u> <u>зазвучал</u> сильно, красиво.

(c) *Reread the text and answer the questions.*

1. Когда появилась балалайка?
2. Где появилась балалайка?
3. Кто и когда создал первый оркестр русских народных инструментов?

★ **2.** *Read the text without consulting a dictionary.*

Матрёшка

В Заго́рском[1] музе́е игру́шки мо́жно уви́деть пе́рвую ру́сскую матрёшку. Э́то де́вочка с весёлым до́брым лицо́м. В не́й ещё се́мь матрёшек, се́мь де́вочек и ма́льчиков. Они́ похо́жи на неё, ка́к сёстры и бра́тья. Сде́лали э́ту матрёшку в конце́ про́шлого ве́ка. Она́ ещё молода́я. А мо́жно поду́мать, что живёт она́ уже́ не́сколько веко́в, э́та знамени́тая ру́сская матрёшка.

игру́шка toy
матрёшка
Matryoshka, nest of wooden dolls

В 1900 году́ на Всеми́рной вы́ставке в Пари́же с матрёшкой познако́мились францу́зы. Познако́мились и полюби́ли. Сла́ва и успе́х пришли́ к матрёшке. Матрёшку ста́ли покупа́ть ра́зные стра́ны. Сейча́с она́ ста́ла популя́рной во всём ми́ре. Одна́ то́лько Япо́ния покупа́ет ка́ждый год четы́ре ты́сячи матрёшек.

Почему́ та́к лю́бят матрёшку? В чём секре́т её популя́рности? Секре́та нет. Про́сто матрёшка до́брая и весёлая.

---

[1]Zagorsk, a city located approximately 46 miles northeast of Moscow. It is the site of the Troitse-Sergiyeva Lavra (Trinity-Sergius Monastery) , an important monument of Old Russian architecture.

VOCABULARY

* академи́ческий academic
* актёр actor
* актуа́льный topical
* анализи́ровать analyze
* анса́мбль ensemble
* аранжиро́вка arrangement
афи́ша playbill, poster
* балала́йка balalaika
* балери́на ballerina, ballet dancer
* вдо́ль along
вече́рний evening
ви́д sight
впечатле́ние impression
выража́ть (себя́) express (oneself)
выступле́ние appearance, speech
* гастро́ли tour
геро́й hero
го́лос voice
* горди́ться be proud (of)
госуда́рство state
гру́стно sadly
действи́тельно really, indeed
до́брый kind, good
дово́льный pleased, satisfied
заче́м why
* звезда́ star
звуча́ть sound
зи́мний winter
игра́ть *imp.*: игра́ть ро́ль play the role (of)
идти́ *imp.*: **фи́льм идёт** a film is on/showing
изменя́ть / измени́ть change
име́ть успе́х be a success
инструме́нт instrument
интере́с interest
испа́нец Spaniard
исполня́ть / испо́лнить perform
италья́нец Italian
класси́ческий classical
компью́тер computer
ко́нкурс competition

* конфли́кт conflict
* кру́пный important, outstanding
легко́ easily, (it is) simple, (it is) easy
ле́тний summer
лечи́ть treat
* ло́дка boat
* лотере́я lottery
* матрёшка matryoshka (nest of wooden dolls)
междунаро́дный international
мультфи́льм animated cartoons
* наслажда́ться enjoy
не́которое вре́мя (for) some time
нигде́ nowhere
никогда́ never
никто́ no one
ничто́ nothing
* норма́льно all right, normally
обеща́ть / пообеща́ть promise
* о́бласть *f.* province
* обма́н deceit
образова́ние education
* образова́тельная програ́мма educational program
* о́бщество society
одина́ковый similar
остава́ться / оста́ться remain, stay
* па́рус sail
певе́ц singer
певи́ца singer
* плака́т poster
пла́н plan
победи́тель victor, winner
по-друго́му otherwise, in a different way
* пози́ция position
по́лностью completely
* по́мощь *f.* help, assistance

по-но́вому in a new way
по-ра́зному differently, in different ways
по-сво́ему in one's own way
после́дний final, last
послу́шать *p.* listen (to)
постоя́нный permanent, regular
похо́жий на similar (to)
* пра́вда *parenth.* true
* при́нципы *pl.* principles
* присоедини́ться join
продолжа́ть continue
производи́ть / произвести́ (впечатле́ние) produce (an impression)
* пропаганди́ровать popularize
проси́ть / попроси́ть ask, request
проходи́ть / пройти́ pass
* разме́р size
* реа́льный real
результа́т result
* репети́ция rehearsal
рису́нок drawing
* ро́д gender
* ро́к rock music
* рома́нс romance
ря́д row, line, series
сезо́н season
секре́т secret
* се́рдце heart
* симфони́ческий symphony, symphonic
сме́лый brave
* собра́ние meeting
* собы́тие event
сове́товать / посове́товать advise
совсе́м at all
согла́сен agreed
* соли́ст soloist
сосе́д neighbor
* социологи́ческий sociological
стара́ться try, attempt

стари́нный old
* сту́дия studio
сце́на stage
счита́ть consider
* тво́рческий creative
* телеви́дение television
у́мный intelligent
успе́шно successfully
у́тренний morning
уча́стник participant
* фа́кт fact
* филармо́ния philharmonic
  society
* фоногра́мма phonogram
* худо́жественный фи́льм
  feature film
ча́сть *f.* part

* че́стно honestly
что́бы (in order) that
ша́нс chance
шути́ть / пошути́ть joke
экзамена́тор examiner
экспериме́нт experiment
* эмоциона́льный
  emotional
энерги́чный energetic
* эстра́дный конце́рт
  variety show

Verb Stems:

выража́й- express
горди́-ся be proud (of)
звуча́- sound

игра́й- play
изменя́й- / *измени̌-* change
исполня́й- / *испо́лни-* perform
наслажда́й-ся enjoy
обеща́й- / *пообеща́й-* promise
остава́й-ся / *оста́н-ся* remain,
  stay
послу́шай- listen (to)
присоедини́-ся join
продолжа́й- continue
проси̌- ask, request
сове́това- / *посове́това-*
  advise
стара́й-ся try
счита́й- consider

Сиби́рь

PRESENTATION AND
PREPARATORY EXERCISES

> **I**
>
> Кра́сная пло́щадь **бо́льше пло́щади** Маяко́вского.
> Кра́сная пло́щадь **бо́льше, чем пло́щадь** Маяко́вского.
> Пе́рвая зада́ча была́ **бо́лее тру́дная, чем втора́я.**

▶ **1.** *Listen and repeat; then read and analyze. (See Analysis XV, 1.0-1.4.)*

— Ви́ктор, я слы́шал, что твой брат хо́чет купи́ть маши́ну.
  Каку́ю? «Во́лгу», «Москви́ч», «Жигули́»?

— Он ещё не реши́л. «Во́лга» **бо́льше «Москвича́».** И э́то
  хорошо́. Но...

— Но она́ и **доро́же, чем «Москви́ч».** Лу́чше купи́ть «Жигули́».
  По-мо́ему, э́то **бо́лее совреме́нная** маши́на.

— А мне нра́вится но́вая моде́ль «Запоро́жца». Э́то недорога́я, но
  хоро́шая маши́на.

2. (a) *Listen and repeat.*

1. интере́сный — интере́снее, весёлый — веселе́е, бы́стрый —
   быстре́е, до́брый — добре́е, счастли́вый — счастли́вее
   [щисл'и́в'ијь], гру́стный — грустне́е [грус'н'е́јь], сме́лый —
   смеле́е, у́мный — умне́е;

2. большо́й — бо́льше, бога́тый — бога́че, хоро́ший — лу́чше
   [лу́тшъ], плохо́й — ху́же, высо́кий — вы́ше, молодо́й —
   моло́же, дорого́й — доро́же, ста́рый — ста́рше, просто́й —
   про́ще, лёгкий — ле́гче [л'е́хчъ], ма́ленький — ме́ньше.

(b) *Listen and reply.*

Model:　　— Како́й расска́з интере́снее: э́тот и́ли то́т?
　　　　　　— Э́тот интере́снее.

1. Кто́ ста́рше: вы́ и́ли ва́ш бра́т?
2. Како́й го́род бо́льше: Нью-Йо́рк и́ли Чика́го?
3. Каки́е го́ры вы́ше: Пами́р и́ли А́льпы?
4. Кака́я пласти́нка доро́же: э́та и́ли та́?
5. Кто́ моло́же: Джо́н и́ли Ма́йкл?

3. *Complete the sentences.*

Model:　　Ва́ш тре́нер молодо́й челове́к, а на́ш ещё моло́же.

1. О́зеро Иссы́к-Ку́ль большо́е, а о́зеро Байка́л ... .
2. На Украи́не хоро́ший кли́мат, а в Крыму́ кли́мат ... .
3. В ма́е была́ плоха́я пого́да, а в апре́ле пого́да была́ ещё ... .
4. «Спарта́к» — хоро́шая кома́нда, но кома́нда «Дина́мо» ... .
5. Я́ согла́сен, что э́то бы́л весёлый пра́здник, но ра́ньше
　 пра́здники здесь бы́ли ещё ... .
6. Вы́ пра́вы, э́то о́чень краси́вый та́нец. А испа́нские та́нцы
　 ещё ... .

4. *Now Let's Talk.*

Кто́ ста́рше?
Кто́ вы́ше?
Кто́ сильне́е?

А́ня и Бори́с, И́ра и Кири́лл, Андре́й и Ви́ктор.

▶ **5.** *Compare the following objects. (See Analysis, XV, 1.31.)*

(a) Портрѐт бо́льше фотогра́фии.

(b) Портрѐт бо́льше, чем фотогра́фия.

копе́йка — ру́бль (ма́ленький), стари́нные зда́ния — совреме́нные зда́ния (краси́вый), зима́ — о́сень (тёплый), кли́мат Сиби́ри — кли́мат Кавка́за (тёплый), профе́ссия строи́теля — профе́ссия шофёра (интере́сный), вода́ — де́рево (лёгкий).

6. *Supply continuations.*

Model: Сего́дня я́ сда́л экза́мены. И нѐт челове́ка счастли́вее меня́.

1. Сего́дня я́ получи́л письмо́ от Ле́ны.
2. Сего́дня я́ ко́нчил свою́ курсову́ю рабо́ту.
3. Ю́рий ста́л чемпио́ном страны́.
4. Йра бу́дет уча́ствовать в междунаро́дных соревнова́ниях.
5. Вади́м бу́дет уча́ствовать в ко́нкурсе молоды́х певцо́в.
6. В январе́ Ната́ша и Пётр пое́дут в Москву́.

7. *Complete the sentences.*

1. Я́ ду́маю, что нѐт го́рода краси́вее ... .
2. Нѐт страны́ тепле́е, чем ... .
3. Нѐт страны́ холодне́е, чем ... .
4. Нѐт нау́ки интере́снее, чем ... .
5. Нѐт челове́ка лу́чше, чем ... .
6. Нѐт ме́ста краси́вее ... .
7. Нѐт горы́ вы́ше ... .

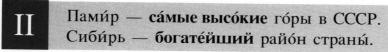

| II | Пами́р — **са́мые высо́кие** го́ры в СССР. Сиби́рь — **богате́йший** райо́н страны́. |

▶ **8.** *Read and analyze. (See Analysis XV, 1.0-1.4.)*

Са́мое большо́е о́зеро в ми́ре — э́то Каспи́йское о́зеро, его́ ча́сто называ́ют Каспи́йским мо́рем. **Са́мое глубо́кое** о́зеро в ми́ре — о́зеро Байка́л (1620 м). Оно́ нахо́дится в Восто́чной Сиби́ри. **Са́мый восто́чный** райо́н в СССР — о́стров Ратма́нова (от Москвы́ 8.480 км, от Аля́ски 4 км 160 м).

9. (a) *Read and translate.*

Са́мый большо́й го́род в СССР — Москва́. Пло́щадь Москвы́ бо́льше пло́щади Пари́жа. В Москве́ живёт 9 миллио́нов челове́к. Са́мый «дли́нный» го́род в Сове́тском Сою́зе — Волгогра́д. Он нахо́дится на пра́вом берегу́ Во́лги. Его́ «длина́» — 70 км.

Са́мый дре́вний го́род на террито́рии СССР — э́то столи́ца Арме́нии — Ерева́н. На ме́сте Ерева́на был го́род уже́ в 782 году́ до на́шей э́ры.

Са́мая ни́зкая температу́ра на земле́ — ми́нус 88° (по Це́льсию) — в Антаркти́де, недалеко́ от поля́рной ста́нции «Восто́к».

Са́мое холо́дное ме́сто в се́верной ча́сти земно́го ша́ра нахо́дится в Сиби́ри. Э́то Оймяко́н. Са́мая ни́зкая температу́ра в э́том ме́сте была́ —70° (по Це́льсию), поэ́тому Оймяко́н называ́ют по́люсом хо́лода.

(b) *Listen and repeat.*

о́зеро, са́мое большо́е о́зеро, са́мое глубо́кое о́зеро, са́мое глубо́кое о́зеро в ми́ре.

(c) *Answer the questions.*

1. Како́й го́род са́мый большо́й в СССР?
2. Како́й го́род са́мый дре́вний в СССР?
3. Где́ нахо́дится са́мое холо́дное ме́сто в СССР?

10. *Give the highest evaluation.*

Model: Футбо́л — популя́рный вид спо́рта.
Футбо́л — са́мый популя́рный вид спо́рта в на́шей стране́.

1. Ива́н Серге́евич — молодо́й профе́ссор.
2. Васи́лий Алексе́ев — си́льный спортсме́н.
3. Зда́ние гости́ницы о́чень краси́вое.
4. Байка́л — знамени́тое о́зеро.
5. Па́рк на берегу́ реки́ — краси́вое ме́сто.

Model: Журна́л «Пионе́р» — интере́сный журна́л.
Журна́л «Пионе́р» — са́мый интере́сный журна́л для шко́льников.

1. Ле́то — хоро́шее вре́мя го́да.
2. Изуче́ние приро́ды — ва́жная зада́ча.

3. Журна́лы с иллюстра́циями — интере́сные журна́лы.

4. О́тдых на берегу́ мо́ря — хоро́ший о́тдых.

5. Изуче́ние иностра́нного языка́ — тру́дное де́ло.

11. *Give the highest evaluation.*

Model: Каспи́йское мо́ре явля́ется са́мым больши́м
           о́зером в ми́ре.

1. О́зеро Байка́л явля́ется...   4. Ерева́н явля́ется...

2. О́стров Ратма́нова явля́ется...   5. Оймяко́н явля́ется...

3. Москва́ явля́ется...   6. Антаркти́да явля́ется...

12. (a) *Read and retell.*

Са́мый знамени́тый

Журнали́ст спроси́л одного́ знамени́того арти́ста:

— Ка́к вы ду́маете, кто́ из совреме́нных арти́стов явля́ется
са́мым знамени́тым в ми́ре?

— На́с не́сколько, — скро́мно отве́тил то́т.

(b) *Situation.*

Ask your friends whom they consider to be the world's greatest writer, poet, actor, actress,
artist, composer, sportsman, architect, scientist.

13. *Translate.*

"Valya, why do you like to vacation in the Caucasus?"

"The climate in the Caucasus is warmer than in the Ukraine. I love the sea; I enjoy swimming and hiking in the mountains. The Caucasian Mountains are the highest in the country."

"You are wrong, Valya. I don't agree with you. The highest mountains in the USSR are the
Pamirs. Their height is over 7000 m."

"You are right, Andrei, but only mountain-climbers go to the Pamirs, while I am just a
tourist. Of course, I would like to become a mountain-climber. Perhaps in several years I
will also go to the Pamirs. But now the best place for me is the Caucasus."

III

Лю́да поёт лу́чше А́ни.
Лю́да поёт лу́чше, чем А́ня.
Анто́н **бо́льше** лю́бит **слу́шать, чем чита́ть.**

▶ **14.** *Read and analyze. (See Analysis XV, 1.0-1.4.)*

— Ве́ра, по како́й доро́ге мы́ пойдём? По бе́регу реки́ и́ли по ле́су? О́коло реки́ доро́га лу́чше. Мо́жно идти́ **быстре́е.**

— По ле́су идти́ **прия́тнее. Я́ бо́льше** люблю́ ходи́ть по ле́су.

— А мо́жет бы́ть, мы́ пое́дем на авто́бусе? Та́к мы́ прие́дем **ра́ньше** все́х.

— Ах, Ната́ша, ты́ всё хо́чешь де́лать **быстре́е,** чем други́е. Заче́м? Куда́ ты́ всегда́ спеши́шь?

15. *Compare.*

Model: Я́ бе́гаю на лы́жах быстре́е Вади́ма.
Я́ бе́гаю на лы́жах быстре́е, чем Вади́м.

1. Студе́нты пе́рвого ку́рса выступа́ли лу́чше...	студе́нты ста́рших ку́рсов
2. Совреме́нные пе́сни популя́рнее...	стари́нные пе́сни
3. Красота́ в приро́де удивля́ет нас бо́льше...	красота́ в иску́сстве

Model: У моего́ това́рища кни́г бо́льше, чем у меня́.

1. У мое́й сестры́ го́лос сильне́е...	я, ты́, о́н, она́,
2. У на́с зима́ холодне́е...	мы́, вы́, они́
3. У на́с семина́ры прохо́дят интере́снее...	

Model: Зде́сь приро́да краси́вее, чем на Кавка́зе.
В дере́вне жи́ть лу́чше, чем в го́роде.

1. Зде́сь отдыха́ть лу́чше...	мо́ре
2. Вода́ в э́том о́зере чи́ще...	други́е озёра
3. В ию́ле пого́да была́ тепле́е...	а́вгуст
4. Кли́мат на Кавка́зе тепле́е...	Ура́л
5. Леса́ в на́шем райо́не краси́вее...	други́е райо́ны
6. Го́ры в А́зии вы́ше...	Евро́па

★ **16.** *Study the following Russian proverbs and try to find their English equivalents.*

1. В гостях хорошо, а дома лучше.
2. Старый друг лучше новых двух.
3. Лучше один раз увидеть, чем сто раз услышать.
4. Лучше поздно, чем никогда.

IV

Утром вам **кто-то** звонил по телефону.
Расскажите **что-нибудь** о вашем институте.
Дайте мне **какую-нибудь** тетрадь.
Володи нет дома. Он **куда-то** ушёл.

▶ **17.** *Read and analyze. (See Analysis XV, 2.0; 2.1; 2.2.)*

Завтра воскресенье

Наташа пришла, когда всё уже были дома: мама говорила **с кем-то** по телефону, сестра читала **какую-то** книгу, а папа **о чём-то** разговаривал с братом. Наташа вспомнила, что завтра воскресенье. Она посмотрела на маму и подумала: маме надо отдохнуть, надо **что-нибудь** сделать для мамы.

— Мама, папа, давайте завтра поедем **куда-нибудь** всё вместе!

— Очень хорошо, но куда?

— В театр, — сказала Оля, сестра Наташи.

— Прекрасно, — сказала мама.

— Нет, давайте поедем **куда-нибудь** в лес, — сказал папа.

— Можно и в лес, — сказала мама.

— Завтра будет такой интересный матч! Давайте поедем на стадион, — сказал брат.

Мама улыбнулась. Она была готова ехать и на стадион.

18. (a) *Listen and repeat.*

Кто-то, что-то, какой-то, что-нибудь, кто-нибудь, где-нибудь.
— Кто вам это сказал? — Кто-то сказал. Я не помню кто. — Что он говорит? — Он что-то говорит, но я не слышу что. — Что он делает? — Он с кем-то говорит по телефону. — Поедем куда-нибудь летом? — Поедем. Вы где-нибудь были летом? — Нет, нигде не был. — Вы что-нибудь слышали о новом фильме? — Нет, ничего не слышал.

(b) *Listen and reply.*

Model: — О чём тебе рассказа́ть?

           — О чём-нибудь.

1. Что́ тебе да́ть почита́ть?
2. Каку́ю кни́гу ва́м да́ть?
3. Куда́ пойдём гуля́ть?

19. *Complete the sentences, using the words* где́-то, куда́-то, отку́да-то, кто́-то, что́-то, кого́-то, кому́-то, о чём-то.

1. — Ва́ля до́ма? — Не́т, она́ ... ушла́.
2. — Э́ту афи́шу вы́ написа́ли? — Не́т, ... её принёс.
3. — Андре́й пришёл? — Не́т, он ... занима́ется.
4. — А́ня отдыха́ет? — Не́т, она́ пи́шет ... письмо́.
5. — Бори́с уже́ ушёл? — Не́т, он ... разгова́ривает с Ю́рой.
6. — Что́ здесь де́лает Пётр? — Он ждёт ... .
7. — Ве́ра отдыха́ет? — Не́т, она́ занима́ется ... в лаборато́рии.
8. — Ни́на гото́вится к экза́менам? — Не́т, она́ про́сто ... чита́ет.

20. *Dialogues.*

Тебе́ кто́-то звони́л

Model: — Ната́ша, тебе́ кто́-то звони́л, когда́ ты уходи́ла в институ́т.

           — Кто́?

           — Кака́я-то де́вочка.

21. *Somebody asks you a question. Answer it, using the required form of the indefinite pronoun* како́й-то *and the nouns* де́вушка, же́нщина, молодо́й челове́к, студе́нт, студе́нтка.

1. Кто́ ва́м сказа́л, что сего́дня не бу́дет ле́кции?
2. Кто́ ва́с спра́шивал о ко́нкурсе студе́нческих рабо́т?
3. Кто́ ва́м обеща́л принести́ откры́тки и ма́рки?

4. Кто́ ва́м сказа́л, что в на́шем кинотеа́тре идёт англи́йский фильм?

5. Кто́ ва́м сказа́л, что не на́до никого́ жда́ть?

22. *Microdialogues. Use the words given below.*

Model:　— Вы́ что́-нибудь зна́ете об э́том певце́?
　　　　— Не́т, я́ ничего́ не зна́ю о нём.

слы́шать — кни́га, чита́ть — страна́, зна́ть — поэ́т.

Model:　— Ва́м что́-нибудь говори́ли об э́той экску́рсии?
　　　　— Не́т, мне́ ничего́ не говори́ли о не́й.

расска́зывать — Москва́, говори́ть — соревнова́ния по бо́ксу, писа́ть — ко́нкурс музыка́нтов.

23. *Ask what interests you.*

Model:　О чём дире́ктор говори́л с ва́ми?
　　　　— Дире́ктор о чём-нибудь говори́л с ва́ми?
　　　　— Не́т, ни о чём не говори́л.

1. Вы́ слу́шали ле́кцию? Что́ вы́ запо́мнили?
2. Кто́ из на́ших студе́нтов выступа́л на конфере́нции?
3. Кто́ из ва́ших друзе́й уча́ствовал в ко́нкурсе?
4. Студе́нты уе́хали на пра́ктику. Кто́ уже́ верну́лся?
5. Че́м интересу́ются ва́ши това́рищи?
6. С ке́м вы́ обсужда́ли ва́ши пробле́мы?

24. *Give advice.*

Model:　За́втра у твоего́ мла́дшего бра́та де́нь рожде́ния. Купи́ ему́ что́-нибудь.

1. У на́с не́т ничего́ на у́жин. (купи́ть)
2. Вы́ зна́ете мно́го стихо́в. (прочита́ть)
3. Вы́ хорошо́ рису́ете. (нарисова́ть)
4. Мы́ купи́ли биле́ты в кино́, а Ва́ля не мо́жет пойти́. (пригласи́ть)
5. Мне́ ка́жется, что вы́ хорошо́ поёте ру́сские рома́нсы. (спе́ть)

Антóн **сказáл, что** в институ́т на конферéнцию приéхали студéнты из Ки́ева.

Антóн х**отéл, чтобы** в институ́т на конферéнцию приéхали студéнты из Ки́ева.

▶ **25.** *Read and analyze. (See Analysis XV, 3.0.)*

— Вы́ **слы́шали, что сегóдня к нáм на вéчер приéдут молоды́е поэ́ты?**

— Слы́шали. Мы́ **проси́ли, чтобы они́ приéхали** и **вы́ступили** у нáс. Это Ви́ктор **посовéтовал, чтобы мы́** и́х **пригласи́ли.** Óн **сказáл, что** э́то óчень интерéсные поэ́ты.

26. *Listen and repeat.*

Мы́ попроси́ли, чтобы отéц купи́л нáм билéты на балéт «Лебеди́ное о́зеро». Мы попроси́ли, / чтобы отéц купи́л нáм билéты / на балéт «Лебеди́ное о́зеро». Мáма сказáла, что Кáтя помоглá éй. Мáма сказáла, / что Кáтя помоглá éй. Мáма сказáла, чтобы Кáтя помоглá éй. Мáма сказáла, / чтобы Кáтя помоглá éй. Мáма сказáла, / чтобы Кáтя помоглá éй.

27. *Complete the sentences.*

1. Мóй товáрищ, студéнт-фи́зик, совéтует, чтобы я́ ...	поступи́ть
2. Преподавáтель хóчет, чтобы студéнты ... в мáе.	сдавáть экзáмены
3. Студéнты проси́ли, чтобы преподавáтель ...	объясни́ть
4. Мы́ óчень хоти́м, чтобы на кóнкурсе ... студéнты нáшей гру́ппы.	вы́ступить

28. *Read and translate. Point out the cases in which the verb form expresses a reported command.*

1. Олéг написáл, что брáт приéхал. Олéг написáл, чтобы брáт приéхал.
2. Отéц сказáл, что брáт купи́л журнáл «Наýка и жи́знь». Отéц сказáл, чтобы брáт купи́л журнáл «Наýка и жи́знь».
3. Учи́тель сказáл, что Кóля Иванóв реши́л э́ту задáчу. Учи́тель сказáл, чтобы Кóля Иванóв реши́л э́ту задáчу.

29. *Supply two continuations to each of the following statements.*

1. Воло́дя уви́дел в до́ме у това́рища стари́нную кни́гу.

(a) Воло́дя спроси́л, чья́...
Воло́дя спроси́л, кто́...
Воло́дя спроси́л, ско́лько...
Воло́дя спроси́л, когда́ ...

(b) Воло́дя попроси́л, чтобы...

2. Ле́на не была́ на уро́ке ру́сского языка́.

(a) Ле́на спроси́ла, кто́...
Ле́на спроси́ла, что́...
Ле́на спроси́ла, когда́...

(b) Ле́на попроси́ла, чтобы...

3. Я посмотре́ла но́вый фильм, и о́н мне́ понра́вился.

(a) Сестра́ спроси́ла меня́, почему́...
Сестра́ спроси́ла, кто́...
Сестра́ спроси́ла, когда́...

(b) Сестра́ попроси́ла меня́, чтобы...

30. (a) *Read the text.*

«Я́ хочу́, чтобы...»

В «Комсомо́льской пра́вде» мо́жно бы́ло прочита́ть отве́ты ю́ношей и де́вушек на вопро́с: «Чего́ вы́ хоти́те?» Во́т не́которые из э́тих отве́тов. — **ю́ноша** youth

Йра Ш., 17 ле́т (Москва́): «Хочу́, чтобы никогда́ не́ было войны́! Чтобы в чи́стом си́нем не́бе лета́ли то́лько пти́цы». — **не́бо** sky

Н. Н. (Москва́): «Я́ хочу́, чтобы не́ было боле́зней, и челове́к никогда́ не чу́вствовал себя́ одино́ким». — **одино́кий** lonely

Серёжа К. (Ленингра́д): «Я́ хочу́, чтобы она́ меня́ полюби́ла!!!»

Йгорь З. (Кировогра́д): «Мно́гие напи́шут: „Я́ хочу́, чтобы на Земле́ бы́л ми́р". „Я́ хочу́, чтобы все́ лю́ди бы́ли сча́стливы"... А я́ хочу́, чтобы лю́ди ста́ли добре́е. Тогда́ и ми́р придёт, и сча́стье, и любо́вь».

Ната́ша С., 16 ле́т (Черни́гов): «Хочу́, чтобы ста́ло реа́льностью то́, о чём мечта́ю я́ и почти́ все́, кому́ 16 ле́т. Я́ хочу́, чтобы ма́ма разреши́ла мне́ взя́ть в до́м соба́ку — сенберна́ра». — **реа́льность** reality

Лю́да С., 16 ле́т (Сара́тов): «Хоте́ла написа́ть: „Хочу́, чтобы все́ лю́ди бы́ли сча́стливы", но пото́м поду́мала, пойму́т ли тогда́ лю́ди своё сча́стье? Не мо́гут бы́ть счастли́выми лю́ди, кото́рые уже́ ничего́ не хотя́т. Я́ хочу́ ещё мно́гого. Я́ хочу́, чтобы лю́ди понима́ли дру́г дру́га. Я́ хочу́, чтобы мо́й па́па никогда́ не боле́л и всегда́ шути́л и улыба́лся. Я́ хочу́, чтобы кому́-нибудь понра́вились мои́ стихи́. И ещё я́ хочу́ мно́гого, мно́гого».

(b) *And what do you want?*

31. *Translate.*

1. We know that Sasha lived in the Urals in his childhood.
2. Father wanted his son to become an architect.
3. A girl bought a ticket for the concert and then asked me, "What will the choir be singing?"
4. When Misha told us that his sister was a singer, we asked her to sing something for us.
5. The professor was not satisfied with the student's answer. He said that the answer was incorrect.
6. The professor advised the students to study more in the winter and prepare better for the exams.
7. We want Professor Kirillov to continue lecturing next year.

CONVERSATION

I. Expression of a Counter-Proposal

— За́втра у Андре́я де́нь рожде́ния. Дава́йте напи́шем ему́ письмо́.
— Не́т, **дава́йте лу́чше** пошлём ему́ телегра́мму.
(— Не́т, лу́чше пошлём ему́ телегра́мму.)

32. *Listen and repeat.*

Дава́йте пойдём в кино́. Дава́йте пойдём в кино́. Дава́йте лу́чше пойдём гуля́ть.

1. — Дава́й пригласи́м госте́й. — Не́т, дава́й лу́чше пойдём в го́сти.

2. — Дава́й ку́пим моро́женое. — Не́т, лу́чше дава́й ку́пим то́рт.

3. — Дава́й почита́ем! — Не́т, дава́й лу́чше смотре́ть телеви́зор.

4. — Дава́й полети́м в Ленингра́д на самолёте! — Не́т, дава́й лу́чше пое́дем на маши́не!

33. *Supply a counter-proposal.*

(a) Students are discussing how they should spend the weekend.

1. Дава́йте пое́дем в ле́с.
2. Дава́йте пойдём на стадио́н.
3. Дава́йте пое́дем в Су́здаль.
4. Дава́йте пойдём в го́сти к Ве́ре. У неё де́нь рожде́ния.

(b) Friends are talking in a restaurant.

1. Дава́йте не бу́дем бра́ть су́п.
2. Дава́йте возьмём ры́бу на второе.
3. Дава́йте возьмём кра́сное вино́.
4. Дава́йте попро́сим на десе́рт моро́женое.

(c) Friends are discussing what present they should give to a girl.

1. Дава́йте ку́пим е́й цветы́.
2. Дава́йте ку́пим е́й кни́гу на францу́зском языке́.
3. Дава́йте ку́пим е́й лы́жи.

34. *Explain the best way to do the following.*

(1) Your exams are drawing near. What subject will you prepare first? What subject will you prepare then? Where do you prefer to study?

(2) You want to organize a get-together with a writer, scientist, actor, architect, cosmonaut or a doctor. How will you go about it?

(3) Summer is drawing near. You want to vacation with your friends. Where will you go? How will you get there? When will you be leaving?

II. Examples of Conveying Requests

(a) — Ве́ра, переда́й, пожа́луйста,   Request to do a favor.
эту кни́гу Áне.
— Пожа́луйста.

(b) — Áня, Никола́й проси́л   Handing the object in
переда́ть тебе́ эту кни́гу.   compliance with
— Большо́е спаси́бо.   somebody's request.

(c) — Та́ня проси́ла переда́ть, что   Passing on information.
она́ за́втра уезжа́ет на пра́ктику.

(d) — Ники́та проси́л ва́с позвони́ть   Giving somebody's message.
ему́ по телефо́ну.
(or Ники́та проси́л,
что́бы вы́ позвони́ли ему́.)
— Спаси́бо, позвоню́.
— Ники́та проси́л ва́с не
звони́ть ему́.
(*Note: imperfective*)
— Хорошо́, не бу́ду.

35. *Listen and repeat.*

Переда́йте, пожа́луйста, биле́ты Ве́ре. Переда́й, пожа́луйста, эту
кни́гу Бори́су. Ната́ша проси́ла переда́ть ва́м кни́гу. Ната́ша
проси́ла / переда́ть ва́м кни́гу. Переда́йте, пожа́луйста, Ни́не, /
что ле́кции не бу́дет. Переда́йте, пожа́луйста, Ни́не, / что ле́кции
не бу́дет. Ната́ша проси́ла переда́ть, что ле́кции не бу́дет.
Ната́ша проси́ла переда́ть, / что ле́кции не бу́дет.

— Анто́н, / переда́й, пожа́луйста, этот журна́л Ма́ше.

— Ма́ша, / Серге́й проси́л переда́ть тебе́ этот журна́л.

— Спаси́бо. Переда́й Серге́ю, / что́бы о́н позвони́л мне́.

— Серге́й, / Ма́ша проси́ла тебя́ позвони́ть е́й.

36. (a) *Read the dialogues and dramatize them.*

В столо́вой

— Серёжа, а где́ мо́жно взя́ть ло́жки, ви́лки, ножи́?
— Я сейча́с принесу́. Во́т они́. Дже́йн, тебе́ нужна́ ло́жка?
— Не́т, у меня́ е́сть ло́жка.
— А тебе́, Ка́тя?
— Мне́ нужна́.
— Дже́йн, переда́й, пожа́луйста, ло́жку Ка́те.
— С удово́льствием. Ка́тя, возьми́ ло́жку.
— Спаси́бо.
— Пожа́луйста.

(b) *Ask the person sitting next to you at the table to pass you the salt, bread, fork, knife.*

В институ́те

— Переда́йте, пожа́луйста, Ка́те, что за́втра на семина́ре её докла́д.
— Пожа́луйста, с удово́льствием, переда́м. Э́то мне́ не тру́дно.
— Спаси́бо.

(c) *Give a message that:*

1. the conference is to begin tomorrow;

2. the students are to leave for practical work at an enterprise in two days;

3. the competitions will begin on Friday.

37. *Respond to the requests.*

(a) 1. Переда́йте, пожа́луйста, два́ рубля́ Ви́ктору.
2. Переда́йте, пожа́луйста, ва́шему профе́ссору приглаше́ние на ве́чер.
3. Переда́йте, пожа́луйста, ва́шей сестре́ биле́т на конце́рт.

(b) 1. Переда́йте, пожа́луйста, профе́ссору, что я́ не приду́ на экза́мен. Я́ заболе́л.
2. Переда́йте, пожа́луйста, моему́ нау́чному руководи́телю, что я́ не смогу́ прийти́ сего́дня.
3. Переда́йте, пожа́луйста, Ната́ше, что я́ бу́ду жда́ть её сего́дня в ше́сть часо́в ве́чера о́коло ста́нции метро́.

(c) 1. Попроси́те, пожа́луйста, Ната́шу позвони́ть мне́ по телефо́ну.
2. Попроси́те, пожа́луйста, Серге́я оста́вить для меня́ кни́гу.
3. Попроси́те Анто́на узна́ть, когда́ бу́дут соревнова́ния.

38. *What will you say in each of the following situations?*

(a) 1. You hand a professor your friend's work.
2. You give a girl flowers from your friend.

(b) 3. At the professor's request, tell your fellow students that the conference will start not at nine but at ten.
4. At the coach's request, tell the athletes that the competitions will be held in September.
5. At his teacher's request, Oleg tells his parents that they should go to the school on Monday.
6. At Natasha's request, tell the professor that she won't be in class today.

(c) 7. Tell the patient that: (1) the doctor wants him to come on Wednesday; (2) the doctor doesn't want him to come on Wednesday.

39. *Situations.*

Tell your friend his girl-friend's request:

(1) She wants him to get books for her at the library;

(2) She doesn't want him to get books for her at the library;

(3) She is late and asks him to wait twenty minutes for her;

(4) She asks him not to wait.

III. Telephone Conversation

говори́ть по телефо́ну	to speak on the telephone
Попроси́те, пожа́луйста, Серге́я.	May I please speak to Sergei?
Что́-нибудь переда́ть?	May I take a message?
Переда́йте, что звони́л Никола́й.	Please say that Nikolai called.
Переда́йте приве́т ва́шей жене́.	Give my regards to your wife.

40. (a) *Basic Dialogue. Read the conversation.*

Телефо́нный разгово́р

— Попроси́те, пожа́луйста, Ната́шу.
— Я́ ва́с слу́шаю.
— Ната́ша, здра́вствуй. Э́то Оле́г.
— Здра́вствуй, Оле́г.
— Ната́ша, Серге́й проси́л переда́ть, что о́н купи́л биле́ты в теа́тр. Нача́ло спекта́кля в се́мь три́дцать. О́н бу́дет жда́ть тебя́ о́коло теа́тра в се́мь часо́в пятна́дцать мину́т.
— Спаси́бо, Оле́г. А почему́ звони́шь ты́, а не Серге́й?
— У него́ сейча́с семина́р. До свида́ния, Ната́ша. Переда́й приве́т свои́м роди́телям.
— Спаси́бо, переда́м. До свида́ния, Оле́г.

(b) *Listen and repeat.*

Попроси́те, пожа́луйста, Ма́шу. Попроси́те, пожа́луйста, Ма́шу. Переда́йте, что звони́ла Ната́ша. Переда́йте, / что звони́ла Ната́ша. Переда́йте приве́т ва́шему му́жу. Переда́йте приве́т / свои́м роди́телям.

(c) *Answer the questions.*

Кому́ звони́л Оле́г? Что́ он сказа́л, когда́ ему́ отве́тили по телефо́ну? О чём проси́л Серге́й Оле́га? Где́ бу́дет жда́ть Серге́й Ната́шу? Почему́ Серге́й не мо́г позвони́ть? Кому́ Оле́г переда́л приве́т?

(d) *Dramatize the dialogue.*

41. *Situations.*

(1) You are phoning a professor. Your friend asked you to let him know that he had not finished his paper and therefore would not come to the seminar.

(2) You are phoning your girlfriend's parents. She asked you to tell them that she had gone to the movies and would not be home for dinner.

(3) You are phoning your brother's teacher. Your brother asked you to tell him that he was sick and would not come to school today.

42. (a) *Basic Dialogue. Read and repeat.*

— До́брый де́нь. Могу́ я поговори́ть с Никола́ем Петро́вичем Макси́мовым?
— Его́ сего́дня не́т. Он бо́лен. Что́-нибудь переда́ть ему́?
— Переда́йте, пожа́луйста, что звони́л инжене́р Ко́мов. Я хоте́л поговори́ть с ни́м о строи́тельстве до́ма № 5.
— Хорошо́, переда́м. Но вы́ мо́жете позвони́ть ему́ че́рез неде́лю.
— Спаси́бо. До свида́ния.
— Пожа́луйста. До свида́ния.

(b) *Situations.*

1. You want to speak with the director of the museum about what there is to be seen at the exhibition which recently opened at the museum.

2. You want to talk to your professor about the course of practical work in the summer.

43. *Situations.* Compose telephone conversations on topics of your choice. Revise lessons 2 and 6.

IV. Using Public Transportation

Передайте, пожалуйста, деньги на талоны.	Please pass on the money for the coupons.
Вы не выходите?	Are you getting off?
Разрешите пройти.	Please let me get by.

44. (a) *Basic Dialogue. Listen and then read.*

В трамвае

— Джейн, у тебя есть талоны[1]?

— Нет. Я не покупаю талоны. Я покупаю единый билет[2]. Это так удобно. А почему ты не покупаешь единый?

— Я редко езжу на трамвае и автобусе. Обычно на метро. Поэтому покупаю проездной билет на метро[3]. Это тоже удобно.

— Да, конечно. А сейчас купи талоны у водителя.

— Когда будет остановка, куплю.

— Передайте, пожалуйста, деньги на талоны.

— Пожалуйста.

— Спасибо.

(b) *Listen and repeat.*

Передайте. Передайте, пожалуйста, деньги. Передайте, пожалуйста, деньги. Возьмите талоны. Возьмите талоны. Возьмите, пожалуйста, талоны. Вы выходите? Вы не выходите? Вы не выходите на следующей? Вы не выходите на следующей остановке? Разрешите. Разрешите пройти. Разрешите пройти.

---

[1] In a streetcar, bus or trolleybus passengers use coupons which they punch in special punches fixed on pillars between the windows. The punched coupons must be kept until the end of the journey. Coupons are sold in special kiosks, in subway stations and in shops. They may also be bought from the driver, but only during stops.
[2] In the USSR "season" tickets (valid for a month, two weeks or ten days) can be bought for all the means of public transportation.
[3] There are tickets for one particular type of public transportation, i.e. buses, trolleybuses, streetcars or the subway. In the subway the passenger inserts a coin in a turnstile and enters the station. He can travel in any direction and change trains as many times as is necessary.

(c) *Dramatize the dialogue.*

(d) *Situations.*

1. You are going with your friend on a trolleybus. He asks you whether you have any coupons. You explain to him that you usually buy a season ticket, so you do not have any coupons.

2. You are going with your friends on a bus. One of them does not have any coupons. He asks you to give one. Explain to him that you buy monthly tickets, so you never buy coupons.

45. (a) *Basic Dialogue. Listen to the dialogue and then read it.*

В автобусе

— Извини́те, вы́ не выхо́дите на сле́дующей остано́вке?
— Не́т.
— Разреши́те пройти́.
— Пожа́луйста.

(b) *Dramatize the dialogue.*

(c) *Situations.*

1. You are on a streetcar and need to get off at "Profsoyuznaya" stop. You inquire and find out it is the next one.

2. You are on a subway train. You ask the passenger next to you to let you know when it will be your stop, "Park Kultury". He tells you and you get ready to get out.

46. *Situation.*

Compose dialogues, using various types of exchanges which typically occur when using public transportation (you may consult units 11, 12 and 13).

V. Expressing Congratulations

Поздравля́ю с пра́здником.	Happy holiday!
Разреши́те поздра́вить ва́с с ва́шим	Let me congratulate you
национа́льным пра́здником.	on your national holiday.
Жела́ю ва́м сча́стья.	I wish you joy.

▶ **47.** *Listen and repeat. (See Analysis, Phonetics, 3.9.)*

пра́здник [пра́з'н'ик], поздравля́ть с пра́здником, поздравля́ть с днём рожде́ния, жела́ть сча́стья, жела́ть успе́хов в рабо́те.

Поздравля́ю. Поздравля́ю с пра́здником. Поздравля́ю ва́с с днём рожде́ния. Поздравля́ем ва́с с Но́вым го́дом! Поздравля́ем ва́с с вашим национа́льным пра́здником. Разреши́те поздра́вить ва́с с ва́шим национа́льным пра́здником.

Жела́ю сча́стья. Жела́ю ва́м успе́хов в рабо́те.

48. *Congratulate.*

Model: — Дорога́я Ни́на! Поздравля́ю ва́с с днём рожде́ния, жела́ю ва́м сча́стья, здоро́вья, успе́хов в рабо́те.

(1) Tomorrow is a holiday. Congratulate your parents.

(2) Wish your friends a Happy New Year.

(3) Your sister has graduated from high school. Congratulate her.

(4) A son was born to your friends. Congratulate them.

(5) Congratulate your friend on his birthday.

49. *Offer official congratulations.*

Model: Дороги́е това́рищи! Разреши́те поздра́вить ва́с с нача́лом конфере́нции и пожела́ть ва́м больши́х успе́хов.

(1) Tomorrow is Teachers' Day. Congratulate your teacher.

(2) Tomorrow is International Women's Day (March 8). Congratulate the women in your group.

(3) There are foreign students in your group. Congratulate them on their national holiday.

50. *Microdialogues.*

Model: — Ве́ра, я́ слы́шал, что Никола́й сде́лал хоро́ший докла́д. Пожа́луйста, поздра́вьте его́ и переда́йте приве́т.
   — Спаси́бо, с удово́льствием.

1. Серге́й, я́ слы́шал, что вчера́ ва́ша сестра́ с больши́м успе́хом выступа́ла на конце́рте.
2. Ве́ра Петро́вна, мне́ говори́ли, что ва́ш сы́н ко́нчил университе́т.
3. Никола́й Ива́нович, ка́жется, ва́шему бра́ту в ма́е бу́дет 50 ле́т.

READING

▶ **51.** *Read and analyze. (See Analysis XV, 4.0; 4.1; 4.2.)*

Акадéмия друзéй прирóды

В Красноя́рском университéте начала́ рабóтать Акадéмия друзéй прирóды. Шкóльники, **занима́ющиеся** в э́той акадéмии, слу́шают лéкции, изуча́ют прирóду своегó райóна, смóтрят фи́льмы об охра́не прирóды. Преподава́тели и студéнты университéта руководя́т э́той рабóтой. Учёные, **чита́ющие** лéкции в акадéмии, рабóтают в университéте и в академи́ческих институ́тах. Профéссор Ма́рков, **прочита́вший** пéрвую лéкцию, рассказа́л шкóльникам о биосфéре. Егó лéкция называ́лась «Биосфéра и мéсто человéка в нéй». Шкóльники, **учи́вшиеся** в акадéмии, ста́ли лу́чше понима́ть и бóльше люби́ть прирóду.

52. *Read and translate. Point out the basic stem in each verbal adjective.*

1. Шкóльники, умéющие пла́вать, поéхали в спорти́вный ла́герь на берегу́ мóря.
2. Студéнты, éздившие лéтом в Нóвгород, написа́ли об э́том интерéсную статью́.
3. Рóберт, купи́вший на́м билéты в теа́тр, не смóг прийти́ на спекта́кль.
4. Арти́ст Смирнóв, выступа́ющий сейча́с в Большóм теа́тре, кóнчил консерватóрию в Новосиби́рске.
5. На концéрте выступа́ли музыка́нты, получи́вшие прéмии на Междунарóдном кóнкурсе и́мени П.И. Чайкóвского.
6. Шкóльники, занима́ющиеся в истори́ческом кружкé, лéтом éздили на экску́рсию в Нóвгород.

▶ **53.** *Read and analyze. (See Analysis XV, 4.0-4.3.)*

Журна́л «Та́йм» о Сиби́ри

Éсли вы́ открóете оди́н из апрéльских номерóв журна́ла «Та́йм» (1973 г.), то вы́ найдёте та́м расска́з о Сиби́ри, **напи́санный** америка́нскими журнали́стами.

А́вторы расска́за, мнóго ра́з éздившие в Совéтский Сою́з, тепéрь познакóмились с Сиби́рью. Они́ расска́зывают об **уви́денных** та́м города́х, завóдах, лю́дях.

Они́ побыва́ли на Бра́тской ГЭС, **постро́енной** на реке́ Ангаре́, слу́шали выступле́ния поэ́тов на заво́де, познако́мились с ра́зными райо́нами Сиби́ри. Они́ пи́шут об эконо́мике Сиби́ри, о но́вых промы́шленных це́нтрах, **создава́емых** людьми́, кото́рые живу́т та́м.

Они́ пи́шут о сиби́рских города́х. Го́род Новосиби́рск журнали́сты назва́ли «Сибчика́го». Они́ говоря́т и о тру́дностях, и о лю́дях, кото́рые бо́рются с э́тими тру́дностями. Они́ говоря́т о сибиряка́х как о лю́дях си́льных и сме́лых, кото́рые лю́бят приро́ду: высо́кие го́ры, бы́стрые ре́ки, зелёные леса́ и цветы́.

В журна́ле мно́го фотогра́фий, **сде́ланных** а́вторами расска́за. Поэ́тому они́ не то́лько расска́зывают, но и пока́зывают то́, что́ уви́дели в Сиби́ри.

54. *Read and translate. Supply the basic stem or infinitive to each verbal adjective.*

1. В Зи́мнем дворце́, постро́енном в XVIII ве́ке, сейча́с нахо́дятся колле́кции Эрмита́жа.
2. В за́ле собрали́сь музыка́нты, приглашённые на ко́нкурс.
3. Мы́ ча́сто вспомина́ем дни́, проведённые в Ленингра́де.
4. В полу́ченном вчера́ журна́ле есть интере́сная статья́ о стари́нных музыка́льных инструме́нтах.
5. В переводи́мой на́ми статье́ а́втор расска́зывает о совреме́нном бале́те.
6. В ваго́не метро́ мы́ нашли́ забы́тый ке́м-то портфе́ль.

▶ **55.** *Read and analyze the sentences; then rewrite each, replacing the verbal adjective constructions with attributive clauses introduced by* кото́рый.

Note: Мы́ хорошо́ ви́дим спортсме́на, бегу́щего по стадио́ну.
Мы́ хорошо́ ви́дим спортсме́на, кото́рый бежи́т по стадио́ну.
Мы́ хорошо́ ви́дели спортсме́на, бежа́вшего по стадио́ну.
Мы́ хорошо́ ви́дели спортсме́на, кото́рый бежа́л по стадио́ну.

1. В ваго́не мно́го люде́й, е́дущих в Ки́ев. В ваго́не бы́ло мно́го люде́й, е́хавших в Ки́ев.
2. Лю́ди, сидя́щие в за́ле, слу́шают выступле́ния поэ́тов с больши́м интере́сом. Лю́ди, сиде́вшие в за́ле, слу́шали выступле́ния поэ́тов с больши́м интере́сом.
3. Учёные, изуча́ющие приро́ду Да́льнего Восто́ка, ча́сто е́здят в экспеди́ции. Профе́ссор Смирно́в, мно́го ле́т изуча́вший приро́ду Да́льнего Восто́ка, написа́л интере́сную кни́гу.

Note: Певцы́, приглаша́емые на ко́нкурс, получа́ют програ́мму выступле́ний. Певцы́, кото́рых приглаша́ют на ко́нкурс, получа́ют програ́мму выступле́ний. Певцы́, приглашённые на ко́нкурс, прие́хали в Москву́ пя́того сентября́. Певцы́, кото́рых пригласи́ли на ко́нкурс, прие́хали в Москву́ пя́того сентября́.

1. Сего́дня в газе́те пи́шут о прое́кте но́вого го́рода, создава́емого молоды́ми архите́кторами.
2. Прое́кт го́рода, со́зданный молоды́ми архите́кторами, получи́л Госуда́рственную пре́мию.
3. Студе́нты уча́ствуют в конфере́нциях, организу́емых в институ́те.
4. Он конча́ет рабо́ту, на́чатую в про́шлом году́.

56. *Read the text; then rewrite it, replacing all the verbal adjective constructions with attributive clauses introduced by* кото́рый.

<h3 style="text-align:center">«Мосты́» Академгородка́</h3>

Новосиби́рский университе́т прово́дит экспериме́нт. Специали́сты, око́нчившие математи́ческий и физи́ческий факульте́ты, молоды́е учёные е́дут на рабо́ту в ра́зные нау́чные це́нтры, институ́ты и университе́ты Сиби́ри и Да́льнего Восто́ка. Они́ организу́ют ка́федры, лаборато́рии, реша́ющие но́вые нау́чные пробле́мы. Но́вым ка́федрам, со́зданным в институ́тах и университе́тах, помога́ют учёные из Академгородка́, у кото́рых ра́ньше учи́лись молоды́е специали́сты, рабо́тавшие в лаборато́риях Новосиби́рского нау́чного це́нтра два-три го́да. Молоды́е учёные, воспи́танные Новосиби́рским университе́том, рабо́тают на но́вых места́х с больши́м успе́хом.

▶ ★**57.** (a) *Read and analyze.*

Note: 1. **От Москвы́ до Ленингра́да** — 650 киломе́тров.
   2. По́езд шёл **через лес.**

<h3 style="text-align:center">Звёздный городо́к</h3>

Звёздный городо́к нахо́дится недалеко́ от Москвы́. **От Москвы́ до Звёздного городка́** со́рок киломе́тров. Он стои́т в лесу́, и доро́га в Звёздный идёт **через лес.** Она́ идёт **от ста́нции до Звёздного городка́.** В Звёздном живу́т и рабо́тают космона́вты. Жизнь в Звёздном идёт, как везде́. У́тром взро́слые иду́т на рабо́ту, де́ти иду́т в шко́лу. **От до́ма до рабо́ты** лю́ди иду́т пятьде́сять мину́т: здесь всё ря́дом.

В Звёздном большо́й и краси́вый Дом культу́ры. Ка́ждый ве́чер там звучи́т му́зыка. Не забыва́ют здесь и о де́тях. Почти́ все ребя́та уме́ют пла́вать, для них откры́ли бассе́йн. В Звёздном есть музе́й космона́втов. Мно́го люде́й посеща́ет э́тот музе́й. Там есть кабине́т Ю́рия Алексе́евича Гага́рина. Туда́ прихо́дят космона́вты пе́ред полётом в ко́смос. Америка́нский астрона́вт Джо́зеф Кэ́рвин написа́л: «Все мы побыва́ли в ко́смосе **через** ту **дверь,** кото́рую откры́л Гага́рин».

(b) *Answer the questions.*

1. Где нахо́дится Звёздный?
2. Ско́лько киломе́тров от него́ до Москвы́?
3. Кто живёт и рабо́тает в Звёздном?

▶ **58.** (a) *Read and analyze. (See Analysis XV, 5.0.)*

Из расска́зов об Антаркти́де

Когда́ я собира́лся в Антаркти́ду, меня́ ча́сто спра́шивали, что изуча́ют в Антаркти́де. Я ду́маю, нет нау́ки, кото́рая **не изуча́ла бы** здесь свои́ пробле́мы.

Антаркти́да — э́то 86% (проце́нтов) всего́ земно́го льда́, поэ́тому Антаркти́да интересу́ет метеоро́логов. Они́ изуча́ют пробле́му: Антаркти́да и кли́мат Земли́. Океано́логи изуча́ют пробле́му: Антаркти́да и океа́н. **Éсли бы** лёд Антаркти́ды **раста́ял,** то у́ровень всех море́й и океа́нов стал **бы** вы́ше на шесть ме́тров. Легко́ мо́жно поня́ть, что тогда́ **бы случи́лось.** А изуче́ние у́ровня океа́на, на́чатое пятьдеся́т лет наза́д, пока́зывает, что он стал вы́ше на шесть сантиме́тров.

метеоро́лог meteorologist
океано́лог oceanologist

раста́ять thaw
у́ровень level
вы́ше higher

Гео́логи зна́ют об Антаркти́де так же ма́ло, как и об океа́не. Они́ то́лько ещё начина́ют изуча́ть её. **Éсли бы** они́ **смогли́** уви́деть, что лежи́т подо льдо́м Антаркти́ды, лю́ди **узна́ли бы** мно́го но́вого о геоло́гии Земли́. Мно́го интере́сных пробле́м в Антаркти́де для геофи́зиков, био́логов, враче́й. В Антаркти́де

люди о́чень мно́го рабо́тают. А ка́к они́
отдыха́ют? Смо́трят фи́льмы в кино́, слу́шают
му́зыку, мно́го чита́ют.

Я и мо́й това́рищ о́чень лю́бим чита́ть об
Антаркти́де. Одна́жды мы́ прочита́ли, что в
Антаркти́де е́сть ледники́ Ба́ха, Ге́нделя и   **ледни́к** glacier
Мо́царта, го́ры Гри́га и Ли́ста, полуо́стров   **полуо́стров** peninsula
Бетхо́вена, о́стров Гли́нки.

Интере́сно, что о земле́ на ю́ге писа́ли ещё
дре́вние гре́ки, но впервы́е её берега́ уви́дела в   **гре́к** Greek
1820 году́ ру́сская экспеди́ция Беллинсга́узена и
Ла́зарева... Ка́рта Антаркти́ды появи́лась то́лько
в 1946 году́. На э́той ка́рте и сейча́с ещё мно́го   **бе́лое пятно́** "blank
бе́лых пя́тен.   space" (unexplored
                                                     territory)
Лю́ди изуча́ют Антаркти́ду, но зна́ют о не́й
ещё не о́чень мно́го.

(b) *Find the key sentences in the above text and reread them.*

59. *Vocabulary for Reading. Study the following new words, their forms and usage as illustrated in the sentences on the right. Read each sentence aloud.*

изменя́ться / измени́ться	Я́ не ви́дел его́ пя́ть ле́т. О́н о́чень измени́лся. Я́ давно́ не была́ в Москве́, го́род о́чень измени́лся.
происходи́ть / произойти́	В э́том году́ в мое́й жи́зни произошли́ больши́е измене́ния. — Что́ у ва́с произошло́? Почему́ вы́ опозда́ли? — Я́ пло́хо себя́ чу́вствую.
расти́ / вы́расти	— Каки́е дере́вья расту́т в э́том лесу́? — Зде́сь растёт мно́го ра́зных дере́вьев. — Ка́к вы́росли ва́ши де́ти! Они́ почти́ взро́слые. — Да́, де́ти о́чень бы́стро расту́т.
сохраня́ть / сохрани́ть что	Когда́ строи́тели стро́или дома́, они́ сохрани́ли дере́вья, кото́рые росли́ на э́том ме́сте. В Но́вгороде сохраня́ют все́ стари́нные зда́ния.
огро́мный	В э́том го́роде постро́или огро́мный спорти́вный за́л. В сиби́рской земле́ лежа́т огро́мные бога́тства.
о́зеро	О́коло Ленингра́да мно́го озёр. Недалеко́ от Москвы́ нахо́дится о́зеро Селиге́р.

зелёный	1. Да́йте мне́, пожа́луйста, зелёный каранда́ш.
	2. Москва́ — зелёный го́род. В не́й мно́го па́рков, мно́го дере́вьев на у́лицах го́рода.
пло́щадь	1. Пло́щадь Маяко́вского нахо́дится в це́нтре Москвы́.
	2. Пло́щадь Сове́тского Сою́за 22,4 миллио́на км² (квадра́тных киломе́тров).
земля́	1. Ю́рий Алексе́евич Гага́рин пе́рвый уви́дел Зе́млю из ко́смоса.
	2. В э́том саду́ о́чень хоро́шая земля́.

60. *Немно́го о геогра́фии.*

Give the names of the American Great Lakes. What other lakes do you know? What lakes in the USSR do you know?

★**61.** *Немно́го о геогра́фии.*

(a) What public squares in your country's capital do you know? Are there squares in the city you live in? What are their names?

(b) Where do you live? Name the area of your country and the town.

(c) Describe a city. Give its area and say whether it has much greenery or not. List some of the streets and squares in the city.

62. *Change the sentences, as in the models.*

Model: Ви́ктор, спроси́ А́ню, когда́ бу́дет семина́р по филосо́фии. — Ви́ктор, спроси́ А́ню о семина́ре по филосо́фии.

1. Дже́йн, спроси́ Ро́берта, когда́ у на́с бу́дет трениро́вка.
2. Мэ́ри, спроси́ Джо́зефа, когда́ мы́ идём на конце́рт.
3. Ко́ля, спроси́ Серге́я, когда́ у на́с бу́дет ле́кция по геогра́фии.
4. Джо́н, спроси́ Дэ́вида, понра́вился ли ему́ сове́тский фи́льм «Война́ и ми́р».
5. Ри́чард, спроси́те А́нну, нра́вится ли е́й её но́вая рабо́та.

Model: Попроси́ Ви́ктора, что́бы о́н вы́ступил на семина́ре по филосо́фии. — Попроси́ Ви́ктора вы́ступить на семина́ре по филосо́фии.

1. Попроси́ Ро́берта, что́бы о́н пришёл на трениро́вку.
2. Попроси́ Джу́ди, что́бы она́ купи́ла на́м биле́ты в теа́тр.
3. Попроси́ Джо́на, что́бы о́н встре́тил на́с.

4. Попросите студентов, чтобы они после лекций собрались около библиотеки.
5. Попросите Тома, чтобы он пришёл вечером в спортивный клуб.

Model: Попроси Виктора дать тебе русско-английский словарь.
          — Попроси у Виктора русско-английский словарь.

1. Попроси Сергея дать тебе учебник русского языка.
2. Попросите преподавателя дать вам перевод этих стихов Пушкина.
3. Попросите профессора дать вам роман Л. Толстого «Анна Каренина».
4. Попросите Виктора дать вам книгу о Толстом.
5. Попроси Антона дать тебе слова этой песни.
6. Попросите Веру Николаевну дать вам книгу о современной советской музыке.

63. *Situations.*

You want your friend to find out from someone:

(1) when the mathematics lecture will take place;

(2) who is to give a report in the philosophy seminar;

(3) where and when the volleyball training session will be;

(4) where one can buy an English-Russian dictionary;

(5) whether there is a Russian textbook in the library;

(6) whether he or she will be coming to the club this evening;

(7) whether he or she will attend the Russian language seminar this summer in the Soviet Union;

(8) whether he or she has read Chekhov's short stories;

(9) what Soviet movies he or she has seen. Ask him to do this for you.

Model: Виктор, спроси Антона, когда будет лекция по математике.

64. *Situations.*

You want your friend to ask someone:

(1) to meet you at the train station;

(2) to give a report in the seminar;

(3) to come to the club in the evening;

(4) to find a book about the Soviet poet Vladimir Mayakovsky in the library;

(5) to tell the students to get together in the lecture hall after the seminar;

(6) to find out where one can buy biology books. Tell him to do so.

Model: Ви́ктор, попроси́ Анто́на встре́тить меня́ на вокза́ле.

65. *Situations.*

You want your friend to ask someone for a Russian-English dictionary, the newspaper *Komsomolskaya Pravda*, the magazine *Sputnik,* the magazine *Sovyetsky Soyuz,* Chekhov's short stories, Tolstoy's novel *War and Peace,* a pen, a Russian textbook. Tell him to do so.

Model: Ви́ктор, попроси́ у Анто́на ру́сско-англи́йский слова́рь.

66. (a) *Read and translate.*

Пого́да

Температу́ра сего́дня но́чью в Москве́ была́ 3 гра́дуса моро́за[1], в 12 часо́в дня 0 гра́дусов. За́втра в Москве́ температу́ра во́здуха — 3 — 5° (ми́нус 3—5 гра́дусов), днём небольшо́й снег, ве́тер ю́го-за́падный.

(b) *Answer the questions.*

1. Кака́я температу́ра была́ сего́дня но́чью в Москве́?
2. Кака́я температу́ра была́ в 12 часо́в дня?
3. Кака́я температу́ра во́здуха бу́дет за́втра в Москве́?
4. Како́й бу́дет ве́тер?

(c) *Read and retell.*

О пого́де

Сего́дня но́чью температу́ра во́здуха в Москве́ была́ + 15° (плюс 15 гра́дусов). Днём в Москве́ бу́дет 18—20° тепла́, до́ждь, ве́тер се́веро-восто́чный, си́льный. Температу́ра воды́ в Москве́-реке́ + 13°.

67. (a) *Read and speak. Situation.*

You want to know what the weather will be like tomorrow. Take a newspaper and read the weather report.

Fahrenheit	0	10	20	30	40	50	60	70	80	90	100
Celsius	−18	−12	−7	−1	4	10	16	21	27	32	38

[1] In the USSR temperature is measured in the Centigrade (Celsius) scale. Note the correlation of the Celsius and Fahrenheit scales.

Завтра бу́дет хо́лодно и́ли тепло́? Бу́дет до́ждь и́ли нет? Кака́я бу́дет температу́ра?

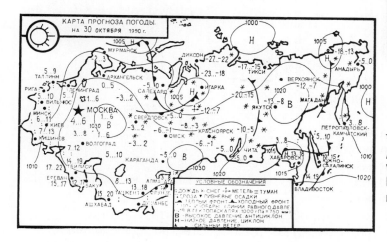

ПОГОДА

В Москве́ и Моско́вской области 19 ма́рта без существенных осадков, около 10 градусов тепла. 20 марта небольшой дождь, преимущественно на севере области, 8—13 градусов тепла. 21 марта небольшие осадки. Ветер северо-западный, 7—12 метров в секунду, местами порывы 15—17 метров в секунду, 2—7 градусов тепла.

★ (b) *Reading Newspapers*. You want to know what the weather will be like tomorrow in different regions of the USSR.

68. *Speak about the weather.*

Tell what weather you are having. What was the weather like yesterday? What is it likely to be tomorrow? What weather do you usually have in spring, in summer, in autumn and in winter?

69. *Memorize the following antonyms.*

у́зкий — широ́кий; гря́зный — чи́стый; у́мный — глу́пый.

★**70.** (a) *Read and translate.*

О́зеро Байка́л

«... От Байка́ла начина́ется сиби́рская поэ́зия, до Байка́ла была́ про́за», — писа́л А.П. Че́хов.

О́зеро Байка́л о́чень краси́вое. О́коло него́ го́ры и леса́. Это са́мое глубо́кое о́зеро на Земле́ (1620 ме́тров).

Байка́л о́чень ста́рое о́зеро. Оно́ живёт уже́ 22 миллио́на лет (други́е озёра живу́т 200 ты́сяч лет). Байка́л — это музе́й приро́ды.

Ле́том на берега́ Байка́ла приезжа́ет мно́го тури́стов. Они́ знако́мятся с прекра́сной приро́дой Байка́ла.

Три́ста три́дцать рек несу́т свою́ во́ду в Байка́л, и то́лько одна́ река́, краса́вица Ангара́, берёт во́ду из Байка́ла и несёт её на се́вер. Ангара́ — широ́кая (два киломе́тра) и бы́страя река́.

Не́сколько ле́т наза́д в газе́тах мно́го писа́ли о Байка́ле. Пробле́му Байка́ла обсужда́ли учёные все́х стра́н. Фи́зики и фило́логи, матема́тики и социо́логи, фило́софы и гео́логи говори́ли и писа́ли о бу́дущем о́зера. Они́ говори́ли о то́м, что Байка́л до́лжен оста́ться таки́м, како́й о́н сейча́с. О Байка́ле говори́ли всё, о Байка́ле говори́ли везде́: на студе́нческих вечера́х, в рабо́чих столо́вых, на писа́тельских конфере́нциях.

Но бо́льше всего́, коне́чно, обсужда́ли э́тот вопро́с учёные.

В январе́ 1969 го́да сове́тское прави́тельство (government) принима́ет специа́льное реше́ние об охра́не Байка́ла. Райо́н о́зера ста́л запове́дником (national park).

(b) *Retell the text.*

★ **71.** *Tell about a lake in your country.*

72. *Note the suffix* **ств(-о)**.

бога́тый	—	бога́т-**ство**
ма́стер	—	мастер-**ство́**
де́ти	—	де́т-**ство**

73. (a) *Note the verbal prefixes* **про-** *and* **до-**.

е́хать	**про**е́хать	**до**е́хать
бежа́ть	**про**бежа́ть	**до**бежа́ть
идти́	**про**йти́	**до**йти́

(b) *Read and translate.*

1. Вчера́ мы́ **прошли́** на лы́жах 30 км.
2. Быстре́е все́х 100 м (ме́тров) **пробежа́л** В. Борзо́в.
3. Вчера́ тури́сты **прошли́** 20 км.
4. — Скажи́те, пожа́луйста, ка́к лу́чше **дое́хать до** Большо́го теа́тра? — На метро́.
5. — Вы́ не ска́жете, на чём мо́жно **дое́хать до** университе́та?
   — На 111 авто́бусе.

74. *Read and translate the sentences. Remember that the Russian word* сквéр *denotes a small public garden.*

1. В цéнтре плóщади нахóдится сквéр.
2. В нáшем гóроде мнóго сквéров, садóв, пáрков.
3. — Вы не знáете, чтó здéсь бýдет? — Кáжется, сквéр.
4. — Скажúте, пожáлуйста, гдé Вéра? — Онá гуляет в сквéре со свойм сыном.

75. *Translate the sentences without consulting a dictionary.*

1. Молодёжь учáствует в стройтельстве нóвых городóв. В такúх городáх кáждый трéтий жúтель ýчится.
2. Христофóр Колýмб открыл Амéрику. Открытие Амéрики произошлó в XV вéке.
3. Сибúрь — это чáсть территóрии Совéтского Союза. Мóй отéц — сибиряк, óн родúлся в Сибúри.
4. На Урáле красúвая прирóда. Студéнты учáствуют в изучéнии прирóдных богáтств страны.
5. Когдá мóй отéц был молодым, óн жúл на Украúне. В мóлодости óн рабóтал на завóде.

76. *Read and translate the sentences without consulting a dictionary.*

1. Учёные разрабóтали оригинáльный плáн испóльзования энéргии вéтра.
2. На территóрии нáшего гóрода нахóдится нéсколько больших пáрков.
3. Энéргию кавкáзских рéк испóльзуют люди.
4. Бóльшая чáсть нáшей планéты — это окéаны и моря.
5. Сейчáс люди умéют испóльзовать потенциáльную сúлу рéк.

77. *Listen and repeat.*

Знаменúтый рýсский писáтель, знаменúтый рýсский писáтель Антóн Пáвлович Чéхов, поéхал на óстров Сахалúн. В 1890 годý⁴ / знаменúтый рýсский писáтель Антóн Пáвлович Чéхов / поéхал на óстров Сахалúн. Скóро пóсле Енисéя / начинáется знаменúтая тайгá.

Скрóмная [скрóмнъјь], грýстная [грýснъјь], красáвица, могýчий богатырь, сúлы и мóлодость. Вóлга — / скрóмная, грýстная красавица, / а Енисей — / могучий богатырь, / который не знает, куда девать свои силы и молодость.

На берегу широкого Енисея, с огромной быстротой и силой, мчится в Ледовитый океан. Так думал я на берегу широкого Енисея / и смотрел на его воду, / которая с огромной быстротой и силой / мчится в Ледовитый океан. Потенциальные ресурсы сырья и энергии [инэрг'ии], будущее развитие Сибири; является проблемой; интересующей всех; важной для всей планеты. Потенциальные ресурсы сырья и энергии / здесь так огромны, / что будущее развитие Сибири / является проблемой, / интересующей всех, / проблемой, / важной для всей планеты.

Жители Омска; сохранить красоту сибирской природы; вода в реках; воздух в городе; остались чистыми. Жители Омска / много делают для того, / чтобы сохранить красоту сибирской природы, / чтобы вода в реках и воздух в городе / остались чистыми.

78. *Basic Text. Read the text and then do exercises 79-83.*

Что такое Сибирь?

I

В 1890 году знаменитый русский писатель Антон Павлович Чехов поехал на остров Сахалин. Он проехал через всю Сибирь.

Антон Павлович писал: «Если пейзаж в дороге для вас не последнее дело, то, когда вы едете из России в Сибирь, вы будете скучать от Урала до Енисея... Природа оригинальная и прекрасная начинается с Енисея.

Скоро после Енисея начинается знаменитая тайга. О ней много говорили и писали, а потому от неё ждёшь не того, что она может дать. Сила и очарование тайги не в деревьях-гигантах и не в тишине, а в том, что только птицы знают, где она кончается.

В своей жизни я не видел реки прекраснее Енисея. Волга — скромная, грустная красавица, а Енисей — могучий богатырь, который не знает, куда девать свои силы и молодость.

Так думал я на берегу широкого Енисея и смотрел на его воду, которая с огромной быстротой и силой мчится в Ледовитый океан. На этом берегу Красноярск — самый лучший и красивый из всех сибирских городов, а на том — горы.

Я стоял и думал, какая умная и смелая жизнь осветит в будущем эти берега!»

II

Сибирь с её историей, с её огромными богатствами давно интересует людей. Каждый народ, маленький или большой, хочет увидеть будущее своей земли. Будущее сибирской земли интересует не только сибиряков. Потенциальные ресурсы сырья и энергии здесь так огромны, что будущее развитие Сибири является проблемой, интересующей всех, проблемой, важной для всей планеты.

Сибирь начинается там, где кончаются Уральские горы. Долго Сибирь была спящей землёй. И сейчас, в конце XX века, происходит новое открытие Сибири.

Геологи помогли увидеть, как богата земля Сибири. Нет в мире другого места, где было бы так много природных богатств и где было бы так трудно для человека взять их.

Иногда кажется, что природа Сибири не хочет, чтобы люди взяли её богатства: 4/5 (четыре пятых) территории Сибири лежит в зоне вечной мерзлоты, 7 месяцев в году на севере и востоке

На ра́зных языка́х

Сиби́ри — зима́, зимо́й температу́ра быва́ет — 40, — 60° (по Це́льсию).

Говоря́т, что в Сиби́ри есть всё: нефть, газ, у́голь, мета́ллы, алма́зы. Сиби́рь — э́то лес, э́то хлеб, э́то электроэне́ргия.

Пе́рвый план разви́тия Сиби́ри появи́лся в 1926—1927 года́х. Но то́лько сейча́с челове́к мо́жет успе́шно реши́ть таку́ю зада́чу, как освое́ние Сиби́ри.

В шестидеся́тые го́ды о́коло Новосиби́рска со́здали крупне́йший нау́чный центр — Сиби́рское отделе́ние Акаде́мии нау́к СССР. В э́том це́нтре 48 институ́тов.

Вопро́сами разви́тия эконо́мики Сиби́ри занима́ются ра́зные учёные: гео́логи, гео́графы, био́логи, инжене́ры, экономи́сты, социо́логи.

Не́которые лю́ди ду́мают, что Сиби́рь — э́то холо́дная земля́. Но в Сиби́ри не всегда́ хо́лодно, ле́том быва́ет и о́чень тепло́: + 28, + 30 (по Це́льсию). И всё бо́льше тури́стов ле́том е́дет в Сиби́рь.

Сиби́рская тайга́ — э́то тако́й лес, како́го вы не уви́дите уже́ нигде́. Сло́вом «тайга́» называ́ют все сиби́рские леса́. Тайга́ — э́то са́мый большо́й лес в Се́верном полуша́рии. А сиби́рские ре́ки? Бы́стрые, могу́чие, чи́стые. А города́?

В Сиби́ри хо́лодно. —50°. В Сиби́ри жа́рко. +30°.

В Сиби́ри е́сть ста́рые города́ — Ирку́тск, Красноя́рск, То́мск, Новосиби́рск, О́мск — им бо́льше 100 (ста́) ле́т. И е́сть молоды́е города́: Бра́тск, Анга́рск, Ми́рный.

О́чень бы́стро растёт населе́ние молоды́х сиби́рских городо́в. И населе́ние э́тих городо́в молодо́е: бо́льше всего́ здесь молодёжи.

Изменя́ются и ста́рые города́. Во́т, наприме́р, О́мск. Ф.М. Достое́вский бы́л в О́мске в XIX ве́ке. Го́род ему́ не понра́вился: «О́мск — га́дкий городи́шко... Дере́вьев почти́ не́т». Совреме́нный О́мск — са́мый зелёный го́род в РСФСР. О́н похо́ж на ю́жный го́род. Четвёртая ча́сть пло́щади го́рода — э́то па́рки, сады́, скве́ры, со́зданные рука́ми жи́телей го́рода. Жи́тели О́мска мно́го де́лают для того́, чтобы сохрани́ть красоту́ сиби́рской приро́ды, чтобы вода́ в река́х и во́здух в го́роде оста́лись чи́стыми.

Сибиряки́ лю́бят госте́й. Они́ хорошо́ встреча́ют тури́стов и ещё лу́чше встреча́ют те́х, кто́ приезжа́ет помога́ть, рабо́тать, кто́ хо́чет побли́же познако́миться с Сиби́рью, кто́ хо́чет поня́ть, что́ тако́е Сиби́рь и что́ та́м сейча́с происхо́дит.

79. *Find in the text the passages about (a) Siberian climate and (b) Omsk, and read them.*

80. *Find in the text the names of Siberian rivers and Siberian towns.*

81. *Answer the questions.*

> 1. Где́ нахо́дится Сиби́рь?
> 2. Что́ вы́ зна́ете о приро́де Сиби́ри?
> 3. Каки́е сиби́рские города́ вы́ зна́ете?
> 4. Ка́к изменя́ется эконо́мика Сиби́ри?

82. *Read Chekhov's story about Siberia and retell it.*

83. *Write an outline of the text.*

★ **84.** *Retell the text on the basis of your outline.*

★ **85.** *Tell what you know about Siberia.*

86. *Situations.*

You are talking to someone from Siberia. Ask him questions about the scenery, climate and economy of Siberia.

★ **87.** *Make up questions based on the following situation.*

You are a reporter who has come to Siberia. Ask Siberians questions.

★ **88.** *Describe the scenery, climate and economy of your country.*

★ **89**. *You have been to the Soviet Union. Tell your friends what is shown in these photographs.*

Новосиби́рск

Ле́на

Бра́тск

Краснoя́рские
столбы́

★**90**. *Your friends are planning to go to the USSR. Advise them where to go and what to see.*

91. *Speak about yourself.*

1. Вы́ лю́бите е́здить?
2. Где́ вы́ бы́ли в свое́й стране́?
3. Что́ вы́ ви́дели?
4. Что́ вы́ лю́бите бо́льше: ле́с, го́ры, мо́ре?
5. Вы́ лю́бите гуля́ть по ле́су?
6. Вы́ лю́бите ходи́ть в го́ры?
7. Кака́я приро́да ва́м нра́вится бо́льше: се́верная и́ли ю́жная?
8. Каки́е краси́вые и интере́сные места́ е́сть в ва́шей стране́? Вы́ бы́ли та́м?

★ **92.** *Situation.*

You are talking to a Soviet citizen who has come to your country. Advise him where to go and what to see.

★ **93.** *Reading Newspapers. Read this article. Find the following information in it.*

1. Представитель какой американской фирмы выступал на пресс-конференции?
2. Где была выставка «КОМТЕК-90»?
3. Что было представлено на выставке?
4. Какие фирмы участвовали в выставке?
5. Какая фирма является знаменитым производителем компьютерных программ?

Это будущее? Нет, настоящее!

Глава представительства в СССР американской фирмы «Компьютер Ленд» Майкл Цейтин с улыбкой заявил на пресс-конференции перед открытием специализированной выставки «КОМТЕК-90»: «Если некоторые фирмы думают, что в Советском Союзе можно продать какое-нибудь устаревшее оборудование, то их ожидает разочарование. Если они рассчитывают на успех — то они должны предложить самые современные модели».

Это заявление свидетельствует об изменившейся ситуации на советском рынке. Не секрет: были времена, когда на международных выставках зарубежные фирмы выставляли оборудование «прошлых лет», и это бросалось в глаза даже неспециалистам. Но в последнее время перестройка коснулась и Запада. Убедительное доказательство тому — представленные новейшие достижения мировых производителей компьютерной техники и технологии «КОМТЕК-90» на ВДНХ СССР в павильо-

не «Товары народного потребления». Выставка организована советско-американским предприятием «Крокус Интернэшнл», фирмой из США «Компьютер Ленд» и научно-производственным объединением «Шафран».

Представленные новинки уже знакомых в СССР компьютерных производителей ИБМ, АСТ, АТАРИ и многих других производят впечатление. Любопытно для меня было познакомиться с американской фирмой «Мишн электроникс». Эта маленькая фирма снабжает почти весь мир микросхемами для компьютеров.

Побродив еще по огромному залу, уставленному самой современной техникой, я остановилась у стенда «Эштон-Тейт» — знаменитого производителя компьютерных программ.

— Мы хотим помочь разработке программ в Советском Союзе,— рассказал Брюс Марквррт.— Будем обучать компьютерной грамотности людей, которые отвечают за разработку, и обеспечивать их всем необходимым.

Ю. ЖАЛНИНА.
Фото В. Куликова.

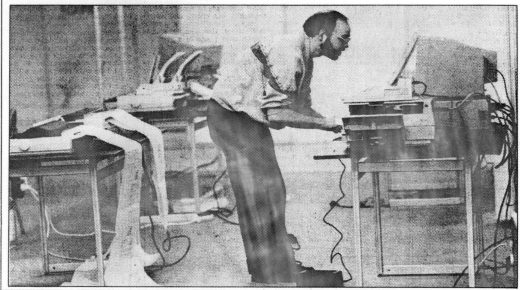

☆ SUPPLEMENTARY MATERIALS

★ **1.** (a) Read the texts without consulting a dictionary.

«Сою́з — Аполло́н»

Космона́вты и астрона́вты встре́тились с руководи́телями Акаде́мии нау́к СССР. На́ш специа́льный корреспонде́нт сообща́ет:

Встре́чу откры́л акаде́мик В. А. Коте́льников:

«Мы́ ра́ды, что встреча́ем ва́с в акаде́мии. Ва́ш полёт продемонстри́ровал соверше́нную те́хнику и высоча́йшую квалифика́цию космона́втов и астрона́втов. Ва́ш полёт име́ет огро́мное значе́ние для бу́дущего. Я́ зна́ю, что че́рез мно́го ле́т бу́дут вспомина́ть э́ти дни́, бу́дут изуча́ть ва́ш полёт. О́н откры́л но́вый эта́п в исто́рии ко́смоса».

Астрона́вты Т. Ста́ффорд, Д. Сле́йтон, В. Бра́нд и космона́вты А. Лео́нов, В. Куба́сов рассказа́ли о нау́чных эксперимента́х, проведённых во вре́мя полёта.

В До́ме учёных, где то́же проходи́ла встре́ча с астрона́втами и космона́втами, Вэ́нс Бра́нд рассказа́л о пе́рвой встре́че в ко́смосе.

«Всё зна́ют ру́сское гостеприи́мство. Я́ чу́вствовал его́ не то́лько в Москве́, но и в ко́смосе. Когда́ Ста́ффорд и Сле́йтон пошли́ в «Сою́з», я́ оста́лся в «Аполло́не». Но они́ почему́-то

оставáлись в совéтском кораблé дóльше, чем нáдо бы́ло по плáну. Я слы́шал смéх, англи́йские и рýсские словá. Я ужé нáчал дýмать, что мои́ товáрищи реши́ли остáться спáть в «Сою́зе». Давнó ужé прошлó врéмя, когдá астронáвты должны́ бы́ли спáть, а Тóм и Ди́к всё не возвращáлись из «Сою́за». Тогдá я сказáл, что ложýсь спáть и не бýду их ждáть. Скóро они́ вернýлись. Но когдá я пришёл в «Сою́з», мнé тóже хотéлось побы́ть тáм дóльше — óчень хорошó встречáли нáс Алексéй и Валéрий».

Астрокосмонáвт

Э́того слóва ещё нéт в словаря́х. Пéрвым егó употреби́л совéтский учёный О. Г. Газéнко, котóрый открывáл вéчер в Дóме учёных.

— Я хочý, чтóбы мы́ всé вмéсте провели́ нéкоторые расчёты. Вóт 3 астронáвта и 2 космонáвта. Скóлько лéт астрокосмонáвту? — 45,7 гóда (сóрок пя́ть и сéмь деся́тых гóда). Вéс астрокосмонáвта — 77 килогрáммов. О цвéте волóс говори́ть труднéе. (Леóнов и Стáффорд смею́тся грóмче всéх.) Числó полётов в кóсмос у астрокосмонáвта — 2. Астрокосмонáвт кóнчил 4 учéбных заведéния. Астрокосмонáвт женáт. Срéднее коли́чество жён — однá. У астрокосмонáвта éсть дéти. У негó 2,6 (двá и шéсть деся́тых) ребёнка: мáльчиков 0,8 (вóсемь деся́тых), дéвочек 1,8 (однá и вóсемь деся́тых). Нáш астрокосмонáвт — хорóший спортсмéн. И ещё однá детáль — у нáшего астрокосмонáвта прекрáсное чýвство ю́мора.

(b) *Translate the following words without consulting a dictionary:* встрéча, смéх, женáт; продемонстри́ровать, квалификáция, этáп, детáль. *Check your translations with a dictionary.*

(c) *Find the following words in the text and try to guess their meanings:* гостеприи́мство, вéс, вóлосы, коли́чество. *Check your translations with a dictionary.*

★ **2.** *Read the text once more. Find the sentences which convey the message of the text and read them aloud.*

VOCABULARY

* алмáз (uncut) diamond
* астронáвт astronaut
* биосфéра biosphere
богáтство wealth
* богаты́рь giant, epic hero
бóлее more
* быстротá rapidity
* вéс weight

веснá spring
* вéчная мерзлотá permafrost
ви́лка fork
води́тель driver
вóздух air
вóлосы *pl.* hair
* востóчный eastern
* гáдкий filthy

* геофи́зика geophysics
* гигáнт giant
* гидростáнция hydroelectric
  power station
глубóкий deep
глýпый foolish, stupid
* городи́шко small town
* гостеприи́мство hospitality

гра́дус degree
гря́зный dirty
* дева́ть put, apply
* демонстри́ровать /
  продемонстри́ровать
  demonstrate, show
* дета́ль f. detail; part
длина́ length
дли́нный long
ду́мать / поду́мать think
еди́ный биле́т (monthly) ticket
  (for all the means of public
  transportation)
жела́ть / пожела́ть wish,
  desire
жена́т (is) married, has a wife
* земно́й ша́р terrestrial globe
зима́ winter
значе́ние meaning
зо́на zone
испа́нский Spanish
како́й-то (-нибудь) some
* ка́федра chair
* квалифика́ция qualification
* ко́мплекс complex
* краса́вица a beauty
кто́-то (-нибудь) somebody,
  someone
куда́-то (-нибудь) somewhere
лёгкий easy; light
ло́жка spoon
ме́нее less
мета́лл metal
* ме́тод method
ме́тр meter
ми́нус minus
* могу́чий mighty
* моде́ль f. make; model
* моро́з frost
* мча́ться rush, race
называ́ть / назва́ть name
* населе́ние population
нефть f. petroleum, oil
ни́зкий low
нож knife
огро́мный enormous
о́зеро lake
оригина́льный original
освеща́ть / освети́ть
  illuminate
* освое́ние mastering,
  development
о́сень f. autumn, fall

оставля́ть / оста́вить leave
* отделе́ние branch
откры́тие discovery
отку́да-то (-нибудь) from
  somewhere
* охра́на protection
* очарова́ние charm,
  fascination
пейза́ж scenery, landscape
передава́ть / переда́ть
  1. convey; 2. ~ по ра́дио
  broadcast
* плане́та planet
пло́щадь f. 1. area; 2. surface
плюс plus
по-ва́шему according to you, in
  your opinion
поду́мать *see* **ду́мать**
поздравля́ть / поздра́вить
  congratulate
* полуша́рие hemisphere
по́люс pole
по-мо́ему in my opinion
после́дний last, final
* потенциа́льный potential
почита́ть *p.* read (a little)
пое́зия poetry
пра́вый right
приве́т greetings
приро́дный natural
проездно́й биле́т (monthly)
  ticket
проезжа́ть / прое́хать pass
  (by, through) (by vehicle)
про́за prose
происходи́ть / произойти́
  take place
проходи́ть / пройти́ pass
пти́ца bird
разви́тие development
разреша́ть / разреши́ть let
расти́ / вы́расти grow
* расчёт calculation
* ресу́рсы resources
рожде́ние birth
сантиме́тр centimeter
* сибиря́к Siberian
* скве́р public garden, small park
* скуча́ть *imp.* be bored
* смех laughter
* соверше́нный perfect
сохраня́ть / сохрани́ть
  preserve

спать *imp.* sleep
* сырьё raw material(s)
тайга́ taiga
тало́н coupon
телегра́мма telegram
террито́рия territory
* тишина́ quiet, silence
тру́дность f. difficulty
удо́бно (is) convenient
у́зкий narrow
у́мный intelligent, clever
* употребля́ть / употреби́ть
  use
* фрукто́вый fruit
хо́лод cold
чем than
чи́стый clean
что́-то (-нибудь) something
широ́кий wide
шофёр driver
экспеди́ция expedition
* электроэне́ргия electric power
* эне́ргия energy
* э́ра era; до на́шей э́ры B.C.
* эта́п stage

Verb Stems:

демонстри́рова- /
  продемонстри́рова-
  demonstrate, show
ду́май- / поду́май- think
жела́й- / пожела́й- wish, desire
мча́-ся rush, race
называ́й- / наз/ва́- name
освеща́й- / освети́- illuminate
оставля́й- / оста́ви- leave
передава́й- / переда́ть *irreg.*
  1. convey; 2. ~ по ра́дио
  broadcast
поздравля́й- / поздра́ви-
  congratulate
почита́й- read (a little)
проезжа́й- / прое́хать *irreg.*
  pass (by, through) (by vehicle)
происходи́- / произойти́ *irreg.*
  take place
проходи́- / пройти́ *irreg.* pass
разреша́й- / разреши́- let
расти́ / вы́расти *irreg.* grow
скуча́й- be bored
сохраня́й- / сохрани́- preserve
спа́ть *irreg.* sleep
употребля́й- / употреби́- use

Карпа́ты

Presentation and
Preparatory Exercises

I Э́тот райо́н хорошо́ **изу́чен** гео́логами.

▶ **1.** *Read and analyze. (See Analysis XVI, 1.0; 1.10; 1.11.)*

«И ещё жизнь хороша́ потому́, что мо́жно путеше́ствовать», — э́ти слова́ бы́ли **ска́заны** знамени́тым ру́сским путеше́ственником Н.М. Пржева́льским.

Ка́ждый го́д на поезда́х и на самолётах, на авто́бусах и на маши́нах, на лы́жах и пешко́м путеше́ствуют тури́сты по СССР. Для тури́стов **откры́т** маршру́т по дре́вним ру́сским города́м. Э́тот маршру́т был **на́зван** «Золото́е кольцо́»[1]. Интере́сны маршру́ты «По столи́цам респу́блик Сре́дней А́зии». О́чень популя́рны маршру́ты по ру́сскому се́веру, сиби́рские маршру́ты, осо́бенно на о́зеро Байка́л. **Со́здано** мно́го туристи́ческих ба́з во все́х респу́бликах. Тури́сты не то́лько путеше́ствуют, они́ изуча́ют страну́, её приро́ду, её культу́ру, её про́шлое и настоя́щее.

2. *Listen and repeat.*

путеше́ствовать, я́ путеше́ствую, путеше́ственник, изве́стный [изв'е́сныj], изве́стный путеше́ственник.

сказа́ть, ска́занный, ска́зана, ска́зано, ска́заны. Э́ти слова́ ска́заны изве́стным ру́сским путеше́ственником.

созда́ть, со́зданный, со́здан, создана́, со́зданы.

---

* This unit is optional. We advise you to use it with students who are going to the USSR to study. It can also be used to start the second year of study.

[1] "The Golden Ring", a tourist route which includes the most famous ancient cities of central Russia: Vladimir, Suzdal, Yaroslavl, Pereyaslavl-Zalessky and Rostov Veliky.

маршру́т, маршру́т по дре́вним города́м, маршру́т по дре́вним ру́сским города́м.

назва́ть, на́званный, на́зван, на́звана, на́званы. Маршру́т по дре́вним ру́сским города́м на́зван «Золото́е кольцо́».

3. *Read and translate the sentences; then replace the subject of each by the words given on the right, making other changes if necessary.*

1. Докла́д бы́л сде́лан хорошо́.	рабо́та, портре́т, нача́ло расска́за
2. Афи́ша была́ напи́сана больши́ми бу́квами.	сло́во, те́кст, пра́вило
3. Э́та ва́за была́ пода́рена мне́ мое́й ма́терью.	пла́тье, портфе́ль, часы́
4. Ви́ктор показа́л на́м до́м, кото́рый бы́л постро́ен в про́шлом ве́ке.	зда́ние, гости́ница, дворе́ц
5. Э́та тру́дная зада́ча бу́дет решена́.	вопро́с, пробле́ма

4. *Somebody asks you a question. Answer it.*

1. Вы́ говори́те, что ва́ш го́род о́чень измени́лся. Что́ постро́ено в го́роде? (стадио́н, мно́го совреме́нных зда́ний)
2. Что́ бу́дет организо́вано для студе́нтов в э́том ме́сяце в клу́бе и на стадио́не? (конце́рт, ма́тч по футбо́лу, соревнова́ния по те́ннису)
3. Каки́е кни́ги ру́сских а́второв переведены́ на англи́йский язы́к? (рома́н, пье́са, расска́з)

5. *Кто́ а́втор?*

1. Ке́м бы́л напи́сан рома́н «Ма́ртин Йден»? (Дже́к Ло́ндон)
2. Ке́м была́ создана́ о́пера «Евге́ний Оне́гин»? (П.И. Чайко́вский)
3. Ке́м была́ напи́сана карти́на «Сиксти́нская мадо́нна»? (Рафаэ́ль)
4. Ке́м бы́л напи́сан рома́н «Ти́хий До́н»? (М.А. Шо́лохов)

▶ **6.** *Form short form verbal adjectives from each of the verbs given below and use each to modify the noun which follows it. Mark the stress in the short form verbal adjectives. (See Analysis XVI, 1.0; 1.10; 1.11.)*

Model: написа́ть (статья́) — статья́ напи́сана

(a) сде́лать (рабо́та), организова́ть (экску́рсия), написа́ть (письмо́), показа́ть (фи́льм), сда́ть (экза́мены);

(b) изучи́ть (пробле́ма), ко́нчить (рабо́та), постро́ить (мо́ст), реши́ть (вопро́с);

(c) откры́ть (музе́й), закры́ть (магази́н), нача́ть (рабо́та).

7. *Rewrite each sentence, as in the model. Mark the stress in the short form verbal adjectives.*

Model: Э́то зда́ние постро́или молоды́е строи́тели.
   Э́то зда́ние бы́ло постро́ено молоды́ми строи́телями.

1. Студе́нты организова́ли встре́чу с учёными-фи́зиками.
2. Молода́я арти́стка хорошо́ сыгра́ла тру́дную ро́ль.
3. Э́тот ка́мень мне́ подари́л оди́н гео́лог.
4. Э́тот портре́т Л. Н. Толсто́го написа́л худо́жник И. Е. Ре́пин.

Model: Когда́ мы́ пришли́, магази́н уже́ закры́ли.
   Когда́ мы́ пришли́, магази́н уже́ бы́л закры́т.

1. Зда́ние теа́тра постро́или два́ го́да наза́д.
2. Но́вый стадио́н откро́ют че́рез два́ го́да.
3. Биле́ты в теа́тр купи́ли ещё неде́лю наза́д.
4. Приглаше́ние мы́ получи́ли сли́шком по́здно, и поэ́тому не могли́ прие́хать.
5. Э́ту у́лицу назва́ли и́менем учёного, кото́рый зде́сь жи́л.

8. *Read and translate the text. Give the basic stems and/or infinitives for each short form passive verbal adjective.*

Акаде́мия нау́к СССР

В 1724 году́ в Росси́и была́ создана́ Акаде́мия нау́к. Докуме́нт о созда́нии Акаде́мии бы́л подпи́сан Петро́м I. Э́то бы́ло о́чень ва́жно для разви́тия нау́ки и культу́ры в стране́. Акаде́мия изуча́ла приро́дные бога́тства страны́, её геогра́фию, кли́мат.

В Акаде́мии бы́ло на́чато серьёзное изуче́ние исто́рии и языка́ ру́сского наро́да.

В Акаде́мии рабо́тали таки́е знамени́тые учёные, как М. В. Ломоно́сов, И. М. Се́ченов, Д. И. Менделе́ев, И. П. Па́влов, А. И. Верна́дский[1].

---

[1]Mendeleyev, Dmitry Ivanovich (1834-1907), Russian scientist, the discoverer of the Periodic Law on the basis of which he predicted the existence and properties of a number of chemical elements discovered later.
 Sechenov, Ivan Mikhailovich (1829-1905), academician, founder of the Russian school of physiology. His main works include *Reflexes of the Brain* and *Physiology of the Nervous Centers.*
 Vernadsky, Vladimir Ivanovich (1863-1945), academician, founder of new branches of science: geochemistry, biogeochemistry and radiogeology.

После революции было организовано более пятидесяти научных центров, созданы филиалы Академии в разных районах страны, были созданы национальные Академии наук во всех республиках, была создана Сельскохозяйственная академия. В 1943 году была создана Академия педагогических наук, а в 1944 году — Академия медицинских наук.

Быстрое развитие экономики страны невозможно без помощи науки. И советские учёные активно участвовали в создании промышленных центров на юго-востоке страны, в изучении Арктики, северных морей, Антарктиды и многих других проблём.

Expression of Spatial Relations

▶9. *Read and analyze. Review the use of prepositions of place.*

Г д е ?

Case	Preposition	Example
Prepositional	в на	Мы жили **в деревне на берегу моря**.
Genitive	около недалеко от вокруг	Деревня находилась **недалеко от леса, около реки**. **Вокруг дома** было много деревьев.
*Instrumental	рядом с перед за над под	**Рядом с парком** был стадион. **Перед домом** был сад. **За домом** был лес. Самолёт летит **над городом**. В саду **под деревом** стоял стол.
Dative	по	Дети бегали **по парку**.

10. (a) *Read the text.*

В де́тстве Ма́ша жила́ в небольшо́й дере́вне на берегу́ реки́. Она́ жила́ со свои́ми роди́телями в небольшо́м до́ме, кото́рый находи́лся недалеко́ от ле́са. Спра́ва бы́ло о́зеро, а сле́ва от до́ма была́ река́, за до́мом бы́л ле́с. Перед до́мом бы́л небольшо́й са́д, та́м росли́ фрукто́вые дере́вья и цветы́. Ма́ша люби́ла сиде́ть в саду́ под каки́м-нибудь де́ревом и смотре́ть, как над реко́й лета́ют пти́цы.

(b) *Answer the questions.*

В де́тстве Ма́ша жила́ в го́роде? Она́ жила́ на берегу́ мо́ря? Её до́м стоя́л на пло́щади? Пе́ред до́мом бы́л па́рк? Где́ Ма́ша люби́ла отдыха́ть днём? Где́ находи́лся и́х са́д? А ле́с бы́л о́коло и́х дере́вни? Далеко́?

(c) *Ask your friends where they spent their childhood.*

11. *Complete the sentences, using the words given at the end of the exercise.*

1. Кора́бль плывёт ... .
2. Маши́на е́дет ... .
3. Де́ти бе́гают ... .
4. Молодёжь лю́бит ве́чером гуля́ть ... .
5. Я́ люблю́ е́здить на велосипе́де ... .
6. Авто́бусы не хо́дят ... .

Words to be used: доро́га, мо́ре, бе́рег реки́, э́та у́лица, ле́с.

12. *Complete the sentences, as in the model.*

Model: Мы́ живём в дере́вне, а на́ша шко́ла нахо́дится за дере́вней.

1. Мы́ живём недалеко́ от ле́са, а река́ нахо́дится ... .
2. Я́ живу́ в го́роде, а заво́д, где я́ рабо́таю, нахо́дится ... .
3. Зде́сь бу́дет шко́ла, а больни́цу бу́дут стро́ить ... .
4. — Где́ здесь ста́нция метро́? — Ви́дите э́то высо́кое зда́ние? Ста́нция метро́ нахо́дится ... .
5. Зде́сь на берегу́ реки́ бу́дут стро́ить дома́, а па́рк бу́дет ... .
6. Э́то стадио́н, а бассе́йн нахо́дится ... .
7. — Где́ здесь гости́ница? — Э́то но́вый кинотеа́тр, а гости́ница ... .

▶ **13.** *Read and analyze. Review the use of prepositions of place, destination and starting point.*

Г д é?	К у д á?	О т к ý д а?
в **на** + prepositional	**в** **на** + accusative	**из** **с** + genitive
Антóн живёт **в дерéвне.**	Вéра éдет **в дерéвню.**	Вéра приéхала **из дерéвни.**
Антóн живёт **на сéвере.**	Вéра éдет **на сéвер.**	Вéра приéхала **с сéвера.**
у + genitive	**к** + dative	**от** + genitive
Я́ бы́л сегóдня **у врачá.**	Вéра идёт **к врачý.**	Я́ пóздно пришёл **от врачá.**

14. (a) *Read the text and then retell it, paying particular attention to the expression of spatial relations.*

В 1926-1939 годáх из европéйских райóнов страны́ на Урáл, в Сибúрь и на Дáльний Востóк приéхало три́ миллиóна человéк. Э́тот процéсс продолжáется и сейчáс. Об э́том пи́шет журналúст Л. Шинкарёв в кнúге «Сибúрь. Откýда онá пошлá и кудá идёт». А́втор кнúги расскáзывает: «Когдá я́ пéрвый рáз приéхал в Сибúрь как корреспондéнт газéты «Извéстия», я́ дýмал, что кóнчу свою́ рабóту в Сибúри чéрез двá-три́ гóда и вернýсь домóй. Чéрез три́ гóда я́ пóнял, что ещё не знáю Сибúрь и ужé не знáю себя́. Всё вокрýг казáлось мнé огрóмным, сúльным. Какúе-то необыкновéнные гидростáнции, нéфть, снéг, морóзы, сибúрские пельмéни — всё не такóе, кáк вездé. Когдá я́ бывáл в другúх местáх, дáже на своéй рóдине, я́ вúдел рáзницу: всё кáжется мáленьким.

Прáвду говоря́т, кто́ вúдел однáжды э́ту зéмлю, бýдет пóмнить о нéй всегдá».

необыкновéнный unusual

пельмéни dumplings with meat stuffing

рáзница difference

(b) *What parts of your country have you visited? Tell about some of the interesting things you saw there.*

15. *Answer the questions, using the words on the right.*

1. Сейча́с апре́ль. Где́ сейча́с тепло́, а где́ хо́лодно? Отку́да сего́дня ве́тер?
Где́ вчера́ бы́л до́ждь? Где́ сего́дня иду́т дожди́? | юг, се́вер, за́пад, восто́к Сиби́рь, Кавка́з, Да́льний Восто́к

2. Куда́ иду́т тури́сты, когда́ они́ приезжа́ют в незнако́мый го́род? | пло́щадь, у́лица, музе́й, па́рк

16. *Somebody asks you a question. Answer it.*

Model: — Куда́ вы́ пойдёте ве́чером?
         — Я́ пойду́ в клу́б на конце́рт.

1. Куда́ вы́ идёте та́к ра́но? | университе́т, заня́тия

2. Отку́да вы́ получи́ли откры́тки с ви́дами Пари́жа? | Пари́ж, дру́г
3. Отку́да привезли́ э́ти ка́мни? | Сиби́рь, Ура́л
4. Куда́ е́дут ва́ши друзья́ в воскресе́нье? | па́рк, стадио́н
5. Отку́да вы́ пришли́ вчера́ та́к по́здно? | клу́б, конце́рт
6. Где́ вы́ отдыха́ли в э́том году́? | дере́вня, ба́бушка
7. Отку́да ва́ш дру́г получи́л письмо́? | Москва́, знако́мый студе́нт

8. Где́ вы́ слы́шали выступле́ние э́того журнали́ста? | институ́т, конфере́нция
9. Куда́ е́дут э́ти студе́нты? | Кавка́з, студе́нческий ла́герь «Спу́тник»

17. *Somebody asks you a question. Answer it.*

Model: — Куда́ и к кому́ о́н идёт сего́дня?
         — О́н идёт в общежи́тие к дру́гу.
         — Отку́да о́н идёт?
         — О́н идёт из общежи́тия от дру́га.

1. Куда́ иду́т ва́ши това́рищи? Отку́да иду́т ва́ши това́рищи?	гости́ница, друзья́
2. Куда́ идёт э́тот челове́к? Отку́да идёт э́тот челове́к?	больни́ца, вра́ч
3. Куда́ вы́ пое́дете ле́том? Отку́да вы́ неда́вно прие́хали?	родно́й го́род, роди́тели
4. Куда́ вы́ идёте? Отку́да вы́ идёте?	кинотеа́тр, вече́рний сеа́нс

★18. *Use each of the phrases in a sentence.*

е́хать на по́езде, встре́тить в по́езде, е́хать на авто́бусе, разгова́ривать в авто́бусе.

19. *Say how one can get to one's destination. Use the words* авто́бус, тролле́йбус, трамва́й, метро́, такси́.

Model: — Ка́к (мо́жно) дое́хать до у́лицы Ге́рцена?
— До у́лицы Ге́рцена мо́жно дое́хать на восьмо́м авто́бусе и́ли на метро́.

1. Скажи́те, пожа́луйста, ка́к мо́жно дое́хать до це́нтра го́рода?
2. Вы́ не зна́ете, ка́к мо́жно дое́хать до теа́тра и́мени Пу́шкина?
3. Извини́те, вы́ не зна́ете, ка́к мо́жно дое́хать до гости́ницы «Интури́ст»?
4. Скажи́те, пожа́луйста, ка́к дое́хать до Ленингра́дского вокза́ла?
5. Извини́те, вы́ не зна́ете, ка́к мо́жно дое́хать до кинотеа́тра «Реко́рд»?
6. Скажи́те, пожа́луйста, ка́к мо́жно дое́хать до у́лицы Во́лгина?
7. Извини́те, ка́к мо́жно дое́хать до Ле́нинского проспе́кта?

20. *Complete the sentences, using the words in brackets in the required form.*

1. Мы́ перешли́ че́рез ... (пло́щадь) и пошли́ да́льше по ... (у́лица).
2. Обы́чно я́ хожу́ в ... (кни́жный магази́н) пешко́м, потому́ что магази́н нахо́дится недалеко́ от ... (на́ш до́м). Сего́дня мне́ сказа́ли, что в ... (э́тот магази́н) появи́лись интере́сные кни́ги, и я́ реши́л пое́хать туда́ на ... (авто́бус).
3. В э́том ме́сте нельзя́ переходи́ть че́рез ... (у́лица). Зде́сь о́чень мно́го маши́н. По ... (э́та у́лица) мо́жно прое́хать в ... (це́нтр) го́рода.

4. К на́м в ... (университе́т) прие́хали студе́нты из ... (Ташке́нт). Они́ прие́хали на ... (студе́нческая конфере́нция), на кото́рой бу́дет обсужда́ться вопро́с о то́м, ка́к уча́ствуют студе́нты в ... (нау́чная рабо́та) институ́тов.

5. Неда́вно мы́ бы́ли в гостя́х у ... (знамени́тый архите́ктор). О́н живёт в ... (це́нтр) го́рода, на (проспе́кт) Ми́ра, в ... (большо́й до́м). В ... (его́ кварти́ра) мы́ ви́дели мно́го фотогра́фий зда́ний, кото́рые о́н постро́ил в ... (на́ш го́род).

6. — Где́ вы́ бы́ли? — Мы́ е́здили на ... (вокза́л) встреча́ть Ко́лю Лавро́ва. Ко́ля сейча́с живёт и рабо́тает на ... (Да́льний Восто́к). О́н прие́хал в ... (Москва́) к ... (ста́рший бра́т). О́н бу́дет жи́ть у ... (о́н) две́ неде́ли, а пото́м вме́сте с бра́том пое́дет из ... (Москва́) в ... (А́страхань) по ... (Во́лга). Э́то бу́дет хоро́шая пое́здка.

★ **21.** (a) *Read the text. Write out the phrases denoting place and direction.*

(b) *Compose a brief story about winter, using the phrases you have written out. Write down your story.*

Ру́сская зима́

Хороши́ ру́сские сне́жные зи́мы. Со́лнце. Сне́г. Подо льдо́м больши́е и ма́лые ре́ки. У́тром над дереве́нскими дома́ми поднима́ется ды́м.

сне́жный snowy

поднима́ться rise

ды́м smoke

Ти́хи зи́мние но́чи. Луна́. В лу́нном све́те видны́ верши́ны дере́вьев. Хорошо́ видна́ зи́мняя доро́га. Что́-то фантасти́ческое е́сть в лу́нной зи́мней но́чи. Е́сли вы́ е́здили лу́нной но́чью по зи́мним доро́гам, вы́ вспо́мните свои́ впечатле́ния.

луна́ moon

Прекра́сны зи́мние со́лнечные дни́. Хорошо́ лы́жникам, бегу́щим на лёгких лы́жах по сне́гу. Я́ не люблю́ ходи́ть по лы́жным доро́жкам. О́коло таки́х доро́жек, где бежи́т челове́к за челове́ком, тру́дно уви́деть зве́ря и́ли лесну́ю пти́цу. На лы́жах я́ оди́н ухожу́ в ле́с. На дере́вьях лежи́т бе́лый сне́г. По́лон жи́зни зи́мний ле́с. Спя́т под дере́вьями ежи́. Живу́т под сне́гом лесны́е мы́ши. Бе́гают по дере́вьям бе́лки. С де́рева на де́рево перелета́ют пти́цы.

со́лнечный sunny

лы́жник skier

зве́рь animal

ёж hedgehog

мы́шь mouse

бе́лка squirrel

О́чень хороши́ зимо́ю лесны́е озёра, в кото́рых продолжа́ется неви́димая гла́зу жи́знь.

After I. Sokolov-Mikitov

CONVERSATION

★ I. Expressing a Wish

— Что́ вы́ хоти́те посмотре́ть в Москве́?
— Мы́ **бы хоте́ли посмотре́ть** Кре́мль и Кра́сную пло́щадь.
(— Мы́ **хоте́ли бы посмотре́ть** Кре́мль и Кра́сную пло́щадь.)
— Что́ вы́ хоти́те купи́ть бра́ту?
— Я́ **бы купи́л** пласти́нки.
(— Я́ **купи́л бы** пласти́нки.)

▶ **22.** *Listen and repeat. (See Analysis XV, 5.0.)*

Мы́ бы хоте́ли, мы́ хоте́ли бы; я́ бы хоте́л, я́ хоте́л бы; я́ бы купи́л, я́ купи́л бы. — Я́ бы хоте́л пойти́ в кино́. — А я́ бы лу́чше почита́л. — Я́ купи́ла бы э́тот костю́м. — А я́ бы не купи́ла его́.

★ **23.** *Respond to each statement, as in the model.*

Model: — Че́рез неде́лю в Москве́ начина́ется конфере́нция
перево́дчиков. (пое́хать)
— Да́, я зна́ю. Я́ то́же хоте́л бы пое́хать на э́ту
конфере́нцию.

1. За́втра у И́ры де́нь рожде́ния. (поздра́вить)
2. Анто́н обеща́л принести́ мне́ не́сколько инди́йских ма́рок. (посмотре́ть)
3. Я́ слы́шал, что ско́ро к на́м прие́дут арти́сты из Ита́лии. (послу́шать)
4. Мне́ говори́ли, что студе́нты МГУ ле́том пое́дут рабо́тать на Да́льний Восто́к. (пое́хать)
5. За́втра на факульте́те бу́дут обсужда́ть вопро́с о нау́чной рабо́те студе́нтов. (уча́ствовать)

★ **24.** *Answer the questions, using the words in brackets.*

Model: — Что́ вы́ хоти́те, ча́й и́ли ко́фе? (вы́пить)
— Я́ бы вы́пил стака́н горя́чего ча́я.

1. Что́ ва́м да́ть, со́к и́ли молоко́? (вы́пить)
2. Что́ вы́ бу́дете е́сть, ры́бу и́ли мя́со? (съе́сть)

3. Куда́ вы́ хоти́те пойти́, в кино́ и́ли в теа́тр? (посмотре́ть)

4. Каки́е цветы́ вы́ хоти́те купи́ть, бе́лые и́ли кра́сные? (взя́ть)

5. Ка́к лу́чше поздра́вить Ви́ктора, посла́ть телегра́мму и́ли позвони́ть? (позвони́ть)

★ **25.** *Answer each question and give a reason.*

Model: — Вы́ не хоти́те поката́ться на лы́жах?

               — Я́ бы с удово́льствием (поката́лся), но мне́ на́до идти́ в институ́т.

1. Вы́ не хоти́те пое́хать с на́ми на Кавка́з?

2. Вы́ не хоти́те пойти́ с на́ми в теа́тр?

3. Вы́ не хоти́те пое́хать сего́дня к Ви́ктору?

4. Смотри́те, каки́е оригина́льные откры́тки. Вы́ не хоти́те и́х купи́ть?

5. За́втра после́днее выступле́ние францу́зского бале́та. Вы́ не хоти́те пойти́?

6. Я́ получи́л после́дний но́мер журна́ла «Но́вый ми́р». Вы́ не хоти́те почита́ть?

II. Expressing One's Own Opinion and Supposition

— Я́ ду́маю, что но́вый проспе́кт — са́мая краси́вая у́лица го́рода.	"I think the new avenue is the most beautiful street in the city."
— А по-мо́ему, ста́рые у́лицы краси́вее.	"And in my opinion, the old are more beautiful."
— Я́ ду́маю, что за́втра бу́дет хо́лодно.	"I think it'll be cold tomorrow."
— А по-мо́ему, за́втра бу́дет тепло́.	"And I think tomorrow it'll be warm."

26. *Listen and repeat.*

Я́ ду́маю, я́ ду́маю, что... Я́ ду́маю, что за́втра бу́дет хо́лодно. По-мо́ему, по-тво́ему, по-ва́шему. По-мо́ему, э́то интере́сно. Ка́к по-тво́ему? — А по-мо́ему, не интере́сно.

27. *Give your opinion.*

Model: — Говоря́т, что профе́ссор Кири́ллов о́чень хорошо́ чита́ет ле́кции по литерату́ре.

               — А по-мо́ему, профе́ссор Ле́бедев чита́ет лу́чше.

1. Я ду́маю, что экза́мен по францу́зскому языку́ бу́дет о́чень тру́дный.
2. Говоря́т, что Ви́ктор сде́лал о́чень интере́сный докла́д на семина́ре.
3. Андре́й ста́л лу́чшим футболи́стом в на́шей шко́ле.
4. Ю́рий са́мый высо́кий в на́шей гру́ппе.

28. *Give your opinion about the competition.*

1. Когда́ начну́тся соревнова́ния по волейбо́лу?
2. Кто́ бу́дет уча́ствовать в соревнова́ниях?
3. Кака́я кома́нда сильне́е?
4. Кто́ вы́играет?
5. С каки́м счётом ко́нчится игра́?

29. *Give your opinion.*

Model:	— Ка́к вы́ ду́маете, за́втра бу́дет до́ждь? — По-мо́ему, за́втра дождя́ не бу́дет.	сне́г ве́тер
Model:	— Ка́к вы́ ду́маете, за́втра бу́дет хо́лодно? — По-мо́ему, за́втра бу́дет тепло́.	тепло́ хоро́шая пого́да
Model:	— Ско́лько сто́ит ва́ш портфе́ль? — Ка́жется, рубле́й два́дцать[1]. — По-мо́ему, э́то недо́рого.	биле́т на по́езд биле́т на самолёт биле́т в теа́тр биле́т в кино́ биле́т на конце́рт
Model:	— Когда́, по-ва́шему, мы́ должны́ вы́йти, чтобы не опозда́ть в теа́тр? — По-мо́ему, мы́ должны́ вы́йти че́рез пятна́дцать мину́т.	рабо́та вы́ставка заня́тия вокза́л

---

[1] Note that the inversion of a quantifier and the noun it governs has the meaning "about", "approximately", e.g. два́дцать рубле́й "twenty rubles", but рубле́й два́дцать "about twenty rubles".

III. Expressions of Gratitude and Corresponding Replies

— Большо́е спаси́бо за интере́сный расска́з.
— Пожа́луйста. (*neutral*)
— Большо́е спаси́бо за всё, что́ вы для на́с сде́лали.
— Ну что́ вы, не́ за что. (*colloquial*)

30. *Listen and repeat.*

Спаси́бо, большо́е спаси́бо, спаси́бо за цветы́, спаси́бо за
прия́тный ве́чер, спаси́бо за приглаше́ние.
О́чень прия́тно, о́чень прия́тно, что ва́м понра́вилось. Каки́е
краси́вые цветы́! Како́й прекра́сный ве́чер! Ка́к вку́сно!

31. *Situations. (Express a request, gratitude and a response.)*

Model: — Переда́йте, пожа́луйста, тало́н.
— Пожа́луйста.
— Спаси́бо.
— Не́ за что.

(1) You are in a cafeteria. Ask someone to pass you the salt, a spoon, a fork, a knife.

(2) You are visiting friends. The hostess asks you to pass a cup of tea, a glass of water to another guest.

Model: — Скажи́те, пожа́луйста, э́тот авто́бус идёт в це́нтр?
— Да́, в це́нтр.
— Спаси́бо.
— Пожа́луйста.

(1) Ask how to go to Revolution Square, to the Bolshoi Theater, to Red Square.

(2) Ask the price of a book, a pen, an album.

32. *Situations.*

Model: — Приходи́те к на́м сего́дня ве́чером.
— Спаси́бо, с удово́льствием.
— Спаси́бо за приглаше́ние, но я́ сего́дня уезжа́ю.

Invite a friend to dinner, to your club, to your dormitory.

Model: — Дорога́я Мари́я Петро́вна! Поздравля́ю ва́с с днём
рожде́ния!
— Каки́е краси́вые цветы́! Большо́е спаси́бо!
— Мне́ о́чень прия́тно, что цветы́ ва́м понра́вились.

Friends wish you many happy returns and give you a picture, a dog, records.

Model: — Большо́е спаси́бо. Обе́д бы́л о́чень вку́сный.
           — На здоро́вье.

Thank your hostess for a nice supper, nice tea.

Model: — Большо́е ва́м спаси́бо за прия́тный ве́чер.
           — О́чень ра́ды, что ва́м у на́с понра́вилось.

Thank the organizers of a student's evening party, a meeting with a well-known poet.

33. *Situations.*

1. You want to ask your friend to lend you the latest magazine.

2. You do not remember today's date. Ask a friend.

3. You left your money at home. Ask a friend to lend you two or three rubles.

4. You are at a restaurant. Ask the person next to you to pass you the bread.

5. You have come to see a girl on her birthday. Wish her many happy returns.

6. You are visiting friends. You have enjoyed the supper and want to thank your hostess.

7. Thank your host (hostess) for an enjoyable party.

8. You are invited for a drive to the country. You accept the invitation. You decline the invitation because you are busy with your studies.

9. You are invited to the beach. You accept the invitation. You decline the invitation because you do not feel very well.

10. You are asked to read a paper at a conference. You accept the offer. You decline the offer because you will be away from the city at the time.

★ IV. Traveling Is the Best Recreation

Я собира́юсь путеше́ствовать.	I am planning to take a trip.
вы́брать маршру́т	to select a route, itinerary
Не забу́дьте взя́ть тёплые ве́щи.	Don't forget to take warm clothes along.
оде́ться тепло́ (легко́)	to dress warmly (lightly)
ходи́ть в лёгком пла́тье (костю́ме)	to wear a light dress (suit)
носи́ть пла́тье (костю́м)	to wear a dress (suit)
Вчера́ о́н бы́л в костю́ме.	Yesterday he was in a suit.

34. *Listen and repeat.*

путешéствовать [пут'ишéствъвът'], собирáетесь путешéствовать.

— Чтó вы́ собирáетесь дéлать лéтом?

— Мы́ собирáемся путешéствовать по Срéдней Áзии.

Одéться легкó, лёгкое плáтье, тёплая одéжда; вéщи, óвощи, плáщ

неожи́данно [н'иажы́дъннъ], кáк извéстно [изв'éснъ]

Кáк извéстно, в Срéднюю Áзию нýжно брáть лёгкие плáтья.

35. (a) *Read the text.*

Вы́ собирáетесь путешéствовать

Вы́ собирáетесь в туристи́ческое путешéствие по СССР. Давáйте поговори́м о тóм, кáк нáдо одéться, чтобы бы́ло теплó и удóбно.

Сейчáс в СССР веснá. Но э́то ни о чём не говори́т. Чтобы сказáть, кáк нáдо одéться, нáдо знáть, кудá вы́ éдете.

Зимóй в Москвé лежи́т снéг, иногдá бывáет хóлодно: — 20°, — 25° морóза. И для путешéствия в Москвý в э́то врéмя лýчшая одéжда — э́то зи́мнее пальтó, тёплая шáпка и тёплые боти́нки. В Сиби́ри в э́то врéмя мóжет бы́ть — 30° и — 40°, а в ю́жных райóнах Срéдней Áзии в э́то врéмя нóсят лёгкие плáтья и хóдят без пальтó и без шáпок. На Кавкáзе, на берегý Чёрного мóря ужé цветýт цветы́. Éсли вы́ éдете зимóй на Кавкáз и́ли в Кры́м, тó возьми́те плáщ, зóнт. Тáм в э́то врéмя чáсто идýт дожди́. Не забýдьте взя́ть спорти́вные брю́ки: вéдь вы́ éдете в гóры.

Éсли вы́ собира́етесь éхать весно́й, то́ тёплое пальто́ ну́жно бу́дет то́лько в Сиби́ри, куда́ весна́ прихо́дит о́чень по́здно. В Сре́дней А́зии уже́ ле́то, поэ́тому туда́ не на́до бра́ть тёплую оде́жду. Возьми́те плащ, лёгкое пла́тье и́ли костю́м.

Ле́том, ка́к изве́стно, везде́ тепло́.

О́сень на ю́ге Сове́тского Сою́за о́чень похо́жа на ле́то: та́м тепло́, мно́го со́лнца, мно́го цвето́в, фру́ктов. На Ура́л и в Сиби́рь о́сень прихо́дит неожи́данно. Днём ещё быва́ет тепло́, а но́чью моро́з, поэ́тому не забу́дьте взя́ть тёплые ве́щи.

Золота́я о́сень — лу́чшее вре́мя го́да на Да́льнем Восто́ке. Пого́да стои́т тёплая, и о́чень краси́вы леса́.

(b) *Answer the questions.*

1. Ка́к на́до оде́ться, е́сли вы́ собира́етесь в Москву́ зимо́й?
2. Что́ ну́жно взя́ть с собо́й, е́сли вы́ собира́етесь путеше́ствовать зимо́й и́ли весно́й по Кры́му и́ли Кавка́зу?
3. Ка́к на́до оде́ться, е́сли вы́ бу́дете путеше́ствовать зимо́й и́ли о́сенью по Сре́дней А́зии?

(c) *Note:* Сего́дня **Ве́ра в но́вом костю́ме.**
  А́лла обы́чно **но́сит све́тлые пла́тья.**
  А́лла обы́чно **хо́дит в све́тлых пла́тьях.**

(d) *Situations.*

1. You are planning to visit the Soviet Union. Ask your friends who have already been there what things you should take along, what you should wear.

2. You are planning to travel in your own country. Ask your friends about the specific climatic conditions in the areas you are planning to visit.

36. (a) *Read the dialogue and retell it.*

— Ви́ктор, переда́й, пожа́луйста, И́ре Петро́вой мою́ тетра́дь.
— А я́ не зна́ю И́ру. Кака́я она́?
— Она́ высо́кая. У неё голубы́е глаза́ и све́тлые во́лосы. Она́ ча́сто хо́дит в кра́сном костю́ме.
— Ну́, тепе́рь я́ её узна́ю. Дава́й твою́ тетра́дь. Я переда́м.

(b) *Compose similar dialogues, using the following words.*

невысо́кий	биле́т в кино́	чёрные глаза́	спорти́вный
симпати́чный	приглаше́ние	зелёные глаза́	костю́м
похо́жий (н а	на ве́чер	тёмные во́лосы	чёрные брю́ки
к о г о́)	де́ньги	све́тлые во́лосы	кра́сная ша́пка
серьёзный	словарь	чёрные во́лосы	си́ний плащ
весёлый	журна́л		бе́лое пла́тье

37. (a) *Read the dialogue and retell it.*

— Ва́ля, где́ ты́ ви́дишь О́лю? Я́ никого́ не ви́жу.

— Во́н она́, стои́т о́коло ка́ссы.

— В чём она́?

— В пальто́.

— В како́м пальто́?

— В си́нем пальто́. Она́ всегда́ хо́дит в си́нем пальто́. (Она́ всегда́ но́сит си́нее пальто́.)

— Тепе́рь ви́жу. Пойдём к не́й.

— Пойдём.

(b) *Compose similar dialogues, using the following words.*

бе́лый	пла́тье
чёрный	пальто́
кра́сный	костю́м
зелёный	ша́пка
си́ний	пла́щ

38. *Name objects which could be classified as (1) garments, (2) food items and (3) means of transportation.*

39. *Somebody asks you a question. Answer it.*

1. Вчера́ бы́л ве́чер. В чём бы́л на ве́чере ва́ш дру́г?
2. Зимо́й у ва́с но́сят ша́пки?
3. Когда́ вы́ хо́дите в плаще́, а когда́ в тёплом пальто́?
4. Како́го цве́та костю́мы и пла́тья вы́ лю́бите носи́ть?

40. *Speak about yourself.*

1. Ка́к вы́ прово́дите свобо́дное вре́мя? (путеше́ствовать, игра́ть в о ч т о́, занима́ться ч е́ м)
2. Ка́к вы́ провели́ э́то воскресе́нье? (е́здить в ле́с, в го́сти, к друзья́м)
3. Чём вы́ занима́етесь в свобо́дное вре́мя? (чита́ть, игра́ть в ша́хматы, ходи́ть в теа́тр)
4. У ва́с е́сть хо́бби? (собира́ть ма́рки, значки́, откры́тки, пласти́нки, ста́рые кни́ги)

★ **41.** (a) *Read and retell.*

Ка́к отдыха́ли знамени́тые лю́ди

Ца́рь Пётр I в свобо́дное вре́мя люби́л что́-нибудь стро́ить, де́лать ра́зные ве́щи. А когда́ была́ плоха́я пого́да, о́н ши́л сапоги́.

ши́ть sew **сапо́г** boot

Писа́тель Ле́в Никола́евич Толсто́й люби́л прогу́лки и мно́го е́здил на велосипе́де. В 1896 году́, когда́ ему́ бы́ло 67 ле́т, его́ избра́ли почётным председа́телем клу́ба велосипеди́стов Росси́и.

почётный honorary **председа́тель** chairman

(b) *Tell about your own hobbies and about the hobbies of people you know.*

★ **42.** *Read and learn the proverbs.*

Ска́зано — сде́лано.
Не то́т умён, кто́ мно́го жи́л,
а то́т, кто́ мно́го ви́дел.
Бо́льше бу́дешь ходи́ть, до́льше
бу́дешь жи́ть.

Cf. One is as good as his word.
A clever man is not he who has
lived long, but he who has seen a lot.
The more you walk, the longer
you'll live.

Reading

★ **43.** *Read and translate.*

Note : г д е́ ? **е́хать ми́мо до́ма**

Гуля́ем по Москве́

К на́м в шко́лу прие́хали 32 америка́нских шко́льника. Они́ ходи́ли по шко́ле, входи́ли в кла́ссы, сиде́ли на уро́ках. Они́ слу́шали, писа́ли. Это бы́ло у́тром. А ве́чером мы́ встре́тились в гости́нице «Тури́ст» и всё вме́сте пое́хали смотре́ть Москву́, метро́. Мы́ е́хали по Тверско́й у́лице **ми́мо пло́щади** Маяко́вского, гости́ницы «Ми́нск», прое́хали **ми́мо** Пу́шкинской **пло́щади.** На Театра́льной пло́щади всё покупа́ем моро́женое. Вхо́дим в метро́. Е́дем ми́мо ста́нции «Новослобо́дская». «Ка́к краси́во!» Реши́ли вы́йти посмотре́ть.

Говори́м по-ру́сски, по-англи́йски с оши́бками, но ничего́, всё поня́тно. И всё вре́мя: «А у ва́с?», «А у на́с...».

Домо́й идём пешко́м. **Идём ми́мо теа́тров, музе́ев, па́мятников.** Расска́зываем гостя́м о Москве́.

Ста́нция метро́
«Новослобо́дская»

★**44.** *Situations.*

You are looking for the library, museum, shop, theater, House No. 10, the University, the circus, bus stop, subway station, hotel, restaurant.

Model: — Скажи́те, пожа́луйста, где́ зде́сь шко́ла?
          — Во́н та́м, на у́лице Толсто́го.
          — А ка́к мне́ лу́чше идти́?
          — Иди́те пря́мо, ми́мо апте́ки, а пото́м напра́во.

▶**45.** (a) *Read and analyze. (See Analysis XVI, 2.0, 2.1, 2.2.)*

Note: **Изуча́я фи́зику,** $\Big\}$ о́н мно́го занима́ется и матема́тикой.
о́н мно́го занима́лся и матема́тикой.
о́н мно́го бу́дет занима́ться и матема́тикой.
о́н рабо́тает учи́телем.

Ко́нчив университе́т, $\Big\}$ о́н рабо́тал учи́телем.
о́н бу́дет рабо́тать учи́телем.

Жил ста́рый до́м

В ко́мнате на стене́ виси́т больша́я ка́рта истори́ческого це́нтра Москвы́. Зде́сь рабо́тают реставра́торы. **Изуча́я** и **реставри́руя** дома́ в це́нтре столи́цы, архите́кторы стара́ются сохрани́ть стари́нные зда́ния. **Изуча́я** ка́ждый до́м, архите́кторы узна́ют го́д его́ рожде́ния, исто́рию жи́зни. И то́лько **изучи́в** биогра́фию до́ма, они́ начина́ют реставри́ровать его́. В Москве́ реши́ли сохрани́ть стари́нные дома́ в це́нтре го́рода, **созда́в** де́вять запове́дных зо́н. Э́то райо́н ста́рого Арба́та, у́лицы Воро́вского, Ге́рцена, Кузне́цкий мо́ст.

★ (b) *Retell the text.*

(c) *Find the verbal adverbs in the text and give the basic forms for each.*

46. *Replace the verbal adverb phrases by subordinate clauses, as in the model.*

Model: Занима́ясь спо́ртом, о́н чу́вствует себя́ лу́чше.
Когда́ о́н занима́ется спо́ртом, о́н чу́вствует себя́ лу́чше.

1. Узна́в об откры́тии но́вого музе́я, мы́ реши́ли посмотре́ть его́.
2. Ко́нчив шко́лу, Бори́с поступи́л в университе́т.
3. Слу́шая наро́дные пе́сни, я́ всегда́ вспомина́ю своё де́тство.
4. Верну́вшись домо́й, она́ позвони́т ва́м.
5. Реши́в пе́рвую зада́чу, о́н на́чал реша́ть втору́ю.

Model: Зна́я его́ а́дрес, вы́ мо́жете написа́ть ему́.
Е́сли вы́ зна́ете его́ а́дрес, вы́ мо́жете написа́ть ему́.

1. Изуча́я ру́сскую исто́рию, вы́ должны́ интересова́ться и ру́сской культу́рой.
2. Интересу́ясь ру́сской литерату́рой и иску́сством, вы́ обяза́тельно начнёте изуча́ть ру́сский язы́к.
3. Собира́я ма́рки, найди́те вре́мя и для изуче́ния и́х исто́рии.

47. (a) *Read and translate.*

Ка́к ста́ть тури́стом?

Посмотре́в фи́льм о приро́де Кавка́за, Ро́берт реши́л, что ле́том о́н обяза́тельно пое́дет на Кавка́з в студе́нческий ла́герь. Гото́вясь к путеше́ствию на Кавка́з, Ро́берт реши́л немно́го познако́миться с э́тим райо́ном страны́. Чита́я журна́л «Сове́тский Сою́з», о́н мно́го узна́л о Кавка́зе, узна́л о то́м, что та́м живёт мно́го люде́й, кото́рым 100 ле́т и бо́льше.

Увидев в библиотеке журнал «Путешествие в СССР», он стал читать этот журнал. Журнал «Путешествие в СССР» выходит на русском, английском, французском и немецком языках 6 раз в год.

Но Роберт не только читал, но и тренировался, занимался в спортклубе университета. Он серьёзно готовился к встрече с Кавказскими горами.

И осенью, вернувшись в университет, Роберт не только рассказывал о своём путешествии, но и показывал значок «Турист СССР», который получил на Кавказе.

★ (b) Retell the *text*.

48. *Vocabulary for Reading. Study the following new words, their forms and usage as illustrated in the sentences on the right. Read each sentence aloud.*

защища́ть / защити́ть к о г о́ — ч т о́, о т к о г о́ — ч е г о́	Ра́ньше Кре́мль защища́л го́род от враго́в. Небольшо́й отря́д не́сколько ме́сяцев защища́л Бре́стскую кре́пость.
освобожда́ть / освободи́ть к о г о́ — ч т о́, о т к о г о́ — ч е г о́	Сове́тская А́рмия освободи́ла свою́ страну́ от фаши́стов в 1944 году́.
замеча́ть / заме́тить к о г о́ — ч т о́ / *subordinate clause*	— Вы́ ви́дели Никола́я в библиоте́ке? — Не́т, я́ не заме́тила его́. Я́ заме́тил, что вчера́ на семина́ре бы́ло ма́ло наро́да.

49. *Situations.*

(1) You want to go to Europe this summer. Discuss what itinerary you should take with friends.

(2) You were in a part of the country you hadn't known previously. What did you notice there of interest?

50. *Vocabulary for Reading. Study the following new words, their forms and usage as illustrated in the sentences on the right. Read each sentence aloud.*

успева́ть / успе́ть + *infinitive*	— Ты́ купи́л биле́т на конце́рт? — Не́т, не успе́л. Я́ не успе́л написа́ть статью́, потому́ что боле́л.

наде́яться + *infinitive /* *subordinate clause*	О́н наде́ялся встре́тить ва́с в библиоте́ке.
	О́н наде́ялся, что встре́тит ва́с в библиоте́ке.
	Мы́ наде́емся, что ле́том бу́дем мно́го занима́ться спо́ртом.
одева́ться / оде́ться	— Вы́ собрали́сь?
	— Не́т, я́ ещё не оде́лась.
устава́ть / уста́ть	Вчера́ я́ мно́го рабо́тала и о́чень уста́ла.

51. *Somebody asks you a question. Answer it.*

Model: — Вы́ по́няли, чего́ о́н хо́чет?
         — Не́т, но стара́юсь поня́ть.

1. Вы́ узна́ли его́ а́дрес?
2. Вы́ реши́ли э́ту зада́чу?
3. Вы́ откры́ли окно́?
4. Вы́ уже́ запо́мнили э́ту пе́сню?
5. Вы́ вспо́мнили фами́лию э́того спортсме́на?

52. *Situations.*

Explain why you failed to congratulate your friends on the New Year, to meet your friend, to read the article, to learn the new words, to take your exam, to write a letter home, to buy this book.

Model: Я́ не успе́л позвони́ть ва́м вчера́, потому́ что у меня́ бы́ло мно́го рабо́ты.

53. *Change each sentence, as in the model.*

Model: О́н наде́ется, что уви́дит ва́с за́втра.
        О́н наде́ется уви́деть ва́с за́втра.

1. Мы́ наде́емся, что вернёмся обра́тно в во́семь часо́в.
2. Она́ наде́ется, что бу́дет выступа́ть в Большо́м теа́тре.
3. Я́ наде́юсь, что прие́ду в Москву́ ле́том.
4. Они́ наде́ются, что приду́т к ва́м в пя́тницу.
5. О́н наде́ется, что бу́дет проводи́ть кани́кулы в Евро́пе.
6. Я́ наде́юсь, что начну́ занима́ться спо́ртом весно́й.

54. (a) *Read and translate.*

Гла́вная пло́щадь

Тру́дная зада́ча — говори́ть и писа́ть о ней. Эту пло́щадь хорошо́ зна́ют не то́лько в Сове́тском Сою́зе. Её ви́дят на откры́тках, ма́рках, в кино́. О ней чита́ли в кни́гах, газе́тах, журна́лах.

На земле́ мно́го площаде́й. Ка́ждая име́ет своё лицо́, свою́ исто́рию. Кра́сная пло́щадь в Москве́ име́ет осо́бую красоту́. Пло́щадь ка́жется большо́й. А она́ ме́ньше мно́гих знамени́тых площаде́й. Она́ стро́илась не́сколько веко́в. Стро́ились и изменя́лись Кремлёвские сте́ны. Они́ бы́ли деревя́нными, пото́м их сде́лали из ка́мня. Росли́ ба́шни Кремля́. В XVI ве́ке на пло́щади постро́или Покро́вский собо́р (Хра́м Васи́лия Блаже́нного). Появи́лись зда́ние Истори́ческого музе́я и па́мятник Ми́нину и Пожа́рскому[1]. А когда́ в 1924 году́ у́мер

---

[1] Kozma Minin (d. 1616) and Prince Dmitry Pozharsky (1578-1641) organized (in 1611-1612) a people's corps for the struggle against the Polish invaders. Prince Pozharsky led the corps, which defeated the Polish army and in October 1612 liberated Moscow. A monument to Minin and Pozharsky was erected in Red Square in 1818.

В. И. Ленин, на площади построили Мавзолей.

Красная площадь — это история страны. Почти тысячу лет стоит эта площадь.

Через Красную площадь мимо Мавзолея В. И. Ленина 7 ноября 1941 года прошли те, кто защищал Москву от фашистов. На Красной площади в июле 1945 года был парад победителей. По площади прошли те, кто освободил страну от фашизма.

Красная площадь находится в центре Москвы. От этого места рос и строился город. Город растёт и будет расти. В нём появляются новые районы, изменяется его архитектура. Но центром Москвы всегда будут Кремль и Красная площадь.

55. (a) *Read the text without consulting a dictionary.*

Кремлёвские вёрсты

(Kremlin Versts)

Чего только не помнит древняя Красная площадь Москвы. Есть в её истории и спортивные страницы. В 30-е годы здесь устраивали матчи по футболу, здесь проходили тысячи спортсменов во время парадов физкультурников.

И вот в ясный октябрьский день Красная площадь опять стала спортивной ареной. Здесь, вокруг Кремля, проходил пробег «Кремлёвские вёрсты». В числе участников была и «звезда» американского кино Джейн Фонда. Она стала инициатором дружеского соревнования под звёздами Московского Кремля.

Выступая по телевидению, Джейн Фонда сказала: «Я хочу сказать советским женщинам, что не обязательно быть спортсменом, чтобы быть здоровым и сильным».

Этот пробег стал настоящим праздником мира, дружбы и здоровья и вызвал самые добрые чувства у москвичей. Спасибо, Джейн! Ждём вас через год!

(b) *Write out a brief outline of the text.*

★ (c) *Retell the text on the basis of your outline.*

(d) *Answer the questions.*

1. Какие спортивные события помнит Красная площадь?
2. Где проходил пробег «Кремлёвские вёрсты»?
3. Кто участвовал в этом пробеге?
4. Что сказала Джейн Фонда советским женщинам?
5. Как вы думаете, эти соревнования могут стать традиционными?

56. *Vocabulary for Reading. Study the following new words, their forms and usage as illustrated in the sentences on the right. Read each sentence aloud.*

жаль + *infinitive / subordinate clause*	Нам было жаль уезжать из этого города. Жаль, что вы не были вчера на концерте. Выступали очень хорошие музыканты. — Я не могу сегодня прийти к вам. — Очень жаль.
уверен + *subordinate clause*	— Это очень интересная книга. Я уверен, что она вам понравится. — Как вы думаете, какая погода будет завтра? — Я уверена, что завтра будет дождь.
солнце	Сегодня очень хорошая погода: тепло, солнце, нет ветра. Пусть всегда будет солнце. Пусть всегда будет небо. Пусть всегда будет мама. Пусть всегда буду я. (Слова из песни)
творчество	Летом учёные были в экспедиции на севере страны. Там они изучали творчество народных мастеров. М. Ю. Лермонтов познакомился с творчеством А. С. Пушкина ещё в детстве.

страница

— Джо́н, скажи́, пожа́луйста, на
како́й страни́це те́кст о Сиби́ри?
— На два́дцать шесто́й.
— Откро́йте, пожа́луйста, два́дцать
шесту́ю страни́цу.
Путеше́ствие в И́ндию откры́ло для
нас но́вые страни́цы исто́рии э́той
страны́.

57. *Express your regret.*

Model: — Я́ не смо́г прийти́ вчера́ на конце́рт.
— О́чень жа́ль, что вы́ не́ были на конце́рте. Конце́рт
бы́л о́чень хоро́ший.

1. В де́тстве о́н не занима́лся спо́ртом.
2. Моя́ до́чка ма́ло гуля́ет.
3. Я́ не уме́ю ката́ться на конька́х.
4. Мы́ не могли́ прийти́ вчера́ на ма́тч.
5. Когда́ я́ бы́л в Ленингра́де, я́ не смо́г встре́титься с
профе́ссором Петро́вым.
6. Мы́ нигде́ не могли́ его́ найти́.

58. *Express your certainty about something.*

Model: — Вы́ не зна́ете, кака́я вода́ в э́том о́зере?
— Я́ уве́рен, что в э́том о́зере чи́стая вода́: о́коло о́зера —
леса́, здесь не́т заво́дов.

1. Вы́ не зна́ете, Нева́ — глубо́кая река́?
2. Ка́к вы́ ду́маете, кака́я пого́да бу́дет за́втра?
3. Вы́ не зна́ете, Серге́й Фёдорович жена́т?
4. Я́ не зна́ю, оста́нется ли Никола́й Петро́вич рабо́тать в э́том
го́роде.
5. Ка́к вы́ ду́маете, кака́я кома́нда победи́т в э́том ма́тче?

59. *Read and translate. Note the meaning and usage of the following phrases.*

Никола́й Ива́нович — хоро́ший
тре́нер. О́н ведёт большу́ю рабо́ту с
молоды́ми спортсме́нами.

вести́ { рабо́ту
занятие
семина́р

Заня́тия по ру́сскому языку́ ведёт
профе́ссор Сми́т.
Семина́р по матема́тике в на́шей
гру́ппе ведёт аспира́нт.

иметь $\begin{cases} \text{значе́ние} \\ \text{успе́х} \\ \text{возмо́жность} \\ + \textit{infinitive} \end{cases}$

Борьба́ за охра́ну приро́ды име́ет большо́е значе́ние для бу́дущего Земли́.

Выступле́ния де́тского анса́мбля Моско́вского дворца́ пионе́ров всегда́ име́ют большо́й успе́х.

В университе́те студе́нты име́ют возмо́жность занима́ться нау́чной рабо́той.

60. *Somebody asks you a question. Answer it.*

1. Кто́ у ва́с ведёт заня́тия по ру́сскому языку́?
2. Кто́ у ва́с ведёт заня́тия по литерату́ре?
3. Кто́ у ва́с ведёт заня́тия по исто́рии?
4. Кто́ у ва́с ведёт семина́р по филосо́фии?
5. Кто́ у ва́с ведёт семина́р по эконо́мике?
6. Кто́ у ва́с ведёт семина́р по фи́зике?

★ **61.** *Tell about your studies, using* занима́ться; вести́ заня́тия, семина́р; чита́ть ле́кции; получи́ть, име́ть возмо́жность; име́ть значе́ние.

62. *Note the suffix* -ник.

колхо́з — колхо́з**ник**

совреме́нный — совреме́н**ник**

63. (a) *Recall the meaning of the words* нефть, е́здить, ры́ба, краси́вый.

(b) *Now read and translate the following sentences without consulting a dictionary. Infer the meaning of the underlined words from the context.*

1. О́коло Баку́ мно́го не́фти. В э́том го́роде живу́т <u>нефтя́ники.</u>
2. Ле́том они́ е́здили на Да́льний Восто́к. Говоря́т, что и́х <u>пое́здка</u> была́ о́чень интере́сной.
3. Ве́ра Петро́вна о́чень краси́вая же́нщина. И до́чка у неё <u>краса́вица.</u>
4. В Байка́ле мно́го ры́бы. На берегу́ Байка́ла есть дере́вни, где живу́т и рабо́тают <u>рыбаки́.</u>

64. (a) *Read the words and translate without consulting a dictionary.*

мечта́ путеше́ствие
мечта́ть путеше́ствовать
мечта́тель путеше́ственник

(b) *Read the text and retell it.*

В де́тстве у Петра́ была́ мечта́ пое́хать на Да́льний Восто́к. Он мечта́л уви́деть Ти́хий океа́н, Сахали́н, Камча́тку. Он мно́го чита́л о Да́льнем Восто́ке, собира́л ма́рки. Ча́сто на уро́ках и до́ма он путеше́ствовал в мечта́х и не слы́шал, что ему́ говоря́т. Никто́ не ду́мал, что э́тот мечта́тель ста́нет путеше́ственником и писа́телем. Сейча́с он мно́го е́здит и в кни́гах расска́зывает о свои́х путеше́ствиях в Сиби́рь и на Кавка́з, на Се́верный по́люс и в Антаркти́ду.

65. (a) *Recall the meaning of the words* друг *and* недалеко́.

(b) *Now read and translate the following sentences without consulting a dictionary. Infer the meaning of the underlined words from the context.*

1. Сейча́с я хорошо́ зна́ю, кто мой друг, а кто мой <u>враг</u>.
2. Язы́к мой — <u>враг</u> мой. (*Proverb*)
3. — Где вы отдыха́ли ле́том? — Недалеко́ от Москвы́, в Мала́ховке. — Да́, э́то <u>бли́зко</u>. А я отдыха́ла о́чень <u>далеко́</u>, на Байка́ле.
4. Я всегда́ мечта́л побыва́ть в <u>далёких</u> стра́нах: в Австра́лии, в И́ндии, в А́фрике.
5. В гора́х <u>далёкие</u> го́ры ча́сто ка́жутся <u>бли́зкими</u>.

66. *Read the sentences. Translate the underlined words without consulting a dictionary.*

1. Ве́ра Смирно́ва рабо́тает <u>ги́дом</u>. По-мо́ему, э́то о́чень интере́сная рабо́та. Она́ ча́сто получа́ет <u>приглаше́ния</u> пое́хать в Сиби́рь, на Украи́ну, на Кавка́з и в други́е райо́ны страны́. Она́ уже́ <u>нема́ло</u> ви́дела.
2. В на́шей гру́ппе у́чатся студе́нты ра́зных <u>национа́льностей</u>.
3. Мне о́чень понра́вился конце́рт инди́йской <u>национа́льной</u> му́зыки.

67. *Listen and repeat.*

ста́ть путеше́ственником, небольшо́й городо́к, недалеко́ от Москвы́, небольшо́й городо́к недалеко́ от Москвы́. В де́тстве я

мечта́л ста́ть путеше́ственником, / но ви́дел то́лько Москву́, где́ я
роди́лся, / и небольшо́й городо́к недалеко́ от Москвы́, / в
кото́ром прошла́ ча́сть моего́ де́тства.

уви́деть что́-нибудь необыкнове́нное [н'иабыкнав'е́ннъјь],
поезжа́йте [пъјиж'ж'а́јт'и] на Пами́р. Е́сли вы́ хоти́те уви́деть
что́-нибудь необыкнове́нное, / то поезжа́йте на Пами́р.

познако́митесь с ра́зными национа́льностями
[нъцыана́л'нъс'т'им'и], с ра́зными тради́циями [трад'и́цыјим'и],
посмотри́те национа́льные та́нцы, имена́ неизве́стны
[н'иизв'е́сны].

68. *Basic Text. Read the text and then do exercises 69-71.*

Приглаше́ние к путеше́ствию

В де́тстве я́ мечта́л ста́ть путеше́ственником, но ви́дел
то́лько Москву́, где я роди́лся, и небольшо́й городо́к недалеко́ от
Москвы́, в кото́ром прошла́ ча́сть моего́ де́тства.

Поезда́ пробега́ли ми́мо на́шей ста́нции, унося́ мою́ мечту́ к
высо́ким гора́м, к далёким моря́м и океа́нам.

Прошло́ нема́ло ле́т. Я́ мно́го е́здил по стране́. Бы́л в
Каракума́х[1], на Се́верном по́люсе, на берега́х Балти́йского мо́ря, в
Сиби́ри и на Да́льнем Восто́ке. Э́ти пое́здки дава́ли мне́
возмо́жность ви́деть, ка́к изменя́ется лицо́ страны́. И, мо́жет
бы́ть, поэ́тому я́ могу́ ста́ть ва́шим ги́дом.

Ка́к мы́ начнём на́ше путеше́ствие? Мо́жет бы́ть, мы́ пое́дем
в го́ры? Но куда́? На Ура́л? На Кавка́з? На Пами́р?

Ура́льские го́ры — о́чень ста́рые го́ры, они́ невысо́кие. И
челове́к, впервы́е е́дущий из Москвы́ на восто́к, мо́жет прое́хать,
не заме́тив и́х. Е́сли вы́ хоти́те уви́деть что́-нибудь
необыкнове́нное, то поезжа́йте на Пами́р. Э́то высоча́йшие го́ры.
Осо́бенно краси́в быва́ет Пами́р, когда́ у́тром появля́ется со́лнце.

А мо́жет бы́ть, вам интере́сно посмотре́ть места́, где ра́ньше
никогда́ не быва́л челове́к?

До́лго на географи́ческой ка́рте Росси́и бы́ло мно́го «бе́лых
пя́тен». Путеше́ственники, гео́графы вели́ нау́чную рабо́ту, но и́х
бы́ло о́чень ма́ло. В нача́ле XX ве́ка в Сиби́ри рабо́тал то́лько
оди́н госуда́рственный гео́лог.

---

[1]Kara Kum, a desert in the southern Soviet Union, largely in Turkmenistan, south of the Aral Sea (110,000 sq. miles or 300,000 km²).

В студе́нческие го́ды я мно́го путеше́ствовал по ма́ло изу́ченным Пами́ру и Тянь-Ша́ню.

Ста́в взро́слым, я по́нял, что ещё интере́снее, путеше́ствуя, знако́миться с культу́рой про́шлого. Ка́к па́мятники ка́ждой эпо́хи, остаю́тся на земле́ города́, кана́лы и сады́, пе́сни и та́нцы.

Страна́ — э́то не про́сто земля́. Э́то земля́, на кото́рой живу́т лю́ди. В Сове́тском Сою́зе живёт 290 миллио́нов челове́к. И е́сли ве́жливый го́сть захо́чет сказа́ть «здра́вствуйте» на языка́х наро́дов, живу́щих в СССР, о́н до́лжен бу́дет вы́учить бо́лее 100 (ста́) сло́в.

Вы́ познако́митесь с ра́зными национа́льностями, с ра́зными тради́циями, кото́рые выража́ются в архитекту́ре городо́в, в иску́сстве, в наро́дном тво́рчестве, в то́м, что лю́ди говоря́т на ра́зных языка́х, по-ра́зному одева́ются, по-ра́зному встреча́ют госте́й. Вы́ послу́шаете и́х национа́льные пе́сни, посмо́трите национа́льные та́нцы. Я́ наде́юсь, что в ка́ждом тако́м путеше́ствии вы́ откро́ете что́-то но́вое.

Вы́ мо́жете мно́го ме́сяцев е́здить по дре́вним ру́сским города́м. Вы́ хоти́те зна́ть, интере́сно ли э́то? По-мо́ему, о́чень интере́сно, и ва́м не бу́дет ску́чно. Я́ уве́рен: что́бы уви́деть что́-то интере́сное, не на́до е́хать сли́шком далеко́. Мно́го интере́сного е́сть в це́нтре Росси́и, в Москве́ и о́коло Москвы́. Во́т, наприме́р, го́род Влади́мир. О́н нахо́дится недалеко́ от Москвы́ (178 киломе́тров). Го́род бы́л осно́ван в 1108 году́ на высо́ком берегу́ реки́ Влади́миром Монома́хом[1] и на́зван его́ и́менем.

В XII ве́ке Влади́мир бы́л столи́цей Влади́мирско-Су́здальской земли́, одни́м из са́мых краси́вых и бога́тых городо́в Се́веро-Восто́чной Руси́. Путеше́ствие во Влади́мир откро́ет пе́ред ва́ми не́сколько страни́ц исто́рии ру́сского наро́да.

Подъезжа́я к го́роду, вы́ заме́тите дре́вние собо́ры. В нача́ле гла́вной у́лицы го́рода вы́ уви́дите Золоты́е воро́та[2]. И́х стро́или 6 ле́т (1158—1164 гг.). Золоты́е воро́та бы́ли ча́стью кре́пости, кото́рая защища́ла го́род от враго́в. Золоты́е воро́та по́мнят тяжёлые времена́ тата́ро-монго́льского и́га[3], когда́ враги́ вошли́ в го́род, когда́ горе́л го́род, горе́ли его́ деревя́нные дома́ и собо́ры, когда́ бы́ли уби́ты все́ жи́тели го́рода. По́мнят Золоты́е воро́та и други́е собы́тия.

---

[1]Vladimir Monomakh (1053-1125), Great Prince of Kiev from 1113. During his reign the Russian principalities were united under Kievan leadership and cultural life was at a high point.
[2]The Golden Gates.
[3]The Tatar-Mongol Yoke.

Влади́мир

Кижи

Це́рковь Покрова́-на-Не́рли

Здесь влади́мирцы встреча́ли отря́ды Алекса́ндра Не́вского[1], победи́вшие неме́цких ры́царей (1242 г.), а́рмию Дми́трия Донско́го[2] (1380 г.). Че́рез Золоты́е воро́та проходи́ли отря́ды Дми́трия Пожа́рского, освобожда́вшие ру́сскую зе́млю от по́льско-лито́вских интерве́нтов.

Во вре́мя пра́здников открыва́лись две́ри Успе́нского собо́ра. Собо́р был постро́ен в 1158 году́. Та́м нахо́дятся произведе́ния худо́жников XII-XVII веко́в, чьи имена́ на́м неизве́стны, и

---

[1]Alexander Nevsky (1220-1263), the Great Prince of Novgorod from 1228, of Kiev from 1248, and of Vladimir from 1252. During his reign in Novgorod he successfully defended the Russian lands against the German knights and the Swedes. In 1242, he defeated the German knights on the ice of Lake Chudskoye and thereby put an end to their eastward advance.
[2]Dmitry Donskoi (1350-1389), the Great Prince of Moscow from 1359, the Great Prince of Vladimir from 1363. He strove to unite the Russian principalities and in 1380 scored the first important victory over the Tatars at Kulikovo Polye against the army of Khan Mamai. This battle marked the beginning of the liberation of the Russian people from the Tatar Yoke.

Су́здаль

фре́ски знамени́того древнеру́сского ма́стера Андре́я Рублёва[1].

Мо́жно до́лго ходи́ть по Влади́миру, и жа́ль уезжа́ть из го́рода. Но на́с ждёт Су́здаль! И е́сли вы́ не уста́ли, мы́ пое́дем в Су́здаль.

Вы́ интересу́етесь, далеко́ ли е́хать до Су́здаля. Не́т, недалеко́. Че́рез два́дцать мину́т вы́ на авто́бусе прие́дете в Су́здаль, го́род, кото́рый явля́ется архитекту́рным запове́дником. Зде́сь не стро́ят совреме́нные зда́ния, поэ́тому го́род мы́ ви́дим почти́ таки́м, каки́м о́н бы́л мно́го веко́в наза́д.

---

[1]Andrei Rublyov (c. 1360-1430), the greatest known master of old Russian art. His frescoes and icons are found in a number of cathedrals in Moscow, Vladimir, Zagorsk, Zvenigorod and elsewhere.

Выбира́йте любо́й маршру́т. Пе́ред ва́ми больша́я и интере́сная страна́. И знако́мясь с па́мятниками совреме́нной культу́ры, с па́мятниками про́шлых веко́в, постара́йтесь поня́ть тех, кто их создава́л и создаёт, постара́йтесь бо́льше узна́ть о лю́дях, кото́рые явля́ются ва́шими совреме́нниками.

After N. Mikhailov

69. *Find in the text the names of mountains and old cities in the USSR, and read them aloud.*

70. *Find in the text sentences describing the Urals, the Pamirs and the city of Vladimir, and read them aloud.*

71. *Answer the questions.*

1. Ско́лько челове́к живёт в Сове́тском Сою́зе?
2. Ско́лько слов до́лжен вы́учить челове́к, чтобы сказа́ть «здра́вствуйте» на языка́х наро́дов, живу́щих в СССР?
3. В чём выража́ются ра́зные национа́льные тради́ции наро́дов, живу́щих в СССР?
4. Где нахо́дится го́род Влади́мир? Когда́ он был осно́ван?
5. Что вы зна́ете о Су́здале?

★**72**. *Answer the questions (you may consult a map).*

Немно́го о геогра́фии

1. Назови́те изве́стные вам райо́ны СССР.
2. Каки́е вы зна́ете в СССР го́ры, ре́ки, моря́?
3. Где они́ нахо́дятся?

73. *Answer the questions.*

1. Вы бы́ли в Сове́тском Сою́зе?
2. Вы хоти́те пое́хать в СССР?
3. Что вы хоти́те посмотре́ть?
4. Каки́е города́ вы хоти́те посмотре́ть: совреме́нные и́ли стари́нные?
5. Скажи́те, в каки́х города́х вы хоти́те побыва́ть?
6. Каки́е райо́ны Сове́тского Сою́за вы хоти́те посети́ть?
7. Что вы хоти́те уви́деть в Сове́тском Сою́зе?
8. Ско́лько дне́й вы хоти́те путеше́ствовать по Сове́тскому Сою́зу?

★ **74.** *Situation.*

You are planning to take a trip to the Soviet Union. Ask the Intourist[1] agent about what places of interest you should visit.

★ **75.** *Situation.*

You were in the Soviet Union and saw Lake Baikal. Show your photograph to your friends and tell them what you know about Baikal.

★ **76.** *Compose dialogues about a trip you have taken to the Soviet Union.*

★ **77.** *Advise someone to go to the Soviet Union. You were there yourself. Say where you were and what you saw.*

78. *Speak about yourself.*

1. Вы́ лю́бите путеше́ствовать?
2. Вы́ путеше́ствовали по свое́й стране́? Где́ вы́ бы́ли?
3. Где́ вы́ бо́льше лю́бите путеше́ствовать: по гора́м, по леса́м, по города́м?
4. Вы́ бы́ли в други́х стра́нах?
5. Где́ вы́ бы́ли? Что́ вы́ ви́дели?
6. Куда́ вы́ хоти́те пое́хать?

---

[1] Intourist, Soviet tourist agency responsible for the travel of all foreign tourists within the USSR.

★ **79**. *Speak about your country.*

Describe your country. List its various regions, major cities, industrial centers, mountains, rivers, seas, lakes. Tell what parts of it have large forests. What is its climate like? What is its area? What languages do its inhabitants speak? How many peoples live in it?

★ **80**. *Situation.*

A Soviet student is planning to come to your country. Tell him where he should go and what he should see.

81. (a) *Read the text through once without consulting a dictionary.*

Вы́ прие́хали в Москву́

Вы́ прие́хали в Москву́. Е́сли ра́ньше вы́ не́ были в э́том го́роде, то, наве́рное, слы́шали и́ли чита́ли о нём. Вы́ зна́ете, что Москва́ — столи́ца СССР.

наве́рное probably

    Москва́ была́ осно́вана в 1147 году́. В 1147 году́ кня́зь Ю́рий Долгору́кий посла́л кня́зю Святосла́ву О́льговичу письмо́ с приглаше́нием прие́хать к нему́ в «Моско́в» для заключе́ния ми́ра и на пи́р. Об э́том расска́зывается в истори́ческих докуме́нтах. Москва́

кня́зь prince

заключе́ние conclusion

пи́р feast

Покро́вский собо́р (Хра́м Васи́лия Блаже́нного) и Кра́сная пло́щадь.

— дре́вний и в то́ же вре́мя молодо́й го́род.

В це́нтре Москвы́ дре́внее и совреме́нное ча́сто быва́ет ря́дом. Во́т две́ у́лицы: ста́рый ти́хий Арба́т и Но́вый Арба́т. Недалеко́ от Кра́сной пло́щади нахо́дится совреме́нная гости́ница «Росси́я», а ря́дом — дома́ XIV-XVI веко́в, где тепе́рь откры́ты музе́и.

Когда́ вы́ знако́митесь с архитекту́рой Москвы́, вы́ знако́митесь и с исто́рией го́рода.

Це́нтр Москвы́ — э́то Кре́мль, Кра́сная пло́щадь. На Кра́сной пло́щади нахо́дится Мавзоле́й В. И. Ле́нина, основа́теля сове́тского госуда́рства.

Во вре́мя пра́здников 7 ноября́ и 1 ма́я по

Пушкинская площадь

площади проходят демонстрации трудящихся, а вечером на площади бывают праздничные гуляния.

трудящиеся working people
гуляния holiday celebrations

С именем Красной площади связаны многие исторические события: Октябрьская социалистическая революция 1917 года, Великая Отечественная война. Отсюда, с Красной площади шли солдаты на фронт в тяжёлые дни ноября 1941 года, когда враги подходили к столице. Здесь проходил парад Победы, здесь радостно встречал народ первых космонавтов.

парад parade

Москва — один из крупнейших городов мира. В Москве живёт 9 миллионов человек. Это крупный промышленный центр СССР, политический и административный центр страны. Здесь работает Советское правительство.

Всеми делами города руководит Моссовет. Если вы пойдёте вверх по Тверской улице, то слева увидите здание Моссовета.

Моссовет — это Московский Совет народных депутатов, орган городского управления. В Моссовете решают все важные в жизни города вопросы: сколько и каких домов надо построить, где надо построить школы, кинотеатры, больницы, гостиницы, как сделать улицы Москвы чистыми и зелёными, как лучше сохранять памятники культуры. Моссовет занимается вопросами образования, торговли, организует работу городского транспорта.

совет Soviet, council
орган organ, body
управление government, administration

сохранять preserve

образование education
торговля trade

Москва — город науки и искусства. Здесь работает Академия наук СССР, много научно-исследовательских институтов, вузов. Здесь много учащейся молодёжи. Только в вузах Москвы учится 640 тысяч студентов.

исследовательский research
вуз — высшее учебное заведение institution of higher learning

В Москве много театров, много исторических, художественных и литературных музеев: Исторический музей, музей Революции, Театральный музей, музеи знаменитых русских писателей.

Недалеко от Красной площади за рекой Москвой находится Третьяковская галерея. Это самый большой музей русского искусства. Там вы можете увидеть работы А. Рублёва, картины И. Е. Репина, В. И. Сурикова, пейзажи И. И. Левитана.

В Москве есть также Музей изобразительных искусств имени А. С. Пушкина. В этом музее вы можете увидеть картины Рембрандта и Рубенса, Манэ и Пикассо.

изобразительное искусство fine arts

В Москве много зданий, которые являются историческими или архитектурными памятниками. Вот, например, Покровский собор (храм Василия Блаженного) на Красной площади. Он был построен в 1555-1561 гг. Собор построили в честь взятия Казани войсками Ивана Грозного. Это было важное событие в истории России. В результате этой победы навсегда была ликвидирована угроза нападения со стороны татар на востоке страны.

в честь in honor of
войска troops

нападение attack

Недалеко от Кремля находится и здание Центрального выставочного зала. Это бывший Манеж. Он был построен в 1817 году. Здание это

Манеж riding academy

о́чень широ́кое и дли́нное, и в нём не́т ни одно́й вну́тренней опо́ры.

вну́тренний internal

В XIX ве́ке Мане́ж снача́ла испо́льзовали для организа́ции нау́чных, техни́ческих, этнографи́ческих вы́ставок, пото́м в Мане́же проходи́ли музыка́льные вечера́, на кото́рых выступа́ли лу́чшие музыка́нты. В 1957 году́ Мане́ж бы́л превращён в Центра́льный вы́ставочный за́л.

опо́ра support

преврати́ть turn into

Центра́льный вы́ставочный за́л — бы́вший Мане́ж

(b) *Answer the questions.*

1. Москва́ — дре́вний го́род? Когда́ она́ была́ осно́вана?
2. В Москве́ мо́жно уви́деть дре́внее и но́вое ря́дом?
3. Кака́я пло́щадь явля́ется це́нтром Москвы́?
4. Что́ нахо́дится на Кра́сной пло́щади?
5. Каки́е истори́ческие собы́тия свя́заны с Кра́сной пло́щадью?
6. Где́ реша́ются все́ ва́жные для го́рода Москвы́ вопро́сы?
7. Почему́ мо́жно сказа́ть, что Москва́ явля́ется го́родом нау́ки и иску́сства?
8. В Москве́ е́сть зда́ния, кото́рые явля́ются истори́ческими и́ли архитекту́рными па́мятниками?

(c) *Guess the meaning of these words and phrases:* проблéма, реша́ть пробле́му, ли́ния метро́, ра́достно, взя́тие, в результа́те, ликвиди́ровать, навсегда́, этнографи́ческий. *Check your translation with a dictionary.*

(d) *Read the text through once more.*

(e) *Situations.*

1. If you have been to Moscow, say something about the city.

2. If you have not been to Moscow, say what you would like to see there.

★ **82.** *Reading Newspapers. Read.*
Translate the heading of the article. Say
what conference was held in Washington.

ДОВЕРИЕ ВСЕГО ДОРОЖЕ

Письмо из-за океана

За происходящим в нашей стране американцы сле-
дят с большим вниманием. Свои наблюдения они зача-
стую выносят на специально организуемые дискуссии
и конференции. Одна из таких конференций, названная
«Нелёгкий путь перестройки», была проведена недавно
в Торговой палате США в Вашингтоне. Своими впечат-
лениями о ней и хотелось бы поделиться.

★ **83.** *Read. Say what holidays this article is about. What*
interested the children in particular?

Каникулы, каникулы

Увлекательная пора — зимние школьные канику-
лы. Конечно, приятно про-
вести их и дома, но особо
памятны для ребят поезд-
ки, знакомство с новыми
городами, людьми.

☆ SUPPLEMENTARY MATERIALS

1. *Read the text, consulting a dictionary if necessary.*

Кремль

Красная площадь, Кремль — это центр Москвы. В Кремле находится здание Верховного Совета СССР, работает Советское правительство.

Кремль — это исторический и художественный памятник, архитектурный ансамбль, музей, в котором находятся прекрасные произведения искусства. Много веков лучшие мастера России, а

также иностранные архитекторы и художники создавали кремлёвские дворцы и соборы.

Восемь веков назад появился город на Москве-реке. Его крепостные стены имели большое значение для защиты Москвы от врагов. Много веков Кремль был крепостью. Сначала в Кремле были деревянные стены. Потом начали строить каменные стены и башни.

На территории Кремля много древних зданий. Одно из них — Успенский собор. Этому собору пять веков. Его строил итальянский архитектор Аристотель Фиораванти. Успенский собор — это музей икон. Здесь есть иконы прекрасных мастеров древности. Много икон находится и в Благовещенском соборе. Здесь есть иконы Андрея Рублёва и Феофана Грека[1]. Третий собор Кремля — Архангельский. Всю группу соборов организует в ансамбль колокольня «Иван Великий», построенная в XVI веке.

На каждом этапе истории изменялся Кремль. Одни здания сменяли другие.

В Кремле находится здание, построенное знаменитым русским архитектором Матвеем Казаковым. В этом здании находился кабинет В. И. Ленина, где он работал, и квартира, где он жил с семьёй. Сейчас здесь музей.

В XIX веке был построен Большой Кремлёвский дворец и здание Оружейной палаты. Сейчас здесь находятся коллекции художественных изделий.

VOCABULARY

армия army
* база center, base
* башня tower
* близкий near
ботинки *pl.* (ankle high) boots
брюки *pl.* trousers
вести работу conduct work
вещь *f.* thing
возможность *f.* possibility, opportunity

вокруг around
враг enemy
* гид guide
* гидростанция hydroelectric power station
голубой light-blue
гореть *imp.* be on fire
горячий hot
далёкий far-away, distant
жаль (it is) a shame

замечать / заметить note, notice
* заповедник reserve, national park
* заповедный protected, reserved
* защита defense
защищать / защитить defend
золотой golden
зонт umbrella

---

[1] Theophanes the Greek (c.1340-c.1410), outstanding medieval artist. He was born in the Byzantine Empire and came to live in Russia; worked mainly in Novgorod and Moscow; master painter of frescoes, icons and miniatures.

* интервéнт invader, interventionist
канáл canal
колхóз collective farm
колхóзник member of collective farm, collective farmer
костю́м suit (of clothes)
* мавзолéй mausoleum
мечтá dream
* мúмо past
морóз frost
надéяться *imp.* wish; hope
настоя́щее врéмя present time
национáльность *f.* nationality
нéбо sky, heaven
немáло considerable quantity, much
необыкновéнный unusual
неожúданно unexpectedly
одевáть(ся) / одéть(ся) dress
одéжда clothing
освобождáть / освободúть liberate, free
основáтель founder

пальтó overcoat
парáд parade
плáщ raincoat
поéздка trip
привéтствие greeting
приглашéние invitation
произведéние work, production
процéсс process
пу́сть let
путешéствие journey
путешéственник traveler
путешéствовать travel, journey
* реставрáтор restorer
* ры́царь knight
* сельскохозя́йственный agricultural
собирáться / собрáться + *inf.* get ready
* собóр cathedral
собы́тие event
совремéнник contemporary
сóлнце sun
стакáн glass
* татáрское úго the Tatar Yoke

твóрчество creation, creative work
* тяжёлое врéмя hard times
увéрен sure, certain
умирáть / умерéть die
успевáть / успéть have time
уставáть / устáть be tired
* фашúзм fascism
* фашúст fascist
* филиáл branch
фруктóвый fruit
* храм temple; church
* эпóха epoch

Verb Stems:

замечáй- / *замéти-* note, notice
защищáй- / *защитú-* defend
надéя-ся wish; hope
одевáй-(ся) / *одéн-(ся)* dress
освобождáй- / *освободú-* liberate, free
путешéствова- travel, journey
собирáй-ся / *соб/рá-* get ready
умирáй- / *у́м/р-* die
успевáй- / *успéй-* have time
уставáй- / *устáн-* be tired